王欣夫先生遺稿

李慶 編

許廎經籍題跋
積書巖摹古帖題跋

壹

復旦大學出版社

『十四五』國家重點出版物出版規劃項目

前言

這裏編入的，是五種王欣夫先生遺存的著述：

《元貞本論語註疏攷證》

《許廎經籍題跋》（彙輯整理）

《王隱晉書》（輯佚）

《積書岩摹古帖題跋》（彙輯）

《管子校釋》

王欣夫（一九〇一——一九六六）名大隆，號補安，以字行。祖籍浙江秀水（今嘉興市），其祖寓居江蘇吳縣（今蘇州），爲吳縣人。生前是復旦大學的教授，爲近代著名文獻學家，著述甚富。

這是徐鵬師和王欣夫先生的哲嗣王啟棟先生託付給筆者的王欣夫先生遺著的一部分。有關各書的情況，可見各書前的提要。

王欣夫先生遺存的著述和原來蛾術軒藏書的留存情況，筆者在《蛾術軒篋存善本書録》標點本和影印本的兩種《前言》中，曾做了一些介紹。但那些書的傳佈範圍有限，爲了便於讀者瞭解，根據筆者所知，再做一些簡單地補充介紹。

王欣夫先生生前，已經編輯出版過不少著作，如和友人共同編纂的《八年叢編》，他收輯的顧千里《思適齋題跋》、編纂的黄丕烈和顧千里的《黄顧遺書》，整理的胡玉縉的《許廎學林》《四庫全書總目提要補正》等。此外，還有大量的成果有待出版，如他重新整理成書的《惠棟集》《顧千里集》《黄丕烈集》，胡玉縉的《許廎遺書五種》等。這些著作原稿，有的存於出版社，如《顧千里集》《黄丕烈集》；有的被要求退修，如《惠棟集》《許廎經籍題跋》；還有的存於家中。

『文革』初期，一九六六年秋冬之際，王欣夫先生去世。手稿、藏書等都存放在復旦大學分配給王先生的原住處。後來，工宣隊入校，該隊領導下令，王欣夫的藏書，包括他的著述、整理的手稿、抄本等所有文獻，要全部搬出。因爲該處房屋要給其他職工居住。『房子是給人住的，不是放書的。』王欣夫先生的夫人聞訊，一面急着想辦法處理，一面通知了徐鵬先生，並委託徐鵬先生處理這些資料。那時，復旦大學中文系高年資的教授，配有助手，以傳承他們的學術專業。徐鵬先生是王欣夫先生的助手。徐鵬先生聞訊，報告了系裏的領導，並向歷史系教授譚其驤先生請求幫助。譚先生是王欣夫先生的朋友，當時主持國家科研項目《中國歷史地圖集》的編纂，他把此事告知了當時在上海市分管文教系統工作的朱永嘉先生。因朱永嘉先生是復旦大學歷史系畢業的，知道王欣夫先生所藏文獻的價值，就指示復旦大學收下這批典籍。於是，復旦大學才准許收存這批文獻。

在這期間，王欣夫先生的家屬，曾和上海的古舊書店聯繫，取出了一部分藏書，送到那裏。餘下的藏書，經徐鵬先生和中文系領導商量，得到同意，從住所搬到中文系的一個辦公室中暫時堆放。徐鵬先生和當時中文系的領導一起，找出了一些王欣夫先生的主要著述稿本、日記等收藏，準備以後整理。後來，放在中文系的那些圖書又轉到了復旦大學圖書館。

這樣，王欣夫先生的遺留文獻，大致就分成爲這樣三部分：

一部分藏書，經上海古舊書店，流傳到了社會上。筆者未進復旦大學時，在工作之餘，常跑書店。記得在福州路的舊書店，曾看到過一部王欣夫先生批校的《郡齋讀書志》，當時尚不曉先生業績，且囊中羞澀，故未購下。今日回想，猶感遺憾。其他流傳市井的藏書，當還有不少。

另一部分，存復旦大學。其中有大量王先生的藏書、批校過的文本、不少江南地區著述的抄本和已經彙輯成書的著述，對照《蛾術軒篋存善本書録》便可知曉。王先生有個習慣，一部文稿，爲了防止流失，往往會花錢請人謄抄一份或兩份。所以現存于復旦大學圖書館的王欣夫先生的藏書中，會有和其原稿相同或相近的文本。近年不少整理出版的復旦大學所藏和王欣夫先生有關的文獻，大多出於這部分藏書。有的署上了王先生之名，有的則未署。可惜的是，復旦大學圖書館當時没有把先生的書設立專櫃收藏，有些書散雜在其他的藏書中了。

還有一部分，由徐鵬先生收藏。後來，徐鵬先生把王先生視爲鎮庫之寶的《積書岩摹古帖》、先生的日記、稿件等，歸還給家屬。家屬收藏的《摹古帖》、日記，流入市場，在市場上頗受歡迎。還有一些文稿，王先生的哲嗣王啟棟先生尊重母親原先的意見，仍請徐鵬先生處理，留存徐先生處。

這些文獻中，徐鵬先生整理出版了《文獻學講義》《藏書紀事詩補正》，並和鮑正鵠先生一起整理標點了王先生的代表著作《蛾術軒篋存善本書録》，由上海古籍出版社出版。並曾和學生一起整理出《蛾術軒篋存善本簡明目録》，油印若干，供學生學習和有關者參考，筆者曾參與其事。筆者後來也策劃整理出版了《顧千里集》，由中華書局出版。並由上海人民出版社影印出版了《蛾術軒篋存善本書録》的原稿本，受到好評。其他一些著述和散亂的文獻，徐鵬師因爲工作及健康原因，未及整理。在二十一世紀初，將這部分文獻，託付給筆者。

除了上述已經出版的，筆者對所收的王先生的著述，一直不敢忘懷。每當回想起先生們託付給我這些文獻時的神情，總感到責任的沉重。時而翻閲，並和友朋商討處置的方法。

這部《叢書》所收的著述，有的是王欣夫先生自己的著作，有的是彙集而成的前人之作，有的是親筆原稿，有的是請人抄録的稿本，有的是在稿本上又加以校改的本子，有的是稿本的影印件。大多没有明確的時間，據筆者推斷，成書的年代前後不一，前後相距幾十年。面對這些遺著，可以感受到先師立世治學的人生軌跡。

欣夫先生年輕時期，主要接受的是傳統經學教育，關注《四書》《五經》。《元貞本論語考證》，是這個時期學習研究的結晶。這一時期，欣夫先生曾師從金松岑，受到當時新思潮的影響。

中年時代，欣夫先生當然感受到社會的動盪。他當時所做的，正如傅增湘先生在《辛巳叢編序》中所言：『甲子（按：一九二四年）以後，家國多故，往日流風，寖以銷歇。未幾，欣夫乃會集同志，起而振之』，收集遺篇，彙聚出版，『甫閲數年，干戈忽起。艱難支拄，以迄於今』。並引用温廷敬《庚辰叢編序》中語，稱欣夫先生『拮据籌維，堅韌弘毅不可及』，『今大戰勃發（按：指太平洋戰爭），時局全非，財力之耗竭，百物之騰昂，非意計所可料』，典籍的出版費用『十倍前時』，依然『百計補苴，力肩此舉』，歷經各種波折，『傳古之業，艱巨如斯』，給與了欣夫先生相當高的評價。

民族存亡之際，王欣夫先在《八年叢編》中努力保存的這批歷史文獻資料，如《靖康稗史七種》《吴三桂記略》等，雖説其中有些著述的真僞，學界還有不同意見，但不乏可供研究參考者。而且，其中是否也包含着王欣夫先生内心蘊藏的、希望社會不忘這些歷史教訓的情懷呢？

中年以後，欣夫先生受先賢之託，整理遺稿。本書所收《許廎經籍題跋》，以及已經刊行的《許廎學林》《四庫全書總目提要補正》等，都是這一時期的産物。輯佚的《王隱晉書》，或也是這一時期之作。

中華人民共和國成立以後，先生學習了新的思想，對早年的著述，做了整理和總結。同時，也關心新的學術動態，《管子校釋》是這個時期的産物。

晚年，先生對自己的著述做了總結歸納。《蛾術軒篋存善本書録》是其代表作，而《積書岩摹古帖題跋》或也是在這一時期彙輯而成。

各個時代、每個人的人生追求、價值觀念都不盡相同。綜上所述，在這百年的時代大潮中，王欣夫先生自然不是站在風口浪尖上的弄潮兒。他被社會大潮挾裹著，並非指導時代方向的先鋒。但是，這並不意味着他没有自己的人生理念和價值判斷，没有對自身人生方式的選擇。

他做着自己力所能及的事，一生不離不棄，不隨波逐流，不見異思遷。在他遺留文字的字裏行間，可以感受到他在國家受到外敵侵略時的立場，可以察看到他追隨時代前進的足跡，可以領略到他秉存的道德理念及現實生活中的愛好和追求。先生的哲嗣王啟棟生前告訴筆者，他們兄弟四人，有的在美國、有的在我國香港、有的在内地，在醫學、建築、文物、電氣等領域，都學有所成，有所建樹。王欣夫先生爲此感到欣慰。這反映了他的家教，由此也可以看出王欣夫先生爲人的一個側面，映現了那個時代知識分子的一種生活方式。人間社會本來就是由各種不同類型的人物組成的。

在百年前，王欣夫先生做了選擇，一心一意，在古典文獻領域中，努力收集、執着探究。在二十世紀五十年代初，當時在文化部擔任領導職務的一位著名學者，想請他到北京大學任職，他謝絶了。可見，他即使有機會，也不企攀高枝，見異思遷。他留下的學術著述，保存彙輯的衆多文獻典籍，有的已被整理出版，還有不少尚待整理。在歷史的進程中，由於各種社會的、政治的、個人的原因，許多人和事都被抹殺或被遺忘，消散在歷史的長河中。但也總有人自覺地、或無意地把歷史上發生的事件、存在人物的有關文獻保存下來。這些文獻在當時或並不顯眼，無多實際用處，然而，任何人都無法斷言這樣的文獻可能具有的價值。這也許就是許多歷史文獻得以存在的原因和理由。

『人有遇與不遇，書也有遇與不遇』，每念及王先生這樣的話語，就令人感到一種淡然的超脱。這是先生對現實功利的一種態度。

對於王欣夫先生的著作和留存的文獻，二〇二一年，先生誕辰一百二十週年時，復旦大學舉辦過一個紀念活動，據説打算出版王欣夫先生的日記等。出版的事，後來具體進展如何，筆者因在海外，尚不得知。筆者在會上應邀做了書面發言。其中有這樣一段話：

在某種意義上，這也是對半個多世紀前，復旦大學處置王先生藏書的一種正式的反思。王先生的藏書文獻，從被棄之街頭到展於廳堂，經過時光的驗證，證明了這些藏書的價值，證明了王先生以其一生奉獻的學術事業的價值，也顯現了半個世紀以來，中國社會環境的變化和觀念的進步。

或可供大家共同思考。

王欣夫先生幾十年間被視爲『絶學獨傳』，鮮有人問津。他在近代中國學術史上的業績，漸漸被社會和學界認知。作爲再傳弟子的筆者，自然感到由衷的欣慰，雖然這未必是王欣夫先生追求的目標。

近年來，王先生的藏書和當初被棄置的文獻，受到的關注度在提升。有不少藏書已被用各種形式出版。有些年輕的朋友着手整理的一些著述，因爲目前現實的出版狀況，尚未刊出。復旦大學出版社的編輯顧雷，多年關注王欣夫先生的遺著，數次和我談起要出版這些遺稿，希望能够儘快出版。在這樣的情況下，我整理編輯了這部叢書。按理，應該對這些著述再做進一步整理研究，但隨着年齡的增長，精力的衰退，感到力不從心，因此採用影印的方式，先將著述按其原樣公諸於世。或可供有意願的同仁整理研究。在編纂的過程中，自然有許多不足之處，期待着方家的批評指正，也期待有更好的整理文本出現。

李　慶

二〇二四年春草于東京，七月修改

目録

許廎經籍題跋

《許廎經籍題跋》稿本提要

這是王欣夫先生整理編定的胡玉縉先生題跋之作。全書分爲八册，毛邊紙，無絲欄。每半葉十一行，行三十字左右。這是原來送到出版社的定稿本。出版社的編輯用紅筆做了批改和出版編輯加工。

胡玉縉（一八五九—一九四〇）字綏之。江蘇元和（今蘇州）人，清朝末年進士，民國初期學者，曾爲清末京師大學堂、民國初年北京大學教授。中國近代第一位國立歷史博物館籌備處主任。關於胡玉縉的生平，王欣夫先生撰有《吳縣胡先生傳略》（見《許廎學林》，中華書局一九五八年版）。

二十世紀三十年代後期，胡玉縉面對日本挑起『盧溝橋事變』、全面侵略中國的局勢，退出日本『東方文化委員會』主導的《續修四庫全書總目提要》的編纂工作。『痛心國事』，『浩然而歸』。（關於胡玉縉參與此事的經緯，可參見拙作《遠去的星光——胡玉縉先生的生平、學術和遺稿》）他回到故鄉蘇州，『卜宅光福鎮虎山橋』，閉門著述。對於收集到的清代乾隆以後的學術著作，也按《四庫全書總目提要補正》的體例寫了許多題跋，然而未及彙集成書，便謝世歸道山。

王欣夫先生三十歲前後，入胡玉縉之門，學習經學、目録學等，並收集江南地區的文人遺著，和其他學者一起，編纂《八年叢編》，陸續刊行。又輯有《思適齋題跋》《黄不烈題跋》等。後來將黄不烈、顧千里的著作，彙成《黄顧遺書》出版。他繼承胡玉縉先生的遺志，把胡玉縉先生的題跋彙集起來。編集整理成《四庫全書總目提要補正》《許廎學林》《四庫未收書目提要補正》《四庫未收書目提要續編》《許廎經籍題跋》等，合爲《許廎遺書五種》。（見王欣夫《吳縣胡先生傳略》）

因爲胡玉縉先生先後娶許氏、馮氏、范氏。曾居許家，故有此名。

這部《許廎經籍題跋》，是王欣夫整理編定的著作之一。關於此書的編纂，王欣夫先生説：《四庫全書總目提要》和阮元《四庫未收書目提要》『不録生存人著述』，『實則其時學者輩出，群經則别爲義疏，諸史則各有補苴，其他各類咸日新無已』，『於是凡乾隆修書後之著述，則别編爲《許廎經籍題跋》』。（《蛾術軒篋存善本書録》『甲辰稿』卷二）

關於此書的内容和意義，王先生指出：

每撰一篇，必於全書熟復數過，挈其菁華，博采群言，辨其是非，然後能發抒己見，折衷至當，而免鈔胥之誚。觀於每下條議，斷制謹嚴，雖若易易，而孰知其用心至苦。

竊謂雖使戴（震）、邵（晉涵）復生，不是過也。（出處同上）

可謂明確。

中華人民共和國成立之後，王欣夫先生隨着『院校調整』，進入正在擴大的復旦大學，爲文學部教授。和當時大多數留在中國内地的知識份子一樣，他誠心誠意地願意『學習新知識』。與此同時，也並没有忘記先師生前的囑託，繼續着整理出版胡玉縉先生遺稿的工作。經過數年努力，幾經波折，先出版了胡玉縉先生學術論文集《許廎學林》，又把《四庫全書總目提要補正》《四庫未收書提要補正》交付中華書局上海編輯所，于一九六二年出版。在中華書局上海編輯所的《四庫全書總目提要補正》的《前言》中就説明：胡玉縉先生除了已經出版的著作外，『還有《四庫未收書提要續編》和《許廎經籍題跋》（此書即清儒著述提要），遺稿亦經王欣夫先生整理就緒，將陸續予以出版』。可見這部《許廎經籍題跋》已經被中華書局上海編輯所（即上海古籍出版社的前身）接受。從現存原稿上編輯的紅筆批注『接下頁』等文字，可以看出。編輯已經對原稿做了全面處理，準備出版了。

但是到了二十世紀的六十年代，由於衆所周知的原因，此書被擱置下來，未能出版，退回給王欣夫先生。先生又在此原稿上做了若干補充和校正，比如目録部分，在『詩類』下，增補了顧成志撰的『治齋讀詩蒙説二卷』，有的做了改動；在正文中的題跋中，也做了若干修改補充，凡此等等，不一而足。成爲目前所見的狀況。

在二十世紀九十年代，有學者根據復旦大學所藏的抄本，整理出版了此書。但出版的本子和此定稿修改本，有不少出入。現將其原稿，不做任何文字修飾，影印出版。以見先生原著的本來面貌，以供關心此文稿的讀者和研究者參考。原來出版社的編輯在原稿上用紅筆所做的出版編輯標記，這次，則根據出版社的要求隱去。謹此説明。

李　慶

許廎經籍題跋 一

許廎經籍題跋目錄卷一

吳縣 胡玉縉 撰

後學 王大隆 欣夫 編輯

卷一

經部

易類

漢魏二十一家易注三十三卷 平湖孫堂輯

周易本義文徵二卷 歙吳曰慎撰

周易兼兩九卷 錢塘倪璠撰

周易纂不分卷 金壇鄒烈撰

易卦變圖說一卷 不著撰人名氏

易守三十二卷 歸安葉佩蓀撰

周易類經二卷 仁和吳顥芳撰

周易集解十卷 陽湖孫星衍撰

周易攷異二卷　長洲宋翔鳳撰
李氏易解賸義三卷　嘉興李富孫撰
周易推六卷　溧陽狄子奇撰
卦本圖攷一卷　績谿胡秉虔撰
易釋四卷　定海黃式三撰

書類

尚書既見三卷　武進莊存與撰
尚書餘論一卷　山陽丁晏撰
尚書傳授同異攷一卷　仁和邵懿辰撰
禹貢班義述三卷　寶應成蓉鏡撰

詩類

毛詩說四卷　武進莊存與撰
詩聲類十二卷　曲阜孔廣森
治齋讀詩蒙說二卷　□□顧成志撰

小學

一二二

四八

詩聲分例一卷 曲阜孔廣森

讀詩劄記八卷 當塗夏炘撰

詩小學三十卷補一卷 保山吳樹聲撰

詩書古訓六卷 儀徵阮元

卷十

二

目

四八

卷二

禮類一

周禮杜氏注二卷 漢緱氏杜子春撰—歷城馬國翰輯
周禮賈氏解詁一卷 漢平陵賈逵撰—歷城馬國翰輯
周官傳一卷 漢茂陵馬融撰—歷城馬國翰輯
周官馬融傳一卷 漢茂陵馬融撰—甘泉黃奭輯
周禮鄭氏音一卷 漢高密鄭玄撰—歷城馬國翰輯
周禮三家注(佚)一卷 瑞安孫詒讓輯
周官禮干氏注一卷 晉新蔡干寶撰—歷城馬國翰輯
周官禮異同評一卷 晉襄貴陳邵撰—歷城馬國翰輯
周禮徐氏音一卷 晉姑幕徐邈撰—歷城馬國翰輯
周禮李氏音一卷 晉江夏李軌撰—歷城馬國翰輯
周禮疑義四十四卷 仁和吳廷華撰
周官記五卷周官說五卷 武進莊存與撰
周禮漢讀考六卷 金壇段玉裁撰
周禮摘箋五卷 羅江李調元撰
周官學附周官辨非辨一卷 烏程沈夢蘭撰

三

周官故書疏證六卷 臨海宋世犖撰

周官參證二卷 太倉王寶仁撰

~~九旗古義述一卷 瑞安孫詒讓撰~~

周禮今釋六卷 南海桂文燦撰

周官箋六卷 湘潭王闓運撰

九旗古義述一卷 瑞安孫詒讓撰

周禮政要四卷 瑞安孫詒讓撰

右周禮之屬

卷三 禮類六

大戴喪服變除一卷 漢梁戴德撰 歷城馬國翰輯

冠禮約制一卷 漢樊何休撰 歷城馬國翰輯

鄭氏婚禮一卷 漢開封鄭衆撰 歷城馬國翰輯

鄭氏喪服變除一卷 漢高密鄭玄撰 歷城馬國翰輯

王氏喪服要記一卷 魏東海王肅撰 歷城馬國翰輯

儀禮疑義五十卷 仁和吳廷華撰

儀禮注疏詳校十七卷 餘姚盧文弨撰

儀禮漢讀考一卷 金壇段玉裁撰

儀禮蠡測十七卷 燕湖韋協夢撰
儀禮古今文疏證二卷 臨海宋世犖撰
儀禮經注疏正譌十七卷 嘉定金曰追撰
儀禮今古文異同疏證五卷 德清徐養原撰
儀禮古今文疏義十七卷 涇縣胡承珙撰
禮經通論一卷 仁和邵懿辰撰
右儀禮之屬

卷四 禮類三

禮記盧氏注一卷 漢涿郡盧植撰——歷城馬國翰輯
盧氏禮記解詁一卷 漢涿郡盧植撰——武進臧庸輯
盧植禮記解詁一卷 漢涿郡盧植撰——甘泉黄奭輯
禮記孫氏注一卷 魏樂安孫炎撰——歷城馬國翰輯
禮記音義隱一卷 口謝氏撰——歷城馬國翰輯
禮記范氏音一卷 晉陳留范宣撰——歷城馬國翰輯
禮記隱義一卷 梁灊何胤撰——歷城馬國翰輯
禮記沈氏義疏一卷 後周武康沈重撰——歷城馬國翰輯
禮記義證一卷 後魏彭城劉芳撰——歷城馬國翰輯

四

續禮記集說一百卷 仁和杭世駿撰

卷五 禮類四

夏小正集解一卷 高郵顧問撰

夏小正訓解四卷考異一卷通論一卷 太倉王寶仁撰

禮記外傳一卷 唐中山成伯璵撰—歷城馬國翰輯

禮記疑義十八卷 仁和吳廷華撰

禮記補注四卷 羅江李調元撰

禮記箋四十六卷 湘潭王闓運撰

禮記淺説二卷 善化皮錫瑞撰

檀弓辨誣三卷 當塗夏炘撰

王制訂一卷 井研廖平撰

王制箋一卷 善化皮錫瑞撰

禮運注一卷 南海康有為撰

夏小正攷注一卷 鎮洋畢沅撰

夏小正分箋四卷 錢塘黃模撰

夏小正異義二卷 錢塘黃模撰

夏小正通釋四卷 長樂梁章鉅撰

夏小正經傳集解四卷 長洲顧鳳藻撰

夏小正疏義四卷附釋音一卷異字記一卷 臨海洪震煊撰

夏小正正義一卷 安邱王筠撰

夏小正集說存說集說補四卷 黟縣程鴻詔撰
~~夏小正訓解四卷考異一卷通論一卷 太倉王寶仁~~
~~夏小正集解 卷 高郵顧開撰~~
夏小正箋疏四卷 懷寧馬徵麐撰
夏小正釋義十二卷 濰縣宋書升撰
夏時考訓蒙一卷 曲阜鄭曉如輯
七十二候表一卷 錢塘羅以智撰
七十二候考一卷 德清俞樾撰

右禮記之屬

卷六 禮類五

石渠禮論一卷 漢梁戴聖撰——歷城馬國翰輯
魯禮禘祫志一卷 漢高密鄭玄撰——歷城馬國翰輯
魯禮禘祫義一卷 漢高密鄭玄撰——鄞縣袁鈞輯
魯禮禘祫義一卷 漢高密鄭玄撰——甘泉黄奭輯
魯禮禘祫義疏證一卷 善化皮錫瑞撰
禮論難一卷 晉陳留范宣撰——歷城馬國翰輯
逆降義一卷 宋琅邪顏延之撰——歷城馬國翰輯

五

禮論條牒一卷 宋□□任預撰 — 歷城馬國翰輯
禮義答問一卷 南齊臨沂王儉撰 — 歷城馬國翰輯
禮疑義一卷 梁安成周捨撰 — 歷城馬國翰輯
禮統一卷 梁□□賀述撰 — 歷城馬國翰輯
明堂制度論一卷 後魏涿郡李謐撰 — 歷城馬國翰輯
釋疑論一卷 唐河南元行沖撰 — 歷城馬國翰輯
佚禮扶微五卷 山陽丁晏撰
三禮通釋二百八十卷 侯官林昌彝撰
禮書通故五十卷 定海黄以周撰
禮説六卷 定海黄以周撰
禮説略三卷 定海黄以周撰

右三禮總義之屬

一三七

鄦齋經籍題跋目錄卷七　　吳縣　胡玉縉　撰

四禮從宜六卷　東莞林蒼撰　　後學　王大隆　編

右雜禮書之屬

續編

周官記五卷周官說二卷補二卷　武進　莊存與

周禮故書疏證六卷　臨海宋世犖

儀禮古今文疏證二卷　臨海宋世犖

儀禮古今文異同疏證五卷　德清徐養源

儀禮古今文疏義十七卷　涇縣胡承珙

檀弓辨誣三卷　當塗夏炘

三禮通釋二百八十卷　侯官林昌彝

六

二七〇

大史部改書類

春
春秋類
周禮從宜六卷 東莞林埜
春秋上律曆表不分卷 錢塘范景福撰
公羊逸禮考徵一卷 長洲陳奐撰
五經總義類
春秋穀梁傳時月日書法釋例四卷 海州許桂林撰
經典文字攷異一卷 嘉定錢大昕撰
九經通借字攷十四卷 嘉定錢坫撰
經義知新記一卷 江都汪中撰
經義攷補正十二卷 大興翁方綱撰
詩書古訓六卷 儀徵阮元撰
唐石經校文十卷 烏程嚴可均撰
目耕帖三十一卷 歷城馬國翰撰
開成石經圖攷一卷 仁和魏錫曾撰
十七史經說十二卷 昭文張金吾撰
羣經平議三十五卷 德清俞樾撰

一四三

一〇七

許廎郵經籍題跋目錄卷之七

吳縣　胡玉縉　撰

後學　王欣夫（大隆）　編輯

卷七

經部　四書類

四書正事括略七卷附錄一卷　蕭山毛奇齡撰

四書逸箋六卷　應城程大中撰

四書改錯二十二卷　蕭山毛奇齡撰

大學說一卷　吳縣惠士奇撰

論語述何二卷　武進劉逢祿撰

論語孔注辨偽二卷　嘉興沈濤撰

艾氏四書注八卷　東鄉艾暢撰

論語正義二十四卷　寶應劉寶楠撰

戴氏論語注二十卷　德清戴望撰

卷五

七

四庫未收　入續編

一七九

論語後案二十卷 定海黃式三撰

樂類

樂述三卷 黃岡毛乾乾撰

小學類

爾雅補郭二卷 仁和翟灝撰

爾雅補注四卷 海寧周春撰

助字辨略五卷 濟寧劉淇撰

虛字說一卷 三原袁仁林撰

西域爾雅一卷 嘉定王初桐撰

右訓詁之屬

燕樂考原六卷 歙縣淩廷堪撰

入續編

入續編

助字辨略五卷 濟寧劉淇撰

虛字說一卷 三原袁仁林撰

乚三

二八

[illegible]經籍題跋目錄卷四

吳縣　胡玉縉　撰
後學　王大隆　編

卷四八
小學類二

說文五翼八卷　上虞王煦撰
說文解字群經正字二十八卷　餘姚邵瑛撰
說文解字注匡謬十五卷　元和徐承慶撰
說文義證五十卷　曲阜桂馥撰
席氏讀說文記十五卷　常熟席世昌撰
說文古本考十四卷　嘉興沈濤撰
說文答問疏證六卷　甘泉薛傳均撰

卷四

八

二五九

8 六書轉注說二卷 當塗夏炘撰

9 倣唐寫本說文木部箋異一卷 獨山莫友芝撰

10 說文逸字二卷 遵義鄭珍撰 附錄一卷 子知同撰

11 說文發疑六卷 安吉張行孚撰

隸篇十五卷續十五卷再續十五卷 掖縣東萊翟云升撰

全韻玉篇二卷 不著撰人名氏

太古元音四卷 晉陵是奎

右字書之屬

聲類四卷 嘉定錢大昕撰

六書音韻表五卷 金壇段玉裁撰

十三經音略十二卷 海寧周春撰

詩聲類十二卷 曲阜孔廣森撰

象形字譜二卷 金壇蔣和

詩聲分例一卷 曲阜孔廣森撰

書契原指三十二卷 山陰陳致煐

右韻書之屬

一四一

象形字譜二卷 金壇蔣和撰

書契原指三十二卷 山陰陳致煐撰

續編

讀易小傳一卷 錢塘馮李驊撰

讀詩小匡一卷 錢塘馮李驊撰

太古元音四卷 晉陵是奎編

一三三

許廎經籍題跋目錄卷五

蕭縣　胡玉縉　撰

後學　王欣夫　輯

卷九

史部

正史類

史記志疑三十六卷　仁和梁玉繩撰

後漢書補表八卷　嘉定錢大昭撰

三國志注補六十五卷　仁和趙一清撰

魏書地形志集釋三卷　烏程溫曰鑑撰

新舊唐書合鈔二百六十卷　歸安沈炳震撰　補正六卷　嘉興丁子復撰

舊唐書逸文十二卷　甘泉岑建功撰

舊唐書校勘記六十六卷　句容陳立等撰

漢書音義三卷　隋蘭陵蕭該撰　武進臧庸輯

九

二八一

遼史拾遺續三卷 震澤楊復吉撰

元史新編九十五卷 邵陽魏源撰

元史本證五十卷 蕭山汪輝祖撰

宋遼金元四史朔閏考二卷 嘉定錢大昕撰

十七史商榷一百卷 嘉定王鳴盛撰

廿二史劄記三十六卷附補遺 陽湖趙翼撰

編年類

竹書紀年集證五十卷叙略一卷 江都陳逢衡撰

續資治通鑑二百二十卷 鎮洋畢沅撰

歷代帝王年表不分卷 天台齊召南撰 儀徵阮福續編

永曆實錄二十六卷 衡陽王夫之撰

明紀六十卷 元和陳鶴撰

小腆紀年坿攷二十卷 六合徐鼒撰

東華錄三十二卷 湘源蔣良騏撰

一四八

三二

東華續錄四百二十五卷　長沙王先謙撰

東華續錄一百二十卷　上海朱壽明撰

四裔編年表四卷　美國林樂知、吴縣嚴良勳同譯，崇明李鳳苞彙編

紀事本末類

聖武記十四卷　邵陽魏源撰

三二

鄦齋經籍題跋目錄卷六

卷十

別史類

新舊唐書合鈔二百六十卷附補正六卷 歸安沈炳震撰 補正嘉興丁子復撰

史外八卷 無為汪有典撰

帝王廟謚年諱譜一卷 桐鄉陸費墀撰

雜史類

國策地名攷二十卷 歙縣程恩澤撰 溧陽狄子奇箋

戰國策釋地二卷 陽湖張琦撰

兩朝剝復錄校證六卷 當塗夏燮撰

明季北略二十四卷南略十八卷 無錫計六奇撰

江上遺聞一卷 江陰沈濤撰

江上孤忠錄一卷續錄一卷 江陰趙曦明撰 續錄江陰祝純嘏撰

江上孤忠錄一卷 江陰黃明曦撰

明季大略二十四卷南略十八卷 無錫計六奇撰

聖武記十四卷 邵陽魏源撰

國朝先正事略六十卷 平江李元度

詔令奏議類

賈長沙政事疏考補一卷 當塗夏炘撰

奏對筆記二卷舊題洪承疇撰

屠光祿疏稿四卷 孝感屠仁守撰

傳記類

許謨成竹十卷 當塗夏炘

鄭司農年譜一卷 陽湖孫星衍撰

歷代名人年譜十卷附存疑及生卒年月無攷一卷 南海吳榮光撰

鄭學錄四卷 遵義鄭珍撰

東林本末校注三卷 當塗夏炘撰

王右軍年譜不分卷 山陽魯一同撰

顧亭林先生年譜不分卷 平定張穆撰

閻潛邱先生年譜不分卷 平定張穆撰

一三六

七七

孫淵如先生年譜二卷 陽湖張紹南撰

抱冰堂弟子記不分卷 不著編者名氏

右名人之屬

歷代名人年譜十卷 南海吳榮光 當塗夏燮撰

東林本末校注三卷

人壽金鑑二十二卷 安東程得齡

表忠錄不分卷 不著編者名氏

國朝歷科題名碑錄附明題名碑錄 蔚州李周望初編

皇朝大臣謚迹錄四卷 餘姚邵晉涵撰

熙朝宰輔錄不分卷 吳縣潘世恩撰

國朝詩人徵略六十卷 番禺張維屏撰

國朝先正事略六十卷 平江李元度撰

國朝[illegible]人[illegible]略[illegible]二卷 滿洲[illegible]撰

右總錄之屬

十二

七七

一〇八

鄦廎經籍題跋目錄卷七

吳縣　胡玉縉　撰

後學　王大隆　編

史類

江上遺聞一卷　江陰沈濤

江上孤忠錄一卷　江陰黃明曦　後錄一卷　江陰祝純嘏

江上孤忠錄一卷　江陰黃明曦

表忠錄不分卷

蠡測彙鈔一卷　浮梁鄧傳安撰

出塞紀略一卷　常熟錢良擇撰

據鞍錄一卷　遼海楊應琚撰

卷七　十三

二四四

[illegible]

庚子西行紀事一卷 平賓唐晏撰

右雜録之屬

歷代帝王年表六卷 朱[illegible]齊召南撰 伍徵[illegible]福續編

帝王廟謚年諱譜一卷 桐鄉陸費墀

紀年通考十二卷 嘉秋葉維庚撰

紀元編四卷 武進李兆洛

政書類

皇朝謚法考五卷 歙縣鮑康撰

史姓韻編六十四卷 蕭山汪輝祖

九史同姓名略七十二卷 蕭山汪輝祖

三史同姓名錄四十卷 蕭山汪輝祖

卷十一

載記類

西魏書二十四卷 南康謝啟昆撰

西夏書十卷 海寧周春撰

西夏書事四十二卷 青浦吳廣成撰
日本源流攷二十二卷 長沙王先謙撰
渤海國志四卷 車賓唐晏撰

地理類一

乾隆府廳州縣圖志五十卷 陽湖洪亮吉撰
右總志之屬

湖南通志二百十九卷 餘姚翁元圻撰
廣西通志二百八十卷 南康謝啟昆撰
廣東通志三百三十四卷 儀徵阮元撰
乾隆紹興府志八十卷 漢軍李亨特撰
廣陵通典十卷 江都汪中撰
寶慶府志一百五十二卷 新化鄧顯鶴撰
江都縣志二十卷 平湖陸朝璣撰
孟縣志十卷 欽州馮敏昌撰
嘉慶山陰縣志三十卷 羅山徐元梅撰
鄞縣志七十五卷 鄞縣徐時棟撰

赤谿雜志一卷附霞城唱和集一卷 江陰金武祥撰

右都會郡縣之屬

卷十二

地理類二

水經注釋地四十卷補遺一卷水道直指一卷 新安歙縣張匡學撰

右河渠之屬

帝陵圖說四卷 南豐梁份撰

續山東考古錄三十二卷 滄州葉圭綬撰

唐兩京城坊考五卷 大興徐松撰

唐兩京城坊考校補記一卷 黟縣程鴻詔撰

右古蹟之屬

周處陽羨風土記一卷 金谿王謨原輯江陰金武祥補校

採硫日記三卷 仁和郁永河撰

右雜記之屬

七六

竹汀日記一卷 嘉定錢大昕撰

灕江日記一卷 游草一卷 江陰金武祥

右遊記之屬

赤溪雜志一卷 附寓賢城唱和集一卷 江陰金武祥

右雜記之屬

東朝太常謚迹錄四卷 餘姚邵晉涵

政書類

吾學錄初編二十四卷 南海吳榮光撰

東朝崇養錄四卷 大興徐松撰

皇朝謚法攷五卷 歙縣鮑康撰

紀年通攷十二卷 秀水葉維庚撰

紀元編四卷 武進李兆洛撰

右儀制之屬

卷末

十五

七六

一二三

鄦青經籍題跋目錄卷九

吳縣　胡玉縉　撰

後學　王大隆　編

卷十三

目錄　史類

卜　隋經籍志攷證十三卷　山陰章宗源撰

17　江陰藝文志二卷　江陰金武祥撰　校補一卷　江陰王家枚撰

1　絳雲樓書目四卷　常熟錢謙益撰

2　得月樓書目一卷　不著編輯名氏

3　好古堂書目四卷　仁和姚際恒撰

4　絳谷亭薰習錄三卷　錢塘吳焯撰

6　孫氏祠堂書目內編四卷外編三卷　陽湖孫星衍撰

7　古泉山館題跋一卷　嘉定瞿中溶撰

8　愛日精廬藏書志三十六卷續志四卷　昭文張金吾撰

拜經樓藏書題跋記五卷　海寧吳壽暘撰

十六

二六二

10 鐵琴銅劍樓藏書目錄二十四卷 常熟瞿鏞撰

11 清吟閣書目四卷 仁和瞿世瑛撰

12 寶書閣著錄一卷 湖州丁白撰

13 楹書隅錄五卷續編四卷 聊城楊紹和撰

14 儀顧堂題跋十六卷 歸安陸心源撰

15 儀顧堂續跋十六卷 歸安陸心源撰

16 善本書室藏書志四十卷附錄一卷 錢塘丁丙撰

江陰藝文志二卷校補一卷 江陰金武祥撰 校補江陰王家枚撰

18 靜嘉堂秘籍志五十卷 日本河田羆撰

藏書紀要一卷 常熟孫慶增

儒藏說一卷 歷城周永年

右經籍之屬

5 京畿金石考二卷 陽湖孫星衍撰

6 泰山石刻記一卷 陽湖孫星衍撰

2 武林金石記無卷數 不分 錢塘丁敬撰

武林石刻記八卷 錢塘倪濤撰

武林金石記不分卷 錢塘丁敬撰

唐昭陵石蹟攷略五卷 侯官林侗撰

鐵函齋書跋六卷 山陰楊賓撰

一三九

七五

武林石刻記八卷 錢塘倪濤撰

雍州金石記十卷附記餘一卷 仁和朱楓撰

唐昭陵石刻考略五卷 侯官林侗撰

鐵函齋書跋六卷 山陰楊賓撰

重刊景教碑文紀事考正一卷 番禺楊榮鋕撰

小蓬萊閣金石文字不分卷 錢塘黄易撰

右金石之屬

史評類

十七史商榷一百卷 嘉定王鳴盛撰

廿二史劄記三十六卷附補遺 陽湖趙翼撰

七七

七五

鄦齋經籍題跋目錄卷十

吳縣 胡玉縉 撰

後學 王大隆 編

卷十四

子部

儒家類

家語證僞十一卷 會稽范家相撰

顔氏家訓注七卷 江陰趙曦明

困學紀聞集證二十卷 黃岡萬希槐

困學紀聞參注十卷 奉新趙敬襄

緒言三卷 休寧戴震撰

孟子字義疏證三卷 休寧戴震撰

鑒古錄十六卷 仁和沈廷芳撰

孔子集語十七卷 陽湖孫星衍撰

法家類

弟子職集解一卷 武進莊述祖撰

兵家類

權謀錄四卷 崑山顧炎武撰

述朱質疑十六卷 當塗夏炘撰

訏謨成竹一卷 當塗夏炘撰

忱行錄一卷 仁和邵懿辰撰

卷十

十八

拜經日記十二卷 武進臧鏞堂

半巖廬日記五卷 仁和邵懿辰

北行錄十卷 仁和邵懿辰

群書辨疑十二卷 鄞縣萬斯同

群書拾補不分卷 餘姚盧文弨

唐述山房日錄 烏程盛朝勳

述朱質疑十六卷 當塗夏炘

敤經筆記一卷 元和陳倬

無邪堂答問五卷 義烏朱一新

字觸六卷 祥符周亮工撰

右雜學之屬

農家類

農丹一卷 江都張標撰

術數類

三才世緯一百卷 無名不著撰人名氏

太乙起例不分卷 不著撰人名氏

右占候之屬

一一九

一一三

鄦齋經籍題跋目録卷十一

栞縣 胡玉縉 撰

後學 王大隆 編

藝術類

書畫記六卷 徽州吴其貞撰

鐵函齋書跋六卷 山陰楊賓撰

石渠隨筆八卷 儀徵阮元撰

吴越所見書畫録六卷 婁縣陸時化撰

鳴野山房書畫記三卷 山陰沈啟溶撰

破鐵網二卷 海寧胡爾榮撰

一角編二卷 仁和周二學撰

賞延素心録一卷 仁和周二學

畫史彙傳七十五卷 長洲彭蘊璨撰

國朝書人輯略十二卷 滿州震鈞撰

玉雨堂書畫記四卷 仁和韓泰華撰

十九

右書畫之屬

玉雨堂書畫記四卷 仁和韓泰華

國朝書人輯略十二卷 滿洲震鈞撰

續三十五舉一卷 曲阜桂馥撰

右篆刻之屬

玉紀一卷 江陰陳性撰 補一卷 武進劉心珏撰

譜錄類 卷十五

古泉叢話三卷附錄一卷 錢塘戴熙撰

陽羨茗壺系一卷 明江陰周高起

右器物之屬

洞山岕茶系一卷 明江陰周高起

荔文譜一卷 江陰陳鼎撰

右草木禽魚之屬

秋窗隨筆一卷 武功馬位

覺非盦筆記八卷 長洲顧鞏

宇觽六卷 祥符周亮工撰

右雜技之屬

酒史續六卷 不著撰人名氏

右食譜之屬

雜家類一

顏氏家訓注七卷 江陰趙曦明撰

浮邱子十二卷 益陽湯鵬撰

右雜學之屬

半巖廬日記五卷 仁和邵懿辰撰

一三二

日耕帖三十卷 歷城馬國翰

群經平議三十五卷 德清俞樾

困学纪聞參注一卷 奉新趙敬襄撰

困学纪聞集證二十卷 黄岡萬希槐撰

羣書疑辨十二卷 鄞縣萬斯同撰

竹汀日記鈔三卷 嘉定錢大昕撰 錢塘何元錫編

羣書拾補不分卷 餘姚盧文弨撰

拜经日記十二卷 武進臧鏞堂撰

唐述山房日錄四卷 烏程嚴朝勲撰

敤經筆記一卷 元和陳倬撰

無邪堂答問五卷 義烏朱一新撰

右雜考之屬

一〇九

鄦齋經籍題跋目録卷十二

吴縣　胡玉縉　撰

後學　王大隆　編

卷十六

雜家類二

咲香閣隨筆二卷　舊題江陰李介撰

柳南隨筆六卷續筆四卷　常熟王應奎

姚生叢錄十卷　興化李詳

天咫偶聞十卷　滿洲震鈞

因樹屋書影十卷　祥符周亮工撰

澹餘筆記一卷　安邱曹申吉撰

雜屋書見一卷　仁和汪雖憲撰

廣陽雜記五卷　大興劉獻廷撰

思補堂筆記十二卷　吉林英和

卷十七

二十一

儒藏說一卷　應城周永年撰

柳南隨筆六卷續筆四卷　常熟王應奎撰

藤陰雜記十二卷　烏程戴璐撰

覺非盦筆記八卷　長洲顧莼撰

小滄浪筆談四卷　儀徵阮元撰

定香亭筆談四卷　儀徵阮元撰

二四八

恩福堂筆記二卷 吉林英和撰

思補齋筆記八卷 吳縣潘世恩撰

玉麈集二集 陽湖洪亮吉撰

秋窗隨筆一卷 武功馬位撰

藤陰雜記十二卷 烏程戴璐

桐陰清話八卷 臨桂倪鴻撰

退庵隨筆一卷 仁和沈映鈐撰

鷗堂日記三卷 祥符周星譽撰

盾鼻隨聞錄八卷 吳縣汪堃撰

海天琴思錄八卷 侯官林昌彝撰

玉井山館筆記一卷 上元許宗衡撰

粟香隨筆八卷二筆八卷三筆八卷四筆八卷五筆八卷 江陰金武祥撰

不遠復齋見聞雜志十卷 吳縣張廷驤撰

古今圖書集成一萬卷 常熟蔣廷錫等撰

一三九

卷十七 雜家類三

媿生叢錄二卷 興化李詳撰

右雜說之屬

常[illegible]錄二卷[illegible]二學撰

右雜品之屬

藏書記要一卷 常熟孫慶增撰

一〇七

卷十七

雜家類三

藏書記要一卷 常熟孫從添撰

賞延素心錄一卷 仁和周二學撰

右雜品之屬

紅豆莊雜錄一卷 舊題常熟錢謙益撰

古今圖書集成一萬卷 常熟蔣廷錫等撰 侯官陳夢雷編

說部新書不分卷 海昌許焞編

金屑錄不分卷 仁和吳穎芳編

緒谷雜鈔六卷 錢塘吳焯編

玉函山房輯佚書六百九十七卷補遺二十一卷 歷城馬國翰撰

玉几山房聽雨錄一卷 鄞縣陳撰撰

守一齋筆記四卷二筆一卷 江陰金捧閶

紅豆莊雜錄一卷 常熟錢謙益撰

金屑錄不分卷 仁和吳穎芳

卷十三

金屑錄不分卷 仁和吳穎芳撰

紅豆莊雜錄一卷 舊題

說部新書不分卷 海

緒谷雜鈔六卷 仁和吳

玉函山房輯佚書六百

右雜纂之屬

類書類

史姓韻編六十四卷 蕭山汪輝祖撰

九史同姓名略七十二卷 蕭山汪輝祖撰

三史同名錄四十卷 蕭山汪輝祖撰

人壽金鑑二十二卷 安東程得齡撰

雜家類

小說類

巾箱說一卷 會稽金埴撰

鷃亭詩話一卷 江陰屠紳撰

盾鼻隨聞錄八卷 吳縣汪堃撰

右雜事之屬

天咫偶聞十卷 滿洲震鈞撰

撰

編

二十二

二三〇

山海經箋疏十八卷圖讚一卷訂譌一卷 棲霞郝懿行撰

守一齋筆記四卷二筆一卷 江陰金捧閶撰

鑒古錄十六卷 仁和沈廷芳

右異聞之屬

大續錄

海天琴思錄八卷 侯官林昌彝

道家類

太上感應篇注二卷 元和惠棟撰

華嚴經音義四卷

古泉山館題跋十卷 嘉定瞿中溶

拜經樓藏書題跋記 海寧吳騫

儀顧堂題跋十六卷 歸安陸心源

儀顧堂續跋十六卷 歸安陸心源

山海經箋疏十八卷圖贊一卷訂譌一卷 棲霞郝懿行

鴞亭詩話一卷 江陰盾紳

一三三

一二五

鄦齋經籍題跋目錄卷十四

吳縣 胡玉縉 撰

後學 王大隆 編

卷十八 集部 別集類一

蘇詩補注八卷 大興翁方綱撰

天香閣集十卷 江陰李介

壯悔堂文集十卷遺稿一卷 睢陽侯方域撰

獨漉堂集二十二卷 順德陳恭尹撰

飲水詩集一卷飲水詞集一卷 正黃旗性德撰

茨村詠史新樂府二卷 山陰胡介祉

寒支初集八卷二集六卷 寧化李世熊撰

天香閣集一卷 江陰李介撰

陸桴亭先生詩集十卷 太倉陸世儀撰

蘭窩雜稿一卷 仁和沈昀撰

洪文安公小隱集一卷 宋鄱陽洪遵撰 仁和勞格輯

洪文敏公集八卷 宋鄱陽洪邁撰 仁和勞格重訂

清河集七卷附錄一卷 元清河元明善撰 江陰繆荃孫輯

靜軒集五卷附錄一卷 元高唐閻復撰 江陰繆荃孫輯

菊潭集四卷 元順陽孛术魯翀撰 江陰繆荃孫輯

習是堂文集二卷附自訂年譜一卷 常熟曾倬撰

望溪文集十八卷集外文十卷補遺二卷年譜二卷 桐城方苞撰 戴鈞衡補編

二十四泉草堂集十二卷 歷城王苹撰

方望溪文集補遺一卷 桐城方苞撰 榮成孫葆田補輯

二十三

二八二

笛漁小藁十卷 秀水朱昆田撰
茨村詠史新樂府二卷 山陰胡介祉撰
梧園詩文集不分卷 錢塘吴農祥撰
梅谿文集六卷 懷寧方都秦撰
六峯閣手藁一卷 秀水朱稻孫撰

孟鄰堂文鈔十六卷 武進楊椿撰
彭芝庭先生集十八卷附錄一卷 長洲彭啓豐撰
青谿文集十二卷 上元程廷祚撰
沙河逸老小稿六卷嶰谷詞一卷 祁門馬曰琯撰
南齋集六卷詞二卷 祁門馬曰璐撰
鮚埼亭集三十八卷外編五十卷 鄞縣全祖望撰
鮚埼亭詩集十卷 鄞縣全祖望撰
補蘿詩鈔二卷 元和馬焓
道古堂文集四十八卷詩集二十六卷 仁和杭世駿撰
樗崖居士文集二十卷外集八卷 建寧朱仕琇撰
紀文達公集十六卷 獻縣紀昀撰

卷十九 集部 別集類一

青谿文集十二卷 上元程廷祚撰

一五七

二七

春融堂集六十八卷 青浦王昶撰

夢餘詩鈔二卷 山陰邵無恙撰

學福齋集五十七卷 華亭沈大成撰

補蕃詩鈔二卷 元和馬焓撰

卷十九

集部

別集類二 下頁排

結埼亭集三十八卷外編五十卷 鄞縣全祖望撰

結埼亭詩集十卷 鄞縣全祖望撰

道古堂文集四十八卷詩集二十六卷 仁和杭世駿撰

沙河逸老小稿六卷嶰谷詞一卷 祁門馬曰琯撰

南齋集六卷詞二卷 祁門馬曰璐撰

青谿文集十二卷 上元程廷祚撰

梅崖居士文集三十卷外集八卷 建寧朱仕琇撰

紀文達公集十六卷 獻縣紀昀撰

卷二十四

二十四

二七

鄦齋經籍題跋目錄卷十五

吳縣 胡玉縉 撰
後學 王大隆 編

集類

卷二十

別集類三

五百四峯堂詩鈔二十五卷 順德黎簡撰
二勿齋文集六卷 侯官謝金鑾
賴古齋文集八卷 武進湯修業撰
拜經堂文集四卷 武進臧鏞堂
小謨觴館集十七卷 鎮洋彭兆蓀
白雲草堂集十卷 武進孟星垣
學福齋集五十七卷 華亭沈大成
寸心知室全書九卷 蕭山湯金釗撰
邃雅堂集十卷 歸安姚文田撰
程侍郎遺集十卷 歙縣程恩澤
澤古齋文鈔三卷補遺一卷詩鈔一卷 武進吳士模
賴古齋文集八卷 武進湯修業
五百四峯堂詩鈔廿五卷 順德黎簡

一四二

三二

鑑止水齋集二十卷 德清許宗彥撰

小萬卷齋詩文藁七十三卷 涇縣朱琦撰

卷十五

二十八

三二

一二六

鄦齋經籍題跋目錄卷十六

吳縣 胡玉縉 撰

後學 王大隆 編

集類

養一齋文集二十五卷 陽湖李兆洛撰

邁堂文略四卷 上高李祖陶撰

萬善花室集十二卷 大興方履籛撰

篤慎堂燼餘詩稿二卷附文稿 江陰金諤撰

澹盦自娛草二卷附仲安遺草 江陰金應澍撰

蛾術堂集不分卷 蕭山沈豫撰

退庵賸稿一卷 仁和沈映鈐撰

通甫類稿四卷續編十卷 山陽魯一同撰

程侍郎遺集初編十卷 歙縣程恩澤撰

强太守上當事三書一卷 韓城張望春撰

拜經堂文集四卷 武進臧鏞堂撰

江鄭堂河賦注一卷 原題錢坤注

小謨觴館集十七卷 鎮洋彭兆蓀撰

白雲草堂集十卷 武進呂星垣撰

澤古齋文鈔三卷補遺一卷詩鈔一卷 武進吳士模撰

頤采堂文集十六卷 武進湯修業撰

卷二十一 別集類四

卷十六

二十七

二八〇

~~棠杏書屋詩文牘二卷 元和宋體淳~~
~~真意齋詩鈔四卷 桐鄉陸費瑔~~
~~休畬草堂遺稿一卷 湖州費丹旭~~
~~古微堂內外集九卷 邵陽魏源~~
因寄軒文初集十卷二集六卷補遺一卷 上元管同撰
落帆樓文集二十四卷補遺一卷 烏程沈垚撰
蘿摩亭文鈔一卷 徐溝喬松年撰
榴實山莊遺稿十卷 泰興吳存義撰
汪梅村先生集十二卷外集一卷 江寧汪士鐸撰
通義堂文集十六卷 儀徵劉毓崧撰
蓬萊閣詩錄四卷 元和陳克家撰
睦州存稿九卷 山陽丁壽昌撰

卷二十一 別集類四

半巖廬遺集不分卷 仁和邵懿辰撰
盾鼻餘瀋不分卷 湘陰左宗棠撰
通甫類藁四卷續編二卷 山陽魯一同撰
曾文正公文集四卷 湘鄉曾國藩撰
古微堂集九卷 邵陽魏源撰
樂志堂文集十八卷續集二卷 南海譚瑩撰

一五四

四〇

勿待軒文集存稾十卷詩集存稾四卷 大荔馬先登撰

樂志堂文集十八卷續集二卷 南海譚瑩

真意齋詩鈔四卷 桐鄉陸費瑔撰

葉香書屋詩文稿二卷 元和宋體淳撰

依舊草堂遺稾一卷 湖州費丹旭撰

集十六

二十八

四〇

一二〇

郘亭經籍題跋目錄卷十七

吳縣　胡玉縉　撰
後學　王大隆　編

卷二十三

集類　別集類十

曾文正公文集四卷　湘鄉曾國藩

盾鼻餘瀋不分卷　湘陰左宗棠

半巖廬遺集不分卷　仁和邵懿辰

通義堂文集十六卷　儀徵劉毓崧

續東軒遺集三卷　秀水高均儒

強太守上當事三書一卷　蘄城強望泰

友竹草堂文集五卷　玉田蔣慶第撰

卷十七

二十九

二六五

退菴賸稿一卷 仁和沈映鈐

水雲樓賸稿一卷 江陰蔣春霖

江鄭堂河賦注十卷 錢坤

小酉腴山館詩文鈔九卷外集四卷詩鈔二卷續編三編四編各二卷 沅陵吳大廷撰

儀顧堂集十六卷 歸安陸心源撰

虛受堂文集十六卷詩存十七卷書札二卷 長沙王先謙撰

古紅梅閣遺集八卷 江山劉履芬

丑津閣文略九卷 大興胡薇元

陶廬雜憶五卷 江陰金武祥

梅谿文集六卷 懷寧方恭

續東軒遺集三卷 秀水高均儒撰

冰雲樓賸稿一卷 江陰蔣春霖撰

一四五

八二

校經室文集六卷 榮成孫葆田撰

琴鶴山房遺稾八卷 秀水趙銘撰

雁影齋詩不分卷 湘鄉李希聖撰

玉津閣文略九卷 大興胡薇元撰

古紅梅閣遺集八卷 江山劉履芬撰

容讀齋詩鈔五卷雜文鈔二卷 江陵鄭世蛀撰

縈清樓集四卷 東湖楊毓秀撰

郎園北遊文存一卷 長沙葉德輝撰

陶盧雜憶一卷 江陰金武祥撰

雜憶續詠一卷續憶補詠一卷後憶一卷五憶一卷

照仁筆舫

卷十七

三十

八二

許廎經籍題跋目録卷十八

吴縣 胡玉縉 撰

後學 王大隆 編

卷二十二

總集類一

全上古三代秦漢三國六朝文七百四十六卷 烏程嚴可均

文選集釋二十四卷 涇縣朱珔撰

文選旁證四十六卷 長樂梁章鉅撰

元人小集十二卷 不著編輯名氏

列朝詩集八十一卷 常熟錢謙益編

遺民詩十六卷附近青堂詩一卷 漢軍卓爾堪編

明詩兼不分卷 歸安韓純玉編

近詩兼前集五卷二集附逸集今詩集不分卷 歸安韓純玉撰編

卷十

三十一

一三〇

詩倫二卷新安汪徽𠍶編
國朝二十四家文鈔二十四卷歸安徐斐然編
小石帆亭五言詩續鈔九卷大興翁方綱𠍶編
焦山紀遊集一卷祁門馬曰琯編𠍶
林屋唱酬集一卷祁門馬曰琯編𠍶
湖海文傳七十五卷青浦王昶編中
湖海詩傳四十六卷前人青浦王昶編
讀雪山房唐詩三十四卷武進管世銘𠍶編
國朝駢體正宗十二卷南城曾燠編
蘀鹿床選宋元四家詩錢塘戴熙
國朝二十四家文鈔二十四卷歸安徐斐然
八家四六文鈔九卷全椒吳鼒編
全上古三代秦漢三國六朝文七百四十六卷烏程嚴可均輯

鄦廎經籍題跋目錄卷十九

吴縣　胡玉縉　撰

後學　王大隆　編

卷二十三

總集類二

金文最一百二十卷　昭文張金吾

國朝駢體正宗十二卷　南城曾燠

詩藥香火叢閒　卷　山陰沈復粲

沅湘耆舊集二百卷　新化鄧顯鶴編

清尊集十六卷　錢塘汪遠孫編

國朝文錄八十二卷續錄六十七卷　上高李祖陶編　三十二

國朝文錄八十二卷　婁縣姚椿　卷十九

國朝□四家文鈔二十四卷　□□徐□□編

戴鹿牀選宋元四家詩四卷　錢塘戴熙

國朝文錄八十二卷 婁縣姚椿編
金文最一百二十卷 昭文張金吾編
詩業香火證四口卷 山陰沈復燦編

湖南文徵一百九十卷 湘潭羅汝懷編
古謠諺一百卷 秀水杜文瀾編
金陵文徵十六卷 江寧陳作霖編
辨志文會課藝初集不分卷 上元宗源瀚編

四九

一一九

鄦齋經籍題跋目錄卷二十

吳縣 胡玉縉 撰

後學 王大隆 編

卷二十四

詩文評集類

卷二十

三十三

二二九

隨園詩話十六卷、補遺四卷 錢塘袁枚撰

五代詩話

消寒詩話一卷 金匱秦朝釪撰

全唐詩話續編二卷 石門孫濤

山靜居詩話一卷 石門方薰

石洲詩話八卷 大興翁方綱撰

北江詩話六卷 陽湖洪亮吉撰

拜經樓詩話四卷 海寧吳騫撰

茗香詩論一卷 仁和宋大樽撰

蓮坡詩話一卷 宛平查為仁

山靜居詩話一卷 石門方薰撰

隨園詩話十六卷補遺四卷 錢塘袁枚

達觀堂詩話八卷 善化張晋本撰

一三

一一七

國朝詩人徵略六十卷 番禺張維屏
小滄浪詩話四卷 含山張燮承撰
全唐詩話續編二卷 石門孫濤撰
峴傭說詩一卷 不著撰人名氏
停雲閣詩話八卷 侯官李家瑞撰

詞曲類

飲水詩集一卷飲水詞集一卷 正黃旗性德
王琴齋詞不分卷 蘭皋余懷撰
金梁夢月詞二卷懷夢詞一卷 祥符周之琦撰
右詞集之屬
白香詞譜箋四卷 南海謝朝徵箋 靖安舒夢蘭編
右詞譜之屬
律呂元音二卷 宗室永恩撰
右詞譜詞韻之屬
玉函山房輯佚書六百卷 歷城馬國翰

卷二十七

三十四

一一七

目録廿卷 共三十五頁 計字五千六百九十

許廎經籍題跋卷一

吳縣 胡玉縉 撰
後學 王欣夫 輯校

經部

易類

漢魏二十一家易注三十三卷 壬戌

漢魏二十一家易註三十三卷，平湖孫堂輯，堂字步升，（嘉慶辛酉舉人。）其書搜采二十一家周易佚註，各註根據，閒附考訂，頗為審慎。凡子夏易傳、孟喜周易章句、京房周易章句、馬融周易傳、荀爽周易註各一卷，鄭康成周易三卷、補遺一卷，劉表周易章句、宋衷周易註、陸績周易述、董遇周易章句各一卷，虞翻周易註十卷，王肅周易註、姚信周易註、王廙周易註、張璠周易集解、向秀周易義、干寶周易註、蜀才周易、翟元周易義、九家周易集註、劉瓛周易義疏各一卷。其傳、註、述、章句、集解、義疏各書名，悉依釋文序錄體例，尤協。昔余蕭客撰經解鉤沈，以釋文及趙汝楳輯聞、史繩祖學齋佔畢所引虞注，列於李鼎祚集解所引虞注之前，真僞倒置；堂但據集解所引而斥其餘為誤，此類殊為有識。書刊於嘉慶四年，考張惠言周易鄭氏注、周易鄭荀義、虞氏易義及易義別錄諸書，嘉慶八年阮元為之刊刻，其成書先後不可知，而是本實較張氏為先出。今張氏箋易詮全集流傳雖少，而頗藉學海堂本以行，此本則在若存若亡間，錄而存之，庶掇拾之功不致終於湮没焉。

一五七

三三三

周易本義爻徵二卷 庚申

周易本義爻徵二卷，歙吴曰慎撰。曰慎字徽仲。親敬庵諸生。四庫存目有吴敬庵周易本義翼，提要不知何人者，即曰慎也。是編取上下數千年事合之各爻，以明其吉凶悔吝之理。前有康熙甲子自序稱「先儒已言者十之三，今所採輯者十之七」云云。案：箕子之貞、鬼方之伐、帝乙之歸妹，周易明著其人，則三百八十四爻自可例推，惟未能一一印證，故是書於乾上「見羣龍无首」、坤上「利永貞」、蒙初「發蒙」、需五「需于酒食」及訟初、訟二、訟三之類，亦泛言而無所徵明。又李鼎祚集解載干寶坤五注謂「若成昭之主，周霍之臣」，程頤易傳則以為羿莽、媧武非常之變，是書以朱熹本義為宗，故有堯允恭、舜溫恭、文王懿恭之語，亦有不盡從本義者。如師上引朱熹別説，不必論。升四以為文王、武王為諸侯時祭封内山川之事，周公追稱為王，則本義初不言文武祭山川也。本義云：「自周而言，岐山在西。凡筮祭山川者得之。」云云，皆泛言耳。

周易本義爻徵 一頁 四四四

其他以「乾四或躍」爲如堯崩舜避堯之子，舜崩禹避舜之子，「乾上九亢龍」爲如堯、舜之子皆不肖，亦盛極而衰，皆屬支離。於「大過初六」云：「如彭祖觀井，先以輪蓋井上，又以繩繫身而繫於木，然後觀之，過於畏慎者也。」更强爲傅會，然大旨在學易寡過，則無悖於君子也。其書向祇有稿本，道光庚子李氏始刊入惜陰軒叢書云。

一二二

十　二一四

周易兼兩九卷

周易兼兩九卷

錢塘倪璠撰。璠有庚子山集注，四庫已著錄。是書首論三古易，次易含三義，附錄周易正義八論，次總論二十九卦，次論易律度，次論易歷數，次走易正法辨誤，次反兌成艮說，次筮儀，次廣師春，次廣說卦。大抵發撝占筮之義，為漢儒之易，非宋儒之易。雖雜引緯書，如易上有變易一義，簡易、不易皆非其義，不能有所辨正，而推闡詳明，悉根據舊義，迥非肊說者可比，頗足以資參考。其名兼兩者，以易雖占人事，兼仰觀俯察為義，蓋取諸繫辭語也。此江南圖書館所藏鈔本，據序尚有天象賦一篇，此本已佚，未知藏書家有無別本可以校補也。

周易兼兩　二一四

周易纂不分卷

周易纂不分卷，金匱鄒烈撰，烈字承楊，雍正乙卯舉人。是編以程頤易傳、朱熹本義為主，而於漢、唐及宋、元、明儒之說，采其長者附益之，不專談義理，亦不墨守象數，頗有裨於初學。其對卦六圖本胡一桂之說而推闡之，可備一義，亦異乎消息旁通、展轉牽合者矣。此江南圖書館所藏精鈔本，孜光緒無錫、金匱縣志不載其書，僅於選舉表一列其人，是宜錄之，俾姓名不致湮沒焉。

易卦變圖說一卷　乙未

易卦變圖說一卷，不著撰人名氏，據咸豐庚申沈映鈐刊本跋，知其曾祖於乾隆丙辰從全祖望處鈔得，或疑即全氏所著，而沈氏據經史問答於易變深斥來知德之繁溷，是編則謂來氏錯綜之法最有綱要，以為非全氏之書。其說良是。今案書中有「丁未春與史漢老會於西湖陳時夏之寓亭談易」語，丁未為雍正五年，則作者亦康、雍、乾間人也。其書自漢、魏、六朝以訖近人毛奇齡之言卦變者，有圖則仍其圖，無圖則就其說以為之圖，皆有辨難，而以黃宗羲卦變論為不可易，又於諸家之不喜言卦變者，以為似高而實謬。竊謂說易而純取動變，遂使爻無定象，經無定詁，易之本指，斷不如是。黃氏據泰、否彖詞「小往大來」、「大往小來」，謂從反對中明彼此往來倚伏之理，非以此卦生彼卦，又非以彼爻換此爻，其說致為精覈。又謂乾、坤諸卦不可反對，而反其奇耦以相配，又未嘗

陳漢章謹案：經史問答並無斥來氏錯綜語，不過言其互卦雜例，非卦變也。

不暗相反對，『則於彖詞之意似戾，而於繫辭所謂『不可為典要，惟變所適』者，亦祇合其下句，而不合其上句，不如江永羣經補義但舉二十二卦之為得。是書揮斥各家，獨從黄説，凡支離破碎之弊，已摧陷廓清，因引江説進之如右。

八八

易守三十二卷 辛酉

易守三十二卷，歸安葉佩蓀撰。佩蓀字丹穎，號辛麓，別號聞沚，乾隆甲戌進士，官至湖南布政使，以事降知府，遂告歸。是書依經詮次，彖象各繫於卦文之下，章解句釋，每卦之終，更標舉大義，參互衆說以為之證，而不及繫辭、說卦諸傳。卷首又别為總論一卷，抉全經之要旨，明諸卦之定位，大致兼綜象理，以為乾坎艮震以主陰乎內，巽離坤兌以從陽乎外，天之本然也，易以乾坤為體而二氣以乾為元，聖道之異乎老、釋者，乾德也。三聖人所言者不可增損一字，所未言者亦不敢加。故凡卦氣、爻辰、卦變、納甲、河洛、先天諸說，概從刪薙。京、費、鄭、荀、虞、王、程、朱皆所不滿，而駁詰荀、虞為尤甚，頗能掃除紛紜轇轕之弊。其中名言奥論，亦能得陰陽消息之理，惟以為三聖人之易在是，殆不其然。當時如沈起元周易孔義集說、王又樸易翼述信諸書，其命意大率如是，而玩索有得，佩蓀固視起元等為多也。李慈銘孟學齋日記議其無家法，又以胡煦函書相比擬，謂「識力出胡書之上，故持議較確，舉例較嚴，無其迂蒙之習，而自信過專，棄取太決，故亦不如胡氏之尚有程、朱家法」，「不知易具象理，正不必倚於一偏，胡書與程、朱頗有異同，亦未見其泥守家法，所論似未中其要。」又謂「但以為昭代一家之書，自不可廢，若云獨守孔子之傳，則吾未敢信也」，斯言得之矣。其書前有張師誠、潘世恩諸序，道光壬辰其子紹本始鋟諸梓，朱珪知足齋文集中葉君墓誌銘，稱是書四十卷，當是一時未覈之數耳。

一九八

周易類經二卷 庚申

周易類經二卷，仁和吴顥芳撰。顥芳字西林，因居臨江鄉，自號臨江鄉人。嘗一赴童子試，爲隸所訶，遂不復應試。是書不全載經文，惟就有所解説者箸之，大致闡明人事，不穿鑿支象，亦不拘執訓詁，雖未必盡合經義，而尚不失聖人作易之本旨。此江南圖書館所藏鈔本，乃何元錫從稿本録出者。王昶春融堂集有顥芳小傳，載其所箸吹豳録、説文理董諸書，而不及是編，蓋偶遺之矣。布衣

周易集解十卷 庚申

周易集解十卷，陽湖孫星衍撰。星衍字淵如，號季逑，乾隆丁未一甲二名進士，官至山東督糧道。是編首列李鼎祚集解，曰解；次列王弼注，曰注；又次曰集解，則星衍采集書傳所載馬融、鄭玄諸人之注及史徵口訣義中古注，以補李書者也。前有嘉慶戊午自序，稱「左右采獲，畢以田之功居多，周篤、牛鈞及其子廉夫互加校勘，以助予之不及」，是此書出星衍一人之手，序并自注駁正前人說頗多，惟易有三名及周公作文辭，仍沿舊謬。其文不載本集中，豈畢等代撰。○其綱羅放失，洵有功於古學，足與李書並傳。惟李富孫撰李氏易解賸義，限於三十六家，視此書已多一百餘條，知采綴尚有遺漏。○文選蜀都賦「百果甲宅」，李善注引鄭注云云，陳倬數經筆記云「鄭注之宅為毛之假借。『宅，居也』三字，乃崇賢誤以宅之本義為訓，非鄭氏注。鄭氏以根為宅，豈有訓宅為居而自相矛盾之理？後之輯鄭注者兼輯此三字，而鄭義晦」。今此書

○陳漢章達案：自序但言三易，未及易有三名。○
○王欣夫謹案：畢氏文凡已刻入本書者，多不載本集，非由代撰也。

亦輯此三字，知抉擇而尚未精詳，然漢、魏、晉、唐諸家已佚之説，李書外藉是以存梗概，殘膏賸馥，沾溉無窮，其功不在李氏下。此岱南閣自刻本。咸豐乙卯伍氏粤雅堂重刊本，未明其李解、王注並列，意在使學者觀其所聚，循覽易明，竟行刪去，但錄星衍所輯，署曰孫氏周易集解，失其指矣。

一〇

卦本圖攷一卷 己未

卦本圖攷一卷，績溪胡秉虔撰。秉虔字春喬，為績溪三胡之一。（伯敬號，嘉慶己未進士，官甘肅丹噶爾同知）案卦變為易中一大義，而自漢以來言人人殊，或以正變，或以反對，或以旁通，或以乾坤為主，或以兩爻互移，或兼宗六子，或專主十辟，或以一爻至六爻遞變為次序，或以一陽至六陽相生為推移，要以相反者為合泰否彖詞「大往小來」「小往大來」之恉。江永羣經補義中有卦變考，謂「文王演易見卦有反對不可反者八卦，可反者五十六卦，上下經以此為序。五十六卦皆可以此取義，而不必皆然者，所謂不可為典要」，是也。因推得二十二卦，又於河洛精蘊發揮其義，極為精塙。是書以朱子所稱「縱橫曲直，反覆相生，無所不可」，以為說得太寬，因攷荀爽諸人之說，下以己意，或從或駮，視朱子本義圖為謹嚴。然大致本李挺之六十四卦相生圖，而小變其例，實與泰否彖詞違盭。他卦皆以兩爻互易，无妄則以為有來無往、大畜則以爲有往無來、例既錯雜、師卦引蜀才説本剝、又引或説本復、説亦不定。秉虔本湛深經術、此書頗多可議、然視支離破碎者已大有間矣。此爲潘氏滂喜齋本、其後王氏刊入經解續編云。

七七、

周易考異二卷 壬戌

周易考異二卷，長洲宋翔鳳撰。翔鳳字于庭，（庚申，嘉慶舉人，官知州。）是書條列經文，臚舉陸德明音義所載異本，附以說文所引，為之分晰流別，疏明正叚。間有不加案語者。而王肅本多私改，不具載；又陸氏言「一本作某」，皆王弼注之別本，亦不錄。義據精塙，一以漢學為宗。中如「夕惕若厲」下，以說文夤下引作「若夤」為孟氏古文，䯗下引同今本為博士易；「明辯晳也」下，以鄭本晳作遰為古文，陸本作逝為博士易，虞本作折為虞据博士易改古文遰為逝而讀為折，雖傳孟氏易，其改易經字多出後定，不可盡据為孟氏古文；「朋盍簪」下，以虞本簪作戠，戠舊讀作撍，作宗為作撍，作宗皆諸家所讀，而非其經之舊，文音義載宗作撍，荀作宗，即以某家所讀為某家本，剖析極細，頗為李慈銘荀學齋日記所稱。惟「或錫之鞶帶」下，以音義稱鞶，徐云王肅作槃，為陸氏亦未能遍見諸家本，亦有据舊音襲之者，此殊不然，陸引王本不一，而足序錄亦明載肅注，隋、唐志皆著於錄，不應不見，疑『徐云』
二字有譌，李氏取其說，蓋考之未審。其他如『介于石』下，以說文無砎字，古文與
鄭易作砎，為傳寫之訛；『賁如皤如』下，以說文無蹯字，鄭本作蹯，或假燔為之；其
『形渥』下，以說文無剭字，鄭作剭，當通作屋，不知說文為許氏一家之書，非欲以
是為天下繩尺，其於古今異文，錄此則舍彼，不必盡載，且許所見易，不必即鄭
所見本，安得執許以律鄭。『无不利撝謙』下，以鄭讀撝為宣，為當作宜，宣與撝形
聲俱不近，不知東門之枌差、原、婆為韻，皇矣阿、池、原為韻，生民嫄、何為韻，宣撝
祇一聲之轉，宣取顯著之義，視撝義尤明瞭，若作宜則與鳴謙、勞謙文義不一
例。『百果草木皆甲坼』下，以蜀都賦注引鄭玄云云，為鄭亦作宅，不知『宅居也』三
字為李善語，鄭云『皮曰甲，根曰宅』，宅乃乇之叚字，說文『乇，艸葉也，从𠂹穗上貫
一，下有根，象形』，足與鄭義相發明，安得徑認為居宅之宅。凡若斯類，均屬可議。

三三〇

『无妄』下，不引史記春申君傳『其牛掣』下，不引爾雅釋畜及釋文，亦失之目睫。然全書體例謹嚴，說義純正，翔鳳所著書以此種為最善，小有疏失，無害大端。本在過庭錄中，王氏別出刊入經解續編，今亦分隸之焉。

李氏易解賸義三卷 庚申

李氏易解賸義三卷，嘉興李富孫撰。富孫字旣汸，號薌沚，諸生（嘉慶辛酉拔貢）。是書以李鼎祚集解所輯漢以來三十六家之說尚多未采，因剌取經典釋文、易、書、詩、三禮、春秋、爾雅疏及史記集解、後漢書注、隋唐書、唐律義疏、李善文選注、初學記、北堂書鈔、太平御覽、唐宋人易說等書所引，依經編次而成。視孫星衍集解多一百餘條，搜羅頗為賅備。而元明人所引不錄，僞子夏傳不錄，義海撮要引干寶說卽僞子夏傳之說不錄，漢書劉向傳注引鄭氏為鄭德，非鄭玄，且係解釋漢書不錄，陸績京氏易注則第錄其關於經者，體例尤為謹嚴。謂之賸義者，乾隆壬子自序所謂「非敢補其闕，亦曰與其過而棄之，寧過而存之」也。其書初刋入顧氏讀畫齋叢書中，尚有脫漏舛誤，後覆加訂補，有校經廎自刻本。光緒丁亥朱氏槐廬重刻之，卽此本也。文選蜀都賦「百果甲宅」，李善注引鄭注云云，「其宅居吔三字爲李注，〔詳周易集解下〕今亦連綴之，是其一失耶。

二二

三〇七　周易推二頁　〇卅八　周易推　一　六三七

周易推六卷　辛酉

周易推六卷，溧陽狄子奇撰。子奇字叔穎，（道光乙酉舉人）是編以毛奇齡本古推易法著仲氏易，其源與朱熹卦變之說相表裏，而謂坎離震艮巽兑六卦亦自臨觀等卦推來，殊為倒置，因即其書修改，合者留，不合者易，後又重加釐正，分為六卷，别題此名。前有道光丁亥自序，為武昌徐氏（名愢字行可）所藏手稿清本，行間眉端添注甚夥，間有塗改審條，一人手跡。徐氏近從廠肆得此，出以見示。大旨雜采漢宋說，以象數義理兼通為主。卷首有易象、易例二篇，一列漢晉以來諸儒逸象，一列各家說易義例。每卷題蕭山毛氏原本，而不全載其文，凡用原文者注上加○，本其文而參訂之者加△，然祗什之一二。其明從毛說、明駁毛說，則又見於夾注中，體例未為盡善。毛有繫辭以下，此書無之。其書既依今本，不應無注，而序文明稱六卷，則似非殘闕，疑不能明也。所引諸說大致以康熙間周易折中為藍本，後引古說及近人說則補錄於空方，如師彖『以此毒天下』，本文謂『兵者毒民之具』，而眉注載釋文：『毒，役也。馬云治也』。豫四『盍簪』本文謂『如簪之括髮然』，而眉注載王氏困學紀聞引晁說『古者禮冠未有簪名』，此類往往自相歧異，亦有改從毛者，噬嗑四『金矢』，本文謂『乾為矢，為黃矢』，而眉注載毛氏『兌金巽木之說』，中孚卦辭『豚魚』本文夾注取毛說，即今江豚，眉註又引宋吳說為證，而別有簽條載鄭注『變從大名小象之說』，又屯上象、觀三象注下各有一案字而無說，坎四『納約自牖』，夾注引虞氏『艮為門闕』云云，而添注云：『此說集解不載』，凡此或待改，或待考，蓋雖清本而猶為未定之稿矣。中如乾二、乾五引鄭注『二於三才為地道，五於三才為天道』，而乾三獨不引『三於三才為人道』，未免疏漏。以文言『位乎天德』為猶以天位加天德，以『利貞者，性情也』為猶言性命，此類亦殊迂曲，位與涖通，言涖乎天德，性情以王弼『性其情』之注為精義，與利貞相貫。他如觀

三三〇

三三　周易推二頁　周易推二　四〇一

卦辭「盥而不薦」，以為灌地降神，不知為賓王盥而獻酢，不親薦俎，故四爻言賓王，儀禮鄉飲酒賈疏引鄭注最得經恉。渙四「渙其羣」，以為去朋比之小人，不知為其佐多賢，呂覽召類篇所言尤為古義，而開端夾注即云：「文言不必盡與彖、爻合」，實為不明經學者之言，文言所以釋經，豈有不合彖、爻之理，自昧昧耳。坎四「樽酒」，旁注引曹憲文字指歸云：「說文尊字从酋寸，酒官法度也，今之尊卑從此得名，俗作罇」，非，以為說文無此語，不知此皆曹據說文而為之說。鼎彖「以享上帝」，旁注引惠棟云：「定本上帝二字衍」，以為今釋文無此說，未知何據？不知釋文出「以享」二字，云香兩反，注「享上帝」同，此即釋文經文無上帝二字之證。是其於隋、唐人書亦未能得其大通。殁子奇有孔孟編年及質疑諸書，多前人所未發，此書不特無家法，且多學究氣，未解何故？然其閒去取雖未甚當，而皆根據先儒，終非冥心臆測者可比，又無異端曲說牽合傅會之弊，在易說中亦為純正，過而廢之，毋寧過而存之矣。

毛氏推易始末四卷，惠棟松崖筆記極詆其六子卦綜乾坤主變之說，非說。

下引蔡景君、侯果、荀爽、虞翻四說，其義本同，而分為推易、主變、旁通三說。自記

七一

三〇六

易釋四卷 己未

易釋四卷，定海黃式三撰。式三字薇香，歲貢生。是書為儆居遺書之一。首卷彖、爻合釋，明卦中一意相承。次曰同辭合釋，言六十四卦辭之同者皆一意相承。次曰疑義分釋，凡義之可疑者為之辨明。終卷通釋，論作易大旨。蓋義理與象數兼參，又融會全經，不泥於一章一句，在易說中最為通貫。中如釋乾「見羣龍无首」，以首為上，謂「上下各以剛德相見，无以上之」；釋无妄「則利有攸往」，依禮記坊記作「凶」，「不耕穫不菑畬凶」，謂「不往五而得祿利，有攸往則既往而受祿不誣」。釋繫辭「其於中古乎」，以中古為指神農，又以重卦為卦變所自出，皆理順冰釋。其釋觀變、釋觀象、釋觀占諸篇，攷正舊說之是非，而歸重於吉凶無常，胥由於人，尤得聖人之意。惟以師、履、臨之大君為先帝，猶言太上皇，以豐之夷主為治平之王，配主如舜之配堯之類，未免支離耳。其書漢、宋兼采，與王氏刊刻經解

易釋 一頁

三六二

續編中諸家不相類，故未收入，式三子以周儆季文鈔有答吴孟飛書，以爲譬如渾金璞玉，能知而寶之者尠，在其子立言之體則然，實非篤論也。

五六

書類

尚書既見三卷　辛酉

尚書既見三卷，武進莊存與撰。存與~~有家傳論~~字方耕，乾隆乙丑一甲二名進士，官至禮部左侍郎。是編亦味經齋遺書之一，皆泛論唐虞三代之事，勢憑私肊，說蔓衍支離，於經義了不相涉。案龔自珍定菴文集中莊侍郎神道碑言：「存與亦知孔傳古文之偽，其時在上書房，深念偽書中如禹謨之『人心惟危，道心惟微』等語，皆帝王格言，恐偽書一廢，後世人主無由知此，因作是書。書出而世儒羣大詬之，蓋不惜污其身以存道者」云云。然其書既無一字辯證其真偽，亦未嘗闡發其義理，龔氏此文殆為之飾詞耳。書中論舜征苗事，謂「尚在攝位而未為天子時」，則偽古文述益贊禹之言，明云「帝初于歷山」，顯屬悖謬。又據孟子「帝使九男二女以事舜於畎畝之中」語，謂「舜徵庸以後未受堯官，故尚在畎畝，而有舜往于田之事」，則孟子「舜相堯」語又將何說？又辨成王非幼年即位，謂「沖人」「孺子」特家人壽者相與之常言，尤為曲說。其文反覆至七八千言，所引不出孟子，附會糾纏，有如夢囈。斥鄭、汪罪人斯得，為成王誅周公屬黨之謬，又斥大小戴記成王幼不能涖阼之誣，而實則沖人孺子斷不能如其說以解之。李慈銘孟學齋日記謂乾隆間諸儒經說斯為最下，其言良塙。譚獻復堂日記乃以為國朝第一流，謂雖未決去偽古文，而文字深醇古厚，直接荀、董。譚氏固不知經學者，故僅論其文章也。是書刻於乾隆癸丑，無序，而李兆洛有序在養一齋文集中。

一七五

尚書餘論一卷 庚申

尚書餘論一卷，山陽丁晏撰。晏字儉卿，道光辛巳舉人，官內閣中書。是編因閻若璩古文尚書疏證以古文為梅賾偽撰，其說未覈，惠棟古文尚書考、王鳴盛後案、李惇羣經識小錄疑作於王肅，其說是矣，而未能明暢，爰作此以申辨之，故曰餘論。中如論古文書魏末、晉初已行，論杜預親見古文，論唐人已疑古文，不始於吳棫、朱熹，皆發前人所未發，所謂攷證之學久而愈明、推而愈密也。惟以譙周五經然否論引古文尚書說為即偽古文說，公羊疏誤合為一，許君漢人，並無成王年十三之說，是殆不然。徐彥時異義未佚，何致轉引然否論誤而誤？且譙周云：異義成王年十四是喪冠也者，恐失矣云云。既曰十四喪冠，即武王崩成王年十三之義。袁鈞輯本載謹案：武王崩，成王年十三，若十四而已冠，是喪冠也，不從古尚書說，注云同上，而上引通典嘉禮注，今本無是文，徐却是漢時有此說，非始於肅，特紕繆不足據，當斥其好與鄭難，不當誣其

陳漢章謹案：馬融書傳已云「亮信陰默」，不始于孔傳，此實不足難王肅。

肌造。又據周禮、儀禮等注「七尺曰仞」，以肅私造孔傳「八尺曰仞」為非，亦非持平之論。說文人部仞云「伸臂一尋八尺」，趙岐孟子注、曹操、李筌孫子注、郭璞山海經注、顏師古漢書注、房玄齡管子注並同，蓋仞與尋同為八尺。仞字从人，以人身為度，考工記曰「人長八尺」，故八尺曰仞；尋字从彐，彐即手，人伸兩臂亦八尺，故八尺又謂之尋。說文以尋解仞，正是此義。程瑤田通藝錄強分尋八尺、仞七尺，殊為曲說。然則其傳雖偽，其義殆未可厚非。凡此蓋一時惡肅之甚，未及細察所致，要其大指固懸之日月而不刊者矣。此頤志齋叢書自刻本，錄其書而規其失，亦不欲厚誣古人、譏讕後世之意，非為肅辯護也。

（陳漢章謹案：房玄齡改尹知章。）

二三二

尚書傳授同異考一卷戊辰

尚書傳授同異考一卷，仁和邵懿辰撰。懿辰字位西，道光辛卯舉人，官刑部員外郎，入直軍機處。咸豐辛酉殉[redacted]杭州之難。是編凡分六類：一伏生所傳今文，二偽今文泰誓，三孔安國古文，四張霸偽撰百兩篇，五劉歆所造二十四篇偽書，六杜林古文。大致以梅賾所上偽古文為真古文，偽孔安國傳為真孔傳，引孔叢子載孔藏書、家語載孔衍上成帝書為證，而未知其皆出王肅一人之手。於是以漢書藝文志所言得多十六篇（九共同卷，實二十四篇。）為劉歆偽造，荀悅漢紀、馬融、鄭玄傳注皆為所紿，伏生大傳亦歆偽託，漢志載劉向以中古文校三家經文，凡脱簡、脱字及文字異，其言本之七略，亦歆託之於向。蓋以偽古文為真，自不得不以真古文為偽。觀閻若璩疏證、王鳴盛後案、段玉裁撰異諸書，其紕繆殆不足置辨。而懿辰之言曰：「近日漢學家攻駮安國古文，反奉劉歆偽撰二十四篇為真古文，追恨馬鄭不為之注，以致散亡，亦可謂無是非之心，為古人所愚而不自覺。其惑於偽孔如此，無怪乎以不狂為狂也。泰誓後得為真古文，故馬融疑之，而仍注之，乃力詆其師「尚父左杖黃鉞」數語以為無是事，不知偽孔本無之，真古文則有之也。衛宏、賈逵及馬鄭之學即學安國之所學，鄭書贊所言甚明，說文自叙亦稱書孔氏，其杜林漆書古文亦即孔壁古文，而僅一卷者，蓋猶逵撰歐陽夏侯尚書古文同異為三卷之比，（詳見左暄三餘偶筆）故後漢儒林傳稱衛宏以下並傳漆書古文，而書贊但言衛賈馬，絕不及杜，乃疑二十八篇并為一卷，又誣許慎誤以為孔氏，不知此非一卷所能容，許所据苟為杜林古文，亦何致誤認也。以書序為孔騰作，又以為孟子門人作，謂伏生二十八篇自有簡策，不知為科斗，為隸書？又謂伏生當日傳教齊魯，實用隸古寫定，此類尤任肊以說，不合考據之體。原稿藏於江南圖書館，比懿辰孫章槤鈔本，屬為審訂，以宗

三三四

九　頁　共百六十八　尚書傳授同異考二　九

旨全乖，爲校正脱誤而已，兹糾其失，爰附其目焉。

龜也諸語助辭也不發語聲也

貝居陸贆在水者蝠大者魧小者鰿玄貝貽貝餘貾黄白文餘泉白黄文蚆博而頯蜬大而險蟦小而𢰸　此辨貝之水陸大小文彩不同其名亦異也貝今曰蠔珼蓋龜屬故説文云貝海介蟲也其甲人之所寶古今以為貨泉交易今盡出南蕃海中凡貝皆帶黄白色而有黑紫點玄貝者多黑文餘貾者黄色而微白餘泉者白色而欲黄然皆有紫黑點舊説謂黄質而白文白質而黄文誤矣貝無比也頯者中徒廣兩頭鋭蜬者大而污薄𢰸者小而狹長贆音標魧音杭鰿音積貾音池蚆音巴頯音逵蟦音責蜬求隕反𢰸他果反

蠑螈蜥蜴蜥蜴蝘蜓蝘蜓守宮也

今按小而青者曰蜥蜴大而黄者曰蝘蜓最小在牆間砌下者曰守宮種類

禹貢班義述三卷 壬戌

禹貢班義述三卷，寶應成蓉鏡撰。蓉鏡字芙卿，一名孺，號心巢，諸生，任湖南校經堂山長。據漢書地理志推表山川以綴禹貢，凡稱禹貢者三十有八，稱禹治者一，稱古文者十有一，稱桑欽者七，稱平當者一，其有綴周官即綴禹貢者，如華陰、太華等是；有不綴禹貢而可知者，如鄠、酆水、盧氏等是。蓉鏡皆根據班義，徵引舊說一一為之疏通。若盧氏之熊耳，山陽之東大行等，乃推表漢世山川，其名偶同尚書，絕不援以相溷，前有自序言之甚明。其書凡六閱歲，四易稾而成。中如荆州「九江孔殷」、「沱潛既道」，梁州「沱潛既道」，「導河北過降水至于大陸」，「導渭自鳥鼠同穴」，鄭注往往隱駮班義，必為之辨證，而「惟淄其道」下引蔣氏地理今釋云：「禹時淄水入海不入濟，泗」；「泗瀕浮磬」下云：「班氏既云泗水至方與入泲，其云泗水入淮，即當繫之方與下，不得綴諸乘氏」；「道弱水至于合黎」下云：「班氏以今黑水河為正源，桑氏則以為弱水正源出刪丹，以經文「既西」之義推之，桑為確。凡班氏之與經文違者亦不曲護其失，實事求是，深合漢儒家法。說禹貢者胡渭錐指外，當以此書為最善。朱一新無邪堂答問稱其援據精博，顓門之學，良不誣也。前又有劉文淇序，據劉毓崧通義堂文集，知毓崧代撰。集又有與成氏書，謂尚有當補者十，今書中大半遵依。據姚晉圻經義積微記，知晉圻曾作文——八篇，後以畀成，今書中亦多采用，劉說但言義例，姚氏則蓉鏡全襲其義而不舉其名，未免掠美，此則讀是書者不可不知耳。朱一新云：禹貢言「西被於流沙，朔南暨」，則北自冰海，南自赤道以下，皆聲教所迄之地，古時人類未蕃，為禹施功所弗及，故禹貢不詳其山川物產。今流沙橫亙蒙古、新疆之間，其在中國界外者自蔥嶺以西，直走阿剌伯入阿非利加洲。黑水為今大金沙江，弱水為今青海，史、漢又有條支弱水之說，則尤遠矣。今案：成解禹貢此兩文俱引沈彤說，朱說為成所未見，足以互證。

三三二

詩類

治齋讀詩蒙説二卷

原本題中鄉老農顧成志心勿撰，實則錄沈起元之説也。前有閼逢敦牂壯月成志序，稱：「光祿沈敬亭先生詮易畢，欲從事於詩，謂余曰：『吾釋詩不惟其義，且以法，詩法備於三百篇，而尠有詳説其妙者，童而習之，皓首莫能言，亦學者之恥也。得一筏以津逮焉，甚善。』無何，先生病，未就。而三十年前先生嘗書詩簡端三百餘條，今課兒是經，乃輯二卷，名曰蒙説」云云。敬亭為起元之號，官光祿寺卿，嘗撰周易孔義集説，四庫著於錄，皆與顧序合，是其書為起元所作甚明。閼逢敦牂當為乾隆甲午，而在三十年前，則當草於康熙辛丑成進士後也。瞿氏清吟閣書目著於錄，卷數與此合，而題顧成志，殊失其實；丁氏藏書志疑之，而未能定其為起元作，亦屬失考。此江南圖書館所藏鈔本，而其善本書目仍題成志名，茲特正之焉。

毛詩說四卷 辛酉

毛詩說四卷，武進莊存與撰，存與有彖傳論、尚書既見，已書於後，——是書亦味經齋遺書之一，刻於道光丁亥，前後無序跋。其中以日居月諸為衛人殺州吁後，莊姜念先君而子皆敗自傷之詩，葛覃以后妃親葛為儉而失禮，謂葛之覃為美后妃之容，黃鳥之鳴為美后妃之言，皆穿鑿不可信，已為李慈銘孟學齋日記所糾。實則全書中似此類者不勝僂指，其弊總由於不信小序，特較之王柏詩疑妄欲刪削經文，略有間耳。

讀詩劄記八卷 辛酉

讀詩劄記八卷，當塗夏炘撰。炘字弢甫，一字心伯，道光乙酉舉人，官婺源縣教諭。是編為景紫堂全書之一，作於道光癸巳，前有自序及白鎔序，大旨以朱熹集傳為主，而亦多宗毛傳，以小序為出衛宏，而亦謂中有古說不可廢，所附己意亦時有可取。惟舍序言詩，終無當於經旨。詩序之作，紛紛不一，說要以釋文關雎序下引沈重云：「案鄭詩譜意，大序是子夏作，小序是子夏、毛公合作，子夏意有未盡，毛公更足成之」為最塙。後漢書言宏作序，蓋別為之序，非今之詩序也。書中駁馬端臨之說，謂「序以將仲子為刺莊公，有女同車、蘀兮皆為刺忽，為人臣子歌本國之刺詩，播其先君之惡，必無是理」，又駁陳傅良之說，謂「千百年女史之言，不知何指？以彤管為淫奔之具，集傳無此四字，且淫奔之具果係何具？鄙俚之談，實所未解」，毛、鄭未嘗以城闕為學校之地，朱子亦無偷期之所語。

李慈銘孟學齋日記以為論皆近理。其實不然，歌詩之用，與作詩之意不可強通，列國聘享賦詩，多斷章取義，端臨已明言之，三詩雖為刺詩，而刺者莫非忠愛之意，子展、子旗、子柳賦之，又何播惡之有？至傅良譏朱熹以千七百年女史之彤管，與三代之學校，為淫奔之具，偷期之所，女史二字本毛傳，自作詩者至熹時為千七百年，具字承上彤管，所字承上學校，熹皆以為淫奔詩，是即所謂淫奔之具、偷期之所也。陳語本無弊，夏氏欲曲護集傳，而妄辨之，果係何具之說，真鄙俚矣。其他攻序處，俱不足信，恐學者之為李說所惑也，特正之如此。

二〇九

詩小學三十卷補一卷 壬戌

詩小學三十卷、補一卷，保山吳樹聲撰。樹聲字鼎堂，（道光甲辰舉人，歷宰東阿、壽光諸縣，官章丘知縣。）其書純用雙聲疊韻之法，有不得通者則參用旁通引申之義，蓋本段玉裁詩經小學、毛詩故訓傳而推廣之，援據浩博，鉤析勤恁，卓然小學名家，然往往失之拘泥。如北門傳「摧，沮也」，定之方中傳「靈，善也」，本屬達詁，而必執摧擠、摧趣及霝、零、霝諸義，謂當從雙聲字為訓。（案：靈非與霝同，辨見後。）采蘋傳「奠，置也」，簡兮傳「簡，大也」，考槃傳「考，成也」，亦屬達詁，而必執奠獻、簡選練、考老諸義，謂當以疊韻字為訓。此類均未能觀其會通。以吹彼棘心，「心」為「尖」之古字；「毋氏聖善」，「聖」為「聽」之古字；「君子攸芋」，「芋」為「宇」之古字；「不顯亦世」，「亦」為「奕」之古字，不知此類毋庸別解，即如其說，亦當以心、聖等為段字，不得以為古字。以「君子好逑」，「逑」為「仇」之譌；「左右芼之」，「芼」為「若」之譌；「惄如調飢」，「調」為「朝」之譌；「罙入其阻」，「罙」為「突」之譌，不知「芼」字無緣譌「若」，玉篇引詩作「覒」，當本三家，則毛詩作芼不作若可知，李慈銘桃華聖解盦日記訂正說文若、迋、婁三義，取吳氏說，謂「芼」當作「若」，許君芼下引詩當本在「若下」，未是。宷為宷之隸變，皆非譌字，述調亦當為叚字，其他不遵小序，好異舊說，失之武斷及新巧者不一而足。李慈銘桃華聖解盦日記識其「開卷釋周南二字，以周為地名，南為樂名，皆攷之未審，以「天命元鳥」為本作「天命元王」，漢世為讖緯之學者所改，則近於妄」，所舉雖未能盡而深中其失。又謂「說文䨩字下本引東山詩「䨩雨其濛」，古零作䨩也，「靈雨既零」之零與䨩同，非靈與䨩同，若如吳解，則「䨩雨既零」之零字當從段注說文零字解作徐雨也，此謂零雨既徐耳，而吳仍依說文舊本解零為餘雨，謂䨩雨已後尚有餘雨也，則不成語矣」，此辨剖析尤細。然全書因聲定義，以義知聲，不失為寔事求是之學，在學者之舍其迂謬而取其淹通矣。書刻於同治戊辰，壽光縣前有自序，以段書為域於毛傳專門之學，攷黃彭年陶樓文鈔有代他人作是書序，頗有微詞，謂改字、創解、據異字

詩小序三十卷補一卷 二

二頁共不九十字

斷時代，三者之弊，未能盡除，今本失載，豈吴氏未用抑偶佚之歟？

郘高卷一　共廿三頁　計字九千〇廿七

鱀是鱁　郭云鱀鰽屬也體似鱏尾似鯯魚大腹喙小銳而長齒羅生上下相銜鼻在額上能作聲少肉多膏胎生健啖細魚大者長丈餘江中多有之

𩷹又疑此即鱁鮧也鱀音忌鱁音逐

鱦小魚　郭云家語曰其小者鱦魚也今江東亦呼魚子未成者為鱦鱦音繩

鮥鮛鮪　鮪似鱣而小亦似鮎大者曰王鮪小者曰鮛鮪郭云建平人呼鮥子即此魚也鮥音洛鮛蝦蟆子未生脚者音叔

魁陸　魁蛤也見本草詳矣而郭氏謂為蚶按蚶即瓦壟也亦名蝛蜌與此自

鮐　二行

殊

鮤　二行

蜪蚅　未詳

鼁鼀蟾諸在水者黽　鼁音去鼀音秋諸音徐黽音猛蟾諸似蝦蟇居陸地方

鱊鮬　二行

家所謂蟾蜍即此也黽似蝦蟇而大在池澤中怒鳴聒人韓昌黎詩蛙黽鳴

卷下　二十四

一鱼婢　無謂閹閹祇亂人指此亦名木雞亦名土鴨南人㗖之

耆力一行　蜌螷　蜌音陛螷音皮説文云修為螷圓為蠣郭氏云今江東呼蚌者

叻二行　為螷按今池澤中生蚌蛤有此圓長二種

引以

蚁二行

蚄一行

蝨行

蛃虫一行

蛭蟣一行

科斗一行

魁陸二行

許廎經籍題跋卷二

吴縣 胡玉縉 撰
後學 王欣夫 輯

禮類

周禮杜氏注跋二卷

周禮杜氏注二卷 漢杜子春撰 清馬國翰輯 子春後漢書無傳 緱氏人 賈公彥序周禮廢興引馬融傳云 國翰字竹吾歷城人道光壬辰進士官知縣 河南緱氏杜子春永平初年且九十能通其讀頗識其說鄭衆賈逵往受業又以經書記轉相證明為解是子春於周禮有說無書衆逵乃發明杜義為解觀鄭玄序獨舉鄭興父子賈逵馬融不及子春亦見序廢興射人注載鄭衆駁子春說則知注中所述杜義僅從衆逵書轉錄杜既未有成書玄亦未見槀本國翰序乃謂隋唐志皆不載佚已久又以賈引馬融傳為謝承等書未知其為周官傳皆不攷之甚者也今以鄭注校讀杜注如小宰宮刑及王宮凡宮鄭並如字為

説。而杜云宮當皆爲官。與上建邦二字及下官府六敘官府六屬諸文相貫。女祝招梗。鄭云梗禦未至也。而杜讀梗爲更。蓋謂即月令更皮幣。襄九年左傳祈以幣更之更。與下文禬禳同爲禱神之名。太祝振動。鄭云戰栗變動之拜。而杜讀振爲振鐸之振。動爲哀慟之慟。蓋謂即士虞禮之拜稽顙。凶拜而非吉拜。車僕苹車。故書苹作平。鄭云苹猶屏也。所用對敵自蔽隱之車。而杜云平車當爲軿車。其字當爲苹。蓋謂輜重車。從下文輕車參悟而得。此勝於鄭者也。典瑞珍圭。鄭云王使之瑞節。當與琬琰相依。杜乃謂珍當爲鎮。以徵守者。以徵召守國諸侯。則鎮圭王所守。豈使者可執。太卜連山。鄭云似山出内氣。杜乃謂連山宓戲。則八卦畫於宓戲。六十四卦重於神農。杜説爲無據。磬師縵樂。鄭云縵讀爲縵錦之縵。謂雜聲之和樂者。杜乃讀爲怠慢之慢。則慢聲爲大司樂所禁。磬師安容有此。司巫道布蒩館。鄭云道布者爲神所設巾。中霤禮曰以功布爲道布。屬於几也。蒩之言藉。祭食有當藉者。館所以承蒩。謂

三五。

三五〇

若今筐也。杜乃謂道布新布三尺。館神所館止。與中霤禮不合。又與士虞禮苴刌茅長五寸實于筐不合。觀鄉師茅蒩鄭注可悟。此杜不如鄭也。其他以内宰二事為絲枲之事。以遂人興耡之耡為助。謂起民人令相佐助。極合經指。鄭無異說。此從杜而得者。以甸祝表貉為兵祭。鄭亦云禡祭。不知貉禡字雖通。而祭師於所征之地為禡。祭師於所田之表為貉。故肆師有祭表貉之文。又司爟故書爟為燋。杜云燋當為爟。爟為私火。鄭亦云爟讀如予若觀火之觀。不知爟即烜字。司烜掌取明水火。司爟掌取木火。爟當依故書作燋。此從杜而失者也。總之。詩說以毛傳為最古。周禮說以此注為最古。取其是而違其非。乃為善學。毛傳例不破字。杜於鄉師注臀當為殿。又讀為屯。瞽矇注帝當為定。又讀為奠。考工記注笥當為筍。又讀為稾。展轉相通。而仍存其舊。亦足明師法之謹嚴矣。是本采輯多疏。杜於醢人豚拍。醢人苦鹽。稻人蕩水。内史以方。圉人椹質。皆有注。今漏輯。大宗伯吉禮注。杜語當以書亦多為吉禮止。

周禮二 三六七

其吉禮之别十有二七字當是鄭語今誤輯

一七

三三九

國翰有周禮杜氏注輯本已書於後。

周禮賈氏解詁跋一卷

周禮賈氏解詁一卷

漢賈逵撰清馬國翰輯逵字景伯扶風平陵人官至侍中事蹟具後漢書本傳國翰序謂逵有古文尚書訓已著錄今檢目錄下注原闕字蓋欲輯未成也是編據諸書所引往往與馬融傳同蓋融襲逵義而鄉大夫每鄉卿一人云六鄉大夫則冢宰以下六遂之役云六遂十五萬家紘千里地此條今本失輯則融糾其謬見賈公彥序周禮廢興鄭玄周禮注稱述舊說杜子春及鄭興父子居多於逵則輯人注祇引晉鼓大而短一語而圜鍾為宮云圜鍾夾鍾也鄭明用其說春見曰朝云一方四分之或朝春云云然猶云獸名也鄭亦從之而小變其句法國翰謂鄭於其說之不合者時以己意陰破之不知其又有陰從之者也他如兆五帝云東郊木帝大皡八里云云此與鄭月令注云周禮近郊五十里不同然尚書大傳黃佐六藝流別引皇覽引逸禮續漢志劉昭注及魏書劉芳傳引盧植許慎高誘王肅及續漢志注引蔡邕說並與賈同是御覽五百廿八引

周記賈一　七〇二

賈說非孤證。劳又引鄭玄別注，有東郊去都城八里，南郊去都城七里等語，則賈義鄭亦不廢也。惟設其鵠云：四尺曰正，正五重，鵠居其內，而方二尺。此與鄭衆（司裘注引）、馬融（詩賓之初筵疏引）十尺曰侯，四尺曰鵠，二尺曰正之說互異，實皆與鄉射記弓二寸以為侯中，考工記梓人為侯廣與崇方，參分其廣而鵠居一相違。盩且未知正鵠並不在一侯。獨鄭注司裘曰：侯中之大小取數於侯道。注梓人曰：正之方外如鵠，內二尺。注射人曰：其外之廣居侯中三分之一。蓋梓人明言鵠居三分之一，因知正亦如之，並以見正鵠之異施。此其依經立說，最足據信。掌六鄉云：六鄉之地在遠郊五十里內，五十里外置六遂。此與司馬法王國百里為郊不合。（載師先鄭注引）杜子春云：五十里為近郊，百里為遠郊。（載師注引）鄭衆云：百里內為六鄉，外為六遂。（地官序官注引）白虎通朝聘篇亦云：大夫迎之百里之郊，世子迎之五十里之郊。皆不以五十里為遠郊。故鄭注地官序官曰：遠郊之內，則居四同。注載師曰：遠郊之內，地居四同。注司勳曰：在遠郊之

三六三

内。屬六鄉焉。不憚再三申明。以曉後學。此乃所謂陰破其說者也。是本遺六遂一條。叙次間有未協。並當依孫詒讓輯三家佚注本。又遺隋釁一條。孫亦失引。其曰釁宗廟。與馬融云血塗鍾鼓。厥失維均。大祝疏所謂下文云既祭令徹。則此上下皆是祭祀之事。何得於中輒有釁廟塗鼓者也。又說文酉部醢下引賈侍中說。醢為鬻清。疑本漿人六飲解詁。爰附及之。

三一九　周官傳一　六六九

周官傳一卷

周官傳一卷　融有僞本忠經，四庫已著錄，國翰有周禮杜氏注，已書於後。　輯本

漢馬融撰，清馬國翰輯。融有周易馬氏注，已著錄，是書作於守武都時，年六十有六，欲省學者兩讀，具載本文，就經為注。詳融自序，考融為鄭玄師，而鄭周禮注所述舊說，獨不及融，國翰序謂融說往往為鄭君所不取。孫詒讓周禮正義鄭氏注下云：馬傳佚文與鄭義往往符合。漢人重家法，稱述師說，不嫌蹈襲，故不復別白。兩說正相反，而實各舉其一偏。今以此輯本校之，如惟王建國，云建國為諸侯國，冢宰云宰治也，以統百官云統本也，以詰邦國云詰猶窮也，治都鄙云都邊邑也，小祭壹貳云謂祭殤，延國賓云二王後，圜鍾云應鍾也，隋釁云血以塗鍾鼓，樊纓云馬飾在膺前，十有二币，前樊鵠纓，云謂再重樊纓在前，有結在後，往往結革以為堅，邦畿方千里節云，六服當面各分之云云，秉禀十有二列，比聘禮醯醢夾碑百甕十以為列，五采之侯云與上春以功為一物，而鄭注皆與之異，此鄭所不取者，立其兩云

豆卿兩人以嬔詔王云告王以善道三德云德行内外之稱在心為德施之為行萬民之難云難謂相與仇為仇春見曰朝云在東方者朝春云云朝日云天子以春分朝日秋分夕月分以日夜云漏凡百刻云云矰矢云繳繫短矢謂之矰山以獐云獐山獸云云一豆云豆當為斗此皆與鄭符合者更以孫詒讓輯三家佚注中在此本外者校之豆小祀云宗廟小祀殤與無後此亦鄭所不取者鎮圭云長尺有二寸云云榖璧云榖善也三兆云其象如玉瓦原之釁罅以會天位云太歲歲星云云以星土云星土星所主也云云三垺云鋝量名當與呂刑鍰同此又與鄭符合者也其間又有為後學所當明者勝國邑云所討國所封邑孫詒讓云封疑誅之誤今細繹文義允宜作誅鄭云勝國邑所誅討者實與之合從齊云今之宜成會稽稻米清鄭云如今宜成醪蓋專主宜成救日之弓云救日食則伐鼓北面射太陰云云鄭云於日食則射太陰月食則射太陽與既作疑辭又節去伐鼓字蓋月食伐鼓無所取義

三五〇

二七〇　周官傳 二　二七〇

社稷之壝云或曰王者五社大社在中門之外惟松云云不如王立二社祭法有明文白虎通社稷篇引尚書逸篇魏書劉芳傳引五經通義五經要義諸文皆謂於一社之中分五方樹之豈得有五社鄭注大司徒所宜木云若松柏栗餘皆無釋最得其通他如四尺曰嶷二尺曰正遠郊五十里血塗鍾鼓之説鄭皆不從皆以鄭為正（詳周禮賈氏解詁條下）融自有此不為苟同之弟子而融益尊矣掌五几賈疏云阮諶云几長五尺馬融以為長三尺今案古人執几倏縱倏橫斷無五尺之理融説近是鄭不言几之度此則可補其缺者也是本有遺漏有複沓敘次有舛誤悉當依佚注本為得哀圍敗云國敗正本多作圍敗云云乃賈疏説賜則云賜地未成國之名云云乃據賈疏推測之説亟應從刪

周官馬融傳跋一卷

周官馬融傳一卷

漢馬融撰清黃奭輯　奭字右原甘泉人道光中舉人是書視馬國翰本多中春之月一條立小祀一條重三垺一條又若不見其鳥獸條下又多救日之弓與救月之矢注而少一曰泛齊條小祭壹貳條凡封國設其社稷之壝條以禬禮哀圍敗條五命賜則條翟車貝面組總有幄條冬官考工記第六條山以獐水以龍條棗㮚十有二列條張五采之侯條九階條馬本共虎侯熊侯豹侯注此本在九節五正下別有為馬輯所無而此本所有者俱不足據如論語八佾篇集解引馬融云射有五善焉一曰和志體和二曰和容有容儀云云此引周禮為說明是融論語注而刪節以為鄉大夫一曰和五句注且誤集解為疏南齊書禮志引馬融云郊天之祀咸以夏正云云此雖有各以其時兆於方郊語而下云四時合歲功作相成亦以此月總旅明堂當是月令季冬乃畢山川之祀及帝之大臣天之神祇注各以其時兆於方郊即指迎春東郊諸文言此月總旅即釋畢祀神

周官馬一　五八四

祇之義。而以爲小宗伯兆五帝於四郊注。則合歲諸句爲贊。禮記郊特牲疏引馬氏説鬱草名。如鬱金香草合爲鬯也。此明是鬱金鬯注。而以爲鬱人和鬱鬯注。又引馬融等以五帝非天。謂太皞、炎帝、黄帝五人之屬。此當是月令其帝太皞注。觀月令疏云賈、馬、蔡邕皆謂迎春祭太皞及句芒。以上可見。而以爲司服祀五帝注。孫詒讓輯三家佚注。摭拾最備。亦不錄此。誠以其爲融他經注。非周官傳也。惟事職掌百工器用耒耜弓車之屬。隸小宰六曰事職下。不隸大宰六曰事典下。奄卿也。隸世婦每宫卿二人下。不隸守祧奄八人下。六鄉之地去遠郊五十里内。五十里外置六遂。祇見於司勳掌六鄉賞地之灋下。不重出於鄉老則公一人下。此類實遠勝馬本耳。

二五四

周禮鄭氏音跋一卷

玄有箴膏肓等四種已著錄

周禮鄭氏玄音一卷

舊題漢鄭玄撰清馬國翰輯（國翰有周禮杜氏注輯本已書於後。）案許慎撰說文高誘注呂氏春秋淮南子並云讀如某某之某不加音某鄭注經亦止為譬況之說則釋文所載鄭三禮音各一卷者洪頤煊讀書叢錄謂是後通鄭學者所釋非鄭自注其說是也而顧炎武音學五書音論據經傳蒺藜為茨瓠盧為壺鞠窮為芎等以為反語自漢以上即有之郝懿行曬書堂文集反語攷據漢書應劭服虔注並加反音劉熙釋名長萇也言體萇也長音丁文反（今案此三字雖為舊音恐非斷語）以為反語不始於孫炎或孫始暢其說而後世遂謂孫作竊謂顧郝之說甚覈但古人雖有反語應服劉雖加反音要未可以三禮音為鄭自作郝氏於牟廷相據士昏記注壻悉計反從士從胥俗作婿為問而不辨其為釋文今本因通解而誤意似以鄭自有音則失之含混今以周禮音言之如小宰掌建邦之宮刑注宮如字此以鄭言宮刑在王宮中者之刑與杜子春云宮當皆

為官異故別之日如字大胥比樂官比如字此以鄭言比猶校也與杜子春云次比樂官鄭
與讀比為庀異故別之日如字明是他人為之分晰非鄭語氣餘如天官序官胥十有二人
鄭讀胥如諝因音思敍反大宰匪頒之式鄭從鄭衆讀頒為班謂王所分賜羣臣也因音班
廛人總布鄭讀總如租𥢶之𥢶因音𥢶此類皆足推見鄭注之本恉馬國翰序云注多述杜
子春二鄭音讀審擇去取從者當依二家音違者當依改字音本注具在固可稽求馬意似
亦以此音為非鄭自作而未敢明言是其識之稚也總之鄭注稱述舊說其去取未必盡當
詳杜氏注鄭大夫解詁鄭司農解詁各條下而即此書以求鄭注實可以得鄭意是誠有裨於治鄭學者矣此本
女祝之六反又之又反攷鄭注並無兩讀之六為釋文語之又乃為鄭注作音豈容牽混職
方氏弦蒲顛五切攷鄭注稱弦蒲在汧是所據本及自注作蒲不作浦甚明下引鄭衆云蒲
或為浦是鄭祇存其異本並非改從其文吳棫乃謂鄭讀上聲殊為鹵莽馬氏不加攷正而

三五八

輯之疏知。

周礼鄭二　四

周禮三家佚注跋一卷（詒讓字籀廎，號仲容，同治丁卯舉人，官刑部主事）

清孫詒讓撰。三家者，賈逵、馬融、干寶也。三家注得失，詳見馬國翰各輯本下。是編仿汪遠孫國語三君注輯存之例，依經文為次，而以賈曰、馬曰、干曰為別。所輯較馬本多三十餘條，間有案語，大率考訂文字，而不論注之得失。如凡褻器下云：經無械斋之文，鄭注褻器，清器、虎子之屬，疑即本賈說，故繫於此。今案此必賈氏先總釋褻器為械斋之屬，而後將二器分釋之，視鄭為詳。又如鄉老二鄉下云：此引賈馬義同，而賈氏廢興引馬傳絀賈說，六遂卅五萬家，絙千里地之誤者，蓋馬氏謂六遂在五十里外，而界則止於百里，賈氏則謂千里之內除距國五十里，遠郊為六鄉外，餘並六遂所絙之地，此其異也。今案此當以先鄭注百里內為六鄉，外為六遂為正。後鄭云六鄉地在遠郊之內，則居四同，即破賈馬之說，而孫氏不言者，輯佚之體然也。其他辰圍敗下據賈疏說，疑唐時鄭注亦有作國敗之本，具見心細。糗餌粉資下疑事物紀原諸書所引皆本王燭寶典金鋒下疑董逌所引摭拾宋書周書為之此則考叶注之存佚時代而悟之尤非僅事輯錄者比惟所輯尚有漏略如大祝隋釁釁疏引賈氏云釁釁宗廟馬本失載此亦遺之他處恐或未盡是在好學者之捜討增補爾

一〇一

周官禮干氏注跋一卷

周官禮干氏注一卷　干寶有搜神記，四庫已著錄。國翰有周禮杜氏注輯本，已書於後。

晉干寶撰，清馬國翰輯。是書如扶日作帀日，有握作有幄，胥鳴作骨鳴之類，與鄭本異。國翰序謂參用賈馬之本，其說近是。而釋文宮正下云：「此以下鄭總列六十職序，干則各於其職前列之。」國翰未之及。臧琳經義雜記云：「鄭於每一官之前總列六十職序，當是古本；干於各職前列之，蓋如詩三百篇序別為一卷，毛公冠於每篇之前；書百篇序，馬鄭王為一卷，偽孔移於每篇之首，皆變亂舊章。」其意頗致不滿。竊謂馬融周官傳欲省學者兩讀，就經為注，近皆承襲之。干移於各職前，亦所以省便學者也。今就所輯注校之，如「羞飲食也」、「納亨納牲將告殺」、「小宰若今御史中丞」、「膏腥雞膏也」、「司門如今校尉」、「展牲若今夕牲」、「和鸞皆以金鈴為御節」、「禮司徒府中有百官朝會殿」云云、「夜士若今都候之屬」，此明本鄭注為說。「辟名云辟不當也」、「掌節皆金云漢之銅虎符則其制也」、「條狼氏云今卒辟車之屬」，此襲其義而小變其辭。而救日月注朱絲縈社之説〔見三家佚注本此〕與鄭大祝四曰禜注合每門下士如今門候大僕若漢侍中則又仿鄭注為之其與鄭異者數以富得民云數宜作叟此殆以上文牧長師儒宗主吏友皆據人言因易數為叟不知數即謂主數之人若改為叟則以富得民詎必年老英蕩云英刻書也蕩竹萌也刻而書其所使之事則竹萌不可以刻書萌當為箭之譌蕩亦為簜之段鄭引杜子春云簜當為帑謂以函器盛此節或曰英簜畫函亦無定説干注可備一義象胥云若今鴻臚則漢之鴻臚如周大行人其大行令如周行人典屬國如周象胥不如鄭注渾釋之云通夷狄之言曰象胥其有才知者為當孤旌枉矢云枉矢象妖星非其義也枉蓋應為枉直謂枉矢殺孤此乃駮斥鄭義不知鄭本孝經緯文春秋考異郵亦云枉矢狀如流星具見賈疏若如干説謂孤旗著矢無論九旗並有孤不聞著矢即著矢亦宜直而不枉其説殆不可通他如王藉云天子置藉田其義有三一曰以奉宗廟親致其孝二曰以訓於百

三五四

姓在勤勤則不匱三日聞之子孫躬知稼穡之艱難無逸也此頗得籍田制之大義而凡樂
圖郭云不言商商爲臣王者自謂故著其實而去其名若曰有天地人物無德以主之謙以
自牧也則又迂曲之甚矣此本餱餌粉餈下並引方言餌謂之糕二句斷非干注當刪叙次
亦多未合且有遺漏當以孫詒讓輯三家佚注本爲善或疑司烜氏夫遂取明火鑒取明水
黄以周肆獻祼饋食禮通故引干寶云五月丙午日中鑄陽燧十一月壬子夜半鑄陰燧當
是佚注馬孫並失輯此則未知黄據搜神記卷十三之文也

三二九　周礼異同　一　六九六

國翰有周禮杜氏注輯本，已書於後。

周官禮異同評跋一卷

（周官禮異同評一卷）

晉陳邵撰，清馬國翰輯。邵字節良，東海襄賁人，官至燕王師、給事中。晉書儒林有傳。考是書本傳不著其卷數，但稱甚有條貫。隋志稱十二卷。是卷帙頗不少。董逌廣川藏書志跋周禮賈公彥疏云：公彥此疏據陳邵異同評及沈重義為之。（文獻通考一百八十一引）是其書為唐人所重。惜今僅存一則，而又語多失實。如云戴德刪古禮二百四篇為八十五篇，謂之大戴禮；戴聖刪大戴禮為四十九篇，是為小戴禮。則劉向別錄云古文記二百四篇，（釋文敘錄引）明是皆為古文。而大戴所采記，今文居多，顯然不合。且今本所存，如曾子立事以下十篇，取諸儒家曾子；問五義、禮三本、勸學各篇，取諸孫卿子；保傅數篇，取諸賈子；孔子三朝記七篇，又取諸論語家，安得以為所取專在二百四篇中。黃以周禮書通故已糾之。至於小戴刪大戴，則今大戴本曾子大孝篇見於祭義，諸侯釁廟篇見於雜記，朝事篇自聘禮至諸侯務焉見於聘義，本命篇自有恩有義至聖人因教以制節見於喪服四制外而哀公問及投壺二篇文字無甚大異篇名又相同安得以為小戴取四十九篇餘篇俱已就删戴震大戴禮記目錄後語孔廣森大戴禮記補注亦辨之又云後漢馬融盧植考諸家同異附戴聖篇章去其繁重及所敘畧而行於世即今之禮是也則禮記馬注隋唐志不載惟東漢會要有之不詳其卷數盧注隋唐志稱二十卷不言其篇數唐書儒學傳引元行沖云小戴記行於漢末盧植合二十九篇而為之解二十字恐有誤今亦無從深考獨禮記標題下孔疏引鄭元玄六藝論云戴德傳記八十五篇則大戴禮是也戴聖傳禮四十九篇則此禮記是也元玄為融弟子為植同學使二人果去繁重有所敘畧元玄不容不知豈有以今之禮屬於戴聖之理又云鄭元玄亦依盧氏馬之本則盧本不離禽獸作走獸蓌拜作蹲拜填池如字並見釋文馬本舍故作捨故見通典一百四建櫜作鞬櫜馬國翰馬注輯本云馬融廣成頌臣聞昔命師於鞬櫜則馬本作鞬櫜也皆與鄭不同安得以為鄭依其本由是言之陳

三六七

說殆無一相合。然自陸德明釋文敘錄稱引，後隋書經籍志、杜佑通典、徐堅初學記皆附和其說，謂二戴互相刪取，並謂馬融增月令等篇。此亦事之不可解者矣。要之，本傳既稱其有條貫全書，必多可取。國翰序據董逌跋以為賈疏於康成引杜子春、二鄭之說，必明其從違之意，當是采取許語，可參觀而得其大凡，或亦一理。茲以其為晉人舊帙，例應著錄，特辨正之，以備一家焉。

三二

周禮徐氏音跋 一卷

周禮徐氏音一卷

邈字仙民姑幕人家京口累官驍騎將軍事迹具晉書本傳國翰有周禮杜氏注輯本書於後

音徐邈撰馬國翰輯案錢大昕十駕齋養新錄有徐仙民多古音一條所論祇詩而周禮
未之及今攷此本如大宰以擾萬民擾尋倫反此古音也蓋經文段擾為犪犪有柔音亦有
馴音祇一聲之轉或音而小反者誤五曰賦貢注賦口率出泉也率音類此古音也率本有
類音故史記老莊申韓傳正義漢書外戚傳集注並訓率為類梓人注是取象率焉釋文率
本又作類尤足互證或讀所律切又音律者皆非匪頒之式頒音墳此古音也經文段頒為
班頒古音在諄文欣魂痕部班古音在元寒桓刪山仙部兩部合音最近故得通段今雅詩
魚藻有頒其首尚讀如墳而書洛誥頒朕不暇亦無有讀符分反者膳夫大札音截此古音
也釋名釋天札截也氣傷人如有斷截也以截訓札深合同聲相詁之例後世皆讀側八反
而此音遂廢內饔羊泠毛泠郎年反此古音也泠與零同而切郎年猶先零讀先憐之比後

周礼徐 一

六七一

世皆讀如壟。而此音亦廢。醢人芹菹。芹音謹。此古音也。釋文於徐音下又引說文作蓳。音謹。
是蓳即芹。後世皆讀若勤。而此音又廢。考工記鸛鵒不踰濟。鸛音權。此古音也。今本經注鸛
皆作鸜。考春秋昭二十五年左傳經文鸜其俱反。嵇康音權。本又作鴝。公羊釋文鸛音權。左
氏作鸜。穀梁釋文鸜本又作鸛。音權。是此經及春秋各有二本。嵇音為釋文所本。與此處徐
音合。鸜為鴝之俗。鸛又叚雚為鴝也。他如閽人奇服怪民。注狂易音陽。知今本易為昜之誤。
昜又為瘍之叚。說文爿部瘍脈瘍也。即昜之正字。而瘍醫劀殺之齊。劀工滑反。與鄭注屢言
刮殺意以劀刮為古今字者合。女祝掌以時招梗禬禳之事。梗音亢。與鄭從先鄭讀梗為亢
合。卝人。卝音礦。與鄭云卝之言礦合。具見其塙有師法。惟大宰前期十日。前。非見反。內司服
注王宰宮中裁縫。縫扶用反。素沙。主使之張顯。張音帳之類。未免强生分别。不合古音耳。梓人
凡攫摋麃麃括反。今本摋作閷。錢氏養新錄於矢人閷其一云。从杀从閃。無意義。蓋即籀文殺

三五

字之譌。其説近是。而徐氏於梓人作捺。捺字不見他書。集韻始采其説而録其字。然則易从殳而爲从手。較之从閔其亦略有意義者歟。顔之推家訓書證篇：簡策字竹下施朿，末代隸書似杞宋之宋，亦有竹下遂爲夾者，猶如刺字之傍應爲朿，今亦作夾。徐仙民春秋禮音遂以筴爲正字，以策爲音，殊爲顛倒。然則是書當有筴音策一語，附記於此。

三二一

周禮李一　　六七一

周禮李氏音跋一卷

（周禮李氏音一卷）

軌字弘範，江夏人，仕至尚書郎祠部中、都亭侯，見經典釋文敘錄注。國翰有周禮杜注輯本，已……

晉李軌撰，清馬國翰輯。是編有古音，有轉音，為鄭注作音外，亦為杜子春、二鄭作音，如舍人於後注輯本已……

篚篚篚，方于反。此古音也。據說文竹部篚之古文為匪，是其字本從夫聲。春官序官乃立春官宗伯，先鄭注：帝曰俞。俞音由。此古音也。故詩生民揄與蹂叟浮為韻，司尊彝說酌音雪。此古音也。故說閱涚從兌聲，涚讀弋雪切。小師簫管注：賣飴錫所吹者。錫音唐。此古音也。方言餳謂之餹。鄭注：江東皆言餹，音唐。可悟其通。司弓矢恆矢庳矢注：前後訂。訂音亭。此古音也。訂本從丁得聲，今讀他頂切，幾不知有是音。輈人下齊注：大刃削，削音笑。此古音也。削本以肖為聲，廣韻私妙切，今讀息約切，而此音遂廢。鬱人和鬱鬯，先鄭注：鬯之鐎中。鐎即修反。此從宵韻入尤韻，一在段玉裁六書音均表二部，一在三部，兩部合用最近。職方氏弦蒲注：在汧，汧空定反。此從先韻入霰韻，同在十二部。朝士族談注：傳語也。傳音篆。此從魂韻入緩韻。

一在十三部一在十四部亦通用最近司烜氏墳燭故書墳作蕡一音婦輩反此因蕡從賁聲賁又從卉聲故由文韻入隊韻一在十三部一在十五部兩部通轉最近考工記妢胡之笴注笴讀為笴其轉反此從真韻入獮韻一在十二部一在十四部梓人頯爾頯湯過反此從灰韻入過韻一在十五部一在十七部皆轉通最近小宗伯兩甕甕昌銳反此為杜讀甕為毳作音大祝振動動音董此為鄭興讀動為董作音車人為耒庛庛似斯反此為鄭衆讀庛為其頯有庛之疵作音梓人上兩个大鄭依字此對鄭注讀个為幹而言他如縣正趨其稼事趨倉苟反疑讀趨為趣馬之趣大司馬搋鐸搋扶表反疑所見本從麃作摝哲蔟氏哲思亦反疑所見本從析作蜇輪人掣爾掣所咸反疑讀掣為摻梓人攫䌌攫九夫反疑所見本從瞿作欔而職方氏虖池池如字則以見虖池為池與江別為沱異足悟讀池為徒何切者之失李氏在東晉周顗沈約之學未興故其書頗耐玩索惟筮氏焌契焌祖館反此誤以焌

三五

二六〇

與楚焞之焞同字，則焌非即焞。考工記登陁，陁音他，轄人同。此亦未合，當以徐邈丈爾反為正耳。國翰序以其多與時行者不同，謂必有師受，其說良是。又謂大宰以擾萬民，擾從徐邈尋倫反，土訓以詔地事注，幽并宜麻，與聶氏並音亡皮反，以擾為馴，以麻為縻，非二字之本音。不知擾為擾之段（譯周禮徐氏音條），麋當為糜之譌。說文黍部糜，穄也，从黍麻聲，因下半缺損成麋，遂誤為麋。此皆馬氏所未達者。又菙氏焞契注，楚焞，焞一音祖館反，弓人䖒於腦，䖒又音促，又且六反，並見釋文。此皆失輯。考工記夫人而為鎛也，夫方無反，乃徐劉音。䖒於腦，腦乃老反，乃陸音，皆非李音。其餘遂大夫當為縣正，輪已庳當為則，于馬終古登陁也，緣而昔注昔讀為交錯之錯，當為昔，讀履錯然之錯。聊復正之，未能悉舉云。

錯　錯

周礼十字二　二七〇

周禮疑義四十四卷

清吳廷華撰。廷華字中林，仁和人，康熙甲午舉人，官福建海防同知。四庫已著錄。廷華有儀禮章句。

攷原本章句目錄後有其子壽祺識語，稱三禮疑義浩繁，未克即刊，學海堂本嚴杰附記亦稱疑義原稿存汪喜孫處，提要疑章句或疑義改名，未是。張金吾編輯詁經堂續經解，曾將全書寫入，此即三禮疑義之第一部也。原書四十四卷，缺四卷至二十八卷。其體例首經文，次引鄭注賈疏及他說，或經下已說，分訂義疑義二例，每多刪節移易，前者爲所取，間加案語，後者所不取，往往掊擊甚力。前有無年月自序，稱注疏大概割裂經文，傅會史傳，經文史傳之不已，又廣之以緯書，緯書之不已，又廣之以漢法莽制，且又好爲武斷穿鑿之說，其義既乖，其疑益多，是皆爲葉時禮經會元所惑，殊弗思說經貴有據，不引經文史傳，將引何書？緯與讖有別，無與經義比附，多七十子之遺言，阮元所訂詁經精舍文集有徐養原等緯候不起於哀平辨凡五篇言之綦詳其引漢法莽制乃舉今以曉古此法由來已遠禮器周禮酬六尸曾子曰周禮其猶醵與孔疏曾子引世事證周禮旅酬之儀象是其法始於孔門至所議武斷穿鑿則又未知鄭君推約之法正所以補經其後賈疏亦用此法為陳澧東塾讀書記所稱道古者有依聲釋義之例如孔子言仁者人也義者宜也孟子言畜君者好君也滓水者洪水也及庠者養也等他書尤難悉數是故序官酒人下稱其器閱以奄稱古者從坐稱今之侍史宮婢膳夫庖人下稱膳之言善庖之言苞經文大宗伯禮四方下稱禮東方以立春謂蒼精之帝等原書缺此見太宰祀五帝下掌客凡諸侯之禮下稱推其衰云云皆不足以相難觀孫詒讓正義可見序官乃立冢宰下謂冢宰太宰為一則總百官曰冢宰主天官曰太宰二者自別內豎下謂豎不可以名官則左傳氏昭四年傳以為豎官將何以說夏采下謂即國語大采則彼文又有小采在周禮為何官挈壺氏下謂壺不可結則挈髮猶束髮挈壺謂束

三五五

三六○

猶何謬之有。道僕下謂道是行道之道，則所云與諸臣行先王之道者，乃釋象路名道車之
義。道右注王行道德之車，可以互證。訓方氏下謂鄭注王教道四方之民與經不符，則經文
明云正歲則布而訓四方。鄭正融會經恉。朝大夫下謂庶子二字不可解，則此乃都家貴族
之子弟未命而在官者，故序於府史後徒之前，當胥之處。下都則亦有庶子，安得以為錯衍。
經文太宰正月注周之正月，此蓋別於正歲之為夏正，周禮義例如此，乃以為夏之正月。載
師宅田等注致仕者之家所受田云云，此謂受祿者其家各有所受之田，是為半農人，非即
田祿，乃以為皆為田祿而設。原書缺此見太宰八則下。司服冠弁服注冠弁委貌，此以弁加於冠上謂之
冠弁服，猶下文以經加於弁上謂之弁經服，故以委貌釋冠字，乃以為冠字句、弁服二字句。
原書缺此見序官弁師下。大司馬建牧立監注監一國君也，此與太宰注監謂公侯伯子男各監一國，又
引書王啓監一貫，乃以為前後互易。鄉以州名注鄉則南鄉甄東鄉為人，此當根據世本二

周禮疑 二　　七○

氏皆系出宋戴公他書頗可參證見孫氏正義乃以為無考服不氏掌養猛獸而教擾之注
王者之教無不服此釋官名服不之義乃以為廓落無謂方士縣灋注縣師之職也此與稍
人之以縣師之灋作其同徒輂相同乃以為縣象之法司刑掌五刑之灋注夏刑大辟二百
云云周則變焉此本呂刑序呂命穆王訓夏贖刑故稱為夏刑乃以為穆變周法非周變夏
法大行人繅藉注繅藉以五采韋衣版若奠玉則以藉之此蓋以其畫采言曰繅以其承玉
言曰繅藉與聘禮垂繅屈繅為繫玉之繅曲禮有藉無藉為束帛之藉絕異乃以為五采韋
衣版曰藉用組繫圭而垂其餘以為飾者曰繅考工記輈人輈中有灂注用力均者灂遠此
謂輈用力均調輈不外出軓不內侵而七寸轐版與輈亦相承而安故灂得以久遠乃以為
不可解韗人啟蟄注孟春之中此以古時驚蟄本在正月東漢始改為二月乃以為孟字衍
匠人世室注魯廟有世室牲有白牡此用先王之禮此本明堂位為說用先王禮即承魯言

三五八

三六七

周礼疑 三　六九六

乃以為世室用白牡而議其謬凡此或昧經義或失鄭指均不足信其他謂序官如天官之
奄士春官內外宗女有爵秋官朝大夫之屬皆不經(天官序官)冥氏至銜枚氏設官細瑣(秋官序官)五
官序官未必皆禮經之舊(天官序官)作於鄭(秋官)士師邦諜疑後世增益考工記輪人以其圍之
㓘圍當作徑五分其轂之長長當作徑輈人蓋弓象天以下疑錯簡冶氏重三垸弓人利射
深均疑誤此記不合經者甚多若梓人抗而射女則甚謬皆不得其指而妄疑考工固非周
禮然必在秦前乃一則曰漢人偽作(並太宰)再則曰將漢人之書且曰漢人購金之詔(並本記)抑何
以小人之心度人若是又謂巢伯之朝真否不可知(秋官序官)明堂位文王世子言周公踐祚皆
劉歆輩裡新之作明堂位本後人誇大之書(並天官序官)閟宮詩鋪張僭禮與明堂位同(祭僕)王制
作於漢人昏義月令等皆三代後之書(並太宰)聘義上公七介三句此後世記載之說(司儀)漢志
引管子謂太公作九府圜法疑漢人傅會(天官序官)其勢非使後人盡廢古書不止至於不知東

晉古文及孔安國傳為僞，引大禹謨、（天官序官）周官、（太宰）泰誓、（武成）又謂鄭據孔傳，又謂古文尚書出
自魯共王，賈謂玄不見不可解（字並小），是為顛倒。大司寇注木在足曰桎，在手曰梏，謂本廣雅。
司約注夔子不祀祝融，楚人伐之，謂主杜預說，則又顛倒之甚者也。惟於序官以候人為斥
候之候，環人與秋官環字同，彼周環守衛為賓客而設，此周環往來探聽，家司馬各使其臣
為經，文其經文家司馬亦如之，為序官語於經文。射人王及諸侯大夫正言侯，士獨言豻，為
與司裘互文見義。隸僕小寢大寢為燕寢正寢，校人僕夫為即大馭戎僕等，帶馬為以馬為
幣，大司寇糾暴為直糾其暴，小司寇上服下服為法之輕重，朝士外朝為在雉門外，小司寇
注是，非在庫門外，司約大亂為亂其約劑，非必僭王，請隧司儀致饔餼為賓者，皆親送者之
記，玉人黃金勺為即祼盤，此類或足匡鄭，或備一義，未始無裨於經學。孫氏正義間亦節取
其說，則亦未容竟廢焉。

三三

第一冊計三十五頁

三二二

周官記五卷 周官說五卷 進

清莊存與撰。是編刻於嘉慶癸亥，末有其孫綬甲跋，則題道光丁亥。據跋知記五卷及說前二卷皆存與手定，其後三卷綬甲於遺稿中輯錄者也。周官記卷一為冢宰記，內列五官官屬表，卷二為司徒記，附載師仕地譜，以明均土分民之廛，卷三為司馬記，補小司馬軍司馬諸職闕文，卷四為冬官司空記，補司空之屬闕文，卷五為司空記，摭拾周秦之書可資引證者，以當冬官之義疏。周官說卷一標舉經文，為之詮釋，卷二則九祭九拜尚有專屬，其餘雜引傳記，發揮大義。補編卷一、卷二亦撮舉經文，為之箋注，卷三又雜論各義，附以量地任民譜。此蓋綬甲仿原書體例為之，故即以自定七卷論，為例殊嫌不純。無宗伯司寇記，尤不可解。惟表譜頗便省覽，補闕文亦古奥可喜，而冬官司空記綴以誦文韻語凡三十六句，蓋仿考工記嘉量銘祭侯辭而失之要之。存與倡西漢之學，春秋正辭外，大率憑肊而談，別為一

存與有尚書既見已書於後

周官記 一

三六〇

派。此書雖未盡合周公制禮之意，而尚有依據。王氏刻經解續編補收之，其亦不得已而思其次歟。

三八

三二一

周禮漢讀考跋六卷

周禮漢讀考六卷（金壇）

清段玉裁撰。玉裁有字若膺，號懋堂，乾隆庚辰舉人，官巫山縣知縣。

段玉裁撰是書，攟經文及注，爲綱爲之疏通證明。前有乾隆癸丑自序，稱漢人作注，發疑正讀，其例有三：讀如、讀若者，擬其音；讀爲、讀曰者，易其字；當爲者，定爲字之誤、聲之誤而改其字。此蓋本賈昌朝羣經音辨二例而變通之，致爲精覈。阮元序云：此言出，學者凡讀漢儒經、子、漢書之注，如夢得覺，如醉得醒，不至如冥行擿埴。其推挹甚至。周中孚鄭堂讀書記即襲其說。而翁方綱復初齋集書漢讀考後極詆之，謂鄭君時果森然起例歟？抑段氏代爲舉例歟？三例中時有齟齬，則又爲之說曰：讀爲疑作讀如，讀若疑作當爲。昔鄭君整百家之不齊，孰意千載下又有整鄭君之不齊者，不如例無齟齬，傳刻之訛，不得不訂正耳。翁氏又有訂是書數則，今未之見。據陳壽祺左海文集答翁書，則惟秋官司烜氏，段氏盡改經注烜字爲熢，是誠可議。而大宰主以利得民條，申言利民、財利之別；匠人廟門容大扃條，審定鼏鼏

周禮漢 一

六八二

之異。亦妄加譏毀，宜乎陳氏辨之也。案說文錄密不錄鼏，殹謂說文有鼏字，今誤合為一部，仍非。今案其書，如醢人菁菹先鄭注：菁菹韭菹。以為韭菹已見上文，必非韭菹也之脫誤。占夢始難，故書難作儺。杜子春讀儺為難問之難，以為如八十一難經之難。後人加人旁。司常師都，據說文㫃部引周禮率都建旗，以為師都之誤。此類俱極明塙，而閻胥既比，故書既為暨，杜子春讀暨為既，此文本不誤。今於既暨字皆互易之，以為鄭注以及訓暨，不知鄭以經先言祭祀役政喪紀聚衆庶，而後言既比，嫌比不聚衆庶，故云及，以類舉之，非以及比詁既比。華氏燋契注：燋謂炬，其存火。此亦不誤。今泥儀禮注以為當作以然火，不知下文遂龡其焌契注曰：以契柱燋火而吹之。是燋火者存其火以待然契，至是始柱而吹之，安得輒改。大馭祭軓，故書軓為範，此亦不誤。今改範為軷，不知軷乃俗字，說文所無。杜子春云：軓當為軷，軷當依詩匏有苦葉疏引作範，當為軓。今并改作軷，當為軓，均屬未是矣。矢人笴厚及注笴讀為稾，此亦不誤。今笴為笞，以為依

三六一

故書作笥不知上文妢胡之笴故書笴為笥杜子春云笥當為笴正據此處諸笴字決之矣
為反攷從笥他如小史俎簋故書簋為几鄭司農云几讀為簋書亦或為簋古文也凡字竝
當為九古文上脫一軌字車僕苹車之萃故書苹作平杜子春云苹車當為軿車其字當為
苹書亦或為苹故書平下當有苹作卒三字杜注苹車當作平車其字當作卒字大行人協
辭命故書作叶詞命鄭司農云叶當為汁詞當為辭書或為叶辭命此惟汁似協之誤餘皆
不誤輪人十分寸之一故書十與上二合為二十字此謂故書合二十兩字為廿二十字不
誤段氏校改互有得失當分別觀之弁師繅斿先鄭注繅當為藻繅藻為古今字則當為必
讀為之誤段於此失校段知注有三例而未知故書為祕府所藏之古文書或為先師所傳
之隸古定動謂子春司農從或本既失之混并謂鄭所見故書非真祕府所藏又失之誣凡
若斯類已為黃以周六書通故所糾然經義雖未必盡合而精通小學字之正借聲之分合

剖析甚細。治周禮者未能或之先也。是本於嘉慶戊午刊成後，即知有未善處。大司馬鄉以州名，注：東鄉為人，知即左傳之向為人。輪人外不廉，注：廉，絕也，知廉同燫，火絕也，謂火不絕而煣處不槁，不煣處亦不暴。其經韻樓集書是書後言之，又與劉台拱書言之。見劉寶楠清芬外集。老而彌篤，尤為學者所當法爾。

一一六

三二〇　　周礼摘　一　　六七三

周禮摘箋跋五卷

周禮摘箋五卷　羅江

清李調元撰　調元字羹堂號雨村乾隆癸未進士官至直隸通永道

清李調元撰是書專就異文為釋前有無年月自序稱嘗作周禮箋十卷復以其餘摘取注中經文互異之字而箋之以折中於一其宗旨可見如官聯故書聯作連為政同一體相連合宜從連嬪貢故書嬪作賓為以奉賓客宜從賓豆脯為脯實豆猶腊實鼎膏物為穀漆桐柏之類純帛之純為全觭夢為一俯一仰曰觭觭夢反覆異常者其經運十為運氣運也凡夢皆精氣轉運故占夢之書曰運焌契為楚焞衍祭之衍為餐餐祭黍稷也炮祭燔炙也道齋之奠為設大遣奠於廟庭包其牲體以車載送掌子取隸為掌字當移在掌役下子即卵鳥取謂祭祀取鳥子取之閩隸其一為之深為深為高取其一分高起以為受擊之處腥脂之則需為需猶馬不契需薄其帑則需之需圭中必為必者分判之名一圭分四圭即典瑞四圭有邸里為式為以里為式則一日可推百日一里可準百里凡此或參成說或下己意

或正舊誤。足備一通。而凡掌共羞為治羞供王。則下云共膳。此不應複共。自當為具。五氣為五穀養其元氣。則近變辭隱語。自當為五穀。治鑑為削冰成鑑。則鑑即甗之正字。不得以鑑為冰。甗褻為甗。為埋藏。則甗者陳而不用之名。周禮大喪言甗者十有六。職義皆如是。李氏又於甗衣服、帥簪而甗訓藏。皆非。為之闢為有急出入。雖當其閉而闢。則闢即孟子辟行人之辟。不關緩急。縫棺飾馬。故書馬為馬。為馬以駕遣車。縫衵被為飾。則未知馬實誤字。求地中為日影每千里差一寸。則此沿前人肊說。宋元嘉以來早辨之。詳孫詒讓正義。凡政役之施舍為施猶加。舍釋通免也。則此於貴賤老幼廢疾外別言之。不得仍以貴賤等為說。春秋祭酺為脯言醵。則脯與醵雖事相因而非即醵。地政為即地守地職之政。則下文均地守均地職而此句為複。政自當讀為征。紱布總布紱或作次。為列肆曰次。一肆曰總。則次布者屋稅。總布者舉其總數以計稅。列肆尚不悖。一肆則不能通。吉禮古本作告禮為近是。則告字實誤。實

三五三

柴為柴胔通。詩助我舉胔。謂牲肉。則實柴固實牲體於柴上。而胔為骴或字。殘骨曰骴。詩舉胔。說文㧘下引作㧘。毛許並訓積。謂積禽。張衡西京賦收禽舉胔。薛綜注胔死禽獸將腐之名。安得以胔說此文。將幣之齎為齎。即幣。則文義複沓。齎自當訓持。肆儀為位。為位為主。則為位謂設肆儀之位。不得訓主。祈珥為祈福於神。劃牲耳以薦。則文不成義。祈珥自是士師之刉衈。祼事用概。為概量。則與脩㡯散皆用漆尊者不一律。獻尊為即獻尸尊。則與象尊著尊、壺尊、大尊、山尊、各有取義者不類。大尊為太古之瓦尊。則大即有虞之泰。大泰古通用。諸臣所酢用罍為罍。取雷同。臣非一人。酢非一舉。同雷。則皆有罍。將何說。希冕為希少夫也。當如字。則說文無希篆。少文之訓肊造。一曰祠為廟祀。則於六辭義不相應。與下文命誥等亦雜出。望衍為演習歌呼舞蹈。望神來。則經當稱衍望。不得云望衍。冬堂贈故書贈為矰。為桃為弓矢射四方。辟鬼物。則文不成義。矰實誤字。鵲纓為鵲乾鵲、鵲也。鵲纓黑色纓。則當為白

色。爾雅釋器。象謂之鵠。釋文。鵠白也。可證。鷺纓為鷺。水鳥。素色。則鷺為青黑色。五兵為弓矢、
殳、矛、戈、戟。則此本司馬法。乃名之後起者。要以鄭注分別為最得。詳黃以周禮說五兵篇。五湖為彭蠡、
洞庭、巢湖、太湖、鑑湖。則洞庭遠在荆域。與楊浸何涉。潁湛為湛。未詳。或曰淮也。則湛水出今
河南汝州寶豐縣魚齒山。荆浸不應與青州川同。華離為華為離。離為亂。則意可通。而訓未
合。國刑為立國之刑。則國刑對上野刑、鄉刑言。乃國城中廛里之刑。蜡氏為蜡。腊通。則說文
蜡下亦明引周禮。登再拜授幣。注。授當為受。為登堂拜賓至。授幣於主君。授當如字。則受幣
與再拜文相屬。再拜屬主君。受幣亦屬主君。可知。故下句即云賓拜送幣。授自當為受。飾車
欲侈為張向外。不同棧車欲相內。則侈字但就車耳反出言之。數目為急視。騫腹為腹縮而
騫舉。則詩魚麗傳釋文。數細也。天保。無羊傳並云騫虧也。數非急。騫非舉。於眂必撥爾而怒
為眂。怒視則眂謂人眂之。並不指筍虡。筋三侔為三猶參。侔言諧均和之意。則與下文三鍭

三五四

三邸、三㪷，皆言量數者乖異。其他挾日、祝藥、揄狄、闕狄、翣柳、賈田、皇舞、思次、珍圭、頌磬、傅別、約劑、條狼氏、赤友氏、兩欒、㮚氏、㡛氏、大宰，穿鑿傅會，憑肊而談，殆又有不足辨者矣。然其書以簡明之筆，釋奥頤之文，雖非顓門，頗便初學云。

蹟

郛高第二冊共六十六頁 計叁万九〇廿

三二九

周官學附周官辨非辨跋一卷

周官學附周官辨非辨一卷點注　夢蘭字古春乾隆癸卯舉人官宜都縣知縣

清沈夢蘭撰是編雜引司馬法逸周書管子呂氏春秋尚書大傳大戴記諸書牽合傅會分
溝洫田里畿封邦國都鄙城郭宮室職官祿田貢賦軍旅車乘禮射及律度量衡凡十四篇
前有壬申（案當為嘉慶十七年）自識云合之書詩禮記三傳孟子先儒所病其牴牾者無不得其會通
竟則按諸各書皆非其本指尤甚者以十夫有溝為實九夫舉成數言之以四邱為甸為實
九邱舉一隅言之以不易之地為上地畝三隴二甽歲交易交易者不易也果爾則十為九
四為九易為不易翻其反而抑何悠謬以孟子其實皆什一為成數九一而助為實數九即
十不知九一對下什一此二句乃孟子為滕籌畫觀請字可見與三代什一何涉以井十為
通為即周人百畝而徹漢時避諱改徹為通是强以稅法說田制以夫布為即里布是妄以
閭師合載師其他釋五門則謂皋南庫東雉西又謂以方明言無庫雉以王宮言無皋應釋

周官孝　一　　五八一

明堂。則謂周制有七。如治朝、大廟、宗宮、考宮、路寢、辟雍及四方之聽朝皆是。釋國服為之息。則謂服如甸服侯服之服。息為止。又謂州里都邑無一定之制。又謂聖人曷嘗有封建。皆任肊妄說。不足置辨。孫詒讓周禮正義略例議其新奇謬盭。非過言也。内惟引都則鄭注以為宗人當做此。引司士文以中四命受器。先鄭注較合解經之法耳。所附周官辨非辨語亦簡略。未能揭其癥結之所在。軍旅篇云。後儒謂周禮二千五百家為州。五百家為黨。遂成鄭氏之周禮。而周公之禮亡。竊謂有此沈氏之周禮。而周禮真亡矣。張之洞書目答問未見是書。乃與徐養原周禮故書考並注於段玉裁周禮漢讀考下。一似沈書可與段徐書埒者。易以惑人。特糾正之焉。

二五千

周禮故書疏證跋六卷

周禮故書疏證六卷臨海 乾隆戊申舉人官陝西扶風縣

清宋世犖撰。世犖字確山，臨海人，官知縣。案周禮注多引故書某爲某，又別其文曰故書某
或爲某，省其文又曰書或爲某，重累其文又曰故書或爲某。欲自徵成其說，明更曰書亦或
爲某。其所稱故書，即祕府所藏之古文。其書或即故書，或乃先師所傳之隸古定，爲故書之
異讀字，而非當世傳寫本之今文。今文在鄉師均人小祝注謂之今書，與書或爲故書異文，
判然各別。祕府祇此一本，故注載故書無異文；隸古定所讀不能無異，故書或每有兩字竝
見，黃以周六書通故言之甚明。段玉裁周禮漢讀攷、徐養原周禮故書考，尚憒然於此。是書
於鄭注略例更不明瞭，疏證異字亦頗簡略，往往鮮所貫通，視段、徐二書不逮遠甚。然亦有
得有失，如樂師故書燕爲舞，射夫爲射矢，云燕舞篆字形近，夫矢亦形近，故譌。巾車髤爲軟，
云髤即髹省，漆有次音。漢郡國志蘭陵有次室亭，列女傳漆室之女即次室之女，說與段合。

舞師皇或為義云義為古儀字。牧人毀為甈云毀甈一義。典同碮或作硍云考工記欲其眼也。說文引作輥。說與徐合。掌舍棘門或為材門云詩如矢斯棘。韓詩棘作朸。聲類朸古材字。此條段未之及。今足補其闕。徐云棘材形聲不同。得此尤足通其郵而正其非。薙氏萌作甍云甍當為萌。說文萌灌渝讀若萌。是於段徐二家但以為同聲通假者外。別備一義。而大宰古書連作聯云爾雅釋詁古故也。不知此古書謂古字與凡言故書者不同。縫人柳作𢱭云故書作𢱭蓋古時字。不知𢱭柳非古今字。又古字聲近可借形近並不能借。草人騂為挈云或𦎧挈形近而假借。大宗伯實柴或為賓柴云實賓形近。不知𦎧挈俱从㓞是聲近字。賓乃實之誤。非形近通假也。又凡通假字但取同聲並無一定。有可例證亦有不可例證。乃大馭軷作罰云軷罰音近。其證佚者。輪人庇作秘云秘當為𥘎。𥘎庇音同。其證佚者。亦是一蔽。在段徐決不為此語矣。然其精當處實不可易。在學者分別觀之耳。

三四。

三二四　　周官參一　　六八七

周官參證二卷

清王寶仁撰。寶仁字研雲，太倉州人，東壁號。嘉慶己卯舉人，官六安州訓導。昔錢[illegible]見余庭椿、王與之、吳澄、邱葵輩復古編補遺諸書之亂經，別據尚書、大小戴記、春秋內外傳，采錄二十有一職，曰冬官補亡。其書未之見，僅見朱彝尊經義考。是編自六經、論語外，惟引國語及逸周書，而不闌入左傳。前有道光丙申自序，明言之。而書內如中軍、右軍、左軍、縣大夫、縣人、津人、山人，祇引左傳，並無他證，與其序說相違。太師、太傅、太保，引偽古文周官；不引鄭志、趙商所據（周禮地官序官賈疏引）。大僕正引冏命序外，又引偽古文大正，不合攷證之體。王制一篇，鄭注往往以為殷制，則寄、象、狄鞮、譯，當為殷官。顧命綴衣乃斂衣及幄帳，其立政綴衣是文武為諸侯時之官制，亦當為殷官。周語稷、農大夫、農正、農師、犧人，據祭公謀父言我先王世后稷，服事虞夏，夏衰，棄稷不務，不窋用失其官，是夏自中葉後后稷已廢，而虢文公敘藉田之典，既云古者大史，又稱天子為王，則所陳稷農大夫等官。當爲夏官。皆不足爲證。職人即充人。見賈疏。史記孔子世家嘗爲司職吏，乃充人之屬吏，非即充人。職亦樴之叚字。司宮即宮人。見胡匡衷儀禮釋官。漁師即獻人之長。亞飯、三飯、四飯即大司樂之三侑。見黃以周職官通故及食禮通故。又儀禮士禮諸篇宗人、卦者、外御、雍正、牲之私臣也。士喪、既夕二篇所言甸人、夏祝、商祝，公家之臣來給事者也。不見胡氏釋官，是書均少詮釋。而舟人之子爲泛言舟楫之人，安得以舟人爲官。郵表畷爲郵之通行在兩陌間表道處，郵亦非官。既失之濫。宗有司見魯語，即小宗人。宗正見嘗麥解，即大宗人。舟虞見魯語，即舟牧。又庶子官見燕義，其職主諸侯卿大夫士之庶子之倅，即夏官之諸子。下文士舉旅行酬後單言庶子，班在士下，即燕禮之庶子，則又漏未之及也。總之，周官一書，爲設官分職而作，詳於分設，略於兼攝，容有散見他書處。而鉤稽攷覈甚難。王氏似因錢書衹及冬官，遂推廣其例，而又未敢謂有補周官之學，第曰聊資參證，亦見其用力之篤，而存心之虛。惜學問未甚邃密耳。

三三〇　周礼今　一　六七〇

周禮今釋跋六卷　號皓亭

周禮今釋六卷南海文燦字子白道光己酉舉人官鄖縣知縣

清桂文燦撰案自鄭子言祝鳩氏為司徒以後代之官況古官曾子言周禮猶醲以後代之事況古事於是杜子春鄭衆馬融鄭玄干寶輩每以時制況周制賈公彥亦以唐制為況是編即師其法凡周禮制度悉以今制釋之而心知其意絕不强為牽合頗能得其會通如媒氏下直云今無此職外酒人醢人云若今光祿寺酒人醬人惟古用奄屬於天官與今稍異閽人中門云中門若今紫禁城各門惟古掌自閽人與今守以官兵異此類皆為分明於古今制兩無所蠡舊注有異義處則又並釋之以存其略如小宰宮刑云杜子春云宮當為官若今吏部兵部處分則例後鄭云宮刑在王宮中者之刑若今大清律擅入宮殿門者杖六十徒一年之類鹽人苦鹽散鹽云杜子春讀苦為鹽謂出鹽直用不湅治蓋今河東地鹽鄭司農云散鹽湅治者後鄭云散鹽鬻水為鹽先鄭之說蓋今煎鹽後鄭之說蓋今竈鹽井鹽

此類隨注之文為釋非無所折衷實兼此為備其他於鹽人掌鹽之政令云古者鹽有職掌無税課自管子以煮海為利後世或收鹽税或行中鹽或行引鹽或行票鹽法未盡善今縱不能概免鹽課宜税鹽田一征之後不復問其所之則國與民皆受其益外府掌邦布之入出云錢鈔之法始於唐憲宗時號曰飛錢納錢於京師輕裝趨四方合券可以取錢宋張詠鎮蜀設質劑之法號曰交子高宗時又曰會子始以楮為錢然猶以銅錢為本至金元錢鈔直以楮為錢數錢之值便欲易千萬錢之物似難行矣欲行鈔法尚其取則唐宋遂人川上有路以達於畿云我朝建都燕京轉漕東南既勞且費宜興直隸水利昔宋何承矩李允則元虞集託克託明徐貞明汪應蛟張國彦顧養謙左光斗我朝雍正中怡賢親王與朱文端公皆嘗為之嘉慶中陳鍾麟咸豐初徐士芬並請復興而未果徐復於澄懷園自墾稻田誠有心人也非常之功蓋必待非常之人以成之凡此所言具見經濟家人凡死於兵者不入兆

三五

域云。後世臣道不立。節士益鮮。有喪師辱主。誤國殃民。因畏以死。而譽播朝廷。名登史冊。豈知周公之典。方將正其罪而削其籍。尤概乎言之。蓋周禮本政書。治是經者。宜通知古今。並抒所見也。萑人司干下並云。若今樂部司舞。大僕聞鼓聲。大司寇肺石下並云。若今通政司登聞鼓。此第況其事。非謂一事分隷兩官。惟考工記喜舉近人所得古器爲證。人雖今人。器非今器。似於今釋二字未融耳。陳澧東塾讀書記云。讀周禮者。知漢晉唐儒者舉今曉古之法。則當遵循之。讀周禮畢。當讀大清會典。舉國朝之制。以況周禮。則周禮更顯而易見。而今制之遠有本原。亦因之而見。況國朝有會典。復有歷代職官表。凡今有古無。古有今無。與名同實異。實同名異者。詳爲考證。讀周禮者讀此。更瞭如指掌矣。文燦爲澧弟子。是書殆即承澧意而爲之者歟。

三一九

周官箋跋六卷

周官箋六卷湘潭闓運字壬秋舉人咸豐癸丑光緒間進所著書賜檢討官侍讀入民國任國史館長

清王闓運撰。是書前後無序跋。中如以廉善為察善。辥析而比為梭版書。當直者名辥析聚衆察比之。非宫正自行夜。六牲為牛羊豕犬雁魚。代王為所代者嗣王。菲字從古匪。今䔢菜。食王為以王煮水。飲其水。地守為鄉遂官長各有定守者。夫家九比為夫之數。九之使戍井。家之數。比之計其功。十煇四曰監。監訓鏡。為雲承日光照見上下物象。若兩日以上及日中人馬形。造亚恒。恒即堩。塋兆之處。為至恒造祭。夏官環人當為擐人。涉秋官環人而誤。弓三等為良沽平之等。華離讀如華瓜之華。或為背呂脊之脊。脊聲近。朿矢為十矢。考工言秦、越、鄭、吳。則作者當戰國初時。不甐於甐讀若甈而不鄰之鄰。涗水為燒草淋取水。今直謂之湅水。欲無彈當作但。即憚。凡若斯類。或正鄭。或補鄭。或本成說。或下己意。足備一通。宫正修火禁。凡邦之事蹕。謂此讀禁當依後鄭。蹕當從先鄭。籩人其實棗栗。謂栗在加籩。此栗衍

周官跋一　六六九

字。朝士凡盜賊軍鄉邑及家人殺之無罪。謂當於家絶句。尤得經指。惟以王燕飲酒為鄉飲
則徒見燕義。未知文王世子亦云若公與族燕。則膳宰為主人。六獸為麋、鹿、雉、兔、鶉、鴽。六禽
為犢、羔、豚、麛、鱐、腒。則羔、豚、犢乃牛、羊、豕之小者。六畜中已賅之。且鳥獸雖可通名曰禽。而此
經畜獸禽三者對舉。又云辨其名物。安得以鶉、鴽廁獸中。王鮪為鱣。即鮏也。月令薦鮪。鮥叔
鮪也。今鮹魚。則王叔乃大小之别。安得一為鯉而一為鮪。肆獻祼饋食今存大夫士者。其詞
皆曰孝孫薦歲事于皇祖。皇祖太祖之稱。大夫士無太祖。緣人情而許之。則士昏禮有皇舅
又將何說。用牲社宗為月令之祈天宗祠公社。則經不應以社宗立文。且祼之言灌。祭祀灌
尸與灌賓客字義同。其作果者係叚字。乃謂經有祼果神人異用。衮冕繪卷龍於衣。卷龍謂
龍拳曲。古衮卷音同。故禮記叚龍卷為龍衮。乃謂衮之名始於卷。卷冠圈也。龍蓋馬毛尾。玄
端素端是服名。非冠名。與凡冕弁冠諸服並繫冠為名者不同。觀經文其齊服三字可見。乃

三五〇

疑玄端為齊冠。又謂天子齊用素端。則未聞。王燕出入。地有遠近。故亦各以其等。如齊車。乃謂有脱文。既葬埋之。自是塗車芻靈。觀經文飾遣車之馬飾字可見。乃謂貍馬如瘞牲。氏社稷同堂異壇。士師中大夫四人。亦足備二尸。乃謂社不必言稷。嫌亡國社無配。又以著一尸。去一為軹。圜此軹自謂車較之直木横木。與輪人庛軹及去三為軹不同。蓋一名而三物。若采芑之軝。毛傳及説文並訓長轂之軝。為去三為軹之軹。非此之軹。軝為諧聲字。乃誤以為會意。謂軹當為軝。其文取脅旁落墒之氏。在較下縱横互施。以防兩旁墒落。殊弗思防墒落與落墒意適相反。其謂政典以平邦國讀為辯治職以平邦國讀為均平之平。微有廣狹。則恐作周禮者於兩平字。未必如此分别。又為[謂]芻之三月。則終年芻牛。反不足以見敬。蓋養之十日。則直為王氏之周禮矣。於宮人云六寢為明堂五寢。宮中一寢。皆路寢也。小寢即后正寢。於内宰云六宮為后一。二媵各一。三夫人各一。於内司服云褘衣當王大裘。揄狄屈狄無

五等之分。於大宗伯云殷祭之禮。惟合食為異。禘則易一王而一行。無所謂三年一祫五年
一禘及一祫一禘相間之事。於載師云宅田士田等皆非常受。以上所舉。或由誤解。或好翻
案。辨不勝辨。觀黃以周宮室衣服井田肆獻祼饋食禮各通。故其失自明。九祭、九拜、三侯旗
物。亦互有得失。又當以相見禮射禮學禮軍禮各通故校之。至以疏材為毛羽穢灰果皮核
玉石屑末絲紇枲皮。祝藥為祝由。蚔為蝦。朐深蒲為深菹。北宮為太后宮。致于有司為酒人
之類。苦良為良絲苦枲。十有二土為六鄉六遂。歌舞牲歌讀為牂柯之柯。系牲於杙。國服為
九服之國。槱燎為祭法相近於坎壇相為栖之誤。栖近槱燎以迎。祠禴嘗烝為祠禘禴祖嘗
曾烝高。祈珥珥讀為弭。謂祈福弭烖。不入兆域為別葬以旌之。成均為西郊虞庠。九德歌據
夏代言之。日月食去樂。為陳兵以備非常。咸陟為取伊陟巫咸為名。鉏館為築館以茅蒩蓋
之。牲魚為白魚。周克殷之祥。原蠶為飼野蠶者。小子為選於學子中。羅襦為短衣。九棘為今

三五〇

紫荊。達常為自蓋頂通下至蓋帷。桃氏為取象桃轂中廉旁兩棱。時文思索為遵向堯制。鮑人始於用魚皮包物。後改從革。火以圜為蠡蓋之類。山以章。水以龍為山國旌以章。水國以龍旂。春以功為每春一選貢士。薄其敝。敝讀為撇。謂矢從弛中撇而去。任氏妄說。柳亦不足辨矣。然統觀全書。經學無師法。而小學則頗明通。過而廢之。毋寧過而存之焉。典絲注盰口二字。謂字誤。未聞。今案孫詒讓正義云。盰乃髺字之誤。著髺即謂擢。王氏成書在孫前。而逝世在後。當能見之。未審其以為何如。

九旗古義述跋　一卷　輯本

九旗古義述一卷　瑞安　詒讓有周禮三家佚注已書於後

清孫詒讓撰。是書以周禮司常大閱頒旗物、大司馬治兵辨旗物互有不同，據金榜禮箋說，以爲巾車大赤即鳥旟，大白即熊旗，大麾即龜旐，合之大常大旂爲五色正旗。又因金氏謂旞旌爲諸旗之通制，並推之於旜物，以爲周之旗物名九，而正惟五。五旗之外，更無他旗。旜物與旞旌，但藉縿斿之通雜，注羽之全析，就五正旗而別異之，爰分七目，以成此編：曰釋九旗五正，曰釋旜物，曰釋旞旌，曰釋周禮大閱治兵旗物，曰釋爾雅常旜旐旆，曰釋鄉射禮獲旌，曰釋士喪禮銘旌，並附五旗旜物等差表、五旗縿斿度數表。前有光緒辛丑自序，謂諸經之不可理董者，弇然若引弦以知矩，今審經文明言九旗，而以爲止有五旗，此與戴震不知六書皆造字之本，謂指事象形形聲會意爲體，轉注假借爲用，同一違異之甚者也。其所依據詩干旄傳、鄉射記、爾雅釋文、士喪禮四文，殊弗思九旗無旄名，干旄序言臣子多好善，故

毛據昭二十年左傳旃以招大夫，孟子萬章篇庶人以旃，士以旂，大夫以旌諸文，而釋之曰
大夫之旃。詩有馬四、馬五、馬六，非詠一人之事，故有旃、旟、旌三旗，不得以旌為旟之旌，即不
得以旃為旟之旃也。鄉射虎中龍旝行於竟，與皮樹翻旌在國中並舉，孫氏謂翻旌非九旗
所用，則龍旝不在九旗之內可知，今必欲牽合，抑何明於彼而暗於此也。至喪禮銘旌，更與
旐旆無涉，乃謂經未既有旆文，則緇正必擬旐制，以強符爾雅，果如其說，亦祇見旆之為旂，
無以見物之為旂，且無物而擬旐制，名曰旌，尤可見物與旌之為旗也。既以司常旝物次常
旂後，旐旟旐前為錯文示別，皆有微意精義，又以大司馬旗列旝物前為文偶不次，不為義
例，此乃欲護其旝物旐旌四者為諸旗通制之曲說，而適見四者之非通制，且一則曰可約
推，再則曰可約推，又曰以分率推約，似尚可通，尤肊測之不足憑者也。金氏以旂為青色，本
無所據，然猶作疑詞，此則直斷其色為青。金氏謂周秦間以侯制上說天子，引樂記龍旂九

三五○

二五九

旓。天子之旌。本末知上得兼下。如天子冕服十二章。又有九章七章之例。此則竟以荀子諸書言天子龍旂九斿者。為戰國時沿襲之說。其他以孟子旃、旂、旌、為大旂之旓。以漢書曲旓為鴻臚之類。更不足辨。蓋旗物之所以異者。實緣内臣外臣之別。凡内臣尚文德。故其旗不畫。外臣尚武功。故其旗有畫。要以鄭制〔注〕有事軍旅者畫異物。無者帛而已兩語為正。黄以周軍旅通故已詳哉言之。孫氏固見黄氏書者。而力詆鄭注。凡許慎、劉熙、孫炎諸說之同鄭者。一概屏斥。甚矣。其為金氏異說所惑也。中惟糾釋名雜色綴邊如燕尾之說。左傳疏游數多者旁綴於縿。其軍前旆如燕尾之說。說文段注、繙胡即旗正幅之說。明塙可取。孫氏負經學盛名。此書足誤後學。爰詳論之如此。

九旗 二

二五九

斿

三二〇

周禮政要跋 四卷

周禮政要四卷瑞安

清孫詒讓撰。光緒庚子辛丑間，西安行在詔言新政，某侍郎以詒讓嘗治周禮，屬剌取其與西政合者甄緝之，以為是書，將以進呈而未果，故其行文頗於經筵講義為近。其體例則列經文及鄭注於前，意取立竿見影。其後發揮西政之作用，絕不一一牽合，無膠柱鼓瑟之弊。自朝儀至收教凡四十篇，前有壬寅籀廎居士序，又有瞿廷韶序。後萍鄉文氏代南昌沈氏撰新學書目提要，稱其奄寺篇不惜牽合經文，命意良為沈痛；朝儀篇以常覲之禮君坐臣跪為非，思所以變之，與龔自珍朝儀十等篇所見合；漁征篇備言其利，可謂知新。其推挹亦備至。惟謂奄寺篇牽合經文，則殊未然。周禮自有奄人，乃以犯宮刑者為之，非自宮之人。詒讓分別甚明，何牽合之有？其他廣學篇謂學成予以官職，通譯篇謂譯印成書分送各學堂，以備諸生誦習；重祿篇謂減兩冗員之費，以增一正官之俸，則祿增而度支不乏；選舉篇欲

詒讓有周禮三家佚注已著於後

輯本

周禮政一　六三一

廢科舉而任徵辟獄訟篇欲行陪訊官之制文氏頗多補正可資參證博議篇論日本元老
院之制以為與張謇變法平議同一誤會尤切中其失然其作書本旨以戊戌變法中阻今
欲使迂固者曉然於中西新故之無異軌小小疏舛無害大體其自序曰誠更張今法集吾
羣力而行之不疑則此四十篇者以致富強而有餘豈知國體變更所議除天然改革外其
弊滋甚即有建設而亦弊多利少則苟非其人道不虛行之故也是書刊行後高視詒讓者
謂不應作此書此猶嚴元照悔庵學文書四書典林後惜其書之出自江氏耳不知著書各
視其所宜學問淹博之人奚妨為淺近之書江氏為初學而設其中棄語令人有實事求是
之思此書為初變法而設其所持論令人有異世同符之感彼高視二人者殆未知二人者
也惟書名周禮政要而於周禮本義不甚相關當廁之夏休周禮井田譜之列云

右周禮之屬

三一

許廎經籍題跋卷三　　三三八

大戴表一　六八三

吳縣　胡玉縉　撰

後學　王欣夫　輯

禮類二

大戴喪服變除跋

大戴喪服變除一卷　德有大戴禮記，四庫已著錄。國翰有周禮杜氏注輯本，已書於後。

漢戴德撰，清馬國翰輯。喪服以變除名者，蓋言成服以至釋服之儀節，亦曰釋禫之禮，雜記鄭注所引是也。其中如天子、諸侯庶昆弟、大夫庶子為其母，哭泣飲食居處思慕猶三年也，足知厭嫡母之說為謬。二十五月大祥，二十七月而禫，足見祥禫同月之論為非。童子當室謂十五至十九為父後持宗廟之重者，其服深衣不裳，能服者亦不禁縗絰，足明古人準情酌理之精。臣為君笄纚不徒跣，始死深衣素冠，餘與子為父同，足悟漢文景於葬後三易服三十六日而除，唐明皇又降為二十七日之失。其他父之喪笄纚徒跣，為鄭注問喪破雜斯為笄纚所本；黑經白緯曰纖，又鄭注間傳所遵用（鄭注又引舊說纖冠采纓，蓋存異說，其意並不主此。喪服通故以為鄭義如此，似非）。七歲以下至生三月之殤，以日易月，獨父母為子與昆弟相為，與喪服傳無服之殤專主子女子子者互相發明，而又推言其未及。此類均精塙不磨。惟父之喪徒跣扱上衽，當在易深衣後扱者扱深衣之衽今乃在前自始死至成服無冠屨今既襲後有素章甫冠白麻繩屨其妻為夫妾為君去笄而纚不徒跣不扱上衽餘與男子同今乃始死有笄纚既襲有素總禫祭玄冠朝服今乃玄冠黃裳凡此俱為黃以周喪服通故喪祭通故所糾不獨總縗七月之服枲麻絰吉屨無絇一為馬融喪服經傳注通典八十一引所破一為敖繼公儀禮集說所破士弔服相為朝服加絰鄭注周禮司服所破舊說即指此說也亦見喪服通故然傳述之學詎無疏舛其書鄭玄嘗為之注使全書而在其精義當有不止上文所稱者矣喪服小記疏載崔靈恩要舉變除之旨云喪服變除不杖齊衰條云襲尸之時云括髮者誤也今輯本齊縗不杖周條無括髮字當為杜佑所删應加案語說明崔又引小斂之後大夫以上冠素弁士則素委貌其素弁素冠皆加環絰今失輯又引鄭注喪服變除二則亦未載今所載當為杜佑語觀通典各條注可見鄭時無反切絇其俱反尤可證其非鄭注也

三四五

許廎學林卷十七

吳縣　胡玉縉　撰
後學　王大隆　編

冠儀約制跋一卷

冠儀約制一卷。有春秋公羊傳解詁，四庫已著錄。國翰有周禮杜氏注輯本，已書於後。

漢何休撰，清馬國翰輯。（休字邵公，樊人，官至諫議大夫，事蹟具後漢書本傳。）是編撮取士冠禮之意，為行冠禮而作，非為釋士冠禮而作。猶之鄭眾婚禮，亦非釋士婚禮也。眾書有百官六禮辭，似奉詔作，疑此亦同之也。士冠禮筵于東序少北西面為冠者之位，筵于户西南面為賓之位，而此云兩楹間為冠者設北嚮筵，又設賓東嚮筵，兩筵相接，顯與儀禮不同。士冠禮三加各有祝辭，而此祇一加，襲用其初加之辭，又顯然不同，蓋變通周制為之。陳澧東塾讀書記云：續漢書輿服志進賢冠，文儒者之服也。自博士以下至小吏私學弟子皆一梁。是後漢時士無三種冠，故無三加。今案續書禮儀志云：

冠禮。初緇布進賢。次爵弁。次武弁。次通天。皆於高祖廟。如禮謁王公以下。初加進賢而已。然則後漢時非特士無三種冠。王公以下亦然。陳説是已。而未盡。魏書禮志引司馬彪曰。漢帝有四冠。一緇布。二進賢。三武弁。四通天冠。此分緇布進賢為二。而無爵弁。一人之説。不應彼此互異如是。彪意進賢即古之緇布。漢時非别有緇布。故禮儀志緇布進賢四字連文。為初加。輿服志明云進賢冠古緇布冠。晉書輿服志亦云進賢冠古緇布冠遺象也。魏書所引恐誤。而黄以周冠禮通故據魏書以相難。未免少所會通矣。是書當為典禮之屬。非儀禮之屬。國朝序云。意以古禮繁重。人多憚行。冠禮浸以日廢。乃參酌時制。約而為此。亦委曲存禮之苦衷。如其説。則為私家之儀注。今姑改隸於雜禮書類焉。

二六七

三二四　　鄭氏婚　一　　五六三

鄭氏婚禮跋　一卷

鄭氏婚禮一卷

漢鄭衆撰清馬國翰輯

衆字仲師開封人興子官至大司農世稱鄭司農亦曰先鄭事蹟具後漢書興傳

國朝有周禮鄭氏注輯本書於後

昔漢平帝詔劉歆等雜定婚禮四輔公卿大夫博士郎吏家屬皆以禮娶迎立軺併馬見通典五十八是漢時曾定婚禮今是書有百官六禮辭疑衆奉詔修改苟非官書不應有百官禮也國翰序稱其禮物贊辭韻語古雅可誦而不知其有可證明經學小學史學處如謁文云納采始相與語言擇采可否之時與儀禮士昏禮鄭注使人納其采擇之禮語異而意相成問名謂問女名云云大旨與後鄭合贊言云物之所象者元象天纁象地與周禮染人鄭注元纁者天地之色合是可證經學也贊言云羊者祥也此蓋本春秋說題辭古微書引說文部首亦云羊祥也春秋繁露執贄篇云羊之為言猶祥與今禮物亦贊類尤互相發明又云鹿者祿也此以疊韻為訓書舜典納于大麓偽孔傳云麓錄也納舜使大錄萬幾之政尚書大傳鄭注亦云麓者錄也路史發揮引說文林部麓古文從彔作𥶰竹部簏

或從彔作箓。水部漉，或從彔作淥。目部睩下云：从目，彔聲，讀若鹿。又凡古彝器福祿或作鹿。尤與之合。是可證小學也。六禮文皆先以紙封表，又加以皁囊。攷後漢書蔡邕傳詔邕指陳政要，具對經術，以皁囊封上。李賢注引漢官儀曰：凡章表皆啓封，其言密事得皁囊也。今禮文用皁囊，蓋視同密事，以示鄭重。是可證史學也。其他禮物三十種及題檢儀式，均足攷見當時之制。惟所稱前人不云吾子，皆云君。此本周制而有所變通。其後何休作冠儀約制，則仍稱吾子。（見通典五十七）衆休相距不甚遠，冠婚禮相類，而因革不同如此，是又學者所當知也。其書本爲典禮之屬，與儀禮無涉，茲姑改隸於雜禮書類，以便檢尋焉。

二三九

鄭氏喪服變除䟦一卷

國翰有周禮杜氏注輯本已書於後

漢鄭玄撰清馬國翰輯。是編如父為長子不徒跣不歠粥與戴德喪服變除合，臣為君不笄纚不徒跣不扱上衽與戴稱扱上衽異，子為父斬縗既襲布深衣扱上衽與戴稱扱上衽後言襲深衣異。稽之禮文，合者良是，其異者皆鄭是而戴非。黃以周禮説略有喪服變除條言之綦詳，可以參證。此本既據通典所載輯錄，又據禮記注疏摭入五則，無以見其必為鄭氏變除文。二十五月大祥二句，檀弓孟獻子禫孔疏以為鄭氏依用戴氏文。二十八月樂作，疏引喪大記、閒傳互相分辨，非但不言鄭氏文，並不言戴氏文。禮既祥白屨無約二句，檀弓既祥而絲屨組纓疏以為上句戴氏文，下句玉藻文，則非鄭氏變除甚明。使自用其文，豈得輒稱為禮。若如馬氏此條，則凡三禮注之涉及喪服喪禮喪祭者，皆可目為變除文矣。雖變除文未必與注乖異，而别無見文，烏容懸斷也。釋禫之禮云云，雜記祥主人之除也疏以玄衣黃裳。及既祭乃服禫服。朝服綅冠為戴氏文。則鄭氏此注。不過依據戴氏變除而說其義所說豈得為鄭氏變除。黑經白緯曰纖。舊說纖冠者采纓也。閒傳疏以上句為戴氏文。今案此亦鄭依用戴氏文。下引舊說。蓋以廣異聞。其意固主黑經白緯之義。故列戴義於前。下又云纖或作綅。則知舊說乃據或本為義。考史記孝文紀纖七日。集解引應劭曰。纖者。禫也。此與記文禫而纖合。說文糸部綅。絳綫也。此與舊說采纓義近。玉篇纖。細也。綅。綫也。縫綫也。黑經白緯也。廣韻二十侵有綅字。引詩貝冑朱綅。二十四鹽有綅字。曰黑經白緯。此皆兩義並列。即本記注。實則黑經白緯。緇於既祥之縞。而異於吉冠之玄。鄭從戴義最得其朝服綅冠綅乃纖之叚字。初不謂采纓。凡此皆與鄭氏變除無涉。國翰序云。正義每於變除引鄭以為依用。此亦佚說。未免捕風捉影矣。然此條輯本之牽合。若鄭氏本文固懸諸日月而不刊爾。

三四

三二五

王氏喪服要記跋一卷

王氏喪服要記一卷

肅有孔子家語四庫已著錄國翰有周禮杜氏注輯本已書於後。

魏王肅撰清馬國翰輯。是書乃引申喪服之義。如親喪君來弔節本士喪禮及喪大記。三年喪終服不弔及有小功喪服改葬父母節本雜記。老疾三諫去者節本喪服傳齊衰三月章為舊君之第三節。斬縗之喪未葬節本喪服小記周則沒閏本哀五年公羊文六年穀梁傳。凡若斯類。或約其旨。或衍其義。俱極名通。而庶子服出母及為出繼母無服節。一謂父在服齊縗周。父沒不服。一引季祖鍾說繼母在如母。出則為父所去不服。則出母有服。嫁母惟從者有服。不從則不為之服。禮經所載甚明。出母者出而不嫁者也。嫁母者出而改嫁者也。檀弓記孔氏兩世出妻。有服有不服在此。子思言道隆從隆道污從污。亦在此。今服出母以父存沒為斷。不以嫁不嫁為斷。恐非禮意。繼母既如母即出亦當視其嫁不嫁以定服不服方合情理。雖鄭荅趙商問。亦云繼母而為父所出不服。通典九十四引 為季說所本。然義終未安。其他

王氏喪 一　　五四四

謂師弟子無服。則檀弓云。孔子之喪。二三子皆絰而出。羣居則絰。出則否。鄭注云。羣謂七十二弟子相為朋友服。是師弟子明各有服。王說與記文違異。又謂改葬總。即虞而除。則葬以藏形。廟以安神。改葬之神。在廟已久。安得退而虞之於寢。已為傅純所駁。通典一百二引。是又不無可議者也。至魯哀公祖載其父。與孔子答問。疑皆肅所依託。而表門起大禹。菰盧起太伯。五穀囊起伯夷叔齊。桂樹起介子推。魂衣起宛朐。桐人起虞卿。三桃湯起衛靈公。其事必有所本。亦足攷掌故而廣異聞。國翰序因酈道元水經汾水篇注議桂樹事。而槩以為誤。亦未免為王氏所笑矣。

二一九

三二〇

儀禮疑義跋 五十卷（儀禮章句四庫已著錄。廷華有周禮疑義，已書於後，是書）

儀禮疑義五十卷 仁和

清吳廷華撰。即三禮疑義之第二部也。本五十卷，缺三十八九兩卷。體例一如周禮。前有雍正乙卯自序。辨高堂生傳士禮十七篇非即儀禮，案儀禮篇次以大戴本為最當。其書以冠、昏、相見、士喪、既夕、士虞、特牲、鄉飲、鄉射九篇居首，故曰士禮。后倉傳其學，作曲臺記九篇，即說此九篇士禮，以推天子諸侯卿大夫之制。大戴以之列首，正明授受所自。黃以周禮書通故詳哉言之。漢志烏可議也。其篇中有駮鄭而得者，如士冠下引特牲注以明書卦是卦者，非筮人。引說文及釋名以明爵弁與冕異，與皮弁同，非冕之次。士昏下謂主人受醴獻賓，賓拜，主人當如鄉飲少退，非能疑立。鄉射下謂三祭專為獲者設，非祭侯三處。尋仞皆八尺，仞非七尺。燕禮下謂肝膋為八珍之一，不得雜入庶羞。士虞下引少牢以明徹室中之饌亦婦人，非兄弟。特牲下謂鼎無當門之理，門外下脫東字。有司徹下謂祊是求神之禮，與繹為又

仪礼類 一　　六七四

祭不同。此類辨注頗明塙。是其得也。有駁鄭而失者。士冠下謂素裳說不知何據。則石渠論戴聖云。朝服布上素下。（續漢輿服志劉注引）為鄭說所本。謂缺項本在冠。非別有物。則下文青組纓屬于缺。即屬於冠。何以冠在匴而纓在篋。謂中等相授中間應有一等。士堂當高四尺。則中等猶隔等。言授受不並等而立。鄭意固合堂與地為三等。鄉射下謂序無室之說無考。則爾雅無室曰榭外。又有三證。盛世佐集編臚列甚明。謂雜帛為物非各以之義。物即司常九旗之物。則旌與物皆九旗之通名。經文旗是通名。記文物亦通名。故云各以別之。典禮下謂以掌賓客之獻飲食證宰夫之為主人。誤分宰夫膳夫為二。則經云主人筵前獻賓膳宰薦脯醢明主人與膳宰別。大射下謂往來右為上。蓋交相右。此注猶言相左。因下三耦射之相左。任意夾入。則各以右尊人。即兩相左。鄭意本自一貫。既夕注云吉事交相左。凶事交相右。烏得混吉於凶。謂三耦為習射者。不應以大夫士言。則三耦皆正射。亦皆命士。聘禮下謂君行一

三五三

臣行二之說無謂。則此為晏子春秋內篇雜上述上堂之禮。引之以見其儀節亦然。公食下謂宰太宰及宰夫注以宰為宰夫之屬誤。則東夾北非太宰立位。是時宰夫位亦在房中。故知為宰夫之屬。覲禮下謂袞未聞有升龍降龍。二龍是旗制。則旗為交龍。非一升一降。說文衣部袞云卷龍繡於下常。幅一龍。蟠阿上鄉。尤足為證。喪服下謂二十兩曰溢不可信。則古量甚小。一升二十四分升之一。當今二合有奇。既夕下謂胥徒無稱士之禮。則檀弓管庫之士。祭法庶士無廟。將何以說。謂倚廬在門北東南壁下。則此襲喪大記注。固自一義。而東方北戶。鄭實別本間傳為文。（白虎通喪服篇引）謂惡車是王喪之素車。則惡車為始喪所乘。當屬中車之木車。烏得驟乘其次之素車。特牲下謂奠酬薦左。非為其不舉。竟不知下有薦南之奠。則鄉飲記凡奠者於左。將舉（於）其右。此奠觶有似於不舉。故鄭特為剖別。謂啐之者答其欲酢已。不可解。則奠爵本無酢。鄭意尸之祭而啐之。以示已飲。是答其欲酢已之意。少牢下謂經言

儀礼疑　二　　七〇三

丁巳注舍丁言亥為外則鄭引大戴文正以明丁日巳日之皆可用謂滅置於羊俎兩端仍
就敦言與經不合資當作益則資乃齊之段字與詩楚茨既齊既稷之齊同鄭箋齊減取也
可以互證有司徹下謂俎不可以盛湆當以舟則俎舟無明文經言羊匕湆豕匕湆鄭意以
匕盛之加於俎上此類讀注少體會是其失也亦有鄭失而吳仍未得者士昏注謂自以車
送固偏今謂壻車婦車並夫家所共亦非詩鵲巢百兩御之迎車也百兩將之送車也必兼
言之乃備士相見注下謂君所固未安今謂至極也極下謂下如授亦傅會下謂堂下燕禮
注司宮天子曰小宰固不倫今謂宮人及司尊彝之屬亦未盡合下文司宮執燭與周禮宮
人職埽除執燭共爐炭合不應復及司尊彝大射注謂告選三耦於君固未協今謂三耦未
比此當在下文第二番射比耦中亦嫌改經此蓋預告堂上下為耦之法有司徹注其於右
者不舉神惠右不舉固失經意今謂此不舉當奠於左則又輕改經文蓋二人舉觶一以為

三五

三五〇

尸。一以為侑，侑奠於右。以示猶舉。此類鄭吳皆非。其駁賈疏。士冠下謂舊俗為先王舊法。非夏殷。士昏下謂賓者欲厚之。猶鄉大夫以禮禮賓之意。非上下之辭。頗得其義。而燕禮下謂奏陔夏者豈不得奏肆夏。則大夫奏肆夏。郊特牲云自趙文子始。明非正禮。聘禮下謂詩傳公命。即掌訝。非即上節之大夫。士則經云又見之以其摯復見之以其摯復與。又明是承上之辭。則仍失之。燕禮疏。大樂正不當天子大司樂。固泥。今謂諸侯無大司樂之說無據。亦不足以服賈。周禮始有大司樂。明是天子之官。文王世子所記。為諸侯時事。亦秖有大司正。無大司樂。士虞疏朔月薦新有黍稷。向吉未有爨。固不合。今謂祖奠既有黍稷。斷無無饎爨之理。則朔奠本無黍稷。黃氏喪祭通故辨晰綦詳。此又賈失而吳未得也。其他聘禮聘享節謂當是記語。以君命在寡人之前錯簡。公食先者反之節。謂當在升設稻南之下。覲禮多闕文錯簡。覲于天子為記說。右肉袒。似非大宗伯親諸侯之義。方明本無可據。載大旂象日月則

旂與常混。喪服傳婦人雖在外，必有歸宗曰小宗，是可疑。鄉飲記其牲狗也，不見他經。鄉射
記與諸禮多不符。聘禮記朱白蒼朱綠藻，非古制。館于工商，非禮賓介之道，殆不致賓不拜
二語可疑。特牲記壺棜禁饌于東序南，記者之誤。喪服記夫之所為兄弟服，妻降一等，此漢
人臆說。士喪禮楔齒用角柶，綴足用燕几，既夕記實貝柱右顱左顱，皆可疑。此皆不得其說
而妄疑。觀胡培翬正義、黃氏通故諸書可見。又謂夏小正真偽未可知，康誥為武王誥康叔，
考工記託為周法，為購書。詁大戴記公冠為偽，謚法皆漢人傅會。並士冠 緯書不加排斥，必累
經。士昏 書傳造父師少師說，士相見 毛詩謂南陔六詩有其義而亡其辭，不足信。鄉飲 王制周立四
代之學，傅會無據。鄉射 天子之縣內，亦秦漢人說。大射 禮運大同小康說，非夫子之言。祭法去墠
為鬼，其說荒誕。十七篇本殘闕之書，朝事儀亦漢制。並聘禮 三年問為短喪張本，孔子所謂不
仁者。喪服 以及鄭注委安章明追堆槃大幠覆諸訓，非曰以意言之。士冠 即曰好奇。士昏 賈疏對文

一四三

散文等說。非曰習說無謂。鄉飲即曰徒見其鑿。鄉射。槀覲禮下謂朝覲宗遇皆揖謂之朝。注猶疏家所謂對文散文是也。可稱一隙之明。是周禮疑義之謬見也。聘禮及廟門。不能引聘義孔疏以正廟門之為大門。但曰當有錯誤。士冠注今小吏冠。不能引續漢輿服志以明其制。但曰莫考其空疏。抑亦不足責矣。然其書凡經胡氏正義節取處。亦頗可觀。在學者之慎擇焉耳。

儀礼疏の　一四三

鄉高第三冊共廿三頁 計一万弍〆九百字

三二二

儀禮注疏詳校跋十七卷

儀禮注疏詳校十七卷 餘姚

清盧文弨撰文弨字紹弓。號磯漁。又號檠齋。晚更號弓父。餘姚人。乾隆壬申一甲三名進士。
官至翰林院侍讀學士。是編大致以官本注疏為主。參以李如圭集釋本、及浦鏜正字金曰
追正譌、等為之校補。初刊於羣書拾補。祇冠昏兩篇。乾隆乙卯盡以付梓。前有自序。稱糾繆
釋疑。為天地間不可少之議論。意頗自負。然景德單疏本未見。魏了翁要義雖見而未細考。
故其書勝於正譌。而遠不逮阮元校勘記、嚴元照悔菴學文有書後一首。頗致不滿。並謂顧
廣圻嘗掎摭其失。今顧說未之見。姑就盧校言之。妄改經文則士虞記沐浴不櫛。當倒為浴沐。注文
則士冠若不醴云。不改者也。改者為舊。鄉飲賓俎脊脅肩肺云。膊胳也。改膊為膞。燕禮采蘋
云。能修其法度。改修為循。聘禮賓請有事於大夫云。不言問聘。以聘字為衍。既夕藏器于旁
云。檀弓曰有虞氏四句。今本祇有末句。以為陸氏為聖周作音。有者為是。疏文則鄭氏注下

儀礼注 一

六乂六

若水之註物。改註為注。士冠筮于廟門云。闑為門限。改闑為閾。筮人許諾云。主人為筮人而言。以上人字為衍。離師云。忖切之。改忖為抇。仲叔季云。夏殷質則稱仲。二句並改稱為積。鄉飲主人就先生云。先就庠學者若先生。改若為告。請座于賓云。喻無算爵。後以坐食。改食為飲。薦脯五脡云。與曲禮脯羞。改羞為脩。鄉射未旅云。故再拜訖即射。改拜為獻。公食兼壹祭之云。決上三牲之脯。改脯為肺。士喪牢中云。義取樓挾少之意。改挾為狹。既夕冢亦如之云。上下共為一段作二為是。鼎入乃奠云。次北脾醢。改脾為蜱。此類均極精審。燕禮不拜酒不告旨下。集釋有經文不殺二字。鄭注無俎故也四字。各本皆無。以為脫。此不倫語。尤了當是其得也。經文士冠鄉先生。鄉當作卿。近人有定論。（詳儀禮漢讀考條。）乃僅注劉說於下。喪服記於所為後之兄弟之子若子。以為石經已誤。不知兄弟之子乃言為所後旁親之服。記文不誤。注文則士冠韎韐云。今齊人名蒨為韎韐。韍之制似韠。以韐字為衍。不知韐字當下屬。非衍。（詳周

三五四

三五二

儀礼注　二　　六六八

禮漢讀考條。士相見唯舒武云唯舒者重玉器以為宋本舒下有武字此據敖繼公集說為言並
無塙據聘禮如上賓云明此賓客介也改客為容不知經言如者以此介為賓客客字不誤
公食上介出請云問所以為來事以為疏本無以字不知單疏本標目有以字無為字喪服
世父叔父何以期也云姑姊妹在室亦如之以為姊妹二字衍不知姑姊妹謂或姑姊或姑
妹三字連文左昭廿一年傳有姑姊字可證大功布衰裳云凡天子諸侯至非內喪也五十
四字集釋本在下節注末以為當在此不知單疏本與李本正同士喪明衣不在算云不在
數以為疏亦無在字不知述注明有在字士虞祝免云士之屬官以為疏作屬吏不知疏云
今祝是執事屬吏之等以屬吏釋屬官上文賓執事者疏引此注正作官少牢命滌云滌溉
濯祭器以為濯字衍不知溉濯祭器與下埽除宗廟相對成文疏文則士昏以湆醬注用口
啜湆用指咂醬疏中疊注無用口用指四字單疏本同乃以為賈本似有鄉飲公如大夫入

云。是其當公則非當。此當字猶敵也。乃兩當字俱改為常。鄉射下綱云絹寸焉。絹實縜之譌。說文糸部縜下引周禮甚明。乃以為別本有作絹者。似當仍之。中人定梔圍九寸也。浦鏜改定為之。蓋據喪服苴絰大搹注。乃改定梔為之是。又記翿旌以獲注。謂小國至以獲廿一字今本俱脫。單疏本此節亦無疏。乃以為疏無可考。聘禮記乘禽云云鴈鶩之屬者。案爾雅二足而羽。此十三字意在以二足釋雙字。故引爾雅截出之。乃移置下文則一雙也下。並刪羽字。公食西鄉立云。公凡受於序端。此言凡有所受皆必於序端。乃改為公受。凡士喪巾柶鬠蚤埋于坎云。方襲事。此三字文義本明。乃改事為時。是其失也。文弨精校勘之學。是書非其極詣。然句櫛字比。功亦未可沒矣。士冠疏未知太古時有緌以不。謂以不猶與否。此說可信。喪服疏非正當心而已。謂唐人書止多作正。此說可疑。豈見篇中止多誤正。而姑為是肊決歟。

三一六

三二一　　儀礼漢　一　　六七一

儀禮漢讀攷跋 一卷

儀禮漢讀考一卷，金壇段玉裁撰。玉裁有周禮漢讀考，已書於後。

清段玉裁撰。是書摘經文及注為綱，為之疏通證明，不專主今古文，猶之周禮漢讀攷不專主故書。惜秪成一卷，以士冠禮為止，其餘十六篇未成。後有嘉慶甲戌自識，謂後之人當能踵為之，蓋年已八十矣。中如質明行事，據說文日部引質作晢，謂戴記多從今文，禮器、昏義皆云質明，則質今文，晢古文。鄭不疊古文者，略。甒醴注古文甒作廡，謂說文瓦部不錄甒，從禮古文。小戴多從今文，是以有甒無廡，如禮器、喪大記瓦甒皆是。其推本家法，為宋世犖、徐養原、胡承珙諸書所未及。缺項注缺讀如有頍者弁之頍，滕薛名簂為頍，據釋名簂恢條以證。謂簂缺頍皆雙聲，並正敖繼公、江永及其師戴震讀缺項如字之失，尤見不為苟同。而韎韐注今齊人名蒨為韎韐，韍之制似韠，謂今本添韍字，則經云韐不云韍，鄭不當單言韍之制，故曰韐韍之制似韠，當以胡培翬正義之說為得鄭意。遂以摯見于鄉大夫，賈疏鄉作卿。

冠義孔疏亦作卿。惟冠義陸釋文作鄉。音香。謂陸作鄉是。仕至大夫曰鄉大夫。仕至大夫而致仕者曰鄉先生。如賈孔作卿。將在朝者不勝其摯見。則國語趙文子冠徧見六卿。劉台拱經傳小記所引。乃此經及冠義之塙據。王引之經義述聞。朱大韶實事求是齋經義並申劉說。足為定論。扃鼏注今文扃為鉉。古文鼏為密。謂扃鄭注時本作鼏。後人以同音之扃代之。鼏以冂野之冂為聲。古熒切。鼏以一下垂之冖為聲。莫狄切。說文鼎部曰鼏。以木横貫而舉之。從鼎冂聲。周禮廟門容大鼏七箇。即易玉鉉大吉也。又曰鼏。鼎蓋也。從鼎冖。冖亦聲。蓋許原文如是。因二形相似。轉寫遂存其一。其義則上一字。其形與切音則下一字。此語有得有失。其訂鼏鼏之别甚是。其謂說文有鼏字則非。許君不錄今文鼏從古文也。鄭意舉鼎之杠可通用扃。密叚借字義遠。故經作扃鉉。而疊今文鉉古文鼏於注。取其易曉。兩書各自有例。不得據鄭注以改說文。此黄以周六書通故之說。深得許鄭作書之意。視段為勝者也。總之。

三五。

四三　儀礼漢　二　四三

詮攷之學。本自無窮。偶未見及。不足為病。其疏通大義。固自有不磨者在耳。其書原附周禮漢讀攷後。茲分列之焉。

三二〇

儀禮蠡測十七卷

儀禮蠡測十七卷　蕪湖

清韋協夢撰。協夢字云吉，號靜山，蕪湖人。乾隆甲午舉人，官知縣。協夢嘗采鄭注、賈疏及朱子、黃幹、楊復、敖繼公諸說，勒為集解一書。嗣以徵引太繁，恐初學窺大失居約，為章句十七卷。後又校勘參訂，鈔撮以成此編。前有乾隆辛丑自序，及壬寅翁方綱序。今集解未見，章句亦祇見方綱序，在復初齋文集中，殆未刊行也。是書不尚引證，意在空隙處推求凡事之相同、義之未顯，或以本經他篇，或以本篇上下文，互相比附，而有得有失。如鄉飲禮主人坐取觶于篚節，謂鄉射禮主人奠觶辭降下有賓對東面立主人坐取觶洗十一字，當以鄉射為正。鄉射主人卒洗節及賓卒洗節，並謂此洗爵之禮當以鄉飲為正。又賓升實爵節，謂賓既降盥，必升而實爵，鄉飲文略，當以此經為正。大射設洗于阼階東南節，謂燕禮設洗篚于阼階東南當東霤，此文略，當以彼為正。又媵爵者皆退反位七字，及賓告于擯者請旅諸臣十六

儀礼蠡　一　　六七〇

字並謂燕禮無此。當以此文為正之類。說皆可從。餘凡言互備、互文、互見、此亦宜然、亦合說經之法。惟不引鄉射之反位東面揖以證大射之反面揖為東面。不引燕禮鄉射記之上射退于物一笥。既發則荅君而俟以證大射之公既發為公先發。不引鄉射記之騶虞五終、燕禮記之下管新宮笙入三成。以證大射鹿鳴三終。不歌四牡皇皇者華。猶之騶虞新宮皆祇歌一詩以為節。而反於鄭注多異說。是他篇之可取證者。尚有漏略。而鄉射主人朝服乃速賓。鄭注。射賓輕也。戒時玄端。此以鄉射雖先行鄉飲酒之禮。而其禮實輕於鄉飲。此經戒賓不言朝服。至速賓始言。故以朝服差之。而知戒服玄端。乃以為自立司正以前皆鄉飲禮。則戒賓之服自同。是妄欲以鄉射同諸鄉飲。大射司射倚扑于階西。節如初二字。此因初射時自阼階下請。再射時升堂而後請。如初者謂如其初射。不如其再。乃疑為當作公許。傳寫者因三射多言如初而誤。則直欲逞肊以改經。殊為紕謬。至大射樂正命大師曰奏貍首。鄭注。

三吾

射義所載詩曰曾孫侯氏是也。此與樂時會之義合，即與諸侯君臣盡志於射之義合。其詩又見大戴禮投壺篇，故鄭據以為說。乃以射義為後人附會，謂貍首應與騶虞、采蘩、采蘋相類，詎必拘拘以射為辭，而不知騶虞未嘗不言射，抑亦不足辨也。燕禮主人洗升獻工，一人拜受爵，賈疏不辨大師與衆工皆為之洗，此說甚是。蓋洗非為己一人洗，而辭洗受爵必使一人主之，通禮宜然。觀鄉飲、鄉射並云主人洗升實爵獻衆賓，衆賓之長升受者三人，而記並云衆賓之長一人辭洗，則其禮非關於一人可知。乃據拜受爵句以為洗亦一人，是又泥於上下文而失之者也。然於鄉飲坐取爵于西楹下，謂鄉射禮坐取爵于序端，而此取爵于西楹下者，彼無介，主人于阼階上受賓酢訖，奠爵于序端，故即于序端取之。此有介，主人既取爵于序端以獻介，而於介右受介酢訖，遂奠爵于西楹南，故于西楹下取之。西楹下即西楹南也。分別致為分曉。鄉射三耦拾取矢節謂三耦拾取矢，題下事也。下乃序其事而言之。

與前一人洗舉觶于賓同意。深得古人屬辭之例。燕禮序進盥洗角觶。升自西階。序進酌散。交于楹北。謂前言序進者。以序而盥也。後言序進者。以序而酌也。先者既洗。當退立于階下而立。俟後者既洗。與之以序而升也。升亦先者升三等。後者從之。足正敖氏先者既洗即升立西階之失。凡若斯類。亦禮家所取資者也。若夫大射禮下射進坐橫弓節。謂敖氏橫弓之說。詳見鄉射禮。而本書不載。此必在集解或章句内。今撮錄為此。一時未及檢耳。

一六一

三二三　　儀礼古 一　　六七三

儀禮古今文疏證䟦 二卷

儀禮古今文疏證二卷 臨海 世犖 有周禮故書疏證 已書於後

清宋世犖撰。彙儀禮注載古文某為某今文某為某外。公食禮及記注有古文或作字士虞記又有古文或為字。少牢禮有古文某為某或為某。鄉射記公食記有今文或作字。聘禮注又有今文或曰。鄉飲禮注又有今文某為某或為某。士虞禮注挼祭字有今文改挼皆為綏。今文或皆改妥作挼。搔翦字有今文或為搔揃。揃或為鬋。其所稱古文。為祕府所藏魯淹中本。其今文為高堂生所傳十七篇本。其古文或為先師所傳之隸古定。而今文或則為大小戴兩家所傳本。黄以周六書通故言之甚明。是書於鄭注通例。未能分曉。疏證亦簡略少貫通。與周禮故書疏證同。而摭拾補苴。其功亦未可沒。卷首載王引之札。稱其觸類引申。四通六闢。中如袂當為袟。酎當為酌。尤見卓識精思。前者未免溢美。後者允為得實。今攷士冠禮坫為襢云襢又為檐之假借字。鄉射禮職為截云截當為識。士虞禮祫事今文曰古事云古

當為合字之譌。有司徹撫為揲，云揲當為摕。此類致為明塙。聘禮賄皆作悔，云悔當為賄。雖

未知賄為後出字，亦可備一義。而士冠禮扃為鉉，鼏為密，云从平聲者通作扃，从仄聲者通

作密。不知通扃者其字从冂野之冂為聲作鼏，通密者其字从以一下冂之𠔼為聲作鼏，兩

字迥别，不得混合。士昏禮湇皆作汁，云湇當為湆。不知此說僅見張參五經文字，而實未有

所根據。士相見禮呫嘗膳，云呫即嘗義，故鄭不從。不知呫乃品字之誤。鄉射禮坐奠之弁，云

下實觶注今文觶為之，觶之音譌，於文亦通。不知本文取觶、卒觶皆言觶，不應於此變觶為

之，故鄭從古文。下注觶為之者，謂實觶大夫之觶今文皆為爵，惟實觶作觶字，非謂段之為

觶。又糅為縮，下引上文注今文糅為縮，以為縮、縮形近，傳寫或譌。不知糅為縮者，如周禮甸

師蕭茅，蕭或為莤，莤或為縮之例；糅為縮者，如詩生民或簸或蹂，說文臼部引作或簸或舀

之例，各自通段，並未有譌。聘禮奉為卷，云卷當為奉。不知束帛本有卷稱，雜記納幣一束，鄭

三五

三五〇

注每卷二丈是也。唐石經作拳。未足依據。公食禮鬻皆作麋。云鬻麋音近。寫者承上而譌。不知今文鬻當作今文麋。若鬻皆作麋。於義不可通。又苦為芉。下引說文及爾雅注地黃為說。不知古人作芉。未有用地黃者。鄭注已正今文之非。今不應牽引。既夕禮特為俎。云鮮獸乃特陳於俎者。故古文為俎。不知特對上文俎二以成南上之成言。經當作特。不當作俎。故鄭從今文。凡此皆屬可議。他如士冠禮袗為均。下引淮南子尸祝袀袨。以為即袗玄。篆文袀袗形近。士昏禮橋為鎬。云喬高形近義通。士喪禮奠為尊。云奠尊形近。既夕禮錧為鎋。云錧鎋形近。士虞禮脰膉為頭嗌。云膉嗌音形並近。特牲禮備為復。下引喪大記注復或為服。以為服亦作犕。犕與備近。有司徹綏皆當作挼。古文為挼。云挼挼形聲並近。則又未知通段者。但主聲不主形。與周禮故書疏證同一蔽也。是在學者分別觀之耳。又其書但疏異字。往往不顧經文本恉。而士昏禮阿為庪。云庪淺於楣。尚在楣外。鄭云入堂深。示親親。鄉射禮又棟楣

儀礼古　二　四〇六

對舉。則此「當阿」之爲「當棟」無疑。今文非也。故鄭不從。「申鄭」特爲明瞭。使全書盡如此。何難與胡承珙古今文疏義、徐養原今古文異同疏證鼎峙歟。

五六

三二三

儀禮經注疏正譌跋十七卷

儀禮經注疏正譌十七卷嘉定

清金曰追撰。曰追字對揚，號璞園，嘉定人。歲貢生。曰追於十三經皆有校本，惟儀禮先脱稿。其書專據朱子經傳通解為主，附以楊復圖、敖繼公集説、陳鳳梧鍾人傑兩鄭注本及沈彤小疏、馬駉易讀諸説，於每節經文標起止各二字，而以所校經注疏著明於下，有脱文脱句、脱字異文異句異字誤句誤字衍文衍字誤倒等名色。其自為辨譌之語，繫低三格以資識别。前有例言七則，及乾隆丁未王鳴盛序、張式慎後序。王序舉其校士昏禮中五條為顧炎武九經誤字所未及，以為鄭賈後讐勘此經者，璞園為首庸。周中孚鄭堂讀書記則以通解於賈疏往往移易其前後，後所見乃前所刪，譏其專依朱子為正，忘賈疏前文之所有，而遽以後文為脱去，輒以通解補之，益滋其誤，其他亦有一二為朱子所增成，而亦據以補入，如此正譌，恐其譌不能盡正，與王序適相反。今案是書於士冠禮注「今時卒吏及假吏皆是也」

仪礼经

六七三

謂通解引疏作卒史。不知魏了翁要義作卒吏，通解載鄭注亦仍作卒吏。又重醴清糟，謂重醴下脱稻醴清糟十字，固是。又謂疏括注語本曰云重醴至清糟者，不知何時脱去至字，殊非。思疏引内則注，先釋清糟二字，乃云稻醴以下是也，是疏舉注語未必總括五句，不應有至字。且疏凡標目用至字，述注則從不用至字。喪服經傳疏云為姑姊妹在室亦如之者，謂誤衍姊妹二字，不知姑姊妹連文，或姑姊，或姑妹，通稱姑姊妹。左襄二十一年傳以公之姑姊妻之，是也。鍾本鄭注有此二字，則賈疏述注決非誤衍。既夕禮注為有所拂扐也，謂釋文正作拂扐，注云本作佛仿，不知陸作仿佛，不作佛仿。凡若此類，殊為疏舛。王氏推為首庸者過也。又於士冠禮注或謂委貌為元冠七字，齊所服而祭也六字，謂此乃鄭注郊特牲文，因通解移第於此，傳寫者不察而誤衍；聘禮經復見之，以其摯，謂之今本作誤，仍通解之舊。既夕禮經男女改服四字，又注為賓客來問病十三字，謂今本因通解而誤。是曰追，雖專主

三五。

通解。而於通解亦頗見斟酌。他如士冠禮注勺尊升。正升爲斗。鄉射禮疏絹寸焉。正絹爲縜。又經楅髤橫而奉之。正奉爲奉。燕禮注能修其法度。正修爲循。聘禮經以二竹簋方。正簋爲簋。士喪禮注服輕本於陰九字及疏絰服本於陰八字。正服輕爲輕服。絰爲輕。既夕禮經若無器則捂受之。又請。正又爲三。又注古文杺作柴。正柴爲桌。有司徹經主人共祭糗脩。正共爲其。以及公食禮先者反之。注釋曰反之者五十五字是誤疏爲注。士喪禮巫止于門外節注。喪祝王弔則與巫前八字是誤疏入注。又疏是其卜專據此三兆也。專上脫不字之類。考正亦頗明曉。周氏識爲滋誤者亦過也。總之。曰追未見宋元各舊本。根據薄弱。遠不逮盧文弨詳校、阮元校勘記之精。而所校有與宋元本闇合者。亦未可竟廢。阮記序自於通解下云。近世校儀禮者奉此爲準則。然於其佳處不能盡依。而移易刪潤之處則多據之。是取其糟粕而遺其精華。此似隱斥正譌。故不到其書。又於詳校下云。記中所稱金曰追正譌。即本諸此。蓋以正譌與宋元本合者。今既明載其本。其未是者。盧氏已刪汰。故遂轉據盧書所引耳。

由前之説。嚴杰編校經解所以不收。由後之説。王先謙續編所爲補錄歟。

六三

三三○　儀礼今　六八○

儀禮今古文異同疏證跋五卷　號飴菴

儀禮今古文異同疏證五卷　德清養原字新田嘉慶辛酉副貢

清徐養原撰。是書臚舉鄭注所載異文，為之疏證。凡文有詳略，義可兩通者，不復贅說。視宋世犖疏證為勝，而不逮胡承珙之疏義。如云：古文多假借，又多從省。然纁裳攝酒，今文反作熏、作聶，此類殆由字體爛脫，不知今文例用正字，亦有用省體叚借者，皆當時承用字，非由爛脫。觀視諸衿鞶，今文視作示；說服說柬，今文說皆作稅，可見是其書於古今文用字之例未盡深究。以士冠禮注今文扃為鉉，古文鼏為密，為鄭注本云今文扃為鼏，後人多聞鉉少聞鼏，遂以意改，不知說文多從古文，但云禮謂之鼏，并不錄今文鼏，鄭注經取易曉，故經作扃鼏，而疊今文鉉古文密於注，兩書各自有例。今謂鄭注本云今文扃為鼏，是據說文以改鄭注，與段氏說文注補鼏字，又據鄭注以改說文者，同一牽合。以鄉射注今文無為今文無奠于篚三字，不知此謂無奠于賓大夫之奠字耳。案詳儀禮古今文疏義條下。若據燕禮今文無奠于篚謂此亦同之。與注釋復奠之語意不合。又以執觶者為上文執觶者受觶，亦昧「及」字之義。以燕禮注：今文媵皆作騰，為今文當作古文。隸釋石經儀禮殘碑有盥洗升媵觚于賓，石經熹平所立，乃今文。不知禮記檀弓洗而揚觶，注：禮揚作媵。射義揚觶而語，注：今禮揚皆作騰。禮謂古文禮，今禮謂今文，則作騰者宜為今文。此注不誤，大射注實誤。今反據彼以訂此，毋乃慎甚。又凡鄭注所稱今文者，為小戴所傳高堂生之本，熹平石經乃兼取今古文，非鄭所謂今文本。其說亦牽掘。以公食禮注：今文鮨作鰭，為鰭即鮨之俗字。膾用鮨，蓋以脊肉為膾，不知鮨鰭古今字。若脊鬣則作耆，作鬐，不作鰭。少儀夏右鰭，為借字。鮨本魚鮓，牛鮨當以藏魚之法施於牛肉，安得謂用脊肉。又以記注冪今文或作幕，為今文當為古文，冪本作冖，其作幕者偶耳，故加或字。不知此謂今文之或本，豈謂古文冪偶作幕。以喪禮注：今文笏作忽，為當云今文笏作忽。今本為妄人所改，不知今文為古文之誤。鄭自用經典相承本作笏。其古

三五〇

三五二　　校記今　二　　四六六

文則作忽。以既夕注古文辟為冪。為冪當依釋文作幕。不知冪即幎字。既夕之白狗辟即周禮巾車之木車犬𧜟。𧜟者幎之或體。古文自作冪。不作幕。又以注今文錧為轄。為錧轄同物。不知錧即說文轂耑錔之輨。轄即說文一曰轄鍵之轄。明非一物。以士虞記注古文曰左股上。此字從肉殳。非今本脫非字殳矛之殳聲。為當從阮元校勘記作此字從肉殳聲。股與胲形聲絕不類。無因致誤。故鄭釋其偏傍以志疑。不知此字從殳。其聲讀如殺。與股肱之股從殳矛之殳聲者異。為今脰膉之正字。故今文易以膉。而注釋以膉脰肉。又辨其聲以明股之與脰音近。而為古今字。何志疑之有。以士虞禮注古文餈皆作餕。為說文不載餕字。蓋偶遺之。其說固是。而又引段氏云注當云今文餈作餕。則未免忽明而忽昧。以有司徹注古文燅皆作尋記或作燖。為本注無燖字。所云記或作燖者。即指禮器等篇。燖當作爓。不知爓祭固即燅祭。但據鄭彼注自有爓或為燖之本。此注既云記或作。則作燖不作爓甚明。凡此皆屬可議。

黄以周六書通故已言之，然其書頗具漢學家師法，雖不及胡書，而亦足以資攷證。士相見禮編嘗膳，今文作呫嘗膳，胡云當作呫膳，嘗字衍。養原引周禮品嘗食，禮記命之品嘗之，以為此經古文作徧，今文作呫，疑呫當為品，此則遠勝胡氏者也。王氏刊經解續編，所為並收胡徐書而不及宋書歟？

二四

三二五

儀禮古今文疏義跋十七卷

儀禮古今文疏義十七卷涇縣

承珙字景孟號墨莊嘉慶乙丑進士官台灣道

清胡承珙撰是書條列鄭注所載古今異文引說文諸書以明其正段義據閎深辨訂精哲

得其大通前有自序稱墨守鄭學邑厥指歸其宗旨已可概見惟所舉鄭注略倒數端實不

止此而無非取其當文易曉承珙未之深究故其疏義尚未能盡間或舛誤如以士相見禮

注今文本脫文字云呫嘗膳為當作今文云呫膳不知周禮膳夫品嘗食此呫字當為品應如徐

養原之說以鄉射禮注今文無執觶及賓觶云云為衍無字不知注云復奠之者釋下奠于

賓大夫之奠非釋奠篚之奠故云飲酒為歡醉乃上今文無三字句絕鄭先釋復奠之義乃

云今文無者謂今文無奠于賓大夫之奠字耳云執觶者指本節執觶者洗而言又云及賓

觶大夫之觶者又指上文賓觶以之主人大夫之觶長受而言故言及以別之云皆為爵者

明今文於此諸觶字皆作爵惟本節實觶為觶字故又云實觶觶為之今誤讀今文無執觶

儀禮古今文疏義　一　六九一

為句遂以無字為衍所說皆非鄭恉以公食禮注今文鬻皆作糜為當從段玉裁說作今文
鬻皆作脘不知今文鬻當作今文鹿傳寫之誤其誤在鬻字不在糜字又以注今文餰作鱣
為當從段說鱣是假借字以其聲同借為魚脊之鱣不知鮨鱣古今字鱣非脊鬣也脊鬣字
古文作耆今文作鬐具見士喪禮注少儀夏右鰭乃借字段說殊得傳會又以注冪巾也今文
或作幕為今文借幕為冪不如今文自作冪其作幕者乃今文之或本（案今文為高堂生所傳本今文或為大小
戴兩家所傳本詳儀禮古今文疏證條下）以士喪禮注今文笏作忽為鄭本儀禮古文作笏今文假忽為之後人
盡改經注之笏作笏不知鄭自用今文本作笏其古文則作忽注今文為古文之誤應如惠
棟之說以既夕禮注古文軹或作拱為鄭以軹從車為正字故從今文不知拱乃古文或其
古文自作軹此與釋冪幕字庣失維均又以注古文柲作柴為柴當作柴不知柴柲古今字
弓檠所以比輔弓者柴字從木比會意比亦聲不得以說文不收其字為疑說文訓惡米之

三六六

楽亦作桀不作柒以士虞記注古文曰左股上此字從肉殳非今本脱殳矛之殳聲為當從
段說作此字從肉從役省聲非從殳矛之殳聲不知鄭意股肱之股從殳矛之殳聲此字從
殳其聲宜讀如投為今脰膉之正字故今文易以膉而注釋以膉脰肉以特牲禮注古文餥
皆作餕為當從段說作今文餥作餕不知今古文皆有餕字說文斷無不收之理今本無餕
乃傳寫者脱佚不得據以改鄭注古文為今文以有司徹注古文鼓皆作尋記或作㷭為㷭
誤加火旁不知記或作即今文或但今文或者必今文同於古文者也此則今文㷭古文尋
本異字而或作㷭又異體故不云今文或而變其例曰記或作㷭仍從古文尋故疊於古文
下欲兩通其義故又引春秋傳曰若可尋也亦可寒也以明㷭為尋之增文或欲改傳可尋
字為㷭固非此欲改記作㷭字為尋亦非凡若斯類黄以周六書通故已議之是正其失胡
氏又分別古今文之各自為義視胡氏之但明通假為尤進此則又當別論者也然全書祗

此小失。其餘疏通證明，俱極精塙。李慈銘《桃華聖解盦日記》稱其深明指要，非特小學之奧窔，亦爲鄭學之津梁，良非溢美。荀學齋日記惜其於鄭君之義，猶多游移，不主高密家法，殊弗思鄭氏説經，亦擇善而從。閻匡鄭失，實即鄭之遺意。譚獻《復堂日記》云：鄭注述今古文，今本尚有寫官譌誤者，要當以正借母子之例求之，無滋曲説。此則未窺是書之得失，而徒爲高論。獻本絶不知經學，抑亦無足辨者矣。

一五六

禮經通論跋一卷（懿辰有尚書傳授同異攷已書於後）

禮經通論一卷（仁和）邵懿辰撰　案曾文正同治甲子日記稱是書似是咸豐十一年將在杭州殉難以前所作凡三十篇。上卷十九篇。下卷十一篇。下卷遺失無存。今此本祇上卷十九篇。與曾記合。有同治二年丁晏序並跋。又附懿辰與張銘齋書及高均儒與張書。（高書備舉其目。篇數分卷亦與曾記合。而半巖廬遺文與蔣寅昉書云。已成者十八篇。此蓋未成書時就已成者言。十八十九非歧誤也。）係余舊藏本。王氏取以刊入經解續編。依例將序跋等盡去。而逸禮不足信篇有丁晏附注猶存。戊辰家刻本則序跋等皆存。而附注獨去。學問得失。奚妨共見。即失亦無足諱也。其書發攄禮意。議論多而攷證少。故曰通論。中如訂禮運御字為鄉字之誤。謂冠昏喪祭射鄉朝聘八者。適合大戴十七篇之次序。而十七篇無闕佚。讀書得間。洵發先儒所未發。又以禮運首段有錯簡。禹湯文武成王周公由此其選二十六字。移置不必為己下。是故謀閉而不興上。文順而意亦無病。足徵善悟。謂高堂生字伯。侍其生必在高堂生後。亦見孜據。謂何武傳言戴聖不法。無顯證。其爲羣盜者乃其子之賓客。足正鄭樵所稱身爲贓吏子爲賊徒之誣。謂內則中養老章記曾子之言一段。曾子問中子游之徒有庶子祭者數語。皆曾子門人所附。謂子夏有大傳閒居等篇。謂經解子思之徒爲之。謂檀弓爲子游門人。檀弓等篇即其所記。謂曲禮禮器郊特牲玉藻並子游之徒所記。謂仲尼燕居與禮運同出子游所記。皆肊爲之說。其以禮運自稱言偃。故知子游作。則論語陳亢問於伯魚章。未聞爲亢作也。孟子云盛德之士章一稱咸邱蒙問曰。再稱咸邱蒙曰。與禮運屢稱言偃相類。未聞爲蒙作也。然所言雖無徵。而要皆無悖大義。謂經中有記。記中有經。似已。但前者如文王世子學記引記固是。後者惟奔喪投壺一見鄭注。一見鄭目錄。塙有明文。餘無所證。謂儀禮當復爲禮經。似已。但禮經古祇稱禮。如漢書景十三王傳周官尚書禮禮記之屬。說文敘其稱禮周官皆古文。是亦稱禮記。如詩采蘩箋引少牢禮曰。禮記主婦髲鬄也

三五

三子

是然則禮經亦非古稱謂十七篇有大夫以上之禮似已但以史公稱高堂生傳士禮為誤則大戴十七篇之次冠昏相見士喪既夕士虞特牲鄉飲鄉射九篇居首士禮為多因稱士禮漢藝文志及儒林傳亦竝云高堂生傳士禮士字非誤謂吉凶賓軍嘉五者周官郝此目似已但類帝格祖吉禮也如喪考妣遏密八音凶禮也五載一巡羣后四朝賓禮也分北三苗釐降嬪虞軍嘉禮也是唐虞已具五者之實謂鄭氏誤解經禮三百為周官曲禮三千為儀禮似已但謂誤以周官合儀禮小戴記為三禮則荀悅漢紀成帝紀云劉歆以周官經六篇為周禮鄭特因仍莽以來之名稱耳其曰三禮乃後漢儒林傳總括其辭向使鄭并注大戴禮必曰通為四禮無疑謂將來宜以儀禮大小戴記為三禮不宜復溷以周官似已但謂周官孔子不以教人則周官實子所雅言黃以周禮書通故云執禮猶後人所謂掌故周官禮經為周人掌故之書詩書執禮猶云詩書周官禮也其說致為精當謂記為記其儀節學

札經通　二　六九三

記坊表記空論其理爲變體則記非一人所作何變體之有謂冠昏居北方主冬喪祭居東方主春則泥於四際之義而喪主春未免理障謂樂本無經寓乎詩與禮之中則無論考工記磬氏賈疏引樂云磬前長二語三禮圖以爲樂經四庫提要以爲王莽書尚書大傳引樂曰舟張辟雍四語全祖望困學記聞箋以爲河間獻王雅樂而經解廣博易良樂教也與詩教書教等並稱曲禮讀樂章與讀喪禮讀祭禮相次明别有一經宋書樂志云秦焚典籍樂經用亡當得其實其他小戴刪大戴馬融益月令等三篇王制孝文時博士作皆沿舊謬辨見戴震大戴禮記目録後語孔廣森補注丁晏禮記注釋黄氏通故諸書至逸禮爲僞丁氏附注已正其誤孜丁有佚禮扶微成於嘉慶間而此但云當依吴氏别存逸經者蓋不欲以所輯自褒也總之此書疏於攷證而闡明禮意議論頗精高稱精爽浩瀚曾稱淹貫精深丁稱文字精密義藴閎深雖推挹稍過而意亦近之矣學者分别觀之也可

右儀禮之屬

許廎經籍題跋卷三

吳縣 胡玉縉 撰

後學 王欣夫 輯

禮類三

禮記盧氏注跋一卷

禮記盧氏注一卷

植字子幹，涿郡人，官北中郎將、九江太守，事蹟具後漢書本傳。國翰有偶神杜氏注輯本，已書於後。

漢盧植撰，清馬國翰輯。中如檀弓子游趨而就客位注，當隸後文夫入門右下。月令止獄訟注，乃趣刑獄，毋留有罪注，文王世子小樂正學干，大胥贊之注，胥鼓南注，當並入王制。玉藻於大夫有公諱無私諱注，凡祭不諱廟中不諱注，教學臨文不諱注，當入曲禮。明堂位昔者周公朝諸侯於明堂之位注，當入月令。祭法有虞氏禘黃帝注，當入大傳。又天子七廟注，當入王制。此類俱不如臧庸本之妥協。王制執左道以亂政殺注，詳繹文義，左道謂邪道也。此為盧語。地道尊右，右為貴，故漢書云右賢左愚，右貴左賤，故正道為右，不正道為左，此乃孔語，亦不如臧本但輯邪道句為得。曲禮已駕，僕展軨注，軨，車轄頭靼也。此據釋文，而孔疏作轄頭轊。續漢志劉昭注引軨，轄頭。攷說文革部，靼，柔革也，在鞣，耎也，鞼，革繡也之間，則靼非轄頭所施，當以孔引為正。轄即害之或體，說文害，車軸耑也。阮元車制圖解云，桐城馬宗槤曰禮先言展軨次言奮衣由右上則軨為轄末之軨非輿中之軫可知記疏引盧注軨謂轄頭不誤釋文引盧注謂轄頭轊則誤此說致為分曉國翰未之攷疏矣曾子問客入弔康子立於門右北面公揖讓升自西階此為檀弓夫入門右鄭注北面辟正主所本觀孔疏鄭知北面者曾子問云衛靈公弔季康子魯哀公為主康子立於門右北面辟主人之位故鄭知此當北面辟主人之位也可見而下云禮本多將鄭注北面為經文者非此言檀弓注北面字誤為經文作夫入門右北面耳今於經文刪去北面字下引檀弓疏為證不知疏謂古舊本及盧王禮夫入門右下無北面字非謂曾子問立於門右北面無北面字也是又讀疏未審者矣盧所據本與鄭不同（詳前臧輯本解詁條下）自序誤信孔疏鄭亦附盧馬之本一語以為鄭用盧本亦屬未是其他舛譌未訂及尚有遺漏處當參觀臧本惟喪服大記夫於妻於昆弟執之據孔疏夫於妻於昆弟執之者為妻及自為兄弟但釋之盧無別釋云云補為妻二句為

三五四

一〇九
礼記盧 二
一〇九

盧注。鄉飲酒義笙入三終。主人獻之。間歌三終。據詩南陔等篇小序孔疏云云。補南陔六篇今亡其義未聞二句。具見細心。而臧本未之及。鄉飲酒義以鄭注爲本。盧與坊記詩云先君之思以畜寡人。以鄭注爲本。盧正同。臧本於坊記亦附載鄭注。則知於鄉飲酒義初非別裁。直漏略耳。

許廎經籍題跋 二

二三四

鄦齋遺集卷廿四

許廎學林卷十五

吳縣 胡玉縉 撰

後學 王欣夫 輯

後學 王大隆 編

盧氏禮記一

五九一

盧氏禮記解詁跋一卷

盧氏禮記解詁一卷

漢盧植撰。清臧庸輯。植字子幹，涿郡涿人，官至中郎將，事蹟具後漢書本傳。庸字西成，原名鏞堂，字在東，武進人，諸生。是本前有乾隆五十四年盧文弨序，後有補遺二則及附錄七則，不入卷。攷本傳載其作三禮解詁，又載其上書曰：頗知今之禮記特多回冗，前以周禮諸經發起秕繆，為之解詁，願得將能書生二人，共詣東觀，專心研精，合尚書章句，攷禮記失得。是植於周、儀二禮亦有解詁，特禮記有成書。魏志盧毓傳注引續漢書，但稱其作禮記解詁，不言三禮，蓋據成書言之。庸據此以為范氏傳聞之誤者，非也。其注所據本與鄭不同，如「不離禽獸」作走獸。準之對文則別之例。此對上飛鳥言。作走為長。䇿拜作蹲。與公羊僖三十三年傳何注揖其父於師中，甲胄不拜，為其拜如蹲。合。填池如字讀。陳喬樅禮記鄭讀攷云：填池者謂填聚諸飾於池。此說當得盧意。由上諸文。是知孔疏謂鄭附盧馬之本者非。而臧琳經義雜記但以顯當作纁。為校之盡善。禽獸作走獸。為未盡善者亦非也。既夕哭節。引周禮宰夫為釋祭從生者。本小記雜記為解。迎春東郊諸文。用賈逵義。見魏書劉芳傳 郊迎長日之至。用易緯說。均見根據。大樂正小樂正大胥小胥。以漢制為況。鄭注三禮亦用此法。魚須文竹為二物。證以司馬相如子虛賦張揖注。以魚須為旃柄。則知魚須自可為笏。不必致疑。惟以王制為漢文帝令博士作。則劉向別錄云。文帝所造書有本制、兵制、服制篇。見史記封禪書索隱 禮記王制決非漢博士作明甚。以元日元辰分陰陽言。則仲春元日命民社。社主陰氣而祀用日不用辰。其說難通。經意當是以日干辰支言。以明堂為即太廟、明堂、靈臺、辟雍，皆同一處。則鄭駁異義袁

三五七

三六一

準正論已詳辨之。（並見詩靈臺疏）五經通義又有三者不同之説。（見隋書牛弘傳）以天宗為六宗之神。則尚書六宗雖異説紛如。而絶無此義。或欲讀孝經郊祀后稷以配天宗為句。更不足辨。以鬱合鬯為取草與秬黍鬱合釀之。此本詩江漢傳築煮合而鬱之曰鬯。然與下文蕭合黍稷文法不合。以朝日為在立春之日。則朝日非正祭。與祀日異。祀日在正月立春。朝日則在春分。尚書大傳分別甚清。（見儀禮經傳通解續二十二）以素端為布上素下皮弁服。則士冠禮、郊特牲皆云皮弁素積。當以素為句。積為句。素兼衣裳言。謂衣裳皆白繒。而裳有辟積也。其用白布為之者。謂之皮弁素服。乃弔服。非純吉服。郊特牲云皮弁素服而祭。素服以送終也。明其非絲衣而為布衣也。素端亦布衣。而與皮弁素服異。皮弁素服侈袂。素端則與玄端同。袂皆屬幅。自來禮家。於此三者往往多誤。惟黄以周衣服通故為得其情。是亦足徵盧注之失也。然其書本二十卷。今所輯不及十之一。使全書而在。其精覈處必多。如以展軨之軨為轄頭轊。蓋謂害末之

盧氏礼 二　四五七

輇。非輿中之輇。與本文先言「展輇」次言「舊衣右上」語氣相貫。庸乃疑其有誤。以天子三推爲一發九推耒。蓋本周語「王耕一墢班三之」爲義。庸乃改九爲三。「大行郎」亦如謁者兼舉形貌。

此當屬雜記贊大行人注。庸乃謂未詳所屬。亦可見輯逸之非易矣。

九六

三二二

盧植禮記解詁跋一卷

盧植禮記解詁一卷。奭又有周官馬融傳輯本，已書於後。

漢盧植撰，清黃奭輯。是編今以臧庸、馬國翰二本互校。如門以向堂為正，三句。隸檀弓夫入門右，下不隸上文子游趨而就客位下，但為公家諱二句。詩書典籍教訓也，七句。不諱新君二句。入曲禮。不入玉藻。大常卿如大樂正，四句。入王制。不入文王世子。相質殼爭訟者也，句。計斷九月，二句。入王制。不入月令。禘祭名，五句。入大傳。不入祭法。其敍次均與臧本合。其他如曲禮僕展軨效駕注，王制執左道以亂政殺注，月令天子乃以元日祈穀於上帝，四句注，天子三推，三句注。天子居明堂太廟注，十一句。郊特牲郊之祭也，二句注。明堂位昔者周公朝諸侯於明堂之位注，學記夏楚二物，二句注。雜記素端一注。其文義悉與臧本同。與馬本互異。所附案語，亦往往與臧相類。凡馬本遺漏而見於臧本者，此亦有之。疑奭竊取臧本，惟將補遺二則，順次列之耳。要之，但以輯逸論，固自佳本也。殷祭盛也，君服除乃行釋私服之

盧植記 一

三六六

禮。此曾子問君之喪服除而後殷祭禮也。注。今在上文父没而冠則已冠埽地而祭於禰下。乃傳刻之誤。不可不正。

四四

禮記孫氏注跋一卷

禮記孫氏注一卷

（炎字叔然，樂安人，祕書監徵不就，）

魏孫炎撰清馬國翰輯炎字叔然樂安人授學鄭玄之門人稱東州大儒徵為秘書監不就詳見三國魏志王肅傳裴松之注云叔然與晉武帝同名故稱其字此因史當稱名今陳壽稱叔然特明史之變例而廖用賢尚友錄云叔然本名炎與武帝同名故以字稱則襲其說而失之者也然與炎名字相應而顏之推家訓音辭篇云孫叔言創爾雅音義獨知反語則又因然言音相近而誤者也孫為鄭之弟子而其書乃不苟為異同如檀弓師吾哭諸寢云奔喪師哭諸寢門外是周禮也與鄭志答趙商問同（本疏引）雜記已雖小功三句云已大功卒哭可以冠與鄭注同此不為苟異也檀弓華而睆云睆漆也蓋讀睆為垸說文土部垸以漆和灰而髹也可證與鄭注從舊說以睆為刮節目其意讀睆為刮異內則后王命冢宰云后王君王謂天子也與鄭注以為記者據諸侯異樂記故德煇動於內云德煇明惠也明惠疑

讀明慧論語衛靈公篇好行小慧魯讀慧為惠可證與鄭注顏色潤澤與其廉直勁正孫本勁作經遂訓為法更不必論此不為苟同也亦有似異而實同者檀弓喪三年以為極亡句釋文極亡王以極字絕句亡作忘向下讀孫依鄭作亡而如王分句此乃釋文誤讀鄭本上亡是段字下忘是本字句法與大戴禮曾子立事篇備則未為備也相似鄭注於亡字無釋亦以亡則連讀非以極亡連讀觀王引之經義述聞自明國翰序以此為鄭孫之異不知所異實不在此他如樂記奮至德之光云奮發也以著萬物之理云著猶誠也理發諸外云理言行也故禮有報云報謂禮尚往來以勸進之與鄭注奮猶動著猶成理容貌之進止報讀曰褒猶進也皆語異而義同者也又有似同而實異者玉藻諸侯玄端以祭二句鄭孫並云端當為冕而鄭云諸侯祭宗廟之服唯魯與天子同遂亦破端為冕孫云祭服之下其祭先君亦裨冕如其說則端當為袞漢時卷袞同讀見王制注以此文上卷下袞為字之歧出遂

三三八

禮記卷二 三三八

改作端黃以周衣服通故剖晰甚明（俞正燮癸巳存稿云玄端是玄衰不煩改字此不主孫說而可證成孫義）樂記衛音趨數煩
志云趨數音促速而數變也與鄭注趨數讀為促速頗相似實則鄭改字孫不改字趨數二
字鄭並列孫側注則又語同而義異者也綜而斠之后王孫說是德煇趨數鄭說是華晥玄
端兩說並通樂記禮者別宜居鬼而從地云居鬼品處人鬼之志勝鄭居鬼謂居其所為亦
言循之之說律小大之稱云作樂器大小稱十二律與鄭云律六律小大謂高聲正聲之類
義皆未安史記樂書律作類類謂類次下文比終始之序此謂比次其義一也禮記孔疏引
爾雅孫注凡七事馬輯皆據錄惟月令罝罘疏引爾雅孳覆車注以其文異不敢攔入珠串
思疏引雅注必係記適無注可附錄以資發明不應順記文列入如其附錄則罝罘孳實一字
亦可采入又鳴鳩拂其羽二句下鶻鵃云云細繹疏文皆引雅注今直以為記注前者不明
體例後者讀書未審耳

三二　禮記音一　五〇一

禮記音義隱跋

禮記音義隱一卷

謝氏撰。清馬國翰輯。謝氏不詳何人。國翰序據隋志兩載此書，一題一卷，謝氏撰，一題七卷，不著撰人名氏。以為謝氏由一卷廣為七卷。又據唐志載射慈小戴禮記音二卷，以為隋志列此書一卷者在蔡邕月令章句下，七卷者在孫炎注之上，疑謝氏即射慈。今案困學紀聞禮記類引隋志作射氏，謝射固通用，然不云射慈也。射氏果由一卷廣為七卷，隋志應接寫，不應間以禮記音二卷。恐馬說皆非。惟仍依隋志題謝氏，以示闕疑，是其慎也。書中以嗇夫主諸侯所齎幣帛皮圭之禮，與漢書五行志云嗇夫掌皮吏合。以羨為平道，與既夕禮賈疏云入壙道上無負土為羨道合。其以酳為飯畢蕩口，孔疏泥用漿曰漱用酒曰酳之義，以為此私客用酒以酳，不知對文則別，散文則酳亦謂漱口。蕩漱同義，謝說未容輕破。其以其甫且字為且假借此字，案假借即承藉之意。段玉裁經韵樓集且字考云：說文且，薦也。凡承藉於下曰且。凡冠而字。祇有一字。必五十而後以伯仲。故下一字所以承藉伯仲也。言伯某仲某。是稱其字。單言某甫。是稱其且字。是則謝說實爲段氏所本。全書摭拾無多。條條皆善。殆無可議。凡申注處不得不列注文。但注文當徑接經文。以謝說低一格提行。今乃以注文提行。將謝說徑接於下。殊嫌混淆不別。實乖體例。又列謝茲一節。不知謝茲即謝慈。仍與缺疑之意未貫。大者爲王鮪五句。乃郭璞爾雅音義。細讀孔疏上下文自見。而一併輯入。此則考之未審者爾。

三二

禮記范氏音跋一卷

禮記范氏音一卷

晉范宣撰清馬國翰輯宣字宣子陳留人博綜衆書尤善三禮郗鑒命為主簿詔徵太學博士散騎郎皆不就事蹟具晉書儒林本傳是書本二卷今祇存十二條往往可以考見字之本音及轉音與徐邈書相伯仲如月令螟蟲為災螟音橫考程大昌演繁露云徽州稻苦蟲害俗呼橫蟲疑此亦橫蟲之橫當讀户猛切不讀户盲切與徐音華猛切合螟橫並在今段氏音均表十部也樂記卵生者不殈殈戈質切音洫考血聲在十二部益聲在十六部不相通轉而詩維天之命假以溢我左襄廿七年傳溢作恤莊子齊物論以言其老洫也釋文洫本亦作溢是古從血從溢之字聲近相通說文無殈字雷浚外編以為即殟字殟從昷聲在十三部廣韻十一沒殟烏沒切在十五部一與十二部近一與十六部近尤可悟其互相通轉也中庸一卷石之多卷音羌阮反一作苦遠切其音相同蓋讀如大司樂大卷之卷卷者

礼记范 一

六之〇

卷聚之義，與鄭注「卷猶區也」之訓合。詩假樂「有卷者阿」，毛傳「卷，曲也」，亦是此義。李軌音權。七經考文云古本作拳，恐非鄭意，亦非鄭本也。表記「惷而愚」，惷音陽江反，又丁絳反。前者明其字從舂，與從春訓為亂者不同，在九部；後者謂字與戇同，在八部。兩部通轉最近也。問喪「志懣氣盛」，懣音悶。考說文心部「懣，煩也。從心，滿」。廣韻二十四旱「莫旱切」，蓋以為滿亦聲，古音在十四部。今音悶者，在十三部。兩部亦通轉最近也。大學「於戲」，戲音義。考詩烈文作「於乎」，證以抑篇兩言「於乎小子」，前者文選出師表李注、後者離騷王注均引作「嗚呼」。雲漢「王曰於乎」，繁露郊祀亦引作「嗚呼」。說文部首「烏，孝烏也。孔子曰：烏，盱呼也。取其助气，故以為烏呼」。於，象古文烏省。兮部「乎，語之餘也。從兮，象聲上越揚之形也」。口部「呼，外息也」。是嗚為增字，於為古文，乎為烏乎之正字，呼、戲並叚字。廣韻十虞以戲為古文呼字，非也。今不云音乎、音呼者，戲、義皆許羈切，在十七部，為音同；乎則戶吴切，呼則荒烏切，在五部，為音近。范氏辨別甚細也。古

三四九

七九

者短言於如堯典於鯀哉詩文王於昭于天於緝熙敬止是長言於乎柳及雲漢是故知呼亦段字也徐邈亦音義或各有所本或不謀而合其他亦都可尋繹史稱其好學手不釋卷宜乎韻學之至於此也

禮記卮言 二 七九

三〇

礼記隱 一

六七〇

禮記隱義跋 一卷　胤字子季灊人官建安太守後隱會稽事迹具梁書本傳

禮記隱義一卷

梁何胤撰清馬國翰輯其稱隱義者梁書本傳所謂於卷背書之也國翰序以此書隋志不
載唐志有禮記隱二十六卷不著撰人名氏冊府元龜有禮記隱義二十卷題何胤撰以爲
志失缺畧不知隱與隱義實爲兩書朱彝尊經義考疑隱下脱一義字隱義又與音義隱爲
兩書阮元禮記校勘記謂疏中屢稱音義隱亦或稱隱義皆非也其書如云在貌爲恭在心
爲敬憚所行爲怯迷於事爲惑口耳之間曰呫振去餘酒曰揮詩書謂教學時臨文謂禮執
文行事時之類詮釋文義皆頗明通畏厭溺三事外以爲死而不得禮亦不弔引昭二十年
孔子止琴張欲往弔宗魯事尤足補記文所未備謂振容在下是魚在振容間此本雜記大
夫不揄絞鄭注爲義謂羽葆功布等其象皆如麾此本既夕禮鄭注以布爲抑揚左右之節
爲義謂東海樂浪人呼容十二斛者爲鼓此數視小爾雅廣衡四石謂之鼓已遠視廣雅釋

豎：斛謂之鼓。尤遠。知後世量名之互有不同。謂塈土釜。今以木為器象土釜形。此可見年有瓦木二物。既夕禮兩敦兩杅。今文杅作桙。當即木製之象土塈者。惟拜受於尊所。此記侍長者私飲之禮。謂降席拜受。覲士相見禮受爵升席祭。鄭注謂受爵者於尊所可悟。乃云尊者主人拜者對主人。訓尊所為主人處。殊屬舛誤。若裹棺用朱綠。用雜金鐕。此處綠字定本竝作瑑。瑑為湪之叚字。說文湪、流下滴也。謂棺與屬虛空處。用朱漆湪之。用雜金盾鐕之。湪鐕相對為文。乃云朱綠皆繒。是所據本已誤。故所說皆非。大夫以魚須文竹。鄭注文猶飾也。大夫士飾竹以為笏。乃云魚須飾文竹之邊。是以魚須文竹為物名。與鄭不合。亦與盧植注大夫以魚須及文竹為笏不合。若夫五兵當以戈殳戟酋矛夷矛之義為最古。乃云北方用楯中央用鼓。按諸周禮司兵有五兵五盾。穀梁莊二十五年傳有五兵五鼓。則楯鼓不應在五兵中。其分配方式。黃以周禮說略云本無定說。今亦無從論其得失矣。此本以注文提行。不

三五〇

徑接經文。遂致文義牽混。失與音義隱輯本同。於士旁三拜下又載一云：旁猶不正也數語。此當是孔疏說。非隱義文也。

逮子若孫咸得誦揚清芬知貽謀之有自焉譜成爰書數語以誌顛末云

重訂范處士全集序

三二二　礼记沈一　六三五

[illegible]注輯本[illegible]於後

禮記沈氏義疏跋一卷

禮記沈氏義疏一卷

重字子厚，武康人，官至驃騎將軍、開府儀同三司，事迹具周書及北史本傳。

後周沈重撰，清馬國翰輯。是書所輯，亦音多於義，與詩疏同。蓋其音屢為釋文稱引，其義則輒為孔疏刪削故也。重於詩燕燕篇有協句之說，錢大昕十駕齋養新錄云：協句即古音。使沈重音尚傳，較之吳才老叶韻，豈不簡易可信。是重雖生於梁末，去古已遠，而於當時韻書有未合者，謂之協句，即是能識古音。今觀是書，如曲禮居不主奧，奧，於六反，此古音也。故小明詩奧與蹙菽戚宿覆為韻，在段氏音均表三部。說文奧作𡩋，宀部：𡩋，宛也，从宀，𢍃聲，𢍃，卄部𢍃讀若書卷，則在十四部，此蓋以雙聲為聲，猶告之有兩音也。器之溉者不寫，注：溉謂陶梓之屬。陶音遥，亦古音也。陶梓之陶本當作匋，陶匋竝在音均表三部，今人於皋陶外凡陶字皆讀若桃，不知詩君子陽陽篇陶與敖為韻，又祭義陶陶遂遂，釋文竝音遥也。為大夫累之注：累，倮也。倮，胡瓦反，亦古音也。雜記輠輪，釋文：輠，胡罪反，又胡瓦反，蓋即說文木部之檛，又女部：婐，一曰女侍曰婐，讀若騧，一曰若委。果聲、咼聲竝在音均表十七部，是知古有讀果聲字若華上聲者也。尊卑垂帨注：磬折則佩垂。折舊音逝。此必當時韻書折字無有音逝者，故特著舊音以存古。說文辵部：逝，从辵折聲，讀若誓。言部：誓，从言折聲。竝在音均表十五部。論語顏淵篇：折獄。魯讀折為制。呂刑：制以刑。墨子尚同篇作折則刑，可互證也。凡此皆釋音之善者。至其釋義，如解坊記故堂上觀乎室，及緇衣大臣不親四句，發揮經義，極為分曉。解奔喪師於廟門外二句，亦足以備一通。解免麻於序東，雖本熊安生說，勝於皇侃以喪所為殯處，亦見去取。惟解明堂位灌尊四句，初無明證。解射義故天子之大射十句，亦以意言，疑皆仍皇氏舊說耳。若夫曲禮簞笥：笥，息里反。簞笥，竹器也。樂記噍以殺：噍，子堯反，踧也，謂急也。雜記則既穎：穎，苦頂反，草也。注同。細繹釋文反字下似皆陸語，非沈語。馬氏一并輯之，疏矣。

三一三

三二〇　　禮記義　一　　六七〇

禮記義證跋一卷

禮記義證一卷

後魏劉芳撰，清馬國翰輯。芳字伯文，彭城人，宣武帝時仕至中書令，轉太常卿，事迹具魏書及北史本傳。國翰有周禮杜氏注輯本，已書於後。是編祇六條，有得有失。如云"卜，赴也，赴來者之心"，此其得也。赴从卜聲。詩大田秉畀炎火，釋文秉韓詩作卜，卜，報也。喪服小記報葬者報虞，鄭注報讀爲赴疾之赴。卜、報、赴一聲之轉，今訓卜爲赴者，蓋亦讀如赴疾之赴，視報義爲精。白虎通蓍龜篇：卜，赴也，爆見兆也。知其説遠有所本矣。云"通其率以十一爲正，謂野九夫之田而税一，國中十一夫之田而税一"，此其失也。孟子九一是九中税一，則十一當是十中税一，非十一而税一。孟子言貢、助、徹皆十一，以九一與十一所差甚少，亦可謂之十一。若必貢、助通率而爲十一，則殷不兼貢法，將何以爲十一？其義難通。小雅甫田疏云：助者九夫而税一夫之田，貢者什一而貢一夫之穀，通之二十夫而税一。未免沿其誤矣。云"周之小學爲辟廱，在郊"，此又失也。王制云：大學在郊，天子曰辟廱，諸侯曰頖宫。是辟廱爲大學之定名，安得施之於小學？靈臺疏云王制以殷之辟廱與大學為一因而說之不必常以大學為辟廱小學亦可是又從而為辭矣云路寢下之燕寢故有房此亦失也斯干築室百堵鄭箋謂築燕寢也天子之寢有左右房宗廟及路寢制如明堂此據下西南其户句故以燕寢立文實則路寢有左右房觀書顧命詩王風及禮喪大記自見凡禮經所言多是正寢鄭注每以東房西室為說殆不足信闈門左扉鄭注明云路寢門今以為燕寢殊嫌似是而非斯干疏云天子路寢既如明堂自然燕寢之制當如諸侯路寢故知有左右房玉藻疏同則亦終為舊說所囿矣云玄綃衣為玄端此又失也玉藻云以帛裏布非禮也凡玄端朝服皆用布若以綃衣裼使是以帛裏布記意斷不如是黄以周衣服通故以狐裘豹褎為士服不關天子諸侯最塙孔疏引皇侃云玄衣玄端也畿内諸侯朝服用緇衣畿外用玄衣此狐青又是畿外諸侯朝服之裘重紕貤謬宜為孔疏所斥矣云六冕之裘皆黑羔裘此其得也司服祀昊天上帝則服大裘而冕

三五〇

三二七

祀五帝亦如之享先王則袞冕云云大裘為冬至祀天之服其時必裘春秋四時祭中值冬日亦必裘祀五帝中祈穀一祭亦可裘故經文承上渾言之為四時無皆裘之理人所易曉也孫詒讓周禮正義一再駁劉氏此説恐為所笑呂南疏云二劉等以司服云服大裘而冕以下冕不復言裘司裘云掌為大裘以共王祀天之服亦不別言袞冕以下之裘明六冕與爵弁同用大裘之羔裘二劉者劉焯劉炫也是焯炫亦承用之矣其書之得失如此學者分別觀之可耳王制公田藉而不稅疏引劉氏及皇氏云夏時民多家得五十畝而貢五畝殷時民稍稀家得七十畝而助七畝周時其家至稀家得百畝而徹十畝故云其實皆什一此當以義證中説鄭注引孟子語而馬氏失采但此説殊謬井田通故已議之又馬輯他種往往有附載今考魏書及北史本傳並載芳與王肅問答極言男子有笄冠尊故奪其笄此説頗精亦與禮記相涉爰附識之

礼記義二　三二七

禮記外傳跋一卷

唐成伯璵撰，張幼倫注。伯璵，中山人，有毛詩指說，四庫已著錄。幼倫，吳郡人，事蹟均無攷。是書仿白虎通體例，就古禮制發撝義蘊，各有根據，大致以鄭學爲宗，而其論壽過百二十爲失歸祆怪，論五運涉及魏晉，攷晁公武讀書志云：義例兩卷，五十篇；名數兩卷，六十九篇，雖以禮記爲目，通以三禮言之，疑此兩條在名數中也。今就輯本言之，如五齊、三酒、六飲，本酒正及漿人；斬衰以六寸之布廣四寸爲衰，本喪服記；祫大禘小，本魯禘祫志（陳祥道禮書七十一引），而知王肅、張融、孔晁輩稱禘大祫小者皆俗儒（詳王制疏）；天子廟主長尺二寸，本五經異義（曲禮疏及通典四十八引）及公羊文二年傳何注，而知穀梁麋信注引衛弘說右主八寸、左主七寸者非古制（穀梁文二年傳疏引）；齋必變食，去其葷羶，本莊子人間世，而知朱彝尊曝書亭集、俞樾論語鄭義必援周禮王齋日三舉以議論語朱注者失之隘；將斂時先鋪衾於絞下以舉尸，本士喪禮，而知喪大記疏執孝經云衾不云紟。以議皇侃義疏者病於拘。推之經者實也。本檀弓經者如絲也。本喪服傳注及釋名釋喪制。學者覺也。本白虎通辟雍篇。學覺疊韻。勝於訓效訓悟。籍者借也。本載芟序箋甸師注、及說文耒部耤篆注。籍借雙聲。勝於訓耕訓蹈。凡若斯類義據宏深去取精當。惟夏至祭皇地祇於方澤四句。則孝經緯云后稷為天地主。文王為五帝宗。（唐書儒學沈伯儀傳引。）是周人祭地祇。配后稷不以后土。其立冬之祭。蓋與曲禮疏夏正之月及建申之月兩說同。一以意為言。皆不足據。毀廟無時祭。則天保云禴祠烝嘗于公先王。異義引古左氏說亦云時享及二祧。（御覽五百二十八引）是時祭及毀廟壇有明徵。其說亦不足信。凡棺之重數一節。謂從內數至外（向）。其意不數親身之櫬。深得檀弓之旨。而杝棺一。鄭注云。所謂椑棺。是杝即椑。乃以為兕革棺一名椑棺。又名櫬。實為不合。又謂兕革棺各三寸。杝棺八寸。屬棺四寸。大棺六寸。與喪大記君大棺八寸。屬六寸。椑四寸、乖盭。疑傳寫有誤字也。張注亦頗簡明。如名之儺者。取羣隸為儺。儺之聲。足補諸家所未及。漆書謚號曰神主。即本異義。皆刻謚於背。為說。

可見古之主。但稱謚不稱某祖考。而明世宗之於武宗曰皇兄。於孝宗曰皇伯。尤為不經。惜

當時無有援此正之者。至以月令為秦書。則沿鄭注之失也。御覽五百六十二引古者生無

爵。死無謚。謚法周公所為也。堯舜禹湯皆後追議其功耳。此本失輯。當補。攷謚法起於殷初。

故白虎通謚篇以堯舜為號。成湯為謚。鄭注郊特牲則以古者為殷以前。成氏蓋本鄭說。其

書泛及三禮。當為三禮總義之屬。而既以禮記為目。今姑仍馬本隸此於焉。

三二四

禮記疑義十八卷跋

禮記疑義十八卷，仁和吳廷華。有周禮疑義、儀禮章句，四庫已著錄，書於後出。

清吳廷華撰。即三禮疑義之第三部也。體例一如周禮。內缺中庸大學二篇，注云朱子章句，
蓋仿陳澔集説之例。前無自序。以二禮皆有自序例之，疑傳寫者遺漏也。其書務與鄭注孔
疏為難，辨不勝辨，姑就一二論之。王制天子三公節，鄭云此夏制，引明堂位夏后氏之官百，
最合經恉。石渠王氏據書周官駁之，殊為無識。乃謂可證此注之謬。明堂位之不足信，刪周
官為僞古文，明堂位為西周古書（詳黃以周禮書通故）。所見抑何相悖。樂記以歌南風，鄭云南風長養
之風。以言父母之長養己。其辭未聞。此本不指凱風詩言，故曰未聞。熊氏以為凱風，孔疏已
正之。乃謂注從熊氏説，又曰其辭未聞，自為矛盾，則舜豈能下見凱風之詩，有何矛盾。鄭遠
在熊前，更何從而取其説。壹獻之禮，鄭云壹獻士飲酒之禮。此語本貫串三禮，乃謂冠禮禮
賓一獻，聘禮禮賓亦一獻，不得止以為士禮，則壹獻即所謂無亞獻者。冠禮禮賓一人可

礼記疑 六七四

無燕。聘禮禮賓無燕者，燕在後也。是為知其一不知其二。坊記君陳曰。鄭云君陳周公次子。伯禽弟。此必有所本。故詩譜又云。伯禽封魯，次子君陳世守采地。乃斥為謬，其意殆主書偽傳臣名之說。則汲郡古文云。成王十一年王命周平公治東都。沈約注。周平公即君陳，周公子，伯禽弟。足以證成鄭誼。至於鄭注各經，先後異時，往往不合。王制歲三田下。乃謂當出衆手，故多矛盾，是誤認鄭注為官書矣。曲禮客車不入大門。孔引覲禮偏駕不入王門云云。又云墨車龍旂以朝。墨車得入大門。墨車得入。從上句悟出。猶金路象路等不得入王門。從偏駕句悟出也。乃謂疏造墨車得入大門說，且以又云二字冒之，其粗疏已可鄙。檀弓肆諸市朝。孔云大夫以上云云，謂諸侯大夫士也。謂諸侯句，是孔申鄭注語。閩監毛各本謂上俱無鄭注二字。惠棟校宋本并無謂字。乃謂今賈疏周禮無此注，已經賈刪去。孔猶引之，為陋則賈刪鄭為創聞。孔引鄭又未見他本，其誣妄尤可哂。緇衣惟尹躬先見于西邑夏。孔云鄭

三五。

不見古文尚書故云伊尹之先祖乃據後漢書本傳明言云從張恭祖受古文尚書下注引古文尚書孔又言鄭注古文尚書以相難則前所稱古文尚書指太甲篇言為東晉偽古文鄭所不見後所稱古文尚書指君奭篇言為壁中真古文鄭嘗注之吳氏於此昧昧其謬陋又可憫至於同聲為詁小學通例曲禮不離禽獸下乃謂訓禽為擒穿鑿尤甚是未知孔疏有師承矣然猶可曰鄭孔非一無可議乃其於經文則又橫加非毀曲禮前有車騎言騎非

三 騎代書犧賦為次犧賦非器不可言造先拜主人於經無考馬不食穀當是漢法天子有后節原屬不經先六大六大尊卑不倫五官司士又司馬之屬亦雜而複檀弓子張之喪節後人傅會曾子弔於負夏節及曾子襲裘節語氣澆漓毀宗躐行三句於古無考（此見曲禮從新國之法下）不欲速貧亦非君子之言賓客至節此好高語寥廓無際練練衣二句小祥無用縓黃之理弁絰葛而葬當是春秋以後事喪不慮居當是後世事廢其祀二句當是亂世事入於其庇

而脩容。記者傅會。王制凡四海之内九州節。特假設之法。天子之縣内。不言畿言縣。為漢人法。州有伯。州自應曰牧。此非古制。八州八伯。無依據。此見曲禮五百之長曰伯下天子三公九卿節。於古無考。大國三卿節。於他經無考。天子使其大夫為三監。因管、蔡、霍。而傅會。古者公田。是漢人溯三代而言。月令。祀不用犧牲節。為漢人雜湊之文。臘先祖五祀。是秦法。曾子問昏禮既納幣節。既有吉日則禮將成。遭喪勿取。無理可說。攝主不厭祭。正祭不應言厭。此言不厭。蓋誤公館與公所為曰公館。公館與三字不可解。文王世子吾與爾三。此漢方士之說。成王幼節。大槩劉子駿等為新莽居攝傅會。禮運吾得坤乾。易應首乾曰坤乾則倒置。明係僞說。用人之知三句。非王者之道。必本於大一。大一太極之變文。已近三代之說。篇中大同小異。不免進老氏一途。禮器大夫特二句。本是可疑。郊特牲郊之用辛。不足據。此見曲禮外事以剛日下明堂位今大魯事。就賜魯重祭說而屢推之。不足據。周公踐天子之位。其說最謬。夏礿秋嘗節。夏礿以

三六〇

下。諸侯皆然。曰天子之祭。夸辭。米廩節。四代之學。是誇魯之詞。此見學記古之教者節下。大傳追大王二句。追王謂王迹所由興。止以卑臨尊言。其說已疏。學記未卜禘不視學。五年一禘。考校太疏。若以時祭言。如王制郊特牲說。又春秋亂世之事。雜記其衰侈袂。侈袂婦人服。男子不應有此。喪大記屬纊以俟絶氣。非古制。士沐梁。梁當是承後世之誤而言。主人房外南面。言南面者誤。君既葬節。亦後世事。樂作矣故也。祥禫無作樂之理。禫而從御二句。此記之誤。夫人視世子而踊。言踊者誤。祭法天下有王節。鬼及壇墠俱非古制。特因顧命而附會之。此語見昏義祖廟既毀下。王自為立社。非古制。經解霸王之器。言王又言霸。非孔子之言。三年問二十五月而畢。非古制。將由夫脩飾之君子與。於父母喪而第謂之脩飾。天性何薄。至親以期斷七句。何絶似穿予家法。昏義三公九卿。九卿漢制。喪服四制祥之日鼓素琴。為後世之書。非古經。以及曲禮授立不跪。主人跪正席。跪當作坐。檀弓主人與有司視虞牲。與疑使之誤。樂記投殷之後。

投蓋封之誤。雜記孫降自阼階。阼是西之誤。間傳此哀之發於飲食者也。當在先食乾肉下。此哀之發於居處者也。當在禫而牀下。此哀之發於衣服者也。當在易輕者下。凡此或逞肊妄說。或無理取鬧。病在讀書不多。未知言非一端。各有所當。又不辨禮記為漢人所輯。非漢人所撰。其於王制天子犆礿節。議鄭注云說經之紕。莫甚於此。是亦傳記之厄。竊謂是編真傳記之厄也已。惟如曲禮拜受於尊所。升少牢禮下篇主人獻私人于阼階上。拜于下。升受。是阼階主人之階。即所謂尊所。檀弓名篇。如魯論公冶長泰伯之類。王制夫圭田無征。夫當音扶（原作作似誤）。語辭。內則接以太牢。下言凡接。文自相應。亦接子可知。禮器為祊乎外。祊是祭前求神之祭。繹則明日尋繹之祭。喪大記寢東首於北牖下。牖當作墉。此類語頗分曉。使有胡培翬孫詒讓其人。撰禮記正義。當亦節取耳。

三〇〇

續禮記集說一百卷　世駿有續方言，四庫已著錄。

仁和杭世駿撰。世駿與修三禮時，所輯凡永樂大典中有關於三禮者，悉爲錄出，汰其已見於衛湜集說者，依次成編，體例與衛書同，故名續禮記集說。前有自序稱：在衛氏後者，宋儒莫如黄東發，元儒莫如吴草廬，乃經學之駢枝，非鄭孔之正嫡。得一岸然自露頭角者，如空谷足音，跫然喜矣云云。蓋言卓然可與鄭孔抗衡者之難也。然所采凡一百八十餘家，其中雖純駁不一，異同互見，而使後人參觀衆說，得以研究其是非，不可謂非禮家之淵海，足與衛書並傳矣。此光緒間浙江書局刊本，與丁氏藏書志所載舊鈔本合，蓋即所從出云。

禮記補注跋四卷

禮記補注四卷，羅江調元有周禮摘箋，已書於後。

清李調元撰。是書專補陳澔集說之略，間訂其誤，并及鄭注孔疏。前有無年月自序，稱使由蒙訓而入經術，用意甚盛，惜學力殊未逮也。中如以大夫之簀為牀棧，非簟；塗車為刻木為車、剪紙為車之類，上加塗畫，非以泥為車；設撥為設披、設旋之屬，非紼；老聃曰丘為惟師得呼其名，非有二人；周公踐阼四字為結上文，荐無此語，未必不居；攝稈杓為杯杓，非盥具；奔則為妾為禮不備，非淫奔；史定墨為氣色下，非墨畫龜；妾祔祖姑為祔廟，非為壇以祔；氾埽為洒埽，非廣埽；術有序，術當為遂，不當為州；倨中矩二句為矩之直者曰倨，折而衡者曰句；非微曲甚曲；虞筐為安四種入筐之筐；四制為即恩制、義制、節制、權制。凡此或本成說，或備一義，足資參考，而不離禽獸，禽別本作走，以為後人妄加，則此為盧植本；爨室為竈，則此乃為竈於室，不用甸人掘坎填池為以鐵為之，如鼎四足，則今所稱池子，未必即此，亦不成味。

之昧陳音沬鄭注當作沬爲皆非則漢書禮樂志沬流赭顔注云沬沬兩通沬者言被面如
頮從午未之未音呼内反沬者言汗流沬出從本末之末音亦如之是則鄭陳皆是設練而
祔爲祔於殯宮則祔者付新死於先死者自在宗廟况上文明云祔於祖父鬲靈爲結藁爲
靈座則束草爲人馬鄭注不誤陳節馬字亦何致與偏無異畫宮爲影堂則畫宮室之位陳
實本鄭當得記意刎其人爲斬劉其人之未以爲桯椰則幾於廋辭隱語古人無此文法九
京爲山名應居卿切則下文觀乎九原明作原字仍爲三分之一則視十一爲大不得執考
工記注以倒王制郊與祈穀爲一時兩事則郊在冬至祈穀在啓蟄王瓜爲萆挈則近人考
定爲栝樓詳黄以周羣經説燒灰爲燒炭則灰非即炭周禮掌炭及幭氏分别甚明元路之元不得
爲袗則玄袗色同令月令軨字實誤大酋監之爲大酋作句謂兼用六物監之乃謂酒官則
上文乃命大酋將作何解陰厭陽厭爲鎮禳則厭之言厭飫不得讀作壓釐於句又爲釐揑

三五三

三五〇

罄折之罄折其氣而控制之則字鑿尤甚瓜華為瓜曰華之華華則樹字不可通當夕為當
夫之夕則陳云當妻承上妻不在言即是此義臂臑為臑亦作腝則腝之言孰於義難通陳
云臂腳猶今稱前腳夏楚為楚即壯荆多產楚地故名古者刑杖以荆故字從刑則似荆公
字說疏越為清越以長則與記意以朱絃對說不合鹽酪為杏酪之屬則與鹽字未融不如
從鄭訓酢截為正使孺悲學士喪禮而疑論語不見孺悲則不見在前學禮在後君葬用輴
節謂輴與軔同不與輇同輇與輲諸書多混輇可載柩輇止可約軔輴當作軔國車應從王
氏讀如字則輴車者聲之誤國車者字之譌或為槫為團者字之借輲者車之正名輇者輲
車之輪也黄以周喪禮通故辨之甚覈李說皆似是而非大社為在中門內則通義明云中
門外中門外即庫門內孔疏正合歲既單為以三月為單月則亦近於讔語武宿夜為宿夜
二字不連上言當給事於夙夜則記文幾不成義問喪閒傳三年問為皆小戴作傳則小戴

但編輯不聞作傳賜灌為虐飲則典瑞以灌賓客並非虐飲筮日筮賓為冠為己身用筮不用卜則內卦己身外卦他人未詳所據他如庶人之摯匹士之有誄華而晥燔黍捭豚蕢桴土鼓飯腥山出器車鵠奧達鄉卻刃授穎聲成方綴兆建櫜午其衆陳氏所釋非本鄭即本孔或本王肅而李氏好為疑難殊嫌拘滯公叔木鄭注木當作朱此從世本乃以為非實於緣中加偽荒鄭以綠偽為聲之誤最得乃以為與角帷通而古字實不相通夏日暑雨爵無及惡德鄭注本確乃引今本尚書為說不知其為偽古文襲茖於奪陳音奪為兑此從或本並不以為地名迎貓陳引蘇氏云云近於倡優所為亦蘇語並非陳注大利小利陳引呂說利及天下云云並不以為大小祿尤異者貍首為節下駁呂說以為原壤所歌非詩而請奏貍首下乃隱龍之實為矛盾純而祭祀純本訓皆乃泥今書作醇以記為不成語則既怪李氏之不明而又數偽古文之誤人甚也然其書頗可節取在善學者之審擇焉耳

三四六

三一九

禮記箋跋四十六卷

禮記箋四十六卷湘潭闓運有周官箋已書於後

清王闓運撰。是書前後無序跋。其凡說視周官、禮經二箋尤甚。如釋𥙊如齋、壯有室、負劍辟咡、不踐閾、日月告君、操量鼓、下齊牛其慎也、華而睆、三妃、褚幕丹質二句、主人既祖填池、祖每朿一哭於后土、桃茢、塗車芻靈、公輸若方、小天子、植礿三節、西方曰棘二句，順非而澤。鮮羔開冰、王瓜生、音風至、禕冕、有司弗辯、不厭祭、不配、陰厭陽厭、周公其衰、王被衮、郵表畷、壹與之齊、有由辟焉、衿嬰、不敢飧、端行、弁行、疏屏、伊耆氏、拊搏擊揩、君臣未嘗相弑、褻衣、素沙、爓祭、祖洽於衆、陽侯殺繆侯、尹告曰惟尹躬在昔上帝周二句、中庸標題、絜矩、擔主、大宰，穿鑿傅會，不足據信。其似是而非者，謂曾點不宜以七十老人始為弟子，則論語先進篇曾點坐次在子路下，當視子路稍後。故萬斯大禮記偶箋、閻若璩尚書古文疏證、四書釋地並以點年為幼。惟其事可疑，朱士端彊識編謂當作豊點，尚嫌傅會。黃式三儆居集云當時有兩

礼記箋一

六十九

曾點。歌者必非聖門之曾點。武城曾母之投杼。由費邑曾參之殺人。同國有兩曾參。何怪乎有兩曾點。較為名通。謂文姜為襄公女。獨有檀弓此徵。足正左氏毛詩之謬。則左氏據國史。詩序亦據太史所記。不應皆誤。俞樾平議疑此王姬是齊穀。即齊僖公名祿父之夫人。亦非。此蓋王后者所為服。觀鄭注及孔疏引喪服大功章甚明。故其卒也。春秋書之同於內女。謂仲尼謚尼父。子孫當稱其謚。則尼父者因其字以為之謚。尼即謚。檀弓疏明言之。論語子張篇末四章。皆稱仲尼。且有其死也哀之語。尤足證仲尼者正是稱其謚。非呼其字。謂下為上。堂下者升飲為上賓。則此為以尊酬卑。觀鄉射禮相旅作。受酬者曰某酬某子。注更為明顯。謂葉公相楚。為王作顧命。楚僭王。故妻稱后。則此為祭公謀父臨終之言。葉當為祭。逸周書祭公解載其文。與緇衣大同小異。可以互證。其於王后禕衣二句。謂五等同揄狄。於君命屈狄四句。謂侯伯進為二伯。則妻亦禕衣。言再命者。自屈狄禕升二等。於君大夫卒於路寢節。

三五。

謂居必有二寢男外寢女内寢正也則未知王后云云者舉后夫人以别乎諸侯之服君者
舉侯伯子男國之君夫人以明乎諸侯之通制再命一命者舉小國大夫士之妻以明凡為
大夫士之通制君夫人云云者謂君與夫人大夫與世婦以明大夫以上妻其死與夫異處
而死必皆於正寢非燕寢黄以周衣服及喪禮通故言之綦詳於其國曰寡君之老云於其
國謂其國人稱之於外文未分明備百姓節云不親迎不得作詞成六禮而方言備彌為誤
矣其大功乎云異父無族不得緣母私親之天子嘗禘郊社五祀之祭云七祀祭法一家之
説古今所不行飲黍稷稻梁云此皆公食大夫禮之託不宜入内則篇大夫五月辛哭云曾
孫已除服未可行也其次合縫貿臨云合瞀同事見讖春秋此記失之此則攻擊經文近於
無理取鬧大乖説經之體者矣惟拾級云拾猶迭也謂主登級賓乃登級飾羔雁以繢云繢
織餘也絲帛之端美於布繢賦云猶庛庫也以玉器言之菜色云菜當為菱零落貌由此其

選云。選具也。具禮以防民。重禮云。讀如重席之重。重案以禮之管。遺云。遺櫛也。所以搔髮者。
進譏云。譏既通用字。既小食也。不以鬣云。讀若鬣臘。謂帚柄為衷云。衷讀若錄。鑿屬為箕云。
箕夫服。屈柔木為之。不毀牆云。牆柩牆。雖有奇邪云。邪讀為餘。奇亦餘也。謂奇餘不盡從命
不忿云。忿當為忿忽也。此類足備一義。有藉云。朝聘圭璋璧琮皆有繅。繅藉二物。繅非藉也。
伯氏云。同姓大夫之稱。非別氏。復之以矢云。或如野外軍中無摯則以矢。非無衣。南宮縚云。
縚字子容。疑別一人。非南宮敬叔。還葬云。土環棺而已。非報葬。設撥云。撥設於殯以撥榆汁
者。似非紼。并植云。國語作廉直。篆文[illegible][illegible]相似。直植義同。六十養於國云。國謂公家。非學。其
神句芒云。此記五神皆天神。非人為之。五覆五反云。一覆剔括之云云。五反下水矣。非反覆
傾倒之。而后嫁之云。女父專主其期日。不待親迎而嫁女與之。三而一有焉。一有猶皆有也。
一同壹。君子曰德云。曰于也。君子教子當于德。始之養云。始始養老也。之語詞。以為之往之

三五。

之始非迭相竭云竭同揭舉也迭猶互也五行星有高下相重累而上曰揭凡帶云非有司以下此通言帶制庶子在父室云謂女子也若妾子則不服其母父死服之又不得云在父室干祫云干猶上也非其所敢祭而上祭之大王之道云受命之王非古公大王之德云受命稱太祖之王禹湯文是也好德如好色云古語也引以證國君不內取之故注以此句屬上節故文似不足擇言云擇讀為殬敗也間傳標題云間代也五服迭代為隆殺短毋見膚云膚讀為趺過失可微辨不可面數云容有小過失細微剖辨之乃見必無顯然可數之事苟日新云苟自急敕也此類實得經恉其他王制非孝文書月令非秦書足明盧鄭之失大學天子之學此篇言古聖教育子之法亦發前人所未發學者誠能分別觀之其書亦豈容輕廢歟王氏於月令乘鸞輅節云所乘衣類神仙家祠候之衣非法服也於羅氏致鹿與女節不取周禮先鄭注訓襦為細密之羅而云羅氏蜡則作羅襦襦短衣以衣女者以一鹿一女至場令眾觀之此未免侮經於王制篇云作記者欲改制又云欲定一王之制以周為中於中庸愚而好自用節云此孔子自言作春秋託王於魯於三重云通三統於尚絅

云。所以不著竹帛之意。於表記后稷爲烈及虞帝弗可及。並云孔子自喻。此謬附公羊家說。當時傳其學者廖平、康有爲。廖立說喜詭異。康力主孔子改制。君子於此歎學術之宜慎焉。

三二〇

禮記淺説跋 二卷

禮記淺説二卷 善化

錫瑞字鹿門 光緒壬午舉人考取內閣中書

清皮錫瑞撰。是編摘經及注疏為綱，而以案語低一格列下，前後無序跋。中如舞斯慍足衍文。以固而閉地氣沮泄，當作以固天閉地陽氣且泄。處必掩身，身欲寧，掩字絕句，身字不重。五味六和十二食還相為質，質當為滑，而食當無樂。是行富也者福也，富福字當互易。趨以采薺，行以肆夏，趨行字互誤。以敬四海之內天子如此，當作四海之內以敬天子如此。祭統下而管象，涉仲尼燕句衍而字。和與仁，和即知之誤。下天上施，天又先之誤。是於經文有考正。去國三世為三歲，非自祖至孫。視不上袷為自視，非人視天子。傷公之心為不忍自明無罪，非恐公誅驪姬。未之卜，為自悔其未卜，非責卜國無勇。行道之人，為道路之人，非行仁義。浴於爨室，為不掘坎垼，即浴於常時爨室，其浴仍在適寢，非嬌之以謙儉。大夫五祀當如曲禮注據月令，不當據祭法。太皞句芒為天常天神之號，非宓戲與重。高禖為郊禖之段字，非

礼记浅 一

六七〇

因高辛氏得名。獻繭為后妃獻王。非獻於后妃。祀神農之事為農官。非土神。瘞繒為埋幣帛。不當分為二事。訓瘞為埋牲。卜筮簪侑為侑即以樂侑食之人。非四輔。黼黻為二物。猶丹朱非一物。不當破黼為綃。祊之於東方。為祊即正祭之祊。非有二祊。繹在明日。非一時之事。幽陰與陰幽同。非深思。大裘非古。為屬諸侯。非兼大夫。武亂為如復亂以飭歸之亂。非失行列。禮有報。報當如字。不必讀為褒。萬物服體為服禮。非體復。不慊於上為不擬。非慊感不滿。猶將不忘。猶當訓尚。非猶圖。俎豆有數曰聖。及產萬物者聖。聖即知字。非訓通。亦非訓生。則譽為豫之通用字。非謂名譽。是於注文有訂譌。乘必以几。几為乘車之物。非在式上。疑女於夫子為比擬。非疑其相似。其叔父也為舉叔父一端以見義。非上為叔父下為兄弟之子。司徒為季文子。非敬子。既殯而祭為天子親祭。非冢宰攝主。類宮為大學。非小學。死而謚為泛指天子諸侯大夫言。士無謚非以士為主。賓數休為燠休之休。非數數休息。廣貢為橫之通用字。

三五〇

三五〇

充也非樂聲廣大淫液為連語形容字非貪羨疑於臣為比擬非嫌疑露生為霞露而生非露見大王之德大當如字乃泛説非周之大王小功緦麻哀容為哀戚見於容貌非哀聲從容章甫為當時通行非孔子特剏之法適弗逢世為適然之適不得訓之是於疏文有糾謬其他管庫之士謂管即館如新受賜謂新當作親不疑在躬謂疑當讀為擬收其威也謂收當段為糾治亂以相謂治通始即上文之始奏以文復亂以武又謂古者輔相之相皆非實字袒裼之裼與裼襲之裼別楙亦名禁而楙禁有別阼與阼階有別皆極名通而仲夏季秋兩言班馬政呂覽一作正一作獀馬無政字月令皆用政字可為月令非秦人作之證尤讀書得間惟未知耕者二人為耦卿九人不成耦因連諸侯為文卿諸侯各九推猶三公各五推乃以為卿字下有脱文否則卿為衍字未知天子聽朔於明堂為王居明堂之禮平時亦聽朔於太廟説文閏字注有明文乃疑為一日行之遂謂但告其帝及神不告文武未知王

礼記淺二　五九〇

藻注天子杼上終葵首諸侯不終葵首大夫又杼其下首廣二寸半鄭意天子大圭終葵首四寸其杼皆二尺有六寸相玉書珽玉六寸自言葵首之廣非言其縱乃以為珽笏大圭非一物未知君命闕狄乃舉侯國之君夫人以明乎諸侯之通制與上王后褘衣二句為舉后夫人以別乎諸侯之服相對與下再命褘衣鄭注褘當為鞠甚是三句為舉小國大夫士之妻以明凡為大夫士之通制相同乃以為經多脫誤鄭分章未合此類均屬可議而以公羊貴為公明貴又謂公羊高即公明高此洪頤煊讀書叢錄之肊說不加辨正轉相襲取尤為無識然全書醇多疵少證據之文出以顯明之筆在禮記中不可謂非佳本矣

二四

二三二

許廎經籍題跋卷五

吳縣 胡玉縉 撰
後學 王欣夫 輯

禮類四

檀弓辨誣跋三卷

檀弓辨誣三卷，當塗 清夏炘撰。炘有續詩刻，已書於後。是編上卷辨孔門三世出妻之誣，中卷辨孔子不知父墓之誣，至夢奠兩楹之誣。下卷辨曾子子貢入廐修容之誣，至子游以禮許人，及以叔孫武叔爲知禮之誣，凡二十七事。條舉件繫，駁詰不遺餘力。實則倚門而歌，當季武子卒時，曾點年甚幼，未必有其事，或屬記者之誤，餘皆由解者失之。如伯魚之母死期而猶哭，孔子甚之，此明父在爲母之制所當然。子之先君子喪出母，先君子謂孔氏先代，非謂孔子。禮出母有服，嫁母惟從者有服，不從不爲之服。孔氏先代有爲出母服者，出而不嫁者也，故曰無所失道。出而不嫁，禮宜從厚，所

檀弓　一　　五八二

謂道隆從隆是也。子上之母蓋出而改嫁者，故曰不為伋也妻。改嫁本可不服，所謂道汙從汙是也。不知其墓殯於五父之衢，當以十字作一句讀。孔子不知父墓之為殯也，殯則可合葬，葬則否。初疑之，故不合葬；卒問而知之，故合葬焉。孔子既祥五日彈琴而不成聲，為未徙月也。十日而成笙歌，蓋在徙月之後。大祥當卜二十五月下旬，越十日斯徙月矣。徙月而樂，不必至禫，即記所謂禫而內無哭樂作故也。十日徙月而成笙歌，即記所謂歌在踰月則善也。曾子之喪浴於爨室，蓋為垼於室，故曰爨室；而浴水即灑之垼塊，故曰浴於爨室，明不用甸人掘坎也。不然，尸在正寢，斷無遷爨室以就浴之事，且垼爨安有室。凡此皆黃以周禮書通故說，足正前人之誤解，即可釋夏氏之疑。至曾子論小斂在西方，子游論同母異父之昆弟服大功，自是賢者之失，不必為之諱，乃謂檀弓一書專為詆訾聖門而作，試思記者何憾於聖門而專務詆訾乎？曾國藩書札有覆弢甫書，稱其發千古之覆，成一家之言，足與閻氏

三五〇

九六 檀弓 二 九六

古文尚書疏證同為不刊之典未免謬譽李慈銘孟學齋日記既斥其武斷又以為所辨詰者有關於世教甚大仍不免為其所惑又謂出母自謂其所出之母即今云生母檀弓本無孔子及子思出妻之明文意在為夏氏進一解惜其所言未盡合耳

王制訂跋一卷

王制訂一卷井研

清廖平撰平字季平井研人光緒己丑進士以知縣即用改教職官龍安府學教授學術乖謬為四川學政劾罷是編將王制經文約略類次有頂格者大抵以之為綱有低一格或二格者以之為目而經文不全載任意割裂又任意去取不知其命意所在前後無序跋亦無案語但注右王臣右侯國及以下錫命等惟有發則命大司徒教士以車甲有上增司空字司上又增陰文司馬二字注云徒据千乘篇當為馬不知周官大司徒大軍旅大田役治其徒庶之政令是政事亦在所領非特掌教事司馬進賢興功其屬有司士稽士之功德有諸子掌國之教治是教事亦在所領非特掌政事蓋古者設官職未嘗不分而分職則責專事未嘗不聯而聯事則合職故論材主於鄉及官之則論以司馬然後無倖進教士主於司馬及其發則教以司徒然後無廢事衛湜集說所載長樂陳氏之說致為分曉安得執千乘以

疑王制大戴記千乘就平素時言小戴記王制就調發時言也曰命大司徒命者王命之也司馬安得命大司徒司空又安得命大司馬皮錫瑞王制箋亦同此誤甚矣說經之難也至以興事頂格而以無曠土七句隸於下以任事頂格而以凡使民任老者之事二句用民之力二句凡執技論力四句隸於下尤為支離破碎不可謂非經傳之厄也已而嘐嘐然曰王制詁將誰欺哉

一四六

王制箋跋一卷

王制箋一卷 善化 錫瑞有禮記淺說已書於後

清皮錫瑞撰。是編以王制為素王之制，據俞樾說孔子將作春秋，先修王法，斟酌損益，具有規條，門弟子與聞緒論，私相纂輯，而成此篇，因為之疏通證明。其義全載鄭注，閒糾其失，孔疏擇其合者錄之。前有光緒丁未自序並後序。案俞語見達齋叢說，其湖樓筆談又謂周禮乃周衰有志之士所為，亦欲自成一代之制，以詒百王之法，非周制，又謂中庸為秦書，蓋皆中年時新說，後即不作此等語。使王制果為素王之制，荀子亦有王制篇，王者將孰謂乎？是故俞氏此說以為一家之言則可，以為不易之言則不可。皮氏是箋毋乃過信。然謂據周禮之合者證明此言可也，據周禮之不合者駁難此書非也，實為通人之論。中以賜諸侯樂則，賜伯子男樂則，皆以則字絕句，冢宰制國用為天子之大夫，非周官冢宰，深得記意。祭因國之在其地而無主後者，引顧炎武說足正鄭誤。爵人於朝，刑人於市，引白虎通、說苑及御覽

足訂孔失謂陳詳道禮書引大傳作會會字作績是鄭義非伏義當以隋書所引為正此於
家法尤為分曉而謂殷爵三等亦有公侯伯子男之分僅作疑辭並無左證今考黃以周
官禮通故云孔疏引異義古左氏說唐虞之地萬里容百里地萬國其侯伯七十里子男五
十里是左氏說唐虞夏之制皆三等禮今文家說與春秋古文家合但此所云三等言其分
土之等其爵自五等也虞書曰輯五瑞謂其爵有五也是可以異義說推見殷制祇以偏主
今文說遂屏古文說不用耳引尚書夏侯歐陽等說以證三公九卿二十七大夫八十一元
士證據可稱繁富準諸說苑君道臣術二篇明是殷制而鄭以為夏制以其本於今文尚書
家遂不加別白耳以公宮南之左為即虎門之左不知師氏居虎門之左司王朝乃專據朝
位言之不涉教學之事經文未嘗謂小學在虎門左也孫詒讓周禮正義言之甚明詎容韋
合以祭法始祖無廟與韋元成云始祖配天而不為立廟為同一騐人聽聞之說不知祭法

三五〇

所謂祖考者乃始祖上之無功德者也非謂有功德之始祖可去而在壇也宗廟禮通故又明言之其韋說實本小記王者禘其祖之所自出以其祖配之而立四廟爲義韋氏明云親盡也何駭聞之有不獨有發則命大司徒教士以車甲爲聯事不必據大戴千乘篇改司徒爲司馬也（詳王制訂條下）封國通故云孟子王制所言三等之封爲三代之舊法其言百里七十里五十里除山川附庸言之故曰名山大澤不以封周禮所言五等之封爲周公所立之法其云五百里四百里三百里二百里百里兼山川附庸言之故成王命魯侯云大啓爾宇錫之山川土田附庸宣王錫韓侯曰其追其貊奄受北國錫召公曰錫山土川于周受命據此則周實增封斥大九州之說界之說不必疑職官禮通故云曲禮五官之長曰伯是職方九州之長入天子之國曰牧州長在外本稱伯王制所謂方伯是也入天子之國曰牧避二伯之稱也凡一州必有一伯故唐虞分十二州書稱之曰十有二牧夏分九州左傳稱之曰九牧周

亦分九州。左傳稱之曰九伯。據此則伯即牧。虞夏及周皆曰牧之說可勿辨矣。然其書義據

閎深。條例明晰。雖屬一偏之說。要自不可廢也。

五三

三一九

禮運注一卷 南海

清康有為撰。有為原名祖詒，字長素，南海人，光緒乙未進士，官工部主事。嗣因戊戌政變革職。案有為為人品格尚一貫，勝其徒梁啟超，而學術偏主今文學。其新學偽經考一書最為紕繆。當時朱一新已相與辨難。有朱氏論學札記，議者但知政變後為清廷所禁而已。是編以中國今已小康，而不求進化，是失孔子之意，爰為之注，將以崇孔子而同大地，其意甚盛。前有光緒甲申自叙，中如以魯之郊禘十四節為郊特牲錯簡，又於言偃復問曰如此乎禮之急一節，夫禮之初始諸飲食五節，攷宗祝在廟一節，皆有移置，實不足信。又言埃及、叙利亞、印度、波斯各野番之先，皆以事鬼神為重。印度、波斯、猶太之經，半為祭禮。埃及、印度、希臘數千年之宮室，皆用石築，牖戶繁多，頂圓皺皺，甚似山洞。並言印度韋駄經與猶太舊約，治國皆納於祭神禮中，殊失注經之體。而知氣者靈魂也，略同電氣，物皆有之等語，頗精徽可

礼運注 一 六六九

喜其餘大辛本孔疏陳澔集說而大戴本儀禮次第與禮運冠昏喪祭射鄉朝聘之序合十七篇完全無闕禮運御字當作鄉字實本邵懿辰禮經通論尤為有見惟逸禮三十九篇斥為劉歆偽造若未見丁晏駁邵氏說者則以適契其攻擊古文之隱也篇首三語當以與於蜡句賓事畢句賓讀如儐鄭注孔子仕魯在助祭之中助祭即釋儐事蜡本在國魯雉門有兩觀自國至觀不得云出遊此蜡即臘臘者蜡之屬既蜡而臘先祖五祀於廟廟在雉門內觀在雉門故云出遊觀上此則後人皆不明惟黄以周羣祀禮通故言之康氏亦瞢然莫辨者也要之是書別有用意不得以訓詁家律之禮運鄭注已不盡得其旨石梁王氏又以大同小康為有老氏意非孔子語學者皆為所惑康氏獨能發揮其義推為孔氏之微言真傳萬國之無上寶典其識在漢以來諸儒之上黄式三禮運非列莊說云大同小康非分皇古三代之優劣也大同者仁風浹也小康者初平亂而範之以禮也範亂以禮久而仁風浹也

三五〇

三八　　　　禮運注　二　　　三八

舊説尊皇古。卑三代。是漢儒據列莊之意。愼到孔子之言。此辨最合記意。並足以證成康氏之説矣。

夏小正攷注跋一卷

清畢沅撰。沅字纕蘅，號秋帆，鎮洋人。乾隆庚辰一甲一名進士，官至湖廣總督。是編經文用篆體寫，傳文用隸體寫。所附釋義，其字亦必求合於說文，此自成一家之體，以視馬徵麐箋疏間依說文本字而易為隸體者，其例較為純粹也。凡釋義亦不盡從傳，前有乾隆癸卯自敘，稱戴之說是，必曲證以申明之，偶得一間，又求之諸經，以附合本旨，庶得尊經後傳之義。其辜較也。然其書亙有得失，如時有俊風云：凡言時有者，皆不時有也。此深得時字之意。農及雪澤云：汜勝之書曰：雪為五穀之精，故農望其澤。此知雪澤猶雨澤，不必讀澤為釋。王萯秀云：王萯即王瓜，是月王瓜生。此據月令為說，最得。覲黃以周經說畧王瓜篇自明。小正以著名云：上云緹先見，下云以著名，正自相訓釋之辭，足訂朱子移於篇首之誤。山之燕者云：正月見韭，傳囿，囿之燕者，蓋類物釋義，韭應生於園，杏應生於山，故耳。足悟傳文下語之精。

漢下處云。下讀為汙。蒙蒙符云。蒙讀如萌。符應讀如孚甲之孚。此明其通段而義益顯。惟始用暢作暘。引說文暘不生也。及氾勝之書陳根可拔耕者急發。以為即用暘之說。殊嫌迂曲。鞠即見。以為即柳星。則柳星十二月巳昏見。不當於正月言之。榮堇既引說文堇字解。又疑堇當為蓪。亦作明而作昧。焯羊引周書王會周頭煇羝。則小正如俊羔。鳴鳩。鳴札。頒馬之類。皆上字是事。下字是物。今不言其事。於例難通。蒡幽作蒡蔞。以蒡蔞為二物。貍子肇肆。以為肆即貍子不必以遂殺兩義解之。並同此失。又引漢法貙膢伏臘曰膢音劉。劉殺也。以為膢有劉義。貍獸近貙。則肇肆為始殺之稱。亦通。又作昧而作明。主夫出火。以為夫者夫遂。則司烜先鄭注云夫發聲。即非發聲。而夫遂安得單稱夫。虞人入梁。入讀如內。以為內罛罟之具。則此即王制之虞人入澤梁。傳云主設罛罟。謂主於其地設罛罟。以鼶鼠為即鼫鼠。固是。而傳之段嗛為鼸。以其同聲。乃引史記漢書謂嗛與銜同意。亦頰裏藏食之義。未免附會。以伯

三五。

三二六　夏小正　二　三二六

勞爲即伯趙亦是又引左傳伯趙氏司至者也謂趙字從走有至義尤失之鑿以離羣爲麗羣則與記從不記離之語乖以蒲盧爲應作蠯蠃亦失之泥凡物之具包裹形者無論動植皆得名蒲盧鳴弋作鳶謂繳射飛鳥傳云禽也者讀如易失前禽則與下文語意不能貫其他尤多肊改如大正所取法令作小正明云以意改尚不致疑誤後學而相粥之時作相粥粥呼禪單也作殫盡也巢突穴作巢室穴薦蕭作薦將菽麋作尗麋矩關作豆䰞蝭蠑作蜾鹿皆無別本可據俱不足信惟相粥粥呼雉雨堂本同疑盧氏依畢本改十月初昏南門正未知初昏爲一事南門爲一事乃謂是月南門朝見於東南隅云昏見者誤直是妄駁經矣然其書分別正段頗多可取顧鳳藻集解馬氏箋疏大率本此蓋非精通小學者不能爲也攷畢氏釋名疏證實江聲代撰聲又有尚書集注音疏各有篆書正書兩本今此書筆意近集注音疏豈亦江氏爲之歟

夏小正集解一卷

清顧闓撰。闓字桐陰，高郵人。乾隆庚子解元。是書就黃叔琳注本重加考訂，經則折衷朱子儀禮經傳通解，傳則就正金履祥通鑑前編。總目後有乾隆甲辰自識，并例言四則。其中駁辨黃注，如鼶鼬不可分為二，黃星是瑞應，不得入紀候之書，乃瓜作乃衣，謂命民乃衣，鑿甚；唐蜩亦蟬之別名，不必非匽；鹿人非虞人，因獨書王狩，謂三時皆不獵，又近於鑿；卵蒜非卵與蒜，此類均極允協。而以黃引昀昀原隰證均田為非，則亦未是，詩信南山毛傳、爾雅釋詁郭注，並訓墾辟貌，正與除田合。其用黃注，如雪澤為雪之澤，初昏參中，今測與古不同，祭鮪以美物薦，非祈麥實；鳴鳩非斑鳩；時有養日，即月令日長至；參中則旦，非參見；陳筋革為取所獲獸，其筋革可供兵甲之用者陳之；隕麋角，不言麋角隕，其隕有隕之者，采錄均甚當。而初服公田為夏無公田，古者有是言，則顯與經文違盭。古言猶舊語，謂古來相傳之常言，五日翁五上當有三字。則古人紀日以旬。五日即十五日。觀說文日部冥篆解可悟。寒蟬鳴傳誤以為蝭蟧。則蝭蟧即螇蚸。蟬本蝭蟧之專名。後乃為通呼之總名。遂與蜩字混施無別。今一概引用。殊屬可議。其自為訓解。如囿有見杏。云有牆曰園。與說文囗部囿篆解合。鷹則為鳩。引周禮羅氏鄭注變舊為新之義。亦頗切合。采芸引爾雅翼七里香杝桃。引陸游所說小桃（案見老學庵筆記）。昆小蟲引月令蟄蟲咸動。皆極明確。攝桑謂葉始出而尚合。蓋從釋木葉晝聶悟出。已開孔廣森大戴禮補注之先。妾子始蠶引月令者婦使以勸蠶事。執陟攻駒謂與周禮庾人教駣攻駒同意。頒馬即月令游牝別羣。亦得以經證經之法。萬物不通即嗇人不從句傳文。尤足正蔡元定張爾岐諸本之誤。惟農緯厥耒以農為農官。則厥者明是厥農夫。蓋即詩七月所謂三之日于耜。以時有俊風傳合冰必於南風為不可解。收亦未詳。引御覽合收皆言北風謂傳文當是傳寫之誤。則冰非南風不結。今時猶然。傳實不誤。以農率均田為農亦農官。則傳

三五三

明言農夫，安得强釋為典農之夫？月令疏云田卒田畯，賈不足據。以采芑舊注芑似邪蒿可食為闕氏注，則初學記卷三已引之，唐人安得引宋人注？以田鼠化駕為鴽即鶉，則駕者夏有冬無，鶉者四時常有。鴽與鵪為一物異名，鴽與鶉則同類異物。以鳴蜮為蝈，則蜮為短狐，則蜮為蝈之或體，即月令之螻蝈鳴。若短狐乃周禮蝈氏賈疏引服虔左傳注所謂南方盛暑所生者。小正何所取而紀候？以取荼為苦菜，謂釋為茅秀。七月灌荼為重出，則用物曰取，謂取前年七月所貯之荼而用之。傳文一曰為薦蓐，一曰為蔣褚，其意可會。以藍蓼為藍染草，蓼亦草名，則說文艸部蒲云藍蓼秀，當為一物。又引說文藍瓜苴也，此據誤本說文，當作瀸瓜菹，未可牽合藍蓼為一。以闕本種黍菽糜四字列經文為非，則下文菽糜傳以在經中矣，一語將何所承？以爽死為爽草名，夏枯草之屬，則夏枯草即夕句草，夏至即死，何以能至七月？以時有養夜紀於十月為錯簡，則有者不定有也。假令冬至在十一月朔，則冬至之氣必早三日有餘。夜之長，即在十月晦前或二日或三日。雉入淮爲蜃。引本草蜃樓海市之説。以爲陰陽異氣所生。則海市外又有山市地市。皆由大地之氣蒸騰。日光照之，空明如鏡。所有樓臺等遂反映於上。與蜃吴渺然。此皆小失，無累大體。其書本爲課徒而作。不可謂非初學之津梁矣。

一〇六

夏小正分箋跋四卷

夏小正分箋四卷 錢塘 嘉慶初成貢生

清黃模撰模字相圃錢塘人是書前後無序跋徵引成說凡四十餘家頗多不見於他書或今罕傳本或僅據原稿或同時商訂皆未可知即如初歲祭耒下引洪震煊說固與義疏同隕麋角下所引則不盡相同而洪書於元駒賁下引黃說略同本書取荼下所引則又並無其說殆各有改定也書中謂記星春夏則由晨及夕秋冬則由夕及晨能舉經文之要謂何以謂之為居二句及未秀則不為萑葦二句似穀梁又謂直指經文則用其曰兼存異文則用或曰皆穀梁文法能得傳文之所師法以初歲為立春日俊風為協風助厥母粥為戒牧人倍芻勤飼俾足食以乳其子抵蚳為杈籍介蟲縱火為行火之譌黑鳥浴為狀其飛均足以備一義惟緹縞無專字故爾雅又作媞薃乃以為女科要藥故名媞殊失之鑿拂桐芭拂字本就桐芭言乃謂拂而過之者鳩又近於穿鑿熊羆貊貉鼶鼬則穴傳若蟄而若蟄釋穴

而者句絶之辭。詳經傳釋詞。乃以若蟄為經文，而字連下榮鞠為經文，謂五月乃衣瓜，九月而榮鞠。皆有難辭。又嗇人不從傳於時月也，萬物不通，此中庸不從之義，乃以為經文，而於音烏。皆迂曲不可信。其他舍采為釋幣，雖本高誘注，不如鄭玄蹟蘩之說為正。改巢突穴之突為突，謂突讀如莊子鶉生於突音奧，殊弗思莊子釋文云，郭徒忽反，字則穴下犬，是彼書郭本突正作突，則此正不必破突為突。薦蔣為將之譌，將即牂，牂羊也。如八珍之取豚若將實棗於腹。尤牽拊不合文理，非特於時月也。下云三王惟夏稱后，與本書王狩之文背。十月傳及此再見下云經止一正一見，有闕文。與四月傳歲再見壹正下引丁求說再見兼十月壹正在再見中背已也。然其書稱述繁富，詞意簡賅，雖未及程鴻詔集說之純要，亦鑽擘不盡者矣。是本十月有著冰二字，云石刻殘本有此文，未詳是何石刻，特揭之以俟考云。

三一三

三二一

夏小正異義跋 二卷 模有夏小正分箋已書於後。

（夏小正異義二卷 錢塘）

清黃模撰。是書亦前後無序跋，而鄦齋叢書未刻。大致分箋為正義，此為別義，分箋詮釋全

文，此則有異義者載之，兩書絕不相涉。如分箋斗柄縣在下，此則以前傳蓋記時也云之云

冠斗字上；分箋無采芑條，此則據初學記引增入；分箋王夫出火在九月，此則從任兆麟本

移於三月；分箋乃瓜，此則從金履祥引舊注作乃衣；分箋種黍菽糜，此則從金說糜作縻；

分箋時有見稊在二月，此則從任本移於五月；分箋栗零，此則從大戴禮記本栗作粟；分箋

雉入於淮為蜃，此則從程棨本雉上有元（玄）字；分箋納卵蒜，此則從盧文弨所見別本作納民

算；分箋無雞始乳條，此則據乾鑿度注引列入。而即就本文為釋，或稱引成說，或發攄己意，

其宗旨在參別解而廣異聞。其他農率均田，分箋從傳率訓循，此以為農師即農師；鞠則見，

分箋謂鞠即危，此以為當作晨，即辰星；以及昆小蟲抵蚳，為小蟲亦會合而卯育；萎楊為椲

夏小正異 一　　六〇七

楊與韡羊文連而互譌。鷹始摯，為摯與贄同，將入於其羣而用摯。爽死為即周書秋發實蘇。丹鳥羞白鳥為皆鴻雁之類，均與分箋説絕異。尤甚者，水星有七名，一曰小正，疑小正之名由此起。荼一名蒤，令之芟草飾戶，以蒤夏時所尚，故曰以為君薦。玄校者，玄其校，如春秋丹桓宮楹。周尚赤，故丹之；夏尚黑，故玄之。好為苟異，殆無適於此。然其書徵引各説，亦不下數十家，既名異義，學者認定其名而參考之，未始不可博學問之趣也。昔左氏親炙聖人，公羊、穀梁皆子夏門人，而春秋三傳其相異處，乃若方圓之不相合。子輿、游、夏最善説禮服，而檀弓言小斂之奠東西異方，司徒敬子之喪弔絰異用，公叔木與狄儀之所為功衰異論。學説原不妨有異同，今以模一人之所作，而分箋若彼，異義若此，正可究學説之正變。王氏刊入經解，意在斯歟。

二八六

三二一

夏小正通釋四卷

夏小正通釋四卷 長樂

清梁章鉅撰章鉅字茝林一字退菴長樂人嘉慶壬戌進士官至江蘇巡撫是書前後無序
跋據章鉅歸田瑣記載其所著書是書下稱洸芳齋師序殆日後佚之也其體例首經文次
傳文次己説以傳曰釋曰别之中如農及雪澤澤如字讀謂雪之澤不讀作釋田鼠出引墨
子非儒篇鼸鼠藏謂鼸鼠外藏穴中故記其出農率均田引説文均平徧也地官有均人主
平土地之力政者謂月令命田舍東郊皆修封疆審端徑遂亦與此同鳴鳩當從本經鳴札
鳴蜮鳴弋之類故傳曰鳴而後知其鳩非以鳴鳩名煮桃即内則之桃諸經言桃不言杝周
禮籩實有桃桃實可食杝桃之實不可食傳云杝桃似誤此類俱極名通初昏參中及初昏
大火中下一辨無歲差之説一明歲差之數在古法為黄道西移在新法為恒星東行尤能
得古今差之理惟梅杏杝桃則華以杝與桃為二物固是而以傳文山桃為小桃之誤證之

夏小正通 一　　六七一

六月傳恐山字非誤但其解實誤采蘩傳旁勃以舊本旁作萬為誤不知萬旁聲相近旁之為萬猶披之為藩又為防也士喪禮設披今文披皆為藩周官喪祝掌大喪勸防之事杜子春云防當為披是其例也取荼傳荼也者以為君薦蔣也疑為七月灌荼傳衍文此荼即月令之苦菜不知此荼即灌荼之荼每年七月褚之為來年四月用之以薦蔣彼傳曰為蔣褚之也褚字正釋灌字義此曰為君薦蔣正釋取字義明所取即取之於所褚之室也鴂則鳴傳其不辜之時也謂不辜直當作不略解傳義言小正不略之者以紀時也不知不辜之時猶云非其殺之時可援鷹則為鳩傳相比擬織女正北鄉傳織女星名也謂當屬七月織女正東鄉傳文不知傳有以後統前之例如五月參則見傳參也者伐星也而前此正月初昏參中三月參則伏傳不言參也者星名也此亦猶是也他如燕乃睇傳百鳥皆曰巢突穴從畢本改突為室初昏南門正傳蓋大正所取法又肊改大為小皆無根據抑亦不足辨矣然

三五〇

夏小正通　二

二二

全書有引證。有意議。筆復明鬯。在小正中不失爲善本焉。

三二三

夏小正經傳集解跋 四卷

夏小正經傳集解四卷 長洲 嘉慶戊辰

清顧鳳藻撰鳳藻字梧生長洲人舉人是編以宋韓元吉所刻大戴禮為主其或舛誤則正以傅崧卿之本博觀約取體例頗為謹嚴前有道光辛巳夏文燾序後有自序中如雞桴粥云桴孚借字拂桐芭云芭葩省字鳴札云札蜇省字王萯莠云莠秀借字辰則伏云辰農省字内火云内古納字楊則苑云苑菀省字寧縣云寧蠹省字此明其省借遰鴻雁云遰與逝通始用暢云暢與鬯通鴂則鳴云鴂鵙借字養日云養與羕通灌潦云灌湟借字之校云校絞借字豹貉云貉貊借字滎鞠云鞠蘜借字玄駒賁云賁與奔通鞞羝云羝與抵通宰之云宰達借字此明其聲近通借雉震呴云呴依字作雊農緯厥耒云緯讀若皮韋之韋助厥母粥云粥讀為鬻依字作鬻將閒諸則云閒當為䦨狸子肇肆云狸依字作貍革莠云革當作䕷剝棗云剝讀為撲鴽鶴云鶴依字作鴾閩蚋云依字作蟁蜹此則或擬其音或易其文或

夏小正經 一

六七七

着其本字均見深通小學啟蟄引詩志雉震呴引洪範五行傳見韭引春秋繁露獺獸祭魚
引呂覽高注王萯引本草乃瓜引盧諶祭法及場人職啟灌藍蓼引熊安生禮記義疏豺祭
獸引呂覽注黑鳥浴引淮南子解蟄引易本命由魂引太玄解義證亦合其他以犇羊為羊
相逐貌鳴鳩為鶻鳩主夫為主縱火之小臣非古之火正突穴為窟穴鶡為鶡屬與鶡異蝭
蟟為蟪蛄蒲盧為蛭蛤非蛟屬之蠃說俱明曉執陟非執騰駒攻駒非夏攻特此意在申傳
其後王筠正義適與此相反其尤精者以俊風為條風引南山經令邱之山其南有谷曰中
谷條風之所自出謂傳本其所出之方名之令人怡然渙然以參中則旦為參當為曐七星
也篆書曑曐形相似實發前人所未發星即南方朱鳥之宿凡仲秋旦中之星即仲春昏中
之星與堯典星鳥馬鄭注春分之昏七星中（書孔疏引）可互證此星有七其中張咮即鳥之咮與
尚書大傳主春者張昏中（亦書疏引）亦可互證也惟鞠則見云鞠當為匏不如孫星衍虛星之說

三五四

五日翁云疑即五月之望不如宋書引古人紀日以旬之說救蘪云救當爲叔拾也蘪依字作蘪蘪蕪也是食矩關云食當爲拾矩關當爲茝蘭則不特改字太多蘪蕪亦不得單稱蘪爽死云死當爲起涼風也則涼風亦不得但名爽此皆未得其義而强爲之解初昏南門見云初昏字衍亦不如孔廣森不與下文連讀謂始令民昏姻逮來歲春仲而止之說以廟采之采爲菜則傳意經文采芸爲廟祀而采仍以作采爲合以萬勃之萬爲旁則萬旁聲相近萬勃旁勃皆雙聲形況字不當主四旁勃生之說以不辜之時爲辜之句絕則小正傳文皆之時二字屬讀此蓋與鷹則爲鳩傳非其殺之時也同義然全書中可議者止此數條其行文亦不失爲經生家言在小正中允推善本焉

三二七

夏小正疏義四卷附釋音一卷異字記一卷跋一卷

夏小正疏義四卷附釋音一卷異字記一卷 臨海

清洪震煊撰震煊字櫆堂[redacted]嘉慶癸酉拔貢生是編以傳為主寔事求是不敢稍有出入深合疏家體例前有自序稱解必衷諸古訓說或資乎時賢但斬依傳釋經以希篤信好古不至為向壁虛造之談並盡黜不知而作之論似指黃模分箋及異義而言書中如采芸桴粥鳴蜮取荼云駒賁及剝棗（此條在釋音）並引黃說蓋其所取者祇此雖詞句不盡合而意義則同也今始勿具論第就疏義言之如農緯厥耒云農民自為耒其耒盛風所謂三之日于耜農辛均田云均古文葑省說文葑茇也茇除同義鞠則見云鞠虛星也小正凡言星之則見者三皆謂晨見正月晨見者北陸虛難桴粥云粥當讀如生鬻之鬻時有見稊云稊當讀如荑引詩靜女篇傳箋茅之始生可以供祭祀妾子始蠶云妾蠶妾賤者也子女子貴者也匽之興云匽古文蝘省下傳云唐蜩鳴者匽也是匽即唐蜩之未鳴者皆深得經恉澤上多云澤讀如

夏小正疏 一

六八四

浹。引考工記水有時以澤，釋文澤音亦，取之則必推之云，言取盡物也，言推不盡物也。蓋當依依尾也云，說文依倚也，午為當中，未申為當倚，依尾也，讀依如尾，義亦深合傳意，惟往耰黍則禪作往耰黍則禪，云黍當為暵，古文省，謂往耰新田及畬，古文禪單字通，單殫字亦通。謂耰暵期於殫盡，則黍有早晚，早黍二月種，五月熟，故月令仲夏農乃登黍，不必改黍為禾。

寧 具自序云二月耰 寓有黍誤即在此

助厥母粥云，助當讀為沮，沮，止也，則傳云不食其母，正謂助其母乳，非所生，安得破助為沮。㷋堇云，當本為芹，假借作堇，則堇者古人恆需用之物，內則及士昏禮、公食大夫禮鄭注並言堇，不當易堇為芹。𦍩羊云，𦍩當為羠，謂羊相羠瘠而死，則羊不當瘦，當以孔廣森𦍩聚之說為長。南門正云，天官書所謂南門，非若今之所謂南門在庫樓，外庫樓外之南門已入地平，不見，則南門二星夏時在地平上，人盡可見，鄒伯奇學計一得明言之。莠幽云，莠草如幽，莠則小正此文即七月詩之四月秀葽，乃謂無煩改讀，未免故意翻案，爽

三五七

死云。爽當為來。古文䓝省。說文䓝、蔓華。爾雅作釐。釐來古通。又有莔蔓于釐即此之來。莔即此之䕸。䕸亦當為古文藋省。則蔓華陸草。蔓于水草。未可合一。主夫出火。云主古文作、。謂絕止人出火。則昆蟲蟄而火田之類。納火時火亦未可廢。不當讀主為、。初昏南門見。云與四月南門不同。則傳文及此再見。正承四月南門言。蓋初昏謂昏姻。不與南門連讀。亦以孔廣森說為得。黑鳥浴。云浴當為俶。或㳄字之誤。謂鳥勞而倦飛。則冬月鳥羽豐滿。正健飛之時。浴字乃狀其飛貌。鳴弋。云弋當為舊聲之轉。即子規。則子規暮春始鳴。史記秭鳺先滜大載語志篇秭鳺作瑞鳺。安容據譌文為說。其他鴻不必當小正之遰者也。此以九月時雁未能與鴻同遰一處。所止之地稍近。至正月則先鴻而至。彼時之鴻。不必當小正九月所遰之處。故至不同時。觀小正正月。月令十一月。但言雁北鄉。不言鴻。九月則一言遰鴻雁。一言鴻雁來賓。言雁又言鴻。可悟。乃改為遰。必謂遰必往弋也。不定鄉值人之繳射。殊為紕繆。何以謂之。此四字傳文屢見。乃雉震呴下改以為必，謂據上鴻不必雷不必等設問，亦嫌迂滯。為廟采也。此作傳時必有依據，特後世遺文無證。乃據御覽引作為朝采，謂朝義猶早，詩終朝采綠，終朝采藍，朝采之義與此同，則失之傅會。發孚也。此孚即孚甲之孚。乃謂孚字之誤，采古文穗，引易大過孔疏稊者楊柳之穗，則又失之牽合。萬物至是動而後著。此究類之辭。乃謂萬物至三字句絶，與十月傳陽氣至同義，則陽氣至可通，而萬物至殆不能通。百鳥皆曰巢突穴。此突即莊子徐無鬼篇鶉生於突之突。乃以突為鴂，謂鴂而入穴，鴂而出穴，則皆曰巢突穴五字幾於不辭。羵羝也。此羝為抵之叚，謂羊初生角因癢而抵。乃以為牡羊，則廣雅釋嘼三歲曰羝，不聞未成之羔亦為羝，且與小正上言事下言物之例不合。大正所取法。此對小正而言。禹修璣衡之法，協用五紀，是為大正。又於大正外勸農及時耕作，其時正月初昏斗柄適建寅，遂以建寅為正月，是為小正。乃引周書嘗麥解以大正為古刑官，與小正書

三五○

何洨其不幸之時也此與正月傳非其殺之時也句法相似乃泥呂覽高注伯勞夏至後應陰殺蛇以為不合則下文云時有養日此鴂鳴尚在夏至前殺機未著故曰不辜高說實與傳義互相足譁殺之辭也此譁正釋經文言摯之義乃以為畏殺則經傳立言之妙俱失君子之居幽也此幽對著言小正以著名不言其幽正申記從不記離之意乃謂幽當為古文蠿蓄與蠿同則君子居蠿為費解其尤似是而非者初昏大火中為經大火者心也心中種黍為傳又以菽縻為經時也為傳則心中種黍雖與鞠榮樹麥同例而彼有時之急也句此似未了時也二字又轉似贅疑本如寒日滌凍塗及昆小蟲抵蚳之例經作初昏大火中種黍菽縻傳作大火者心也心中種黍菽縻時也各本每互誤然其書未落歸本狐死首邱的是疏家正軌足為法式所附釋音如均田孔廣森讀為耘今云正月耘田所未有燕乙孔音軋今云唐人原讀若甲乙字俱見分曉異字記如震也者鳴也呴也者鼓其翼也戴震校本

震呴互易。今直斥其非。案畢沅孜注云。震之言鳴。呴之言鼓。皆據字音釋義。此可證明其說

云。內萬用入學傳大舍采。洪欲解舍采為解釋采衣。胡培翬貽書謂當從康成作釋菜解。見胡氏儀禮正義士喪禮「君釋采入門」下。今疏內主鄭。蓋從胡說也。

九五

三二六

夏小正訓解跋四卷考異一卷通論一卷

夏小正訓解四卷 太倉寶仁有周官參證已書於後

清王寶仁撰是編前有嘉慶甲戌畢憲曾己卯彭兆蓀序及癸酉自序其體例於記文下先
系已說傳文下又申傳說往往前後不相應如田鼠出云田鼠鼢鼠與傳謂嗛鼠異昆小
蟲云王制注昆明也明蟲者得陽而生得陰而藏與傳謂昆者衆也異玄駒賁云賁墳字之
省言玄駒封土為墳與傳謂走於地中異此類皆當以傳為正鞠則見云鞠蓋柳星則下節
為初昏參中此必是晨見無疑柳星十二月已昏見不當於正月言之近時如戴震孔廣森
汪照輩皆以為柳星實不可從洪震煊云虛星其說較為近似雞桴粥云桴當為孚此明桴
為孚之訛深合記義又云孚又讀為赴方言有伏卵未孚語郭音赴不知音赴者擬其音今
乃讀為赴則是易其字於義未協二月往耰黍云二月非耰黍之時往耰黍者記其畧不知
黍有早晚早黍二月種五月熟月令仲夏農乃登黍蔡邕章句云今蟬鳴黍是也孔疏引王氏

夏小正訓 一　六五九

第見南方種黍在三四月，未見北方旱者二月，遲者不逾五月，遂為是語耳。主夫出火，云司烜氏有夫遂，主夫當即其官。則周禮先鄭注以夫為發聲，後鄭云：夫燧，陽燧也。安得以夫字當燧？其他以傳文屈造之屈當為蟄，引爾雅蟄螟為說，則未知屈造即鼃黽之轉，亦即鼓造之轉。若改為蟄，非特屈蟄聲不近，蟄造二字義亦難通。蔣褚之蔣當為薄，養蠶器，則未知此即薦蔣之蔣。前知其為席，今疑其為薄，未免忽明而忽晦。然記文秀幽，云秀當為莠，幽者草木茂盛而成黑色之謂，引國策幽莠之幼也，似未足備一義。傳文夏有煮祭，云祭司寒之神。巢突穴，云突與窔通，引漢書敘傳應劭注、爾雅舍人注為證。不章之時，云猶非其殺之時。若蟄而，云承上玄鳥蟄釋之。凡若此類，均見名通。且間有諸家所未及，過而廢之，毋寧過而存之矣。攷異校訂精詳，引徵繁博，并及佚文十二月雞始乳，特為美善。通論見讀書貫串之法，亦足為初學裨助。一有嘉慶甲戌，一有道光丙申自序，云。

三三七

夏小正正義跋一卷

夏小正正義一卷，安丘 筠字貫山，號菉友，道光辛巳舉人，官山西寧鄉知縣。

清王筠撰。是編大致以黃叔琳注本為主，凡金履祥、張爾岐及黃說全謬者刪之，是非互見者辨之，全謬而足惑後生者亦辨之。前有咸豐壬子自序，係刻四種總序，又有道光己酉庚戌兩序，則序述作本書之指也。又有凡例五則，其書總列經文在前，以示學者古書體例，後復每月分列經文，再列傳文。凡文字異同，音注辨正，隨注於下。王氏精通小學，如以柳稊為荑之後出字，䍧羊為羠之訛字，拂桐芭為葩之省字，以及緹縞無專字，故小正借緹縞爾雅借媞鎬（案爾雅鎬作藃，此據說文。媞鎬也，謂肆用爾雅古本。）沙旁勃雙聲字，不可据字鑿求，浮游疊韻，渠略亦平入疊韻，方俗語不可鑿說，幽蔞在今為雙聲，在古為疊韻，此類具見特長。園之燕如燕朝、燕居之燕，嗛鼠今謂之倉鼠，除田謂公田私田除之必徧，非以除釋均，其申傳甚曉。萬者干戚舞，不及籥，今傳以干羽釋萬為完備。執陟者陟即騭，月令季春乃合累牛騰馬遊牝於牧，仲夏遊牝別羣則縶騰駒即此攻駒者夏官廋人攻駒鄭注騋其蹄齧者校人夏頒馬攻特先鄭注攻特謂騬之是也傳似皆誤其駁傳亦當他如以正為政之古文非正朔之正國語又引夏令令即政也若是正朔何分大小解釋小正名義致為明塙又云正月祭耒用暢必天子事而不記王之耕耤三月記妾子始蠶而不記后之躬桑此所謂小正也三月越有小旱四月越有大旱為常雩記也而不記雩祭亦小正不記大禮也並能敷邑厥恉其辨羚羝云攝桑委楊上字是事下字是物若羚羊是羝羊不言其事不可通又辨荍蘩云煮梅剝瓜皆上字是事下字是物若下文直書荍蘩不言其事非例也尤能會全書體例之通惟凍下而澤上多傳意謂未化為凍已化為澤凍愈下則澤在上愈多乃泥凍結自上而下凍解自下而上之物理以為傳不可強解夏有煮祭煮當為暑謂夏世有迎暑之祭乃引夏祭曰礿以相附會百鳥皆曰巢突穴此突謂戶突御覽一百八十八引舍人云東方萬物生蟄蟲必案與畢同出

三五二

無不由戶窔。蓋所據爾雅東南隅謂之窔，窔作突。漢書敘傳：守突奧。應劭注引爾雅作突。殷本載蕭該音義云：郭璞曰：突音窔。莊子徐無鬼篇：鶉生於突。釋文：字又作窔，郭徒忽反。是窔突實一字，而有突音，足以證成舍人本之義。乃引說文：堀，穴也。疑突即穴，則與下文穴字為複。一則在本，一則在末，謂夏至之氣或在月初，或在月終，無定日。乃以為二句難解，謂夏至前十五日為月本，後十五日為月末。桃者杝桃，杝桃固不可食，乃以為當作梳，則梳桃小而多毛，核黏味惡，亦豈得煮為豆實？至月令為秦制，小戴刪大戴，則又沿襲舊說，未及細考者矣。然此皆小失，論其大體，固遠出黃本之右焉。

夏小正集說存說集說補跋四卷

夏小正集說存說集說補四卷黟縣

清程鴻詔撰。鴻詔字伯旉，號黟農，安徽黟縣人。道光己酉舉人，官至山東候補知府。是編取秦漢以來諸儒先之言，旁羅經傳箋注子史雜說，下逮近世並同時各家之涉及小正者，為之集說，各標姓名於下，而以己意緯之。每條後各列釋文，但稱姓，間或舉名，以識異同。蓋集說以示正義，釋文以存異義也。前後並有自敘。如謂言天則就夏時法，衡夏時象以小正說小正，不執渾天以難蓋天，最合訓解古書之例。其自以為獨得者，如謂夏曆用顓頊法，此本董巴說；又謂玄校為染禧校法，此本盧文弨說，亦頗名通。而謂祭耒為祭采，不如王寶仁祭始作耒者之說；謂南風可兼西東，不如邵自昌冰非南風不結之說；謂貍子肇肆猶虎始交，不如汪錫洛肆即肄，修豪之肄之說；謂爽疏為稷，不如程鴻謨錄因減貸之說。他如時有養日下引孔廣森說無定日，故以有言之；時有養夜下引王寶仁說時有者日夜有定候。在孔王不妨異說在此書則為自相違戾農緯厥耒下備引陸䢇蒙耒耜經執陟攻駒下備引阮元車制圖解近於秦廷君之說堯典不如剝棗下云棗之屬具爾雅較為簡晐書人不從釋文引俞正燮說詩甫田箋田畯司嗇今之嗇夫也是用枚義此必有脫誤鄭玄何能見枚頤古文哉存說及集說補皆箴存以待校補者實未竟之書其族弟朝儀為之編次中引六藝論以吳仲為黃帝臣足見沈約駁世本之妄而顧祖禹云凡地理言南可與東通云云已見集說釋文中此為重出亦屬失檢然小小疏舛無害大體要其蒐羅宏富攷證詳明歷三十餘年始成此本有今人鑽研不盡者矣

二二五

夏時考訓蒙跋一卷　初名憲銓　咸豐辛亥舉人

清鄭曉如輯。曉如未詳其字，曲阜人。是編首錄夏小正，次錄月令。卷首有自識，稱小正一篇，孔子得於杞之夏時，傳諸門人。呂不韋衰周趙國之覺，秦之臣。周建子，秦建亥，月令合周秦而衍夏時之義，何以能懸之國門，不易一字，殆亦竊取孔門傳述而然。末有自記，即申此意。其書本為訓蒙而設，故小正從黃叔琳增注本，月令從陳澔集說本，可勿深論。小正於黃本外，別引秦蕙田、畢沅、丁志壁說，頗多可取。爽死條，黃本有二說，今錄爽茨之說，刪爽鳩之說，亦見斟酌。惟雁北鄉傳，分載於遰鴻雁下，又多刪節。鹿人從傳，竟一字不載，是可怪也。月令但於孟春之月節，別引鄭注及方氏、許氏三說，餘無所引，而於陳本往往肊改。如東風解凍節，陳注此記寅月之候，來自南而北上，妄增來應作錸，古歸字，誤漏阜旁十一字，並改注來字為錸。仲秋鴻雁來注：孟春言鴻雁來，亦改來為錸。不知季冬雁北鄉，則此孟春鴻雁來，明其自南方來至中國

將北反其居與諸書言候雁北者似異而實相成一從南來立文一從反北立文烏得以為
錄之爛脱字錄又俗字古書烏得從而致誤此似見唐月令來作歸而為是謬說句者畢出
陳注但云句音勾今改云句今作勾古無勾字其說雖是而竄亂舊文不足為訓無不務內
陳注專務收斂諸物於內上妄增內同納三字而改注內字為納則文義不可通矣其他案
語云蝦蟇有鳴有不鳴視乎水不視乎時今頒行時憲書在前一歲秋八月月令季秋為來
歲受朔日與今正同古時較遲一月耳其說可存又云舊說小正子夏作誤乃卜子傳述月
令后倉曲臺記采之大小戴記刪去馬融復采入禮記則前說無根據後說沿初學記之譌
也

二四六

夏小正箋疏跋四卷 一字鍾山 夏小正箋疏四卷懷寧

清馬徵麐撰。徵麐字素臣，[redacted]人。諸生，官太平教諭。是書前後無序跋，據卷端同治戊辰自識，知箋為其父作，曾編入二五陳數啟蒙月令篇，徵麐後乃為之疏。大致以黃叔琳注本為主，加以孔廣森大戴禮記補注一家，而引徵繁富，意義展拓，又洞曉聲韻，辨別正段，過黃書倍蓰。如二月榮芸為采芑之誤，八月參中則旦為七月錯簡，是於經文有考正。八月鹿人，人為從之缺體，或又於鹿從間衍人字，故戴傳附或曰一解，非經之正，尤合經意也。篆正月初歲祭耒傳或曰祭非也，亦謂經文不同。馬氏未及此。三月委揚下楊則苑，苑通菀，俗譌花。二月有鳴倉庚下長股也三字，為四月鳴蜮傳錯簡。五月參則見下牧星也，傳本譌為伐星，則何盡其辭之有，是於傳文有審定。十二月隕麋角下陽氣旦睹，旦傳本作且，睹為睹之譌；且睹者，以日擬月，謂時加丑則天且睹，尤見會通。他如：萬為文武舞之總名，頌馬為均軍賦之車徒，無與馬政，足正傳譌。俊羔為夋之借字，謂羔其足毋令近毋羠羊為羵之或字謂羊相羵羵若芻薪委積取荼為民間取以褚臥具不必悉為君薦蒻執陟攻駒為民間自有兵車之賦不必悉升之賦君納卵蒜為令民取而畦植之不必納之君凡此或本成說或下已意雖與傳異足備一義惟田鼠出云鼢鼠則鼢非化鴽之田鼠傳云嗛鼠嗛者鼸之段墨子非儒云鼸鼠藏蓋冬藏穴中故小正先紀其出後紀其化當以傳為正傳並非謂寓鼠之嗛鞠則見云鞠蓋鴽之假字鴽者鶉也南方朱鳥三次之星名則他書不言鶉星為鴽為鞠且鶉星為赤鳳之鶉亦非鶉屬之鶉爽死云爽鳩鷹也鷹三歲為老則未聞鷹七月而死遰鴻雁云鴻者堆之段字亦作鳿鳿雁猶大雁無大鴻小雁之別則孟子梁惠王篇顧鴻雁麋鹿明鴻雁為二鳥猶麋鹿為二獸尗糜下已在經中云尗即上文種黍尗糜之尗則上文尗糜各本皆為傳文此本亦然必如洪震煊本之改尗糜二字為經文語意乃相應斗柄正在上下蓋當依依尾也云上依倚也下依苗裔之段借尾星古

三五

有觿尾之稱，則當依承上不在當心而言。當心為當中，過中則倚，當依猶當倚，亦即當尾。不
經曰當尾者，恐人以為當尾星也。與九子星無涉。推之山海經叔均作牛耕，以為秦漢人傅
會冉伯牛名耕，司馬牛名犁，以為史遷之誕，其妄固不待辨。以七月詩箋引王萯莠幽為誤，
不知鄭以幽即萯，而但稱莠幽，或經稱莠萯，恐人或不悟，故連王萯言之。以司爟先後鄭注
為誤，不知小正出火與周禮內火適相反，未容牽合。後鄭云火所以用陶冶，明司爟出內之
火專主陶冶，非四時所變之食火，亦非田獵焚萊之火也。啟蟄之啟當作启，執養之執當作
摯，用暢為鬯之段，剝鱓為鼉之段，此類均得其正字。而頒冰作頒仌，梅杏作楳杏，菽糜作尗
糜，辰作曟，鞠作蘜，以及傳文湅塗作凍涂，闔蚋作閪蚋，竟將數千年相傳之舊本改從正字。
矯枉太過，所改未能一律，亦為例不純。尤甚者，謂說文以䵶為鼉之或體，誤。謂萑葦之萑从
屮雈聲，謂貫从毌聲，皆似是而非。觀王引之經義述聞及說文段注自見。伯為霸聲可通作

博。百為變徵。不可通作伯。剖晰似細而失之泥。伯百同在段氏音均表五部也。然百密容有

一疏。論其大體。要與程鴻詔書相伯仲矣。箋疏大率同義。而亦有偶異者。梅杏杝桃箋云：杝

落也。疏引或說為四木。以疏為長。俊羔箋云：俊者夋之段借。疏以為爰之譌。則又疏為短云。

三二一 夏小正釋 一 六八四

夏小正釋義十二卷

夏小正釋義十二卷 濰縣

清宋書升撰書升字晉之濰縣人光緒壬辰進士欽點翰林院庶吉士即隱居不仕是書前後無序跋每月題書名及濰宋書升學似為十二卷末附雜始乳逸文一條亦仍照題實不成卷蓋尚未編定也宋氏洞明天文曆法解星之昏旦中必明其日躔某宿度解啟蟄養日養夜必別其中氣朔氣皆他家所未及鞠則見從孫星衍洪震煊以鞠為虛而轉之云虛星即邱墟之虛爾雅北陸虛也夏后氏因唐堯之舊用為中星者也其說甚覈視孫云鞠虛聲相近洪云鞠有盈義古人相反命名為勝初昏南門正辨洪氏以南門在庫樓外而釋之云古人名星皆由象取門者象也南其方也人君南面覘星必兩星左右峙列與戶之勢左右相當乃所謂南門正若以亢之南北星為南門則與東壁之星同是壁形非門形烏得言正天官書南北字北為比之譌其下當有地字以本篇狼南比地大星曰南極老人句推之可

見。案宋意其南北兩大星曰南門，記原作其南比地兩大星曰南門史。此說讀書得間，足解洪氏之惑。參中則旦，從顧鳳藻以
參為星而申之云。堯典所用中星，此時尚不更易。小正若昴若火若鞠，此三星即堯典所用
為候者四仲之星，不當獨缺鳥之一宿。仲秋旦中之星，即仲春昏中之星，皆去日九十度，依
此推知參定星之譌文。其推闡甚為分曉，所以然者，列星東移，其差頗微，四仲中星，逸周書
時訓解、禮記月令皆與堯典不合，惟小正尚合也。丹鳥羞白鳥云。國策莊辛曰：王不見夫蜻
蛉乎，六足四翼，飛翔於天地之間，俛啄蚊虻而食之。蛉為食閩蚋之物明矣。蜻蛉以青得名，
而丹者當名丹蛉，音轉即丹良。此物七月中旬大雨初晴，往來空中如織云云。雖詖論而實
塙論。吾鄉所謂紅蜻蜓，正如宋氏所說。其他引說文諸書以明鼅鼄之別，引管子立政篇以
明均田，乘馬篇以明雪澤及初服，公田國軌篇以明禪衣，輕重乙篇及輕重丁篇以明樹麥，
俱見義證。舍菜從大胥鄭注以為蘋蘩，不從先鄭以為舞采服采，及呂覽高注以為采帛，不

三六三

韋之韋。從韋戣鄭注以爲韋韍。不從俞樾以爲韋也。十月初昏南門正。從孔廣森以昏爲昏
姻。不從洪震煊連讀。以南門爲與四月南門不同。亦見去取。采識爲荼之别種。王萯爲黄蓓
草。蜋蜩爲蟪蛄。亦可備一義。惟謂寒日當與俊風霖雨一例。五日翕。翕從羽得義。匽初出其
翼如攝葉之狀。兮夫婦之駒。從一本作夫卿。謂夫語詞。卿有禄位者。漢案户。若以手按物者。然。
主夫出火傳中主字。與經文主字不同。均嫌迂曲。謂文舞用羽籥。武舞用干戚。武舞得兼文
舞。凡桃皆可煮以爲豆實。梔桃熟以此月。故經記其始。亦近回護。以鳴鳩爲斑鳩。則鳴鳩即
鶻鵰。詩小宛傳有明文。案雕與鶻同。非斑鳩。且此文當從鳴札鳴弋之例。非以鳴鳩名。故三處傳
文竝曰鳴而後知。蓋當依依尾也。不以上依字絕句。謂依依乃附著之辭。則當字似贅。鹿從
傳從一本爲説。謂善而善而爲句。固可通。謂之離而生之幽居也。不言之訓其與鹿之養也
三之文義相承。多以之字爲句端。則鹿之養。君子之居幽。並非句端。殊屬轇轕。其尤似是而

非者。鷹為鳩。云。釋鳥鳩鋪鼓。鷹來鳩。鼓為鼓之譌。鋪鼓即布穀之轉聲。來為爽之譌。二者一物。更相嬗化。故同類遞釋。則說文鵃篆次鶤鷗間。不次鳩鷗間。顯非一物。安得傅會。采芑傳廟。采從一本作朝。采謂經傳二采字不同。經文采為采。取傳文采為舍采之采。魯語天子大采朝日。少采夕月。大采即大舍采。則無論大采謂袞職。小采謂黼衣。即朝日而但曰朝。舍采而但曰采。亦文不成義。爽死云。爽者高明之地。如左傳之言爽塏。爽與上文言湟之為下處對。死與生萍對。凡生高爽之地。立秋漸枯槁。如蓬蒿莞蔚之類皆是。並引通卦驗鄭注澤稼獨生陵陸死矣為比。則高爽之地但曰爽。亦屬不詞。鄭語可通。宋說實不可通。然百密一疏。無人能免。要其博采衆家。自下己意。考證之文。出以曉暢之筆。在小正諸書中殆所罕見焉。

二八〇

三二一　七十二　六七五

七十二候表跋一卷（七十二候表一卷　錢塘）子敉號　道光乙酉拔貢官慈谿教諭

清羅以智撰以智字鏡泉錢塘人是表凡分六格首時憲書夏小正次小戴記月令次逸周書時訓解次呂氏十二月紀淮南時則訓次易緯通卦驗次歷代史志旁行斜上具見沿革異同之故最便觀覽中加考訂亦極簡晐前有道光丁酉戊戌間莊仲方姚元之胡敬諸人序後有道光乙亥項名達光緒庚辰李慈銘跋書中如以今月令為漢時月令非呂紀亦非明堂月令單行本鶡鴠為鶡雀非雎鳩亦非鷵鶹鴽桐始華為白桐非梧桐而白桐非即椅桐田鼠為鼸鼠非鼢鼹鼠亦非鼩鼠鳴鳩為鶻鳩非斑鳩戴勝為鵖鴔非鳲鳩王瓜為菝姑非萆挈亦非栝樓苦菜為荼非苦蕒亦非苦蔞反舌為百舌鳥非蝦蟇亦非鴂舌雞桴粥為孚育或讀粥如鬻如祝皆非此類均足別黑白而定一是非第螻蟈獨申鄭義乳雉雒不從畢沅校本征鳥能正呂覽俗本為見特識也惟深訾時訓之紀候以為非周書此未明古

人錯綜之法詳俞氏七十二候考其云漢始以驚蟄為正月中雨水為二月節穀雨為三月節清明
為三月中今時訓解雨水先驚蟄清明先穀雨則為東漢末人所作明矣所言與周書各本
皆驚蟄先雨水穀雨先清明不合羅蓋本王應麟困學紀聞為説而不知閻若璩已辨之謂
是傳寫人以後之節次上改古歷曆也鄭注月令以荔挺為馬薤自是不誤鄭意挺為莛之叚
字謂荔草抽莛作華而蔡邕章句荔似挺高誘呂覽注荔草挺出則篇中如萍始生王瓜生
半夏生芸始生凡草名二字者但言生一字者則言始生以足其文未有狀其生之貌者故
時訓云荔挺不生卿士專權亦以荔挺二字連文乃以為沿鄭之誤然則通卦驗元圖云荔
挺不出則將國多火災將何以説而羅亦謂漢末人書甚矣其為王説所囿也呂覽注蚈馬蚈
也一曰螢火高意蚈非螢火特加一曰字以存異義乃譏其誤合為一則又讀注未細也其
他小正倉庚傳商股者長股也鳴蜮傳或曰屈造之屬均以為未諦今案長股也三字當在

三五四

七十二 二 三三

鳴蜮傳「蜮也」者之下「或曰」之上。屈造即蘧鼀之聲轉，蟾蜍也。並詳王引之經義述聞云。

七十二候考跋一卷

七十二候考一卷　德清俞樾撰。樾字蔭甫，號曲園，道光庚戌進士，提督河南學政，罷歸，主講杭州詁經精舍。

清俞樾撰。是編以七十二候始於周書時訓篇，北魏以來用以入曆，迄當世不改，因刺取各書作為是考。首夏小正，次易緯通卦驗，次禮記月令篇，次周書時訓篇，次魏書，次舊唐書，終以國朝時憲書。其間如小正、通卦驗則以今曆明其某氣某候，月令、舊唐書則一以呂氏春秋、淮南子，一以新書校其異同，而隋書載劉焯之曆推七十二候與魏志同，文字小異，不復具論。唐以後諸史曆志所載七十二候與唐志同，但錄其小異者，以明今曆之從違，并附王冰素問注以廣異聞，而資多識。大致應略者略，而應詳者詳，頗得著書之體。要視曹仁虎七十二候考固遠勝之也。惟時訓在逸周書中，雖非必周公之書，而以古人引他篇者證之，如左氏文二年傳狼瞫引勇則害上二句，見大匡篇；襄十一年傳魏絳引居安思危句，見程典篇；國策秦策荀息引美女破舌二句，見武稱篇。則其傳自古，乃以為周秦間人取之月令，而

此五字与上文相同并非小字和注文

月令紀候。多寡不倫。於是有非候而強取為候。是候而不取為候。又有以數溢而遺。是殆不然。五日一候。古人取以為紀。亦祇標其大判。故孟春之蟄蟲始振。仲秋之蟄蟲坏戶。季秋之蟄蟲咸俯。皆取以為候。而不及仲春之蟄蟲咸動。季夏之溫風。孟秋之涼風。皆取為候。而不及仲秋之盲風。孟冬之水始冰。既取為候。而仲冬之冰益壯。地始坼。皆不取為候。凡若斯類。非如後之拘拘於比類為義。正是古人錯綜處。倘周秦人襍取古書言時物者比合之。以附於周書周月篇之後。恐反較整齊。不復予人以妄議之隙也。仲冬麋角解。時憲書麋作麈。俞氏謂乾隆三十一年高宗目驗御園麈角於冬至皆解。而麋角不解。因敕改時憲書麋角為麈角。此襲說文鹿部麈篆段注之說。實則三十二年十月九日上諭。明言昨因冬至偶憶南苑向有馴首之麈。俗名長尾鹿。此時曾否解角。令侍衛五福前往驗視。並非高宗目驗。段氏為誤記。段又言因知今所謂麈。正古所謂麋。其意蓋以諸書作麋皆非譌也。學者勿為諭旨所惑焉可矣。

右禮記之屬

三五〇

二三四　石渠記一　五九五

許廎經籍題跋卷六

鄦高遺集卷十六

吳縣　胡玉縉　撰

後學　王大隆欣夫　編輯

國翰有傳，禮杜氏注已書於後

禮類五

石渠禮論跋一卷

石渠禮論一卷

漢戴聖撰，清馬國翰輯。聖字次君，梁人，官至九江太守，事蹟具漢書儒林傳。是書即漢藝文志禮家中之議奏三十八篇，而自注石渠論（各本脫論字）者。隋志稱石渠禮論四卷，後遂不見著錄。案宣帝時五經諸儒雜論同異於石渠閣，其姓名可考者，施讎、歐陽地餘等凡二十三人。議奏之見於漢志者，書、禮等凡一百五十六篇，惟易、詩二經失載，詳錢大昭漢書辨疑。自元康中始講，至甘露三年，積十餘歲，始召蕭望之等平議於殿中，詳周壽昌漢書注校補。馬國翰序亦及此，而徵引頗多疏略，當據錢、周說訂之。戴聖撰集石渠論，猶班固撰集白虎通義。

彼書例不標各人姓氏。間有脱佚。而大體完具。此書各經已佚。即禮論亦祇存若干條。而聖及韋元成、蕭望之、聞人通漢、尹更始、劉向、梁丘臨（通典云失其姓，蓋未考梁邱賀傳）七人之論。及帝臨決。詔令猶如昨日事。則輯佚之功大也。中如元成云。王者不為無義制禮。聖云。使適子奉其宗廟。故以長子為文。又云。君子子為大夫嫡妻之子。通漢云。父母之喪。年雖老。猶稱孤。皆深合禮意。聖云。君死未葬曰不祿。既葬曰薨。則知赴諸侯亦得稱薨。詩既醉疏引石渠論云。周公祭天用太公為尸。則知天地山川之祭。亦得用三公為尸。足補禮家所未及。聖云。惟子不報者猶斷周。（當作期，通典蓋以嫌名改）不得申其服。宣帝制曰。為父母周。是也。帝以喪服經本兼男女。而傳但舉女子子者。嫌女子子適人為其父母期。與報相亂。故辨其非報。而帝即以為父母期明之。此則文義簡質。有待後人之善會其通者矣。惟鄉射請射請樂。俱告於賓。不告主人。大射請射請樂。乃告於公。至獻酬後之用樂。例不告賓主人。凡鄉飲、鄉射、燕禮、大射並同。觀儀禮自見。

三六一

三五〇

聖乃謂請射告主人以賓主俱當射樂主所以樂賓故不告主人殊屬非是鄉飲與禮作樂備歌笙閒合樂四節鄉射惟有合樂大射有歌有管觀儀禮亦自見元成乃謂鄉人本無樂故合樂諸侯當有樂不必須合樂而後射故不云合樂時公卿雖皆是其議而實未合喪服父為長子此長子為父後者之長子不必五世喪服小記鄭注云言不繼祖禰則不必五世是也聖及通漢乃謂以其為五世之適則是舍子而言曾孫亦失經恉然西漢經師遺說僅存什一小小疏誤無害全體要當與白虎通義並重也此本采輯有漏有衍如鄉人合樂節聞人說前通典有戴聖曰鄉射臣而合樂者質也大射人君之禮儀多故不合樂也二十五字不解何以缺略又續漢輿服志劉昭注引石渠論元冠朝服戴聖曰元冠委貌也朝服布上素下緇帛帶素韋韠政和五禮新儀十一引石渠禮議主人不敢自專請賓共成也亦謂人之父恥自成其子故請賓也皆未之引而吉凶不並條乃并鄭駁異義語元之閒也四字

石渠記 二

三五九

而亦濫入。毋乃太疏歟。

九

三二一

魯礼禘 一

六七五

魯禮禘祫志跋 一卷

（國翰有周禮杜氏注輯本已書於後）

（魯禮禘祫志一卷）

漢鄭玄撰清馬國翰輯是書以周禮在魯因依春秋經傳所書禘祫事互相參校以其所書推其所不書蓋猶后倉等推士禮而致於天子之意其言曰儒者之說禘祫也通俗不同學者競傳其聞是用訩訩爭論從數百年來矣竊念春秋者書天子諸侯中失之事得禮則善違禮則譏可以發起是非故據而述焉從其禘祫之先後考其疏數之由而粗記注焉此即作書之本指惜全文已佚今就所輯言之如太王王季以上遷主節此以魯禮推天子禘法從劉向五經通義祫者取未遷廟主合食太祖禘則取已遷廟主合食（御覽五百二十八引）而小變其說魯莊公以其三十二年節亦以魯禮推天子禘法用禮家禫後有祫及春秋古文家終禘之說而以春秋今文家五年再殷祭及禮家三年一祫五年一禘為除喪吉祭後推行之法具見學識宏達致足據信而唐人趙匡大肆攻擊謂禘非時祭之名禮記諸篇皆約春秋為

之見春秋禘于莊公，遂以為時祭。見春秋惟兩度書禘，一春一夏，或謂之春祭，或謂之夏祭，各自著書，不相符會。鄭玄不達其意，故注郊特牲云禘當為礿，祭義與郊特牲同，鄭遂不注。陸淳春秋纂例卷二引。則禘有二名，有大禘之禘，大傳、禮不王不禘、禮運魯之郊禘非禮是；有時禘之禘，祭義春禘秋嘗、王制天子祫禘是。趙氏因不王不禘、郊禘非禮之說，見得禘為天子大祀，不可以名時祭，然大傳、禮運，禮記也；王制、祭義，亦禮記也。今所本者大傳、禮運，所詆者王制、祭義，是據禮記以攻禮記。馬端臨文獻通考宗廟篇已議之，宋人林之奇、胡寅、朱熹、楊復輩皆從趙說而復尤甚。其儀禮圖解云：鄭氏專取僖公之禘、文公之祫二事，穿鑿傅會，以文致其說。後世所以信鄭氏者，以其所據者春秋也，而鄭氏所據者，乃是以無為有，駕虛為實，則僖二年有祫文，八年有禘，為春秋家屬辭比事之古法；三年一祫，五年一禘，為禮家師儒相傳之古說。禘一犆一祫之文見於王制，五年而再殷祭之文見於公羊傳。楊氏譏鄭為駕虛

三五四

三五〇

楊氏先未覈實黃以周饋食禮通故亦斥之孫詒讓周禮大宗伯正義云周制毀廟之主並
藏太祖廟不藏文武廟則禘祭遷主亦當如祫通合食於太祖廟逸禮韓詩五經通義之說
實爲允愜鄭誤以文武爲二祧凡文武以後遷主藏焉故謂禘祭亦取文武後遷主以昭穆
祭於文武廟與禮制不合此外綜貫經典塙不可易則鄭之所以少變劉向通義者以曾子
問言祝取羣廟之主惟天子崩與祫祭語不及禘春秋書禘有曰禘于太廟有曰禘于莊公
有曰有事于武宮故也饋食禮通故又明之然則孫氏臚舉唐以前說約二十一家與鄭義
異者殆無一說足以相難矣以此見是書之可貴也胡培翬禘祫問答云春秋經傳書禘年
分本無定程鄭氏錯綜其文牽合附會作禘祫志踳駮難通胡氏固禮學家非趙匡輩可比
而其言乃亦若是又以見是書之不易讀也陳祥道禮書七十一引祫備五齊三酒至禘用
四代之樂通典昭尸共一下經接其五齊至繹祭則同一日亦禘祫志文此本皆失輯魏書

魯禮禘　二　四五一

禮志引鄭志昭公十一年至禘于武宫。乃鄭小同所撰之鄭志，非謂禘祫志。又引鄭玄解禘云天子祭圜丘曰禘，至祭有兩端明也。其文亦見通典，初未明引禘祫志，而皆濫入。至序云：趙匡賓宗鄭說，則鄭謂以祖配帝，趙謂以祖配祖，顯然各別，比而同之，抑獨何哉？

一〇一

二一二

魯禮禘祫義跋一卷

魯禮禘祫義一卷鄞縣

鈞字秉國一字陶軒號西廬乾隆校貢嘉慶初舉孝廉方正晚主稽山書院

清袁鈞輯是編卷端有自識云魯禮禘祫義見本傳正義及諸史傳引者多稱禘祫志蓋自明其標題之所從也今以皮錫瑞疏證本校之春秋魯莊公以其三十二年節前半翦截太甚春秋二字雖據魏書禮志而詩玄鳥禮記王制疏引皆無此二字疑魏志所增當刪通典吉禮篇其尸后稷廟中至繹祭則同一日凡一百六十三字承上無穆主也句詳繹文義亦為禘祫志文今未之引當補儒家之說節三年一禘五年再禘上禘字當為祫蓋據誤本詩疏采錄惟所附族曾孫堯年考證於諸書援引異同之處言之頗詳足備參考耳

魯礼禘祫義　一　二一二

魯禮禘祫義跋 一卷

魯禮禘祫義一卷 舊有周官禮馬融注輯本已書於後

清黃奭輯。此本春秋莊公以其三十二年節。前半亦翦截太甚。春秋二字當衍。儒家之説節一祫亦作一禘。失與袁本同。有其尸后稷廟中至繹祭則同一日。視袁本為備。而誤以魏書禮志引鄭志昭公十一年至禘于武宮為禘祫志文。失又與馬國翰本同也。

三三五

魯禮禘祫義疏證跋一卷

魯禮禘祫義疏證一卷善化

錫瑞有禮記淺說已書於後

清皮錫瑞撰。是編就袁鈞、盧見曾、馬國翰、黄奭各本為之疏證。前有光緒戊戌自序。其不題魯禮禘祫志而題禘祫義者，從後漢書本傳所稱也。其書大致以孔穎達詩、禮二疏，賈公彥周禮疏之申鄭者為義據，而昭十五年左氏經孔疏所推禘之年數，則謂其用左氏有禘無祫之義，自與鄭義不符。疏又云唯譏莊公之速，其餘不譏，則謂其非鄭意，別引鄭志答趙商問為釋，分別去取，具見師法。四月祫不譏及不剌有恩，雖皆未得所據，而一以為常事不書之義，一以為或指文公欲服喪三十六月言，疑其出於公羊，當亦得鄭義之所在，為前人所未發。其他徵引如杜佑禘小祫大之說，馬端臨大禘時禘之說，皇侃、崔靈恩五齊四齊之說，發揚鄭義，亦曲鬯旁通。引韋玄成五年再殷祭，言一禘一祫，及劉向三年一祫、五年一禘之說，謂韋、劉在緯書未出之前，足證宋人譏鄭溺於緯書之謬。案緯與讖別，緯候不起於哀平，經義叢鈔中有徐養原等辨五

篇
引元璪禘後隔三年祫以後隔二年禘之説尤與孔疏云禘祫自相距各五年非祫多禘
少之語相異而實相成惟杜佑申鄭謂文王以上毁主在后稷廟文王以下毁主在二祧廟
其説固是而上文引逸禮及韓詩内傳則謂毁主俱在太祖廟與鄭微别杜既含混此亦未
加分晰杜又謂繹祭禮略故可同日而畢申鄭亦是但鄭注郊特牲以為繹即祊之大名與
經文言繹言祊言朝市為三事背為鄭學者亦當引此以明祊為正日祭繹為明日祭以見
此義之精而亦未之及至錢塘魯禮禘祫攷以祫禘特禘相對語嫌牽涉且如其説祫禘宜
稱祫而僖八年禘于太廟與禘于某公之特禘同名特禘宜名禘而昭十五年有事于武宫
與有事于太廟之祫禘同稱案諸經文亦不可通皮氏徒以其有百王不易之道一語遂以
為申鄭鄭意何嘗如是然全書可議者止此其於鄭學可謂盡心焉耳矣王制疏鄭康成禘
祫及四時祭所以異者此祫謂祭於始祖之廟至從西為上即接禘則太王王季以上遷主

三五〇

五九　魯禮禘祫疏證　二　五九

至無穆焉。是孔以祫禘二者並言。乃其言禘則據通典輯入。而其言祫因通典未及亦未輯入。饋食禮通故則以言祫亦爲禘祫義文。是亦學者所宜考也。

儀禮疑義跋

清吳廷華撰，即三禮疑義之第二部也。本五十卷，缺三十八九兩卷。體例一如周禮，前有雍正乙卯自序，辨高堂生傳士禮十七篇非即儀禮，篇次〔喪服記〕以大戴本為最當。其書以冠昏相見士喪既夕士虞特牲鄉飲鄉射九篇居首，故曰士禮。后倉傳其學，作曲臺記九篇，即言

儀礼疑 一

禮論難跋一卷

禮論難一卷　晉范宣撰　清馬國翰輯

宣有禮記范氏音，已書於後。閩論有閩禮杜氏注輯本，已書於後。

是書雜論禮意，或推闡古義，或斟酌時制，頗能自申其說，而間或失之迂回。如以書諒闇注凶廬為即葬後柱楣之義，可見鄭用大傳之是、杜解心喪之非；段暢雖歷引春秋相難，而所據皆周之末失，因謂禮有正有變，能究變正之義，始可與談春秋，通人之論，得未曾有。以雜記注大功親以下之殤，或作大功親之下殤，為傳寫之誤，深得鄭恉。否則下殤何得有弟？誠無解於諸儒之駁議，鄭亦何至有此謬妄？其他謂嫡孫亡無後，次子之後可以傳重；謂大兒無子，小兒之子應服三年；謂庶子有母之喪，嫡母雖貴，豈得屈降支子；謂禮無書疏稱孤孫、孤子之文，今代行之，合於人情。此類或主經，或通變，皆可遵從。謂設奠宜備帝王禮樂，王儉雖傷其太重，而後世竟見施行；謂毀主宜別立廟，方之瘞埋，許敬宗雖以為事無典故，而亦稱其頗協情理；謂舜廟所以祭皆是庶人，其後世遠而毀，不居舜廟

上不序昭穆謂舜有拂明無磔雞磔雞起於魏卯本漢制所以輔卯金又宜魏所除今皆未
詳所本亦可謂儒博通綜者矣惟以檀弓防墓為防虞非地名此與庾蔚云防守其墓備擬
其崩同一紕繆觀孔疏云如庾之言墓實不崩鄭何以言修之而來孔子何以言古不修墓
可見大傳為其士大夫之庶者宗其士大夫之適者以宗字絕句謂嫌與上文有小宗而無
大宗者混故復解小宗之義意雖不悖而句殊欠順雜記為妻父母在不杖不稽顙以為在
有二義一者生存為在一者旁側為在此云母在謂在母之側則未知下文別言母在不稽
顙此處乃誤衍母字而曲為之說周禮大祝貫疏兩引記云父在為妻不杖不稽首足正范
氏所見本之譌又三年之練冠則以大功之麻易之以為母喪既練降服大功則易衰其餘
則否此以變受通例為言未始無見但服問云小功不變喪之練冠似三等大功皆變若正
服則大功已不易練冠彼何以云小功不變此又何得渾言以大功之麻易之賀瑒云其三

三五〇

一四八

禮論難 二

等大功衰雖七升八升九升之布有細於三年之練衰以其新喪重故皆易之當以此說為長是可為范氏進一解者也其中大功之末一節乃范汪說（見通典六十）非范宣說馬氏誤輯又父母墓毀服議一節與本文不協此乃通典標題原有旁注曾祖從祖墓毀附七字范宣曰上原作或問曰曾祖墓從祖墓毀發哭制云何十五字當去彼六字易此十五字馬氏貿然錄之抑亦疏矣

一四八

三一九　逆降義　一　五五六

國翰有周禮杜氏注輯本已書於後

逆降義跋一卷

逆降義一卷

宋顏延之撰清馬國翰輯延之字延年琅邪人官至特進光祿大夫事蹟具宋書本傳是編所輯祇辨甥姪名義一條而書名逆降義則逆降云者女子子成人而未嫁者於禮有逆降旁親之例似與之不相涉國翰序云明禮制升降之義此望文為說未足憑信又云姪甥名義亦闡禮服此說良是通典六十八引雷次宗云周服篇無姪字小功篇無甥字可推見也喪服傳大功九月章云謂吾姑者吾謂之姪緦麻三月章云謂吾舅者吾謂之甥是姪者對姑立文甥者對舅立文其義甚明安得施於伯叔從母顏氏云甥姪唯施於姑舅謂吾伯叔者吾謂之兄弟之子謂吾從母者吾謂之姊妹之子是甥姪之稱其義又頗狹賈疏云姪唯對姑生稱若對世叔唯得言昆弟之子不得姪名父之昆弟有世叔之名母之昆弟不可復謂之世叔故名為舅舅既得別名故謂姊妹之子為甥亦為別稱此說足與顏氏相發由是

言之爾雅釋親云姑之子為甥舅之子為甥妻之昆弟為甥姊妹之夫為甥孟子萬章篇云
帝館甥於貳室諸甥字皆為別一義矣顏氏又云姪之言實甥之言生女子雖出情不自絕
故於兄弟之子稱其情實男子居內據自我出故於姊妹之子言其出生考釋名釋親屬云
姑謂兄弟之女為姪姪迭也共行事夫更迭進御也舅謂姊妹之子曰甥甥亦生也出配他
男而生故其制字男傍作生二者皆以疊韻為訓劉就甥姪方面言而顏就姑舅方面言於
吾謂之三字尤得然則顏氏此說既闡人治之大柳亦見字學之精矣若夫雷次宗云姪字
有女明不及伯叔甥字有男見不及從母失之太鑿未足與顏並論也

二三七

三二二

禮論條牒 一　六九三

禮論條牒跋一卷

禮論條牒一卷

宋任預撰清馬國翰輯預字里未詳隋書經籍志載是書十卷注云宋太尉參軍任預撰則

國翰有周禮杜氏注輯本已書於後

其官階尚可考也今祇存二條一論帝王之改樂一論稷壇之方位蓋當時條上議禮之件故稱條牒非為說經而作其引孝經緯樂緯等所列伏羲以下樂名以為周禮惟存黃帝堯舜禹湯者易繫辭鄭注金天高陽高辛遵黃帝之道無所改作此不存者其義亦然鄭惟據五帝之中言則三皇之樂不存者以質故如其說是三皇以質少昊顓頊帝嚳無所改作故樂皆不存而漢書律歷志三統歷譜於少昊諸帝皆云周遷其樂故易不載則劉歆意周時自有少昊諸帝之樂以年代寖遠遷廢不用其說互異參之緯書所載以劉譜為長任氏前既據漢書禮樂志為說而此不及律歷志未免疏略且伏羲立基神農下謀祝融屬續三皇以質亦未嘗無樂五經通義云五帝三皇樂所以不同何樂以象德有優劣故不同北堂書鈔

一百五引是可證改樂之說也詳大司樂賈疏其引條牒論似至案此如有改樂之法也此下文案孝經緯云云當為賈語今姑就輯本論之其云稷壇在社壇西俱北鄉並列同營共門或曰在社北當以在北之說為是獨斷云天子社稷土壇方廣五丈諸侯半之社稷二神同功故同堂別壇俱在未位此但言社稷並在未位不言稷在社何所未位者小宗伯掌建國之神位右社稷左宗廟門正午社稷在右是為未位也黃以周社禮通故云社稷皆有壇而外環以垣其垣束木為之而塗以土亡國社屋之奄其上柴其下不樹以木國社有樹不屋亡國社在中門之東國社當在中門之西中門內為內朝故曰閒於兩社宗廟在亡國社之北稷壇亦在國社之北此融會郊特牲左公穀三傳及晏子春秋而言亦以為稷在社北不在社西任氏反主社西而以在北為或說是為無識金鶚求古錄禮說云社字從土明是土神稷字從禾明是穀神穀為土所生故社尊於稷而穀與土別故稷可與社對地道尚右何以社反居稷之左社宜在稷西不易之理此駁稷在社西

三七一

之說純以理言若未見在社北一語者似矣而尚未盡也至用玉無文今禮用兩圭有邸蓋當時從典瑞兩圭有邸以祀地旅四望之文推見而得後崔靈恩三禮義宗云社稷同四望其玉蓋同以圭銳首象土生物通典四十五引又於郊特牲社稷太牢云王當神州同用兩圭有邸以四望亦用兩圭故孔疏引即是此意而任氏竟無一語發明然則所存兩條殆無足取以其為劉宋人說聊備一家而已其書為政書類典禮之屬今姑仍馮本隸於此焉

禮義答問跋一卷

儉字仲寶，臨沂人，官至尚書左僕射，封南昌縣公，謚文憲，事蹟具南齊書本傳。

國翰有周神杜氏注輯本，已書於後。

南齊王儉撰，清馬國翰輯。是編據南齊書禮志、輿服志所載輯錄。蓋儉議禮之作，在制定新禮之前，本傳所謂儉長禮學，諳究朝儀，每博議，證引先儒，罕有其匹者。既非與人答問，亦非設為答問。斷非隋志中之禮義答問。國翰序謂當時有司奏下，通關入座，答問之義取此，殆曲說也。茲姑勿深論，第就所輯言之，中引禮緯稽命徵、孝經援神契、五經異義、鄭志及馬融、盧植、王肅諸說，並皆散佚，為後來輯佚家所取資，致足寶貴。其云王制天子先祫後時祭，諸侯先時祭後祫，本鄭注。又云郊為皇天之位，明堂即上帝之廟，引徐邈說郊為天壇，則堂非文廟，頗能擇善而從。又云漢魏以來，或辛或巳，而用辛常多，考之典據，辛日為允，其說亦得。惟未知召誥丁巳用牲于郊，乃因遷邑而祭，非常祭之禮，當據以正用巳者之非。既引獨斷及馬融說，知南郊明堂各日矣，又引易說及盧植、王肅說，知圜丘祈穀為二祭矣，乃一則謂爲祭雖同。所以致祭則異。明堂有配之時。南郊亦旅上帝。此則不疑於共日。今何故嫌於同辰。一則謂省二丘以并二郊。義在報天。事兼祈穀。既不全以祈農。何必俟夫啓蟄。苟簡慢黷。全非禮意。前者在建元元年。後者在永明元年。逮永明二年。蔡履、王祐、劉蔓、蔡仲熊、陸澄皆主南郊明堂異日。顧憲之、梁王、江淹皆主共日。而儉則謂異日之議。於理爲宏。視前說改進。可稱有識。然謂宋立明堂。惟據自郊徂宮之義。未達祀天旅帝之旨。其根據周禮雖是。其附會詩義則非。詩爲凶荒徧索羣神。並非常祭。自郊徂宮。詩特順文及之。斷非一日中事。國翰謂齊志所采儉說。多據新禮。殊弗思新禮豈有共日異日之殊。蓋又肊說也。其中仲熊引鄭說。未審周明堂以何月。於月令則以季秋。（案此爲雜問志。見詩我將、禮記祭法孔疏。）以辨鄭志正月上辛祀后稷於南郊。還於明堂以文王配。非出鄭意。乃志者之失。最爲精細。而周明堂以何月。仍無定論。今案鄭以月令爲秦書。故所言如此。實則月令周世所造。而所據皆夏之時。斷以後漢書魯

三五八

九五　禮義彙　二　九五

恭傳所言為壖。釋文引蔡伯喈、王肅，且以為周公所作。然則周祀明堂。當在季秋。殆無疑義。此則可為仲熊進一解者也。總之周公而後。朝廷議禮。每多遷就迎合。不能盡繩以古制。叔孫通已然。於儉奚責。其書為政書類典禮之屬。兹姑仍馬本列此。

禮疑義跋一卷 輯（禮疑義一卷）

梁周捨撰。清馬國翰輯。捨字昇逸，汝南安成人。顒子。官至右驍騎將軍、知太子詹事。卒贈侍中

護軍將軍，謚簡子。事蹟具梁書本傳及南史周朗附傳。（國翰有周禮[illegible]輯本已著於前）案兩傳稱武帝召拜尚書祠部郎，禮

儀損益多自捨出，是編蓋即議禮時所記。如云王制天子七廟，或四廟。其云四廟者，喪服小

記王者禘其祖之所自出，以其祖配之而立四廟。鄭注高祖以下與始祖而五。又文王世子

五廟之孫，祖廟未毀。鄭注實四廟孫，而言五廟者，容顯考為始封子。此其所本也。又云祀乎

明堂，祭用純漆俎瓦樽，文於郊質於廟，止一獻，用清酒。此則經無見文，殆以意言。又云有虞

氏皇而祭，按禮如袞冕則袞是衣，有虞氏言皇，皇亦是衣，非冕。此殊不然。皇與深衣並舉，猶

下文收與燕衣、冔與縞衣、冕與玄衣，皆上冕下服。故鄭注云：皇，冕屬。詩文王篇常服黼冔，毛

傳冔，殷冠也。夏后氏曰收，周曰冕。任大椿弁服釋例云：毛以周之冕決夏之收、殷之冔，皆為

冕。然則皇亦為冕無疑。其他：謂慈祖母無服。庶母不世祭。本喪服小記為慈母之父母無服。及慈母與妾母不世祭。塙有根據。而二王諸子。宜以成服日單衣一日。為位受弔。世子衣服。可著細布衣。絹為領帶。三年不聽樂。此蓋緣情度義。猶雖加一日愈於已之意。吳太妃既朝命所加。得用安成禮秩。當祔廟。五世親盡乃毁。此蓋貴君之命。與慈母如己貴父之命將母同。皆無可議。至梁武帝言慈母有三。譏鄭注之混為訓釋。則禮經言慈母三年。庶母慈己小功。並主大夫以下之庶母言。大夫以上為慈母無服。其有非庶母而慈己者。僅得比於緦麻章之乳母。大夫以上尤不為之服。內則所言之慈母。其擇於諸母者為庶母。其擇於可者為女師。可乃妿之叚字。說文女部妿云：女師也。讀若阿。惟其讀若阿。故列女傳華孟姬楚昭伯嬴傳皆謂之保阿。鄭引內則文以證此庶母慈己。明內則諸母亦庶母也。武帝天監七年詔駁鄭。此詔或出捨手。實失鄭恉。武帝又引喪服傳君子子者。貴人之子也。以為總言曰貴。無

三五〇

所不包於是司馬筠等遂定嫡妻之子母殁為父妾所養服之五月貴賤並同以為永制不知儀禮喪服記公子為其母練冠麻麻衣縓緣既葬除之傳曰何以不在五服之中也君之所不服子亦不敢服也據此則公子生母父不為之服故己亦在五服之外斷無為庶母慈己者服小功之理自昔朝廷議禮往往悖古更無論明之孝慈錄矣是書據所輯存當為政書類典禮之屬而隋唐志皆列經部今亦仍馬本隸於通禮焉

三三四

禮統跋一卷

禮统一卷

梁賀述撰。清馬國翰輯。述字及仕履無考。其書以同聲相諧，推論稱名辨物之意。凡所訓釋，大率塙有根據，而往往不能得其出處。雖屬梁人之作，頗似漢代之書。如天有鎮神珍三義，一本春秋說題辭（爾雅釋天釋文引），一本鶡冠子度萬篇，而珍義未詳。地有施諦二義，一本釋名釋地，而施義未詳。日有實義，本春秋元命苞（月令疏引）、釋名釋天。雲有運義，本說題辭（初學記一引）。雨有輔一義，本釋名釋天。雨凝曰雹，本春秋漢含孳（初學記一引）、月令鄭注。辟廱圓如璧，廱以水，泮宮半有水，半有宮，本白虎通辟廱篇。弔生曰唁，弔死曰弔，本韓詩（一切經音義十三引）及公羊昭廿五年傳注。冕有夭陳二義，本曲禮鄭注、白虎通崩薨篇，而夭義未詳。樞有久義，亦本崩薨篇。劇決皮革，臏去節目，本周書（五行大義二引）。凡斯之屬，義據宏深，耐人搜討。至祭有昭穆節，本禮記祭統。天子諸侯節，本儀禮喪服緦麻章。貴臣貴妾及不杖期章。妾為女君傳，乃彰明較著者也。神龜

國翰有禮杜氏注輯本，已書於後。案

礼统 一　六○九

之象節大略與說苑辨物篇所載靈龜同。雖爾雅釋魚神龜、靈龜非一，或者對文則別，散文則通。其長尺二寸，本三正記。（白虎通著龜篇引）漢食貨志謂之元龜，說文龜部𪚾篆謂之巨𪚾也。其云夏天子曰重室，諸侯曰廣宗；殷天子曰廟，諸侯曰世室。是於夏校、殷庠、夏序、殷瞽宗、夏東序西序、殷左學右學外，別有重室、廣宗、廟、世室諸名，為自來考學制者未及。其間為同為異，惜無從推究。其云夏為清臺，殷為神臺，黃以周學禮通故云未知所出。孟子民歡樂之云云，似靈臺沼名靈，前無所因。今案本書明云：質者據天而王，天者稱神；文者據地而王，地者稱靈，則臺沼名靈之為周家所剏，可以質語決之。疑此為春秋緯說也。書本十二卷，今所存不及十之一而已，鑽孼不盡。若是使全書具在，其有裨於禮學，當更何如矣。

二七五

三二七　　明堂制　一　　六七七

明堂制度論跋一卷

明堂制度論一卷　後魏李謐撰，清馬國翰輯。謐字永和，涿郡人，徵拜著作佐郎，辭以授弟郁，詔許之。州再舉秀才，公府二辟，並不就。賜謐貞靜處士。事蹟具魏書李孝伯附傳、北史本傳。是論因明堂之制（國翰有刪補神杜氏注，輯本山書於後要。）言人人殊，晉裴頠有"就使其像可圖，莫能通其居用之禮，此為設虛器"之語（本論亦有此語，今從魏書袁翻），以為頠忽於禮，遂據考工記匠人職、大戴禮盛德篇，參之月令、玉藻、明堂位，以成斯篇。大致謂記得之於五室，而謬於堂之修廣；盛德得之於戶牖，而失之於九室。不知匠人所言為周制，盛德為秦漢制，未容雜糅為一。匠人云："周人明堂度九尺之筵，東西九筵，南北七筵。"此總記一堂修廣之制。又云："五室，凡室二筵。"此又分一堂而別記五室之修廣，文義至為周帀。蓋一堂之上，中為太室，四達無四壁；其四隅室，則東青陽，南明堂，西總章，北玄堂，凡縱橫各二筵，餘為太室之數。四室有四壁，各設牖戶，一室四戶，一戶兩窗，赤綴戶，白綴窗，凡十六戶三十二窗匠人云四旁兩夾句窗白盛文義亦明顯是故四室雖分於太室而實一室明堂雖分為五室而實一堂其所以必分四隅室者明太室為祀五帝之所非於四隅室祀四帝也故隅室二筵不嫌其隘李氏不比之察乃以匠人言室中度以几堂上度以筵而復云凡室二筵為自相違異又於二筵之數種種設為疑難曰置五室於斯堂雖班倕王爾不能令三室不居其南北則三室間便居六筵地而室壁外裁有四尺五寸之堂曰若東西二筵則室户外為丈三尺五寸南北户外復如此則三室中南北裁各丈二尺曰若為三尺之户二尺窗窗户間裁盈一尺曰為四尺之户則户之兩頰裁各七尺曰堂崇一筵便基高九尺而壁户外裁四尺五寸以為記者之謬不能體會記意以求五室之位置妄肆攻擊是謂以不狂為狂至疑周制狹於夏世室未知有益即有損讀四旁兩夾窗為句實沿鄭注之誤猶失之小者也盛德云明堂凡九室一室而有四户八牖凡三十六户七十二牖又云上圓下方

三五

三六三

明堂制二　六三〇

九室十二堂室四戶戶二牖上下文不同上所記爲秦制鄭駮異義云似秦相呂不韋作春秋時說者所益非古制（禮記玉藻疏引）隋書宇文愷傳引禮圖云秦明堂九室十二階各有所居此足見九室之爲秦制下所記爲漢制宇文愷傳又引禮圖云建武三十年作明堂上圓下方上圓法天下方法地十二堂法日辰九室法九州室八窗八九七十二法一時之王室有二戶二九十八戶法土王十八日此惟戶數不合（後漢書光武紀李賢注引作十有二戶法陰陽之數）白虎通辟雍篇云上圓法天下方法地八窗象八風四闥法四時九宮法九州十二坐法十二月三十六戶法三十六雨七十二牖法七十二風此則悉合知白虎所論當屬時制蓋秦分太室爲四堂而得九室漢又於四隅外環列四室八堂也李氏不此之察乃以秦制爲周制又置漢制於不問以爲戴氏聞三十六戶七十二牖弗覩其制便謂一室有四戶之窗計其戶牖之數即以爲九室殊弗思周制自五室秦漢制自九室謬爲牽合兩失其指此又讀大戴禮不細者也

至玉藻注：天子之廟及路寢皆如明堂。此本周書作雒解，乃位五宮太廟宗宮考宮路寢明堂，咸有四阿反坫重亢重郎爲說，亦祇言其大判，故鄭未一一求合。異義駁：水木用事交於東北。云云。玉藻疏引。此以五行生成數合八卦方位，與盛德篇引明堂月令二九四七五三六一八，以九疇數言者相類，古自有此法，乃一則責其或言左右與否，以爲矛盾，一則詰其出何經典，以爲異端，未免知其一不知其二。黄以周明堂禮通故云：李謚斥匠人文語多悖晦，其說五室外有左右个，實亦九室之制，與匠人文不同。此切中其病。孫詒讓周禮正義亦以李氏以夏周文質之異度堂筵几之殊，并疑經文之謬爲妄，而猶稱李論足證鄭注之疏，則仍未盡允。兹以其爲後魏人舊說，具論之而著於錄焉。

二六七

三九

釋疑論跋一卷

釋疑論一卷

唐元行沖撰清馬國翰輯行沖名澹以字顯河南人官至弘文館學士累封常山郡公卒贈

（國翰有周禮杜氏注輯本已書於後案）

禮部尚書謚曰獻事蹟具新舊唐書本傳是論因張說駮奏其類禮義疏使不得立學官恚

而作此以自釋國翰序已據舊唐書明之惟稱其敘述諸經興廢前儒得失甚為詳晰殊未

盡然行沖言安國尚書劉歆左傳並遺擯於曩葉咸見重於來今其論左傳固是其論尚書

則非今之尚書孔安國傳乃王肅偽撰自吳棫而後久有定論在唐時未發其覆在今日應

正其謬行沖又言二郊之祭殊天之祀此元誤也其如皇天祖所自出之帝亦元慮之失也

此尤惑於王肅謬說以不狂為狂肅以郊丘是一不知周禮大宗伯以蒼璧禮天以黃琮禮地

地皆有牲幣各放其器之色是器物牲幣不同大司樂凡樂圜鍾為宮云云冬日至于地上

圜丘奏之凡樂函鍾為宮云云夏日至于澤中方邱奏之是禮樂時地不同祭法燔柴於泰

釋疑論 一

六六九

壇。祭天也。瘞埋於泰折。祭地也。分別亦甚明。則二郊之祭。鄭固不誤也。肅以上帝即天。不如
周禮司服。祀昊天上帝。服大裘而冕。祀五帝亦如之。是五帝與昊天上帝不同。太宰。祀五帝
掌百官之誓戒。祀大神示亦如之。是五帝與大神不同。掌次。大旅上帝。張氈案。設皇邸。祀五
帝。張大次小次。設重帟重案。是大旅上帝與祀五帝不同。典瑞。四圭有邸以祀天。旅上帝。兩
圭有邸以祀地。旅四望。是旅上帝與祀天亦不同。所以然者。祀昊天之大神曰昊天上帝。祀
五行分王之神曰五帝。兼祀五帝於南郊曰旅上帝。兼祀六帝於圜丘又曰大旅上帝。祀為
專祭。旅者會而祭之也。諸經凡渾稱上帝者。多合六帝言。故五帝得與昊天同稱上帝。而不
得與昊天同稱天。則殊天之祀。鄭亦不誤也。肅以禘非圜丘。不如祭法。有虞氏禘黃帝。節與
國語魯語雖略異。而禘在郊上。與下文禘郊祖宗報。及周語禘郊之事。則有全脀。楚語。天子
禘郊之事。必自射其牲。天子親舂郊禘之盛。並同禘郊之祭帝。而必以其祖配者。公羊宣三

三五〇

年傳所謂自內出者無匹不行自外至者無主不止漢書韋玄成傳所謂始受命而王祭天以其祖配而不為立廟親盡也是也則皇天祖所自出之帝鄭又未失也張說曰行沖等解徵所注與先儒第乖章句隔絕此蓋病其別為篇第實尊經之盛心王應麟困學紀聞譏其文人不通經恐張說不受行沖恚諸儒之排己未免誤會且失之不廣然使當日與孔疏並行則其書凡五十卷今於論中略見一二雖未允協而全書引范行恭施敬本諸人檢訪必有足與孔疏相發明或藉以訂正者惜隻字不存所謂道之行廢有時者竟一廢而不復矣紀聞又言顏氏家訓云王粲集中難鄭玄尚書事今僅見於行沖釋疑今案行沖稱馬伷增革葉遵刪修孔李產專於古學孔狀隨俗浮沈亦不概見攷唐書藝文志有司馬伷禮記寧朔新書二十卷舊唐書經籍志同證以本篇曾輿木賜之例馬伷當即司馬伷志又有禮記葉遵注十二卷舊唐志不載釋文敘錄作業遵注二十卷隋書經籍志云梁有禮記十二卷

業遵注云。知業遵即業遵。釋文二十字殆傳寫誤倒。孔季產當為季彥。見後漢儒林孔僖傳。
今兩唐書本傳皆作季產。又形近致誤。孔叢子載孔大夫與僖子季彥問答。大夫曰。今朝廷
以下。四海之内。皆為章句内學。而君獨治古學。蓋固己和。與所引推謂產云云大同小異。然
則前者為軼聞。後者亦未知孔叢為王肅偽撰。而誤據之耳。

一六八

三二六

佚禮扶微五卷

佚禮扶微五卷山陽晏有尚書餘論，已書於後

清丁晏撰。是編以王應麟困學紀聞所舉佚禮篇目有朝事儀、學禮，以不逸為逸；吳澄儀禮逸經凡八篇，未及巡守、朝貢、烝嘗之禮；以逸為不逸，皆未能盡其逸。爰博考羣書，排纂成袠。閒附案語，為之疏通。首佚經，次佚記，次佚文，次附錄，次補遺。不曰逸而曰佚者，以說文無逸字也。前有道光戊寅自序。其中如說文田部嗇字明引魯郊禮則載之，而鳥部𩿧字但稱魯郊，則附見於案語中，倍極審慎。惟荀子大略篇：聘禮志曰：幣厚則傷德，財侈則殄禮。禮云禮云，玉帛云乎哉。下二語似非志文，今一併輯之，此類頗屬可議。夏小正逸文既輯十二月雞始乳，而黃模夏小正分箋十月有著冰二字，云石刻殘本有此文（今案未詳何刻，姑列此以俟考），今漏略未輯。朱子儀禮經傳通解、吳澄儀禮傳並采劉敞士相見義、公食大夫義二篇，在彼書蓋以義與解傳為近。今輯佚禮而載此宋人見存之文字，與漢石渠禮論、何休冠儀約制並列，雖曰

佚礼扶　一　　六七六

附録。究失之濫。其他自為論説。如中霤禮為祀土神。王制非漢文帝時博士作。明堂月令不止戴記所傳月令。以及蒸嘗禮下釋貙膢。檀弓下釋仲梁子。大戴記敘錄下謂大戴本無明堂篇。又謂大戴之文。西京名儒所通用。並非假託。考證詳明。有功於禮學匪淺。其卷端佚經下引論衡正説篇宣帝時。河內女子得逸禮一篇。以明舊説逸禮三十九篇四十篇之互異而實合。尤為讀書得間。惟漢志以青史子入小説家。班固自注古史官記事。蓋史與小説本相出入。此必班親見原書體例而隸此。今乃舉其一端。而於青史氏記下深譏班氏之偵。未免武斷。家語王肅偽撰。書中亦言之。而祭典下乃引家語廟制篇祭典云云。以證祭典之即祀典。亦自相違戾。至於小戴所傳四十九篇。曲禮、檀弓、雜記皆分上下。實止四十六篇。大戴所傳八十五篇。今本實存三十九篇。以大戴三十九篇合於禮記四十六篇。適得八十五篇。以大戴八十五篇合於小戴四十六篇。適得漢志所稱記百三十一篇。此襲錢大昕漢書考

三五〇

七一　佚礼扶　二　七一

異之説而小變之。數似巧合。不知二戴皆有投壺及哀公問兩篇。篇名既同。文字亦無大異。則其説實未能通也。然此皆小失。其書補苴罅漏。張皇幽渺。講求佚禮者。要必以是爲淵藪焉。

三二〇　三禮通釋跋　卷　三礼通　一　六七〇

三禮通釋　卷　侯官

清林昌彝撰。昌彝字惠常。號薌溪。侯官人。道光己亥舉人。咸豐癸丑進呈是書。欽賜教授。同
治甲子始刊板於廣州。其書分一千二百門。為釋二百三十卷。為圖五十卷。首天文。終喪服。
前有毛鴻賓、郭嵩燾兩序。及自撰論略二十八則。冠以上諭及禮部奏議、進書呈詞。大致仿
陳祥道禮書之例。而臚舉成說。下以己意。間或正鄭。要以申鄭為主。與陳之好事掊擊者異。
惟去取未能悉當。且少所貫串。或於說之異者。誤合為一。說之同者。誤分為二。遠不逮黃以
周禮書通故之精。李慈銘桃華聖解盦日記載潘祖蔭說。言其師陳頌南侍御嘗謂此書乃
侯官林一桂所撰。惠常為其弟子。攘而有之。及進書得官。其師之子欲訟其事。惠常賄之始
得解。以為侍御正人。又同鄉里。所言必不妄。通釋兼采今人桂皓亭說。蓋稍有附益以欺人。
是深鄙其為人。今案頌南名慶鏞。其籀經堂類稾有是書序。稱其釋明堂諸條。考核精密。能

補諸儒所未備。願以行於世。是非攈一桂書甚明。又有陳昫所著書序。以通釋與王宗涑注
考工及補朔禮一篇並舉。謂王氏其學也窜。林氏其辯也詳。尚使攈竊為林書序。或隱諱矣
為於此又盛稱之。不解此本何以不載陳序。遂致異説紛若也。李氏以出於一桂。始猶盛稱
其浩博無涯涘。窮年不能殫。繼摘其論根閫一條。論西郊為四郊之誤一條。又摘其宮室圖
中以堂之左右為東西箱即東西夾一條。又謂宗廟喪服圖皆太略。又謂其圖雖兼綜諸家
而時出肊決。往往不可信。又謂其圖有重出者。有續而未成者。有所題非所圖者。且有圖無
説者十之九。又續事未工。或時染坊刻禮書之陋習。至荀學齋日記。又摘其論阿堆一條。謂
五板為堵。是縱數。林氏稱三堵為堆。以横言者謬。既云廣三丈為堆。不易之論。廣即長也。何
又以鄭言堆長三丈為誤。足見林氏此書全是鈔集而成。是又深斥其書。今案門必兩閫。所
以表中門。中門與門中異。門中者不必其正中。中門者中其門也。王藻賓入不中門。下曰閫

三五〇

東曰闈西。比門有兩闈甚明。李氏乃主王引之一闈之說。虞庠在西郊。西本作四。祭義天子設四學。鄭注四學謂周四郊之虞庠。孔疏引皇侃云。四郊虞庠。以為四郊皆有虞庠。其說同許甚晰。李氏乃主顧廣圻西郊之說。且牽合易傳太初篇諸文。謂四郊之義不可通。而未別彼為大學。此為小學。凡其所駁有得有失。不盡足以難林氏。惟林氏以六宗為因治曆而宗其切要者。莫若日月星辰。白虎朱鳥蒼龍元武之星為四宗。合日月為六宗。不知日月星實止三宗。星有二十八宿。合日月當有三十。於義殊未能合。以諸侯不敢祖天子。而魯鄭之得祖天子。為王子之為大宗者所獨。不知魯以周公為太廟。伯禽為世室。雖有周廟。未嘗敢祖文王。鄭有厲王廟。亦稱周廟。見昭十八年左傳。亦未嘗敢祖厲王。其文二年傳云。宋祖帝乙。鄭祖厲王。乃時人牽說以明子不先父食之義。當於昭十八年傳觀其會通。安得拘執。以弗弜黻為同字。不知此乃同音。非同字。黻以繡。弜非即黻字。猶之黼以繡。斧非即黼字。以婦人首服。加飾則爲副，爲編，爲次。不加飾則直是纚笄而爲追。不知追師本文爲副編次追五字連讀。追亦追師所爲。不得徑以纚當追。以狄爲染夏之總名。其類有翬有搖，則褘衣、褕狄、闕狄，非刻畫翟雉，乃染夏而成服采。不知染人鄭注夏狄是其總名，乃以夏爲染翟之總名，非謂狄是染夏之總名。經文不言夏，何由而知其染。若斯之類，或失穿鑿，或失鹵莽，均不足據。然全書博綜經傳，縷晰條分，前釋後圖，體例完具。即有疏舛，不失爲禮書中之巨著也。

一七二

禮書通故五十卷

禮書通故五十卷定海

清黄以周撰。以周字元同，定海人。同治庚午舉人，官分水訓導，後以一再薦舉，特賜内閣中書，特旨升用教授，補處州府教授。是編發揭禮學，上自漢唐，下逮當世，經注史説，諸子雜家，義有旁涉，爭皆甄錄，去非求是，務折其中，足當體大思精四字。自禮書通故至名物通故，分四十七門，又有禮節圖、案敘目作儀節，本書有禮節圖表，訂敘目未之及，蓋以此晐之。名物圖，及敘目，凡五十目。前有俞樾序，稱其究天人之奥，通古今之宜。李慈銘桃華聖解菴日記亦稱其於喪服最留心，故所詁足正前人之失，皆推挹甚至。案三禮以鄭注為宗，而此則駁鄭處不下百條，如稍人邱乘注乘讀與敶同，今云郊特牲邱乘供粢盛，文與此同，無須破字；朝士外朝注雉門為中門，今云中門實非雉門，當為應門；昏禮下達注先使媒氏下通其言，今云六禮之行自天子達於士，故首不舉士，而曰昏禮下達，非若冠禮自士始；士虞記嘉薦普淖注嘉薦，菹醢也，今云鄭欲求合於士冠禮。然士冠以脯言，皆非用祭祀之祝號。文王世子語於郊者注謂論說於郊學。今云虞庠在國之西郊，故謂之郊學。鄭以為國學於下庠，均不可通。玉藻夫人揄狄注：三夫人及侯伯夫人。今云三夫人及上公夫人之類是也。亦有他人駁鄭而今申鄭者，如大司馬壇之注：壇讀如墠，置之空墠，以出其君。惠士奇禮說以為壇之者幽之。今云當從鄭。出謂出其君於墠，對立賢為文。特牲啐酒奠之注：啐之者答其欲酢己。胡培翬正義從吳廷華疑義以為注說不可解。今云奠爵本無酢，而尸乃祭而啐之，以示己飲，是答其欲酢己之意，欲字自有義。王制庶人祭於寢注：寢，適寢。金鶚禮說謂鄭不知寢息在室，其堂乃行禮之地。今云古者祭薦皆在室，金說未諳古禮之類是也。又有舊疏申鄭未合而今重申者，如職內注若今之少內。今云蓋即少府。賈疏即以嗇夫當職內，未是。既夕商祝執功布注：功布，灰治之布。執之以接神，為有所拂扐。疏謂拂扐去凶邪之氣。今云拂扐亦拂拭之義，賈疏非。郊特牲鄭

三五〇

三吾

表啜注謂田畯所以督約百姓於井間之處今云表訓表率井間釋啜其處指祭酇之所在
孔釋啜為綴可通酇訓舍非鄭意之類是也其他謂徹者通之以泉穀故大宰職曰以九賦
斂財賄十夫九夫隨地勢為之故有匠人遂人二法田[治]田有二法一用貢一用推相其土地
所宜而為之以及參定饋食前諸儀節補釋禮經用饗燕字之例皆發前人所未發井十為
通通十為成云云不過舉一法以明大判三分去一二而當一皆是大判言之燕禮若射則
大射正為司射如鄉射之禮亦大判言之融會經文足為掎摭者箴砭周官經有周官傳辟
入其中故間有可疑儀禮古祇稱禮今鄭注本大題儀禮當是東晉人所加陳邵謂戴德刪
古禮戴聖刪大戴禮語皆失實推之檀弓非誣王制非漢博士作月令非秦制明堂位為西
周書郊特牲言朝覲私覿之非禮與司儀合雜記言大夫為其父母之未為大夫者如士服
與中庸不悖祭法言天子諸侯大夫廟制與諸書異而實相通祭統言於禘發爵賜服與月

合立夏行賞封侯不同。為三代殊禮。而盛世佐儀禮集編、韋協夢盝測之駮仲尼燕居及射
義。則又直斥其失。凡此考証。尤有功經學。顧猶不敢自是。如西南其戶。以為此經無確解。俟
攷社當旁。既詳申鄭義。又別言之。以待後人論定。是也。惟內則水注清新。乃引作水清醴。以
為水醴不分。（食禮）坊記疏此大判言之。其間委曲細別不同。乃引為許氏異義。（井田）郊特牲疏引
皇侃云詩圭璧既卒謂燔玉也。乃引作崔靈恩說。（郊禮）皆係舛誤。（下文崔氏義宗亦當作皇氏義疏）說文敘三
曰形聲四曰會意。乃引作三曰會意四曰形聲。當是筆誤。時享禮祇一卷。乃兩稱說詳卷二。
當作說詳饋食門。衣服宗法門並引家南山說。而其諱潤玉。乃不注於前注於後。亦屬可議。
餘如靈威仰諸名。既以為非盡無本。（郊禮）又以為可黜。（禘嚳）重屋四阿。既以為四下。（宮室）又以為用
四曲溜。（昏禮）圜壺腹方。方壺腹圜。既引陳祥道說。以見何說名實之不稱。又申何斥陳。（並見名物門）
前後未免違異。然此皆小失。至於干祫塞向。公妾以及士妾為其父母服。棺槨抗木重數。小

功之麻有斷本不斷本之別。禮説中或加訂正，或復闡明，則又見學問之無窮，而於本書初無損也。是書仿戴德石渠奏議、許慎五經異義為之，作者艱，讀者亦不易。凡徵引成説，或約舉，或竄改，在黃氏自成一家言。倘不求原書，而徑據其所引，便為不合。即所引鄭説，如釋小寢引王六寢云云，是合宮人、内宰二注為一；釋正引侯中之大小云云，是合司裘、梓人、射人三注為一。學者不可不知云。黃氏儆季文鈔有與汪某及示諸生書，一言前作宮室通故、明堂通故，依古步筵之數縮而小之，自取榮竹構成一樣，以為較前人著實；一言夙著禮書通故，志在發明經意，而舊説之得失不加詳辨，時存有餘不敢盡之意。此亦讀者所當知。

三一八

禮說跋六卷

禮說六卷定海

以周有禮書通故已書於後。

清黃以周撰。是編初讀秦氏五禮通考。病其吉禮之好難鄭。軍禮之太阿鄭。輒有糾正。既而
撰禮書通故。遂輟業。後復重加刪訂。並增益若干篇。則補通故所未備。不盡關於秦書。卷端
有癸巳春自識。中如喪服變除訂戴德。諸公訂鄭注。括髮免髽訂賈疏。解屨納屨訂朱子江
永。偏兩卒伍專參訂江永沈彤。軍賦訂金榜。跣徒跣訂夏燮。皆塙有依據。非好為辨難。足令
諸人心折。封建法及月令。補馬端臨通考孫星衍平津館稿所未逮。明堂通釋。視阮元揅經
室集尤精審。其他謂天與帝偏言之互相通。對言之義各別。帝既有五。天亦何嘗不可有六。
成王賜魯重祭。有廟禘。無郊禘。燔瘞皆既祭而燔之瘞之。不在祭初。亦不在降神後歆神初。
釋奠有幣帛犧牲。釋菜祇用蘋蘩。古者天子諸侯並有三朝。卿士先私朝後公朝。其聽私政。
自在公朝退後。六尺為步。步百為畝。三代所同。而步有八尺六尺之異。以縱數言。步之橫歷

礼說 一

六六八

世不變。縱則隨時而異。軍中五兵。為戈殳戟酋矛夷矛。取其適用。無取方色。以及宿賓在期前。速賓在即日。處士為未與賓興之士。居士為與賓興而未仕之士。故書為祕府所藏之古文。書或為先師所傳之隸古定。明堂月令為月令之屬於明堂古記。今月令為月令之頒諸漢代。凡此之類。或前人誤解。或是非互見。或疏略未詳。今則實事求是。一一尋繹經指。會其通而折其中。在惠士奇、凌廷堪、金鶚等禮說上。尤要者。以明堂位為西周古書。作於幽公之前。其魯君孟春云云及魯公之廟、武公之廟、米廩、虞庠、頖宮、周學等。為後人羼入。一雪鄭注以來疑經者之誣。實發先儒所未發。不知其墓二句為皆蒙少孫立文。其墓謂郰大夫所營施母之墓。殯謂殯郰大夫也。郰大夫卒。孔子年方三歲。不知前母之墓所在。無由合葬其父少長。問於郰曼父之母。知郰大夫所營塋地在防。然後合葬於施母之墓。此拒定少孫為說。最得情實。不特見孫濩孫檀弓論文之語為未合。並可悟俞樾羣經平議、宋翔鳳過庭錄以其墓爲卿大夫墓。殯爲殯顏母。與孫氏厥失維均。通觀全書。竟無一可議。與馬輯謝氏禮記音義隱同。禮學至斯爲盛。盛極必衰。無惑乎近世學者罕言三禮矣。

一〇六　礼説畧　一　一〇六

禮説畧跋三卷

禮説畧三卷　定海

以周有禮書通故已書於後

清黄以周撰。此即儆季五種中之禮説初藁本。當王氏刊經解，黄氏適主南菁書院講席，遂采其藁入續編中。後復重加增損，凡七十五篇。此本祇四十四篇，其中有為五種本所無者六篇：曰五門，曰九拜，曰立馬從馬，曰六尊，曰冕弁服，曰慈母服，蓋皆後來所刪削云。

右三禮總義之屬

二九六

四禮從宜六卷　壬戌

四禮從宜六卷，東莞林荃撰，荃字鼎純，爲南海朱次琦弟子。其書述冠、昏、喪、祭四禮，雖間引司馬光書儀、朱熹家禮諸說，而一以大清通禮爲時宜，故曰從宜。無論曲禮「禮從宜」，謂事不可常，其命名適與古相反，而通禮無冠禮，乃取其冠服之制，以爲可作冠禮觀，又以此篇非冠儀，乃錄書儀中儀節以爲照，此爲宜，則命意又與今相戾。昏禮內載純衣、宵衣諸圖，本於聶崇義，亦不貫澈，其所附音注均涉淺陋，如云「此士之妻不服錦衣，故爲麈」，當有誤字。又云「家鴨曰鶩，其不能高飛，庶人用之最下」，語尤拙儳。其所附案語，大率襲取前人，而詞句往往欠妥，如喪禮內云「硃筆是官員點名之用，以上行下，否則加於刑人，人子存邀福之心，甘使其親類於下人，刑人於理可乎？」下人二字如何可概被點名之人。此蓋改李氏牌票告諭所用之語而誤。又云「律圖繼母嫁一條原注

入經部禮類雜禮

四禮從宜六卷　一頁

六一五

齊衰杖期，通禮改為不杖期，律圖仍前代之舊。通禮成於道光四年，當以通禮為定」。不知通禮實成於乾隆己卯，至道光重修，其為改嫁繼母齊衰不杖期，乾隆本已如此。此又沿饒氏經世文編續集案語之謬。又云：「通禮是日成服，並在死日數至第三日大殮始成服，今人訃文多用即日遵制成服，愚謂刪改「即日」二字為得」。不知即日字緊承上親視含殮，於義何礙？惟今人祗有殯，未見其為小殮為大殮，其成服未必在死之第三日，實多未合。林氏所説殊未明瞭。其他援古攷古處舛錯不可枚舉。末附文武官品級，尚可曰備攷。又自附讀禮紀古目錄、讀禮全圖目錄，則學究氣太重。此本為光緒十九年所刊，前後無序跋，首有凡例六則，攷書中引光緒十七年萬培因事，知書成即付梓也。龍啟瑞世經堂集有四禮從宜叙，乃清江楊氏輯，今未之見。龍氏稱「冠、昏、喪、祭各為一篇，酌古準今，通人情而適世變」，然則殆非專主通禮矣。

右雜禮書之屬

許廎經籍題跋 三

春秋類

春秋上暦表不分卷 辛酉

春秋上暦表不分卷，錢塘范景福撰。景福字嘉禄，乾隆壬子舉人。是編取春秋三十七日食，依時憲法推平朔干支，以校經傳日辰，推平中氣以定當閏之月，推平交周以求日食之限，殊爲簡捷精密，足正杜預長暦之謬。蓋暦法愈闡愈精，至時憲用泰西新法而益精，景福依之以上溯春秋日食，雖未可謂數千載之上其歲差秒忽悉如所推考，而所得要爲已多矣。其書成於嘉慶癸亥，次年甲子，阮元定此名，並爲之序，爲錢塘丁氏所藏舊鈔本，在好事者之刊布之矣。

57

公羊逸禮考徵一卷 庚申

公羊逸禮考徵一卷，長洲陳奂撰。奂有毛詩傳疏，字碩甫，號師竹，晚號南園老人。諸生，咸豐初舉孝廉方正。○是編就何休公羊注所引禮條分件繫，為之考徵，義主簡明，於徐彥疏多所是正。○中如論七廟之制創於周，周自穆、共時文、武已不在五廟之數，懿、孝時文、武又不在二祧之數，○納其主於世室，最為明塙。論天子皋為郭門，雉為城門，庫應路為宮之三門，亦合。而以諸侯庫、雉、路為宮之三門，雉為中門，則魯雉門設兩觀，禮運云「出遊於觀」，雉當為大門。又以天子庫門有臺，諸侯庫門無臺，天子應、諸侯雉皆有臺，則天子五門、諸侯三門要皆有臺，故禮器云「天子諸侯臺門」。又以觀即是臺，則天子皋、雉兩門，門各兩觀，諸侯雉門一觀，觀非即臺，凡若斯類，亦有得有失。○其云禮未聞者，如七十雖庶人主字，而禮之當屬時王之制，可據續漢禮儀志「仲秋之月，縣道皆案戶比民，年始七十者，授之以王各本誤玉。杖，餔之以糜粥，以證七十禮之之事。又如卜郊不吉，則為牲作玄衣纁裳，使有司玄端放之於南郊，此本穀梁僖三十一年傳，而未引以為徵，尤失之目睫。然全書疏通證明，具有師法，非空疏及駁雜者所能企。實在淩曙公羊禮說之上。其書原有定本，未經付梓，遭兵燹亡失。同治戊辰，與門人陳倬求得草稿，綴理之，間附案語，潘氏為刊入滂喜齋叢書，後王氏經解續編收此書，即據潘本也。

一四七

三一二

春秋穀梁傳時月日書法釋例四卷 壬戌

春秋穀梁傳時月日書法釋例四卷，海州許桂林撰。桂林字同叔，一字月南，嘉慶丙子舉人。其書首總論，次提綱，次述傳，次傳外餘例，各自為卷。總論述穀[梁]之有功於經，蓋即自序。提綱舉其大端，述傳析其子目，所列門類小有出入，而大致相同。其書時、月、日正例及不用正例，列於提綱之首，書昔例及夜中、日中、日下稷例列於提綱之末，以其為全書之通例，不專屬於一門，故述傳內不及之。傳外餘例則刺取范甯注，而注稱傳例為傳所本有者，不復闌入條例，明整頗能得其比附。間下案語，亦見發明，足為專家之學。惟述傳以成十六年甲午晦傳云「日事遇晦曰晦」，而僖十五年己卯晦傳云「晦，冥也」，以為自亂其例，於傳文有所駁斥，未免拘泥。總論以穀梁為正傳，公羊為外傳，謂如左氏之與國語，已屬瞽說；又以公羊、穀梁為一人，謂前人疑皆姜姓，似非偶然，更為無識。羅壁

春秋穀梁傳時月日書法釋例 一

五八六

識遺所載萬見春語，四庫提要已辨之矣，足據信。又以左氏就公、穀二傳曼衍成一家書，歷舉其失於照應，巧為傅會諸端，謂鑿空而造人名、造地名，鑿空而為夢境，為繇詞，不必盡事實，刻詳所撰疑左二卷中肆意排擊，尤為悖謬。左氏與孔子同時，並如周觀書於周史，（左傳杜預春秋序：左邱明受經於仲尼。孔疏沈氏云：嚴氏春秋引觀周篇云：孔子將修春秋，與左邱明乘如周，觀書於周史，歸而修春秋之經，邱明為之傳，共為表裏。暗案：此乃古家語觀周篇中語，今王肅本亦有觀周篇，而失載此文。）豈在公穀之後，豈有鑿空之事？是書成於道光丁未，前有阮元及唐仲冕序，唐氏已有譏詞，近朱一新無邪堂答問、李慈銘桃華聖解盦日記亦以其是論左傳為非是。然總論外要自可取，王氏所為刊入經解續編歟？

二七四

五經總義類

經義攷補正十二卷 乙未

經義攷補正十二卷，大興翁方綱撰，方綱字正三，號覃溪，乾隆壬申進士，官内閣學士，左遷鴻臚寺卿。是書為補正朱彝尊經義攷而作，先得丁杰所校數十條，後其門人王聘珍相助校勘，共得一千八十八條。大都訂正譌文脫字居多，其糾摘朱說則有當有否，互見短長。如段嘉易傳條，正段為殷；鄭衆周官解詁條，正馬融傳為融作周官傳之類，最為精覈。魏徵周易義條，陸德明周易釋文條，引通志魏有周易義，又有口訣，史之證亦有口訣，陸又有周易并注音，則周易義唐志不載，兩口訣當是沿田鎬書目之誤，而衍其一，併注音當是後人就注本附以釋文，必非陸作，均不足以難朱氏。漢中庸說條，拘執顏注以為加漢字誤，則班志所列明是漢人說中庸者，因不得其名，加一漢字，有何誤處？李鼎祚周易集解條，謂十七卷合易髓三卷，目一卷，瓶子記三卷，言之則瓶子記未必是易說，不如提要併數索隱及略例之說。伏勝尚書大傳條，謂晁氏云「是康成詮次者，未知何据？」則詮次字明見鄭氏大傳序，詳王海載中興書目所引，是晁說塙有根據。柯尚遷曲禮全經類釋條，引隋志馬融所加，乃月令、明堂位、樂記三篇，不知柯說固誤，隋志亦非。前二篇別錄竝屬明堂陰陽，後一篇屬樂記，見孔疏所引鄭目錄，是劉向所校已有，何待融加？其復初齋集答王貫齋書，卽引釋文云云，謂與隋志各舉所聞，必實有所据，亦屬曲說。春秋古經條，賈逵春秋三家經本訓詁條，謂「漢時已不見左氏專經無傳之本」，不知漢儒傳春秋者，以左氏為古文，公羊、穀梁為今文，班志古經十二篇，卽是左氏經，故列在公穀經十一卷之前，稱古經則為左氏甚明，烏得以皇象所寫本為斷？洪咨夔春秋說條，謂「僖公內有闕文」，不知襄公內亦有闕。孔子三朝記條，聘珍謂「大戴無三朝記之名，未知漢志顏注所稱『今大戴禮有其一篇』者何屬？」不知一乃七字之譌，七篇者：千乘、四代、虞戴德、誥志、小辨、用兵、沙門、並在今大戴記中、王應麟困學紀聞及藝文志攷證言之甚明、聘珍說殊為迂滯。尤可異者、今文尚書條、聘珍謂「天寶間改古文從今文、始有今文之目、伏書自是漢隸、安國之漢隸可云古文、伏氏漢隸何不可云古文？伏氏之漢隸可云今文、安國漢隸何不可云今文？」殊弗思伏書隸寫、對安國之書出於壁中而言、故稱今文、猶之高堂生傳儀禮十七篇、對壁中古文、亦稱今文、此自唐以來訖近世諸儒無異說、聘珍云云、無理取鬧、可云謬妄。呂祖謙書說條、聘珍泥尚書全解林畊後序、以為非補林書、不知畊既稱林書初藁、為祖謙持去、則祖謙必見完書、何以東萊書說始於洛誥以下？云續之奇之書、夏僎尚書詳解引之奇說、何以亦至洛誥而止？提要疑畊有所增修、託之乃祖、頗近事理、安得舍呂說而徇林序。唐太學壁經條、聘珍謂「書壁者諸經本文、刊石者諸經音義、即五經文字」、不知書壁果為經文、則張參序云：「經典之文六十餘萬、豈東西廂壁所能容。」劉禹錫修壁經記云：「辨齊、魯之音，取其宜；考古今之文，取其正。」明指五經文字，豈謂諸經本文。凡若此類，初疑其性之好異，觀所著周禮學，亦往往如是，乃知其識之不足也。全書中，大致王說多誤，翁說較勝，丁說最優，分別觀之，得失自見。古詩條，盛稱其門生魯嗣光解「關雎之亂」勝於朱說，案此義見劉台拱論語駢枝，大抵翁喜宏獎後進，故於王說亦不復擇其是非。李慈銘桃華聖解盦日記譏其「實不知學，僅一二訂其卷數錯誤之字，篇帙寥寥，而時闌入其詆訾近儒皮傅宋學之謬論」，蓋猶略觀大體而非洞見癥結之言也。至於楊簡慈湖易解條，謂「其實名易之異名，名當作眚」，應云：「四上『名』字當作眚，語意方醒」，是爲失檢。薛漢德詩章句條，騁珍謂「薛方回字夫子」，方回應作方邱，唐世系表可證，是爲失校。此蘇齋叢書本，後粵雅堂本亦未訂正，附識於此。杰字小疋，歸安人，乾隆辛丑進士；騁珍字實齋，南城人，乾隆己酉拔貢。其復初齋集盧文弨墓誌銘云：「其他題跋件繫之書不可勝記，即以秀水朱氏經義攷公所補正，手書草藁以寄方綱，出於方綱所補正千餘條外者，此尚皆未刊行」，是盧先有補正，今其藁未知在何許？度必勝於此書也，附記待訪。

四一三

許廎經籍題跋卷五

吳縣　胡玉縉　撰
後學　王大隆　校

經典文字攷異一卷　辛酉

經典文字攷異一卷，嘉定錢大昕撰。大昕字曉徵，一字辛楣，又號竹汀，乾隆甲戌進士，官少詹事。是書分天地人物四類，以經字為綱，而以說文、玉篇、廣韻及隋以前經說傳注攷其異同，明其正叚，間附孫星衍及其弟大昭之說，當是後來增入，所以廣其發揮。此與羣類用意相同，殆欲使後學故分類取其易檢，亦未成之本，惟此無刊本，為江南圖書館所藏舊鈔本，當從手稿傳錄者。視潛研堂答問及養新錄中考訂諸字義，此書所言固為嚆矢，然條例明晰，實足沾溉後人，在好事者之付剞劂氏矣。

三二　二頁共八百〇六　經義知新記 一　六四一

經義知新記一卷　壬戌

經義知新記一卷，江都汪中撰。中有大戴禮記正誤。中字容甫，乾隆丁酉拔貢生。是編雜記易、書、詩、三禮、春秋三傳、論語、孟子、國語之義，於聲音訓詁多所發明，後國語校譌亦有刊正，乃中早年所為。其中如言雙聲假借、雙聲取協及語轉、聲轉之類，頗見精覈。惟謂「禡、貉、百」三字疊韻，今北人讀伯聲近霸，又近禡，不知祭師於所征之地謂之禡，祭師於所田之表謂之貉，專祭馬祖謂之伯。觀周禮肆師為表貉之位，甸祝掌表貉之祝號，大司馬蒐田有司表貉，及爾雅釋天「是類是禡，師祭也。既伯既禱，馬祭也」，分別三者之祭甚明。自杜子春注甸祝、先鄭注大司馬，因故書禡、貉通用，併為一事。小徐注說文禂字引詩「既禡既禂」，大徐誤入正文，遂致轇轕。汪氏於此殊未明瞭。又如以月令為明堂月令，其注學謂月令之文深可愆疾，則大謬。此乃王居明堂之禮耳，其平居聽朔自在太廟。左氏襄二十五年傳「弁中」，即漢書藝文志『淹中』，昭七年傳『陟恪』當為『陟降』之類，亦甚明塙。惟以詩『昊天曰旦』之旦為神之誤；中庸及毛傳言其上下察也之察為際之誤；左氏定六年傳『孟孫知其釁』十九字為『賈、劉以後說經之辭誤作正文』，殊嫌肊說。以詩『何以舟之』之舟為服字脫其半，則舟者舸之段；故毛傳訓為帶，其引傳『帶』作『佩』，未知所據，何本？以詩序為西都賦及獨斷已引，則司馬相如難蜀父老云『王事未有不始於憂勤而終逸樂』，即用魚麗序，在班固、蔡邕前；孟子說北山之詩『勞於王事而不得養父母』，即小序說，更在其前；是為知其一不知其二。以左氏昭十二年傳『是四國者』為四，不當作三；此駁劉炫之說，則郡國志西不羹、東不羹並非二國，仍是一國，恐無以折服劉氏。以哀二年傳敘述閭閻一人之事矛盾為可異，則一述陳逢滑之言，一述楚子西之言，彼既互殊，左氏何妨並錄。至於楚語稱『古者先王日祭』，蓋謂忌日之祭，乃以為祭不欲數，必無日祭於祖考之禮，別引玉藻及曾子問

三三〇

為說，尤不得其解而為之辭。此類均屬可議，然全書學有根柢，往往發前人所未發，不得以稍有未合而少之。內有有壬案語，則烏程徐有壬也。其書刊入學海堂經解中，無別行本。其子喜孫《汪氏學行記》載顧廣圻書云：「《知新記》俟彙集各種再勘。前面白鄭注唐人一條，已在通檢文宗紀內檢得，可見讀書之難。若謂新、舊唐書鄭注傳無此文，未必非鄭康成注，豈不大錯」云云。今記中無鄭注語，知顧編本決不止此，惜乎未刊行耳。

九六

九經通借字攷十四卷 辛酉

九經通借字攷十四卷，嘉定錢坫撰，坫字獻之，號十蘭，有十經文字通正書，乾隆甲午副貢，官乾州州判。此本與（所著十經文字）通正書互有增損，而較為簡略，蓋彼屬定本，此其未定藁也。故包世臣撰坫傳及江藩漢學師承記均不載其目，此江南圖書館所藏舊鈔本，特存其目焉。

九經通借字攷 一頁

九六

三〇八

詩書古訓六卷 己未

詩書古訓六卷儀徵阮元撰元字伯元號芸臺乾隆己酉進士官至體仁閣大
學士諡文達是書剌取古書之涉及詩書者而作前有自序稱總論語孝經孟
子禮記大戴記春秋三傳國語爾雅十經中引詩書為訓者采繫於詩書各篇
各句下子史引詩書者多存古訓惟恐不能盡醇低寫一格附於後以晉為斷
又有其子福祜二人附識稱元昔撰集十三經經郛一時未得詳盡後欲撰詩
書古訓將詩書二經提出錄成六卷付門下士畢光琦校定刪節增補云云今
案是書亦及周禮儀禮子史則史記前後漢書外惟及漢紀尚書大傳韓詩外
傳春秋繁露晏子春秋墨子荀子呂氏春秋新書淮南子說苑新序列女傳鹽
鐵論潛夫論白虎通獨斷中論外又及孔叢子忠經其意似斷自漢魏而曰以
晉為斷者後漢書內八志司馬彪著也後書雖宋范曄撰而其中引詩書為訓

詩書古訓六卷 一

六四二

者皆漢人，惟孔叢子係僞書，忠經乃唐人馬融作。（詳丁晏論語孔注證僞。）孜陳壽祺左海文集上阮元請定經郛條例書，其條例中有云：「僞書如家語、孔叢子之類亦采者，如讞獄之當具兩造。」又云：「論衡以下，條緒可尋，令是書不取家語所見良是，而仍取孔叢及忠經，不取論衡，殊不可解？尚書於堯典等篇稱尚書今文，意欲別於梅賾古文，所見亦是，而大禹謨等篇內所采雖是逸文，經文仍多用僞古文，乃冠以『尚書逸文』四字，實為未協，豈皆光琦所定歟？全書不加論斷，惟康誥內元附案語，以左傳兩引不相及為春秋時已有書傳，如尚書大傳之類，不知左傳每有檃栝引古之例，如宣十五年傳：『文王所以造周』，即經文用肇造我區夏，昭八年傳：『康叔所以服宏大也』，即經文乃服惟宏，此兩引不相及與彼文法一例，當以段玉裁古文尚書撰異所言為得。光琦乃泛為傅會，引高誘呂覽注稱傳云云，以為高氏及見外傳原文，高果見外傳，班志何以不載？且亦非元意，

三三四

元以南北史三引皆此外傳，柳世隆當作柳惔。要之均肊說也。然采輯繁富，條例分明，不必盡合本恉，亦可以博詩、書之趣，允為經學中最有根據之書。其後陳喬樅三家詩遺說考、今文尚書經說考，體例與此不同，其徵引之合於是書之例者頗多溢出，知此尚有遺漏。自序云：「未經引證者，引申觸類，章句正多。」是阮亦不以采掇為已盡矣。原書一、二、三、五凡四卷，各分上下，粵雅堂本仍之。王氏經解續編定為十卷云。阮元小滄浪筆談云：「余向有易、詩、書三經古學之輯，惜尚未成，少暇當補成之。」當指此書言，而周易古訓未成。

唐石經校文十卷　辛酉

唐石經校文十卷，烏程嚴可均撰。可均字景文，號鐵橋，嘉慶庚申舉人，官建德縣教諭。案：唐石經今在西安府學，迭經修改，至嘉靖乙卯後，王堯惠等補字，遂多繆戾，然別刻小石，不與原文相亂。自顧炎武金石文字記據裝襟攙雜之本妄相駁難，於是石經受其冤誣，可均病之，因求新搨本之未裝册者，隨讀隨校，撰爲是書。每條標舉經文，或損闕，或避諱，改字闕筆，悉仿原本。其中改刻者，分爲五事：有未刻之前曠格、擠格以改者，大和時鄭覃所校定也；有隨刻隨改者，開成時唐元度所覆定也；有文義兩通而改者，韓泉所詳定也；有磨改繆戾，及未磨而遽改者，乾符時張自牧所勘定也；有城字、信字闕筆者，朱梁時所補刻也。凡文字與今本互異處，輒據注疏、釋文，旁稽史傳及漢、唐人所徵引者，爲之左證。又舉萬曆國子監注疏本、汲古閣注疏本及宋、元舊本之與石經異者，以析衷之原，有五經文字、九經字樣，亦為之訂正，後附以石臺孝經，共三千二百廿六條。前有丁溶序，稱其大指有三：一以存石經之真，一以正版本之誤，一以糾顧氏炎武之非」。又有序例，自明其作書之大概，蓋其校訂細密，一字不茍，非特遠在顧炎武書之上，即王鳴盛蛾術編、錢大昕金石文字跋尾、武億授堂金石跋所言，皆無此精詳。其後王昶金石萃編臚舉傳注異本及漢、魏載籍所述，雖視此尤備，而未加論斷，則猶遜之矣。惟於字體，頗參以漢隸，不純主說文，如謂：「燥溼之溼可作濕，本末之本可作夲，誠救之救可作勑，修飾之修可借脩，脩功之脩當作修，皋陶之皋可作臯，鐘鼓之鐘可作鍾，垣牆之牆可作廧，柰何之柰可作奈，極至之極可作極，桑梓之桑可作桒，衡量之衡可作衜，閒暇之閒本作閑」，或輕信漢碑，或拘泥古本，而於監本、毛本之字，又多繩以許書。李慈銘受禮廬日記，譏其進退無據，可謂切中其失。又書中論吳廷華儀禮章句云：「余嘗隨手繙之，得卷十一之卅葉引通典吳氏徐整曰，即其書可知矣。慈銘云：此條在喪服夫之姑姊妹之長殤下，其氏字乃誤衍，以整為孫吳時太常，故曰吳徐整。中林何至不知徐整之為姓名？此辨亦是。然此特意見之偏，於唐石經之真面目初無所損，世之攷唐石經者庶不致如炎武之為禮本所欺歟？

目耕帖三十一卷 辛酉

目耕帖三十一卷，歷城馬國翰撰。國翰字竹吾，道光十二年壬辰進士，官知縣。輯有周禮杜氏注，已書於後。輯本，

嘗采唐以前亡佚古書六百種為玉函山房輯佚書，此編則其自著，皆考證經

義之作。凡易六卷、書六卷、詩十卷、周禮十卷，臚列漢、魏以訖近人說，略加斷制，

不拘師法，亦不必盡合經恉，殆隨時札記，以備遺忘者。據其文集有紉香草堂

遺集序稱『儀禮、禮記、春秋三傳、孝經、論、孟、爾雅並創有初稾』，今此本附刊輯佚

書後，止有四經，蓋他經已散失矣。其中引六經奧論仍作鄭樵，乃承舊本標題

之誤；引顧氏日知錄往往作何氏讀書記，何當為顧字傳寫之誤。讀書記即日

知錄之一名。日知錄亦稱讀書記。黃謨十三經策案引其他稱引成說，每有移易，不盡依原文，古人

自有此體。惟周禮玉府職內引胡宏皇王大紀，是駮周禮，其下轉語『周公所以

近乎人情』至『周公之書為不可廢』，乃鄭伯謙太平經國之書卷十中文，是申周禮

今不舉鄭名，混而爲一，下加案語云：「五峰說甚深切。」不如宏生平力詆周禮非周公致太平之典，無一官完善者，豈能爲伯謙之言舛錯至此，實所不解？餘亦頗多疏略。然國翰博極羣書，雖隨手摭拾，終屬根柢深厚，條例分明，未可廢也。

書中屢引其師貫訥叔說，訥叔名琥，歷城人，著有周易四書筆記、春秋宗孟等書，今未見傳本，附識於此。

一三

十七史經說十二卷　辛酉

十七史經說十二卷，昭文張金吾撰。金吾字月霄，又字慎旃，諸生。案：史、漢引經，多存古義，故近儒往往據以明通叚，正訓詁，間及後漢、三國，鮮有及晉以下者。然後漢諸史，雖非當代人撰，要皆當代人事。南北史所載經義，皆唐以前說，即唐書亦唐人說也。是編自史記迄唐書，所引經文傳注，為之采摘其語以相證明，視王紹蘭周人經說、阮元詩書古訓，異體而同功，一溯其原，一窮其委，皆有裨於經學。此江南圖書館所藏寫本，丁氏藏書志但稱其枕經葄史之功，未知此書之用也。張氏嘗輯詁經堂續經解一千二百餘卷，李兆洛為之序，在養一齋文集中，此則其所自撰，殆續經解之一歟？

三〇　　二頁共七日卅二　　羣經平議三十五卷一　　六四〇

羣經平議三十五卷　壬戌

羣經平議三十五卷，德清俞樾撰。樾字蔭甫，號曲園，道光庚戌進士，官翰林院編修。（有七十二候考，已書於後。）其書取有所訂正者，先列經文，次列舊注，然後加以案語，兼及逸周書、大戴禮、國語。前有自叙，大致謂取法高郵王氏，不知王氏立訓，必據有數證而後敢改，不失慎重之意。樾則好為新說，或展轉假借以相附合，而不顧義之所安，實遠在經義述聞之下。曾國藩文正集書札類有覆何子貞書，病其成書太速，刻之太早，間有據孤證以定案者，將來仍須大加刪訂。李慈銘祥琴室日記始稱其名物訓詁，多發前人所未發，繼議其往往失於武斷，或意過其通，轉涉支離。荀學齋日記又議其有強立新義，仍與舊說無大異者，有經注極明晢無疑義而故求曲說者，所言皆切中其失。余戚陳培之倬嘗譏其為經學門外漢，語似稍過，要其非說經正軌，則無能諱也。中如以「由誨女知之乎」之知當讀志，喪與其易也寗「戚」之戚當讀「慼」，雍也篇「亡也則亡」之亡為涉先進篇而衍，慈銘以為各有所據。而世室重屋明堂攷謂「四堂內為五室，四堂各有內霤」云云，則肊必之談，殆同兒戲。以「君子懷德」四句懷字訓歸，則君子歸於德、歸於刑，終屬不詞。以「井有人焉」為井之中有仁，亦為不辭。以「君子可逝」之逝讀為折，則逝訓往，與從字相應，若權折則已陷矣，且殺身亦不得謂之折。凡此又為慈銘所糾。「朱一新無邪堂答問云：「近人援『干祿百福』之文以釋論語之干祿，不思求福於天，乃詩人頌禱之詞，干澤於人，豈聖賢誡勉之意」，此亦隱斥其論語平議，然全書筆舌清暢，為自來說經家所無。其解「變化云為」為「有為」，「女后稷」為「居稷」，「告爾祥刑」為「常刑」，「樂土樂土」為「當作適彼樂土」，與上疊句成文，「無然畔援」為「畔㗼」，「萬民之判」為「判書之判」，「酳有與也」為「與」，以古通用，與上文「饗有以也」一律，上作以此作與，文異而義同」之類，均極明塙，均足依據，特似此者頗少耳。「樾之言欲作羣經

三三〇

九二　二頁共七∂卅二　羣經平議三十五卷　二　九二

平議訂誤一卷，今未見傳本，蓋不果作，姑著於錄，在學者分別觀之焉。樾與金武祥書云：「樾於經學全無師法，於詩文亦未克成家，徒以不知妄作，歲久益多，流播人間，旁及海外，遂致盜竊虛名。」見蘭言偶錄，此雖自貶之語，要亦可會其意耳。

開成石經圖攷一卷 庚申

開成石經圖攷一卷，仁和魏錫曾撰。錫曾字稼孫，號鶴廬，諸生，官福建浦南場鹽課大使。是書以王昶金石萃編所稱石經款式，率多舛誤，因據魏秀仁所藏未裱拓本，就各紙石理讁審分合，依次為圖，每石横分八列，每列為之標其字句之起訖。大致周易尾石，即尚書首石；毛詩承書，三禮承詩，禮記後接寫五經文字、九經字樣而止。凡百十四石，自左傳起，下接公穀、孝經、論語、爾雅，至後年月、銜名、敕狀而止，凡百十三石。每一經後，即繫字數，及最後都計字數，年月、銜名、敕狀，則自上貫下，卷首標題、經後字數，皆隸書，餘正書。雖亦僅據墨本，初未見石，而視萃編所稱，已見廬山真面矣。其疑當時石分東西，配令均平，故以張、唐之書附東列末，非横寘左傳前，尤為妙悟。惟敕狀，嘉慶以前既未著錄，應將殘字盡載於說中，而仍云某行起某，訖某，未免難饜愛古者之心耳。此繆氏藕香零拾本，以祇攷石經，爲棣於經部焉。

一五

許廎經籍題跋卷七 三一二

吳縣 胡玉縉 撰
後學 王欣夫 輯

四書類

四書正事括略七卷附錄一卷

蕭山毛奇齡撰。奇齡有仲氏易，四庫已著錄。是書皆所論四書諸説，其門人子姪輩編次。奇齡嘗欲作論孟傳一刋事理之誤，以老不復能著書，其姪文輝子遠宗偕門人章大來及同邑張文彬、文楚、文藟兄弟裒晉其大學證文、中庸説、論語稽求篇、四書賸言、四書索解等二十種，摘其正事物之誤者合爲五卷：一曰正名，二曰正文，三曰正制禮，四曰正故實，五曰雜正，凡一百六十七條。後續補二卷，凡五十四條，共二百二十一條。其中間附三張氏之説。附錄則遠宗即當日答難之詞錄之爲一十五條，而門人王崇炳爲之敘。目前有康熙丙戌自序，稱時已八十五歲。疑奇齡欲爲四書改錯之先導，授意於諸人以成斯帙也。朱熹四書章句集注推求義理，原不以考據爲長，奇齡一一詰難，雖有時失之太過，惡詆毒譏尤乖雅道，而訂譌正謬深爲有功。故提要於中庸説雖議其舍考證而談義理，違才易務，非其所長，於稽求篇則稱其勝於陳天祥四書辨疑於臆言，亦謂其考核事實，徵引訓詁，精核者不少。是編所錄，大率已散見各書中，今復重出，頗蹈禪家機鋒之習，然間有異同，或各書所未言，且足與後之改錯相發明，為讀朱注者所不可廢。黄家岱嬹藝軒襍著論語孟子集注考證書後，稱其於集注桓公子糾有兄弟之誤，孟施舍曹交有發聲曹君之失，五十學易之誤改書云孝乎之誤讀，又以東首為恒居禮，非受生氣，割正為體解，非全肉方正，又以甯武子不仕衛文之世，請討陳恒，宜審強弱諸條，所言精當，豈無裨於經典。李慈銘受禮廬日記亦云：此書成於晚年，頗於其前說有所訂補，其醇粹者十而七八，平心而論，固遠勝朱子之說，良不誣也。其書原刊在西河全集外，此道光間蕭山沈豫重刻，惜多誤字云。

四書改錯二十二卷　奇齡有仲氏易，四庫已著錄。

蕭山毛奇齡撰。是編以正事括略陸續補綴，無經紀，重為整理，而文輝遂宗其京師，三張兄弟以備書散去，老病臥牀，日口授其兄孫詩記之，分人錯、天類錯、地類錯、物類錯、官師錯、朝廟錯、邑里錯、宮室錯、器用錯、衣服錯、飲食錯、井田錯、學校錯、郊社錯、禘嘗錯、禮樂錯、喪祭錯、故事錯、典制錯、刑政錯、記述錯、章節錯、句讀錯、引書錯、據書錯、改經錯、改注錯、自造典禮錯、抄變詞例錯、添補經文錯、小詁大詁錯、貶抑聖門錯，三十二門，凡四百五十一條。中亦間附文輝諸人說。前有康熙戊子自識語。二十一卷末有詩識語，不曰四書章句集注改錯，徑稱四書改錯者，以所有謂四書五經為六經，謂四書為四書經，謂四書為四子書者，無一不錯也。中如至於犬馬，引坊記以駁犬馬喻父母；書云孝乎，引白虎通、後漢紀諸書謂當「孝乎惟孝」為句；折枝，引趙注，摩折手枝，謂枝通於肢，曾兩據釋文謂曾子之子非孫，餘夫二十五畝，謂五口八口爲率，古無此例，千歲日至，謂冬至非在朔，以及甯武子不仕文公，畏匡爲鄭地，政逮大夫四世爲文、武、平、桓，公山弗擾以費畔在定公十二年，大學非曾子作，此類皆考證明塙，遠勝朱注。惟以雍徹條以明堂位爲馬融增入，祭統、禮運所言皆謬誤，則明堂位一篇劉向別録屬明堂陰陽，本西周古書，隋志謂馬融所足，本不足據。其云命魯公世世祀周公以天子之禮樂，乃賜廟禘，非賜郊禘，下文當緊接是以季夏六月以禘禮祀周公於大廟，一氣相承，魯君孟春云云係後人羼入，僭郊始於春秋時，非成王賜伯禽受郊祀上帝，祀后稷於尊周公意何與，細讀之自明。祭統云：賜魯重祭，即指廟禘，禮運云：郊禘非禮，即指僭郊，分别觀之亦自明。亂臣十人據陶潛羣輔録所載，謂有毛公，無榮公，則此條僞書，奚足據信。有婦人焉，引舊說以爲殷人，則婦、殷形不相近，無由致譌。張文虎螺江日記載邵國麟衛氏古

三三〇

文之說，並無他證，又有謂漢石經作殷人者，更屬肥造。「端章甫」謂非禮冠，公西謙言，或假前代冠以為不必然之事，則端為冕服、弁服、朝服、玄端之通稱，論語之端謂朝服，章甫即委貌，特殷周異名，其服曰端委，亦曰委端，端章甫即端委，端委即朝服，當觀其通，若謂假設禮文，殆非情理。「朱張」據王弼說字子弓，荀卿以比孔子，則無論楊倞注以子弓即仲弓，言子者著其為師，即謂其行與孔子同，故不論，而孔子明云「我則異於是」，安得朱張乃同。「太師摯」八人，謂紂時樂官，則齊、楚、秦、蔡即古有其地，而孔子何以語摯以樂，學琴於襄。「不日成之」，引唐太宗謂不計日，非一日成，則東京賦「成之不日」，薛綜注曰：「成之不日，言不用一日即成之」，是朱注「不終日」三字未始無本。「五畝之宅」，謂入保之說斷斷無之，則「四鄙入保」，明見月令，所云「二畝半在邑」，自是井邑，有何不明。「宿於晝」，朱引或說當作畫，音獲，此乃兼存古誼，而必以夜邑對畫邑，殊弗思史記田單傳「畫邑」集解引劉熙云：「齊西南近邑，畫音獲」，為劉熙孟子注，即朱所本，何容偏廢。他如「北辰北極」本爾雅；「舉於海濱」本趙注之類，而必一一改之，未免無理取鬧。尤謬者，「公叔文子注」「公孫拔，紂去武丁未久」注，「凡九世」，淳祐本並未誤，詳見陳鱣經籍跋文。毛據誤本拔作枝，九作七，而一則曰錯認其人，一則曰舉筆即錯，誣朱實甚，毛即未見宋本，并困學紀聞所稱「集注公孫枝蓋傳寫之誤」，而亦未見。朱熹有如恐將竊笑。至於南面為卿大夫之位，不必人君；夷逸為夷詭諸之後，見尸子、廣博物志引。非不見經傳，乃反無所考訂，則尚多遺漏。然全書精核處，不特為朱熹之諍友，實足為聖門之功臣。學者取其大而棄其小，擇其是而違其非，斯可箴膏肓而起廢疾矣。致堂誠無息，謂豈可分作兩截，其說良是。又謂天下無章首而可以故字作發語者，則禮運中此例甚多，似未可概論。

李慈銘受禮廬日記云：「西河之學，千載自有定論，其諸經說，阮儀徵極稱之，謂學者不可不亟讀。凌次仲則謂如藥中之有大黃，以之攻去積穢，固不可少，而

三五四

紅

誤用之亦中其毒，顧獨稱其四書改錯一書為有功經學。予謂西河經說以示死守講章之學究、專力帖括之進士，震聵發矇，良為快事。若以示聰俊子弟，或性稍浮薄，則未得其穿穴貫串之勤，而先入其矜躁傲很之氣，動輒詬詈侮蔑前賢，其患匪細。此雖泛論奇齡經說，讀此書者，尤不可不知。特備錄之。其書亦在全集外，字大悅目，惟旁有圈點，蓋染明人習氣耳。

朱琦小萬卷齋文藁四書集注釋義雪冤序稱：近日婺源戴氏大昌仿非非國語例，有改四書改錯之作，今未之見。

三〇五

大學說一卷

大學說一卷，吴縣惠士奇撰。士奇有易說，四庫已著録。是書極議朱熹補格物致知章之非，謂「格物即物有本末之物，格者度也，格物猶絜矩，以本末終始言格物，猶以上下前後左右言絜矩」。謂「此謂知本，此謂知之至也」二語當如舊在「其所厚者薄，而其所薄者厚，未之有也」下。又謂「古有小學，故有大學」。又謂「親民不必破新民」。又引老子曰：「吾之所以有大患者，為吾有身」，以為「忿懥、恐懼、好樂、憂患皆起於身，而心為之累。程子破身為心，失之」，均足正朱注之誤。又讀「體胖之胖為槃，讀『而辟焉』之辟為如論語『能近取譬』之譬」，皆與鄭注相發明。又引禮器及聘義，以為「先王以德為本，財為末，一於大饗見之，一於聘享見之」，尤見其六通四闢。惟謂「先釋明德、親民、止於至善三章，而後釋誠意一章」，及詩云「瞻彼淇澳」兩節在釋止於至善後，不在釋誠意章後，皆當從朱熹改定本，則未免

大學說一卷　一页

三八八

騎牆，李慈銘《祥琴室日記》譏其不漢不宋，又別出一《大學改本》是也。李氏極言明德、親民、止善之包於誠意，誠意之即為知本，其說甚精，茲不贅引。然士奇學有根柢，全書闡明經義者居多，正不得以此小失而廢之矣。

八三

論語孔注辨僞二卷　壬戌

論語孔注辨僞二卷，嘉興沈濤撰。濤字西雝，號匏廬，嘉慶庚午舉人，官正定府知府、福建興泉永道。是書以何晏集解所載孔安國注，劉台拱論語駢枝、陳鱣論語古訓、臧鏞堂拜經日記均疑其僞而未敢訟言攻之，因根據古義，推求經旨，爲之辨正。雖卷帙無多，而摘微發伏，其僞自明，亦庶幾閻若璩尚書古文疏證之比。前有道光辛巳自序，稱：「如日不然，請援西河毛氏冤詞之例可也。」蓋亦自信其無所冤矣。如僞孔釋「歸與歸與」，謂「在陳思歸欲去」，「以吾從大夫之後」，謂「時爲大夫，在陳絶糧」，謂「去衛如曹，又之宋，之陳」，「公山弗擾以費畔，召」，謂「弗擾召孔子」，「佛肸召」，謂「晉大夫趙簡子之邑宰」，濤以史記孔子世家一一著其不合，最爲作僞之顯據。其他辨詮義之膚淺，徵典之舛誤，皆有功於經學。惟以說文「讄」下引「禱爾於上下神祇」，「結」下稱「結衣長短右袂」，以爲許君稱經皆用古文，是古論作「讄」，作「結」，魯論作「誄」，作「褻」

表。則許書中今古文並用，觀所引魯詩、今文禮、公羊等可見，其云皆古文者，謂所說字形、字音、字義皆合倉頡、史籀，非謂皆用壁中古文，不得執以相難。又以釋文云「滔滔，鄭本作悠悠」，以為史記亦作悠悠，疑古論作悠悠，魯論作滔滔，則史記亦今古文並用，觀所引尚書可見。何晏序稱鄭玄就魯論篇章考之齊古為之注，是鄭所據乃魯論，悠悠當是魯論，而滔滔或為齊古，亦不足以相難。又據漢書禮樂志及人表以摯、干等八人為殷時人，而偽孔注魯哀公時人為未見所本，又誤合泰伯篇之師摯為一人。則史記殷周兩紀並云「太師少師奔周」，與適齊、楚等文迥別，人表以摯等為殷季樂官者，乃誤合論語、史記為一事。且表中既列摯等於虢仲、虢叔前，又列太師疵、少師彊於尚父、畢公後，是分摯、陽、疵、彊為四人，尤自相矛盾，可見其說之難信。殷時亦不聞有齊、楚、蔡、秦諸國，適齊之摯當為泰伯篇之師摯，亦即八佾篇之魯太師。泰伯篇云云，當在師摯適

三三〇

齊後以諸伶去魯不復聞盈耳之盛因追憶往事而稱師摯之始也偽孔以摯干等為魯哀公時人於義為長其鄭注以為周平王時人平當作敬殆傳寫之誤周敬王與魯哀公時正相當鄭注泰伯篇師摯魯太師名是亦以為魯哀公時人尤可意會沈氏實未觀其通至夫子矢之注謂與之呪誓可疑乃何氏自疑其義臧鏞堂校訂甚明沈氏沿邢疏之謬以為亦偽孔言遂謂安國為孔子裔孫豈有轉疑聖人之理更屬未是然此言沈說之未盡覈非謂孔注之不偽也若夫與其媚於奧沈據釋文引鄭注奧西南隅以為其詳已不可得聞則黄以周儆季文鈔云鄭注云宗廟及五祀之神皆祭於奧室西南隅謂之奧明當媚其尊者夫竈老婦之祭鄭意奧竈分作尊卑二神奧祭宗廟五祀之神是神之尊者又曰夫竈者老婦之祭明其神卑不足媚也則此竈明非夏時所祭五祀之竈神黄說申鄭詳細亦足補其未逮者矣李慈銘荀學齋日記謂是書大抵

折衷鄭注，語多精覈。」此特論其大判，又謂「自序言其僞有五證，說皆甚塙，惟云「何氏故作僞以難鄭，是其罪浮桀紂之一端，則强入人罪，平叔特不能別白耳。」此辨極細。今案何序既云「古論唯博士孔安國爲之訓解，而世不傳。」集解乃列孔注，殊不可解？丁晏論語孔注證僞則以爲王肅所作云。

一一二

三六六

論語述何二卷　壬戌

論語述何二卷，武進劉逢祿撰。逢祿字申受，亦字申甫，有《公羊何氏釋例》。嘉慶甲戌進士，官禮部主事。是編以論語總六經之大義，闡春秋之微言，因據公羊義例曲傳論語，多非論語本恉。中舉經文「未若貧而樂道」，雖唐石經及皇本、高麗本俱有道字，而未經注明，不合體例。「君子務本」上加「子曰」二字，雖注明從後漢書引，而漢唐諸儒引用論語，以弟子之言歸之孔子者甚夥，漢書藝文志引「小道可觀」，後漢書章帝紀引「篤學而篤志」，蔡邕傳引「致遠則泥」，王充論衡祿命篇、辨祟篇引「死生有命」，語增篇、齊世篇引「紂之不善」，宋書劉延孫傳贊引「事君數」，北史何妥傳引「仍舊貫」，唐書孔穎達傳引「以能問於不能」，顏師古東平思王傳注引「小道可觀」，皆以為孔子。劉知幾史通序傳篇引「吾日三省吾身」，又引「昔者吾友」，皆以為孔氏，此類難以悉數。若充其類，將紛紛援改，安有是理？至北堂書鈔引何休注：「君子儒將以明道，小人儒則矜其名。」休字當屬傳寫之誤。觀邢本作孔曰，皇本作馬曰，史記弟子列傳集解引作何晏曰，足利本不載姓名，蓋亦以為何晏。疑書鈔本作晏不作休，為無

論語述何二卷　一頁

五七一

論是孔，是馬，皆見於何氏集解也。劉氏絕不考核，輒據誤本以為大類董生正誼明道之旨，不知後書本傳雖有注訓論語之說，而其書則梁阮孝緒七錄原在弘明集內隋經籍志不載，是亡佚已久，安得至書鈔而引之。向使知其為孔，為馬，將以為無足取，今誤作何休，則盛稱之如此，其偏謬有令人失笑者。總之公羊自公羊，論語自論語，劉氏妄欲溝通，宋翔鳳、戴望復為推衍，訖近世遂有專主孔子改制之論者，流毒潰疸，幾於不可救藥，以是見說經之不可不慎矣。其書原在文集內，學海堂本始為摘出，茲姑存其目，并正其失焉。

二〇五

論語正義二十四卷 壬戌

論語正義二十四卷，寶應劉寶楠撰，子恭冕續成。寶楠字楚楨，道光庚子進士，官知縣。恭冕字叔俛，光緒己卯舉人。〇方道光戊子，劉文淇諸人約各治一經，為新義疏，寶楠任論語，爰仿焦循作孟子正義法，先為長編，次乃就羣說而衷以己意，草至憲問篇，以官事少暇，衛靈公篇以下，命恭冕賡續之，咸豐乙卯，將卒業而寶楠病歿，同治乙丑始寫定，其丙寅後敘言之綦詳。〇前有己巳陳立序及恭冕所撰凡例八則，末卷為何晏集解序及鄭玄論語序逸文，並恭冕為撰正義，其刊成當在壬申、癸酉間，而封面馮志沂署檢，為丙寅蓋題在先也。〇其書繁徵博引，體例與焦書相類，而諸儒經說，有一義中是非互見者，往往但采其善或祗撮大要為某某說，故卷帙較少，而搜羅更為閎富，十七卷以前所引書有俞樾羣經平議、戴望論語注等，非寶楠所及見，李慈銘荀學齋日記以為恭冕增入其說，良是。又謂「十八卷以下采取不及以前之博，學識不及其父」，則未盡嚴學識固不遠，而采取則同是長編，且全書均經恭冕校訂，觀後叙稱「或更得未見書讀之，冀少有裨益」可見也。中如「釋禮之用」，以用為庸，謂「此章發明中庸之義」，則古訓雖合，而轉涉轇轕。「告朔餼羊」必用劉台拱駢枝說，以告朔為即頒朔，不信鄭注「牲生曰餼」，而必以為饋客之餼，則未明鄭指所辨皆非。「左丘明不」取段玉裁經韻樓集「氏左名邱明」之說，而據史記自序「左邱失明」語，以左邱為兩字氏，則史公以兩明字相犯，因變文云左邱，猶稱晉文公重耳為晉重，安得泥視？老彭不用大戴禮及漢書古今人表與仲虺並為殷大夫之說，而据楚辭彭鏗，斟雉注及史記五帝紀定為堯之史官，則孔子言「竊比於我」，必近代賢臣，不應上取堯臣。其他「殷因於夏禮」節取戴望附會公羊之說，「加我數年」二句，取戴望「加當言假，假之言暇，五十天地之數」之說，皆屬支離，尤近於侮聖言。凡此

三三。

三三〇　　三頁共[illegible]　　論語正義叢二　　六六〇

李慈銘已議之。『禘自既灌』,謂『祼非禘禮,故不數』,引鄭注『禘自血腥始』,乃對祠禴嘗烝言;若如劉説,『禘之既灌以前為何禮?』與其『媚於奧』二句,謂『祭奧祭竈連文,指夏祭言,奧竈本一神』,引鄭注『宗廟及五祀之神皆祭於奧』,又云『夫竈,老婦之祭』,明分奧竈為尊卑二神,此竈亦非夏時所祭五祀之竈,今以為一神,經文何復作兩人之喻?申鄭而實失鄭義。『子語魯太師樂』章,於鄭注『金作翕如』之義既未疏明,而鄭注皆從聽樂之人言,與何注專就樂言者其異同亦茫然,少別白。凡此,黄以周儆季文鈔又議之。其辨『告朔餼羊』之不信鄭注,共六百餘言,視李説尤甚,然可議尚不止此。『斯害也已』用焦循補疏『已,止』之説,不知『已』乃助辭,如訓為止,則經當云『斯害已也』,文義方順。『紺緅不用』江永圖考『非正色』之説,以為非間,不知凡染至三入而色成,一入再入皆非正色,緅者二入,赤多黑少,紺則黑多赤少,並是間色。『崇德修慝辨惑』,謂『德、慝、惑為韻,當是雩禱之辭』,不知樊遲固有感於雩而問，然豈專以雩言，今以為禱辭，則「子張問崇德辨惑」，「德惑」亦韻，將何以解？「朋友切切偲偲」二句，以為記者所釋，不知先總言以明士之為士，後分言以免子路之混於所施，比正子之善於教人，猶告孟武伯以無違，更語樊遲以申明其恉，安得以為七十子之大義而轉誣孔子？接輿，用馮景解舂集，接姓輿名之說，不知隱士不以名傳，論語皆以其事名之，門者謂之晨門，杖者謂之丈人，津者謂之沮，謂之溺，故接孔子之輿，則謂之接輿，觀通篇義例自見。「大師摯適齊」章，據漢書古今人表、白虎通及毛奇齡稽求篇諸說，以為摯、陽即紂時奔周之太師疵、少師彊，四食是殷制，齊、楚、蔡、秦，殷時已有其國，不知史記殷本紀、周本紀並言殷太師、少師奔周，與適齊、楚等語迴別，人表誤以摯等八人為殷季樂官，而表中既列摯等於虢仲、虢叔之前，又列疵、彊於尚父、畢公之後，是分摯、陽、疵、彊為四人，班氏已自相矛盾，後人何復謂摯即疵、陽即彊？齊、楚、蔡、

三三〇

秦亦非殷國，詩譜云：「秦隴西谷名，周孝王封非子為附庸，邑之於秦谷。」是周時未封非子以前，秦祗是谷名，安得殷時即有秦國？詩譜又云：「周武王封太公呂望於齊。」是謂齊則其前之不稱齊國亦可知，毛氏妄説奚足据信。亟飯、三飯、四飯為一食中之儀節，無初飯者，初飯正食不侑，故飯數有四而侑數止三，證以大司樂云：「王大食三侑。」玉藻云：「天子皮弁日視朝，遂以食」云云，知周時天子諸侯皆然，安得謂四飯殷制，三飯周制，魯不得有四飯？至特牲少牢所載飯數為祭祀饗尸之數，非平居侑食之數，更安得據彼疑此而謂四飯非魯制？凡若斯類，殆不可勝詰。其於「點爾何如」節，謂鄭君此處注殘佚不完，論衡説與鄭君同異不可知，則玉燭寶典卷三引此處注甚詳，以雩服成於季春，而雩祭則在四月，浴沂為水上自潔清，即祓濯之義，皆視論衡為勝，寶楠既未見此書，抑亦不足責者矣。然此特其學識不足，而全書引據浩博，不為空衍，猶見漢學家師法以視皇邢二疏，亦猶焦氏正義之於僞孫疏，當與焦書並傳也。

二四

三〇九　二頁共不百八十三　艾氏四書注八卷　一　六三九

艾氏四書注八卷　辛酉

大學古本注一卷、中庸古本拾注一卷、論語別注四卷、孟子補注二卷。東鄉艾暢撰。暢字檄堂，道光庚子進士，官臨江府教授。其書兼采衆説，不主漢、宋，而於宋人駮難為多，往往好出新意，不合解經之體。李慈銘受禮廬日記議其説格物致知乃靜中體認，無可言説，以為不出語録窠臼；説五畝之宅俱在井邑中，以為説文、公羊注並同，趙氏古説恐不可易，而盛稱其説康誥之康諸條，以為攷證確鑿，具有精義。祥琴室日記又議其説在親民、在親與民親，是人已交關處，以為謬妄無理。今考康為周圻内國名，故康城在許州陽翟縣西北三十五里，為今禹州。此本閻若璩四書釋地。以序昭穆為同姓之無爵者，分昭穆序立阼階下，序爵則為同姓大夫以上，所謂三命不齒者，此本毛奇齡四書改錯。以「謂之吳孟子」為時人謂之，此亦本釋地。以「啟予手」之啟為當作䁯，此本胡紹勳

四書拾義以「割不正不食」為割有宜縱橫午割，以「去兵去食」為非已有而去之，
以「正名」為當從舊說正百事之名，此皆本段錯。以「方命」為方，放通，方命者放棄
王命以蹶者，趨者為趨為疾行，蹶為行且躍，皆作氣使然，以「頑夫廉」為頑同忨
貪也，此皆本拾義。其他以「小人儒」為「硜硜然小人哉」之類，則焦循論語補疏有
是說。以夷逸為夷詭諸之後，則薛應旂四書人物考有是說。以「決汝漢，排淮泗，
而注之江」為洪水汎濫時，南條諸水混合不分，禹故決排諸冒地之水注江以
入海，則何焯義門讀書記有是說。惟以「不有祝鮀之佞而有宋朝之美」為佞訓
口才，亦可秉訓才，有者以之為有也，言為國者若不知有祝鮀之才，而但知有
宋朝之色，難乎免於今之世矣，難乎免即美而不喪之意，此則前人所未言，然
非經恉。經中而字當作與字，或字解，觀閻氏釋地、王引之經義述聞自明，是則
李氏之以為确鑿者，大都襲自舊說而自為說，則非，即其以五畝宅為在井邑

三三○

亦本改錯，而未知趙注二畝半在城之城為城堡，非城郭，即月令所謂四鄙入保者是也。姑存其目，并論大旨如此。

論大旨如

春秋穀梁傳時月日書法釋例四卷 壬戌

三〇九　　二頁共八d七十二　　論語後案　一　　六六七

論語後案二十卷　乙未

論語後案二十卷，定海黄式三撰。式三有易釋，已書於後。是書仿王鳴盛尚書後案之例，前列何晏集解、朱熹集注，後加案語。凡漢唐以逮近世諸儒說皆引而折衷之。據自叙，曾用嚴可均、馮登府言，刪去舊解，改名管窺，而其子以周跋則稱從許瀚及嚴氏說，改。儆居集有答許印林書，謂論語後案已依尊諭全錄何解、朱注，是許意與嚴相反，不解以周何以舛錯若此？豈全錄為不錄，一字之譌歟？此本為光緒壬午浙江書局所刊，視道光甲辰活字本頗多改易，蓋晚年定本。中如以苟志於仁為苟从艹不从艸，以三思為思其始、中、終，以罕言為顯言，以畏匡之畏為威尼，以沽酒市脯為功沽之沽，乾束之束，以待孔子之待為止留，詁訓義理俱極精塙，發前人所未發。以思無邪為心思，以皆能有養為有使，以阮元說一貫皆以行事為教，為亦備一義。以宏道為紘之借，謂人能自維束於道，非道能維束乎人，案之經義，殊為未安。以「有國有家」[redacted]至「則安之」為皆古語，不知「均無貧」以下乃孔子申說，故用蓋字，亦未免失之目睫。非助我章云：「孔注：說，訓解」，是也。經中類此，疑有脫誤，當云：「經中說字多類此。」孜式三於「不亦說乎」云：「說者，解釋而喜也。經中『子說』、『子路不說』、『難說』、『易說』皆同。說从言、从兌，『喜說』、『講說』、『遊說』，古一義一音，皆以言相解釋之義。」今案說文言部：「說，釋也。」段玉裁注：「說釋，即悅懌。說悅、釋懌，皆古今字。」段說甚憭。式三必泥說字為訓。於是於學而云「解釋而喜」，於「難說」「易說」云「君子未喜為解釋，小人遽喜為解釋」，皆添一喜字，轉近轇轕，不如仍從悅字，謂說即古悅字，較為了當。又如以「孝慈則忠」為孝慈其說甚精，而謂引導之使人可仿效，殊為回穴，不如其子周孝經說釋孝篇云「保之以慈」，亦較了當。「以道千乘」章，以王制為漢文帝博士作，公冶、述而、鄉黨等篇同。此沿盧植之失，不知漢制有本制、兵制、服制篇，見劉向別錄、史記封禪書索隱引。非今禮記中之王制。「或問禘」章，以春秋纂例為趙汸集，不知其為陸淳

三五八

愛之能勿勞乎章，以白虎通為用孔注，不知論語孔注亦偽，沈濤辨之甚明，班固安得用之？凡若斯類易誤後學，亦當亟為辨正。李慈銘受禮廬日記稱其悉心攷據，務求至當，固未盡覈。桃華聖解盦日記又議其解輗軏既取戴震說，又牽引皇侃疏，以說文革部之鞙當輗，以為鞙乃縛軏之柔革，與輗無涉，亦未知其所失不止是也。然全書無門戶之見，雖不為漢學家稱述，而煩徵博引，其所得於理固已視朱子為多矣。中引楊感庭諸人說，為其師友。感庭名際和，楊鏡山名思繩，劉星若名燦，徵居集皆有傳，惟時迺庵無傳，其名俟攷云。

二〇五

戴氏論語注二十卷 壬戌

戴氏論語注二十卷，德清戴望撰，望字子高，諸生。其書以公羊義例詮發論語，謂繼夏存周，以春秋當新王，而微言在論語，是未知公羊家言春秋當新王者，謂周末文勝，夫子欲變之以殷質，而其褒貶誅絕之法不敢自專，託之於魯，非謂真以魯為新王。雖託王於魯，而定哀多微辭，上以諱尊隆恩，下以避害容身，亦不過聊示一二以見意，何敢緣隙奮筆，以自取大戾，且亦惟公羊為然，於二傳何與？於論語又何與？其立意殊為乖謬。又謂齊論有問王、知道二篇，蓋明託王之事，改周受命之制，與春秋相表裏，惜為張禹所去，是未知問王即問玉，篆文三畫正均者為王，中畫近上者為玉，初無大異，因譌玉為王。今逸論語見於說文、初學記、文選注、太平御覽等書，其言玉之屬特詳，王應麟漢書藝文志攷證、朱彝尊經義考並同此說，今以為明託王之事，實不能通。尤可異者，書中傳會公羊，曼衍支離，已不可究詰，至不能傅會，又必好生異說，如釋「加我數年」節，謂「加當言假，假之言暇，時子尚周流四方，故言暇我數年，五十者天地之數，大衍所從生，用五用十，以學易，謂錯綜變化以求之也」。凡此任肊鑿孔，直為二千年來經學之大厄。孜望《謫麐堂遺集》有施補華所為墓表，稱「其學凡三變，始好為詞章，繼讀顏元書，則求顏氏學，最後至蘇州，謁陳奐，請業，通知聲音訓詁經師家法，復從宋翔鳳授公羊春秋，遂覃精覃思，專志治經，成論語注」云云。然則望治經已在晚年，故不能有所得，此書與奐所撰諸書家法絕異，蓋本翔鳳而加厲者。譚獻《復堂日記》云：「子高大旨本之劉申受、宋于庭二家，余欲推本六藝之大，以論語為微言之總龜，以大其書。」又注中為更定十餘處，然則其書又有獻附益處，加功之罪，其能逭歟？此南菁書院叢書本，李慈銘《桃華聖解盦日記》所見為原刻本，謂「末有自敘，亦僅題戴氏二字，不出其名，狂僭至此，真小人之

三三〇

無忌憚者，此人以附生入曾湘鄉偏裨之幕，嘗冒軍功，詭稱為增廣生，改其故名求保訓導，又竊文符，徑下學官，為其出弟子籍，學官以無其人申報湘鄉大怒，欲窮治之，哀乞乃免。今之匿名，殆為是耳。是則其人亦無足道，茲姑存其目焉。

三〇六

樂類

樂述三卷 辛酉

樂述三卷，黃岡毛乾乾撰。乾乾初名惕，字心易，後更今名，號用九，徙居江西之德化諸生。是書上卷為審音，中卷為制器，下卷為播樂，為徵古，各具圖說。大旨本瞿九思樂經以俟錄而推廣其說，惟方圓周徑用密率起算，得之梅文鼎之指授，凡五易稿，閱十年而後成。前有張沐序，稱其「迸絕世俗之說，辨證先儒之誤，務求體驗，有合身心，實理施之器數，無有乖戾」；又潘元豊序，稱「理器交通，遂使數千載不傳之指，於今復明」：皆推挹甚至。其自序稱「明李文利、王邦直、瞿蓁川輩，始知律呂升降之分，以黃鍾蕤賓為中，稍與造化之理不戾，然所定分寸之數，皆未當。獨瞿疑古諸篇辨析精明，一洗從前穿鑿之談，余本瞿意而擴充之，非敢好為奇說，要期無背於古聖人遺意」云云，自命亦甚高。不知律呂之書，人各異說，自康熙間累黍而得黃鍾真度，製器以資考驗，成律呂正義一書，於

樂述三卷　一頁

三九五

是宋人之空談樂理，樂本者，固虛懸無薄，即明人如李、王、瞿諸家研究器數，亦似是實非。提要辨之甚詳。乾乾著述在先，因推本瞿說，用成斯編，雖見難憑，不可謂非篤志研思之作也。此江南圖書館所藏精鈔本，錄之以備參攷焉。

八九

鄭氏稿卷三共廿六頁 計一万一千三百廿一

三卷共七十五頁 計三万一千弍百五十八

樂

三〇八　二頁共乙〇廿四　燕樂考原　一　六三八

燕樂考原六卷　乙未

燕樂考原六卷，歙縣凌廷堪撰。廷堪字次仲，一字仲子，乾隆庚戌進士，官甯國府教授。是書據隋書音樂志載鄭譯用蘇祇婆琵琶絃柱相引為均，遼史樂志又云二十八調不用黍律，以琵琶絃叶之，謂燕樂之原出於琵琶。琵琶四絃，一絃七調，為二十八調。故燕樂惟有宮、商、角、羽四均，無徵聲一均。有總論，有後論，二十八調各有條辨，復為表以明之。末附與阮元書，以今之笛與古律中隔唐人燕樂一關，極詆錢塘但取今笛以上考律呂之失。嘉慶辛未，廷堪門人張其錦得稿本，始為刊行。咸豐辛亥，伍崇曜又刻之。攷廷堪本擅考證之學，又精於南北曲，故於二十八調剖晰極細，迥非經生不通音律、填詞家不察源流者所能及。惟謂燕樂無徵聲，按之舊唐書殊為不合。其音樂志云：開元二十五年，太常卿韋縚令博士韋逌等銓叙前後所行用樂章為五卷，時太常舊相傳有宮、商角徵羽讌樂五調歌詞各一卷，或云貞觀中侍中楊仁恭妾趙方等所銓集，至縞，又令太樂令孫玄成更加整比為七卷。據此則燕樂之有徵調明甚，廷堪不見舊書，徒取證於新書禮樂志，燕樂之器以琵琶為首，殊弗思舊書及通典所載燕樂器，又皆以玉磬為首，將謂其原出於玉磬乎？且新志云：「絲有琵琶五弦」，通典亦有大小五絃琵琶，廷堪固謂五弦有徵調者，燕樂既有五絃，何為而必無徵聲乎？新志敘二十八調，蓋本段安節樂府雜錄，段自指琵琶言，新志下云「燕設用之」，雖似含混，而有琵琶五弦語，即本通典，則燕樂之有徵聲可知，安得執首之琵琶二字而一概抹煞乎？宋史樂志云：「唐貞觀增隋九部為十部，以張文收所製歌名燕樂，而被之管弦，厥後至坐部伎琵琶曲盛流於時」，細繹厥後二字，則知被管弦一事，琵琶曲又一事，所謂盛流者，當指裴神符所作勝蠻奴、火鳳、傾盃樂三曲，觀通典自見，廷堪乃謂通典坐部伎即燕樂，以琵琶為主

三三○

故謂之琵琶曲，則生部伎有六部，其一燕樂，裴曲並不在內，即使琵琶曲指生伎之六部，而其器既有大小五弦琵琶，亦安見燕樂無徵聲乎？至於引馬令南唐書周后以琵琶奏霓裳羽衣，以為此曲亦以琵琶為主，故白樂天琵琶行云「初為霓裳後六幺」，則無論曰初、曰後，未必以琵琶為主，周后遇有徵聲處，或即以商、角同用宮逐羽音，如段安節所稱者，譜之即使果無徵調，要與燕樂渺不相涉也。其他據誤本樂府雜錄高般涉調注「雖去中呂調之運，如車輪轉」以為文義不可曉，不知之運乃六運之譌，又見夢溪筆談云「高四字近夾鍾」，補筆談云「高四字配太蔟」，以為黃鍾一均實應太蔟，非夾鍾，又自明其非，歧不如實與唐宋二志悖，此類猶為小失矣。總之，是書意在發明琵琶二十八調，所說致為精審，言琴、言笛特旁及之事，祗以琵琶為俗樂，見新唐志敘燕樂器琵琶為首，遂毅然認為燕樂之原，因以名其書，是其癥結所在。明其為誤，而節取其二、三，

四、五卷之論辨，殆亦藝術中不可多得之書歟？金武祥粟香三筆議其聲調分合尚未詳明，又盛稱徐子遠樂律考，今徐書未見，無以定其是非也。

五六

三〇二　二頁共九ｄ又十の　爾雅補郭一　六三二二

小學類一

爾雅補郭二卷 壬戌

爾雅補郭二卷，仁和翟灝撰。灝字大川，號晴江，乾隆甲戌進士，官金華教授。是編以郭璞爾雅注未詳未聞者百四十二科，邢昺疏祇釋其十，爰鉤稽幽滯，為之疏通證明，補所未備，洵有裨於後學。惟過求詳盡，往往失之傅會，轉乖經恉。阮元定香亭筆談記載徐鯤說，議其引離騷蹇修釋「徒鼓鐘謂之修」二句，是以良媒為樂節；引方言「絲作者謂之履」釋「經履」，是以屝屨為草名；至「蒍，懷羊」謂蒍即芋魁，蒍與魁同，羊乃芋字之譌，幾類蹲鴟為羊。阮元亦議其引用張得天「鴻昏於顯」之說，直似明人陋語；又謂釋「木，樸，樕心」即專為凱風棘心而釋，「朻者聊」即專為椒聊而釋。此等引證，難與迂拘者言佐證，亦不可與穿鑿者滋傅會云云。雖泛斥爾雅家，而鄭箋「一捄之實」，捄即朻（詳重刻七經孟子考文補遺序）。要足以匡翟失。今案錢大昕潛研堂答問，補郭者頗多，試舉以相校，如釋省，「穀之為善，𩓿為靜，翦為勤謹為敬，治為故，滕徵為虛，假為巳，邕為載，以及「加陵」、「篇符」、「上密」、「肌纖」、「英」，大致與錢同。而釋「推」為陳，寅為進，神為重，神為慎，洵為龕，不如錢義為長。他如以「備治服器」釋「緐蕃」，引易「徽纆」釋「徽」，上以「他適違避」釋「辟歷」，不如王引之經義述聞一據玉篇「詸，善言也」，謂「緐」為「詸」之借；一據廣韻引離騷「緯繣」作「徽繣」，謂「徽繣」者上而不遷，一以辟同霹，歷同靂，謂霹靂皆治之說。引廣韻「衞，加之訓」釋「衞」，嘉不如梁玉繩瞥記據儀禮既夕「有短衞」、考工記「矢人注有翭衞」，謂矢羽謂之衞，矢之美在乎衞之說。引釋名「親，死輒撤屋之西北隅」釋「屋漏」，不如黃以周禮書通故斥鄭箋「屋漏，扉不分」，謂爾雅「奧、窔」言其幽，「屋漏、宧」言其明，屋漏牖光所入，宧戶光所入之說。引玉篇「蝂，蝜蝂」釋「傅負版」，又引柳宗元集「蝜蝂傳」，不如朱緒曾開有益齋經說專主玉篇，謂「傅負」為句，「版」為句之說。以「鳥鼠同穴之鵌」釋「與鵲鷂」，以鄭樵、汪巧婦鳥釋「薔薇蒿」，不如鄒漢勛讀書偶識「首望山中有蛇尾雀」，又

三三

有鳥形如雀，夏中銜艾置燕巢，燕避去，卻乳其中』之說。以山獸之㚖為螟牛之
比，照不如洪頤煊讀書叢錄謂『即說文犕讀若糗糧之糗』之犕，其不如邵晉涵
正義、郝懿行義疏者，氣靜之氣，邵云：『說文作㤲』，而此云『氣當為㰟本字』，郝乃之
郡，邵云『通作宭』，而此云『郡之言君，蓋裂之蓋』，郝據舍人本作害，又引阮元說謂
呂刑『鰥寡無蓋』，言鰥寡（寡）無害，孟子『謨蓋都君』，兼言井廩，亦當訓害』，而此引襄十
四年左傳『被苫蓋』，謂『蓋即敝裂之衣』；萉，小葉，『郝從邵說以為小葉之麻，所以別
於山麻』，而此云『似為石荽地朕之屬』，凡若斯類，亦當擇善而從。順陳條下引偽
君陳及孔傳，不知引坊記；迪作條下引偽泰誓『其尚迪果毅』，不知引微子『詔王
子出迪』；薜庾草條下引羅願說『薜荔在屋曰昔邪』云云，不知引廣雅，尤乖著書
之體。然全書於郭所未解者，一一備說，良非易事，雖有疏失，而精覈處居多，迴
非陸佃、鄭樵輩可比。錢氏答問、郝氏義疏屢引其說，亦可見是書之為通人重

視矣○

二

爾雅補注四卷 辛酉

爾雅補注四卷，海寧周春撰。春字芚兮，號松靄，乾隆甲戌進士，官廣西岑溪知縣。是書於郭璞、鄭樵注外，旁及各家，附以己意，頗存佚義。前有自序及齊召南、王鳴盛兩序。為江南圖書館所藏寫本。爾雅自黃奭專輯古注，邵晉涵、郝懿行就郭注疏通證明，發摘殆盡，翟灝、戴鎣諸家，亦衹補苴一二。春此作在今日已屬筌蹏，而溫故知新，未始不足備一家之學。其十三經音略附錄，與邵晉涵書稱爾雅正義，援據精博，可壓倒邢叔明，拙著廣疏可以不作。是春作補注，尚欲作廣疏，今廣疏未見傳本，其因邵書而中輟歟？

西域爾雅一卷 辛酉

西域爾雅一卷，原題東吳（嘉定）王初桐纂述。（初桐字于陽，號養仲，嘉定監生。）東吳地廣，不知隸籍何縣，亦不知其何字也。案：宋史藝文志有李商隱蜀爾雅、劉溫潤羌爾雅，晁公武讀書志有無名氏蕃爾雅，今並亡佚，其體例是否悉仿爾雅？亦無從考見。是書以西方梵語賴翻譯名義可稽，而今之新疆，若準，若回，若蒙古，若布魯特，若帕爾西，若哈薩克，若溫都斯坦，若克什米爾，若哈拉替良，若郭罕，若西蕃，若藏，其方言廋語，大抵皆前人記載所未及。因剌取西域同文志、西域圖志、西域聞見錄諸書，依爾雅十九篇之例，錄成斯編。前有嘉慶元年自序，為江南圖書館所藏舊鈔本。雖所載尚多未備，後來如祁韻士西域釋地、西陲要略，松筠新疆識略等書，足資補綴。聞見錄往往失實，今所摭拾又未盡可憑，而條例分明，頗便省覽，亦記誦之一助也。

本訓詁之屬

助字辨略五卷

助字辨略五卷，濟寧劉淇撰，淇字武仲，一字龍田，又字衛園，號南泉，國子監生，其題曰確山者，蓋祖籍也。是編博考羣籍，摭拾助字，依今韻四聲為次，意旨與王引之經傳釋詞略同，惟釋詞但采經傳史漢，此則旁涉雜說詩詞。釋詞引舊文必從其朔，明通叚，必窮其委，此則在所不拘。前有自序，稱其類凡三十，其訓釋之例凡六，凡刺舊詁者十七，參臆解者十三，其宗旨可見。初刊於康熙辛卯海城盧氏，傳布未遠，故四庫未及收錄，再刊於咸豐乙卯聊城楊氏，即是本也。錢泰吉曝書雜記云：釋詞詁訓益精密，然創始之功不能不推劉君（劉毓崧通義堂文集有是書跋，亦云：草創之闊疏不及大成之美備，然先覺終不可忘）。其評論兩家之書良是，惟此書雖在王前，王實未見，特與之不謀而合，非有所因，錢劉二說猶未盡核也。劉氏又舉其精確之與釋詞約同者推闡引證之，足補釋詞未備者、與釋詞微異而可存考者、其義為所未述及其字為所未載者、一一舉例、頗能發是書之義藴。惟頤字下釋夥頤為夥之餘聲、使是頤、今按（案）施誠河南府志禮俗門云：「驚為訝謂之夥頤、讀若和牙、今猶存其聲」、似不得如劉說。又方字下釋方今為向時今、今按（案）古雖有相反為訓之例、而方有向義、今似不得經訓為時、不如漢書音義倉頡篇以向屬高祖、以今屬光武為妥。此類皆屬可議、劉跋亦未能糾正、然論其大體、實為有用之書、所謂循其條目、觸類旁通、則東漢以後、宋元以前之書、其詞氣異同、均能洞悉者、要可與釋詞相輔而行矣。其書本為構文之助、俾免杜温夫之誚、而實有功於小學、爰隸入經類焉。

二三七

虛字說一卷 庚申

虛字說一卷，三原袁仁林撰。仁林有古文周易參同契註，四庫已附存目。是書為門弟子說書而作，前有康熙四十九年自序，稱「虛字無義，有氣可言，氣即其義」，故書中專於語氣求之。如《論》「公曰：告夫三子者」，與「三子者之撰」、「三子者之言」、「三子者出」，兩者字不同；「獨吾君也乎哉」，與「鄙夫可與事君也與哉」，乎、與二字不可互換，推勘頗細。惟謂「何之氣寬和，胡之氣充滿」，則未知何、胡二字本相通段。《莊子》庸詎二字應有別，庸字可作用字、通字、常字解之，則未知重複字在古人本自不嫌，其說殊為轇轕。《漢書》「公巨能入乎」，巨與詎通，巨即大也。《家語》「奚詎為孝，奚詎為貞」，謂「何得遽為大忠大孝」，則《家語》當作「奚為詎孝，奚為詎貞」，其義方通。蓋亦未知古人有重複字而妄說之。「不顯維德」，以不顯問之而見其顯，則未知「不顯，顯也」，明見於《文王篇》「有周不顯」《毛傳》。推之「不驚，驚也」，「不盈，盈也」，此例甚多、袁氏竟未之及。其他說嘗字、脱字、倘字、謂嘗本嘗物之嘗、嘗物不過約取微及、與大嚼不同、故虛用亦謂略曾如此、脱者於定局中設或脱手至此、倘者於不可知内設或忽然倘到、近於王安石字說、陸佃爾雅新義、實不足為訓。然去其駁踳、未嘗不有裨於初學、入後總說論實字虛用、死字活用、亦足起發心知。

乾隆間初刊於王德修、此李氏惜陰軒重刻本也。

右訓詁之屬

一三九

許廎經籍題跋卷八

吳縣胡玉縉撰
後學王欣夫輯

小學類二

說文五翼八卷 己未

說文五翼八卷，上虞王煦撰。煦字空桐，（號汾原，乾隆己亥）舉人，嘉慶辛酉大挑，官通渭縣知縣。是書攷訂說文，凡分五類：曰證音，曰詁義，曰拾遺，曰去復，曰檢字。首二類意在翼許，故統名曰五翼。今攷拾遺類，大致據說解中字及从某聲字之不見正文者以補，不知許書說解往往用隸變字，故閒有不見正文，其从某聲而無其篆，則敘所謂載疑闕疑者，如妥、由、希、叡、免等字，皆不能言其所从，故闕之，紛紛據補，殊非許恉。去復類蓋本徐鉉所舉推廣之，而以血部蒀盬為已見艸部，不知此二字艸部為菹之或體，从皿，訓酢菜；血部蘁為菹之或體，从血，訓醢，醢為肉醬，與酢菜迥別。檢字類但取偏旁之見於他部者，如殺在殳部，㱿在珏部之類，別出之，列入示部、玉部，殊為淺陋。謂酒字、欽字似宜入水部、金部，而今在酉部、欠部，更屬紕謬。惟音、義二類，訂正大徐本頗多精覈。其駁鉉說謂悼从覃省，經从姪省，則罩姪將從何字省？足以息徐氏之喙。謂「掾从桊聲，引从丨聲，配、妃皆巳聲，籒文𡔈作𡕒，从二當是从二，差作𡕒，傳寫脫一左字，遂从二作𡕒，遅下㨗若為掉磬之誤，𪊨下𪋻𪊨為古，有是語」，足補段玉裁注本之未及。引詩杕杜，釋文杕本或作狄，謂狄字當从犬大聲，亦備一解。惟於會意字亦認為形聲，於是脃从肉，从絕省，醉从酉，从卒，劫从力去，皆以為後人竄改，𢍏當从𢆉聲，守、肘當从去聲，耊易會意為諧聲。又好生異說，謂「音从言一聲，亟从二敂聲，陳當从軸省聲，𡉚當从㞢王省聲，古文弍以一為聲，弍、式則因弋而遞加，名字義當為半目半眉，貌為古貓字，古文𠃨作𠙵，即由字」，皆不足信。謂「引而上行讀若囟者，上行即𡆧字，久兆字从此，引而下行讀若退者，下行字不見本書，論偏旁則屮、丰字从此」，亦穿鑿附會。既以飤為俗飼字，而又云餘、飾、飭當从飤聲，實不可解，以爿為古文㾓字，是誤認爿、㾓二篆連文為一。甚至明駁說文，謂「對當入口部，耵當

二三。

入火部，閱下兒善訟之訓不可從，雨部分霝、霝為二，失之。甚至明駁篆文，謂「羔」當从羊，从小篆文取其茂美，遂成火字，則羔字本从照省聲，謂「鴈」以干𢀖為義，亦取其聲，篆文微譌，以致音義兩乖，則禽經偽張華注，安足據信。謂「李」當从禾暗稽聲本从右曲，篆文誤為左，則李字本從稚省，亦可云蟲生於木而還食其木者矣。至引肆師注「匪其筐字之誤」，與誤肆師為小宗伯，又誤筐為篚，妄謂漢時已以車笭之篚為匡匪，而以匡匪之匪為是，非果如其說，鄭玄不幾不識字乎？慎已。此為光緒壬午觀海樓重栞本，校勘頗精雅，惟卷五由字下稱「並詳卷一甾字條」，當作「卷三甾字」，此類未知原刻誤否？

說文解字羣經正字二十八卷　乙未

說文解字羣經正字二十八卷，餘姚邵瑛撰。瑛字瑤圃，號桐南，乾隆甲辰一甲二名進士，官編修，後改補中書。是書就今十三經及逸周書、大戴禮、國語，本據說文一一求其正字。凡隸變俗誤，辨别頗明。以嚋下引嚋言為即𠷎言，以識訓常為即旗識、旗常，以𨇨訓不正為即華離之華，以尸部层字證ㄖ字之从层，层亦聲，以釋名釋船五百斛以上還有小屋曰㢑，證㢑之為郤屋，足補段玉裁注所未及；以鄦為或郝之譌，亦備一義。惟往往不得其通，如據玎下引齊佽謚以為丁公當作玎，不知史記齊世家丁公之子乙公，乙公之子癸公，明取天干為義，說文祇以證其聲。據蓲艸之訓以為即「山有樞」之樞，樞為刺榆，因類之艸屬，不知此為爾雅釋草之烏蓲，非釋木之樞。茥據芐下引禮，以為古人飤饌用地黄，不知古人祇用苦，不用芐，說文祇以明其叚借。據𨑮下古文吕為大雅字，以

為君雅作牙，或即足謁，不知此謂古文段足為雅，故下文又云：『亦吕為足字，或
曰胥字』，皆謂段借，若大雅之雅，正字當作夏。據鑿下引『楚而乘他車』，以為足部
失收𨇨字，不知𨇨即脛字。以『启（啟）予足』當作启，不知該下明引『啟予之足』。以木蘀
當作櫜，不知蘀訓艸木皮葉落陊地，自兼木言。以稽攷當作丂，不知攷訓敂，引
申之有審察義。以顯微當作㣲，不知微訓隱行，即有隱藏義，若精微字自當作
㣲。以雒邑、伊雒之戎皆當作洛，不知雍州洛水作洛，其豫州雒水自作雒。以熒
澤、熒陽皆當作滎，不知滎為絕小水，與濘相次，謂極小之水；熒澤則泲之顯伏
不測，如火熒熒然，故其字从火。其他以倔強當作弜，強悍當作㢧，詩月出、正月、
抑篇之慘當作懆，惟北山不當作懆，強生分別，無以見其必然。以平章、平秩及
平平皆為釆之譌，（此襄懷棣說。）以『釐爾圭瓚』可作禧字讀，以㪺下引書『㪺毛』即毨毛，
古文毛毨或作氄毛，皆肊為之說。既以由即甹之省，又謂古由字本作𠧪，既以

三三〇

『煖之以日月』為得煖字本義，又謂作熯為正，既列捋下『引取』之訓，又據玉篇引作『引聚』，既知一乏雖為止之譌，又謂乏為匹譌，亦自相歧異。而於舊鶪、鳥虔穆、矜等字，但謂經典借為新舊、難易、履、鳥虔、恭昭穆、矜憐，未能明其正字為久、乃、腊、㣎、競。又以廉察字經典罕見，裘衣與求索無分別，未能明小宰六計諸廉字即覢之叚字為覢察求索之正字當作䋈，亦失之疏舛。以蘜鞠為一，饘鬻為一，叚假為一，段鍛為一，剽勡為一，餀醞為一，榛樸為一，在說文則各為一字。以鬻从米聲為與糜同，則月令及問喪『糜粥』將成何文義？尤異者，知義為威儀之正字，而以人部又出儀字為不解？以簾訓堂簾為即側邊曰廉，而謂巾部有幓不必又有簾字，殊弗思儀訓度，蓋謂法度，與威儀字異，何容輕疑？幓从巾，簾从竹，為物既異，所用之地又異，更何容認誤認堂簾為堂廉？妄為輕駁。凡說文各有本字，說解中每从通叚，或隸變取人易曉，乃以瓛下桓字為後人妄增，疑下汲

鬻

字為沿俗傳譌，晉下眹字為當作𣅀。又說文敘所稱皆古文，謂皆合倉頡、史籀，非謂皆用壁中古文。『易稱孟氏』，即其明證。乃廿、卅二字，以為原屬孔壁古文，是則於說文大例全未分曉矣。以㕞下引禮為即玉藻，則禮謂儀禮，非謂記。㕞巾蓋指鄉飲酒禮、鄉射禮諸篇『帨手』言，非指『浴用二巾』。以內則注脾肶當作脾𦝫，則脾肶猶脾析，此析一聲之轉，鄭與許異字同義。以臝訓嘼為即梓人鄭注虎豹貔貙之屬，則嘼、獸非一物，觀爾雅釋獸、釋畜分釋可見。以牛人牛牲之互當作笪，則先鄭明訓楅衡之屬，不得為从竹之笪。以居字祇見雜記注，則士喪禮注先有帷居之文。以匠人注『槷，古文臬假借字』為不可解，則鄭意不从杜子春讀槷為杙，謂槷即臬之通叚字。以經典用『何不』義作盍，為由於熹平石經論語殘碑注盍、毛、包、周，則石經乃借盍為蓋，謂蓋字並非『何不』義，不解何以誤會至此。以盤庚『顛木』當作槇，亦可借蹎，不可借顛，則凡叚借主乎聲近，蹎、顛同聲，何

三三〇

以頡可借而顛不可借？以斯干傳革訓翼為用韓詩義，則毛公為六國時人，何從預取韓義而用之？尤為紕繆，是謂不通經學。以曲禮注之余予、假樂疏之壓㘞為非古今字，則凡言古今字者，主謂同音，而古用彼今用此異字，非謂一字。以大學注『矩或作巨』、玉人杜子春注『氣當為餼』為不如巨、氣為正字，則一存異本，一取易曉，不得執說文以相譏。以聘禮記注『古文既為餼』為今本餼字本是既字，俗儒改餼，則此乃古今文之異。既訓小食為段字，經義當為饋米客芻米，故作餼，餼為氣之或體，非俗字，安得為俗改？即謂既為槩之省，亦屬段字，亦當作槩，槩亦氣之或體，何得是彼非此。以呂覽箋頻當作濱為沿俗譌，則濱即顫之今字，亦取易曉，即謂顰即顫之省，亦是段字，不得不破字。瑛於此類，隔閡太甚。推之釋文一書，誠多可議，而羅列異本，尚所據經注文為段字，其別本或為正字，自不得不以正字本次於段字本下，乃動輒以為倒置。洛誥及詩四月左桓十三年疏引「頒，分也，汱，習也，」亦是正文从經本，說解从許書，即本「攽，分也，忕，習也」之訓，文選李善注此例最多，乃一以為說文無此訓，一以為忕即愧之重文，申駮皆失其旨，是謂不明古書體例。以欺詒字，諸書無如說文作詒音為異，不知怡亦从台聲，以假為音貴，假為音格，不知皆从段聲，以釋文於貰字載兩音或一音為無定見，不知䏔或作賸，肥貰祇一聲之轉，陸音卻無盭於說文。又謂味字許義當讀去聲，又於遯逭眽覛諸字，必分為兩音，泥後世四聲以讀古書，豈能有當，是謂不識古音。至於䤋之非末聲，蟈蜮之非一字，當從鄭駮異義（瞻彼洛矣疏引）及周禮注，東晉古文及孔傳為偽作，瑛既專主說文，又為今本經文正字，姑弗深辯，而易聲之鍚誤為錫，鄞下棘陽誤為棗陽，繫傳本禰篆為後人附益，未能是正，引偽孔叢以證狼跋之本作狼狽，更為無識。書成於嘉慶丙子，王晌說文五翼曾引其說，而兩書皆未見段注，有相合，有大相剌謬，使見段注，所學

三三三

二一九　說文解字羣經正字　四　買共二百八十元　二一九

皆當不止於是矣。總之，古人字少，每多段借，說文為許氏一家之學，非欲以是為天下繩尺，錄古文則不錄今文，必謂經字盡收於說文，恐無此理，且正字或出於經典之後，必謂所舉正字即古時經典，如此更無此理。特在今日不可不知其正段，故錢大昕有說文答問，陳壽祺有說文經字攷，是書視兩家奚啻倍蓰，學者當服其用心，而錯誤迭見，須通人重加釐訂，方為盡善。校刊亦頗審，惟籀下引「爾惟麴櫱」誤作爾雅之類，仍未能免，書中裯、葴、莪、詻、楮、圍、痁、僤、硃諸字下，屢稱其引經攷證，（瞷下但稱考正，粽下又稱引詩攷證。）芜下又稱其經訓偶箋，今未知有無刊本也？

說文解字注匡謬十五卷　辛酉

說文解字注匡謬十五卷，元和徐承慶撰，承慶字夢祥，號謝山，乾隆丙午舉人，官汾州府知府。其書專糾說文解字段玉裁注之失，凡分十五科：曰便辭巧說破壞形體，曰臆決專輒詭更正文，曰依他書改本書，曰以他書亂本書，曰以意說為得理，曰擅改古書以成曲說，曰創為異說誣罔視聽，曰敢為高論輕侮道術，曰似是而非，曰不知闕疑，曰信所不當信，曰疑所不必疑，曰自相矛盾，曰檢閱麤疏，曰乖於體例。分條抉摘，多中其病，為讀段氏注者不可少之書。惟分立名目，其標舉八字處有如訐訟，殊失雅道，又往往有意吹求，言過其實。如既以六書音均表為精覈，而又議其載入注中為乖於體例，不知彼自為許書作注，原不禁自用其說，且古音某部，部首一篆下申明其為所作音均表，則每字下用大徐音切之後系以某部，條理分明，有何乖盭？其他段氏所改之與古本暗合者，殆難悉數，證以姚文田、嚴可均校議，沈濤古本攷，莫友芝唐本木部箋異諸書，知其精神有獨到處，安得以為老將至而耄及之。不獨改琄作玉，改馵作䮝，改聊作聑，衿上增袀，礦下刪丱，箇下增个，及改而竣等字說解。李慈銘受禮廬日記以為義據精深，非由肊測。徐氏概斥為謬，恐其說終不可易也。然段氏所正篆文，如蘫、𧽤、𧼫、謚、臬、碬、𥻦、寱、纇、毚、瓛、中、蔑、𪓷、畀、曆、鼓、鼎、瀸、鬮、𧶛、壚、𨽻等二十四字，刪謚、肇、踞三字，增鼎字說解，如嘵、趌、遣、詾、𦥑、對、莧、雇、盹、簫、𥳑、中、希、亂、𨘢、逢、𢓜、善、𨥛、𩙘、叕、𩂭、羑、邮、𨛬、鄛、邵、鄧、檟、𥝍、𤗩、縷、鍊、舒、受、䱩、䥫、矦、韓、寅、秳、毀、繫、鬄、烓、沫、契、愃、溙、𤅗、顥、顰、蹴、戟、綟、蛸、颸、嘤、舁等六十一條，徐氏謂其攷索訂正之功卓爾可稱，則亦未嘗無平情之論。其三四兩科，一謂玉篇、類篇諸書所引，當慎其所從，未可輕易竄；一謂各自成書，當聽其同異，雖爾雅、毛詩之可據，亦不得用彼改此，持論明通，足為注書者法式。學者取其審文攷義，而戒其惡譊毒譏，抑亦段氏所引為知

三三〇

三　頁共字四十五　說文解字注匡謬　三

已者也。

鄦齋經籍題跋卷

吳縣　胡玉縉　撰
後學　王大隆　校

說文義證五十卷　壬戌

說文義證五十卷，曲阜桂馥撰，馥字未谷，乾隆庚戌進士，官雲南永平縣知縣。是書條列說文每字為之疏證，引徵浩博，而於說文之義例少所發明，視段玉裁注、王筠句讀諸書為遜。朱一新無邪堂答問但稱其引據雖繁，條理自密，亦可旁參。譚獻復堂日記則謂繁引載籍，無裁制，大似類書，蓋稾本未寫定，身後刻者欲高略校刪，其子姪必欲全刻。李慈銘桃華聖解盦日記又議其孿字下引西京雜記及譙周注訓，而如何休隱元年公羊傳解詁乃反不引；孟字下引禮緯、白虎通及容齋三筆，而孟非必庶長，伯非必適長，對文或別，散文則通，亦未能爲之分晰，惟王筠推挹甚至，謂分肌析理，桂氏尤精，此則李氏所謂鄉曲之見者也。然覈自深於小學，其書臚舉古書詮釋字義，雖稍傷蔓衍，而頗無違盭，迥非元明人之多變古肊說者可比，即段之武斷、王之迂曲，此書亦無其弊，祇以發疑正誤之功少，遂不免瞠乎其後。平心而論，要以亦可旁參之說爲定評，故言說文者不廢桂氏焉。

一三一

庯氏讀說文記十五卷　壬戌

庯氏讀說文記十五卷，常熟庯世昌撰。世昌字予侃，號稱泉，乾隆乙卯舉人。初，世昌得惠棟校說文本而善之，欲推廣其義例，作說文疏證，草剏未就而卒。其從舅張海鵬訪得遺稾，因與婁東張鐸即其所校說文中凡細書密註者逐條錄出，連屬其文，將說文本文條舉於前，而列疏解於下，勒成是編。為之刊入借月山房彙書，即此本也。其書先立疏證、補漏、糾誤、異義四例，大抵根據古籍，罙究形聲義，不容一字出入，體例頗為謹嚴。其時段玉裁注、姚文田、嚴可均校議、錢坫斠詮諸書尚未出，而其說往往與之暗合，深有裨於小學。中祇引段氏校一條，當得之別本。又時正惠氏之失，亦見心得。惟以琁為璇之重文，非瓊之重文，不知琁實璿之或字，文選陶徵士誄李善注可證；以寥虛空也為當據文選天台山賦注補入，不知說文自有廫字。此類不免失於攷證。其謂字祇

一母，今有二母者，皆傳〔轉〕寫之誤，惟否字口部、不部兩見，以兩母故並收，則一字
二母，乃後世附益之字。説文以小篆為主，故所收亦多有之，非盡傳寫之誤。至
否字口部，自是重出。否以不為母，口為子，何得以為兩母？其謂省文有省母、省
子二體，則字豈有有母無子者？省母者，子亦小篆之例，大篆所無，觀説文所載
籀文大半繁重可見。其謂許氏〔君〕所取專用古文，不取小篆，則許書自敘明稱今
敘篆文，合以古籀，乃謂不用小篆，顯與許敘相舛。其謂王弼之周易、杜預之左
傳，既經竄改，無異僞書，當與梅賾之僞古文尚書槩置弗取，則王、杜二注雖不
及漢儒，而所據要自相傳之古本，一概抹煞，將啟蔑經之漸，實不可為訓。凡此
皆為李慈銘祥琴室日記所糾，深中其失。至以鉉之古文當為扃，不當為鼏，慈
銘云：音扃者為鼏，鼏所以舉鼎，从冂聲，篆文為鉉；音密者為鼏，鼏所以覆鼎，从
一，鼏、鼏本兩字，禮之扃密皆同音通借字。案李氏言鼏、鼏二字之別，良是，但説

三三〇

文有鼏無鼏，段本始據儀禮補入，黄以周六書通故云：「許云『禮謂之鼏』者，據隸
古定而言，即鄭注所謂『古文或也』，古文作扃密，時師以隸定古，必有讀為鼏密
者，扃、鼏聲近也，以音定之，密字古文一部皆然，故鄭注士昏禮云『古文鼏皆作密』，
自不須破讀，許君即據此本，故云『禮謂之鼏』，并不錄今文鼏，從古文也。鄭意舉
鼏之杠可通用扃，密段借字義遠，故經作扃鼏而疊今文鉉，古文密於注，說文
稱禮周官多從古文，鄭注經取易曉，兩書各自有例。」此則推勘益細，非特席氏
即段氏諸人亦有所未及者矣。

說文古本攷十四卷 壬戌

說文古本攷十四卷，嘉興沈濤撰。濤有論語孔注辨僞，已書於後。是編采唐、宋人所引說文，以證二徐本之誤，亦有謂二徐是而所引非者。引徵繁富，攷訂周詳，足與姚文田校議、錢坫斠詮諸書相發明，而較爲完具，極有功於小學，爲學究說文者不可少之書。惟古人引書往往有約舉之例，如說文玉部玫云「火齊玫瑰也，一曰石之美者」，瑰云「玫瑰也，一曰圜好」，而玄應一切經音義卷六引「火齊珠也，一曰石之美好曰玫，圓好曰瑰」；骨部髀「股也」，三卷、十四、廿四皆引「股外也」，而十二、十九引「股外曰髀」；竹部「筩，通簫也」，而卷二引「謂無底簫也」；广部「廡，堂下周屋也」，四卷、八卷引同，而十七、二十引「堂下周屋曰廡」；水部「沐，濯髮也」，「浴，洒身也」，而廿四引「濯髮曰沐，洗身曰浴」；𨸏部「阤，小崩也」，而六引「小崩曰阤」。此類皆隱括其詞，今槩以爲古本如是，殊未得其通。又如據初學記十三補「禮，𥛱」二字，未知其句法絶異，當是誤引他書爲說文。據文選舞賦李善注補咬字，未知其上文引哇字爲說文，此咬下七字乃善注釋，非即說文。據釋文老子音義補朘字，未知此亦誤引他書，觀廣韻縮朒之訓，則其字實與夊部之夋同，此類張行孚說文發疑辨之最精，今不別是非，輒行補入，亦未可盡信。又慧琳一切經音義、希麟續一切經音義中引說文甚夥，足以攷見古本者不少，沈氏未見其書，絶不引及。近楊守敬得此二書，又以淨土三部經音義、和名類聚鈔、新撰字鏡以比勘之，又得空海篆隸萬象名義，以校顧野王原本玉篇，其次第悉合，知空海悉以玉篇爲藍本，玉篇又以說文爲藍本，其所增入之字皆附其後，絶不同大廣益玉篇與說文隸字多所淩亂。爰以玉篇以下之書定說文之字句，又以玉篇原本定說文之次第，爲重訂說文古本攷，詳見其所箸晦明軒稿，其書當視沈氏爲勝，但原本玉篇未足據（詳余所撰四庫未收書目續編玉篇零本條下），且祇三卷半，安得以

三三九

之定說文全書之次第。蓋以萬象名義當之，竊意所定字句必有精當處，其次第則不如仍舊，今未見楊書，亦姑勿深究，第以是書而論，則前人引說文往往有舛誤，未可據以輒改，沈氏於此雖未能折衷盡善，而頗見審慎，是其所長也。

此潘氏滂喜齋刊本，有譌字，又有空闕處，李慈銘荀學齋日記有致伯寅宮保書，力勸其刻此書，謂第當為之悉心校勘，並悉補其空字未填者，以副執事表揚先正之盛舉云云，今在蘇州付梓，宜李氏之不及校矣。

說文答問疏證六卷　己未

說文答問疏證六卷，甘泉薛傳均撰。傳均字子韵，嘉慶諸生。是書就錢大昕潛研堂集中答說文問一篇爲之疏通證明，並多匡正，精深透闢，於小學得其大通。有據說文引經正之者：如槮下引「槮差荇菜」，僾下引「僾而不見」，翯下引「白鳥翯翯」之類，以明差、愛、翯之不必爲縒、薆、皜。有據說文本字正之者：如「僚，好皃」，「翣，棺羽飾也」，「怟，愛也」，「馹，傳也」，「蹢，住足也」，「躅，蹢躅也」之類，以明「僚人僚兮」之僚、「四翣不蹕」之翣、「怟怟惕惕」之怟、馹傳之馹、及蹢躅之不必爲嫽、翜、蚳、邌、彳亍。有據說文他篆訓解正之者：如㐱下云「稠髮也」，㾪下云「一曰族絫病」，諺下云「讀若論語『跢子之足』」之類，以明「綢直如髮」之綢、「不疾瘯蠡」之蠡、「啟予足」之啟，不必爲鬒、瘯蠡、䏿。有融會說文以正之者：如「還，疾也」，「惓，氣勢也」，「鳥獸殘骨曰骴」，「頜，禿也」，「夌，所依據也」，「西，舌皃」之類，以明「子之還兮」之還、「無拳無勇」之拳、「四足曰漬」之漬、「夏后氏楬以豆」之揭隱』几而卧『之隱』以言餂『之』之餂、為還、捲、齜、頷、爰、酉，不必為嬔、䁧、積、髻䦟、䵷、括。有據他書所引以正之者：如漢志引『沱濡既道』、大學引『有斐君子』之類，以明潛匪之為濡、斐不必為涔、泖。有參攷他說以正之者：如漢志注『食䊓之蠶絲可以弦琴瑟』、史記『丁公之子乙公，乙公之子癸公』、鈕樹王說『𣏌為梳之正字』、儀禮注『今文䊓皆為揖』之類，以明䊓𥬔䊓絲之䊓、君出自『丁』之丁，不同梳枷之梳、䊓介之䊓為䊓、丁、𣏌、揖不必為禽、玎、筭、檯。皆塙有根據，非妄相論難。其於挺即松㮰有挺之挺、踢即『裸圭尺有二寸』之裸，以為挺可為通字，不得為正字；踢可謂即裸圭，不得謂即裸字。剖別甚細。其以位𡔲並云立也、亦『佇立以泣』之佇，竺厚也、亦篤公劉之篤，惕放也、亦『余心蕩』之蕩，推闡務盡。因繫于金『梶蝪婉之求』、『作友由扶手曳杖』以明爾尼、冤宛、亘爰、世曳，每偏旁通用。因『參差荇菜』、『五㮚梁輈』、『北風其涼』、『山有鞠窮』以明絲之參差為䋸、山之參差為嵯、齒之參差為齹、㮚為輈

三三〇

上束鞶為軸，上束䩞為車上衡衣，他書之叚粽、酴為涼，竊、趣、匊、鞫、蘜、籟、菊、鞠為鞠，各有其本字，尤為發撝旁通。推於訇即詢于四岳之詢，呰即咨呰之呰，一以為不相比附，一以為未見相通，而不著其正字，殊為疏略。今業按詢當為恂，呰當為訾，恂，信心也，引申之有謀義；訾，婦人小物也，引申之有止義。又說文一書所以刊正謬誤，而說解中往往使俗通用，如引詩「以謹惛怓」作惛不作怋，故在怓下不在怋下，今疑為傳刻之譌，亦嫌闊隔。（段玉裁改惛為怋，謂引詩當在怋下，更非。）明人郎奎金取釋名與爾雅、小爾雅、廣雅、埤雅合刻，名曰五雅，以四書皆有雅名，遂改題逸雅，以從類本屬陋見，今引釋名仍稱逸雅，不謂以通人而出此。然全書精審無匹，實堪寶貴，以故傳刊本非一，此為光緒甲午郭氏金峨山館所刻，校勘頗不苟，其尸、自、營、藭諸條，仍多譌字云。

陳漢章謹案：鄭珍說文逸字有詢，故新附考云說文原有詢文。業不與咨、呰為一，呰自為咨之變，若呰為小物，與呰小之義或合耳。

二〇九　二頁共八百五十三　六書轉注說　一　六三九

六書轉注說二卷　辛酉

六書轉注說二卷，當塗夏炘撰。炘有讀詩劄記，已書於後。是編亦景紫堂全書
之一，大致本徐鍇繫傳之說，謂「許氏所云建類一首，同意相受」者，即指部分而
言，如老為考首，而耆、耋、耄等字即取類於老；推之松柏之屬皆木之別名，故
皆受類於木。而歷辨賈公彥、裴務齊等以考老為左迴右轉，及鄭樵、張有、毛晃、
楊桓、劉泰、周伯琦、趙則古、楊慎、趙宧光、顧炎武、戴震、段玉裁、曹仁虎、戚學標、朱
駿聲諸家論轉注之誤。其書成於道光丙戌，後八年見許宗彥轉注說一篇，其
旨適合；又見江聲論轉注一條，謂說文分部五百四十，即建類云云，尤見攷古
之心，後先一轍，因錄其說於序後。前有自序，備詳之。案：上下、日月、武信、江河、令
長皆平列，若如其說，則考老二字為側注，殆非通例。黃以周禮書通故云：說文
云「凡某之屬皆从某」，即建類一首之義也；云「與某同意」，即同意相受之義也。但

云「凡某之屬皆从某」者，未必同意相受，云「與某同意」者，未必建類一首，其建類
一首而又同意相受者，惟衣部裘字下云「與衰同意」，字皆从衣，為一首，裘之求
與衰之冄為同意，其他如關、闕、再、爯、爭比从諸字，說文雖未明言同意，亦皆
是也。而論其造字之會意同，本義同，引申義亦無不同，莫如考老二字，故舉以
為轉注之例。自來論轉注者，當以此為透闢，亦以此為謹嚴，亦可見轉注之為
字意互相灌注，非互訓，亦非側注矣。○夏氏又謂「指事、象形、形聲、會意四者，皆明
一字之體，散無統攝，轉注則分別部居，而有以貫之，段借則一字數用，而有以
通之。轉注者自部首至部末，從而為經，段借者段一字為數字，衡而為緯」，以
轉注、段借為用，與漢書藝文志「轉注、段借皆造字之本」語違。○又謂「六書次第當
依說文以指事為第一，象形為第二。古人畫字必從一始，故曰『惟初太極，道立
於一』。一者指事字也，有一事而後累百累千之字由之以生，故指事之字最少，

三三〇

而六書必以為首、有事而後有形、故象形次之、則造字當以象形為最初、既象其形、乃有事可指、說文之以指事先象形者、蓋以事物之大小為次、故與班固不同、若如夏意、則指事之例、許當舉一二等字、何以舉上下為言。曾國藩書札覆殷甫書云、轉注說與鄙人所見不甚符合、蓋亦不以為然、李慈銘孟學齋日記、乃深取其說、殊為無識、至其譏夏氏混形聲於轉注、謂江河从水、即部分偏旁、推之考、耇、耋、耄等字、則耂者即偏旁也、部分也、以事為名也、所謂形也、丂、句、至、旨者、即取譬相成也、所謂聲也、雖未中肯綮、而其說之無當於轉注、亦可藉是以見云。

仿唐寫本說文木部箋異一卷 壬戌

仿唐寫本說文木部箋異一卷，獨山莫友芝撰。友芝字子偲，號郘亭，晚號眲叟，道光辛卯舉人，官知縣。是書祇說文木部之半，自柤至楇，逮重文凡一百八十八字，為宋米友仁鑒定唐人寫本，篆楷俱工，間有殘缺，舊藏黟縣知縣陝西張仁法所，以貽友芝，友芝精心摹寫，別撰箋異及跋，而曾國藩為之刊行者。前有國藩題辭七古一章，後又有劉毓崧、張文虎、方宗誠及友芝子彝孫四跋。其中與二徐本篆體不同者五，說解不同者百三十有奇，往往與段玉裁注闇合。朱一新無邪堂答問謂「殊不足信」，李慈銘受禮廬日記謂「足見金壇之學不可妄議」，二說不同，要之友芝非欺人者。其跋明言原紙合縫有紹興小璽，則殆無可疑。譚獻復堂日記謂「此本僅當全書五十五分之一，而異同之多如此，徐氏二本所不逮，亦有當用徐本訂正者，是所望於好學深思」，意似不滿於箋異，實則友芝深明小學，其爲唐本作箋，雖不免有所偏主，而疏通證明，頗多精覈，非獻所能企也。友芝據棔、梔、恆字缺筆，柳、卯不缺筆，定爲穆宗以後人書，嶠崧據恆、旦字缺筆，基字易錤，定爲元和十五年穆宗登極之歲所書，又論不避虎、世二字之由，其說甚辨，皆可觀覽。文虎諸跋，亦多攷訂語，特箸於錄，俾知真贋自有定論，終非古逸叢書中寫本玉篇所得混焉。

一三七

說文逸字二卷并附錄一卷　壬戌

說文逸字二卷，遵義鄭珍撰。珍字子尹，晚號柴翁，道光丁酉舉人，官江蘇補用知縣。附錄一卷，珍子知同撰。知同字伯更，號小尹。其書取《玉篇》、《廣韻》、《釋文》、《文選注》、《集韻》、《類篇》諸書所引說文為今大徐本所無者，按部補列，凡一百六十五文，復博考金石碑版為之佐證，間附知同說。附錄則取說文本書誤文以及二徐所增，下至《六經正誤》、《爾雅翼》等書所誤引者凡三百字，以明逸字中所以不錄之故。父子濟美，於許學可謂盡心，惟過信《玉篇》諸書，未知其或誤引他書為說文；又不細審說文本書，未知或有此字，不過形體或異，是其所短。如禮、稡二字，《初學記》誤引他書為說文；䛠字，《釋文》誤《廣雅》為說文；魑字，《一切經音義》亦誤《廣雅》為說文；濤字，《文選注》誤《蒼頡》為說文；䏶字，《廣韻》誤《廣倉》為說文；蚳字，又誤《字林》為說文；《文選注》又引礛、𥓓、咳、鑱四字，皆非說文。其《廣韻》引𩐈字，或出《演說文》等。他如禰即昵、腖即遂、第即弟、迮即迮、斡即斡、㽡即瓜、詢為恂之別、衸為衿之隸體、醫、蟻、醋為翳、蛾、淆之俗、㒒、諆、劇、樸、㾖、𤺋、怵、攦、𤸃為㒒、䆁、勮、槫、瘣、蔡、愢、擐、甞之譌、亮、㥪、䫉、借、濂、冽、闤為誎、摷、勨、藉、濂、冽、營之譌變、瘷字引欵字解為訓，則瘷與欵同、旇亦旇之俗，其本字當為驢，矜字華嚴經音義作矜，今作矜，未知所據何本？矜訓矛柄，其訓令伐，訓莊敬，訓危竦，訓急遽，皆當作兢。凡若此類，張行孚說文發疑辨之甚詳。李慈銘孟學齋日記初猶稱其謹守許氏家法，後撰桃華聖解盦日記，則亦頗議其失。如香部補馣、馧，丆部補癩、𤻮，以為正犯元朗「水族着魚，飛禽安鳥」之譏。几部補免字，云云，謂「此婦人生娩之正字」，以為「無論說文自有娩字訓生子免身，不應複出，而其取義纖巧猥褻為已甚，且僅據玉篇几部有免，而即撰述此說以補許，尤為無稽」，所言亦深得癥結之所在。又謂「許君自叙言本九千三百五十三文，今大徐本已多七十八文，重一千一百六十三文，今大徐本已多百一十六文，王菉友擬據原數以刪，而子尹欲據他書以補，皆好古而又師心者。此言足為紛紛欲竄改說文者戒。又謂免字不見許書，固可疑，錢竹汀謂免有免音，免善走，故引申之誼為脱免，終似强為之說，要不能决為何部之脱？則黄以周六書通故云：「挽之从免，為上古之叚借字，通行於經典，而後人莫能言其義，故闕其篆。免非从兔，必强說之，適以滋惑。」此則直以許書本無免字，與本無妥、由、希、叙諸字一律，更足為紛紛欲增補說文者戒也。總之，許書說解中兼有隸俗通用字，不盡本字，且不必盡有本字，此書自張、李指摘外，要自有精塙處，不容偏廢。劉書年序稱：貴州自子尹始為許、鄭之學，蓋亦卓然為經小學家矣。

說文發疑六卷　己未

說文發疑六卷，安吉張行孚撰。行孚字乳伯，號子中，同治庚午舉人，官兩淮鹽場大使。其書肇究六書，精微透澈，每發前人所未發。如論小篆多古籀，謂「一、二、三為最初之古文，今轉為小篆，而後出之弌、弍、弎反為古文，可見當時所適行，雖創始之文亦為小篆；當時所不用，即後出之字亦為古文。」論說文逸字，謂「見於古籀者，或因其字廢棄已久，見於解說中者，或因解說中音義已明，說文不收，至見於篆文者，惟㱿字下注明皀古文叀字，者字下注明米古文旅字，我字下注明手或說，㐺字此無可疑。」論聲近假借，謂「古韻之所以不能強合者，皆方音為之；方音之所以不能盡合者，皆雙聲為之。」論說文讀若，謂「有音義相通而讀若通行，有音同義異而讀若通行，莫非假借字；有與本字音義俱通而兩字互見於經傳，有與本字音同義異而兩字見於經傳，皆為假借字。」有與本字音同義異而讀若字轉為經典本字，說文本字轉為經典假借字；有讀若字起於漢隸，說文不收，而許君以證經傳之本字。有別舉一字以定其音，有即舉本字以定其音，有讀若本字而音義俱同，有讀若本字音同而義不同。論唐人引說文，有字從隸體而解說引說文，有字從相承俗解而解說引說文，有誤引此字之解說為彼字之解說，有兩字同在一處，上字引說文，下字不引，來歷即為說文；有兩字同在一處，上字引說文，下字不引，來歷非即說文；有兩字同在一處，下字引說文，上字連類而及，非即說文；有誤引他書為說文；有當時引說文本不誤，因後人展轉寫刻而誤。其說六通四闢，非直讀說文，即推此以讀古書，亦無扞格。而不入惟皀、米、才三字，殆亦廢棄已久，未必遂為逸字。觀「斷」下重文「𣃔」云：「古文斷从皀，皀古文叀字。」而「叀」下重文「皀」云：「亦古文叀。」可見唐人既有字從隸體解說引說文一例，則凡與說文不合者，或有譌，其合者當明其為某某之文，不得概

三二七

目為某某之謬。其他論六書次第，力主許說，謂「指事先象形」，不如黃以周禮書通故「許以事物之大小為次，故與班、鄭說異，要以班志為最得，先鄭次之」之說。論指事謂「指事之異於會意者，會意兩體皆字，指事兩體不皆字，異於象形者，象形之形有定，指事之形無定」，剖析固精，然云「一在一上為上，一與一兩體皆非字」，又云「一在一上為上，一在一下為下」，許氏所謂指事者，莫非兩體字，未免矛盾，不如黃氏「丄丅字古衹上下其畫以為別，其字上作一、下作一，後嫌難以區別，於畫之上・以識之為丄，畫之下・以識之為丅，又引其・而長之為二二，為丄丅」之說。論轉注謂「每類立一首字，其餘同類之字，依首字意展轉增之」，則考老二字側注與上下、日月、武信、江河、令長平列之例不合，不如黃氏並舉「裘裒、闢闢、再爯、叐爭、比从、臾申（案二字見羣經說。）諸字」之說。論假借引段氏云「令之本義發號也，長之本義久遠也」云云，則許書明言假借，安得以為本義，不如黃氏令以輯瑞為義，假借以為號令字；長以變形登高為義，與真字義近，假借以為久長字之說。以囧為目明二字，以屮為艸徹二字，以回為日肉二字，以巛為坤卦之本字，亦皆難信。以祟耀為皆出聲，祟為會意字，可云出聲；耀亦會意字，其字在出部，明云耀亦聲，安得以為出聲？當屬筆誤。要其可議者止此，全書中駁正段、嚴、鈕、王諸家之說，皆推勘入細，得不謂之精於小學歟？說文與經典不同字篇自注兩稱詳見二編，知是書尚有續編，今未之見。李慈銘荀學齋日記稱其說文引蒙辨疑論舊之本字為久，難之本字為乃，答之本字為對，笑之本字為媄，蔑之本字為懱，履舄之舄本字為箸，皆見於是書，知初名引蒙辨疑，後又稱發疑，甚有心得，則其更定之本也。

象形字譜二卷　壬戌

象形字譜二卷，金壇蔣和撰。和（字仲叔，號醉峰，以太學生充四庫）有字原集注、篆隸總校，賜舉人，官國子監學正。是編上卷為字原象形說、天文字形、天地事物象形之圖、天干字體逮屬人形之圖等及象形字譜後說，下卷為相似字形，大氐穿鑿傅會，不合六書之恉。中惟天地事物象形之圖，上列日、月、星、辰、雲气，中列山、岳、邱陵、𠂤、𨸏、江、原、水、𠂢，下列田、𠀠、井、亭、𠀠、亩、市、舍，以及屮、木、竹、林、𣏟、芔、手、兆，用古籀遞通之畫理，稍近自然而已。多湊合。其論干支等字，以米為象手足形，以耳為象人耳後形，直堪噴飯。其論鳥獸等字，以尤為象小犬形之類，亦屬瞽說。而李慈銘祥琴室日記盛稱其說，辰字為發前人所未發，說九字亦甚𥙿。不知辰从乙匕，厂聲，从二，二為古文上，安有所謂辰之从厂猶丙之象人肩？其从冂者，為側己字象人腹者乎？又安有所謂𠂢象人懷妊之形，故娠字从辰而已者，从包中巳形者乎？九為昜之變，與七為易之正相對，易用九不用七，亦用變不用正，易之變三字，乃就用易者言，又安有所謂字之變者乎？至於分埶、藝為兩字，以藝為藏埶於芸中，分況、況為兩字，以況為从二，李氏亦議其舛誤，更不必論矣。黃以周六書通故云：「古人圖象，大判髣髴其意而止，不一一求其肖也，象形字亦然。孔子曰：『牛羊之字以形舉』，又視犬之字如畫狗，牛、羊、犬之形，亦略象其大判耳，近之治六書者，好攷說文，於象形字，動改古篆，力求其肖，所謂彌近理而大亂真者也。許云：『畫成其物，隨意詰屈』，謂字之詰屈隨意為之，非必逐形曲肖，深有戒夫鄉壁虛造者矣。」是則改篆文求肖，已為不合，況鄉壁虛造，有甚於「馬頭人為長，人持十為斗」者，豈直字書之魔道，實為倉頡之罪人，李氏乃謂「以此示人，可知制字之原」，為小學入門之瀘，不亦謬歟！

二八〇

書契原指三十二卷 辛酉

書契原指三十二卷，山陰陳致燦撰。致燦字小雲，布衣。是書初集十四卷，題爲歌吟篇，依許氏五百四十部首之字爲之申釋，而後系以一詩；二集十八卷，題爲演贊篇，以筆畫多寡爲次，自乚字始，龘字終，凡一千七百九十一字，每字下首列説文解字，次演説其義，而後系以一贊。曰歌吟者，謂效邵雍三皇五帝吟而作也；曰演贊者，取許氏敍文「演贊其志」也。其體例已屬庸陋，書中大致謂由「丶」、「主」兩字而悟書指，以示人明德爲本，遂盡以陰陽大道、天象人事詮釋文字，甚至援引奇門遁甲、推步占驗以及形家之堪輿、道家之丹法，穿鑿附會，尤爲支離。如以雨、星、气説日、月及干支、數目等字，皆起於最初明有形象可指而概謂从某从某，是爲傎倒；又謂「罕」象參七星及觜三星形，乃象弧九星形，弟象斗宿、牛宿形，尸象北斗七星形，匠象箕宿及糠粃一星形，匚象女宿形，弋象牛宿六星形，是為怪誕。李慈銘孟學齋日記已議之。其以左右旋轉之位，陰陽生配之理說丿、乀、厂、乀諸字，李氏以為皆有微悟，又謂非六書之通訓，成一家之心得，今姑弗深辨，惟稱其說之、說齊頗確，說亖、說亞尤精，以句股法說寧，實發前人所未發。是大不然。之篆作㞢，致燠云：謂从一丨合為上象，从厂乀到轉分左右錯迭而上，蓋丨性分左陽右陰，交錯而上，愈出愈大也。則㞢字本象艸過中一為地，何與於丿乀？彼不過自申其丿陰乀陽之謬說。齊篆作𠫓，致燠云：謂从二，从三入，从三到入。二謂地，三入謂陰陽入地，三到入謂陰陽出地，言陰陽之出入至齊平也。物類感陰陽之氣而成，孰齊平者，莫如禾麥，故許氏以禾麥吐穗上平訓之。則二固為地，其𠫓乃象形，明其不齊而齊。今以為三入、三到入，恐荆公字說亦不至如此。亖篆作亖，致燠云：謂从乂，乂古文五，从凵，凵音坎，乂為五行，凵為張口，言陰盛如張口吞噬五行之象，而大口毀壞，兩儀不分也。則

三三〇

凶本象地穿交陷其中，與㐅古文之㐅，張口皃之凵，渺不相涉，安得合兩字為一？且吞噬五行，亦屬費解。亞篆作亞，致堞云：謂从二，从兩乙相背，二者地數，為生萬物之母，兩乙猶陰陽善惡也，言人物各有此陰陽太乙之氣，動而相背，即有善惡之分，次第之等也。則亞本象人局背之形，無所謂兩乙相背，即如其說，而乙者，象春艸木冤曲而出，陰氣尚彊，其出乙乙，非謂太乙，以乙為太乙，又謂兩乙猶陰陽善惡，古人造字斷不如是迂曲。宁篆作𡧛，致堞云：此即厤算家所祖，於圓內作六等邊切形，以句股求正弦之法，文當从兩、从六等畫兩、謂南北極起算處，六等畫象各弧六十度之正弦，半之即為十二弧各弧三十度之正弦。宁者，謂今周天三百六十之積度，而明辨其理與數，故許氏曰：辨積物也。則辨積物者，即辨積物，謂辨具積聚之物，非謂辨晰其積物，其義通貯，引申之門屏之間，為人君視朝所宁立處，因亦謂之宁，何有於句股之法？何得改其文為兩、?然則李氏以為可取者亦一無可取矣。細覈全書、致燠殆見宋以來之說易者凡天文、地理、樂律、兵法、韻學、算術以逮方外之爐火往往援以入易、因遂仿之以說文字。不如易道廣大無所不包、妄相牽合、雖失本恉、間或近似、若六書則一字有一字之義、豈容嚮壁虛造、任意鑿空。李氏云：其人頗習天文、麻算及醫、卜、相地之術、而讀書寡陋、又錮於學究之識、似猶未洞其癥結之所在也。致燠素依故廣西巡撫周之琦、卷首有自述賦、蓋效顏之推觀我生賦而作、通篇以之琦為主、細述其宦績、稱為大賢、此則李氏所謂措大習氣者、抑亦不足責耳。

二一四

鄒卷四第卅六頁 计一万又八二〇五九

隸篇十五卷續十五卷再續十五卷　壬戌

隸篇十五卷續十五卷再續十五卷，掖縣翟云升撰，云升字文泉，道光壬午進士，官國子監助教。其書采西漢訖西晉金石文字，依說文十四篇之部目，而每部編字以類篇為次，皆就原碑雙鉤其文，為之攷證，其金石家所已言者不復贅。太宰以隸統篆，第十五卷為偏旁攷，則以篆統隸，是為變例。卷首先載碑目，皆注明今在何地，得之何人，前有陳官俊、楊以增兩序及自序，為道光戊戌家刻本。雖綴輯尚多漏略，而條理分明，校訂細密，欲攷隸體之正變者，莫便於是書，亦莫備於是書。中載衡方碑陰，向來未經著錄，尤足補王昶萃編之闕。翟氏亦言將別為三續，今未見傳本，殆欲為之而未果歟？李慈銘桃華聖解盦日記稱「其校覈精詳，深資小學」，良非溢美。又稱「凡十五卷，第十五篇則以篆統隸為變隸，又續十五篇，再續十五篇」，其意蓋以篇為卷，而「又續」「再續」緊承上文第十五篇下，一似僅續此篇者，易誤

後學變隸又變例之筆譌附正之

三

全韻玉篇二卷 壬戌

全韻玉篇二卷，不著撰人名氏，亦無刊書歲月。攷書中麗字注「東國高麗」，鮮字注「東國朝鮮」，夷字注「東表嵎夷」，與蠻字注「南蠻鴃舌人」，獠字注「西南夷名」，戎字注「西夷」，貉字注「夷也」，為外之之詞者迥別，當為高麗人作。其目分二百一十四部，始一終龠，以筆畫之多寡為次，與明梅鼎祚字彙目錄全同，惟几、飛二部先後互易為異，當為明以後人。全書頗載俗字，每字下絕不引載籍，甚為簡略，惟必注明屬於何韻，其有一字而數韻兼收及平仄兩讀者，亦必詳為分晰，各著其義，俾閱者一覽瞭然。蓋高麗向以詩賦取士，此猶我國佩文詩韻、初學檢韻之類，而特以字彙為目，以便檢尋耳。當出坊賈所為，觀其刊印精工，或出於政府，亦未可知？要其供場屋之用無疑，並無當於著作。劉毓崧通義堂集有是書跋，盛稱其「勝於字彙者有三大端」，又稱其「雖不能與顧氏玉篇並論，而視陰氏韻府羣玉足稱伯仲，非篤論也。此高麗紙本，甲辰年在日本得之坊肆者，兹姑存其目焉。

右字書之屬

三〇

讀易小傳一卷

讀易小傳一卷

錢塘馮李驊撰。李驊有左繡，四庫已附入存目。是書以顧炎武易本音所舉甚疏，且有全闕者，因孜求他書有韻之文為之補注八十餘條。實則上下經、十翼有韻有不韻，李驊所采雖可補苴顧書一二，而牽合傅會轉甚於炎武。前有自序，稱「試述其畧，有倒誤之文，有傳譌之字，有失讀之句，有久晦之叶，有讀若之例」云云，即可知其大概矣。此錢塘丁氏所藏舊鈔本，其藏書志列入易類，今援四庫錄易音之例，改附於小學類焉。

入小学類

讀詩小匡一卷（讀詩小匡一卷）

錢塘馮李驊撰。李驊有讀易小傳，已著錄（光緒四庫已附入存目。）。是書前有自序，稱：「三百篇之韻，非可以後人之韻拘也。吳氏韻補、朱子以之叶詩，陳氏又專有毛詩古音考，此外如韓、魯以及白巖諸家，莫不各有讀法。其中離合縕半，驊已注有全本，今先摘其尤與古人發明者五十餘條，就正博雅」云云，為江南圖書館所藏舊鈔本。其云「詩韻非可以後人之韻拘」，似知古音之本。其云「韓、魯諸家各有讀法」，則仍未知古音之本。書中往往襲取顧炎武詩本音，故讀易小傳序尚明攻易本音，此序置詩本音不言。李驊本沾明人之餘習，所稱注有全本未足憑信，而丁氏藏書志以為序稱全韻藁本定佚，若深喜摘本之幸存者，未免為所紿矣。詩韻自陳第、顧炎武遞推遞密，至江永古韻標準，復為正其譌闕，益臻完善，此書殆不足論，今亦姑存其目，改隸於小學類焉。

太古元音四卷 辛酉

太古元音四卷，原題晉陵是奎玉雯編。當為武進人。書中引自梁至崇禎以前十四家之説，不及康熙間人，當為順治、康熙時人，其本末則未詳也？其書本梅膺祚陽京、陰基二韻，定其宗，而分為四十五子、十八母，約而為十五綱、十八攝、二十鈐，為經，而總緯於四子、二母，離合讀之，尚無扞格，頗見巧思，然校之古韻，牽多未合，殆所謂「好行小慧、不學牆面」者。此顧炎武譏趙宧光説文長箋語。殊不足據為典要。前有自序，稱「六書中有諧聲，即韻之所昉，三代以前必有定本可按。降而六朝，元音已佚，沈隱侯僻處南陲，僅操土音，故釐正五方口吻，固多謬戾，而李唐取士，奉為科律，嗣是而累朝輯古韻者，增刪分併，無慮數十家，非濫遺即複淆，明洪武正韻亦未的」云云。其以明以前之韻皆指為沈約，不知隋志載沈約四聲一卷，新、舊唐志皆不著錄，是其書至唐已佚，是奎所言，似為正韻、宋濂序所惑。

至韻有遞變，漢魏之音不同於三代，六朝之音又不同於漢魏，而所著乃自目爲太古元音，名不正而言不順，抑亦無足深詰者矣。此江南圖書館所藏舊鈔本，姑存其目，俾名氏不致湮没焉。

太古元音 是奎撰

云當爲順康時人

又云姑存其目俾名氏不致湮没

七三

三〇六　二頁共七〇三　聲類　一　六三六

聲類四卷乙未

聲類四卷，嘉定錢大昕撰。大昕有經典文字攷異，已書於後。是書剌取經傳訓注及各史所載語，別分條編次：曰釋詁，曰釋言，曰釋訓，曰釋語，曰釋天，曰釋地，曰釋器，曰釋草，曰釋鳥，曰釋蟲，曰釋獸，曰讀之異者，曰文之異者，曰方言，曰名號之異，曰姓之異者，曰古讀，曰音譌，曰同音通用，曰音近通用，曰形聲俱遠，曰字形相涉之譌。道光乙酉，大昕門人汪恩從其孫師康乞得稿本，略加詮次，刻之。己酉，陳士安再刻。咸豐壬子，伍崇曜復刊入粵雅堂叢書。汪跋稱：當時止輯以備用，故其說散見於所著廿二史攷異、金石文跋尾、養新錄諸書，而此書視如嚆矢。伍跋則以與李登聲類義例迥殊，體用各判，而致疑於襲用其名。今攷其書大致取同聲相諧，故名聲類。如釋詁：「嘻，和也。」下注：「上曉下匣。」「瘳，差也。」下注：「上徹下穿。」「庭，道直也。」下注：「類隔。」釋言：「紅，絳也。」紅下注：「古亦音工。」「彼彼，濊濊，逐逐

也「溦溦下注」並讀如迪」其他稱聲相近聲相轉者頗夥而音譌形聲俱遠字形
相涉之譌以別其聲之不類正明他之為類○伍氏疑聲類二字名義固未細審
汪氏謂止輯以備用亦非事實洪亮吉卷葹閣集有讀書偻後偶題齋壁詩自
注時正寄書錢少詹索所作聲類是當時明欲勒成一書也○但此尚未成之本
如釋詁竝旁也衡橫也諸條未標出處釋訓筓謂之簪纚讀如餅但注下句攷
工記而不言上句包之訓裹袗之訓單及姪待結反諸條皆未標出處又如釋
詁介隔也耆彊也諸條本左傳注而但引傳文革更也蔥蒼也諸條本毛詩傳
而但引詩文其餘或稱毛氏說或稱毛傳文亦不一律○釋詁昃稷側也麋眉也
釋言眉黴也信申也封邦也不弗也中得也諸條與文之異者昃為稷眉為黴
又為麋申為信封為邦弗為不中為得同此猶可曰各明義例而釋言方皇彷
徨也彷方也當并為一條獮殺也一本左傳注一本周禮注竟分兩條凡若斯

三三〇

類，皆隨時采綴，未及排比。即如同音通用、音近通用，分為二，以及名號之異、姓之異者等目，亦姑為此區別，以待日後裁併。釋訓「皷之為奏，正轉也；皷之為屋，變轉也」，此自下己說，其上必引詩、中庸、爾雅、孫、郭注以明出處。「畜畜煦煦也」下引莊子云云，此以畜煦明聲之相類，亦當在上文「姁姁嘔嘔也」條案語下，以廣姁姁之義。煦煦亦當作姁姁。大昕通人，決不以己說另立一條，豈每條及每類標目皆汪恩為之歟？然此特詮次之失，其書深通古音，非大昕不能為。今本與朱謀㙔駢雅、杭世駿續方言、吳玉搢別雅諸書，雖或有類似處，而其命意則大不同矣。說文犬部：「猌，犬怒皃。从犬，示聲。代郡有猌氏縣。讀又若銀。」漢書地理志孟康注：「猌音權。」氏音精。與說文不合，疑有譌誤。是書讀之異者「猌氏讀為權精」條云：「猌从示，示亦音祁，故轉為權；音氏亦音支，故轉為精音」，似近迂曲。竊謂猌之讀銀，正猶沂、旂、斯、猎皆斤聲之比，於說文可得其通例。至王氏漢書補汪謂孟注當衍氏音二字，權精正銀之切音，則權與銀不同紐，精與銀不同韻，其說益不足取云。

三七

十三經音略十二卷　己未

十三經音略十二卷，海寧周春撰。春有爾雅補注，已書於後。是書辨別經音，大致本陸氏釋文，參以說文、玉篇、廣韻、五經文字諸書，而一以字母為歸。其舊音不誤者不載，故曰音略。凡吳棫、陳第、顧炎武、毛奇齡諸家音學書，槩加痛斥。計易經至大戴禮共十四經，大學、中庸入四書，不入禮記，而云十三經者，從通稱也。目錄第十一卷爾雅下注云「直音正誤附」，今粵雅堂本正誤為十二卷，大戴禮為十三卷，伍崇曜跋不云言離析卷篇，又附書五首不入卷內，蓋皆原第如是也。攷玄應一切經音義載大般涅槃經有字音十四，又有比聲二十五，在今華嚴經四十二字母之前，守溫三十六字母，大指參酌涅槃而有所去取。唐末及宋初尚未盛行，自鄭樵、沈括輩推闡其術，用以取反切，未嘗不稱便利，然古今音聲遞變，有三代之音，有漢魏之音，有六朝之音，必執之以繩古書，則每多扞格。此書辨正音讀字，必審音，音必歸母，頗為精細，惟於古音及聲近相段字往往不得其通。如《易·履卦》「愬愬」，馬作「虩虩」；《震卦》「虩虩」，荀作「愬愬」；《儀禮》「鞠窮」，《論語》作「鞠躬」，必強別其音。又以《詩》「匍匐」，《禮記》作「扶服」，謂「上音蒲，則下音蒲北翻；若上音符，則下服字仍如字」。區畫益嚴，隔閡益甚。其引《詩·北風》及《何人斯》以證車字有兩讀，則車字古祇讀居。《何人斯》車與舍、盱韻，舍當讀如舒，安得反音盱為許茄翻？猶之華本讀如敷，故「王姬之車」、「君子之車」皆與華韻，「有女同車」與華、琚、都韻，尤為切證，不得讀華為呼瓜翻。《春駮炎武說》謂「舍必音舒，何以別古聲如居，今聲近舍？」不知《釋名》所稱今聲，指漢言，不指《詩》言。其以《說文》「褫」讀若「池」，為已括兩音之理；「祥」讀若「普」，為普猶之滂，謂讀如普音之泮，則許書如「玖」讀若「芑」，或曰若人句脊之句，誠有兩音，今褫下但云讀若池，何以見其括兩音？凡《說文》讀若之例，或取正音，或取轉音，祥讀若普，乃取其轉音，何以見讀如普音之泮？此皆泥

陳漢章謹案：此書說字母亦有未精者，如媿云敷、萬方萬翻，同未辨敷方異母。

三三〇

字母為釋，不得不為是曲說。於是泛引若嬰諸字，以為讀若非謂即讀此字，又引囟嬰諸字，以為論韻不論音，其不可通處則或云舌齒相混，或云微差一母，膠固之極，遂至謬妄。甚且强三百篇以就字母，舉「誰謂鼠無牙」等句，謂叶韻有聲無字，某字宜如何呼法？尤令人失笑。推之今人讀濡、繻並如舒，讀脛如經，讀濮如僕之類，本諸諧聲，實未為失，而以為因偏傍而誤，殊弗思言字母不如言雙聲，知雙聲而反切乃得其真。若字母則極多牴牾，即如同一肙聲，而涓、鵑見母，鋗、駽曉母，鞙、琄匣母，娟、蜎影母，捐喻母，「春既謂」不解有此分別？同一瞿聲，而从女影母，从竹喻母，从目、从弓曉母，从足溪母，从走、从邑郡母，「春又謂」由嬰字之音不真，以致偏傍亦雜出無定音，皆非正音。然則其他一切字奚必為斷斷持守，絲毫不假乎？此亦可以矛陷盾者矣。「書釋文陂音祕，舊本作頗音普多翻」，此陂音祕三字，衞包等改，後增入。「舊本云云，為陸氏原文」，乃謂「唐初早有作陂音祕之說，明皇亦有所本，』未免倒置。爾雅釋文：『敉亡婢翻，郭敷靡翻，孫敷是翻，』此雖竝用輕重交互出切，與釋典無涉，且玄應音義所載華嚴經終於五十八卷，和不見字母之說，今所傳八十一卷者，為實叉難陀所譯，出於唐中葉，又在玄應後，（本錢大昕潛研堂問答。）乃謂『爾時釋典早入震旦，其法已傳，特知之者尠，至華嚴而始顯，齊梁間方大行，』亦乖事實。又『蚣說文思弓翻，蚣說文息忠翻，』此所引當出音隱，隋志載說文音隱四卷，不著撰人名氏，顏氏家訓中亦閒引音隱，乃謂不知何人所添，又屬失考。至書韻一條，偽古文並列論語『參乎，』既知古人名字相配，曾子字子輿，參當作七南翻，而謂『今從朱子本釋文音所金翻，亦不害，』猶為小失矣。錢大昕潛研堂文集有答周松靄同年書，謂其『於吳才老、朱子已不免於訾議，何有於亭林，此所以不敢附和。』又云：『承索拙序，自媿才非元[玄]晏，不足以增太沖聲價，故遲回久之，無以下筆。』即指是書，蓋實有所不滿。阮元序云：『讀

三三四

其書者能由經音以攷字母，由字母以審韻譜，由韻譜而協諸疋故而協，則聲音之道自此通，經學之指歸亦可自此而窺。」其意亦以為未協雅故也。陳壽祺左海經辨有釋扶服一篇，力詆其室而不可通，以為其他不勝辨，尤切中是書之失。然李學有根柢，迴異空疏。李慈銘桃華聖解盦日記云：「其中審音定義，亦頗有所發明，蓋拘守等韻，不失為一家之學者。」「一家之學」四字，足為定評。善學者取其博而去其偏，亦何嘗一無裨益歟？

郵齋卷二 共廿四頁 计一万〇九十六字

六書音均表五卷　己未

六書音均表五卷，金壇段玉裁撰。玉裁字若膺，號懋堂，有古文尚書撰異、周禮漢讀考，已書於後。乾隆庚辰舉人，官巫山縣知縣。是編以宋鄭庠分古韵六部，近顧炎武分十部，江永分十三部，為未密，因廣之為十七部。初名詩經韵譜、羣經韵譜，後改易體例，增益未備，以成此書。曰今韵古分十七部表，曰古十七部諧聲表，曰古十七部合用類分表，曰詩經韵分十七部表，曰羣經韵分十七部表，表各有序說，以明其意恉。其後作説文解字注，每篆下云某部，即用此表，經學家之言聲近假借者，亦往往引此表，而絕無引顧、江書者矣。戴震序稱其不惟得古人音讀，又多通古義，洵非虛譽。惟其書不取協韵（案段氏答江晉三書云：「合韵之說，淺人以今與古不合而名之，僕則以古與古合而名之，貫通詞耳。」）而言合韵，則合韵何以異於協韵？言古無去聲，則既取二百六韵而離合之，安見古必無去聲？言支脂之三部古不同用，則古書中同用者甚多，已為陳壽祺左海文集馮登府十三經詁答問所識。古韻每兼用雙聲，是書言「同部假借，但取疊韻，不取雙聲」，故說多齟齬。既言「假借取諸同部者多，取諸異部者少」，又言「古假借必取諸同部」，自相矛盾。又為張行孚說文發疑所糾。江沅說文解字音均表，即本此表為書者也，而其弁言云：「凡許氏所合韵處，皆多方改離之，使不相通。」此皆段氏癥結處。又云：「所有異同之處，當時面質，親許駁勘。」即段氏答江晉三書亦有「得孔撝約詩聲類，欲改拙書而未暇」語。然則段氏於此表，其始頗自殊異，其後亦漸覺悟，可以想見。要之，古韻失傳已久，後人欲於數千載後為古人釐定一韻書，斷無密合之理。故江有誥即晉三。詩經韻讀分至二十一部，嚴可均說文聲類分十六部，張行孚且欲上分七部，亦各自為說。是書部分即有出入，而古韻大槩實已略備，謂為未盡善則可，謂為無一合則不可。李慈銘桃華聖解盦日記云：「其大體精慎，足為一家之學，又詳略升降，以此為關鍵，則持平之論

三三一

八二　二頁共廿六　六書音均表　二　八二

也。張行孚云：古韻之所以不能強合者，皆方音為之；方音之所以不能盡合者，皆雙聲為之。言古韻者，誠類聯其疊韻，而別出其雙聲，則古人用韻雖未嘗分部，而古韻之部自斠然可分。此說足為段書進一解矣。

詩聲類十二卷　壬戌

詩聲類十二卷，曲阜孔廣森撰。廣森字衆仲，一字撝約，有禮學巵言，號顨軒，乾隆辛卯進士，官檢討。○是編推偏傍以諧衆聲，分陽聲原、丁、辰、陽、東、冬、綅、蒸、談九類，陰聲歌、支、脂、魚、魚、侯、幽、宵、之合九類，其入聲則自緝、合等閉口音外，悉分隸於自支至之七部而轉為去聲。大致本顧炎武詩本音、段玉裁六書音均表，而別有所折衷，以補其未盡。故段氏答江晉三書有「得孔撝約詩聲類，欲改拙書而未暇」語。李慈銘桃華聖解盦日記亦稱其「畫分東冬為二，實發前人所未發」。又云：「惟主陰陽而不言脣、舌、喉、齒、牙，惟主偏傍而不言字母等韻，雖推之於後，往往見其未密，而論三代、秦、漢古音，實為獨得要領」。其推挹亦甚至。○今案書中以「思我小怨」怨字為轉音，眼去聲與萋韻，「祇自疧兮」疧字為脂真互轉，讀作疹之類，孔氏自謂無所牽強，無所疑滯，頗亦見其善於鉤析。然不知萋、怨雙聲，塵、疧雙聲也。○詩雙聲亦韻，錢大昕十駕齋養新錄言之，詩之方音由雙聲而轉，張行孚說文發疑言之，孔氏漕然於此，因謂母字詩凡十七見，皆讀為每，惟蝃蝀讀為姥，似此字本有兩音，不知每、姥雙聲也。又謂說文以求為即古文裘，省實與求不同音，許叔重合為一字，恐未然，其字從衣從求，似會意非諧聲，不知裘之與梅、哉、貍、來、服、試為韻，皆雙聲也。其他兼入某韻之字及所附之字，亦即雙聲之轉。孔氏云「其用韻疏者，或耕與真通，支與脂通，蒸、侵與冬通，之、宵與幽通，然所謂通者，非可全部混淆，間有數字借協」，其說固是，而不知實由雙聲為之限也。朱亦棟羣書札記、夏炘詩經廿二部古音表集說均於此書有異議，夏書拘泥等韻，遂多扞格，不足以難孔，朱書於孔說之尤字當讀訧，蔞字當讀幽，鳥字當入黝韻，茸從耳古音仍若仍孫之為耳孫，以為偏僻，於民人所瞻，疑瞻為彰之誤，則據漢人避諱改莊為嚴，謂瞻可叶相、臧、腸、狂，於逸周書馬之剛矣云云斥其之、宵、幽三部

（鄭巢謹案：母字十七見云云，即顧氏說，錢氏大昕云：古音母讀如每，其讀如今音者，轉音也。每從母聲，有姥音。又云：求本裘字，借為求與之義，求、祈聲近，故又音渠之切，後人於求加衣，仍取求聲，非衣聲、求裘一字，顧氏析而為二，不知求有二音云云。）

三三〇

一三三　二頁共七日五九　詩声類　二　一三三

雜用，先聖刪定，所存未見有是，則謂『志氣麃麃』句不必用韻，『取與不疑』句下有『以是御之』句，亦古詩。麃麃一作塵塵，若塵字可為韻，則無將大車之疷與塵協，乃真古韻，頗能切中其失。雖未知於雙聲求之，其説要可存參也。然廣森學問淹博，其書部分秩然，足備覃究古韻者之考核，故後來王氏刊入經解續編。此顨軒所著書本，點畫較少舛誤云。

詩聲分例一卷 壬戌

詩聲分例一卷，曲阜孔廣森撰。其書始偶韻例，訖隔協句中隔韻例，凡通例十（廣森有詩聲類，已書於後。是）門，別例十三門，雜例四門，共舉式百有三十。李慈銘桃華聖解盦日記稱其較江氏之詩韻舉例為密。朱亦棟稱其以父曰嗟予子，子字與下已、止合韻為的解，以度其鮮原，原字與阿、沱為韻，為匠心獨得。惟謂不必讀原為魚何反，又議其以鴻則離之，離字古音羅，為一偏，以載寢之地，地字古音陀，為古地字明有地音，且與第通。又孔氏以兄弟鬩于牆二句無韻，朱氏謂當以戎叶汝，與務合韻。孔氏以不敢怠遑句非韻，朱氏謂漢人避諱改莊為嚴，嚴叶遑，音正是古音疑監濫一韻，嚴遑一韻，或是隔句韻。凡此均足正其失，而其不知雙聲亦韻則一也。孔氏惟不知此，故谷風末章嵬與萎、怨為韻，嵬字之雙聲也，而謂與次章頹、懷、遺為韻矣。召旻六章頻與中、躬為韻，頻字之雙聲也，而謂與上章職、兄、斯引為韻矣。凡似此者，均未足據信，即所分例，亦未必盡合詩人之恉。然如『肆戎疾不殄，烈假不瑕』，以為殄與疾協，瑕與假協之類，要不得謂非妙悟，餘亦大半可資參攷，宜乎王氏亦刊入《經解續編》矣。錢大昕《十駕齋養新錄》詩句中有韻條云：『周南「于嗟麟兮」句似無韻，實與章首「麟之趾」相應，以兩麟字為韻也。召南「于嗟乎騶虞」，乎與虞韻。秦風「于嗟乎不承權輿」，乎與輿韻。鄘風「期乎我桑中，要乎我上宮」，中與宮韻，桑與上亦韻也。邶風「有瀰濟盈，有鷕雉鳴」，盈與鳴韻，瀰與鷕亦韻也。唐風「角枕粲兮，錦衾爛兮」，粲與爛韻，枕與衾亦韻也。大雅「文王曰咨，咨女殷商」，二句似無韻，而王與商，文與殷皆韻，咨咨亦韻，韻不必在句尾也。』此與孔氏所舉聯韻例、句中韻例、句中隔韻例相出入，而互有詳略，學者誠能觀其會通，當於詩學有得，爰附於此。

右韻書之屬

二八三

十二万四千八百九十五

王欣夫先生遺稿

李慶 編

許廎經籍題跋
積書巖摹古帖題跋

貳

復旦大學出版社

『十四五』國家重點出版物出版規劃項目

許廎經籍題跋。

許廎經籍題跋卷九

吳縣　胡玉縉　撰
後學　王欣夫大隆　輯校

史部

正史類

史記志疑三十六卷　壬戌

史記志疑三十六卷，仁和梁玉繩撰。玉繩字曜北，一字諫菴，自號清白士，貢生。是編以史記采取百家，每多疏舛，加以後人删續，傳刻譌踳，注釋傅會，復失其真，乃條列本文，為之辨正。凡訂史文者為案，其他書與史異者，他書引史與今本異者，史注與他書誤解者，傳寫譌錯而非史文元誤者，非史誤而有所辨者，所據淩稚隆本傳寫舛誤及句讀錯者，皆為附案。條例分明，義據閎博。從事幾二十年，稿凡五易，可謂集史記學之大成。惟學有餘而識或不足，往往不信古書，偏徇俗說，是其所蔽。如辨夏本紀禹巡狩至會稽而崩，以為禹無葬會稽事，其時會稽在荒外，盡翻國語、管子、墨子、吳越春秋、越絶書、水經注及本書之説，而獨依論衡之頗辭，杜注左傳塗山之孤解，并欲移會稽於濠州，且力辨舜葬蒼梧之誣。不知舜禹葬處古無異説，漢書劉向上疏言「堯葬濟陰，舜葬蒼梧，禹蒼〔葬〕會稽」，不改其列。説文山部嶷下云「九嶷山也，舜所葬，在零陵營道」，糸部緇下引墨子曰「禹葬會稽，桐棺三寸，葛以緇之」，皆與史合，未嘗致疑。濠州之塗山作塗，會稽之嵞山作嵞，不作塗。説文屾部嵞下云「會稽山也」，可見自是兩地，後人乃牽混為一。李慈銘息荼庵日記言之甚詳。又辨周本紀「后稷卒，子不窋立」，以為不窋不得為稷子，史公惑於國語十五王之説，十五當是廿五，不知國語基禍十五不去宣王之有賢德者言，則基德十五，統計其世，非分别之辭，可知；猶書稱「自成湯至帝乙，罔不明德」也。如改十五為廿五，與「十五不齊十四」，胡興之語舛悖。又辨越句踐世家「其先禹之苗裔」，引世本及韋昭國語注、臣瓚漢志注，

三三〇

以為越非禹後，其辨禹無葬會稽事，亦及此。不知百越之君，原非盡屬禹後，而句踐自是姒姓，非芈姓。又辨秦始皇本紀贊「後襄公立」云云，引魏了翁古今考，謂班固明帝時所得，以為此先秦文字，不可多見，不知班固典引序所稱明帝使小黃門趙宣持問之紀，明曰太史遷贊，安得有古秦紀？凡此皆為黃以周史說略所糾。又辨酷吏傳「以牧司姦盜賊」，以為牧乃收之譌，不知牧謂監察，凡姦盜賊，必先司察而後舉發，舉發而後收捕，不得先言收而後言司。王念孫讀書雜志釋商君傳「令民為什伍而相收司連坐」條，載其子引之說，謂「收當為牧，字之譌」，引酷吏傳此文為證，與梁氏適相反，而實勝於梁。李慈銘桃華盦日記云：「予所購本為高郵王氏藏書，於『牧乃收之譌』五字，以墨筆勒之，雜志序中頗稱志疑之細密，而書內抹勒處甚多，前輩論學虛心不相假借如此。」是則王氏於此書抹勒處非一，惜未見其本，而李氏又未備舉之也。然其書用力甚深，如言黃帝非姓公孫之類，雖史遷復生亦不能置辯，以舜名重華，伊尹名阿衡，非姓名之名，乃名號之名，尤得其大通，百密一疏，奚足為病。此廣雅書局重刻本，前有丁未錢大昕序，稱其足為龍門之功臣，襃集解、索隱、正義而四之，洵非溢美。又有乾隆癸卯自序，後續有增益，即箋之刊本上，其子學昌遂輯為庭立紀聞四卷，亦可云老而彌篤者矣。

一二六

改

一八九

漢書音義三卷

鏞堂有盧氏禮記解詁輯本，已書於後

漢書音義　　一八九

漢書音義三卷

隋蕭該撰。該，蘭陵人，梁武帝曾孫，封山陰縣公。隋國子博士。時代事蹟無考，附隋書何妥傳。是編隋書經籍志已著錄，蓋當時本也。原書十二卷，北宋時已佚。此武進臧鏞堂輯本，并序後有補遺，為錢塘丁氏所藏。原書雖祇存四之一，而所引字詁、字林、三蒼、埤蒼、集韻諸書，為後之續輯小學鉤沈者所不廢，非僅足校正漢書誤文而已。惟唐惠琳一切經音義及日本所撰倭名類聚鈔二書，引唐以前經史音義甚多，此書亦在所徵引。近自日本流傳中國，為臧氏所不及見。丁氏嘗欲續為增輯，而未有成書，是在好學者之為之矣。

武進臧鏞堂輯

後漢書補表八卷　己未

後漢書補表八卷，嘉定錢大昭撰。大昭字晦之，號可廬，有漢書辨疑，大昕弟，嘉慶元年舉孝廉方正。是編以宋熊方補表僅取材於范書、陳志，疏漏舛誤，所在皆是，因博采羣籍，別撰此表。凡諸侯王六十一人，王子侯三百四十四人，功臣侯三百七十九人，外戚恩澤侯八十九人，宦者侯七十九人，視熊表增多百三十人。前有條例，明其體例，並駁熊表之失，頗為賅備。惟大將軍位在三公上，度遼將軍任為邊將，秩比太守，乃公卿表並列一格，在司空下。光武時軍中所置大將軍，如吳漢、杜茂、景丹，皆草刱權置，不過一將之任，與西京霍光、王鳳之為大將軍，及永元後竇憲等之為大將軍，尊卑懸絕，乃亦一槩列入。司隸校尉，職任綦重，河南尹以下七郡守，皆其所屬，乃列河南尹，不列司隸校尉。是皆泥於班表之例，不敢出入，致有此失。又表中諸人所遷徙之官，或不列於表，自宜書明徙何職？乃亦但書曰遷，今人莫可尋究。其餘官爵回互，拜罷舛漏，尤屢見迭出，凡此已為李慈銘桃華聖解盦日記所糾。諸侯王皆皇子，王子侯皆王子，其部居截然有別。大昭分為二表，甚合史例，乃光武子沛王輔等既入之諸侯王表，除東海王彊外，又見於王子侯表，臨淮公衡又但屬之王子侯表，其意以王與公為別，而皇子降與王子為列，名與實乖。即光武叔父趙公良、兄子齊公章、魯公興亦不當互見於王子侯表，是為體例不協。功臣侯表祝阿侯陳俊子浮、槐里侯萬脩子普、櫟陽侯景丹子尚，皆不詳徙封年月，據水經江水、泌水、濁漳水注，浮徙封在建武三十年，普、尚並在六年，大昭皆失攷。其他浮陽侯劉歆，據水經淇水注，建武十五年始封，乃以為元年封。宦者侯表龍亭侯蔡倫，據倫本傳，倫死在永初四年，乃以為永甯〔寧〕二年，有罪自殺，永甯〔寧〕亦止一年，無二年。高望亭侯興渠，東鄉侯籍建，據程孫傳，於封程養子壽後，詔書錄微功，封興渠為高望亭侯，順帝即位、擢建爲中常侍、後封東鄉侯、是二人均非與程同日封、乃以爲延光四年十一月辛巳封、其舛錯尤顯。凡此又爲黃以周史說略所糾。今案又有失之目睫者、東海王祗薨、見獻帝建安五年紀、乃以爲脫文、而引孔融傳阜陽侯顯爲濟南安王錯子、見濟南安王康傳、乃以爲簡王子、諸如此類、殆不能爲大昭解。又有黃氏所未及舉者、水經洛水注載洛陽上東門石橋右柱銘云、陽嘉四年、河南尹邳崇隴、丞渤海重合雙福、今崇隴、雙福皆未采、亦足見其失攷者尚夥。然核其大體、視熊表實爲精密、蓋所謂過一而功十者、其書要不可廢也。至功臣侯表於武邑侯耿植下注信都縣、不其侯伏湛下注東萊縣、一本地理志、一本郡國志、黃氏議其兩岐、當悉以郡國志爲主。黃意以後志自有武邑、余門人陳漢章云、武邑隸安平、在延光以後、當耿植封時、信都尚未改樂成、況云安平故、注以熊表爲誤、似不得與東萊之不其同論。此說頗可存參云。

三國志注補六十五卷 庚申

三國志注補六十五卷，仁和趙一清撰。一清有水經注釋，四庫已著錄。是編以同時杭世駿補注猶有殘賸，更采輯史傳諸子舊說，按卷繫綴，而書別「補曰」二字，不特益其未備，間或正其舛譌，洵有裨於史學。胡爾滎破鐵網謂「其蠅頭細楷，即書於南監本三國之上」；丁丙藏書志則謂「曾見原稿，以馮刻三國志翦裁原文、原注，黏貼素冊，而自書補注於其間」。二說不同。攷南監本三國志為祭酒馮夢禎等所刊，則所據實即一本，胡稱「書之於上」，當屬傳聞。抑胡所稱為初稿，丁所稱為再稿歟？此本從原稿清出，版格之心有「東潛趙氏定本」六字，為今江南圖書館所藏，蓋最後之本也。光緒戊子，廣雅書局編刊史學叢書，以全志繁重，摘出補注付梓，雖非趙氏真面目，要與他書節本不同，茲附及之，不別出焉。

魏書地形志集釋三卷 庚申

魏書地形志集釋三卷，烏程温曰鑑撰。曰鑑字霽華，號鐵華，國學生。是書以魏志兼綴古迹，非專載沿革，因考水經注、兩漢、晉、宋、隋各志及元和郡縣志、太平寰宇記、元豐九域志，為之注釋，用力頗為勤摯。惟杜氏通典州郡門考訂詳覈，往往與魏書相證明，而竟無一語采及。陸氏儀顧堂續跋以為似近於陋，頗中其失。如有好事者重加蒐集，為之釐定，則亦楊守敬隋書地理志攷證之亞也。此即陸氏所藏手稿本，初名攷異，改名攷證，後乃定今名。繆荃孫嘗欲刊行，今雲自在堪叢書、藕香零拾均無其本云。

王欣夫謹案：已刊入吳興張鈞衡適園叢書。

舊唐書校勘記 一頁 四四一

舊唐書校勘記六十六卷 壬戌

舊唐書校勘記六十六卷，句容陳立等撰，立字卓人，有公羊義疏，道光甲辰進士，官曲靖府知府。道光壬寅、癸卯，甘泉岑建功刻舊唐書，除分校寫樣刻樣，延請四人外，另延立及儀徵劉文淇、毓崧父子，江都羅士琳四人分纂校勘記，目錄內臚列姓名。其書以殿本校刊，聞人詮本為主，而采沈炳震合鈔本、張宗泰考正及太平御覽、册府元龜、文苑英華、唐六典、唐會要、通鑑、通典、通考、太平寰宇記諸書參互考訂，以成此記，一字之異，亦必舉出，所附案語，頗見折衷，洵有裨於史學。嘗謂二十四史中，舊五代新輯，明史新出，舊唐衹有聞人本，餘二十一史刊本不一，惜無有根據各本參稽他書為之校勘者。故劉毓崧通義堂集有校刻漢書凡例十三則，極可取法，其中有云：「舊唐書專據一本，故可正書先刻，校勘記後成；漢書不專據一本，故須校勘記先成，正書後刻。」今案羣史當以殿本為主，北監本行款較南監本整齊，而實出於南監，不如南監之近古，且少譌字。其殿本之改譯，即注於下，但使校勘記能成正書之刻否，可勿計也。此本雖祇舊唐，而實足為先路之導。原附所刻本後，茲為之別出焉。○文淇有左傳舊疏考正，字孟瞻，嘉慶己卯優貢。毓崧字伯山，道光庚子優貢。士琳字次璆，號茗香，咸豐元年舉孝廉方正。主，惟遼、金、元三史，改譯人名，轉滋閱者迷惑，當以南監本為

一四一

舊唐書逸文十二卷 壬戌

舊唐書逸文十二卷，甘泉岑建功撰。建功字紹周，官提舉。是編因重刊舊唐書，取諸書所引有與今本不相附麗無庸載入校勘記者，爰薈萃其文，一一排比而加以考訂，乃成此書。其所輯以御覽為主，而附注諸書異同於下。凡非明引唐書及誤引他書為唐書者，概不闌入，去取頗為謹嚴。前有阮元序，稱其有十善。又自序稱「御覽諸書皆明引唐書，足以傳信；會要、册府所述唐時之事，必御覽等書所已引者乃取以校訂其文，其未引者不復裒輯，誠以會要、册府雖根柢亦出於唐書，而究未嘗明引，恐蹈無徵不信之譏」云云，實事求是，於此可見。據劉毓崧通義堂文集，知兩序皆劉代撰，疑輯逸亦出陳立諸人手也。李慈銘荀學齋日記云「御覽誤字最多，凡與會要、册府互異者，皆以兩書為長，自宜取其詳當者為主，而附注他本異同，不必執定一書，至其字之筆畫異同，如並作竝、麒麟作騏驎、帕作帊之類，亦不必一一悉出。不知主一書而別注異同，則條例清而義之短長自見，至所斤斤於字畫之異同，亦正見義例之密，近人往往喜翻異。朱一新《無邪堂答問》，引書備著出處，近例始嚴，以為可免暗襲，然暗襲與否，仍視其人，吾見著出處而暗襲尤工者多矣。李氏之見何以異是。總之，陳立諸人，非不明著書體例者，聞人詮本頗多殘缺，自有此網羅散失，而舊史遂為完書，不得以署名建功而輕議之。其書刊於道光戊申，亦附《舊唐書》後，為別出之。

一八一

遼史拾遺續三卷 庚申

遼史拾遺續三卷，震澤楊復吉撰，復吉字列歐，乾隆壬辰進士，截取知縣。是編以厲鶚撰遼史拾遺時，薛居正五代史尚在永樂大典中未經輯出，為所未見，而葉隆禮契丹國志、薛應旂宋元通鑑棄置甚多，有語焉弗詳之憾，因以三書為主，附益他籍，得四百餘條，以補厲氏之未備。書成於乾隆甲寅，卷帙雖少於厲氏，而勤勞實同之，為揅究遼史者所不廢。然尚有可補益者，如路振乘軺錄見晁載之續談助，陳襄神宗皇帝即位使遼語錄見古靈集，金王介儒撰降封天祚為海濱王詔見郝經續後漢書，苟宗道注引金實錄，孝子齊閎見灤州志，宋致遼國書百餘通見宋大詔令集，是書皆未之采。汪曰楨識語已議之矣。此江南圖書館所藏原稿本，世所行汪氏振綺堂本頗有增竄，改為拾遺補，非楊氏之舊也。

元史本證五十卷 壬戌

元史本證五十卷，蕭山汪輝祖撰。輝祖字煥曾，號龍莊，乾隆乙未進士，官至道州知州。是編以元史重複牴牾，不一而足，爰取本書紀、傳、表、志之文，參稽互證，不旁及他書，故謂之本證。凡證誤二十三卷，證遺十三卷，證名十四卷，所有攷辨，大率本之錢大昕攷異，中多其子繼培案語，蓋成書在於晚年，繼培為之補綴也。元史自邵遠平為類編，部居較完，魏源為新編，榛蕪盡掃，洪鈞為譯文證補，近人柯氏為新元史，而蒐采乃大備。是書祇就一部史中探索，未免太儉，然吳縝新唐書糾謬已有是例，其分門辨證，如髮之受梳，甚便學者，亦讀元史者所不廢也。此家刻本，前後無序跋，李慈銘桃華聖解盦日記據輝祖病榻夢痕錄餘載王蓀淳師答書稱：「兩書（案兼指三史同名錄言。）攷訂非易，甚有益於學者，不可云讀書末節」，自序二篇，極有關系云云，以為今惟三史同名錄敘錄卷中有自序一首，殆此本偶失之，理或然歟？

一二

鄞卷五共廿三頁計一万〇八十四字

元史新編九十五卷

國朝魏源撰。源字默深，湖南邵陽縣人，道光甲辰進士，官至高郵州知州。是編以舊史蕪蔓疏漏，別爲釐正，仿新唐書、宋史之例，立平服各國傳及叛王傳，而元之疆域明。輯皇子諸王傳與世表相經緯，而元之宗系明。列傳則以元人名字往往相同，變立史法，分以事類，別以時代，而諸臣之事實亦明。其餘本紀自世祖以下，襲用邵遠平類編，氏族表、藝文志襲用錢大昕所著，即舊史之可用者亦仍之，而補所必補，删所必删，視舊史實文省而事增。雖順帝紀至正十七年仍缺，賜訖徹、王宗嗣等五十一人進士，列女傳以杭忽思附於其妻之類，不無可議，而綱目秩然，義例完具，以視舊史，殆新、舊唐書，新、舊五代史之比例，非明人柯維騏宋史新編諸書所可擬也。近世學究元代掌故者，李文田地理志注及秘史注，洪鈞譯文證補，最負盛名，是書成於咸豐間，藁本殘闕，光緒丁酉，其族孫魏光燾始屬歐陽俌、鄒代過校補，已將譯文證補散附宗室世系表中，又間采李氏及他人說，是二書實已賅括在內，論者謂當以李、洪書參校重爲編訂，亦攷之未審矣。

宋遼金元四史朔閏攷二卷 己未

宋遼金元四史朔閏攷二卷，嘉定錢大昕撰，門人李銳、姪錢東垣、錢侗增補。大昕有經典文字考異、聲類，已書於後。是編以四史叙事甲子不殊，閏朔互異，爰采正史及稗官野史，證以金石文字、諸家別集，參互考訂，各標所出。紀年以宋為主，遼、金、元年號亦附注之，極為翔覈分明。攷宋曆十八改，遼再改，金三改，元亦三改，朔閏不同，即由於是。元修遼史，其天文志有閏考、朔考，已見及此，惟僅箸遼與梁、唐、晉、漢、周、宋及遼時耶律儼與陳大任之所異，尚多疏漏，且或舛錯。大昕正之，並推及金、元，將欲成書而卒。銳等遞有增益。嘉慶丙子東垣跋稱：「銳增五十八條，侗增一千三百十八條，東垣所增及以前後朔推得者一百二十六條。」庚辰阮福刻本序，以錢侗推至至元以後之閏朔及明而止，為未達大昕作此考之意，遂以宋德祐二年為斷，餘槩從刪削。不知司馬光通鑑目錄嘗以劉羲叟長曆氣朔閏月著於上方，原書稚至推至元末，正足為徐乾學通鑑後編目錄之本，阮氏刪之，殊為憒憒，惜原稿不可見，此伍氏粵雅堂本即據阮刻也。各條注明某增，頗見諸人搜討之力，惟行密字細，校讎殊略，如天聖九年失注遼景福元，元豐八年失注大安元，政和七年失注金天輔元，宣和三年失注遼保大元（據李編為説，齊表大安在六年，保大在元年，無天輔。）五年失注金天會元，紹興二十三年失注貞元，元當係刻本誤脫，其紹興十七年，據齊召南歷代帝王年表為蒙古改元天興，此蓋不數之。又齊表遼保甯元為宋開寶元，而注在二年，乾亨元為太平興國三，而注在四年，太平元為天禧四，而注在五年，咸雍元為治平三，而注在二年，大康元為熙甯七，而注在八年，天慶元為大觀四，而注在政和元年，此與李兆洛歷代紀元編悉合，當以此為正。又遼壽隆元，齊表為元祐七，李編為紹聖二，而是書紹聖二年注遼壽昌元者，洪遵泉志引李季興東北諸蕃樞要等書，皆作壽昌，惟遼史誤作壽隆，遼人謹於避諱，道宗爲聖宗之孫，斷無取聖宗諱紀年之理，大昕十駕齋養新錄明辨之，是尤可援以互證者矣。鋭字尚之，元和人，東垣字既勤，偃字同人云。

鄦齋經籍題跋卷

吳縣　胡玉縉　撰

後學　王大隆　補

編年類

竹書紀年集證五十卷叙略一卷　壬戌

竹書紀年集證五十卷，叙略一卷，江都陳逢衡撰。逢衡字履長，號穆堂，嘉慶諸生。是編取僞沈約注本爲之引證推闡，大致以金履祥通鑑前編、羅泌路史、馬驌繹史、梁玉繩史記志疑四書爲主，而附益以胡應麟、楊慎、孫之騄、徐文靖、鄭環、張宗泰、陳詩、趙紹祖、韓怡、洪頤煊十家之説，雖林春溥、雷學淇諸説未之引及，而援据頗博，鈎析至勤，不可謂非集是書之大成。惟紀年一書，與晉、魏、唐、宋人所引往往不合，提要疑明人鈔合諸書爲之，如十六國春秋之類，所言致爲有見，是其書殆百僞一真，逢衡曲爲傅會，已不免博於聞而短於識。唐仲冕陶山文錄與許石華書，所謂求其非之無舉，而其真轉没者，固切中其病。然木落歸本，狐死首邱，猶可曰集證之體例則然，而喜參肊說，實乖體例。李慈銘《桃華聖解盦日記》譏其好為議論，不脱學究習氣；又謂拘牽書法，肊測古事，與梁氏之失同，所糾殆不能為逢衡解。又謂徐箋最簡絜，雷校頗綜覈，皆陳氏所未逮，而詳贍則勝於二家，足以鼎足立，則持平之論也。此自著陳氏叢書本，張之洞《書目答問》作五十八卷，蓋記憶之誤耳。

一六一

永曆實録二十六卷

永曆實録二十六卷，衡陽王夫之撰。夫之有周易稗疏，四庫已著録。是編紀明末桂王之事，凡紀一卷，傳二十五卷，大致永曆居梧以前記載翔實，入滇而後傳聞不免有譌。如諸書或稱桂端王爲恭王，而此云「端王薨，後安仁王由㰘承國事，未幾暴薨，永曆即位，追尊爲桂恭王」。諸書或言「王太后崩後，始尊馬氏爲太后」，而此云「永曆初立，即上嫡母王氏爲慈聖皇太后，生母馬氏爲慈寧皇太后」（李慈銘云：慈聖爲神宗生母李太后徽號，不應相襲，當從瞿忠宣集作寧聖、昭聖。）。諸書稱劉湘客官或曰侍讀，或曰少詹事，或曰禮部侍郎，或曰副都御史，而此云「湘客擢翰林侍讀學士，朱天麟、王化澄言其非科目，不當入内制，湘客請外除，遂改僉都御史協理院事，旋遘梧州之獄」。諸書稱侯偉時官吏部主事，而此云「崇禎末偉時已官吏部封驗司郎中，永曆時超拜吏部右侍郎，代尚書李若星管部事，殉難後贈禮部尚書」。均當據此以訂彼他。如：通山王請瞿式耜上馬，不行。何騰蛟子文瑞以蔭至兵部侍郎，居桂林，廣西陷，遇害。焦璉謙讓不競，遇文吏不失舊制，又移書諸將沮孫可望王封。皮熊謀與水西相機收黔，水西滅，熊被執至雲南，粒水不入口八日絕。張同敞疏言不宜用北寺獄考掠言官，王化澄怒，擬旨咎之，同敞抗疏申理，化澄尤恨。嚴雲從乞封其高祖嵩、曾祖世蕃，部議不許，但封其父祖，不及世蕃。朱國輔為司禮監韓贊周養子，居宮中常侍左右，馬士英導上為淫樂，國輔每從容泣諫。其事為諸書所罕載。皮熊女為韓王妃，熊與諸臣謀立王監國，通山王蘊釪急請對，言云云。劉承胤出，遇宮門，擊之。劉季鑛、兄伯欽、仲鋁及廬陵甘永安、安福周玥、歐陽霖、陳覲、周鼎瀚之弟鼎泗，皆抗節不仕。晏需明及宜興李來、蘇州汪郊、三原溫溥知、孝感彭燚、安福王華玉，皆瞿式耜所薦舉。以及黃奇遇、黃公輔之稱職，陳世傑、管嗣裘、朱昌時之明進退，熊興麟、聞大成、朱維四、原書缺其名但云字維四周師文、鄖見、陳有功、滿大壯、楊進喜、惠延年、吳學之死節，以上嗣韓王等，并其人亦諸書所罕見。凡若此類，足裨掌故而資攷證，頗為劉毓崧通義堂集是書跋及李慈銘受禮廬日記所稱。惟蕭尹歷陳往古廢后事，妃泣訴事得已，乃以為齎血詔付李定國、李天麟於陳邦傅，請世守廣西事，執不許，乃以為與之通款於孫可望，為殺嚴起恒、金堡地。吳貞毓在安隆謀除可望，列十八先生之首，乃以為密啟稱臣於可望。楊畏知始以兵拒可望，後以頭上冠擊之被害，乃以為被脅為用。雷德復為可望困辱自縊，乃以為德復等十七人同被殺於貴州。丁魁楚因降李成棟見殺，乃以為據岑溪與我兵戰不勝而死。馬吉翔死於緬甸呪水之禍，乃以為降我朝被殺。郭之奇、張孝起、吳炳皆死節，乾隆間並予謚：忠節黃端伯、王興並謚烈愍，姚奇胤謚節愍。其子端亦殉難，乃以為之奇、炳皆降而死，孝起逃去不知所終。端伯呈身馬士英，許奏姜曰廣、興為綦鄉

里，奇胤與仁和令因緣為姦利，桂林陷，端乞降，魯可藻亦章曠之亞，乃以為乾
沒狼籍。甚至忠烈如何騰蛟，而語多不滿，鄙瀆如金堡，而極意相推，反覆如陳
友龍，亦為之曲護。凡此皆紕漏，不足為定論。又為劉李所糾。若夫桂王之薨，鄭
成功在臺灣，上謚號曰昭宗匡皇帝，而此但稱大行皇帝。諸鄭列傳有目無書，
陳邦彥、呂大器、李乾德、王錫袞、曾異撰、高歒、任國璽等皆有事可紀，而未立傳，
范鑛、朱容藩亦僅見其名於紀中，則搜采猶有漏略。馬進忠之封鄂國公，紀在
三年春，傳在是年秋。鎮峽關之陷，紀在四年夏，曹志建傳在是年秋。李元胤之
爵，紀先稱南陽伯，後稱南陽侯，傳但言伯，未言晉侯。其死，紀在肇慶，傳在鬱
林。楊國威之官，紀為征蠻將軍，瞿式耜、焦璉等傳「征」作「平」。姜曰廣之官，紀為太
子太師、武英殿大學士，傳則「太」上有「少師兼」三字，「武英」作「建極」。其謚，紀為文愍，
傳作文忠。揭重熙之官，紀為兵部尚書兼副都御史，傳「尚書」作「侍郎」。王化澄之

三三〇

官，紀為兼僉都御史，傳言驟擢副都御史。陳世傑之官，傳言改編修。黃奇遇傳作簡討。金聲桓之謚，紀言忠毅，傳作忠武。王得仁之謚，紀言忠壯，傳作武烈，則考訂尚未畫一，猶失之小焉者也。然夫之長於史學，此書雖有可議，大略可觀，其書前平西伯晉封蘄國公吳三桂弒上于雲南，尤合春秋之法，不可謂非霸史中之佳本也。劉氏云：桂王紀、李定國傳之沙定周，當從他書改周為洲。程源傳之孫傳庭，當從他書改傳為傳。陳邦傅，他書傳多作傅，然其字為霖寰，似用傅說霖雨，則傅字較合。張先璧，他書璧多作壁，然其弟名先軫，似用星宿排行，則壁字較合。王光興之兄光昌，他書昌作恩，劉氏未言當何從，今謂似以作興為得。（又案：徐嘉小腆紀年，邦傅正作傅，先璧仍誤壁。）李氏云：何中湘謚文忠，諸書或作忠烈，或作文烈，或作文節。以中湘資望論之，當以文忠為是。其他所載若姜曰廣，贈進賢伯，謚文忠，紀作文愍，疑當從傳。章曠贈華亭伯，謚文毅。曠兄簡，隆武中贈郎中，謚節愍，侯偉時

仍

謚忠靖，王得仁謚忠壯，（傳作武烈）亦諸書所未見。晏清字元洲，劉遠生本名廣胤，以字行，劉季鑛字安世，袁彭年字介眉，（他書皆言彭年為宏道之子，此獨云中道之子，中道字小修，中郎之弟。）郭之奇字菽子，萬翺字九臯，程源字金一，王化澄字登水，丁時魁字斗生，曹志建字光宇，楊國棟字瑞宇，馬進忠字葵宇，皮熊字玉山，李成棟字廷玉，子元胤字元伯，皆足補霸史之闕。李定國他書稱其字鴻遠，此書稱其字寧宇，因名推義，疑此為得。至焦璉之字，他書作國器，此作瑞庭；金聲桓之字，他書作虎臣，此作虎符，則未知孰是？此兩説亦讀者所宜知，并及之。

歷代帝王年表 不分卷 癸亥

歷代帝王年表無卷數，天台齊召南（字次風，號瓊臺，乾隆以副貢舉鴻博，官至禮部右侍郎）撰，儀徵阮福續編。召南有注疏考證，福有孝經義疏。福字賜卿，阮元子，官候補部郎中。是編取三皇以訖明末四千五百餘年之治亂得失，舉其大槩。三代以上但列世次，秦六國而後皆以年序，大致以御批通鑑輯覽為藍本，而參以他說，文簡事賅，凡歷代之興亡分合，開卷瞭如，是為讀史者之助。中如宋末仍書景炎、祥興年號，從續綱目，不從輯覽與徐乾學通鑑後編，合深得文天祥、陸秀夫、張世傑輩苦心。惟輯覽稱帝嚳作六英，此云樂曰九招。攷漢書禮樂志、白虎通禮樂篇均稱帝嚳五英，禮記樂記疏引樂緯則作六英，宋注云：六英者，能為天地四時六合之英華。是六英塙有所據。史記五帝紀：禹乃興九招之樂。索隱：招音韶，即舜樂。說苑修文篇亦云：禹作九招之樂。是九招斷非帝嚳樂，不解何以改六英為九招？魏拓跋紹弒其君珪，輯覽在晉義熙五年己酉，此乃孽之玹天賜五年戊申，當是涉五年字而誤。宋元符三年，輯覽書正月太后權同聽政，秋七月太后罷聽政，此祇書罷聽政，不書權同聽政，遂使文無所承。又唐武后壬辰、辛丑，既以如意、長壽及大足、長安兩紀年並書，而己丑有永昌、載初，乙未有證聖、天冊萬歲，丙申有萬歲登封、萬歲通天，乃祇各書其一，是謂為例不純。後燕慕容垂、西燕慕容沖、南燕慕容德不著燕元、更始、燕平，南涼禿髮烏孤、北涼段業不著太初、神璽，或者始事從略。乃十六國成李雄既著建興、晏平等，而李期、李壽之玉恒、漢興不載；西夏元昊既著廣運、大慶等，而涼祚、秉常、乾順之延嗣窗國之乾道之天儀治平不載，各以一二等字括之，其間屢次改元更不必説，此又何説？金收國祇二年，改元天輔，又六年，乃失載天輔，而以收國為有八年，尤足疑誤後學。據李兆洛紀元編，契丹天顯元年當後唐同光四年丙戌，乃在乙酉；北漢廣運當宋開寶七甲戌，乃在

三三〇

戊辰，遼乾亨元，當太平興國四己卯，乃在戊寅；太平元，當天禧五辛酉，乃在庚申；咸雍元，當治平二乙巳，乃在丙午；大康元，當熙甯八乙卯，乃在甲寅；大安元當元豐八乙丑，乃在癸亥；壽隆（案：當作壽昌。詳宋遼金元四史朔閏攷條下。紀元編云：「一作壽昌，一作盛昌，一作昌壽。」）元當紹聖二乙亥，乃在壬申；天慶元，當政和元辛卯，乃在庚寅；保大元，當宣和三辛丑，乃在己亥。錢大昕四史朔閏攷略同。當以錢、李說為正。陸耀遹金石續編據「凝禪寺三級浮圖碑書大魏元象二年歲在申」，語以為歲在申者庚申之歲，孝靜以天平五年獲象改元元象，乃頒詔於戊午而改元於己未，元象元年十一月鄴都成，改元興和，乃頒詔於己未而改元於庚申。此碑以庚申為元象二年，殆刊訖於奉詔之前。齊召南南北朝年表以戊午為元象元年，己未為興和元年，是泥通鑑而誤。此辨亦足糾其失。至大禹下明稱「元歲丙子」，後乃云「夏起甲戌」；平王下明稱「元年辛未，始東遷洛邑」，後乃云「東周起平王己未」；以及唐文宗大和作太和，（案：魏明帝、晉廢帝、魏孝文帝、後趙石勒、成李勢皆號太和，唐文宗、吳楊溥皆號大和，金章宗號泰和。）苻秦皇始作
皇初，後梁大定作天定，吳乾貞（案：一作乾正。）作貞乾，遼大同元年作會同十一年，金
崇慶作崇寧，當屬傳寫之誤。阮氏小琅嬛僊館本、伍氏粵雅堂本並同，未知原
刻何如？李慈銘桃華聖解盦日記謂「阮刻有誤字，良是」，又謂「齊紀頗詳略失當，
丙辰歲曾校訂一過，稍有增注，亂後久失」云云，今亦無從定其是非。要之，齊書
雖小有滲漏，而大綱畢舉，其縱橫排列，分別正閏，貫串起訖，尤豁心目，實有史
以來不可少之書也。明洪武以後，為福所續直錄輯覽所載之綱領。伍崇耀跋
議其失書祐極之殂，今（案：）當補入成化八年二月下，即所稱恭太子云。

二五八

續資治通鑑二百二十卷　壬戌

續資治通鑑二百二十卷，鎮洋畢沅撰。沅有說文舊音、夏小正考注，已書於後。是編以宋、元、明人續司馬光之書甚夥，而皆未盡善，乃合錢大昕、邵晉涵、孫星衍、洪亮吉諸人之力，將宋、元事蹟薈萃討論，閱數十年始成。雖不及光書之體大思精，而網羅宏富，迥非王宗沐、薛應旂輩所能企。其所為考異亦頗詳慎，惟紀宋事凡百八十二卷，元祇三十八卷，未免詳宋略元。宋之中北宋事本末較具，南宋遂多冗漏。已為譚獻復堂日記所譏。其他敘事亦往往詳略失當，如西遼德宗之殂、感天后之立及殂、仁宗之立及殂、承天后之立，皆失載，而突於孝宗乾道四年書承天后被殺，殊勒呼（舊作直魯古）立，夏國年號皆不記，而間亦一二書之。金哀宗自歸德走蔡州，命王璧留守，而歸德之陷不復書，皆屬疏失。臣下書薨書卒亦無一定。凡此又為李慈銘桃華聖解盦日記所摘。

遼、金、蒙古人名，對音改譯，先後復不同，其舊名或注或不注，有始見不注而注於後者，有先一二注而後忽不注者，有始終注者，全無定例。李氏謂諸人舊名傳習已久，新譯所改，人所罕知，有猝迷其為何人者，宜始終一一注之，不必省此數字。譚氏則謂宜大書舊譯，以從主人，初見處從新譯，以正音聲。試問當年章奏文籍及其人自名，有不用舊譯者乎？烏珠、巴延之類，起是人問之，或以為然，起同時人問之，且瞢然莫辨耳。二說以譚氏為長。實則譯音無定字，乾隆時所定三史國語解，以索倫語正遼史，以滿洲語正金史，以蒙古語正元史，亦不過就舊譯更改聲音，不甚相遠，其字大率迴別。殿本遼、金、元各史皆改書今名，雖三朝諸臣最熟之名，亦令人迷惑。讀者每以北監本為善，今當悉仍舊譯，并亦不必注新譯也。然光書亦有根據，胡三省音注時正其失，是編雖多可議，而大體完具，要為光以後不可少之書。張之洞書目答問云：宋、元、明人續通鑑甚多有此皆可廢，殆不誣矣。沅續光書，故仍以歲陽、歲名紀年，譚氏訾其沿襲無謂，殊為未達。資治之名雖出神宗御賜，而既續光書，故竟稱續資治通鑑。馮集梧序乃以為非，謂「李燾僅稱續資治通鑑長編」，不知燾稱長編，特燾之謙，不敢言續通鑑，非因資治二字出自御賜。且光修通鑑時先成長編，尚無資治之名，燾書標題實進退失據，安得執彼詆此？劉時舉續宋編年資治通鑑尤有先例，李氏謂馮說甚是，亦未之細究耳。張宗泰魯巖所學集議其不載前人評論，亦不下己意，以為非溫公家法，不知通鑑所附論如吐蕃悉怛謀事，是牛僧孺而非李德裕，亦豈足為定評？故沅是書一以徵實為主。又辨古人引事之誤，如閔公即位二十月喪未除而吉禘，治平元年禮院奏誤為二十二月之類，凡五事；並辨歐陽修、司馬光、李燾之議張方平，不知史以紀實，成說豈容輒改。又舉其重出者，如王德用為黑王相公之類，凡八事；補其未備者，如李沆對使者引燭焚真宗手詔之類，凡十二事，並增益岳飛復蔡州諸役。此或未及酌刪，或偶然失引，無傷大體，而其說可備參考，附識於此。

東華錄三十二卷 辛酉

東華錄三十二卷，湘源蔣良騏撰。良騏字千之，乾隆辛未進士，官至通政司。是編乾隆三十年重開國史館，良騏充纂修官時所輯，謂之東華錄者，史館在東華門內稍北，因以為名也。其書編年紀載，起天命元年，訖雍正十三年。其前略述世系，有事則以干支標年，而注萬曆年號於其下，頗見斟酌。惟所錄挂漏殊夥，甚至一事而間或首尾不具。視後來王先謙之續錄，其詳略殆不可以道里計。據自序云：「惟以實錄紅本及各種官書為主，遇闕分列傳事蹟及朝章國典、兵禮大政有關係者，以片紙錄之，既久，竟成卷軸。」是其書隨得隨錄，嗣後並未再加考覈，故疏漏一至於此。然王本未出以前，此類無專書，其本亦頗便於檢閱，訖今流傳甚廣，良有以也。李慈銘孟學齋日記云：「其書毫無觸迕，向傳是書語多訕誣，故奉令禁，凡民間所妄談國家草昧隱秘之事，謂皆出於此中，蓋無稽之言，不可得詳。」又祥琴室日記云：「其書雖詮綜無次，詳略不經，而自太祖至世宗五朝之聖德神功，亦藉以攷見，良非無補，且所紀皆直錄史館紅本，純無妨礙之辭，故近日都市通行，不復重申明禁。」今案：校中載順治五年加皇叔父攝政王為皇父攝政王，凡進呈本章旨意，俱書皇父攝政王，此事似奇特，餘皆無足異。少時見友人所藏鈔本，謂是原本，中多異同，惜未一勘，近得呈送史館本，系青面白綾簽墨色紙，張甚舊，而中反缺若干事，或鈔胥脫佚，或後來增入，均未可知？茲王本盛行，而大輅椎輪，此本殆不容竟廢焉。

明紀六十卷 壬戌

明紀六十卷，元和陳鶴撰，其孫克家補訂。鶴字鶴齡，號稽亭，嘉慶丙辰進士，官工部主事。克家字子剛，號梁叔，道光癸卯舉人，官中書，後從張國樑軍，殉庚申之難。○初，鶴仿李燾續資治通鑑長編例，搜輯明代事，起元至正十一年，至莊烈崇禎元年，未訖藁而卒，克家爲續成之。莊烈後附以福王始末、唐王始末、桂王始末，唐、桂二王兩卷皆低一格書之，從御批通鑑輯覽附書唐、桂例也。○其書以明史爲主，雖兼采他說，而不敢務爲泛濫，致涉蕪雜，敘事力求簡約，而尚不致索然無意味，甚便於初學。○李慈銘桃華聖解盦日記云："此書采取不博，疵病尚少，蓋稽亭守桐城家法，謹敕足多耳。"○譚獻復堂日記云："去取簡嚴，命意正大，然芟削太過，事端不備，君薨臣卒，綜述生平，語過簡，似有見於畢氏續鑑之冗散，而情辭不暢。"○兩說似異而實相成，惟其守桐城家法，是以事端不備，而情辭不暢，然以明史文繁難省，約為此帙，以之備攷證則不足，以之備記誦則有餘，其功要不在荀悅袁宏諸書下也。此江蘇書局刊本，克家更仿司馬光通鑑考異之例，為考異若干卷，以明去取之意，聞藁尚藏於家云。

八一

小腆紀年坿攷二十卷　辛酉

小腆紀年坿攷二十卷，六合徐鼒撰。鼒字彝舟，道光丁未進士，官至福寧府知府。是編專紀明末福、唐、桂、魯四王及臺灣鄭氏事，自甲申正月明文武朝班亂起，訖癸亥八月我師取臺灣止。每年大書順治、康熙年號，分注崇禎、宏〔弘〕光諸號。其體例悉仿朱熹綱目，有事迹錯出者，為附攷以折衷之。其須發明者則系以論斷。前有咸豐辛酉自叙，後有林鶚諸人跋語。書中所載，如劉士楨之絕粒死，其子拜升之戰死，劉季鑛之為盜所殺，劉永錫之赴水死，皆明史所不載。阮進、阮駿先後死於橫水洋，一在辛卯九月，一在丙申八月，諸書多進、駿互譌，獨賴此以正。又如黃道周之死，諸書皆言隆武帝聞之大哭，贈文明伯，謚忠烈，而此并引李世熊寒支集中請襃卹孤忠一疏。鄭成功之封，自忠孝伯而威遠侯，而廣平（案當作延平。）公，而漳國公，而延平王，亦較他書為詳。此外辨南都亡時自縊不殊之何應瑞，非何瑞徵，總兵降賊之左光先，當為祖光先，誅求激變之東陽知縣姚孫棐，非姚孫榘。隆武時死節之新城知縣李翱，非李翔。贛州死節之在籍河南同知盧觀象，非盧象觀。尤攷訂明塙。惟謂「李明睿、王南邊」，不知明睿並未建是議。謂「曹化淳請收葬魏忠賢」，不知化淳非忠賢黨。謂「倪元璐罷戶部尚書任為翰林學士」，不知但解部務，非解部任，元璐終於尚書。謂「吳麟徵甲申正月升太常寺卿」，不知殉難時尚為少卿。謂「趙譔殉節無謚」，不知南都贈謚恭節。謂「攝政王入京時，謚崇禎，周皇后為烈皇后」，不知此乃南都所上謚，我朝先謚崇禎為端皇帝，后亦謚端皇后。謂「宏光元妃黃氏更謚孝哀哲皇后」，不知此乃懿安皇后之謚，其黃妃之謚孝哲如故。謂「甲申十一月，宏光命遼王居台州，而趙其名」，不知隆武時始詔封長陽王術雅為遼王，當是長陽王之誤。謂「乙酉二月，改崇禎帝廟謚思宗烈皇帝為毅宗正皇帝」，不知隆武後又改毅宗為威宗，而烈皇帝之謚如故。謂乙酉四月，宏〔弘〕光命周王恭枵移駐江南〔西〕，不知恭枵已卒於甲申之春。此乃其世孫，謂南都亡時，請潞王常淓監國，不受，與巡撫張秉貞迎降。不知王曾監國三日，以秉貞為兵部尚書，議發羅木營兵拒守，不決而降。謂永曆初尊端王繼妃王氏為慈甯皇太后，生母馬氏為皇太妃，及王后崩於田州，始尊馬太妃為昭聖皇太后，而謚王太后為孝正皇太后，不知當日兩宮並尊，而王太后之號是甯聖，非慈甯。謂隆武所命監國之唐王聿鐭，鄧王鼎器劍為鐭之壞字，明史世表無鄧王，當是閩中所封，不知聿釗後朝隆武於建甯，遂留行在。旋代帝死，與立於廣州者別是一人，鼎器當作器壥，即表之德安王，後蓋進封於鄧。謂辛卯九月申縠潛挾魯王世子以去，不知在丙戌江東師潰後。非舟山失守時。謂張煌言己亥晉兵部尚書，不知戊戌已拜尚書。謂孫嘉績以江上師潰後蹈海死，不知嘉績實以病卒海上。謂王鳴謙為黃斌卿所誘殺，不知鳴謙未死，後嘗為僧，釋名宣在，字友聞。謂「梧州五虎之獄，劉湘客時為侍讀」，不知湘客早陞禮部侍郎，掌詹事，兼副都御史。謂「桂王將兵林佳鼎未死，後依鄭成功」，不知依成功者為林察，非佳鼎。謂「商邱伯侯性遠以南甯迎駕功晉封祥符侯」，不知此時僅為古埿口總兵，未有封爵，特口授祥符伯。凡此或沿舊誤，或屬失考，均不足據。至於張獻忠以陳演女為皇后，既謂其失寵誅死，又謂「獻忠死後，孫可望等陷重慶，奉偽后陳演女為主」。桂端王薨在宏光時，已書於甲申之十一月，而記丁魁楚等奉永曆帝監國事，又謂「南都之亡，陳子壯將奉端王監國，聞隆武帝立而止」。永曆即位時，已書追上端王尊號曰興宗端皇帝，而於丁酉四月永曆在滇都，又書上宏光帝廟謚曰安宗簡皇帝，隆武帝曰紹宗襄皇帝，王考桂端王曰禮宗端皇帝，尤自相矛盾。李慈銘受禮廬日記論列甚詳，凡三千餘言，足可參證。然全書詳贍簡質，敘次有法，頗具史裁，據自叙，述所

三三〇

采稗史共六十二種，而各省府、縣志及諸家詩文集不悉數，亦可謂集野乘之大成而用力勤至者矣。

元史本證五十卷 壬戌

元史本證五十卷蕭山汪輝祖撰輝祖字煥曾號龍章乾

東華續錄四百二十五卷 庚申

東華續錄四百二十五卷，長沙王先謙編。先謙（字益吾，號葵園），同治乙丑進士，官至國子監祭酒。○已箸錄。是書因從事史館，爰繹乾隆以次各朝為續編，痛蔣氏簡略，復自天命迄雍正錄之加詳。要即實錄之摘本。○凡天命四卷，天聰十一卷，崇德八卷，順治三十六卷，康熙一百十卷，雍正二十六卷，乾隆一百二十卷，嘉慶五十卷，道光六十卷，共四百二十五卷。○古者左史記動，右史記言，史職綦重，降及春秋寖失其意，曹劌已有君舉必書，書而不法，後嗣何觀之議，故董狐、南史以罕見珍。○近世實錄編輯上諭事無起訖，語無斷制，止記言不記動，起居注亦然，不如是則謂之不稱職，有史與無史等，有史官與無史官等，上下相習，視為固然，是編止就實錄摘寫為之，刊刻當時，尚有議其不應傳播者，亦可見士大夫之心理矣。○其間載天命至雍正六朝事，與蔣良騏書頗多歧異，蓋王據乾隆間改本，蔣

此外咸豐六十九卷，羅田潘頤福編；又同治百卷，亦王氏編。

所據雖未必原本、而尚少改一次也○向使參以筆削、卷帙初無取如此之繁、即購閱亦較易為力、先謙非不能、特不敢耳、然實九朝掌故所在、後之修史者終必於是取資焉○李慈銘祥琴室日記於蔣氏東華錄云、唐柳芳之日曆、宋李燾之長編、皆紀述本朝、布行當代、識大識小、不以為非、今運值中興、詔編方略、設有人上請、取法前人、以三祖六宗之事、按代為編、附以諸臣列傳、略仿宋世東都事略之體、昭著績業、永炳丹青、亦未必不蒙深許也、其議甚偉、特附識之○

東華續録一百二十卷 庚申

東華續録一百二十卷，上海朱壽朋編。壽朋字錫百，光緒癸卯進士，官編修。是書壽朋應坊賈集成圖書公司之聘，以王先謙續録止於同治朝，爰據上海申報所登邸鈔爲藍本，將光緒朝事跡續成此編。視王録之根據列朝實録者異。然事實初無大舛，年月往往與實録參差。館臣頗用訾議，不知實録據奏到之月書之，此則或据轅門鈔載之，各自爲例，當觀其通。又聞實録館近多追改，大致爲孝欽后諱飾。戊戌政變以後，一切歸獄於德宗，則實録之誣，他日當有籍是以正者。昔宋神宗實録有日録及朱墨本兩種，因廷臣爭黨見，各自任意改竄，致同記一事，兩本或至相反。詳見蔡鳳翔王荆公年譜、神宗實録考。然則彼書歧異處，或兩失其實，此書所據雖祇申報及邸鈔，而德宗與孝欽后相涉事，視館臣所改本，或較存其真歟？此宣統己酉集成公司活字本，姑録之以備一朝掌故焉。

三〇九　二頁共 7〇卌九　四裔編年表　一　六四一

四裔編年表四卷　壬戌

四裔編年表四卷，美國林樂知、吳縣嚴良勳同譯，崇明李鳳苞彙編。林樂知為教士，良勳字子猷，官知府，鳳苞字丹厓，曾出使德國。其書首冠以中國紀年，起少昊四十年壬子，訖咸豐十一年辛酉，凡地球各國之有年可考者，分隸於下，以西曆紀之。漢平帝元始元年辛酉，教皇始祖生，西曆以此年為元年。至咸豐辛酉為一千八百六十一年。其漢哀帝元壽二年庚申為西曆前一年，又逆溯而上至少昊壬子，為西曆前二千三百四十九年。所有各國興亡大事及內而制作，外而交涉，罔不舉其綱要。雖其中未盡可信，而一書具四千餘年之事迹，頗足以資檢閱，而裨見聞。李慈銘《荀學齋日記》稱為奇書，其推挹亦甚至。惟一新《無邪堂答問》嘗議及數事，而實未足以難。如云摩西成舊約全書，年表繫諸商太戊二十三年，西人紀載多以為在紀元前一千四百九十年，則後於太戊百餘年，未知孰是？當周赧王時，埃及國王曾以希臘語譯舊約，秦始皇時，馬其頓人將舊約譯成希利尼文字，周平王末年，猶太王哈昔開埃重興耶和華教，是其教在商時尚未甚顯，至周秦間而大行，其意蓋王在太戊後，故瀛寰志略謂在沃丁時，或又謂在夏后不降時，朱氏皆以為誤。不知西人傳摩西事多荒誕無可質證，據舊約全書創世記所載，摩西之出約距開闢二千五六百年，當我國商朝時，堯以前雖無年紀，而伏羲、神農、燧人、黃帝、太昊、少昊、顓頊、帝佶見於大傳、大戴禮記、史記者，約畧其世次年代在三千年外，益以唐、虞、夏又六百餘年，與彼所紀開闢年代萬不相合，宋育仁泰西各國采風記辨之，其說是也。又云舊唐書大食強盛，漸凌諸國，遣大將軍摩栧伐拂菻都城，年表貞觀十一年，沙蘭生破東羅馬都城，王出奔，沙蘭生即白衣大食之別部，其事與舊書正合，惟表言貞觀二十年希臘人引中國及土耳其攻取埃及之亞（案表作阿。）力山德城，核諸唐書，初無是事。其意蓋以中國攻埃及為疑，不知此事主力在布臘，而布臘、埃及並未見於唐書，故未之及，表當本之西史，記載必無訛，此足補唐史之闕者也。又云：「唐書西域傳：永徽二年，大食王噉密莫末膩遣使朝貢，自言王大食氏，有國三十四年，傳二世，噉密莫末膩即此阿釐之對音也，摩哈默德為妻所毒，妻父亞彪巴比結為王，巴比結傳阿馬，阿馬傳阿多曼，被殺，乃傳比阿釐，回教至是已四傳，唐書謂傳二世，蓋不數巴比結、阿馬、阿多曼。通典云：『初王已死，次傳第一摩首者，今王即是第三。』其說近之，年表比阿釐（案表作阿立。）之立在永徽六年，以唐書核之，亦當有誤。」不知通典亦稱有國以來三十四年，而表載穆罕默德之立在唐高祖武德五年，阿布白葛之立在太宗貞觀六年，亞馬之立在八年，亞得蠻之立在十八年，阿力之立在高宗永徽六年，適三十四年，則唐書二年當為六年無疑，二世當為四世，通典第三亦當作第四，此又足正唐史之誤者也。總之，其書即有舛錯，而所載西事當較中史爲近實，惟亞當子孫曰閃、曰含、曰雅勿，爲西洋諸國之祖，諸説爲荒遠無稽耳。此江南製造局刊本，尚少訛字云。

入紀事本末

紀事本末類

聖武記十四卷 壬戌

聖武記十四卷，邵陽魏源撰。源有書古微，字默深，道光甲辰進士，官高郵州知州。是編記有清列聖武功之盛，自國初訖道光十一年，大致根據官書，益以私家著述、故老傳說，而分軍政篇、軍儲篇諸目，末為武事餘論，雖故實略具，而議論居多，其體例未為盡善。○包世臣齊民四術有答源書，言此事甚長，略謂「兵制者武功之本，必宜列於卷首，而備述部曲、俸餉、軍裝、行糧，前後增減裁併之成規，次列軍法，又次則軍賞，皆由關外以及現行事例，其奉特旨者，隨事聲明，以昭詳覈。至於序述事迹，不必因地分類，宜順前後逐案編纂，使事因時出，義隨事見」，川楚教匪，僕親見其終始，軍報本不盡實，乾隆末和珅柄政，軍報皆先責副封，與援可恃，向壁虛造，十常八九，洎大憝內除，而軍官幕客鑿空路熟，此弊不革，自古用兵，一經大創而開其生路，無不投戈乞命，豈有無日不戰，無戰不捷，旋勦旋撫而匪勢轉盛，如教匪者。蓋教匪先後大小為股數十，而領兵官分據要害，皆能專捐一處報捷，即各營知會，免致以重復遺駁詰，此僕所審知。其匪股宜各為小傳，記其始卒及竄擾之地，各帥亦用史公衛霍附傳之例，務取切實明白。敖罕滅於鄰國，係近日塗說，未便據以入書。傅鼐攻苗峒，大敗而奔，中途飯後鼓衆氣，選鋒反戰，遂擒首逆，滅其峒，實靖苗之機括，似宜補入其城守以下諸篇，宜自名其書，不當冒聖武大名云云。是包氏在當日已有所不滿。今案包所見為稿本，余藏有古微堂原刻，中多修改之迹，後大字、小字兩刻，更多附益為足本。而三藩之亂，有簡親王戢兵愛民，至今江甯人尸祝之，乃徒箸其逗遛之罪。西師之役，有土魯番酋額敏和卓，其謀勇屢蒙詔獎，乃漏略未之敘。及川陝之役，羅思舉、桂涵同時以鄉勇擊賊，而囊沙躡橋，皆羅之功，乃並移之於桂。甯陝之役，楊芳不能制叛兵，為嚴旨詰責，乃盛稱其招撫，則紀載未免失平。其

三三〇

欲通暹羅以禦緬聯廓部以挫英籍騰越邊外之野人以攻印度無非以夷制
夷之策則議論亦屬一偏欲開礦以佐軍用尤彌近理而彌亂真開礦未嘗不
可因軍用而開礦則不可○李慈銘孟學齋日記譏其餘論所述戰守之法多拘
泥陳言軍儲篇欲以玉貝濟銀錢之乏尤不可行頗為有見而桃華聖解盦日
記稱其言道光中禦夷守海之失策以死礮擊活船不知誘之入口使船不能
縱放日本守岸之法以為切要之論咸豐末之守大沽其敗亦正坐此殊弗思
誘之入口雖亦一法無論敵未必為我誘即誘之而我不能守岸彼即上陸將
奈何自當禦之於口外至礮臺之式明不如暗高聳不如低平暗則敵不易擊
低平則從下擊上易得礮綫非竟死礮不能擊活船也○然二百年來兵事官書
所載殆可充棟源乃提挈綱領頗便流覽文筆亦雋悍可喜其書自不可廢此
大字本前有自序稱告成於海夷就款江寧之月蓋在道光二十二年七月後

端木埰本之作聖武賦，見陳氏金陵文鈔。更為簡括，篇末持議稍異，亦較名通云。

三一

入別史

許廎經籍題跋卷十

吳縣　胡玉縉　撰
後學　王欣夫　輯

別史類

新舊唐書合鈔二百六十卷附補正六卷　庚申

新舊唐書合鈔二百六十卷，歸安沈炳震撰。炳震字寅馭，號東甫，歲貢生，乾隆丙辰薦舉博學鴻詞科不第，有九經辨字瀆蒙、四庫已著錄。是編以舊書為主，而新書之互異者分注其下，新書所增之傳，則以類添入，多所審定。中如宰相世系表正譌、方鎮表補、列拜罷、承襲諸節目，皆可單行。全祖望結埼亭集所撰墓誌極為推許，雖尚有譌漏，後來武英殿本攷證及趙紹祖互證諸書補其未備，而大輅椎輪，剏始之功，實不可沒。書成於乾隆初，錢陳羣督學順天時，以稿本進呈，故殿本攷證頗采其說，亦有隱其名者。嘉慶末，海寧查世倓始為刊於吳中，即此本也。末附補正六卷，嘉興丁子復撰。子復字見堂，號小鶴，廩貢生，大致據册府元龜、唐會要等書及影宋本舊唐書校訂脫誤，間亦正炳震之失。張之洞書目荅問既列查刻合鈔本，而謂補正有刻本未見，豈所據為不完全之本歟？茲以丁書既附沈書後，不別出焉。

一五

許廎經籍題跋卷十

吴縣胡玉縉撰
後學王欣夫輯

別史類

史外八卷 壬戌

史外八卷，無為汪有典撰。有典字起謨，一字訂頑，諸生。初，有典嘗為明人事類纂一書，分門別類，卷帙頗繁，未能付梓，乃專取節義勒為是編，皆用列傳體，自方孝孺至一壺先生，凡七百三十餘人，附錄為朱長源、史夫人李氏、女將軍沈雲英、劉淑英及國變難臣鈔，記其書成於乾隆初，逮明史頒行，有典又就學宮尊經閣重加校對，謂之史外者，取胡安國語「史外傳心之意」也。前有王夢鯨、王又樸、馮愿、王斌諸人序及有典門人范允袋所撰凡例，大致各傳敘述，惟重節義，其他行事往往從略。傳後各有論，列冠以「汪有典曰」，倍致其慨歎咨嗟之意，而徐世淳、許直、陳純德、侯峒曾、鄧雲程諸人傳中已具論之，不復再論。廬州忠義諸公傳、文學諸公傳、鄧歐石三布衣傳、采薇子傳，首以「汪有典曰」發端，以明作此傳之旨，後亦不復論。其方孝孺之十族、景清之鐵帚刷肉、鐵鉉之大鑊熱油，皆史所不取。馮翁之為馮濯，雲門僧之為宋和，補鍋匠之為王之臣，亦史所闕疑，此並著之。一主慎重，一廣蒐採，各有體例。雪菴和尚，史以為葉希賢，此以為郭節，亦足以備異說。高攀龍傳附見東林事，劉鐸傳附見魏忠賢事之類，其事與史無甚出入。惟建文出亡事，史從删削，此則程濟傳詳載其年月，蓋主程濟從亡隨筆、史仲彬致身錄之說。二書史所不信，四庫提要亦深斥之，然程濟之槁有其人，史亦不能不附於牛景先傳也。張捷，楊維垣，明史高倬傳以為殉難，此則云：「捷為東林僧人逼死雞鳴寺，維垣宵遁，半道遭仇家擊死。」足正史誤。（案：樵曠園雜志，提要亦云：「所記楊維垣僞題樞字，棄城夜遁，為刼盗所殺，非死於國事，」足備考證。）魏學濂，明史魏大中傳以為隕其家聲，此則云：「芟巡僞命，約唐通赴難，而身任內應。」亦足補史闕。其餘紀死節諸人為史所不載者甚夥，搜羅闡發，具見苦心。惟李國楨，明史李濬傳云：「國楨被拷折踝，自縊死。」金炫傳後載福王時贈廕祭葬諸人，國楨在正祀武臣中，而云。諸侯伯大半以兵死，本自無誤，此乃云：「國楨死帝后旁」，事見鄒漪明季遺聞，他書踵而襲之，正史亦據以為斷，則明史懿周皇后及田貴妃傳均未載此事，舛謬實甚。或所見為初本，今所行為後來改正本，亦未可知？潘集周卜年一見劉宗周傳，稱儒士，一見張國維傳，稱布衣，當屬複出；屬韶伯、史可法傳稱鹽城人，史夫人傳稱浙人，又屬歧出，是則其疏略耳。李慈銘祥琴室日記云：「其議論儘有佳處，而敘次頗冗俗，亦時有生吞活剝之病，蓋學究氣累之」，不知此書宗旨在表章忠義，原不必規規文筆，方孝孺傳本鄭曉吾學編，張伯鯨傳參用杜濬變雅堂集，此類亦明著之，自是纂錄之體，李氏所言，未免失之苛責矣。此光緒乙亥謝維藩重刻本，跋稱：「其為文激昂憤激，當時蓋不甚傳，近歲疆域多故，忠節奮起，世乃稍稍收閱之，而原書久燬於兵，坊刻增益評點，體製或遜，暇日復取舊本，閒與訂正，付諸剞劂。」而慈銘稱：「是書亦名前明忠義別傳，共三十二卷卷一、卷二為方孝孺至程濟等」云云，今此本叙目皆與李氏所舉合，當是卷數有分合，惟無別傳之名。又采薇子、一壺先生合傳在國變難臣鈔記後，為異。又稱「卷二十八為布衣諸公合傳，然所列許琰等十九人皆諸生，故其傳叙作文學諸公傳，至劉孔暉等六人皆職官，而王漢則河南巡撫也，蓋標題之誤」。今此本不誤，然則李所見本殆坊刻歟？蔡道憲傳後謂「居契二字不知所出」，引韓文進學解「椳闑居楔」，疑居契為居楔。張令傳後謂「明史：後獻忠死，良玉以壽終」，此云「良玉於是亦死」，語未詳，未知何人所記？或即謝氏校訂。乾隆間軍機處奏准全燬書目，是編亦在內，實則並無違礙云。

帝王廟謚年諱譜一卷　癸亥

帝王廟謚年諱譜一卷，桐鄉陸費墀撰。墀字丹叔，乾隆丙戌進士，官至編修，歷充四庫館總校及副總裁。是編以宋人避諱不一例，又敘述帝王或稱廟號，或陵或謚，或紀年，易滋舛誤，乃取而譜之。始漢高祖，訖明莊烈帝，凡分七格，首廟謚，次名，次世次，次歷年，次紀元，次葬，次所諱字，不載閏統。其新莽、武周之屬，每為援據所及，則從附錄。條理分明，甚便檢閱。惟以光武帝為東漢，而以昭烈帝為後漢，不稱蜀漢，遂使范書、陳志失其名義。後之晉承魏統，亦迷事實，未免書生之見。北魏東海王煜後次安定王朗，次節閔帝恭。攷魏書，恭為前廢帝，朗為後廢帝，當先恭後朗，不解何以倒置？唐文宗太和，遼道宗太康、壽隆，本作大和、大康、壽昌，詳錢大昕養新錄。今仍舊譌，殊為失考。元昭宗宣光二年改元天元，詳鄭麟趾高麗史。今云立十一年，不載天元，一似宣光有十一年者，尤屬可議。以唐高宗儀鳳四下注：「丙子十一月改，三年四月，詔改明年為通乾元年，十二月除」云云例之，則漢哀帝建平四下應注「建平二年六月改元太初，亦作太初元將，八月復稱建平」，二年晉惠帝建武一下注：「甲子成都王改」，應作「甲子七月成都王改，十一月復稱永安」，十二月改元永興」；而節去永興三下之注。杜佑通典云：「武德九年六月，太宗居青宮，總萬機，下令曰：『依禮二名不偏諱，今其官號、人名及公私文籍有世及民兩字不連讀者，並不須諱避。』」是唐太宗諱禁避甚寬，故幽州昭仁寺碑不避世字，唐彦謙碑、皇甫誕碑不避世字、民字。周必大文苑英華序云：「廟諱未祧，以前當缺筆，而校正者或以商易殷，以洪易弘，唐諱及本朝諱仍改不定。」是宋諱既祧之廟可不避，故岳珂刊相臺五經、趙順孫四書纂疏，於諱字有避有不避。凡此亦當論及，而書中及自序並無一言，亦義例之未精密者。然讀史者於廟謚年諱，恒患紛拏，是書朗若列眉，與齊召南歷代帝王年表同為有

三三〇

裨於後學。齊表成於乾隆丁酉，此譜成於乙未，先齊二年，齊於伏羲神農諸氏，每載其陵寢，而漢以來獨闕，或職是之故。此阮福小瑯嬛僊館本，諱字殊影漢顯宗下脱注永平紀元，尤謬。其識語云：齊表於大事差詳，而於陵園諱名嫌字，避字未及載，因取陸譜合刻之。合刻固是，以齊表為未載陵園等，不知齊意正避複沓，以陸賈二字姓為陸一字姓，亦未合也。

雜史類

國策地名考二十卷 癸亥

國策地名考二十卷，歙縣程恩澤撰，溧陽狄子奇箋。恩澤字雲芬，號春海，嘉慶辛未進士，官至工部右侍郎。子奇字叔穎，號惺垣，舉人（有周易推己書，跋於後）。是編以張琦釋地簡略，因舉國策中地名七百餘事，先列原文，次鮑彪、吳師道注，次博采群說為之考辨，而一以當時府廳州縣實之。其叙次列國，俱仍原書舊第，而各國地名則先都城，次山川關隘，次大都，次小邑，次宮觀臺榭，不拘文之先後，悉以地之方位為斷。至魯、鄒之屬，則以諸小國統之；楊越、甌越之屬，則以諸夷國統之；介乎疑似而不能定其某地屬某國者，如山東、西山、河濟之屬，以諸國隙地統之；或以國、或以邑而知其得姓受氏之始者，如申、呂之屬，以諸國姓氏地統之；其補遂、涿鹿及彭蠡、洞庭之屬，以古國及古邑統之。首有凡例十四則，並列十二圖，體例完密，義據賅洽，為讀國策者不可少之書。中如營邱下引史記「營邱邊萊」以證營邱之非臨淄，夜邑下引說苑作掖，謂田單所封為今掖縣，非古不夜縣，癸邱下引馬宗槤在鄴之說，謂非在汾陰，均極精塙。非祇以孟津在河北，非今孟津縣，亦非古河陽縣；蒲反非舜都，乃衛邑，以嘗入秦，後仍歸衛，故謂之蒲反，如阮元撰墓誌銘所稱已也。他如以西漢水為東至重慶府城北入江，東漢水為歷湖北郢西等處，足杜常璩、酈道元諸說之糾紛。以無窮為即無終，窮與終通，非精小學者不能有此解。以吳師道引宗相璠「高都非在上黨」之說，為與宗意正相反，而其說不可易，尤見讀書精細。以晉下為猶稷下、歷下之謂，非晉之下地，可謂名通。一以上地為上郡之地，一以上地為上黨之地，融會本文為說，亦直截了當。惟山陽下以今陝西商州山陽縣係明成化間置，實為秦地，當有所據，此以後證古，似乖著書之體。甯下引書錄解題「是時秦初取韓上黨」云云，似誤以他書為解題，亦屬疏舛。狄氏箋大致於徵引舊說之未及疏通、未及辨正者為之申駁，亦頗簡覈，用雙行夾注，隨文分繫於其下，尤便省覽。而滎澤下引左傳杜注滎陽，以為熒亦从火，此隱匡程說，其言固是，但熒陽外熒澤、熒雒等字古亦無从水者，段玉裁古文尚書撰異考之甚詳，此尚僅知其一。負海下引漢食貨、五行二志，以為實有其地，不知班志亦泛指地之背海者而言。趙岐孟子離婁篇注亦有「諸馮、負夏、鳴條，皆地名，負海也」之語。鄄下引杜注東郡鄄城，以為晉無東郡，不知杜注左傳時尚未分東郡為濮陽國。當下引洪頤煊經義叢鈔「常與棠通」之說，不知叢鈔為嚴杰編，此乃嚴輯其讀書叢錄說，安得張冠李戴。然全書於名同實異、名異實同及一地而數國共之者，剖晰甚細，狄箋亦往往互相發明，二者各有小失，無害大體也。此伍氏粵雅堂本，有狄氏前後序，又有程自序及阮元序，詳其語氣，皆係贋託。阮序大致依傍所撰墓誌，而云「是書少農為其綱，孝廉為其目」，全乎與書不相應，即元未細閱，亦斷不至為此語。

程序尤委瑣，起筆云：「道光庚寅，余主講鍾山，或以溧陽狄惺垣先生孔孟編年見示，繙閱再四，嘆其必傳，亟請相見」，與狄後序稱「以年家子禮拜程春海先生於鍾山書院，執所刻孔孟編年爲贄」不符。狄書以進謁時自奉，今乃云他人以狄書見示，程始請見。即恩澤健忘，亦斷不至是。張穆爲恩澤遺集序曰：「既恐殘斷之稿並歸蕪落，又懲夫嫁名僞撰者之厚誣公也。」蓋即指此。伍崇曜跋以兩序或議非程氏筆，而曰「不知何據？」又曰：「張序當必有所指，安得起石州而問之？」由未細審而一決之耳。

一八九

戰國策釋地二卷 癸亥

戰國策釋地二卷，陽湖張琦撰。琦初名翊，字翰風，別號宛鄰，惠言之弟，嘉慶癸酉舉人，官館陶縣知縣。國策自鮑彪注糾高誘之譌漏，吴師道注又正彪之外謬，已稱善本，而鮑注尚有未及正、吴注亦有未盡合者，琦乃取兩家注為之考訂，並釋以今地，足為讀是書者之助。中如謂西周居河南，東周居鞏，其東周洛陽乃春秋之東、西周，不可說戰國；武都、武威、張掖、酒泉、燉煌、犍為、越嶲、益州、牂柯，皆漢武帝開置，不可以說七國之秦；漢中山國，不可以說戰國之中山；陳乃楚都，豈容不數？代、雁門二地亦屬趙；韓尚有河東、平陽、上黨、澤潞。此類駁正舊注，致為精覈。閒有辨及策文者，秦取皮氏在與河西地後一年，而以秦策取皮氏在獻河西之前為誤；據徐廣注，軹為霸陵之説，而以燕策下軹道、南陽、封冀次南陽於封冀上為誤，亦可備一義。惟以闌坂為當作商坂，即今商州之商洛山，不知其為殽函。以陘山為在今開封新鄭縣南，不知其在鄢城，若新鄭並無此山。以涇陽、華陽為皆稱號，非封邑，涇陽君封在宛，華陽君封在鄧，不知是時魏冄封穰，又封陶，又封剛壽，連據數邑，安見宛、鄧之不復封涇陽、華陽。以卷長城為韓、魏界，固陽長城為秦、魏界，亦無塙據。凡此均屬可議，已為程恩澤地名考所糾。且闕漏甚夥，遠不逮程書之詳，李慈銘桃華聖解盦日記稱其簡覈可傳，訂正舊注之誤，尤足為吳、鮑功臣，蓋就大判言之，未暇細校，然踵事者易密，正不得遽沒剏始之功也。以爾雅家譬之，程書其郝懿行義疏，而此書其邵晉涵正義歟？

二一三

兩朝剝復錄校證六卷 壬戌

道光辛巳 永寧刻

兩朝剝復錄校證六卷，當塗夏燮撰。燮字嗛父，舉人，官知縣。案吳應箕兩朝剝復錄，四庫未著錄，予已補入未收書目續編。燮引明史及文秉先撥志始、烈皇小識、劉若愚酌中志諸書以相佐證，用力頗為勤摯。惟商周祚素稱浙黨，與東林為難，於閹黨初不相涉。燮以明史閹黨崔呈秀傳稱：呈秀首疏薦張鶴鳴、申用懋、王永光、商周祚、許宏綱五人，遂誤指為閹黨，不知五人皆非逆案中人。據倪文貞公集，天啟五年周祚官為南京工部尚書，據明史七卿表，崇禎十一年為吏部尚書，旋削職。又薛三省謚文介，與兄三才謚恭敏，並有清望。三省雖以天啟五年任禮部尚書，而據七卿表及全祖望鮚埼亭集外編，未及三月即告歸，乃亦以為閹黨，則不免舛謬。又曹欽程並未正法，據明史解學龍傳、閹黨曹欽程傳、李清三垣筆記，後從李闖[redacted]西奔，燮謂縛赴西市，燮為豬形，此又誤信傳聞，失於考正。他如朱延禧、丁紹軾二人，據先撥志，始其相業尚可節取。太常寺少卿莊欽鄰，據七卿表崇禎十二年召爲吏部尚書，未至罷。御史張汝懋爲文恭公元忭之子，亦見明史儒林傳。祁承爜爲忠惠公彪佳之父，明史祁彪佳傳雖未載，而朱彝尊明詩綜及全氏鮚埼亭集、温氏南疆逸史諸書皆載之，不僅見於忠惠集。凡此未能博綜，亦屬謭陋。李慈銘祥琴室日記所由譏其史學之疏也。然論其大體，雖未晐洽，足備參考，正不得以一眚而廢之矣。

一七五

明季南北略四十二卷（二十四卷南略十八） 辛酉

明季北略二十四卷，南略十八卷，無錫計六奇撰。六奇字用賓，其書采摭繁富，所載皆明季之事。北略自萬曆遼事起至崇禎帝殉難，李闖[redacted]敗亡止，而結以門戶黨禍諸論；南略自福王監國起，至永曆被害止，而終以洪承疇行狀節略。大致南略以聞見較近，雖間有矛盾，而大端無甚誤；北略則得諸傳聞，乖謬不一而足。李慈銘受禮廬日記嘗摘其所載袁崇煥之通敵，毛文龍之冤死，李明睿之主南遷，李國禎之抗慨殉節，懿安后之得旨不肯死，及張獻忠禪位於孫可望，被酖而死，李自成幼能作詩，有詠蟹七律，以為皆極謬妄，足正計氏之失。又摘其所載萬曆間有道士至天門見神將俱不在，云已降輔新朝，惟關壯繆以受明恩不去；又有道士至天門，見包拯奏帝命殺星降凡，遂生闖、獻，以為皆村巷委談，不足致辨。所論亦正。清以來關帝顯聖屢見奏章，殆同一無稽而適與此為反比例、沈雲祚稱獻逆殘蜀由風俗之惡、彭遵泗本之為蜀碧一書、以此推之、闖獻殺戮惟人自召、妖道必託之於包拯奏帝、是其妄也。至於陳繼儒陋士也、而大書其卒、程源僉人也、而屢載其言、其餘歲月互譌、死生倒置、如謂賊陷廬州、知府鄭履祥死難、提學御史被殺之類、李氏皆以為譏、則書卒未必為褒、不以人廢言、亦合論語之義。鄭履祥及提學御史徐之垣、明史趙興基傳並稱其縋城走、計氏當屬傳聞之誤、此猶里居編修胡守恒、興基傳謂其與遊擊孔廷訓共守、全祖望為守恒作傳、又極稱其烈、而余友聖流賊陷廬州紀則謂其奔出城三里被殺、所聞異辭、殆不能專為六奇責矣。要之其書不免疏舛、而究以詳覈處為居多、攷明季事者訖今不廢焉。

二五九

江上遺聞一卷　己未

江上遺聞一卷，江陰沈濤撰，濤字次山，乾隆丁巳進士，官江西長寧知縣。是書記順治乙酉閻應元、陳選死守江陰城事，敘次簡明。末云：「方吾邑未變，得一良吏撫諭得理，可以無事，乃一言之激，遂致百萬生民塗原膏草」云云，持論亦頗平允。案禮親王嘯亭雜錄云：「近日江陰口實，謂閻公守城時大兵屢為所敗，至於三王九將盡被所害。按國初並無親藩隕傷，即滿洲諸大將亦未有殉節於江陰者，蓋當時偏裨偶為所傷，土人欲彰其功，故張大其詞，不知閻公之忠在於百折不回，初不計謀略之疏密也。」今按是編不見七王、八王、十王及薛王字，而云有一將張黃蓋，高坐十方菴後指揮，閻為礮所及，身首分為三，此必為親王無疑，殆事後諱言之耳。雜錄之說，恐未可泥。至降將王蜚、趙曦明，江上孫忠錄作黃蜚、黃明曦，江上孫忠錄又作黃蜚英，今無以定其孰是云。

江上孤忠錄一卷附後錄一卷　己未

江上孤忠錄一卷，江陰趙曦明撰；後錄一卷，江陰祝純嘏撰。曦明字敬夫，純嘏自號瞰江山人，諸生，字芸堂。後錄專記黃毓祺殉節事，前錄與江上遺聞大略相同，而敘述殊冗雜。卷端有識語云：「江陰殉難事，或載閻公狀及義史，或著紀事及江上遺聞、乘城紀略及甲乙事實，或見於文石紀愚。參考其中，集而注之。」今攷其書正文似就遺聞增竄，不注所出；注文則各注所出。正文或曰此七王也，或曰八王也，或曰此十王也，仍注所出，蓋傳疑之筆。而云「黃傘一半，天圓轉而墜」，又云「禮葬薛王於蘇家墩，在北門外，號薛王墳」，是此役明有親王死傷。禮親王嘯亭雜錄以為張大其詞，非也。文石紀即乙酉紀事，係李承禹字文石所撰。是書為商務印書館本，道光丙申黃懷孝、龔丙吉重訂，黃明曦本，疑即趙本，故其言雖偽冗雜，而仍著於錄焉。

三二七

二頁共二百八十の

江上孤忠錄　黃撰　一

六五七

江上孤忠錄一卷 己未

江上孤忠錄一卷，江陰黃明曦撰，武進黃懷孝、陽湖龔丙吉重訂。明曦字□□，懷孝字武香，丙吉字少卿。是書原本疑即趙曦明本，前有道光丙午繆徵甲序，稱「相傳為邑人黃明曦撰」，「相傳」云者，初無實據。今與趙本對勘，一一相合，惟芟其事蹟之冗雜，去其文字之雅馴不者耳。黃、龔二序及金武祥粟香室本序皆未及此，蓋未見趙本也。書中不見三王字，而有「帥失所在，惟繡靴黃蓋自空墮而已」諸語，其為親王甚明。攷三王九將被害之說，見於季承禹乙酉紀事。季在圍城，目擊身親，按日記載者，即或傳聞過實，要非盡誣。此書將王字盡易帥字，殆惑於《禮親王嘯亭雜錄》之言。金序不能據黃蓋二字辨別，又於粟香四筆論紀事所載，以為當時夸大其勇，亦圍城中以此鼓勵戰守者，是又始終為雜錄所囿矣。（紀事載俞元升父子夢江陰城隍神事，四筆以為他書所無。今按趙氏孤忠錄引備覽亦及此事，附識於此。）趙本正文不注所出，注文各注所出，今將注文或改為正文，而注所出，一似前之正文同出於一書也者，殊失其指。趙本：「李世美、李從孝、王試、何常、何泰等首倡義兵」，今脫「從」字，何常字與下文「揀擇李從孝為先鋒，何常執大旂」云云不相應。趙本以「不諳紀律，至三官殿殲焉」，今作「不諳紀律，大軍奄至殲焉」，殆以「三官殿」三字為俗而改之，而在何處奄至，遂使事實不明。趙本：「縛降將黃蜚、吳志葵至城下，長跪勸降，蜚默然，曰：我於城內無相識。志葵涕泗交頤」，今刪「蜚默然」二句，非特失事實，即文義亦覺不順。趙本凡外兵、清兵字，此書皆改大兵、本朝兵或我兵、我軍，固合體裁，而「外兵望見」等語仍未盡改，殊失之疏。趙本：「程壁捐三萬五千金為倡」，《江上遺聞》同，今作「四十萬」。趙本：「僧印白，姓徐，城破時為僧」，今以印白即貢生黃毓祺，而祝氏《後錄》並無一語及毓祺為僧事。凡此，不知其何本？又趙本載武進奸民入城搜括事，今一概刪之，當是懷孝為其鄉里諱，要之芟蕪翦穢，雅近史裁，

三三〇

二七

二頁共六百八十四

江上孤忠録　黄撰

就事實言，不得以此書經竄（删）本；就文章言，不可謂此書非優（佳）

二七

詔令奏議類

賈長沙政事疏斠補一卷 辛酉

賈長沙政事疏斠補一卷，當塗夏炘撰，炘有讀詩劄記，已書於後。是編亦景紫堂全書之一，以賈誼疏首言「可為長太息者六」，今闕其一，真德秀補以新書中等齊篇，姚鼐又以為即食貨志之積貯疏，皆不足據，因考大戴禮中禮察一篇，即此疏六太息之第二段。而保傅一篇，自「天子不論先聖王之德」至「由此觀之王左右不可不練也」，凡一千八百九十三字，班書所無，新書俱有之，此自係疏中論三太三少保傅之職及王后胎教之法，為六太息之第三段全文，大戴此下又接「昔者禹以夏王，桀以夏亡」至「其不失可知也」，凡八百二十九字，新書亦有之，當是疏中論「任賢則興，不任賢則亡」，為六太息之第四段，為之移綴聯合，錄其全文，而注其字句異同於下。案三國魏志高堂隆傳云：「昔漢文帝稱為賢主，而賈誼方之以為天下倒縣，可為痛哭者一，可為流涕者二，可為長太息者三」知漢書六字當爲三字之誤，一、二、三乃輕重之次序，非事之條件，正不必紛紛補綴，真氏、姚氏固失之，夏氏亦未爲得也。夏之言曰：「班氏因其論教太子一段文太煩冗，遂從『天子不論先聖王之德』句起，盡從删汰，而并誤删其論任賢之一段，於是長沙此疏，文義不全，而其論任賢一段中有『成王處繈抱之中』語，故班氏誤認爲論教太子而蟬聯删之，大戴又誤認爲論保傅而蟬聯取之」云云。使戴德、班固而不知文義也，則可；苟少知文義，亦何至一誤再誤如此乎？李慈銘孟學齋日記稱其「詞氣貫串，較之真氏、姚氏爲近理」，又議其「勇於自信，輕改古書，似可不必」，尚未盡中其失矣。至大戴禮禮察篇首有「孔子曰：君子之道，譬猶防與」云云，凡一百三十七字，亦見小戴記經解篇，當是别掇先儒遺文，夏氏以爲亦是賈疏，李氏斥其固，誠哉失之固耳。

二四〇　奏對筆記　一頁　二四〇

奏對筆記二卷 己未

奏對筆記二卷，舊題洪承疇撰。承疇，南安人，萬曆丙辰進士，官薊遼總督，入清後，官內院大學士，經略湖廣、江西、雲南、貴州，謚文襄，事蹟具貳臣傳。是書乃他人僞託，大旨以李光地檢討語錄爲藍本，朱一新無邪堂答問譏其罅漏極多，又似經生策括，王詠霓函雅堂集譏其撥竊日知錄、經世文編諸書坿會爲之，均未得其癥結之所在。王氏又云「不顧時代之後先，事理之舛錯」，實爲切中其失。今攷承疇卒於康熙四年，鴻博科開於十八年，而書中有「照卿所議開博學宏詞科羅致之」等語，此尤顯露破綻處。卷首諭旨亦必僞撰無疑。二百年來竟無人揭發，亦事之至可異者矣。茲屏黜不錄，特箸其謬焉。

華嚴經音義四卷 己未

華嚴經音義四卷唐釋慧苑撰慧苑京兆人見宋釋贊甯高僧傳臧鏞堂

屠光祿疏稿四卷 癸亥

屠光祿疏稿四卷，孝感屠仁守撰。仁守字梅君，同治甲戌進士，官山西道御史，以言事革職，主山西令德堂講席，後行在補授光祿寺少卿，卒以不安其位，留充陝西大學堂總教習而終。是編爲其友劉廷琛校刊，凡四十篇，篇末各載年月，致爲可法。前有癸丑胡思敬序及辛酉劉序，壬戌刊成，蓋距清之亡已十一年矣。胡序稱爲漸室疏稿，當是屠之齋名也。其文閒傷支蔓，而議論明切，動中竅要。以求治當務本圖疏、時必有要道疏、法人和議宜詳慎疏、應詔陳言疏、圖治必在勵精弭患宜防積漸疏、請勤修政治以答天戒疏、恭陳祖訓疏、請停止海軍報效疏爲尤有關係。惟通州不宜開鐵路疏所見似滯。歸政屆期謹陳舊章疏，訖今莫明其旨。自同治甲戌穆宗崩，本有長君可嗣，孝欽意在聽政，乃立幼王德宗。幸德宗英明，甲午而後銳意自强，向令一德一心，光緒維新，何遽不若日本明治，無如新勢力亟欲破舊範圍，而舊範圍不能容新勢力，遂有太后黨、帝黨之目，馴致戊戌訓政，庚子且立大阿哥，竟兆[redacted]義和團之禍。後雖稱母子一心，而德宗終錮瀛臺，戊申遂崩於涵元殿，孝欽仍利立幼主，翊日亦崩，甫三年而宗社以屋，是故亡國之咎，孝欽實尸之。變法之不終，雖新舊當分任其過，而亦孝欽有以致之。孝子慈孫不能為之諱。是疏請內[redacted]外要摺仍懇太后披覽，證以請收回醇親王會辦成命之疏，似有意迎合孝欽，抑豈預料歸政其名，干政其實，願甘譴責，欲更得明詔宣示，如光緒十五年正月二十一日懿旨所云者，皆未可定。劉序稱其有遠識，友朋推挹之詞，固宜如是也。要其他疏愛國之誠溢於言表，蓋卓然為君子人矣。

二五二

卷六下 共十七頁 計七百八十七

鄭宧經籍題跋卷

吳縣　胡玉縉　撰

後學　王大隆　校

傳記類

鄭司農年譜一卷 壬戌

鄭司農年譜一卷，陽湖孫星衍撰，儀徵阮元增補。星衍有周易集解，元有詩書古訓，已書於後。初星衍於後漢書本傳外，剌取後漢紀及三國志注、世説注、北堂書鈔、藝文類聚、太平御覽、太平廣記等所引别傳及自序，並附益他籍，成司農年譜，刊於德州。寄元商訂，元以其中據所引别傳以鄭為丁卯歲七月戊寅生，為近來言鄭氏學者所未及，屬談泰以四分術推朔閏，知為七月五日，又取陳鱣舊撰之譜有可采者，一并訂入，為一卷，刊於杭州。雖采摭尚多漏略，不如丁晏鄭君譜之詳，體例亦近紛雜，不如鄭珍鄭學録之明晰，僅據唐史承節撰鄭公碑，正本傳「不為父母羣弟所容」有「不」字之誤，未知宋景祐本、紹興監本、蔡琪一經堂本、元建康路本、明正統本所刊後漢書皆無「不」字，以為范氏妄加，未免誣范。然大輅椎輪，剏始之功要不可沒。阮序稱在德州校字者為台州洪頤煊，在杭州校字者為湖州張鑑，然則孫本殆頤煊代撰，而阮本又出於鑑歟？此黃奭漢學堂叢書本，又增以諸人宜復從祀議、請復從祀疏及請立奉祀生、請立五經博士諸文，隨見隨補，編次無序，奭亦自言之。今姑仍其舊焉。

一七六

歷代名人年譜十卷附存疑及生卒年月無攷一卷 癸亥

附存疑及生卒年月無攷一卷

歷代名人年譜十卷，附存疑及生卒年月無攷一卷，南海吳榮光撰。榮光字伯榮，一字殿垣，號荷[illegible]，嘉慶己未進士，官至湖南巡撫。有[illegible]錄，已書於後。是編以紀年為表，始漢高帝元年，訖國朝道光二十三年。上一格為歷代紀年，中一格為時事，國朝則不曰時事而曰傳聞，下一格為諸人生卒。體例頗為清晰，所摭事蹟，自漢至明，大致視齊召南歷代帝王年表為詳。其各人生卒，亦視錢大昕疑年錄、吳修續錄、錢椒補錄為備。陸心源三續疑年錄在後。足為知人論世之助。惟書以名人為義，而譜中乃有王莽、曹操、梁師成諸人，殊為乖舛。昔趙汝愚編名臣奏議，四庫所據本則題曰諸臣奏議，提要疑中有丁謂、秦檜諸人而改其名。榮光此書亦當改題曰「諸人譜」，於義方協。李慈銘桃華聖解盦日記不此之辨，第議其國朝時事泛及僅以畫傳之王原祁，止以官顯之陳世倌，而於列聖之傳授、崩葬，皇太后、皇后之尊立、崩葬，皇子、諸王之封薨，任用內閣、六部、三院督撫之拜罷、歷代之征伐、武功、斥主命師，皆不書。甚至廟諱陵名亦闕，是誠詳略失宜。」又議其載「乾隆九年、嘉慶九年兩次幸翰林院賜宴賦詩，而如乾隆中之開四庫館、立國子監石經、建辟雍等大事，乃反不書，是亦挂漏。」然榮光於此本曰傳聞，不曰時事，其變例殆由此，似無庸苛責。又議其「每科進士載一甲三人、二甲一名，以下間載數人，其人亦不必有名。康熙己未、乾隆丙辰兩次開鴻博科，皆僅載一等某某等、二等某某等，而餘概從略。」此則各有所見，且載不勝載，以等字括之，亦未為大失。又議其「不曰進士榜而曰翰林榜，覲此書首稱漢曰前漢，即其學可知。」前者固不知史法，後者齊氏年表亦以前漢、後漢為別，榮光當本之也。慈銘嘗補訂國朝名人譜，今未之見，要之此為未成之書，駮踳誠不少，而但論其前後鱗次，若綱在綱，亦可謂有資檢閱，而功在後學者矣。

三〇三

二九五　二頁共百五十七　鄭學錄　一　六二五

鄭學錄四卷 壬戌

鄭學錄四卷，遵義鄭珍撰。珍有儀禮私箋、說文逸字，已書於後。是編紀鄭玄之學及平生行事。卷一為傳注，取後漢書本傳為之注，博采羣籍，務詳本事，不及訓詁。卷二為年譜，分紀年、時事、出處、箸述為四格。卷三為書目，條舉鄭所箸書而加以考證。卷四為弟子目，備列鄭弟子姓名而系以事略。體例謹嚴，敘述翔實，於鄭氏一生事蹟可謂綜其大要。其書原未有名，珍沒後，邑人唐炯付刊，而黃彭年為之序，因題此名，并附答唐鄂生書及別錄所補正者二十四事，版式極為清雅。其中尚有黃氏未及正者，如玄周禮序云「二鄭者同宗之大儒」，曰同宗則非一支甚明。後漢書鄭興傳「字少贛，河南開封人」，子眾「字仲師」，而鄭太傅云「字公業，眾之曾孫」，其與董卓言「有東州鄭玄學該古今」語，則非一支又甚明。賈公彥疏以二鄭為康成之先，本不足信。珍既謂古人於同高祖者稱同族，同始祖者稱同宗，不同宗族者稱同姓，」致為分曉，而又謂「賈説匪誣，轉涉含混。○毛詩譜今行世有戴震本、吳騫本，皆校訂精審，幾還舊觀，遠勝歐陽修之顛倒妄補，而以為今僅有歐本，亦失之目睫。○凡此又為李慈銘桃華聖解盦日記所糾。○其他如本傳「不容為父母羣弟所容」，唐史承節撰鄭公碑「無不字」，阮元山左金石志云：「為父母羣弟所容者，言徒學不能為吏以益生產，為父母羣弟所含容，始得去廁役之吏，游學周、秦。」黃氏謂「阮説似亦可通」，不知宋景祐本、紹興監本、蔡琪一經堂本、元建康路本、明正統本皆「無不字」，與史碑合，益足見珍雖亦知史碑「無不字」而尚泥文「數怒之」之語，以「有不字」者為實録，終為范書誤本所囿，然其書條理秩然，頗便檢閲，遠在孫星衍、阮元所撰鄭司農年譜之上，當與丁晏鄭君譜並傳也。○黃氏序文頗能見鄭學之得失，李氏謂「珍意在墨守鄭學，今務欲糾鄭違失，未明著書之體」，不知鄭注三禮且多駮正經文，今不過

三三〇

三二　二頁共六百五十七　鄭孝錄　二　三二

略論曲護鄭失及謬生黨伐兩家之敝，於着書之體初不相妨，李氏殆未之細審耳。

顧亭林先生年譜不分卷 戊午

顧亭林先生年譜不分卷，平定張穆編。穆字石洲，一號㐆齋，優貢生，候選訓導。先是車守謙、胡虔、徐秸均有年譜，輯本穆未見胡本，就車、徐兩譜攷覈異同，推求本末，加以增益，用成是編。於炎武一生事蹟，搜羅殆盡，即家國興亡之故，朋儕疏密之蹤，亦藉以攷見。中有何秋濤、何紹基案語，皆同時所與商訂者，夫亦極知人論世之能矣。惟八尺為吳江地名，維亭為崑山地名，今一云似非地名，一云俟考，固失之疏；既稱炎武七謁孝陵，以神道碑為誤，而穆撰祭文仍有灑六謁園陵之淚句，亦殊矛盾。凡炎武著述之見四庫總目提要者，每言某部某類有提要一篇，而昌平山水記見地理存目，顧氏譜系攷見傳記存目，菰中隨筆、救文格論及雜錄見雜家存目，均不言有提要。此外有皇明修文備史見趙懷玉亦有生齋集，而亦未及敘列。是書無卷數，凡四十帙，今有二十帙，在惲薇生毓鼎所。又梁節庵鼎芬所藏萬壽祺渡江圖，原題云：「辛卯春始遇顧子於舊都，顧子名圭年。顧子曰：『予再轉注而得此名』，即心異之。是年秋，顧子抱布為商賈，蘇唐墅至淮浦，西過余草堂，余始心異顧子，至是乃詳知顧子之為余友也。曰：子非甯人乎？」云云。此即東譜引程瑶田所説秋江別思圖事，細繹語意，定交蓋在辛卯春，而穆繫八月十四日至淮安後，恐亦未覈。其曰「再轉注」者，謂更名炎武，後再名圭年。人謂炎武二字寓宋建炎、漢建武意，吾謂圭年如圭田之圭，以明其絜。吳龍錫詩云：「到底不曾書鶴板，江南惟有顧圭年」是也。凡此皆為讀是譜者所當知，而亦聊以廣其未備。伍氏刻入粤雅堂叢書，釐為四卷。跋語云：「不必以其未盡合年譜體例而議之」，洵為通論。李慈銘孟學齋日記云：「其攷訂人物事實甚詳，亦一家之學」，所評亦允。桃華聖解盦日記云：「專搜瑣屑，於其用世本意及滄桑時事俱屬茫如，昔人謂作譜之才須與其人相稱，誠知言也」。則持論韓失之高，不如伍跋之當。至慈仁寺之祀，光緒戊戌巳移於永定門外石榴莊之蘇太誼園，其寺庚子燬於兵燹，易為昭忠祠，而西偏顧先生祠三楹巋然獨存，壁間有朱琦所撰碑記，惟已改作僧居，設佛座，庭中開井（戌）井欄亦尚完好，辛酉易饗堂東嚮為南嚮，規模式廓云。

顧亭林年譜

顧亭林年譜

閻潛邱先生年譜不分卷 戊午

閻潛邱先生年譜不分卷，平定張穆編，穆有顧亭林年譜，此蓋繼之而作（已書於後）。大致本杭世駿、錢大昕所為傳，參之古文尚書疏證、潛邱劄記及丁晏山陽詩徵、柘塘脞錄諸書，鉤稽歲月，排比成書。自序稱五易稿而後寫定，足見其用功之勤。伍氏刊入粤雅堂叢書，亦釐為四卷。跋語力辯「未能洗去學究氣」之說，固屬盛心。至諄諄以求御書為言，穆謂有感於朏明之事，亦在人情中，乃謂「何至若與朏明角勝，且屢為其子言之」，則穆謂有感，並未謂角勝，屢為其子言之，又明見於行述，亦非穆之輕誣。惟若璩於父在時四十四歲即稱老，穆謂「此語不可為典要」，何不引曲禮為人子者恒言不稱老，及後漢胡廣事以正之。行述稱康熙十七年應鴻詞科，日與傅山游處，穆引劄記有與傅青主二文，書謂此札當在應制科時，致全祖望陽曲傅先生事略云：「既至京師，三十里以死拒不入城」，是

雖與游處，而山實應而未試，行述可以渾言，案語似宜引謝說以為分別。書中
每言某人事蹟詳顧譜，自是著書從省之例，惟周令樹則兩譜互見，此多由推
官遷同知一層，亦無關宏恉。餘如若璩言《禮記》文較少於《左傳》，則唐時假倩請
試三傳奏已及之；又言「縣學籩豆當循元制各以十，太學宜復八佾十二籩豆」，
此與陸世儀《隨分致處》之說略同。不知太學、縣學雖殊，孔子則一，奚容區別？倘
如其義，則縣學十籩豆仍近僭越，實不可通。凡若斯類，以他處間加辨難語例
之，似亦當有所折衷者也。李慈銘《桃華聖解盦日記》云：「潛邱學有精到處，而學
究氣太重，其行事實尟可述，其子詠所撰行述，敘次尤陋，碩州蓋以鄉誼故與
亭林並譜之。然顧之與閻，相去當不可道里計。」此論頗公允，但閻固不逮顧，而
穆既作顧譜，亦何妨作閻譜。又閻附祀云云，嘗附祀於慈仁寺西偏顧先生祠
中，光緒戊戌遂廢，亦讀是譜者所宜知云。

三一六

二九六　二百共八百五十　書右軍年譜後　一　六二六

右軍年譜不分卷

右軍年譜不分卷，首列叢談二十一則，山陽魯一同撰。一同字通甫，一字蘭岑，道光十五年乙未舉人。是譜以晉書王羲之本傳但稱卒年五十九，不言所卒何年，因取羣籍及羲之與人諸帖鉤校年月，稽合情事，積十餘年而成。定為生於晉懷帝永嘉元年，卒於哀帝興寧三年。非特於張懷瓘、黃長睿、董逌諸人有所糾正，即史傳缺畧亦多所補益。而於羲之念亂本懷，處窮大節，尤再三致意。固譜錄之佳本，亦右軍之功臣也。但反覆攷之，羲之似不止五十九歲。史傳未足盡據。謝安傳嘗與羲之登冶城，悠然遐想，有高世之志。羲之曰：夏禹胼胝，文王旰食，今四郊多壘，宜思自效，而虛談廢務，浮文妨要，恐非當今所宜。詳其語意，自以史載此語於安為尚書僕射後為正。本傳亦云羲之為會稽內史，時東土饑荒，輒開倉振貸，朝廷賦役繁重，吳會尤甚，羲之每上書爭之，事多見從，又遺尚書僕射謝安書』云云，前之上書者乃上於會稽王，後之遺書者為别一事○李白登冶城西北謝公墩詩序云：『此墩即晉太傅謝安與右軍王羲之同登處，』今泥卒年五十九，一則曰：『時羲之已歿』，故再則曰：『安為僕射在孝武初，何得逸少尚存？』遂以登城為庾冰辟安時事，遺書為遺尚非遺安，恐近肊斷○十七帖為羲之與周撫者，中一帖云：『足下今年政七十耶？吾年垂耳順，推之人理，得爾以為厚幸。』是撫七十時，羲之年近六十○周撫傳稱『撫鎮蜀三十餘年』，以永和三年滅蜀計之，下至甯康三年，適得三十，今泥卒年五十九，以三十為未審，謂『撫卒於興甯三年六月，逸少之卒不得至興甯三年後。』安見撫傳興甯非甯康之誤，而三十必為二十之誤也○非特此也，羊欣固親師獻之者，其筆陣圖云：『羲之年三十三書蘭亭敘』，此語必塙有依據，今泥卒年五十九，以為卒於興甯三年，於是疑欣説之謬，謂據此上推，當生於元帝太興四年辛巳，其明年為永昌元年，周顗已死，逸少裁及週歲，何得有十三歲謁顗之事？遂不得不以書敘屬之四十七歲，惟羲之非止五十九歲，則此語無礙。即安傳及本傳遺書事皆可通。黄伯思東觀餘論以為生惠帝太安二年，卒穆帝升平五年，吴榮光歷代名人譜以為生元帝太興四年，卒武帝太元四年，此皆泥五十九之說於晉書諸傳及筆陣圖說，通此則彼窒，通彼則此窒，疑生當永嘉，卒當太元年，在七十内外，本傳五十九或六十九之誤，姑存此說，使達者理董之也。又叢談辨陶隱居答梁武啟，以為逸少亡後，子敬年果十七八，不應官奴小女已及四歲，不知十七八而有女四歲，亦豈絶無之事哉？

孫淵如先生年譜二卷 庚申

孫淵如先生年譜二卷，陽湖張紹南撰。其書雖亦按年排次，而敘述簡賅，頗具筆法，不特可攷著書歲月之先後，即折獄治河及表章古跡，亦寫得星衍一生之精神出。六十歲以下六年，為江寧王德福續編。惟尚書今古文注疏兩人皆誤作義疏，竊所未喻？又劉毓崧通義堂文集有春秋集證跋，考定為孫氏作，而譜中亦未敘及，未免漏略。此繆氏藕香零拾本前後無序跋，殆得稿本刋之歟？

三〇三　二頁共　百廿五　抱冰堂弟子記　一　六三一

抱冰堂弟子記不分卷

右抱冰堂弟子記百二十條，雖名弟子記，實於丙午年八月七十賜壽前數日親自為之，觀末條載語僚屬語親故各説，而全神俱現矣。當時余在幕府，其手藁交王司直孝繩發官報局排印，曾目擊之。蓋仿公是先生弟子記之例也。綜其生平，東南互保之約最為有功，餘多言大而夸，所辦各事亦多似是而非，但可謂之十九世紀人才，而於二十世紀實非其選。如廢崇厚所訂之約，收回伊犁，乃曾惠敏之力，今謂前後疏二十餘上，絶不及曾一語，何也？中國鐵路之設，實始於庚辰年劉銘傳之奏請，薛福成代李鴻章草覆疏，深韙其説，在庸庵文續編中，末附議語，斯時主持清議者如張庶子之洞、張侍講佩綸雖心知其益，亦未敢昌言於衆，遂作罷論。今謂盧漢、粤漢、甯滬等路皆其剏議請造，何也？庚子七月，兩宫將西幸，不顧與李鴻章等會銜力阻，謂此摺到京，幸畿郊巳大亂，一乘輿不行，不然，大局不堪問矣。豈以東晉之劉、石，南宋之金人視各國耶？然則聯軍入都，何不久踞而拒和議耶？此由徒讀中書，未諳世界大勢，向~~向~~使早阻一聖駕，恐賠款未必如是之巨也。商約中開鑛一條，外務部奏阻之，有旨戒勿與議，此實保鑛山權之大者，外部、樞垣不可謂無人。今謂「中國鑛產斷不能不開，外人入股開鑛斷不能禁」，前說是而後說殊非。所定章程為稍明各國通例者姍笑，乃曰「保主權，惠民生，輕稅項」，由衷而言之，是不智也；違心而言之，是不仁也。不意其既欺君父，又欲欺天下後世也。在粵不許開白鴿票，是已；在鄂何又開鐵捐票？且此記曷不載之？商約中一條，尤要條收回治外法權，是已。然此非託諸空言，當先改良法律，日本往事可徵。何又於新定刑律草案力駁之？粵漢鐵路收回自辦，是已。當時正約外，何以又有附約？為美領事愚弄多端。且至今事越數年，何以未集一款？仍議籌借外款，致前後竟若兩人也。美員

三二八

圖

精琪，圖攬中國財政，拒之是已。何我國使臣之欲鑄金鎊者，亦斥為浮慕西法，謂外國一物之值，一餐之費，罕有僅值洋銀數角者。中人一日之需，斷無僅值洋銀一元者。故以用金為便。中國則貧民每日一人口食僅一二十文，中人僅六七十文，並不能值洋銀一角，何論於金。以上奏駁精琪銀價條議摺中語。殊弗思日本現鑄金鎊，而其民間日用實視我國為儉，安得憑此以譏？且現議用金，僅欲示信於外國，不求驟用於民間。民間之用銅用銀，均任自便。譬如今日都市用元寶，而民間仍少見；商埠用洋元，而鄉僻仍少見。胡惟德之說，致為明瞭。孰料未出國門一步者，并此而亦不悟也。鮎魚套至上新河及漢口後湖，或修劖岸，或築長隄，一則從前已浸數十里，皆為田疇村落；一則涸出田地十餘萬畝。此誠目前之利，特恐將來水無所容，必致大為衝決，其他闔姓之捐，訖今尚為粵人厲，有識者類能言之。江夏縣監獄之政，徒耗四十餘萬巨款，而辦理不善，逃監越獄，殺人如戲，見長白英瑞閱湖北模範監獄後感書。（戊申十二月初一日時報載之）惟瓊島中心開為十字路，此事昔人早已議之，藍鼎元瓊州府圖說亦力主之，倘果其事不虛，差強人意耳。總之，凡事須用得其人，今喜諂諛而惡匡正，雖曰用人一秉至公，重任要差，非賢能不得與，試問張彪諸人果賢能乎否乎？又須和衷共濟，今與歷任巡撫不相能，（此語見海外文編叙督撫同城之損）試觀某大吏病篤，語家人某中丞素與齟齬，及罷官歸，語人云云，毋乃自供其狀乎否乎？一言蔽之曰：意氣用事而已。抑又有說者，雷塘庵主弟子記出於阮文達身後，今在生前仿為之，幸而人皆知其自記，否則果有此不通之弟子，直代為愧死矣。爰書數行於後，以戒世之作偽日拙者。

右名人之屬

二五八

付記

二四一

東林本末校注三卷 壬戌

東林本末校注三卷、當塗夏燮撰、燮有兩朝剥復錄校證、已書於後。案吳應箕東林本末四庫未著錄、予亦補入未收書目續編。其書本作論體、閱者每苦於事實不甚明瞭、燮乃引明史諸書一一爲之校注、而吳書之議論侃侃、始知各有所在、即是非曲直亦往往藉以攷見。李慈銘祥琴室日記識其筆舌冗漫、有學究氣、不如夏氏筆舌固萬不能及吳氏、而注文詳盡、頗有裨於掌故、要自不容徑廢也。據稱爲何元錫鈔本、視剏駝逸史本較有條理、其末卷第六條標題但曰三案、與逸史同、而樓山堂集卷七載江陵奪情以下諸篇第六條作要典三案、與他篇皆四字標題合、疑何本亦非吳氏原本耳。

東林本末校注　一頁

二四一

灕江雜記一卷坿游草一卷己未

表忠錄不分卷 辛酉

表忠錄不分卷。其書本名東林同難錄，崇禎初，死閹禍者諸孫輯其先人履歷事略，凡十七家，如齒錄之式，桐城左氏刻之，前有鹿善繼序。至清雍正中，江陰繆敬持又輯列傳二十一篇，附傳六篇，及周順昌五友紀略，五人傳附益之。道光初，其邑人葉廷甲又冠以南都請謚疏，遂易今名，此即葉刻本也。是書初尚簡略，而善繼一序，覺英風義烈，已與諸人相輝映，自繆、葉遞有增輯，本末益詳。雖諸人彪炳史册，今不必藉是以傳，而闡潛德之幽光，動後人之景仰，一編入手，生氣凛然，視明人鄭應旂懷忠錄、錢士升表忠記諸書，表章靖難諸臣者，同一有功於名教矣。

三一六　二頁共　乙〇九十七　國朝歷科題名錄　一　六四六

國朝歷科題名碑錄附明題名碑錄　乙未

周望字渭湄，號南屏，康熙丁丑進士，官禮部尚書，書初編

國朝歷科題名碑錄附明題名碑錄無卷數，蔚州李周望初編，其後遞有增益，始順治丙戌，訖光緒戊戌。康熙己未、乾隆丙辰兩科鴻博姓名，亦依次編載。其順治丁亥以下十七科，康熙間歙縣吳苑官祭酒補立，此錄早列。其光緒癸卯、甲辰兩科，辛亥國變後，是兩科進士補立，此錄未列。甲辰碑末稱「國子丞衙門典簿某某立」，不載補立年月。則丙午設立學部後，始裁祭酒司業，官改國子丞，隸於學部，其時尚無丞，實為疏舛，後之考官制者勿執碑為疑也。明碑實存之數，日下舊聞諸書記載互異，今覈之，始永樂乙未，訖崇禎十五年賜特用出身史惇等姓名碑，凡七十七通。此外又有元碑三通，是錄則始洪武辛亥，迄崇禎癸未，蓋據舉貢志補入。李周望序云：「元明碑之在辟雍者，并附錄之。」乃元碑無錄，明碑亦不言始於何科。德沛序云：「得明貢舉志，增入洪武乙丑、戊辰、辛未、甲

戌、丁丑、建文庚辰、永樂甲申、丙戌、甲辰，凡九科，朱𤥁小萬卷齋文稾與左春谷書論此事云：「如其所補只九科，則洪武辛亥、永樂辛卯、壬辰為前錄所有，而前錄何以於存碑之外僅得此三科？況碑石歲久磨滅，嘉靖丙辰榜日下舊聞已云剝落，今並無一字，成化乙未、辛丑皆漫漶，其十一年、十七年只作十年，嘉靖丙戌僅下半尚明，可知前錄未必盡出自碑，或亦以貢舉志為憑」云云。案明史選舉志云：「戊辰任亨泰廷對第一，太祖撰題名記立石監門，辛未許觀亦如之，進士題名碑由此相繼不絕」，是洪武辛亥尚無碑，即有碑亦當在南監。成祖紀云：「永樂十三年三月己亥，策士於北京，賜陳循等進士出身有差」，登科考云：「是年即命立石國子監」，是北監碑當始乙未，今塙有此碑，其辛卯、壬辰亦當在南監，其非盡出自碑殆無疑義。○孫嘉淦序謂「始宣德五年林震榜」，固非，德沛謂「始永樂十八年李騏榜，訖崇禎十六年楊廷鑑榜，其缺者惟萬曆八年、崇禎十年兩碑，亦非，德蓋沿錢維城等識語之誤，珝專咎德，疑其但憑胥吏之口，未嘗親為檢校，未免失之目睫矣。又攷明志所載永樂辛卯榜係先二年己丑會試，天順甲申、正德辛巳皆係先一年會試，錄以廷試為斷，自是全書通例，惟崇禎十五年特用科，紀、志皆不載，而王鴻緒明史稿載：「崇禎十三年三月辛亥，授進士召對稱旨者為檢討、給事中、御史、吏兵二部主事，四月丙寅，以貢士二百六十三人補六部主事、推官、知縣，名曰特用。」然則特用科亦十三年事，是歲為庚辰，其稱十五年者，蓋立碑之年，是錄即著為壬午科，殊乖事實。珝又有族祖象先公題黃鶴樓詩字書後云：「使當時果別為一科，何無臚傳甲第之分？」此駁甚中其失，並引甯國府志選舉門云：「崇禎庚辰有特用科，準進士資格，壬午年立碑太學。」與史稿及碑皆合，尤足依據。至明志稱：「永樂己丑會試中陳燧等九十五人，今錄載辛卯蕭時中榜祇八十四人，蓋未與廷試者十一人。」又稱：「嘉靖己丑一甲羅洪先、楊名、歐陽德，今題名為羅洪先、程文德、楊名，此必史之誤，當以碑為正。若崇禎甲戌諸科中多墨釘，乃校刻之疏，非關碑泐，當據以增補者也。此事為掌故所係，碑石既夥，勢不能家拓而存之。周望於康熙庚子官祭酒時始箸於錄，後人賡續蔚為巨觀，實足以資考覈。望字南屏，號渭湄，官至禮部尚書云。

布總錄之處

一三一

皇朝大臣謚迹錄四卷 庚申

皇朝大臣謚迹錄四卷，餘姚邵晉涵撰。晉涵（字與桐，號二雲）乾隆壬辰進士，充四庫纂修，官至侍讀。是編自藩王、額駙、民公、侯、伯、子、男、大學士、尚書、侍郎、學士、左都御史、內大臣、總督、巡撫、將軍、提督、總兵、都統、參領、八旗世職、殉難，道凡一百九十餘人。各叙仕履事實，較之但載其官、某名、某謚及某年所予者，頗足以資參考。叙次事跡亦均能舉其要，尤擅史才也。此江南圖書館所藏鈔本，錄而存之，在好事者刊而行之矣。

隋經籍志攷證十三卷 庚申

熙朝宰輔錄 壬戌 不分卷

熙朝宰輔錄不分卷，吳縣潘世恩撰。世恩字芝軒，乾隆癸丑一甲一名進士，官至大學士，謚文恭。是編記有清順治以來宰輔，至道光十八年止，分滿、漢為二類，滿人始蘇納，訖伊里布，凡六十八人；漢人始范文程，訖湯金釗，凡一百一人。前有道光戊戌自序，稱「與鶴舫相國綴輯舊聞，參稽史乘，臚舉姓氏、籍貫及在任始末，以備熙朝掌故」云云。鶴舫者，穆彰阿也。其書不載字號及師保等加銜，即出身亦不甚詳備，且多疏舛，疑二人入相，意在自暴，假手他人為之，故甚草草。李慈銘息荼庵日記云：「咸豐七年續刊，增入數人，添載師保加銜，其滿洲陳泰（亦作辰泰）誤入漢錄者，改歸滿錄，又補茶陵彭維新於漢錄，亦間有所訂正，然多去其拜罷月數，又不補字號及封爵，終未為完書。」今續刊本未見，此本陳泰作奉天人，在漢錄，亦無彭維新其人，為光緒丙戌蔡學蘇重刻，跋語甚劣，姑據以存其目焉。慈銘又稱續增數人，蓋增在咸豐本上，更在其後矣。

卌

國朝詩人徵略六十卷 癸亥

國朝詩人徵略六十卷，番禺張維屏輯。維屏字子樹，號南山，道光壬午進士，官至權南康府知府。是編載國初以來詩人，起鄂貌圖，訖黃照文，凡九百餘人，每人各詳其仕履及別集，並采諸家文集及志乘、說部諸書，以詳其事蹟。所錄詩分標題、摘句二目。標題者，但錄其詩之題，注明五古、七古等，不必人人皆具。摘句者大率皆今體，間及古體，間注原題於其下。條例甚為清晰。其中亦有拙句，陳厚耀《趵突泉詩》「萬派寒潮飛匹練，半天花雨灑明珠」句，甚秀麗，未能切合。而十之八九可觀，尤以陳恭尹、黎簡、厲鶚、黃景仁諸家為勝。前有嘉慶二十四年、道光十年自序，以為作詩之人皆得謂之詩人，故所載多名臣、名儒，所見良是。又以意在知人，初非選詩，或因題，或因事，或己所欲言，或人所未言，意欲無所不有，不專論詩之工拙，故所采未免稍雜。所附己著，亦往往有學究氣。如毛奇齡下載竟山樂錄，惲敬下載大雲山房文藁通例，與詩學何與。朱彝尊下，邵長蘅下采本集各說，其與詩無涉者，當另入筆記。李因篤下，乞養疏，姚文田下各疏，全祖望下，陸世儀論白沙之學，本載其松心日錄中，可以別行，何必闌入。金菁莪下載松軒隨筆錄其離亭燕一闋，尚可曰詞者詩餘，而史夔下載阮葵生茶餘客話稱蔡翁精星命事，隨筆又辨之，俱可從刪。所辨以李虛中推命止用年、月、日不用時，至徐子平始以年、月、日、時推算，亦屬舛誤。虛中兼論八字，非不用時，紀昀槐西雜志言之甚詳。黃利通下，沈起元下載聽松廬文鈔及隨筆，皆記已事，更為冗贅。凡此雖其宗旨所在，而實不合體裁。孫寶侗據王士禎蠶尾續文集孫文定傳，為廷銓子，有才名，未仕卒。朱琦古文彙鈔二集小傳亦云「諸生，蔭六品京官，不就」，乃曰官都察院經歷。彭紹升據題名碑，為乾隆二十六年進士，乃曰二十二年。王應奎下既無標題，並無摘句。劉鶴鳴及邵詠以下七人有錄無書，蔡邦烜第五十三卷。有書無録，五十八卷黄玉衡以下三人，所見本適缺一葉，五十九卷朱栜真以下八人所見本全缺，俟考他本。凡此或事實有舛，或編校未審，亦屬可議。然全書采摭宏富，二百年來詩人之精華大略具是，實足為學詩者之學究。其分標題、摘句二目，為自來詩話之剏例，尤可取法，當與胡仔《苕溪漁隱叢話》、魏慶之《詩人玉屑》並傳也。據書目答問，尚有二編六十四卷，惜未之見耳。

國朝詩人徵略六十卷 癸亥

國朝詩人徵略六十卷番禺張維屏撰輯

三二　　二頁共二百十三　　國朝先正事略　一　　六四一

國朝先正事略六十卷　壬戌

國朝先正事略六十卷，平江李元度撰。元度字次青，道光癸卯舉人，官至貴州布政使。是編綜采私家傳誌、郡邑志乘，閒及說部，參以國史，分名臣、名儒、經學、文苑、遺逸、循良、孝義七門，凡正錄及附見者一千一百有十人，刱始於同治甲子，告成於丙寅正月。前有曾國藩序及自序并凡例，搜羅勤至，有裨於文獻甚巨。敘述亦頗具史裁，惟往往失於攷訂，如文中冢宰、大司農、宗伯、大司馬之稱不一而足，與例言「書時制不從古稱」之說違悖。然猶可曰因仍舊文，未及檢改，而每篇標題有稱相國者，有稱中丞者，有稱方伯、廉訪者，有稱副使、觀察者，有稱太守、刺史者，有稱郡丞、通守、明府者，將何以解？甚至稱副都御史為副憲，總督為制軍，提督為軍門，知縣為大令，沿稟牘之俗稱，尤乖體例。阿桂事略云「孫那彥成官大學士」，不知那彥成未嘗官大學士，是為紀載失實。范文程事略云：

加「一等加^梅^勒章京，世襲一等男爵」，不如「梅勒章京」即漢言男爵，是為官制不明。何淩漢事略云：「州牧汪某為加賦事，以抗糧拘諸生數十人，解永州府，太守王公宸見公名特釋之」云云。證以汪輝祖病榻夢痕錄，載乾隆五十五年，以寍（寧）遠縣知縣署道州知州，時，縶抗欠最多之衿戶監生、生員、佾生各一人，及所作後春陵行詩序，紀道州衿戶逋賦事，知汪某即指輝祖，王公宸即王蓬心，生員即淩漢，乃輝祖入循良，而於此事略中淩漢詆汪為酷吏可畏，誣汪為欺世盜名，竟未刪除，是為前後互異。又如名臣中不列王掞、王鼎，孝義中不列向榮、張國樑、王鑫，皆不可解？其分名儒、經學為二，已近宋史之儒林、道學分傳，而經學如段玉裁、郝懿行、桂馥皆卓然大師，乃附見他人事略，懿行至不知其所著有爾雅義疏，王引之當入經學，而附見其祖安國名臣事略末，或以官躋九列，從國史大臣傳之例，其父念孫官止四品，自宜別見，乃亦附入，殊為未協。呂飛鵬為淩廷堪弟子，著有周禮補注等書，早已刊行，當於經學別見，而但於其子賢基名臣事略首云：「贈公某邃於經學」，至不能舉其名。趙佑著有四書溫故錄等書，漢、宋兼采，頗多心得，亦當入經學，而但於文苑竇光鼐事略末云「以制舉業名天下，著有清獻堂集」，尤嫌疏陋。他如莊存與及其從子述祖、翟灝、劉台拱、陳壽祺、胡承珙、洪頤煊、胡培翬、陳鱣、淩曙、陳奐、王筠、鄭珍，皆漢學名家，事迹亦多可攷，而槩未之及。文苑一門至為繁猥，而章學誠、彭績、汪縉、羅有高、馮浩、應榴父子、錢儀吉、泰吉兄弟，包世臣、龔自珍，皆足自名其家者，亦槩未之及。凡此均為李慈銘桃華聖解盦日記所糾。名臣中：王士禎、徐乾學、高士奇、王鴻緒、吳士玉、沈德潛、張照、錢維城宜入文苑，王安國、秦蕙田、胡煦、紀昀、畢沅、阮元宜入經學，不得以位躋九卿，槩廁名臣之列。武億經學而附名臣李鍇，隱逸而列文苑，申涵光名儒而附遺逸，是為編次失當。黃宗羲事略不附鄭性，周永年事略不附張學誠、謝文洊事略不附封濬、李塨、王源事略據方苞撰傳，未免以虛詞誣其講學之本真；劉獻廷事略據全祖望後日追述之辭，以王源所作墓誌證之顯有牴牾，是爲考證多疏。凡此又爲胡景桂是書書後所糾。（見蓮池書院日記。又有張銓書後，所補近二百人，有是非，當別論。）譚獻復堂日記云：「經學出江鄭堂師承記，而去取更不饜人意。文苑所見亦陋，遺逸僅載鼎革諸老，大半當歸勝國。康熙以後竟無一人，將上野無遺賢之頌耶？」所言亦頗中其失。惟遺逸固多漏略，而自當以前朝遺老爲斷，未語近佻，尤不合事理。總之是書雖未折衷至善，而摭拾之功不可沒，翦裁之功更不容沒。宗源瀚與金武祥書乃譏其「以傳舊而不著所出，有類於法盛之晉書」（見金氏陶廬後憶。）不知注明出處，係別一體裁，奚容以彼詆此。李慈銘云：「大體可觀，敘次亦有筆力。」譚獻云：「其用意注於名臣，多本碑狀舊文，不無曲筆，而二百年大沿革，出諸公建白者，章奏之文不具。」竊謂其書必傳，是則持平之論矣。

右總錄之屬

三四四

出塞紀略一卷 壬戌

出塞紀略一卷，常熟錢良擇撰。良擇字玉友，布衣。是編乃康熙戊辰五月良擇隨內大臣索額圖、佟國綱、馬喇及兵部督捕理事官張鵬翮、兵科給事中陳世安奉使俄羅斯，行歷蒙古四十九旗北界，入喀爾喀國境，值與阿魯忒國構兵敗竄，使臣不能進，得旨回京。凡行百餘日，往返四千餘里，因述其道里山川、民風俗尚，隨日記載。其體例略如宋行記，雖敘次蕪俗，所附詩歌亦多冗劣，而視鵬翮所撰奉使俄羅斯日記較為詳盡，亦足以備參觀。此次諸臣未得達彼國，其後壬辰，圖理琛奉命出使土爾扈特，由喀爾喀越俄羅斯國至其地，乙未回京復命，曾著異域錄一書。該國畏懷者有年。乾隆乙亥，俄羅斯南路十四國且盡入版圖。李慈銘祥琴室日記乃謂是役從精騎萬餘人，私從僕馬復萬餘，軍容甚盛，而冒暑進發，涉歷危險，卒不克致使命，而人獸死者已萬餘，耗銀餘二百

五十餘萬，亦可以為遠略者之戒。蓋未統後事觀之耳。彼地高寒，故先後出發

皆自五月始，冒暑之語，亦豈通方之論。佟國綱，原書誤綱為璋，李氏據鵬翮日

記及國史名臣傳改正，今從之。

七二

據鞍錄一卷　庚申

據鞍錄一卷，遼海楊應琚撰。應琚字松門，廕生，官至大學士、管理雲貴總督，緣事賜自盡。是編乾隆己未應琚任西寧道時赴京引見所記，自六月二十日至七月二十六日抵潼關止，逐日紀載，無事亦書日，惟缺七月二十一日。前後無序跋，末云「自此酬應益繁，無暇記錄，距京師尚二千二百四十五里」，蓋完書也。其中歷敘沿途風景外，考證古跡，搜訪碑碣，頗見措意。如云：「至朱圉山，色如馬肝，禹貢朱圉即此，知山之所由名。」「抵鳥鼠山下，細詢土人，云『相傳穴入地三四尺，鼠在內，鳥在外，各自生育，不相侵害』，知偽孔書傳共為雌雄之非實。」其他以落門鎮即唐吐蕃得洛門守之之洛門，清水河即張鎰與吐蕃尚統質約盟之地，魚龍川即杜詩之「水落魚龍夜」，均有裨於學識。尚統質當為尚結贊，乃傳寫之譌。又云：「游龍光寺，唐開元二十八年建，原碑已斷，今失其半。」詳楊氏語意，似建寺碑記，孜孫星衍訪碑錄、陸耀遹金石續編，祇有是年龍光寺舍利塔記，疑即此碑而不言殘缺，是一是二，無以定其是非。又云：「漢郭香察華山碑側有顏魯公除饒州刺史謁祠題名」，則漢碑毀於嘉靖三十四年，顧炎武金石記有明文，乾元元年謁金天王祠顏記在華嶽頌碑右側，王昶金石萃編有明文，楊蓋誤以周天和碑為漢碑耳。此繆氏藕香零拾本顏記非在漢碑，繆跋亦及之，而以乾元元年為大曆九年，則又誤也。

一六三

蠡測彙鈔一卷 辛酉

蠡測彙鈔一卷，浮梁鄧傳安撰。傳安字鹿耕，號菽原，又號盱原，嘉慶乙丑進士，官臺灣知府。是編錄其雜文涉臺事者十八篇，而案牘應酬之作概不闌入。前有道光庚寅自序。其中如番社紀略、水沙連紀程、遊水裏社記，皆親歷其境，頗足正府志之誤而補其闕。海外寓賢攷、平傀儡山賊黨記後敘諸作，亦有裨於掌故。番俗近古說可以攷見風俗，惟牽合經傳失之附會。明魯王渡臺辨據海上見聞錄、臺海外史，謂魯王薨於庚子，非壬寅，力駁全祖望鮚埼亭集之說，以為沈光文所與倡和之魯王當是世子極皇，非江東稱制之以海，大湖之王墓如金人葬宋淵聖於鞏洛原，而南宋尚攢空棺於東越稱欽宗陵之比，實為肊說。林樹梅歗雲文鈔引林霍續閩書云：「王素有哮疾，壬寅十一月十三日中痰，薨，生萬曆戊午五月十五日，年四十有五，葬金門城東青山前，王所嘗遊地也。」

吾鄉盧牧洲尚書島噫集，有辛丑仲夏壽魯王詩，壬寅仲夏又作泰山高壽魯王，則謝山主沈說近是，云云亦可知鄭說之無據，而見聞錄、外史諸書為傳聞之訛矣。樹梅又云：搜訪古蹟，復得寧靖王祠墓，祠有王像，與元妃羅氏木主，而殉節之姬妾五人袁氏、張氏、王氏、鄭氏、洪氏皆祔，蓋家丁許福所祀，今是書籥捐置五妃墓守祠義田疏引，但據府志所載袁、王二氏及秀姑、梅姐、荷姐以為說，亦不如樹梅之親見，粟主云。

一六二

三六

庚子西行記事　一頁

六四三

庚子西行記事一卷　癸亥

庚子西行記事一卷，原題辛賓唐晏纂。蓋滿洲震鈞改名，詳見渤海國志條下。晏字元素，自號滄江道人，官候補同知。是編因[redacted]義和團之亂，由京師奔赴西安行在所作，亦劉氏刊入求恕齋叢書。後有辛丑自敘，大致以[redacted]義和團之術多出於小說，其禍激於甲午一役，所言頗似有理，然最初實由拒虎尾鞭而起，則固不可不知也。周濟介存齋詩新樂府敘云：「山東之有教匪，自劉鏈子始。鏈子誅死，其徒詭言未死化去，變其黨號虎尾鞭，頗橫，土人更為黨曰義和拳以拒之。別有紅瓶會，仇之者曰瓦刀社，而八卦教最大，蔓延直隸、河南之境，凡數百里。其徒自張大，以為天下皆有之，其實未也。」又以民不足怪，怪夫士大夫之見亦與之同，實由於患失之一念，所言亦非不合。然當時內如袁昶、徐用儀，外如劉坤一、張之洞輩，士大夫中未嘗無人，則又不應不分別者也。書中言「人人相引習拳，端邸為之倡首」，又言「義和拳（團）之入都，實剛毅、董福祥之謀」，又言「此次之亂，固由端、董，而深宫信之不疑，蓋宦寺之力居多」，又言「李秉衡雖有四軍，兵皆未練，精軍榮祿自統之，卻未一戰，所記皆為實錄。又言「剛毅梢尚寄平陽旅店」，亦足正相傳偽死者之訛。其書本屬記行，故模山範水之言較多於記時事，所附詩章，如「人道華山奇，我道華山媚，亭亭如靜女，卓有遺世態，山花繡綺裳，春草添眉黛，恐化彩雲飛，翱翔九天外」，頗具風致。間有引據，亦見涉獵，惟云「平陽古名平水，元代手民所聚，今傳有平水板印本書籍，蓋始於耶律楚材」，不知金史地理志已稱平陽府有書籍，元當因金之舊。又云「華嶽廟二門外西序後周華嶽廟碑在馬碑陰，唐韓賞告華嶽文碑側，刻顏魯公謁金天王題名，又有中宗述聖頌及唐宋題名甚多」，不知顏題名固在後周碑側，其陰為咸廙華嶽精享昭應文，乃同一石，若韓賞文則在述聖頌碑陰上方，其下方有盧朝徹謁嶽廟文，又別一石也，此非後來誤記，即當日未及細審耳。

右雜錄之屬

二八三

二九七

許廎經籍題跋卷十一

吳縣 胡玉縉 撰
後學 王欣夫 輯

載記類

西魏書二十四卷 壬戌

西魏書二十四卷，南康謝啓昆撰。啓昆字良璧，一字蘊山，號蘇潭，有小學考。乾隆辛巳進士，官至廣西巡撫。是書據方東樹儀衛軒文集先友記，亦出胡虔之手。雖紀傳疏略，相仍間有不相照應處，禮樂、刑法等考亦祇存大概，而歷法考、百官考補綴細密，封爵、百官兩表尤精覈可傳。頗為李慈銘受禮廬日記所推許。惟文帝以柔然告警，賜文后死，謝氏稱其英斷，殊為無識。魏之結援蠕蠕，本為失策，觀其與鄰中高氏交隙之故，利害已明，究之周武滅齊，何嘗藉其犄角之力。文帝始則廢賢后以結狄親，繼則因邊氛以除故劍，忍心害理，寃酷異常，蓋逼於强臣，初非得已。李氏駁之是也。至此書義例，趙翼以宗室內少元育、元贊，八柱國內少李弼、獨孤信、趙貴、侯莫陳崇，十二大將軍內少侯莫陳順、宇文導、達奚武、李遠、豆盧甯、宇文貴、楊忠、王雄等，曾貽書相正。謝氏答書則謂：「弟為此書之初，搜羅周、隋兩朝之曾仕西魏者，凡三百餘人。周書列傳非西魏臣者十無一二，勢難廢周書而改爲西魏，故拙撰列傳以宇文受禪爲斷，其下仕周隋者即不立傳。雖尉遲迥、獨孤信輩勳業爛然，亦從刪削，然封爵表載其爵秩，大事異域表載其勳略，柱國大將軍之制載於百官考，似可與列傳互爲補苴，不致缺漏。而趙氏又援隋唐二書傳裴矩、趙光允、王處直之例，以申其前說，具詳廿二史劄記中。今是書仍主謹嚴，不可謂非別史中之佳本矣。○

一六五

三〇七

西夏書十卷 甲子

西夏書十卷，海寧周春撰。春有爾雅補注，已書於後。是編大致根據各正史，益以宋人書數種，采摭頗略，不及吳廣成書事之詳，爲閑縣戴氏傳錄本。內題西夏書列傳者卷一至卷四，凡四卷，次行分題妃嬪傳、家人傳、臣傳、外國傳，但題西夏書者卷四至卷七，凡四卷，卷四次行題載記兩字，爲毅宗諒祚事，祇半葉，卷五次行題載記三，爲惠宗秉常事，卷六載記四，崇宗乾順事，卷七載記五，仁宗仁孝至末主晛事。又西夏書卷九者，次行題地理考，卷十者次行題官氏考，又有鈔錄元昊時事十八葉，卷端無標題，蓋欲爲景宗載記而未就者。前有西夏列傳自序，稱嘉慶甲子夏見詁經精舍課題，思欲撰西夏書，五旬而藁粗具，未暇討論，因之中輟。竊念他史莫難於志，而夏書惟傳最難，列傳既完，全書易就，乘炳燭之餘光，先成四卷云云。并注云：先欲單行，故有此序。然則列傳外皆

西夏書 一頁

五六九

未竟之藁也。據家人傳有「思恭事具世紀」之語，又屢言某某並具世紀，疑載記前有世紀二卷，繼遷、德明在世紀中，元昊爲載記一，列卷三，故諒祚載記爲卷四，而缺第八卷，未知何種。或仁孝、至峴本分兩卷，寫者亂之，均未可定。其書家人傳，泛及仕元之李惟忠、李禎，臣傳附宋僧王嵩，尤贅所附論，大率浮於本事，昂星嵬名濟迺傳論錄元昊、乾順二表，尤乖體例。惠宗后傳附注遼壽隆年號，不能正其爲壽昌，亦疏於考證。惟外國傳以紹聖中于闐國王所稱緬藥家爲即唐書之弭藥，頗具會心。官氏考所載姓氏，亦不及張澍西夏姓氏考之備。自來言西夏事者，洪亮吉、秦恩復之書不傳，吳氏書事，陳崑事略在是書後，且皆編年體，此乃紀傳體之先導，存之以冀好事者之補綴耳。

二六三

三〇五　二頁共7ヨ七十又　西夏書事　一　六三五

西夏書事四十二卷　甲子

西夏書事四十二卷，青浦吳廣成撰。廣成字西齋，（道光諸生。）是編采唐以下各正史之記夏事者，參以王偁東都事畧、李燾通鑑長編諸書，旁及稗官野乘、奏議、文集，起唐僖宗中和元年拓跋思恭起兵討賊，訖宋理宗紹定四年王立之隱於申州，編年繫月，舉綱分目，又有按（案）以評論其事。其或時地不詳、原委未竟者，別為附例，系於分條之後，考異同，明去取，則又隨注正文之下。前有道光六年趙逵源、石韞玉兩序，並凡例十五則，後有許進及姪吳熊跋。傳本頗稀，張之洞書目答問列其書，缺其卷數及姓名，但稱國朝人，蓋未之見也。丁晏——稱其蒐羅薈萃，不謂無功，議其表明書法，幾及卷帙之半，本既近迂，書復奪主，從來無此體例。李慈銘越縵堂日記亦云：「記述有法，筆亦簡淨，惟斤斤於書法，美惡為多事。」今按（案）西夏當始宋淳化元年契丹封李繼遷為夏王，或太平興國七年繼遷之保地斤澤，其前當列卷首，不入卷内，亡於寶慶三年蒙古之殺夏主睍，乃泥於書法，以思恭立之為起訖，已未盡妥協。顯德元年正月承上周太祖不繫之世宗，至二年始標世宗，其六年秋七月竟稱周恭帝，此殆以元年正月太祖尚在，六年六月世宗已殂，意在從其事實，前者尚無害，後者實不能通。恭帝安得有六年，安得有顯德年號，此當注明時世宗已殂，恭帝在位。宋明道二年，元昊因避父諱改稱顯道，此當以改稱書，乃云「元昊改元顯道」，似西夏已有年號者，亦不能通。明年景祐元年，元昊始建開運年號，亦當稱建元，不得云改元。景德二年書「博州防禦使李克文卒，以為具官書卒，錄賢也」，又謂克文為李氏賢裔，故仍得書於夏編，然則此編名西夏書，事其他之去官書者果為何編？明道元年五月書德明封夏王，以為夏王錫號之始，必中國封之，其名乃正，而十月書夏王趙德明卒，以為既書夏王，不書薨，書卒，不予其王也，無論同此一事，轉瞬間褒貶忽異，而仁宗予之廣成，乃欲奪之，可謂悠謬。豈止如丁、李所識而已。然其訂正各書，如於宋史仁宗紀則謂真宗賜趙德明宗姓，不附屬籍，今削元昊賜姓官爵，無所謂除屬籍。於尹憲傳則謂殺戮岌伽羅膩十四族在雍熙二年，非在雍熙前。於薛奎傳則謂請留蜀道縑帛於關中轉給夏使在德明時，非元昊時。於党項傳則謂者龍族為吐蕃屬，非党項。於夏國傳則謂承平砦乃中國自棄，非元昊所破；元符三年遣使乃入貢，非賀天寧節；高永年被執在崇寧四年，非三年；繼遷之死年四十一，非四十二；乾順之死年五十六，非五十七。於遼史聖宗紀、韓德威傳則謂持詔往詰保吉乃在銀州，非靈州。於夏國傳則謂聖宗統和四年繼遷未賜姓，不得云復姓李。於金史交聘表則謂任得敬分國在大定十年，非九年；以及朱玫之亂在黃巢亂後，非在其前；時鄜、夏兵不至無思恭與思孝屯兵渭橋事，正新五代史之誤；繼遷為仁顏後，非仁福後，乃光曮子，繼棒為繼筠子，非皆𩰫殷子，正通鑑胡注之誤。白守榮之敗田紹斌即引所部去，無再護糧行事，正隆平集之誤。四砦之棄非趙禼計，正上官均家傳之誤。夏亡於寶慶三年，即金正大四年，非興定六年，正大金國志之誤。又議畢沅續通鑑雍熙元年九月、端拱元年五月一再書賜李繼捧姓名趙保忠為紕複，環慶統制慕洧誤作慕容洧，此類皆校訂精審，塙有依據。紹聖二年下注遼壽昌元年不作壽隆，尤徵有識。惟既以夏州為在今榆林府界內，非明寧夏衛，見卷一。又以為今甘肅寧夏府，見卷十二，殊嫌矛盾。元昊造蕃書下引沈括筆談所載，謂與宋史夏國傳異，而遼史夏國傳以為德明造，未及引辨。韓玉取夏人於華亭，疑華州之誤，不知即平涼府之華亭縣，其地有華亭湫，亦曰章麻林，是攷證猶或疏略。要其綱羅宏富，敘述詳明，去其所論書法外，實為霸國之佳史，後有作者，殆無能越其範圍矣。

三一一

日本源流考二十二卷　癸亥

日本源流考二十二卷，長沙王先謙撰。先謙有尚書孔傳參正，先謙有東華續錄，已書於後。是書以日本史淺野高藏和漢年契、維新史為主，參以中國歷代史傳及雜家紀載，自開國以訖明治二十六年癸巳，為之案年編錄，末卷為識餘，雜記國姓、地理、禮俗等事，元元本本，與黃遵憲日本國志相輔而行。彼為傳記體，此為編年體，而稱源流考者，臚列羣籍，每年下或略無一字，或百數千言，實考體也。書中於中史之牴牾太甚者，低一格以示區別，日本外史皆以雙行隨事分注，體例甚明晰。所附案語：如神功皇后漢獻帝時立，非在桓靈間，其死在泰始中，非正始，亦無死後立男不服，更立女王之事。欽明直梁承聖元年，為十三年，非十一年。用明在陳後主時，其直開皇末者為崇峻，非用明。天豐財即齊明，為皇極重踐阼，非孝德子，以蝦夷進唐主即齊明，非天智。天武為天智弟，非子，天武死，天智女持統立，非天武子，其謚非總持，亦非持總。阿閉即元明，死後非即聖武，尚有元正一代，元正稱皈依天皇，為衆僧所奉，非謚聖武，改元神龜非白龜，為文武子，非元明子。聖武後為孝謙，非孝明，當時禪位於大炊，非死後始立，大炊被廢，孝謙重莅政，是為稱德天皇，初名高野姬，後名阿倍，非聖武，又有一女白璧在位十二年，無二十四年。良懷乃懷良親王，非日本王。其他：應神得中國文字在乙巳，非甲辰。舒明遣使於唐為高表仁，非仁表。粟田為氏，朝臣為姓，真人為名，不得稱朝臣真人粟田。皆根據塙鑿，足正漢以來諸史之失。後花園之遣使在宣德八年，非七年；源義教之死在正統六年，非宣德八年，亦足訂籌海圖編之誤。以公孫淵之滅在景初二年，倭使來必是三年，以劉夏遣使送難升米等弓遵遣校尉奉詔倭國為一事，頗具會心，雖依據日本史而謂漢獻帝四年，安得有秦皇遺種稱王，必中國游民假為虛號，神功時有磐余

三三〇

稚櫻宮」，不待履中始名，亦未嘗曲為之徇，尤徵特識。惟稱光應永二十九年當
永樂二十年，明史日本傳云：「倭寇象山」，此獨失引，未免疏漏。又如神功皇后名
氣長足姬，後漢、魏、晉諸史作卑彌呼，是書以為傳聞之異，實則日人以彥為男
之美稱，往往綴彥字，以姬為女之美稱，往往綴姬字，讀彥若希，讀姬若希眉，
卑彌、希眉聲相轉，卑彌呼三字，蓋當一姬字，非徑以為名。廄戶太子主持佛法，
成蘇我馬子之亂，且弒君不討，阿附國賊，是書以為聖德安在？乃僧徒飾說，所
論固正，實則馬子言「賴殿下聖德興隆佛法」，是聖德二字當時本出馬子之口，
亂臣所奉，非止僧徒所飾。梁書言：「晉安時有倭王讚」，宋書高祖永初二年有倭
讚修貢，是書疑即允恭天皇，而梁書稱讚死立弟彌，彌死立子濟，宋書彌作珍，
與日本史多不符，又疑貢獻求封，皆其旁國所為，所論亦是，實則讚亦旁國之
君，未必即允恭，當從後說，以例前說。隋書言：「俀（案：與倭字通。）王姓阿每，字多利思比

孫，宋史作「自多利思比孤」，是書謂自字誤衍，北比未知孰是，實則唐書北正作比，自作目，自字未必衍，或目字之譌。宋史言「仁和天皇當梁龍德中，次醍醐天皇」，是書謂「醍醐當梁代，非仁德年代，紀繫仁德下誤」，其以仁和為仁德，當屬傳寫之失。仁和即宇多天皇，宋史當有錯簡，當云「次仁和天皇，次醍醐天皇，當此土梁龍德中」。是書亦未體會及此。明史言「弘治九年倭使還至濟寧，其下復持刀殺人」，圖編作八年，是書據明外史與史合，以圖編八年為誤，實則返使在九年，遣使自在八年，細閱之自見。凡此均屬一間之未達，實無傷全體之大純也。其書成於光緒辛丑，而以癸巳為斷者，殆深痛於甲午一役，不忍敘次。前有自序，稱其「變法之善，我國不必事事慕效，惟務闢廣地利，兼審外商所以歆動吾民而攫取其財，何者最甚，亟勸導斯人，率作興事」。日本所刊維新史、法規大全諸書，不可概執為興邦之要道。至「日本史家文章之美，覽者自得之」云云，蓋逆料後

三三〇

三八　　三頁共乙百九　　日本源流考　三　　三八

此無識者必棄其固有而相與盲從，并文字亦將仿其平假名、片假名而為之，所慮可謂遠也已矣。

灕江日記

三一　二頁共六百八十九　渤海國志　一　六四一

入排印

渤海國志四卷　癸亥

渤海國志四卷，原題率賓唐晏纂，晏字元素，由龍涉江道人官候補同知，蓋即有庚子西行記事，已書於後。滿洲寰鈞其人也。詳天津偶聞條下。是編成於己未，殆抱亡國之痛，而以渤海率賓府之建州為有清發祥地，慨然思古，因摭拾新舊唐書、通鑑、唐會要、五代會要、冊府元龜諸書，輯為此志。卷一為原始紀年、後紀年，卷二為地理志、職官志、輿服志、禮樂志、詞命志、姓氏志、風俗志、物產志，卷三為朝貢表、征戰表，卷四為同姓列傳、異姓列傳、孑遺列傳。前有楊鍾羲序，劉氏為刊入求恕齋叢書。其書輿服志僅二則，禮樂志僅三則，不能稱志，祇可謂之輯略。地理志頗有考訂，如以瑚爾哈河之南古大城為即渤海龍泉府，非金之會甯府，忽汗城即龍泉府，非平壤，亦非顯德府，尤非黃龍府，足正一統志及遼史地理志之失。以賈耽至渤海路為由大同江入口，溯流而上，歷成川、德川之境，越咸鏡道以至甯古塔，亦足備一通。惟桓州之桓都、神鄉、淇水三縣，據遼志為高麗地，不稱渤海；正州之東那、義州之富義、美州之山河、蓋州之建安，詳遼志文義，似是遼置，今皆以屬渤海；遼韓州乃渤海之鄚頡府，遼志甚明，今以為渤海之越州，尤為舛誤。卷首所附地圖，亦全未合法。他如紀年欽茂條稱：「天寶中特進太子詹事，肅宗大曆中又進檢校司空，寶應元年進太尉。」不知大曆為代宗年號，在肅宗寶應後；仁秀條稱「元和四年薨」，不知為大和五年，此類亦失之疏。後紀年載宋賜浮渝府琰王詔，但引宋會要，子遺列傳載宋宴大鸞河，但引文獻通考，似未見宋史渤海傳；故崔烏斯等歸宋事亦未之載，其餘尚多漏略。楊序稱「他日作健東游，耳目所及，當有原著所不及者」云云，蓋已見及此。至封舍利為渤海郡王，原始稱中宗，紀年稱睿宗；子遺傳大康乂目作大匡乂，以睿康字為正；李勛夏行美目與本文先後互易；高六哥注子彪，大興國注邦傑，而本文各分二則；高德基、高錫

三三〇

爲父子，則又間以數人而不連載，是又校勘編次之小失者耳。然辜較已具，好事者如能詳加補訂，當成完書，茲姑存其目焉。

許廎經籍題跋 五

許廎經籍題跋　史部　地理類

地理類一

乾隆府廳州縣圖志　甲子

乾隆府廳州縣圖志五十卷，陽湖洪亮吉撰。亮吉字稚存，號北江，乾隆庚戌一甲二名進士，翰林院編修。是編大致以大清一統志為藍本，自沿革、里貢、四距、八到、山川、城鎮、驛堡、外檗從省略，可稱簡要中。如河南西華縣下謂汝水三易源；又辨熊耳山在盧氏不在雒南；寢邱在沈邱不在光州之固始；極為諦當。山西榮河縣下引劉向殷湯無葬處之言，謂後來記載有亳城、偃師、蒙縣、與寶鼎而四，疑皆後人所為，視孫星衍謂在山東曹縣為名通。（孫氏岱南閣集有湯陵考，有洛霞山西布政司及再洛浙江布政司議湯陵稿。）又謂各省當稱各布政司，視章學誠謂當稱某部院為切合。（見章氏文史通義地志統部條。又洪氏卷施閣集有與章進士書，即辨章說。）惟修武下以爲後魏始從山陽分置北修武，則漢書地理志臣瓚注云：「韓非書秦昭王越趙長平，西伐修武。」修武之名久矣。獲嘉下以爲隋始改置，則漢書武帝紀云：「元鼎六年春至汲新中鄉，得呂嘉首，以爲獲嘉縣。」地志亦云：「武帝行過更名。」未免失之目睫。又續漢郡國志潁川郡綸氏，建初四年置，而登封下失載。魯山，洪武初屬南陽府，成化十二年改隸汝州，而魯山下失載。南召，去南陽府一百七十里，而以爲郭下，不知附郭僅南陽一縣。凡此已爲張宗泰魯巖所學集所糾。李慈銘桃華聖解盦日記亦謂「所志沿革多彼此失顧，時見牴牾；歷代州縣之名，脱載尤多；山川城鎮，古今雜出，其所取舍，體例皆未畫一；每省之首各冠以圖，僅見大意，既多疏

略；又不計里畫方，無所折衷。所議亦深中其失。今案：長葛下未知

濁澤有二，韓趙伐魏處乃在今解州西二十里，為魏地，其在長葛

西南者，即秦虜韓將鱣申差處，自是韓地。淇縣下未知淇水出自

彰德府之林縣，流經衛輝府之輝縣，非自輝入林。即墨下未知漢

即墨故城在今平度州東南六十里，今萊州府之即墨縣，為隋開

皇十六年置。曹縣下又誤以胡三省通鑑注茈邱一名重邱為水

經注。此類殆不勝枚舉。然亮吉深於地理之學，祗以是書成於早

歲，後來又未加改訂，遂多疏舛，要其攷證精覈處，非鈔撮者所能

企，其書不可廢也。張氏又議其陳留下引襄三十年傳，節去「斂而

殯諸」四字，為於情事不相貫；注西華下引昭二十年傳「其徒與華

氏」誤作南華氏。長葛下引襄二十四年傳「門于東門」誤作盟于東門。汲縣下「沫邑」誤作洙。息縣下「梁大通」誤作道。此特校勘之失，無關宏恉。李氏又議「輿地之書，人物可略，形勝不可略，至風俗之純駁，山水之奇正，皆當最其都凡，何得悉從刊落」，則洪氏作書之意，本在矯地志之繁冗，且山川脈絡，書中亦未嘗不及之，固未足相難耳。

右總志之屬

鄦齋經籍題跋卷

吳縣　胡玉縉　撰
後學　王大隆　校

地理類一

湖南通志二百十九卷 辛酉

湖南通志二百十九卷，嘉慶二十五年，湖廣總督馬慧裕奏進，主其事者餘姚翁元圻也。元圻字鳳西，乾隆辛丑進士，時官湖南布政使。湖南通志創於乾隆二十一年陳宏謀，以邁柱等湖廣通志為藍本，疏漏特甚，是本分詔諭、星野、輿圖、沿革、疆域、山川、城池、關隘、津梁、隄堰、公署、戶口、田賦、蠲祖、積貯、礦廠、錢法、鹽法、學校、典禮、祀典、兵防、驛傳、兵事、苗防、藩封、職官、選舉、名宦、人物、列女、流寓、仙釋、方技、風俗、物產、祥異、古蹟、陵墓、祠廟、寺觀、藝文、金石、叢談四十四門。考訂損益，卷帙祇贏四之一，而事實視陳志幾增倍蓰，明以前補傳至二百有奇，職官姓名，所補亦夥，且各注出處。人物後附以義役、義僕，尤得表微闡幽之意。攷陶澍文毅公集有覆鳳西及覆黃花耘書，皆論此書事，知澍實參贊居多。花耘名本驥，與弟本驤同在書局。本驥著述甚夥，金石門爲嘉定瞿中溶纂，尤屬專家，宜其遠軼陳志矣。陸心源儀顧堂續跋有是書跋，稱：「金石最爲精密，其餘各門成於衆手，補遺訂謬，用力頗深」，可謂知言。又稱：「三楚少藏書家，所見祗近時版本，不但宋以後集部罕見，即繫年要錄、北盟會編、通鑑長編、宋大詔令、宋會要、太平治迹統類等書，皆未寓目，不及陳恭甫福建通志詳核」，亦頗切中其失。要之纂修志書一事，本自無窮，是編在近人地志中不可謂非善本也。

二三六

三一一　二頁共八〇四十二　廣西通志　一　六四一

廣西通志二百八十卷　辛酉

廣西通志二百八十卷，嘉慶六年兩廣總督吉慶奏進，主其事者原任廣西巡撫謝啟昆，而據方東樹《儀衛軒文集·先友記》，亦出胡虔之手也。啟昆有小學考、西魏書，已書於後。虔字雒君，桐城人，嘉慶元年薦舉孝廉方正。廣西通志，剏自康熙間郝浴、李紱，雍正、乾隆一再修之，而皆不免疏舛，是本凡為典一，曰訓典；為表四，曰郡縣沿革、曰職官、曰選舉、曰封建；為畧九，曰輿地、曰山川、曰關隘、曰建置、曰經政、曰前事、曰藝文、曰金石、曰勝蹟；為錄二，曰宦績、曰謫宦；為列傳六，曰人物、曰土司、曰列女、曰流寓、曰仙釋、曰諸蠻。其類之難於合併者又分為子目，經政子目六：曰疆域圖、曰分野、曰氣候、曰戶口、希姓附、曰風俗、曰物產；建置子目十九：曰城池、曰廨署、曰學校、曰壇廟、曰津梁、曰銓選、曰祿餉、曰田賦、曰鹽法、曰榷稅、曰積貯、曰祀典、曰土貢、曰學制、曰兵制、曰馬政、曰郵政、曰鼓鑄、曰船政；勝蹟子目四：曰城址、曰第宅、曰冢墓、曰寺觀。中如謫宦刪閏利貞、姚琦、宋之問、竇羣、趙良嗣、程松、丁大全諸人，流寓刪漢桓華、三國許靖、劉巴之在交趾與廣西無涉者，仙釋、方技刪葛洪、竇公之流，俗諺傳諸蠻刪安南一國，攷訂精審，足正舊志之失。列女則改某氏為某人妻，藝文則專載廣西人著述，彷范氏大吳郡志之例，而附詩文於各條之下，金石則具錄全文，尤足為修志法式。惟山川畧據方輿勝覽云：「容江在普寧縣，即馬援所云『仰視飛鳶跕跕墮水中』者是也」云云，不知飛鳶墮水在交趾浪泊，浪泊一名西湖，為今越南北寧河內兩省間地，與容縣相去幾二千里，金武祥粟香四筆已糾之。金石畧載智城洞碑，祇有二百餘字，當由他書裨販，故刪削竄改不一而足，不知此碑為萬歲通天二年立，計字千餘，城不作誠，近有搨本，張祥河粵西筆述亦備載之，則舛誤仍不能免。輿地紀勝所載人物，昭州之覃沖、黃葆光，貴州之俞仲昌，柳州之甘鞠，賀州之毛塤、楊摭、官王輪，寧州之李安、廖世安、李寶，人物傳無其名。慶元元年李訦為廣西經略，嘉定中胡長卿累官廣西提刑轉運，見於石刻題名，職官表無其名。賓州僧得之、融州戴道者、昭州僧道光、象州之梁彥明、梧州之李上座、盧耽，仙釋亦無其名。乾道閒王翰、趙持知橫州，賈成之通判橫州，見夷堅乙志卷十九。莆陽比事載廣西監司吳贊，范勳知雄州，田涇、薛世清知梧州，陳端知貴州，鄭東知橫州林發，職官表皆無其名。陸心源儀顧堂續跋亦議之。則脫漏更不能免。然一則偶襲舊譌，一則偶遺秘籍，未足為全書病也。至其體例，典、畧、錄之名，殊嫌矯飾。晉典與宋畧、吳錄及典畧、典錄等，在古人各自成書，今襲而紛雜於一志中，是為食古不化。且詩文之屬各有體裁，不盡沿尚書之式，概目為典，亦未妥洽。經政、建置、勝蹟既須各分子目，何弗徑用子目，何必為是贅設。此與胡纘宗安慶府志書正德中劉七事曰：「七年閏五月，賊七來寇江境」，而分注於賊七之下曰：「姓劉氏」，將毋同。李元度天岳山館文鈔與郭筠仙論通志體例書，譏其變更名目，徒見為作聰明，亂舊章，頗為有見。陸氏稱其別開生面，深合史裁，誠通志之正軌，今未敢附和。後有作志者，當如翁元圻湖南通志之善為參酌焉，斯可矣。

七一

廣東通志三百三十四卷　辛酉

廣東通志三百三十四卷，道光二年兩廣總督阮元等奏進，主纂輯者為江藩、吳蘭修。藩（字子屏，號鄭堂）有周易述補，甘泉監生，淮安麗正書院山長。蘭修字虛石，歸安舉人。○其書仿謝啟昆廣西通志之例，以明嘉靖中黃佐所修通志為藍本，益以王象之輿地紀勝諸書，條理頗為清晰，而紀述尚多疏舛。○如舊志有名宦有連布覺，此志於金石畧據磨崖石刻訂為方布覺，其說良是，而宦績錄、職官志仍作連，則未免牴牾。○李俊甫莆陽比事載有知韶州阮僑、知循州宋煜、知肇慶林元忠、知新州顧天鈞、知德慶州吳庭秀、王進之、留洪，知南恩州余祖奭、阮平仲，知梅州方次彭、薛珩、游輔、陳希輿、張能、徐橋，知英州阮鵬、葉元汴，知高州李悅仲，知雷州陳啟期，知廉州龔嗣昌、陳祐之，知瓊州陳大和、薛元肅，知昌化軍薛景、黃球、林叔坦、葉元澥，知萬安軍龔嗣宗諸人。是時元已從明人林兆珂宋本翻刻影

王欣夫謹案：蘭修字荔村，號石華，嘉應人，嘉慶戊辰舉人，官信宜縣訓導。此誤。

鄭翼謹案：宋煜已見職官表及宦績錄，陸心源宋史翼亦采入循吏傳，謂（陸氏）其遺漏，未免失之眉睫。○餘如林元忠表作知潮州，王進之判雷州，張能判潮州，葉元汴知新州，後擢轉運使。○又知昌化軍有葉元璘，提舉常平及市舶，作葉元澥疑即元澥之譌。○

寫進呈、不解江、吳諸人、何以竟不一檢原本爲之編入。陶岳知端州、與包拯齊名、見明一統志名宦、不爲立傳、職官志亦無其名、則未免遺漏。凡此皆爲陸心源儀顧堂續跋所糾、使起阮氏問之、恐亦未能代爲置辯、然大體既純、究不得以一眚掩、以視雍正間郝玉麟等所修、殆不啻莛之於鐘矣。

二一三

乾隆紹興府志八十卷

乾隆紹興府志八十卷，漢軍李亨特修。亨特字曉園，官至河督，時為紹興府知府，主其事者平（山陰）平恕，而秉筆者金匱徐嵩、錢泳也。其書於近時尚為佳志，而體例疏謬，紀載踳駁之處，仍復不可勝詰。李慈銘祥琴室日記論之極詳，其言曰：「約其大病有四：一曰義例不明。如以王文成、劉忠介入理學，以黃忠端、倪文貞、祁忠惠、何文烈等入忠節，既昧史家立傳輕重相權之義，又或先子而後父，如以張文恭入理學，而其子汝霖先見於鄉賢傳，書曰「元汴之子」，以黃忠端入忠節，而其子梨洲、晦木、澤望等先見於儒林傳，書曰「尊素子」，以祁忠惠入忠節，而其子奕喜、孫既朗先見於文苑傳，書曰「彪佳子」「忠惠孫」之類是也。或宜合而妄分，或以祖父附子孫，或以子孫附祖父，自有輕重之例，府縣志較國史固可稍寬，然亦有定例，此志多散而無統，寥落紛雜，甚為可厭。既立儒林，又分理學，既立義行，又有一行，致前後之篇不相照覆，彼此之間互為出入，其病一也。二曰紀載無澧邑里及字，或書或否，科名出身或詳或略，父子祖孫或先後複見，如孫如法自有傳，而清簡傳復

恕字寬夫，乾隆壬辰傳臚，官至戶部左侍郎。由閣學日。嵩更名鍱慶，字閬齋，乾隆丙午舉人，官薊州知州。泳字立羣，號梅谿，官候選布政司經歷。

仍萬曆之譌，尚存宦績，鄒維楗江西之新昌，顯書明史，何以襲省志之誤，尚列
義行補載，就孟英視舊志之疏，似為有間，然徐羨之東海之剡，明著宋書，何以
曰政嚴多疏，書以後出而益多，事本前修而倍易，此志於鄉賢刪徐摛、徐陵於
奚取地志之錄副，傳既出於采訪，則鈔胥可了，何煩名士之纂修，其病三也。四
致瑰行嘉言，半從刊落，貨郎閔子，悉列鄉賢，豈知史既列於學官，則讀者盡知，
乃於史有傳者，務錄史文而多刊舊志，於史無傳者，但憑呈報而不證他書，以
蒙古及明，聞見既真，甄錄不茍，此外各家文集、說部諸書，文獻有徵，綜補良易，
嘉泰志、張孫之萬曆志，雖有小疵，並無大謬，而嘉泰之於五代及宋，萬曆之於
或沿襲俗稱，如總憲、藩臬、中翰、學博、贊書、食餼及稱經歷、照磨為幕職之類。或依冒古制，如冢宰、司農、宗伯、中丞、方伯、觀察、太守、太史、侍御、司馬、丞、尉，以致真偽雜出，時代不倫，其病二也。三曰去取失當，施陸之
及之，吳孟明自有傳，而況傳復敘之之類。或彼此失書，如祁司員、祁清不言其為祖孫，忠愍傳亦不言為清之曾孫之類。官位科目，

三七六

鄉賢，至若會稽吳君高、周長生見於王仲任論衡，謝承後漢書亦載之，（論衡案書篇言：「會稽吳君高、周長生之輩，位雖不至公卿，誠能知之囊橐，文雅之英雄，君高之越紐錄，長生之洞歷，劉子政、揚子雲不能過也。」北堂書鈔引謝承書言：「周長生名儒也。」案仲任卒於和帝永元中，時會稽尚未分吳郡，而二人自為越產者，以吳著越紐錄，周見謝承書知之也。）會稽徐鉉、徐鍇兄弟見於陸務觀南唐書，（書言：「鉉父為江都少尹，卒官，遂家廣陵。」今宋史徐鉉傳作揚州人，其疏如此。）欽定全唐文從之，志皆闕而未補，而於儒林補入澹臺敬伯，不知敬伯為吳人，今蘇州尚有澹臺湖，此采後漢儒林傳而失者也。（此見後漢書儒林薛漢傳。漢為光武時人，會稽郡尚治吳縣也。澹臺湖本錢氏大昕說。）於官績載入朱士明，不知士明不見梁史，何以得封漢昌侯，此本高似孫剡錄而失者也。（蕭梁時封侯者甚尟，士明何功得之？不容不見於書。且剡錄言：「天監初，授儒林博士，除吏部尚書，封漢昌侯。」此尤不可信，博士何遽得除吏部尚書，尚書何遽得封侯？（六朝時封侯非三公令僕不可。）剡錄疏繆，亦不止此一端也。）即其援據典錄，載上虞孟英三世死義，此蓋采之三國志注矣，然既不知三世之名，又不著死義之事，而英、章兩世備載於論衡，（論衡齊世篇云：「會稽孟章，父英為郡決曹掾，郡將撾殺非辜，事至覆攷，英引罪自予，卒代將死。章後復為郡功曹，從役攻城，兵卒北敗，為賊所射，以身代將辛死不去」。孟政逸文，亦存於御覽，太平御覽卷三百五十七引謝承後漢書云：「孟政字子節，地皇六年為府丞，虞鄉書佐，毗陵有賊，丞討之，未到縣，道路逢賊，吏卒迸散，操刀盾與賊相擊，丞得免，政遂死於路。」又卷四百二十一引會稽典錄云：「吳字公房」，以上皆本孫氏志祖說。概從放失，難語宏通，其他事迹虛誕，敘次矛盾，因端而究，更僕難終，其病四也。儒林、文苑、孝行、義行四門，尤為猥濫，大率村師踞塾，即號程、朱，市語成篇，便推李、杜，或曾或閔，皆紈絝之驕兒，為勝為文，乃錙銖之錢虜，此雖通病，終為穢書云云。所議均切中其失，考證亦復精覈。謹按家禮提要全錄王懋竑白田雜著家禮考之例，特錄李說於此。惟鄉賢冒濫，或由子孫之陳乞，或由要津之請託，亦既允准，豈能有所去取，固不得專咎修志之人耳。

二七六

二九六　廣陵通典　一頁　五三一

廣陵通典十卷　壬戌

廣陵通典十卷，江都汪中撰，中有大戴禮記正誤，中有經義知新記，已書於後。是編取史籍中事迹有涉於廣陵者，用編年之體，會萃條流，差次月日，自吳夫差十年城邗溝，通迄唐昭宗乾甯元年楊行密事，蓋未竟之書。其間列敘兩漢、六朝、隋、唐故實，局勢展拓，而無一語溢乎廣陵之外，體例仍復謹嚴，才大心細，允為近世來之奇作。前有顧千里序，稱其「上下各代，排比列城，沿革道里，戶口貢賦，鉅靡不包，細亦無漏，故謂之通；進節義，退草竊，貴賢能，賤奢踰，刊棄神怪，擯落嘲詠，惟錄有用之事，弗為無益之談，事求其實，言歸於正，故謂之典。」又稱其「取材之鴻，立例之當，攷覈之精，鎔裁之妙。」洵非溢美。據其子喜孫汪氏學行記載，顧千里書及校例，知喜孫屬千里刊校，而千里有移，有刪，有改，有增。大抵移較多，而刪、增、改殊少，故精審推密如此。惜未有為之補完唐末之事，而續以楊吳、南唐、宋、元、明，毋亦難乎爲繼歟？又孜劉毓崧通義堂集有書後一篇，謂其名與杜氏通典相同，其體與司馬氏通鑑相類，是書於通鑑固稱具體，而其未備者尚有數端：通鑑本末完具，而是書中止於朱全忠遣使，此後未竟其詞；通鑑論斷詳明，而是書惟見於徐敬業起兵，此外未聞其説；通鑑有考異以示折中，而是書所去取者未標其故；通鑑有目錄以爲提要，而是書所編次者未挈其綱，此皆先生所亟欲爲之而未及卒業者也。有志繼述者，能如司馬康之作通鑑釋文、司馬伋之輯通鑑釋例，以成先生未竟之緒，斯爲盡善云云。此固意在激厲其後人，而謂中處處欲以通鑑自擬，則恐未必如是也。

二三五

三一三　　二頁共九百六十九　　寶慶府志　一　　六四二

寶慶府志一百五十二卷　辛酉

寶慶府志一百五十二卷，新化鄧顯鶴撰。顯鶴字子立，一字湘皋，嘉慶甲子舉人，官甯（寧）鄉訓導。寶慶自順治四年內附，後屢為明兵攻陷，閱十二年始克底定。其志刱於知府傅鸞祥，康熙間李益陽、梁碧海，乾隆鄭之僑凡三修，而皆不免疏陋。道光乙巳，顯鶴膺黃宅中之聘，網羅舊聞，訂正疏失，益以乾隆二十七年鄭志後八十餘載之文獻，迄己酉乃成。凡大綱八門，類三十六，編年紀事，略仿史例，為紀一，曰大政，其卷七；為表十：曰沿革，曰疆里，曰藩封，曰世職，曰職官，曰武職，曰巡歷官司，曰選舉，曰氏族，曰士女，其卷四十有一；為圖二：曰形勝，曰疆里，其卷十；為記三：曰形勝，曰疆里，曰山川，其卷二十有三；為書六：曰吏，曰戶，曰禮，曰兵，曰刑，曰工，其卷十有七；為略二：曰五行，曰藝文，其卷六；為錄五：曰政績，曰武功，曰良翰，曰使岷，曰殘明，其卷十有一；為傳四：曰先民，曰勝朝耆舊，曰國朝耆舊，曰列女，其卷二十有八，其間有宜分子目者，又為之各分子目，首編為詔諭三卷，公典三卷，末編摭談三卷，不入卷數，前有裕泰、楊炳堃、黃宅中、張鎮南諸人序及例言二十二則，為濂溪書院刊本。其書中多夾注，條理秩然，故區區郡志都二百餘萬言而不失之繁冗。良翰使岷，殘明因事殉，例勝朝耆舊傳內特分遺民、宿將、從臣、遷客四傳，不與隱逸、流寓諸傳同科，雖屬一郡之掌故，實係天下之人文。志地則以山經之法志山，以水經之法志水，又以州縣統鄉里，以鄉里統村團都砦，必詳著其去治遠近，東西南北所接壤，何村何團？與夫山川、關隘、塘遞、亭橋、寺觀、經涂縱橫、間道紆直之可藏伏出入，準開方法，分合伸縮，一一為之圖。又仿華陽國志著其村內大姓，復别為氏族，奠其世繫里居，使覽者瞭如指掌，無事可行保甲法，有事則團練守禦方略皆具其中，尤足為修郡縣志者法式。新寧雷再浩之亂，當事者咸謂得是書與圖蔵事遂速，亦可見儒者之爲功大矣。惟紀、書、略、錄諸目，殆仿謝啟昆廣西通志之例，究近矯飾。翁元圻修湖南通志，已不用；阮元廣東通志襲之，則江藩、吳蘭修之無識也。政績類如永樂間知府蕭岐，嘉靖間新化縣羅應元、陳學乾，萬曆間城步縣諶廷錦，天啟間新化縣陳治安，崇禎間推官李夢日，順治間推官朱應昇，康熙間邵陽縣王省、陳起元，皆舊傳任使，如萬曆間曾大東諸人，所載事蹟尚未詳盡。忠節如崇禎間知府李振琁、通判何三傑、邵陽教諭王綎，僅附劉源淥傳，尤爲缺畧。禮書內三忠祠亦不見其事實。其姪鄧瑤雙梧山館文鈔特爲述一卷，意似補其未逮，則蒐羅未爲完備。然小小遺漏，未容苛責，核其大體，在章學誠永清志、伯仲間。故金武祥粟香四筆引陳澧論修肇慶府志書，亦稱其最爲精善。至先民耆舊諸傳，乾隆二十七年以後，雖經采訪事蹟，補纂若干傳，而其家不送藁，或書成後送藁，遂無憑立傳。顯鶴已自言之，是在續修者之增輯耳。

江都縣志二十卷 庚申

江都縣志二十卷，平湖陸朝璣撰。初，江都以附郭無專志，嘉靖壬戌，知縣趙訥屬葛洞因府志而增輯之，凡八卷。萬曆中，陸君弼因葛志重修，亦八卷。兩書體例乖舛，為提要所譏。此本乃雍正七年朝璣知縣事時所修，誤謬仍不一而足。尤甚者，人物李正民傳，所叙奏請令佐帶管學事，據繫年要錄，為其弟長民事，與正民無涉，合而為一，不免張冠李戴之嫌。陸心源儀顧堂題跋謂宋時舊志正民、長民必有合傳，明人妄有删削，遂合為一。朝璣又仍其訛。今按：宋無縣志，有紹熙廣陵志、嘉泰廣陵志、寶祐淮揚志。此必明人葛洞初刱縣志時，鈔撮廣陵諸志，誤以長民事為正民事，而陸志襲之。心源所稱舊志，當指嘉泰等志；所稱明人，當指葛洞。惜不得各書一證之耳。

孟縣志十卷　甲子

孟縣志十卷，欽州馮敏昌撰。敏昌字伯求，號魚山，乾隆戊戌進士，以編修大考改官戶部主事。是志，敏昌在河陽時，河南巡撫畢沅屬其纂修，竭四年之力而後成，搜輯既勤，攷訂亦審，疆域沿革、山川脈絡，尤所矜慎，大抵得諸目驗者居多。張宗泰魯巖所學集云：「孟之父老言魚山修志時，於山川道里、廢城遺墟，有未信心者，輒頂笠攜僕，跨馬往訪，至則徘徊往來其下，參以地志之書，證以耳目所經，兼詢之居人，蘄於得其至是而後快。」勞崇光常惺惺齋文集亦云：「親歷芒碭、王屋、大行諸山，條其疆域，訪韓子祠墓，確得其處。」蓋敏昌至行惇篤，必求信今傳後，又性好遊覽，故不憚煩勞如是，允為近來志乘中之善本。惟宋之王隨為河南人，東都事略則作河陽人；厲鶚宋詩紀事：「范雍世居河東，父德隆葬河陽，因家焉。」舊志編二人於宋人物傳，本有依據，祇以未注出處，敏昌輒以為非是削之，宗泰識其以不誤爲誤，頗中其失。然全書中祇失采此二事，可議，且此亦過於審慎所致，亦足見其他之皆核實矣。内金石三卷，殘碑斷碣，冥搜細考，頗近專家，其後別撰河陽金石錄，實與是志相表裏也云。

八三

嘉慶山陰縣志三十卷　壬戌

嘉慶山陰縣志三十卷，羅山徐元梅修。（元梅字未詳，乾隆己酉進士。）是志以土地、人民、政事三目為全書之綱，既非志體，區別亦多混淆，人物中收入金瀛，又誤以山陽為山陰，已為李慈銘祥琴室日記所識。今案尚有自生轇轕者：如崇禎癸未進士有兩李安世，一二甲，紹興山陰人；一三甲，紹興餘姚人。見明題名碑錄。此據碑所鐫，自必無誤，而是志選舉表李安世下注云：「據碑錄餘姚人，攷府志選舉表舉人中僅有餘姚李安世，無山陰李安世，惟崇禎庚午科有李盛世，山陰人，疑碑錄安世乃盛世之譌，而餘姚之李安世乃籍餘姚而居山陰者，本是一人。」殊弗思一榜中姓名相同，事所恒有，奚為必以山陰之李安世為盛世之誤，而於是祇有餘姚李安世，遂不得不以為籍餘姚而居山陰，轉致近於爭墩，令人失笑。推原其故，紹興府志選舉表祇載一人，注云碑錄是科又有一李安世，餘姚人，因妄生異說以自矜其考證，不自知其舍康莊而入荆棘矣。然自來志書多疏謬，此志尚能用意，頗有可采處，於近時尚爲佳志，故略舉其失而仍録其書焉。

五五

鄞縣志七十五卷 庚申

鄞縣志七十五卷，鄞縣徐時棟撰。時棟字定宇，號柳泉，道光丙午舉人，官內閣中書。是書修於同治間，采摭宏富，攷訂精密，體例悉仿阮元廣東通志、謝啟昆廣西通志，以區區一縣志而卷帙如是之多，雖不免有傷繁冗，然不得不謂之博實為近來志書中之善本。惟小小疏漏仍不能免，如楊燁事迹見繫年要錄、鴻慶居士集楊君墓誌，而皆未采入。朱輔為朱翌季子，字季公，見葉錢溪蠻叢笑序，而翌傳祇有輒無輔。戴埴為戴機孫，嘉熙二年進士，見寶慶四明志，著有鼠璞，四庫亦收入雜家類，機傳雖附埴名，而藝文志不載其書，進士表亦無其名。凡若斯類，皆為陸心源儀顧堂題跋所糾，而要不失其為博。陸氏謂一生精力萃於此書，蓋有以知之深矣。

赤溪雜志一卷附霞城唱和集一卷 己未

赤溪雜志一卷，附霞城唱和集一卷，江陰金武祥撰。武祥字溎生，號粟香，諸生，（有粵東風土記，補校已書於後。）官廣東鹽運使運同。是書係光緒庚寅武祥權攝赤溪同知時所作。赤溪廳建置於同治丁卯，至是甫二十三年，尚多闕略，武祥議修廳志未果，爰剌取平日所記關於赤溪者錄為此編，附以詩文公牘。凡山川、疆域、祠墓、風俗、物產粗具章較，頗足備修志者之參攷。中以築圍墾田為闢地興利之一，不知圍田一事，利於此必害於彼，未容輕議。又載喻增偉、羅熙堯詩，皆與赤溪無涉，例應從刪。末附霞城唱和集，有唱不盡有和，皆無關宏恉，即他年纂成廳志，其藝文門但當載此書目，不得錄其篇章也。

右都會郡縣之屬

許廎經籍題跋卷十二

吳縣　胡玉縉　撰
後學　王欣夫　輯

地理類二

水經注釋地四十卷水道直指一卷釋地補遺一卷　乙亥

水經注釋地四十卷、水道直指一卷、釋地補遺一卷，歙縣張匡學撰。匡學字未能，號三悅。是編以經注所載郡縣及陵谷關梁等求之太清一統志，釋以今名并距城遠近之數。直指及補遺，一敘今之水道，一采釋地所未及或更改者，意在抒所未盡。前有嘉慶丁巳戊午袁枚、程世淳、曹文埴序，并載黃省曾、王世懋、朱謀㙔、李長庚舊序，又據元文類附錄歐陽玄補正水經序及乾隆癸酉黃晟校本序，又刻北史酈氏本傳并凡例七則，為嘉慶丁巳上池書屋所刊。三者各有其弟張節跋，而無自序，惟補遺有自識，頗負其三十餘年之功力。今統核全書，釋地將所釋著於上方，雖取易覽，實不合注釋之體。中如高闕塞在朔平府境，後改寧武府境之類外，祇有詳略，無大出入。直指別詳原委，使今昔不同之處互觀自得，皆有裨於學者。惟補遺大率摘錄志乘古蹟類，殊嫌蕪雜，中有重校、重對、核、校重、核、核對、考證字樣、未知何所分別？洞庭湖下載巨蚌事、少林寺下載擣帛石事、天中山下載「在天之中」語、俱近誕妄。杜甫草堂、盧仝宅、散花樓、草閣諸條、皆後世事、均桑、酈所不及見、不當以釋水經。萬里橋、合江亭下各引范成大吳船錄、南陵山下引陸放翁入蜀記、不免據唐律以斷漢獄。經縣下引姚培謙類腋、尤為譾陋。皋蘭山引重文起詩、雲山下田下引鮮于侁詩、蕭關下引皇甫冉詩、甚至錦秋亭下引王新城詩、千金亭下引其弟匡斐詩、苟陂下并自引其詩、太失限斷。凡若此類、編纂志書則可、補釋水經則不可也。元好問詩：「秋林夏館山水窟、家家林影映湖光」、此言所居有山水之勝、乃立「秋林夏館山」條、則不可通矣。其他引書稱名、稱字、稱官不一律、猶失之小者耳。涇水下云：「涇為濁、渭水本不澄澈、合涇後益見其濁」、此固得涇濁渭清之正解、惟渭自澂清見底、觀詩「谷風湜湜其止」句可悟。女陽縣舊址下載水經注闞駰云云、以為汝、女

三三。

乃方俗之音，故字隨讀轉，未必一如酈說，則酈說誠誤，而汝、女二字本相通，不必由方音之讀轉。五婦山下載蜀志云云，以為抴音裔，訓卧引，別作拽，非，則說文手部：抴，捈也；捈，卧引也。抴、捈誠可互訓，而抴、拽二字亦相通，不必強生區別。平心論之，其書用力勤至，頗便檢閱，讀書不多，遂不免學究氣，張之洞書目答問取之，殆未細審。論例當在次録之列，而其所據黄晟本校勘精當，屢引宋本、元本，殊可寶貴，所宜表而出之也。

地理古迹 三〇七

帝陵圖説 一頁 三〇七

帝陵圖説四卷 庚申

帝陵圖説四卷，南豐梁份撰，份有懷葛堂文集，四庫已附存目。是編為江南圖書館所藏鈔本，卷一前目列鍾山圖説、孝陵圖説，而僅有空葉，疑未成之稿，抑未及鈔錄，均不可知？卷二為天壽山諸陵圖説，卷三為金山圖説、景帝陵圖説，後附十三陵上下兩記。天壽山十三陵者，長陵、獻陵、景陵、裕陵、茂陵、泰陵、康陵、永陵、昭陵、定陵、慶陵、德陵、思陵也。昌平府在京師北六十里，天壽又在州北三四里，萬峰環列如城闕，其南如門，而層層拱抱，中則一片平陽，廣輪可二十里，份偕新安黃曰瑚徒步往謁，份為圖説，曰瑚步趨形勢，規制、遠近、吉凶，悉為載入，與但考陵寢者不同，殆亦有顧炎武謁陵之意歟？昔之謁十三陵者頗艱，今則甚易。余曾屢赴其處，大致長陵規模宏遠，思陵最卑狹，長陵直南翁仲石獸雖兩旁對峙，而中間已犁為田，竊歎成祖肆虐於生前，不能顯靈於死後也。

唐兩京城坊考五卷　壬申

唐兩京城坊考五卷，大興徐松撰，松字星伯，有漢書西域傳補注，嘉慶乙丑進士，官陝西潼商道。是編因舊唐書及唐小說於宮苑曲折、里巷歧錯考之，宋敏求長安志而得其舛誤，東京則於永樂大典中得河南志圖，證以玉海引禁扁所載，知條畝求舊本，其源亦出於韋述兩京記而加詳，爰為摹鈔，並采金石傳記，合以程大昌李好問之長安圖而成。前四卷西京，後一卷東京，成於嘉慶庚午，逮道光戊申，張穆刊入楊氏連筠簃叢書。凡城郭、坊市、宮殿、官府、津梁、寺院及士大夫第宅，苟有所考，必舉其處，並注所出，雖摭拾叢殘，而條理頗為明晰，惟小小疏失，時或不免。如永樂坊張說宅注：「永巷當依大唐新語、戎幕閒談作求土。」崇仁坊王立傭居，當為王立宅，其傭居在大甯坊，不在崇仁。晉昌坊寺西院浮圖注：「名畫記云。」云考唐畫斷，王維、畢宏、鄭虔所畫，乃寺東院小壁，非西院，蓋名畫記為統言，今専屬之西院則非。道政坊東平進奏院注，奇鬼傳當為乾膜子，會節坊趙懷正宅注，酉陽雜俎云云，考雜俎原文：汴州百姓趙懷正住光德坊，病死，妻賀氏住洛惠節坊，則趙懷正宅四字當移前光德坊，而此當為趙懷正妻賀氏宅。教業坊裴休貞宅注，與弟元素，考休貞弟名休元，不名元素，蓋誤讀紀聞弟休元素多力句而失之。凡此已為程鴻詔唐兩京城坊考校補記所糾（見有恒心齋集）。他如西京宮城圖凝香閣、凝陰殿，此本並仍長安志，考則一從大典閣本圖作凝陰閣，一從通鑑注引閣本太極宮圖作凝雲閣，當依考改。懷貞坊王郎中宅注，劉禹錫云云，此當在宣義坊，誤衍重出。以及平康坊馮震宅當為馬震，新昌坊楊於陵宅注，具慶中當為具慶下，太平坊鄭雲逵王彥伯宅注，立於中當為立於中庭，安樂坊王鉷舊宅注，導堂當為道堂，懷遠坊寺內有浮圖注，南圖當為南壁，尚善坊坊北天津橋注，石上當為石工，均傳寫之譌，不足為松病

三三三

安邑坊元法寺注之張頴，雜俎作張頻，常樂坊錢徽宅注之常樂，太平廣記三百四十六作長樂，則又無以定其孰是也？程氏補注間或為松巳棄之，核其所補正文則足彌罅漏，書凡二十餘葉，幾成一卷，有好事者當別刻以附徐書之後，至客户坊，客户里，治成坊，殆猶善和坊，和會坊，今亦失其所在，坊，里通稱，乃於興化坊下以客户等為皆假借之稱，恐非爰附及之。

唐兩京城坊攷校補記一卷 庚申

唐兩京城坊攷校補記一卷，黟縣程鴻詔撰。鴻詔有夏小正集說，家伯敷道光（已書於後）[illegible]是編就徐松城坊攷為之校補，大致攷證精細，雖間涉瑣碎，而𠀤（正）見其贍博。書成於道光庚戌，光緒丁酉繆氏始刊入藕香零拾中。其釋客戶猶客舍，以會昌解頤錄之客戶坊、河東記之客戶里及廣異記之治成坊為皆假借之稱，不能定其所在，最為通人之論。惟既云凝陰殿當作凝雲閣，又引異聞錄謂亦作凝陰殿，則近兩歧。親仁坊下引續定命錄馮芫住長樂，而馮芫宅則（列）入常樂坊，必有一誤。銅駝坊下所稱漢置二銅駝云云，大旨本華延儁洛陽記，見河南志引，未舉出處，亦乖體例。又河南志明云正平坊今或作政平，非是。仁風坊俗作仁豐，非是，乃謂正平即政平，仁風一作仁豐，尤為買櫝還珠，當援豐安俗作安豐之例，概稱俗作某某。永樂坊有楊憑別舍，見新唐書本傳，光

天啟夫謹案：原刊在有恒心齋集中。

德坊有趙懷正宅，見酉陽雜俎，履道坊有楊憑宅，見宋史楊覃傳，此未之及，是所補尚多缺略，然攷據之學本自無窮，小小疏漏，初無損其淹貫也○

~~古蹟之屬~~

五六

續山東考古錄三十二卷

續山東考古錄三十二卷，滄州葉圭綬撰。圭綬字子佩，道光乙未科舉人。是書卷首爲圖考，爲總沿革卷一，以下爲各府州沿革卷二十六，以下曰無考國邑縣，曰雜考，曰山考，曰水考，曰一統志山東沿革辨誤，古蹟辨誤。凡郡縣之增省，城郭之遷建，區域之廣狹，與夫山之異名，川之改道，條分縷晰，於于欽齊乘多加駁正，即各史地志及水經注諸書之涉及山東者，亦鉤稽以明其得失。昔顧炎武撰山東考古錄，寥寥數十葉，本未竟之書，圭綬嫌其略而廣之，故名續錄。惟體例不相襲顧書，閒及物產風俗，此則專考沿革，據自序凡四易稿三十八閱而成，亦可見其用力之勤矣。惟總沿革引許衡說，以不煩不勞爲省，不如省之言察，顏氏家訓書證篇、漢書昭帝紀顏注具有明文。章邱下云陽邱故城又名章邱城，不知水經濟水注明以爲非，烏容列入。長清下云新舊唐志不符本書又自相矛盾，不知長清之隸濟、隸鄆，兩書記天寶十三載之改革誠不相符，而貞觀十七年以前隸濟，是年隸齊，則兩書並無牴牾，亦非自相違異。博平下云：「攝邑故城，又名郭城」，則河水注亦明以為非此，與章邱條厥失維均。茌平下以水經所說楊虛為截然兩地，則河水注一曰「漯縣徙」，一曰「經次於此」，是不比在酈氏早有折衷，魏志茌平、祝阿各有陽城，蓋有一誤。肥城下云：「肥國不見於春秋，又以水經注引地理志為郡國志，文則昭十二年左傳『秋八月滅肥，以肥子緜皋歸』，肥國明見春秋，班志泰山郡虵邱下云：『遂鄉，故遂國』，酈氏未嘗誤引，不過後志亦襲其說。真定國肥纍下班自注云：『故肥子國』，肥國自以屬真定者為是，而應劭肥戎下及留川國劇下一云肥子國，一云故肥國，實不足據，圭綬亦未及辨正。平陰下云：『杜預稱或曰，即指京氏所引，似有脫文』，攷春秋土地名，隋志稱晉裴秀客京相璠撰，其成書自較在杜先，而文既不同，語亦完全非有脫誤，或說恐未必即指京氏。惠氏下以舊唐志樂陵為厭次之訛，攷志言：「武德四年置棣州，領陽信、樂陵等縣，治陽信。六年併入滄州。貞觀十七年，復置棣州於樂陵，領厭次等縣，而樂陵屬滄州。」又於厭次下云：「郭下。武德六年省棣州，隸滄州。貞觀十七年復置棣州，厭次還屬。」是棣州之倚郭初為陽信，後為厭次，厭次並未移易。蓋當時雖就樂陵置棣州，而倚郭既為厭次，遂以樂陵屬滄州。其改置之曲折本甚明顯。圭綬疑棣州倚郭無屬滄州之理，又疑何時移厭次，皆由讀志不細，必如其說，復置棣州於厭次，則「樂陵屬滄州」句與上文「併入滄州」句為複，劉昫亦何苦贅此。青城下云：「後漢末復置都尉於建信故城。」則河水注引應劭曰「臨濟西北有建信城，都尉治故城」，即指前漢言。圭綬以班志千乘郡建信下不稱都尉治，遂疑為後漢，殊昧思班志之漏書都尉治者甚夥。觀西漢會要，王氏十七史商榷諸書自見。濰縣下云：「史記有『獻公自營邱徙臨淄』之說，則此乃北海郡營陵下應劭注文，齊世家謂「自薄姑徙臨淄」，不言自營邱。金鄉下云：「薛詣即為范式立碑之人」，乃魏碑非晉碑，則范式碑並無「吳寇」未字。缺一耀威海陽」語，金石錄所載非即此碑。水考云：「應劭注縣名有陽字者，動曰某水之陽」往往並無其水」，則後漢耿弇傳「從朝陽橋河以度」，既有朝陽橋河，即有朝水可知。凡若此類，均屬可商。行文亦或失艱澀，或失繁冗，於考證文體裁不甚精密。然圭綬隨其兄至山東，盡得各邑乘，復周歷各地，迥非不出里閈專求故紙者可比。後之欲修志書者，殆不能出其範圍。一統志為通志以下所取法，其特為辨誤兩卷，雖是書之餘緒，實是書之主原也。

右古蹟之屬

二二七

（卷七共四十八頁 計弍万〇七〇〇字） 總六十壹頁 兩共弍為八千三百〇十二

周處

陽羨風土記一卷　己未

謨字仁圃，一字汝上，乾隆戊戌進士，官建昌教授。武祥字浩生，[illegible]有赤谿雜志，已書於後。

周處陽羨風土記一卷，金谿王謨原輯，江陰金武祥補校。案周處撰風土記，見晉書本傳，隋志著錄三卷，唐志十卷，其書久佚。嘉慶間，謨剌取羣籍，得九十七條，刊入漢魏遺書鈔。光緒甲午，武祥復采若干條，並作校勘記，訂正王本之誤，刊入粟香室叢書。其中載袁玘事頗近怪誕，舜為上虞人，證以史記五帝紀正義，知所稱舊說，即會稽舊記，要以會稽風俗賦周注引舜後支庶所封為正，史正義引顧野王說同。黃梅雨霑衣服皆敗黦，此即周禮染人夏纁玄注故書纁作𪑮之𪑮，亦即說文黑部黦，黑有文也之黦。段玉裁注乃謂唐宋人詩詞多用黦字，不知此書已有之，蓋黦為𪑮之移易，而即黦之變體也。嘉慶間嚴可均有是書輯本，據鐵橋漫稿所載自序，知石晉後有續補本，可均分別甚嚴，而所采乃二百三十餘事，省并複重，定著一卷，當視此本為勝。惟杜臺卿玉燭寶典所引出自近世，當爲可均所未見云。

二

採硫日記三卷　癸亥

採硫日記三卷，仁和郁永河撰。是書本在吳顧鳳祕籍叢函鈔本中，不著撰人名氏。咸豐癸丑伍氏粵雅堂據以付刊，並據六十七番社圖考引文身舊俗是雕青諸詩，稱仁和郁永河作，定為永河撰，而云字履未詳。今考鄭傳安蠡測彙鈔引郁滄浪稗海記遊：賴科欲通東面土番事，即是書所載，疑滄浪為其字，稗海紀遊為是書之異名也。其書記由福州赴臺灣之雞籠、淡水採鍊硫黃，始康熙丁丑正月二十四日，訖十月十二日，按日為次，不必日日有記。凡全臺山川夷險、形勢阨塞、番俗民情，紀之特詳。如言「欲化番人，必如周之分封同姓子孫世守，或如唐韋皋、宋張詠之治蜀，久任數十年，然後可頗為有見」；又言「臺灣不可棄，琉球最稱小弱，素不為中國患，安南、東京構兵不解，無暇遠圖，日本最大，獨稱强國，紅毛狡黠，尤精戰艘火器，又為西洋附庸，不可測識，幸去中國遠，窺伺不易，使有臺灣置足，稷害何可勝言！其於近在肘腋之日本欲得臺灣，早已料及，尤徵遠識。其他言鄭成功奉永曆之紀元，守將軍之位號，奉寧靖王朱術桂、魯王世子桓禮不衰，以視吳耿背恩僭號，相去有間，此與康熙三十九年諭旨稱成功為明室遺臣合，足正臺灣志諸書稱鄭逆之謬。又言鄭經亡，子克塽繼，姚啟聖銳意圖勦，多設反間，閩其用事諸人，人心離叛無固志，遂與施琅先後進討，此與大清一統志云戰功雖屬琅，而平日招攜設間以搖賊心，啟聖之力為多合，足正陶元藻撰琅傳專稱琅功之偏。所載朱術桂絕命詩，為徐鼒小腆紀年所未及採，有裨掌故。所稱鯊魚胎生及擊海水、撒水面晶光熒熒，良久始滅，有資物理。以大旦門、金門、厦門為應從水流峽中兩岸如門曰疊之疊，亦見思致。惟云雞籠山之下實近弱水，舟至即沈，不知其為落漈而非弱水，是其失耳。李慈銘桃華聖解盦日記亦知是書之善，而議其敘次不免蕪陋，間附絶句亦俚拙，實則本屬游記，不必繩以史法，初非別集，不必苛以格調，況敘述尚明爽，其間紀游詩頗有秀句，竹枝詞可備採風哉。

右雜記之屬

水經注釋地四十卷乙亥

水經注釋地四十卷

竹汀日記一卷 庚申

竹汀日記一卷，嘉定錢大昕撰。大昕有經典文字考異，已書於後。是編記始於乾隆戊戌初一日，而廿六日將之會稽，始逐日登記。其間遊南鎮及蘭亭，道出杭州，遊西湖，歸家後，將就江寧鍾山書院講席，四月廿四日抵丹陽，即無記，無事亦不記，但書陰晴，末附詩十八首，蓋純乎遊記體例也。雖亦訪遺跡、搜古碑，而無甚考證。然紹興府大堂後松風閣遺址，初以為即蓬萊閣，旋據府志自為駁正，亦足見君子之無所苟矣。何元錫所編日記鈔，始於戊申，後此蓋十一年。此繆氏藕香零拾本，從翁同龢所藏手跡錄刊者也。

此条陈偉年先生案云：失去月，当指此成下面言。書處書補入某月，便于似不必再附案語。上海圖書館適無此書，當再查明補入。

灕江雜記一卷附游草一卷　己未

灕江雜記一卷，游草一卷，江陰金武祥撰。武祥有粟香隨筆（旁注：陽湖[illegible]補校），已書於後。是編係于役桂林而作。桂林山水甲天下，其游蹤所歷，雅善刻畫，筆致遒峭，頗近柳州。間及時事，亦通達事體。中以程節改逍遙樓為在紹聖間，又以元祐黨籍碑梁、沈兩刻為皆三百九人。攷李彥弼記稱，湘南樓興於建中靖國之秋，成於崇寧初元之夏，是程節所改在崇寧，非在紹聖；梁刻有王化臣，無王珪；沈刻有王珪，無王化臣，是皆三百八人，非三百九人，必互增之，乃合其數。金說均誤。其書固不尚攷證，然後人或以為親睹而誤信之，不可不辨也。原附游草，雖有應酬文字，而詠山水者居多，今仍之，不分著焉。

右游記之屬

政書類 職官類

吾學録初編二十四卷　癸亥　有歷代名人年譜，已書於後。

吾學録初編二十四卷，南海吳榮光撰。榮光字伯榮，又字殿垣，號荷屋，嘉慶己未進士，官至巡撫。是編剌取大清會典、通禮、刑部律例、五部則例、學政全書等書，於人心風俗之所關，政教倫常之衆著，為官民所當通曉而法守者，分類編次。始典制，終律例，凡十有四門，每門各標總目，間分子目。所有乘輿服物、郊廟大祀，概不闌入。前有道光壬辰自敘及凡例二十一則，意在移風易俗，體例明晰，宗旨亦復深遠。所附案語，如政術門詳捕蝻伐蛟之法，雖屬陳言，頗為切用；祀典門言城隍本鎮星而有配，關帝無所謂桃園結義而五月十三日乃拜異姓為兄弟，以及鄉民奔禱求福、斂錢賽會、演劇、蟠燈，信巫師、惑僧徒之失，昏禮門言早婚及議婚計財、嫁女尚侈之失，喪禮門言沐尸請水、客死不許入門及冥壽之失，此類均足以砭愚俗。祭禮門引錢維城、張永銓說，一推如在之原，一衍不匱之義，極為簡要。喪禮門引毛奇齡、徐乾學、劉榛諸人說，於弔喪、謝孝、回煞、避殃、停喪不葬等，各有論列，亦俱名通。其所定墓誌銘式，融會古誌銘諸例，尤稱精善。榮光本金石家，此書黃本驥曾與參訂，黃亦深於金石者也。惟風教門載其祖母易氏旌表五世同堂，仕進門載其在貴州藩司任內援京官省親之例請准給假，當移入家乘及年譜耳。孝慈銘《桃華聖解盦日記》議其經法大制，多所漏落，泛及官府常行事例，不脫公牘家言。若未見其自敘及凡例者，殊為可怪。然一則曰：「詳於喪服、刑律，俾流俗易曉，頗為有意」；再則曰：「於品官士民祭禮、喪儀及刑名例禁獨為詳悉，亦教子弟者所必需」，則知言也。榮光作書之本旨，亦求如是而已矣。

二四九

東朝崇養錄四卷 辛酉

東朝崇養錄四卷，大興徐松編，松有唐兩京城坊考，已書於後。已著錄，是書，松以道光十七年扈從車駕閱視明陵，有考詢乾隆年間慈寧太后萬壽盛典者，因出示其前在史館所錄恭進九九典禮傳觀，遂為之編次，名曰東朝崇養錄。卷一，皇太后聖壽恭進之定制，卷二，乾隆十六年皇太后六十萬壽，年例外每日恭進壽禮九九凡五日，三卷，乾隆二十六年皇太后七十萬壽，每日恭進壽禮九九凡十一日，四卷，乾隆三十六年皇太后八十萬壽，每日恭進壽禮九九凡三十三日，各載名色件數，皆錄自宮史，無所考證，非松之著述也。丁巳，仁和吳氏得其本，刊入松鄰叢書，茲姑存其目焉。

入改考

皇朝謚法考五卷 辛酉

皇朝謚法考五卷，歙縣鮑康撰。康有內閣漢票籤舍人題名錄。字子年，道光己亥舉人，官夔州府知府。案：王士禎嘗輯國朝謚法考一卷，迄康熙三十四年，是編則迄於同治三年十二月。卷一為諸王，卷二為貝勒、貝子、公、將軍及承恩公、承恩侯、承恩伯，卷三為文臣，卷四為死事諸臣，卷五為武臣。悉依潘世恩易名錄例，以會典所載謚法為次，而附以朝鮮、安南國王之謚，凡得一千五百一十八人，又續載同治四年所謚者四十六人，考訂頗覈，足資依據，勝於其所輯內閣題名錄也。

紀年通考十二卷 辛酉

紀年通考十二卷，秀水葉維庚撰，維庚字兩垞，嘉慶壬戌進士，官江陰縣知縣。是編首歷代正統年號，次分霸，次僭竊，次外國，次擬議不用，次史書異辭，次無甲子可考，次分霸時紀元年表，次依韻類編，次三字四字六字紀元，次古今相同，次本國前後相同，次中朝同於僭竊，次年號甲子皆同，次上下兩字無一相同，次一年兩號三號，次改元最多，次一君不二紀元，次稱舊君年號，而以總論二卷終焉。成於嘉慶甲子，在鍾淵映建元考、陳景雲紀元要略、梁玉繩元號略諸書之後，故視諸書為詳，分析雖似繁碎，而頗便稽考。惟時有複沓譌誤，及體例不一，又强分正僞，多主綱目。李慈銘受禮廬日記以為不脫村學究習氣，西涼之李恂，既見於分霸，又見於僭竊；西夏李氏本由拓跋思恭以唐僖宗時有功賜姓，至德明以降，宋賜姓趙，而其子元昊稱帝，即復姓李，後傳八世九主，皆仍李姓，乃稱曰趙元昊，而没其李姓。吳三桂錢文曰利用，耿精忠錢文曰裕民，而皆以為元號，三桂元號昭武，而屬之鄭成功，慈銘以為皆失於眉睫，所糾中其失。其以文明歸之唐豫王，而以光宅、垂拱、永昌、載初四號歸之武后，蓋本新舊唐書武后紀、齊召南歷代帝王年表，亦以文明屬睿宗，光宅諸號屬武后，較之鍾淵映、梁玉繩以文明并屬武后者，彌見分别。慈銘謂載初以前皆睿宗在位，而武后稱制，至載初二年九月始篡帝位，改國號周，改元曰天授，降睿宗為皇嗣。文明至載初五號，皆當系之睿宗，作唐書者本宜如明史英宗例，為分前紀、後紀，方得其實。此書於明英宗兩標其目，而分系以正統、天順二號，則睿宗正亦宜然，而妄為分析，予奪由己，是何說也？所論甚正。但維庚各本於史，責其未能訂唐書之失，殆無可辭，責其妄為予奪，恐維庚有所弗受也。此本刊於江陰，兹已流傳甚罕云。

三〇九

紀元編四卷　癸亥

紀元編四卷，武進李兆洛撰。兆洛字申耆，嘉慶乙丑進士，官鳳臺縣知縣。是編以葉維庚紀元通考為藍本，參以鍾映淵建元考諸書，别為部分。卷上為紀元總載，凡中外各國併僞朝霸國以至草竊及錢文，一一具載；卷中為紀元甲子表，自漢武帝建元以訖明季，俱依甲子叙次，即次閏統於其下，並附僭竊不及外藩，惟别補建元以前甲子，自黃帝元年至漢武建元；卷下為紀元編韻，皆以下一字依今韻為次，而三字、四字、六字附後，卷末為編韻補。蓋立表以順時代，編韻以便檢閱，而首列總載，以清表韻之源，使彼此互稽，不致參差訛漏，若綱在綱，有條不紊，體例之善，采摭之富，為自來紀元諸書所未有。惟元和十五年顧方肅撰趙夫人墓誌云：「元和十五年少帝即位，二月五日改號為永新元年。」又釋覺岸釋氏稽古略云：「朱全忠使劉霸鴆哀帝，立少帝濮王紃，一名繼，年號天壽。鄭麟趾《高麗史》云：遣使至高麗行宣光年號，國人不允。後二年又遣僉院甫非吉紀年天元。今失載永新、天壽，而以天元為後主古思帖木兒。鍾氏《建元考》又以為脫脫不花，當以鄭史為正。據王先謙《日本源流考》：繼體天皇後越九代至孝德，始建號曰大化，曰白雉。其後齊明、天智、宏文不建號，天武曰白鳳，曰朱鳥，持統仍不建號，文武曰大寶，曰慶雲。今載繼體等善化諸號，白雉後別有常邑一號，朱鳥為朱雀，持統有朱鳥、太和二號，又缺宏文一代（案宏文為明治三年追謚，李不及知），亦當載其名，曰大友。順德後有仲恭一代，亦缺。雖本《東國通鑑》、《大成年代廣記》，恐有傳譌。明正天皇於寬永二十年禪位皇太弟後光明，無其子改元之事。今載義明一號，謂女主之子始改，雖本黃宗羲校刊《忠端公說畧》案語，更不足信。日本自後醍醐元弘二年南遷（元文宗至順三年壬申），將軍北條高時立光嚴帝，是為北朝。相至後小松即位（明太祖洪武二十五年壬申），凡六十一年統一。今載光嚴至後圓融五帝，皆北朝，光

三五。

三三九

紀元編　二

四一九

嚴正慶一號，當衍。其南朝後村上曰興國、曰正平、長慶曰建德、曰文中、後龜山曰天授、曰弘和、（原誤知。）曰元中，凡三帝七號。今失載興國、正平二號，而於建德等五號以為未知何國之號，尤屬失考。其他稱德誤標德，土御門誤上御門，後土御門同。後二條誤後三條，後柏原誤後祖原，稱德之天平神護但作神護，又神護景雲但作景雲，後奈良之享祿誤亨祿，今國王（案即光格）之淳和誤享和，亦須是正。據御批通鑑輯覽，崇禎十七年以明統尚存，特命大書紀歲，而分書順治元年，以為別極為公允。今於萬曆四十四年即大書大清太祖高皇帝天命元年，次萬曆、泰昌諸號於下，不特進退失宜，且亦昧掌故，而悖諭旨。至共和以前甲子，輯覽本邵雍皇極經世，此用竹書紀年，純乎不同，其是非殆難質言。共和後周元王元年，輯覽為丙寅，此為乙丑，蓋因敬王崩年，輯覽為四十四年，此從史記十二諸侯年表為四十三年（周本紀作四十二年），而元王之崩遂亦有七年、八年之異，亦無以定其是非。要之，其書最便尋閲，雖小有疏漏，實集紀元諸書之大成，亦可謂後來居上者矣。此伍氏粤雅堂本，其中無西魏廢帝欽、恭帝廓，北周愍帝宇文覺，南唐後主煜，元明宗和世㻋，由不改元故不録耳。

右儀制之屬

合

許廎经籍題跋卷十三

吴縣　胡玉縉　撰
後学　王欣夫　輯

目録類

隋經籍志攷證十三卷　庚申

隋經籍志攷證十三卷，山陰章宗源撰。宗源字逢之，乾隆丙午順天舉人。案孫星衍五松園文稿宗源傳稱其「積十餘年，采獲經史羣籍傳注，輯錄唐宋以來亡佚古書盈數笈，自言欲撰隋書經籍志攷證，書成後此皆糟粕可爨之」云云。又古史考序稱「輯書滿十餘笈，欲售之畢督部，會楚中有兵事而止，卒於嘉慶某年，遺書遂為葉君繼雯所得」。此僅史部一種，乃錢儀吉鈔本，光緒丁丑武昌崇文書局據以付梓者。其書徵引繁富，唐以前古籍賴以考見。凡隋志所箸錄者間或闕略，其所不載者則仿王應麟漢書藝文志攷證之例以類附入，計四百三十種，幾可別成一書。譚獻復堂日記所謂「體昉深寧，意存亡佚」；又謂「畢生精力為此」，可謂精勤者是也。惟東陽无疑齊諧記下云「今存」，則今無此書，祇有吳均續齊諧記，故馬國翰輯為一卷，宗源此條殆屬誤記。又以國翰輯古文瑣

疑

語、伏侯古今注、皇甫謐年曆、帝王要略、孫星衍輯漢官六種、汪文臺輯七家後漢書、張澍輯趙岐三輔決錄諸書校之，或互有出入，或遞有增益，知遺漏未采者殊夥。丁氏藏書志載許宗彥舊藏本稱：「中有漢名臣奏事條附一牋，補唐武后臣軌所引一則，即周生筆。」此亦足彌其罅隙者矣。然其書廣引博徵，片辭隻字，務為捜采，視乾隆間四庫館從永樂大典輯得世所未見書二百七十種，其難易殆不可以道里計，故雖為未成之稿，而一書已具千餘種書之用，厥功尤偉。其移地理、譜系、簿錄三類本居末者為第六、第七、第八，在舊事之前，李慈銘桃華聖解盦日記云：「或章氏有意改定，或稾本傳寫偶亂，皆不可知。」竊謂當以後說為是。又云：「其中引證極為詳博，遠非漢藝文志攷證之比。」則王書亦極賅洽，正不必抑彼揚此也。江都陳逢衡亦有是書攷證，未見傳本，附識於此。

二九八

三〇九　　三頁廿　年四十一　　絳雲樓書目　一　　六三九

許廎經籍題跋卷十三

吴縣　胡玉縉　撰
後學　王欣夫　輯

目錄類

絳雲樓書目四卷　己未

絳雲樓書目四卷，舊題常熟錢謙益撰，吳縣陳景雲注。謙益字受之，號牧齋，明萬曆庚戌一甲三名進士，官禮部尚書，入清後官禮部侍郎。景雲有三國志校誤，詳四庫總目三國志辨誤下。是編分經史子集，別列明朝著述，而四部中仍有明人書，殊不可解。一書往往兩見，如學古編見小學，又見雜藝；酒經、禽蟲述、質龜論見農桑，又見雜藝；握奇經見兵家，又見天文之類。每類中不分先後，如經總先五經文字，後經典釋文；易類先注疏，後子夏易傳之類。一書數部，復不相次，如陸績易解一隸京氏易解後，一隸讀易考原後；廣韻一隸玉篇後，一隸五音集韻後之類。甚至一書而顛倒其先後，如小說類先揮麈三錄，後王明清揮麈前、後錄。此必非謙益手定，恐並未過目。曹溶題詞稱其「所收必宋元版，不取近刻及抄本，蘇子美、葉石林、三沈等集，以非舊刻，不入目錄中」云云，與此本

鄭巽謹案：質龜論，宋志入五行類，注云：「李淳風得於石室。」

全不相應，後序但全疑中無九國志、十國紀年等，以為目非其全，而無一語辨論及此，是可異也。景雲所說蓋就此目隨記，或溢本文之外，或與本文一無所涉，且非一時之語。如小說碧雲騢下有庚辰、癸未字，墨客揮犀下有己卯、甲申字，皆以後說證成前說，而編年類遼志、金志下云「此恐另是遼、金志」，雜史吳越備史下引書錄解題云云，則又自為改正其非。為是書作注甚明。吳翌鳳跋但稱「得其閣本抄錄如右」，伍崇曜跋謂「在翌鳳秘籍叢函寫本中注作硃書」，然則題景雲注者，伍蓋據此，而不如過錄本則然，實非景雲注也。丁氏藏書志有舊鈔本絳雲樓書目一卷，附靜惕堂藏宋元人集目，云「是目為陳少章定本，不知誰氏各綴考證於書目之下」，最得闕疑之義。其中頗多訂正，如編年類釋氏稽古略當入佛門，中興繫年要錄至十六國春秋四十種俱在雜史類，誤錄於此，譜錄古史說苑當入小說，金元文集類魯山野庵集，野庵是正德間僧，此類足可

三三〇

依據而易類元包數正易心法易外別傳當入卜筮爾雅類崔豹古今注當入
子類家詩類毛詩古音考當入小學禮類政和五禮當入故事此但就本書所列子目言仍
未及糾正傳記類王當春秋臣傳本自不誤乃謂當入經類則又未免但循名
目不檢本書之失類書類廣志三十六册當是明末人所輯之一百十卷丁氏
藏書志有明鈔本乃注云郭義恭其他倪士毅四書通義下云三十六卷不知
通義止二十卷其三十六卷者為輯釋且通義乃劉剡就輯釋重訂原目既誤
注又再誤五音集韻十二册下云十卷宋景祐間宋祁云云不知此當為韓道
昭書其書凡十五卷若十卷安得有十二册此在注者或記輯釋及丁度等所
修集韻而文義緊承實足貽誤後學六書精蘊為魏校作而稱許謙撰一作魏
校越絕書為袁康作而仍稱舊說子貢撰或曰子胥蜀鑑為郭允蹈作而稱李
文子蘭臺秘藏為金李杲作而稱元王好古書敘指南為任廣作而稱任浚東

園友聞乃剽竊明人孫道易東園客談，而稱當是元人作，衛元嵩北周人而稱唐人，吳棫武夷人而稱飾州人，凡此或襲舊譌，或由誤解，均屬可議。建文皇帝事迹下云『一卷』，備遺錄下云『二卷』，孫芹記齊、黃諸臣』云云，考明史藝文志既有張芹建文備遺錄二卷，又有張芹備遺錄一卷，在張書或非一本，而此則似誤分一書為二，且卷數適與史相反。星槎勝覽下既以說海為陸楫刊，而說海下又以為陸深，尤屬矛盾。朱謀㙔詩故，蓋本漢志有魯故、韓故，而謂襲董逌廣川詩故之名，唐慎微為蜀州人，見趙與旹賓退錄，輟耕錄作蜀漢，此必字誤，而以為未詳何據，當考？亦失之目睫。至『琰字玉吾』云云，當次周易解下而次於易外別傳，楊桓字武子，當次書學正韻下而次於六書通，李燾續通鑑長編今有五百二十卷，而稱一百六十八卷，錢穀吳都文粹續集今四庫已著錄，而惜其未梓行，此則不當以著書體例繩之，更不得以後出版本律之矣。然其說極為簡

三三〇

晐有稗攷謚歷代帝王纂要譜括下云宋孫應符撰足補提要所未逮錢曾讀書敏求記云絳雲樓讀書者之藏書竊謂是目得注者所託乃為讀書者之書目非藏書家之書目矣此粵雅堂本訛舛殊夥魯詩世學誤正學太元〔玄〕本旨誤本音仕學規範誤赴範九靈山人集誤元靈郭奎望雲集下云晉參丁玉軍事丁玉得罪云云丁玉當作文正革除遺忠錄下云郁襄當作郁袞又三輔黃圖下云一卷程大昌撰原書已亡此書唐人所作撰當作云李文仲字鑒下云云元末上當有圈以隔之此類難以悉舉云金陵文徵載黃越所為鄭旭傳鄭娘傳並稱焦竑五車樓謙益白雲樓疑絳雲為後所改名當考謙益文集

得月樓書目一卷　己未

江陰李氏得月樓書目一卷，不著編輯名氏，後有黃丕烈跋，稱：「此目雖云摘錄，然中多罕有之書。」又疑李氏之爲李如一，繆荃孫得其藏本并集句爲李如一傳，寄金武祥刊入粟香室叢書，攷錢謙益撰如一墓誌，稱其「仿宋晁氏、尤氏目錄自爲詮次，發凡起例」并如也云云。今此目凌雜無序，且有重複，其卷數及撰人或有或無，決非如一所編。王士禎池北偶談稱：「李氏有胡恢南唐書」，今不見此目中，書不及二百種，間有宋板、元板，丕烈遂以爲罕有耳。武祥刻之，祇以存鄉邦之文獻，無裨目錄之學也。

檻書隅錄書後

好古堂書目四卷　庚申

好古堂書目四卷，仁和姚際恒撰，際恒字立方，號首源，諸生。是書乃本其先世所藏與及身所得，爲之編次，大致皆習見之書，末附收藏宋、元版書目凡數十種，有康熙乙未其姪之駰序，爲江南圖書館所藏鈔本。觀際恒古今僞書考有極精語，又有極偏語，然則殆好古而未信者歟？

綃谷薰習錄三卷

亭

錢塘吳焯撰。焯字綃谷，號尺鳧，又號蟫華居士，諸生。嘗與沈嘉轍等撰《南宋雜事詩》，四庫已著錄。是編乃其藏書題跋，原書藁本八冊，見瞿氏《清吟閣書目》。光緒間，餘杭褚氏得首冊經部易類百餘葉，丁氏嘉惠堂書散出，又得集部二冊。宣統初，仁和吳氏始録諸梓，見《經山游草跋》。此本即吳氏《松鄰叢書》所刊，中多殘闕處。前有不全凡例數則，為焯子城及玉墀所記，有云：「作者生平事蹟，推以正史為斷，史所不載者則考之志乘，志所不載者則參之晁氏《讀書志》諸書，其遺事逸語見之諸家文集、野史、說部，悉采入焉。如同時遠省之人，則詢之是邦故老，不憚再三，期於核實而後已。」是可見是書之大概。又云：「雍正癸丑，先子見背，訖今三十餘年，始克收羅散失，重加編校，或前為鈔本今已刊布，或前為秘籍今始流傳，不無互異，一遵原藁，以存先志。」是其書為城等重編，已非焯之舊本後有同治八年八千卷樓主人記，即錢塘丁氏得集部二冊後所題也。中如李太白集下攷白里貫生卒，韋蘇州集下辨劉禹錫所舉別是一人，方壺存稿下攷汪莘上封事與移朱熹書為非一時事，趙仲穆遺藁下因雍題語正楊載撰孟頫行狀之誤，梧溪集下力辨王逢未就張士誠辟，其說致為明塙。易經會通下以邦柱為萬曆己未進士，足補提要但稱丙午舉人之缺。華兆登周易古本下所舉宋儒攷訂古本較提要呂祖謙古周易下多王洙古易十二卷、邵堯夫古易八卷、洪興祖古易考義十卷、周燔九江易傳、王應麟古易考五種，亦足以資參證。惟元包數義下云「衞氏書已失傳，賴子饒以傳其說」，不知衞元嵩元包五卷今有其本，四庫亦著錄。姚文蔚周易旁注會通下云「朱升旁注從考亭之本義」，不知原書用王弼本，後程應明改從朱熹本。艾軒集下云「今所傳者疑同叔本」，不知其為鄭岳選本。雪樓集下云「洪武二十七年重定為三十卷」，不知

三三〇

實在至正癸卯。周易尚占下云：清菴未詳何人？不知其為李子純。雪園易義下
云：李奇玉，天啓壬戌進士，不知其為崇禎戊辰。潛齋集下云：姓何氏，失其名，不
知其為何夢桂。凡若斯類，俱屬疏舛。周易彖義圖不著撰人名氏，以為元末人
撰，今據稱引各家，似即四庫存目之明章潢周易象義。他如不見於提要者：徐
𡢃易通在筆精中，可弗贅列。外章品周易古文羽義、葛廷言易說、鍾化民讀易
鈔、李廷機易經纂注、李光縉周易潛解、許子偉廣易通、王述古易筌、高宏圖易
解、張溥周易注疏大全合纂、趙鳳翔易學指掌、楊[illegible]內言、盛如林易林
元、龔懷晉周易訓蒙輯要、無名氏易解、徐繼恩逸亭易論、周曇詠史詩、崔邦亮
黄太史集選、譚處端水雲集、趙偕寶峯集、張肅全歸集、釋天如師子林別錄、釋
至仁澹居藳、邵處機磻溪集、李道純中和集、王沂、王祐二妙集、瞿佑詠物新題
謝鐸、李東陽同聲集、王氏東征集、北上集。內曇雲唐人，處端金人，偕、肅、天如、至仁、

處機道德皆元人，其書或有可觀，餘皆明人，殆不盡足取，楷書以下及史子二部已佚，未知有無秘笈耳？提要易類集類載浙江吳玉墀家藏本，皆見此錄，意玉墀進書時當載其題識，而提要無一用其語，則以此錄但敘源流，提要每論得失，其或間有考證者，提要所據往往為他本，而非玉墀家藏本，遂致若不相謀。抑遵四庫所定進書條例，玉墀別為敘錄歟？此本經部補目後有吳氏案語云：「此為原書第一冊，中有附記一紙，云：易一百二十九、四卷。書三十、一卷。詩三十一、一卷。春秋五十九、二卷。周禮十三、儀禮十、一卷。禮記二十三、一卷。三禮等六、樂八、一卷。」當是原分子卷之數。今易類尚闕二十餘種，本未成之藁也。是殆不然，此為重編本，非手藁本，當是所得本殘闕，其分卷亦重編後所記，當是為擬刊而設，附正之於此。

二七九

孫氏祠堂書目内編四卷外編三卷 甲子

孫氏祠堂書目内編四卷、外編三卷，陽湖孫星衍撰。星衍有周易集解，已見前書於後。是編以所藏書籍置之家祠，不爲己有，因刊此目，略述淵源，以教家塾。其體例各分十二部，以應歲周之數：曰經學，曰小學，曰諸子，曰地理，曰天文，曰醫律，曰史學，曰金石，曰類書，曰詞賦，曰書畫，曰說部。每部又各分子目，一書有數本者，用遂初堂書目例，俱從並收。前有嘉慶庚午自序。凡宋元諸家經說，悉退入外編，可稱謹嚴。而内編乃有林鉞漢雋，且不隸類書，或史鈔，而入小學。又有都穆鐵網珊瑚，實係僞書，此類均屬可議。他如越絕書、華陽國志、鄴中記、建康實錄，不隸雜史而入地理；蘇轍古史不隸別史而入編年；世說新語不隸小說而入傳記；册府元龜不隸類書而入故事；東萊呂氏博議不隸春秋而入別集外編；如袁氏世範、北溪字義不隸儒家而入雜家；茶經、食譜諸書不隸譜錄而入農家，賴古堂文集不隸别集而入總集；以及内編之山房隨筆，既見説部作蔣子正，又見詩文評作蔣正子，外編之七頌堂識小録，既入金石又入説部，而楊萬里輝塵録又分見内外編。至於佛釋於道，雖本舊唐書經籍志，而究乖其實。此編次之失也。内編素問病機氣宜保命集為張元素撰，而題劉完素；吴越備史為錢儼撰，而題范坰、林禹；蒙求集注為唐李翰撰，而題晉李瀚，猶可曰因仍舊文，而孀窟詞為侯寘撰，乃題沈端節；外編漢雜事秘辛為楊慎撰，晉史乘、楚史檮杌為吾邱衍撰，而均云不著撰人，亦可曰因仍舊文，而洛陽名園記為李格非撰，乃題李廌；六壬大全集不著撰人，乃題郭載騋；賴古堂集為周亮工撰，乃題周在浚；以及化書下不辨譚峭、景升為一人，歸潛志下不辨劉祁仕元，而題金人；貞居詞下不辨張天雨係元道士，而編入宋人。此考訂之疏也。張燕公集附千秋金鑑録考録，乃張九齡撰，與張説無涉，疑張燕公為張曲江之誤。又毛詩草木鳥獸蟲魚疏脫鳥獸字，春秋左傳類事始末作事類，夏侯陽算經作夏陽侯，唐律疏義作疏議，荆浩畫山水賦作山水錄，廣川畫跋作畫錄，外編春秋皇綱論作王綱，蔡模孟子集疏作集說，以及卷數差誤，撰人或全闕，或二名而脫一字，更不可勝舉。張宗泰魯巖所學集有跋是書九則，已詳為糾正。惟古易音訓二卷，宋咸熙刊本，咸熙為宋大樽之子，張氏乃疑為南宋年號嘉熙之誤。周易乾坤鑿度二卷，周易二字當是孫氏所加，其書四庫著錄，乃疑坤字為衍。琴趣外篇六卷，晁補之撰，即四庫著錄之晁无咎詞，其名為毛晉改題，乃疑為葉石林詞。此皆以不誤為誤，未足相難。周中孚鄭堂讀書記稱：「星衍購書，先求先秦、三代古籍，次及漢、魏、六朝、隋、唐，次及宋、元、明暨昭代最精要者」云云，此言藏書之大槩，要其編目，未為精審，不得以出自星衍而回護，姑存其目焉。

古泉山館題跋一卷 庚申

古泉山館題跋一卷，嘉定瞿中溶撰。中溶字萇生，一字木夫，諸生，官湖南布政司理問。是編凡四十二跋，皆攷證明本及近世翻雕宋本之書，間涉舊鈔，而以翻宋本為最夥。每書皆詳其款式，或舉缺筆，或勘譌字，極為精博。中如干祿字書載勾詠跋，較王昶金石萃編多二百餘字，足補其缺。萬曆西番館譯文所列番王名及所言慶賀襲替諸事，有裨掌故，並足正明史西域傳烏斯藏為烏思藏之誤。寶祐四年會天曆反復推論近三千言，與陸氏藏書志所載錢大昕、李銳、沈欽裴、蔡復午、陳悉、金望欣諸跋無一語蹈襲，尤互相發明。西洋算法書則記其裝訂之式。日本合類節用集大全則記其行間之和文，在今日為習見，在當時則不得不詳。惟日本茶道便蒙鈔，似言抹茶之禮，抹茶即宋人之點茶，始於足利義政，今尚行之，乃謂專為茶具而作，恐或未塙。又杜本清江碧嶂集提要附見存目，乃謂四庫未收，必當時采訪不及，更爲失檢。然千慮一失，初不以是掩其閎通也。此宣統庚戌繆氏藕香零拾本蓋據殘稿刊行云。

五五

拜經樓藏書題跋記五卷　辛酉

拜經樓藏書題跋記五卷，海寧吳壽暘撰。壽暘字虞臣，號蘇閣，諸生。父騫，篤學嗜書，收藏之富，與同里馬思贊道古樓、陳鱣士鄉堂埒。壽暘因敘各書大概，并錄騫及他人題跋，以成是記。其子之淳嘗錄副以遺蔣光煦。道光丁未始刊入涉聞梓舊，有錢泰吉序、光煦題識及管廷芬跋，即是本也。如中四書經疑問對跋以董彝為元樂平人，非明常熟之董彝，足訂經義考之誤；南部新書跋以所引智永千文律召調陽為未知律呂與成歲並舉，不容改呂為召，尤見其精於韻學；千頃堂書目跋據道古堂黃氏書錄序，以為別有一本，亦足以廣異聞。凡若斯類，騫固具有卓見，即周易兼義、紫巖易傳、周易傳義附錄諸書各舉其勝於今本處，使一書得數書之用，壽暘亦非無功於後學。惟太玄經萬玉堂本乃明刻而以為宋本，毛詩指說乾道壬辰跋乃熊克跋，因所據本有闕而不能明其爲姓熊，草閣集附筠谷集，亦因後跋不全而不能著其爲李昱及子李轅撰，皆屬疏舛。○四庫書目所載河東集十五卷而以爲十卷，後村集五十卷而以爲六十卷，道園遺藁六卷而以爲十六卷，未知所據何本？若謂傳寫有誤，則不應屢誤。且其所據本卷數皆與今本合，則所稱四庫本必非同今本可知，實不可解。不獨宋史全文以明刻爲元刻，徐達左輯曾子不知爲傳道四子書之一種，又不知達左姓徐，近思正續録不知爲熊節性理羣書句解後編，黄鶴注杜不知非即高楚芳書，如陸心源儀顧堂題跋所糾已也。○道園學古録每葉二十六行，乃景泰本，心源識語亦認爲元刻。今攷七經孟子攷文補遺跋以序稱享保十一年丙午爲康熙五年，不知爲雍正四年。若康熙五年，乃日本之寬文六年。○字通跋以所引説文茲从艸茲省聲爲作茲，則何省之有？不知茲非其聲，固以絲省聲爲當。但如其説，似以訓黑之茲爲即艸木多益𦭝茲，又似茲即其聲殊為似是而非。竹垞尺牘跋，以所論耿炳文沒於洪武二十七年為足正史傳之失，不知此乃彝尊誤記，劉三吾集有炳文墓碑，實則集祇有長興侯耿炳文追封三代碑，為洪武二十七年作，並無炳文墓碑，凡此皆臆說之未足為據。董合升遺事跋以明溪居士侍兒小名錄為即董彝撰，亦不及其拜經樓詩話之詳明，知此跋或作在先，詩話實補苴其未備。然全書條理分明，足資參攷，心源乃謂壽暘僻處海濱，見聞寡陋，原無足怪，獨怪耳食者流奉為金科玉律，殊弗思小小舛誤，奚足為病，即如心源所撰藏書志及正續題跋，亦多疏謬，即如此跋未知游明為景泰辛未進士，誤以為正統六年，而其書論者往往節取，江浙好事家之於是編，亦猶是耳。李慈銘荀學齋日記云：此書縷述卷數、印記、傳鈔、翻刻、源流、舊聞，與錢、顧諸家殊判優絀，然徵引所及，時有攷證，其版本異同，收藏先後，亦足以裨聞見，斯持平之論矣。附錄宋、金、蒙古印記考三首，義據周帀

三三〇　拜經樓藏書題跋記　二　三六一

詩十五首、詞旨雅飭、並壽暘作、又詩五首、之淳作、皆光煦所附、蓋寓懷舊之思云。

三一

愛日精盧藏書志三十六卷續志四卷　癸亥

愛日精盧藏書志三十六卷、續志四卷，昭文張金吾撰。金吾有廣釋名，已書於後。是編取所藏宋元舊槧及鈔帙之有關實學而世鮮傳本者，略依四庫總目次第為之登載，其有四庫未收者，以類附入之，大致詳於元代以前，其明以後則閒錄一二，至藝術、語錄、九流、小說及二氏等書，選擇尤嚴。凡某書必列某本，兼載各家之序跋，復就自敘校讎、考證、訓詁、簿錄彙萃之所得各發解題。其各書標目悉依原本，所增時代及撰著等字則以陰文為別，亦頗清晰。初編於嘉慶庚辰，祇十卷，以活字印行，道光丙戌重編為此本，丁亥付刊。顧廣圻為之序，又有自序兩首及例言九則。中如易傳下正毛氏汲古閣本分集解十卷為十七卷之誤，釋文殘本下正通志堂、抱經堂兩本之誤，諸臣奏議下正會通館活字本之誤，北堂書鈔下正陳禹謨本之誤，穀梁疏殘本下

十七史經說

舉校勘記所未載以補其遺，爾雅下，辨經義雜志記無郭氏本作駚北驪北之說，以見校勘記之誤，會歷代紀年下，證天顯屬遼太宗不屬太祖，遼道宗有壽昌無壽隆，以訂遼史，嘉定鎮江志下，據書中所載定其為盧憲撰，徐貫鈞磯集下列藺相如使秦賦等二十一篇目，謂全唐文不載，義據明塙，攷覈詳審，足為讀書家之資，非止藏書家所貴。惟爾雅新義釋林為君，取尻之之義，蓆為大取安之之義，殊嫌迂曲，而以為足補郭注所未及，說文解字補義釋位字為有位者人之所當立，故從人立，利字為五穀必銍乂而後成其利，故從刀從禾，不合六書，而以為精核，秘書省續編到四庫闕書目，蓋就四庫書目注闕字，其四庫書目為慶曆間官撰，觀續宋會要載大觀四年何志同言，慶曆間集四庫為籍，今纔六七云云可見，而謂未知編於何時何人，靈樞經為黃帝內經十八卷之九卷，觀陸心源儀顧堂題跋及黃以周儆季文鈔內經九卷集注敘可見，而謂王

三三〇

三三○　二頁共八百八十五　愛日精廬書目志　二　六五○

冰僞託。諸儒集議續資治通鑑、即宋史全文、故全文卷内有名儒集義諸標目、
詳楊紹和楹書隅錄、而强分續通鑑爲元刊、全文爲明初重刊時所改。鐵崖文
集爲東維子集、鐵崖漫稿不載者殊夥、詳儀顧堂續跋、而僅舉圻城老父射敗
將軍書等兩篇。新刊韻略下據韻會引劉淵書、謂劉襲是書、則兩書字數不同、
判然爲二、此本皇慶延祐遞有增添、所云壬子新增、必皇慶壬子、非淳祐壬子、
不如瞿鏞書目及儀顧堂續跋之說。至順鎮江志疑爲脱因撰、則成化鎮江志
丁元吉序稱：「俞用中至順志例加精密」、乾隆志俞希魯傳稱：「至順中嘗著郡志」、
當爲希魯字用中者撰、不如陸氏藏書志之說。他如重校證活人書載進表稱
二十卷爲初成本、晁公武讀書志據之、其重校本十八卷、陳振孫書錄解題據
之、而謂未詳孰是？文苑英華纂要自序稱：「治使史公第三書寄刊本、令作鈔序」、
是此書在宋時已爲史氏所刊、其延祐甲寅趙文序手鈔字即纂錄之意、未可

泥視，而謂宋時未經刊版。左氏摘奇當入類書，文獻通考所次甚當，宋史藝文志不足據，而仍列之經部。澹游集之來復，洪武間坐胡惟庸黨而死，當爲明人，而乃題曰元人。以及周易要義下謂經義考易類止載集義，蓋疑要義即正義，又疑集義即要義，而不能據方回桐江集集義跋顯分要義、集義爲二書以正之。后山詩注下載劉辰翁序語意注重陳與義，當爲簡齋詩集作，故彼集元、明刻本皆有此序，而亦未能發一語以明之。此類或失疏舛，或失簡略，均屬可議。要其大體可資參考者頗多，分別觀之可也。李慈銘桃華聖解盦日記稱其爲博洽之士，又議此書於宋、元人序跋說經謬妄之語多所登載，爲不能別擇，不知其書例載序跋，經部則已見於經義考者不更錄入，尚無巨謬，且亦安能專主漢學家言，蓋與譏刺翁注困學紀聞之失同一膠固而已。此光緒十三年吳縣靈芬閣徐氏排印本，徐氏乃書賈，故校勘甚疏耳。

三二〇

鐵琴銅劍樓藏書目錄 庚申 二十四卷

鐵琴銅劍樓藏書目錄二十四卷，常熟瞿鏞撰。鏞字子雍，歲貢生。是編就所藏諸書，依四庫書目為次，遞延名宿釐訂。於提要說及阮元揅經室外集說，或明辨，或暗駁，或承用，頗具識解。每一書後必載其行款，固藏書家之通例，而羅列異同，攷證得失，實足為讀書者之取資。中如周易、左傳注疏十行本，穀梁注疏宋監本，各附校勘，以及補四庫本周易象義之闕，正周氏本毛詩傳箋、汪氏本公羊解詁之譌脫，管子則匡趙刻，淮海集則訂張刋，凡若斯類，尤一書而得數書之用。惟律音義引獨斷「天子車馬十一」字，見開卷第一條，乃以為今本脫去。史炤通鑑釋文，據紹興三十年馮時行序，稱其年幾七十，則下距咸淳尚有百餘年，乃以為即咸淳時利州統制之史炤。張讀宣室志，陳氏書錄讀讀字聖朋，惟唐書藝文志載讀建中西狩錄注云「讀字聖用」，乃以為書錄朋作用，未詳所據何本？西齋話記據提要是祖無擇之叔士衡所作，（詳龍學文集下）乃以為無擇作。屏山集據提要是其嗣子坪所編，乃以為朱子編，玉山名勝集四庫所收為八卷，乃以為十二卷。未免失之目睫。陳澔禮記集說於元刊本下既據李滄葦書目以為元時已合併，而於明刊本下又以為嘉靖巾箱本為後來十卷本之祖。通鑑下既以興文署為至元二十七年立，而秘書監志下又謂在至元十年。淮海集四十六卷本為無名氏增編，宋刊殘本下既載題記甚明，而明刊本下又以為淮海自編，殊嫌自相歧異。興文署當從後說，餘皆以前說為是。劉寅尉繚子直解為武經直解之一，丁丙藏書志有其全書，內三略直解四庫亦著錄，寅本明人，而以為不知何時人？書林事類韻會為王百祿作，見宋學士翰苑別集，韻府群玉題後，而未能舉其撰人。張師正括異志為魏泰依託，見王銍默記，而亦不辨其偽，皆屬疏於考核。讀書記宋刊本並有乙集，而以為止有甲、丁二集，魯

三三三

齋心法，即在魯齋全書中，惟次第稍異，而以為不載全書，其說亦非。黄度尚書說誤作王度，南蘭陵孫尚書集誤脫蘭字，許白雲集乃李仲編，誤作許仲傅，與礪集胡行簡序，乃至正壬戌，誤作洪武壬戌。其他各書下案語所舉卷數往往與標目不合，不獨孟氏粗解刑統賦、沈氏刑統賦疏，一失其首，一失其尾，未曾分析，為繆氏刻刑統賦跋所糾已也。（豫章集九十七卷下云：「年譜三十卷」，繙檢案三十卷本之年譜，或約為十四卷，或約為三卷，原本久失傳，此恐是文集六十七卷附年譜三卷，共七十卷本，附識其疑於此。）然全書敘述分明，論證詳備，要為藏書目之善本，而瑕不掩瑜者矣。此光緒戊戌重刻本，有張瑛後序，視咸豐間所刊頗多更正。其藏書室則名田裕齋云。（鄭翼謹案：原名恬裕齋，避清德宗嫌名所改。）

三〇九　一頁共乃〇十三　清吟閣書目　一　六四三

清吟閣書目四卷 辛酉

清吟閣書目四卷，不著編輯名氏，總目標題下注「咸豐丙辰秋手訂」，蓋瞿氏藏書目也。瞿氏名世瑛，字穎山，仁和諸生，雄於財，藏書極富。是編卷一爲鈔本，凡七百九十二種，卷二爲名人批校鈔本，凡一百七十七種，卷三爲名人批校刊本，凡二百九十八種，卷四爲影宋鈔本，凡三十種，都一千二百九十七種。每卷不依四部次序，不盡標撰人及卷數，惟注本數或套數，乃一家之簿記，疏舛特甚。如熊過周易象旨誤熊冏，章衡編年通載誤章行，或是傳刻之訛；董鼎史纂通要後集誤宋金紀，古滇說集卷一以爲宋張宗道，卷二又以爲沐朝弼，而宗道又道宗之倒，葉留爲政善報，留字景良，而誤留景良，其他晁以道讀書志二十卷，恐誤以公武爲說之，此類難以盡數。然所載秘籍殊夥，如瞿源洙尚書集要，李富孫詩經輯說，馮時可周禮筆記，張鳳翔樂經集註，吳壽暘公羊經傳異

文集解錢大昕經典文字攷異宋咸小爾雅廣注汪家禧說文校勘記吳照說
文偏旁攷杭世駿漢書疏證金史補闕趙一清漢書三表舉正外戚恩澤表漢
書顏志注拾遺方象瑛史傳擬稿姜西溟（緝案名宸英此從原文。）史稿黃之紀史鑑通糾洪
亮吉纂續通鑑地理郗漪明李遺聞黃魯曾續吳中往哲記徐晟續吳郡名賢
小紀吳城武林耆舊續集貢登歷代嘉言宋振譽十國纂異張素仁海鹽縣志
補遺吳履震五茸逸志汪繹辰銀川小志沈灝姑蘇地勢攷議沈景煦浙中家
墓統紀徐石麟明官爵志高儒百川書志孫星衍泰山石刻記董其昌畫眼周
在浚賴古堂煙雲過眼錄潘應椿法墨珍圖記陸紹曾續古刻叢鈔續鐵網珊
瑚古玉文字記翁樹培古泉彙攷朱聞印書魏了翁三餘漫筆王式丹蠡豆錄
王芷稼圃輯略王蔗圃尋樂齋偶鈔李大誥海漚書鈔高樹程雪纂高氏慈日
知叢話吳陳琰不求甚解錄姚際恒信好自怡編趙學敏恕軒離俎趙懷玉靜

居緒言、許開基疊字彙纂、莫栻清波類志、陳撰破虱錄、張雲璈人事投瓶錄、章世豐李昌谷詩注、沈絜李昌谷詩故、瞿佑香臺集、曹斯棟餽歲集、謝天樞星邨山人五丁集、沈超竊餘集、錢馥小學菴遺稿、馮景馮有道集、徐元夢徐邨詩集、陳朗青柯館詩詞集、李景皇明正音、何元錫文海遺珠、姚福定軒詩話、王伯良方諸館樂府、陳邁鶴四種（原注毛詩繹春秋紀疑上峯堂文集閒居遐聞）、汪魚亭雜著五種、趙殿成歷代年譜、羣書索隱、吳穎芳周易類經、吹豳錄、說文理董、六書音統纂文字源流、朱文藻校訂存疑、五代史紀事、胡忠簡公年譜、歷代經籍志、宋史藝文志、郎官石柱題名考、春明日鈔、武林舊聞、大藏聖教解題、朗齋雜著、朗齋文集、明詩綜補遺、以及國初人未刊詩集之類、或少傳本、或止藁本、致可寶貴。聞其書早經散失、在好事者之訪求之刊布矣。至倪濤蘭亭譜、未知在六藝之一錄中否？曹溶吉林金石表、而四庫存目有溶金石表、朱楓石蹟記、而存目有不著撰人石蹟記，未知即一書否？凡若斯類，惜不得一勘之。此吳氏松鄰叢書本，姑存其目焉。

三一

寶書閣著錄一卷 辛酉

寶書閣著錄一卷，湖州丁白撰，其字未詳。是編乃所藏書目，祇七十三種，皆四庫所未收。卷端有咸豐辛亥自識，稱：孤坐吟餘，整架上書多善本，恐世罕流傳，隨筆著之，不復差次云云。為吳氏松鄰叢書本。如太常因革禮闕十七卷，輿地紀勝闕三十一卷，見阮元揅經室外集，而此則仍一作一百卷，一作二百卷，恐未必所據本獨全。又如益齋集，稱元高麗李穡撰，當即李齊賢益齋亂稾，李穡為之序者，是誤以作序之人為作書之人也。惟晁公邁歷代紀年原本十卷，相傳皆闕首卷，此作九卷，為得其實耳。然所載皆秘笈，除阮氏外集及余未收書目續編所錄外，如宋金履祥尚書表注六卷，續修四庫所收祇二卷。元李溥光雪菴字要一卷，范文正公遺跡一卷，宋周秉秀祠山事要指掌集八卷，元永貞東平王世家三卷，宋趙順孫格菴奏議一卷，龔立道崑山雜詠四卷、日本人卉河永日本五畿內志六十卷、唐僧一行五行地理新書三十卷、元韓信同韓氏遺書二卷、新編聖朝科舉詞格二卷、凡十三種，尚爲余所未見。至原本北堂書鈔一百六十卷、宋劉攽漢官儀三卷，近皆有刊本。其白氏六帖事類出經三十卷，不如六帖類聚之善，茲姑存其目而論列之如右。

一一六

楹書隅錄五卷續編四卷 戊午

楹書隅錄五卷、續編四卷，聊城楊紹和撰。紹和字彥合，一字勰卿，同治乙丑進士，官侍講。其父以增自監司至開府，喜收書籍，大致得吾吳黃丕烈舊藏為多，特度海源閣儲之。又闢宋存室，專藏宋槧，而附以元本、校本、鈔本。紹和續有所得，既撰海源閣書目，復取宋、元各本記其行款、印章、評跋，間下己意，以成是書。初編成於己巳，續編成於辛未，至光緒甲午其子保彝始刊行之。蓋藏書家之目錄，非讀書家所亟也。然如東萊左氏博議下據正德本張偉跋，謂實二十五卷，是正四庫提要之譌。常建詩下謂此本作竹逕通幽處，不誤，亦足補提要所未及。惟劉克詩說下據克子坦後跋，以為第二、第九、第十三卷未刊，前已佚，則宋刊初未佚，陸心源儀顧堂集有是書跋，言之極明。四書輯釋下以三十六卷為倪士毅之舊，則通義大成亦士毅輯釋，其舊第當為三十八卷。程氏遺書下謂遺書、外書俱出程門弟子手記，朱子家藏，世所刊本無不同者，則遺書傳本有異同，提要已詳之，此實沿鄒次陳之失。自警編下謂「總目所載無政事一類，則提要明云『政事類子目十七』，未知其所據何本？」五百家注柳集下謂「即四庫所收本，則提要稱『文集二十一卷，外集二卷，新編外集一卷，龍城錄二卷，附錄八卷』，而此本文集四十五卷，無新編外集，諸種判然為二本無疑。」唐詩鼓吹下謂「丹黃滿紙，皆何焯手蹟」，則前載焯弟煌題語明言「因馮已硃墨，故用黃以別之」，是黃乃何筆，丹非何筆。至宋本史記及元本史記下，以錢氏養新錄稱黃藏蔡夢弼本為誤記，吳藏中統本為非是，亦僅據所未見及推想以為斷，孰得孰失？無從肊定也。竹汀日記鈔云：「蕘圃過談，言史記有宋乾道蔡夢弼本。」又云：「晤顧安道，見史記一部，目錄後有一行云『三峯樵隱蔡夢弼傅卿校正』云云。」然則養新錄或誤記安道為蕘圃，至吳騫藏中統本，拜經樓藏書題跋記明載之。續編附語無多，達夫時政記下「嘉慶癸酉三月黃丕烈跋兩則」，注云：「二跋原誤以『今考之，當與元英先生集下癸酉五

三七一

月一跋相次。據紹和續編自序，初編亦間附其所收精槧，係彝跋乃謂皆先大父端勤公藏書，殊未盡覈。其書早漸散，頗見於陸氏皕宋樓藏書志。壬子春，董康購得是書版片，跋云：「文獻孑遺，陶南世家，獨能保守無恙。」殆亦就大概言之歟？宋本注東坡詩下云：「宋槧本自蘇齋後，不知流傳何所。」又元刻梅花百詠下載其父云：「此本與宋刻梅花喜神譜極思並購，而喜神譜忽為他人攜去。」李詳媿生叢錄云：「蘇齋本歸之葉東卿，傳之潤臣閣讀，又歸吳荷屋，後又歸番禺潘氏，後歸荆州鄧氏；梅花喜神譜歸文登于氏。」此蘇詩施注及梅花喜神譜存落源委也。

二九八　二頁共　八十九　儀顧堂題跋　一　六二八

儀顧堂題跋十六卷　辛酉

儀顧堂題跋十六卷，歸安陸心源撰。心源（字剛甫，一字存齋，號潛園），有皕宋樓藏書志，咸豐己未舉人，官至廣東高廉道、福建鹽運使。是編成於光緒庚寅，皆題跋之文，凡書籍十四卷，書畫碑版二卷。先是同治間心源刊文集，亦題跋居多，至是勒為專書，皆集中所不載，大致攷證明塙，不屑為賞鑒家之言。中如周易口義、淙山讀周易記、厚齋易學諸跋，足補四庫提要所未逮。雍正江都縣志跋，據繫年要錄等書以正李正民傳之誤。李光弼碑跋，據唐書狄仁傑傳李楷固賜姓武，以明金石萃編之非，具見讀書有得。南史、北史、通曆諸跋，大意與常熟瞿氏書目相出入，亦見去取。趙書度人經、莊詠儀式跋，以結銜之同修國史同字、封衜之大法司司字為筆誤，此蓋明知其贗作，祇以吳氏所藏，故迂緩其詞，尤可悟之於言外。惟宋淳熙本漢書跋謂黃杲升、沈綸言重校刊二百二十七版，則杲字升卿，綸字季言，已屬誤衍其重刊百二十七版者為張孝曾，尤張冠李戴，且誤一百為二百。元版通鑑跋謂「至元二十七年立興文署」，此沿元史之謬，其秘書監志跋則謂「至元十年以前已有興文署之名」，當以後說為正。通鑑釋文辨誤跋謂「范祖禹集司馬君墓誌銘載公休所著書無通鑑釋文，可為身之得一塙證」，則墓誌載著述往往遺漏，未足拘泥，司馬伋編通鑑前例自序有「欲與音釋並行」一語，伋即康之孫，不應有誤。陳振孫書錄解題明載康釋文二十卷，又謂史炤因康舊注而附益之，振孫與炤，其時相距不遠，當非無據，是胡三省之說出於肊斷可知。陳古靈集跋謂「宋紹興刊本，孝宗嫌名慎字，甯（寧）宗諱擴字缺筆者，後人所剜」，跋則紹興五年其子紹夫及三十一年四世從孫輝所刊，皆無使遼語錄，慶元三年，五世從孫曄始附集後，此必慶元以後本，安得紹興本而已有之。宋孫尚書大全集跋謂「首冠宋字，編輯當為宋以後人」，又致疑於鴻慶集所有，反為大全集所無。則此本共

三三〇

三三。　二頁共[illegible]八十九

七十卷，而趙希弁讀書附志載有五十七卷本，是當時已有大全集之刻，此必後人據五十七卷本為之附益，故與鴻慶集有無互見。五十七卷者宋時本，七十卷者宋以後本，其藏書志以趙志五十七為七十之訛，尤屬武斷。毗伽公主阿史那氏墓誌跋謂特勤當作特勒，然如契苾明碑、柳公權神策軍碑皆以勤為勒，蓋書者之誤。則開元二十年御製闕特勤碑，其碑額、碑文特勤字甚明。貞觀十四年于孝顯碑特勤字凡兩見，焉有一碑屢誤，諸碑同誤之理？大唐創業起居注特勤字凡三見，尤足相證。凡此皆疏於考核。張清子周易本義附錄集注跋謂各家姓氏未列鄭少梅，不知少梅即東卿之字。石林奏議跋謂慶元中姪孫箋刊，不知箋跋明稱開禧丙寅。是齋百一選方跋謂續添為是齋所續，或承父所添，不可考？不知劉氏刊梓木記明言近得是齋全本，則非承父所添無疑。詩學大成跋謂宋毛直方撰，不知此乃元林楨就方直詩宗羣玉府增改不

得仍以為直方撰，其藏書志既從刊本題稹名，而又兼題直方名，亦近蛇足。事實類苑跋謂影宋鈔本不知原書七十八卷，有談諧戲謔神異幽怪詐妄謬誤，安邊禦寇四門，非祇六十三卷，亦失之目睫。蔡傳旁通，嘉祐杭刊新唐書，明刊活人書，過庭錄，鄱陽集，履齋遺集諸跋，喜用查字為公牘文字之習，不合著述體例。其他寶刻類編跋郭登當作朱登，孫興祖當作孫興，數書九章跋紹興當作嘉熙，歲時雜詠跋宋敏求當作宋綬，殆屬涉筆之誤。餘誤字甚多，失於校讎，神宗即位使遼語錄誤哲宗，尤謬。要其精核處往往發前人所未發，文筆不及朱彝尊曝書亭集中各題跋之圓美，而翔實幾軼之矣。

二三一

儀顧堂續跋十六卷　辛酉

心源有儀顧堂題跋，已書於後

儀顧堂續跋十六卷，歸安陸心源撰。其書成於光緒壬辰，亦經籍十四卷，書畫碑版二卷。中如濟生方跋與正編複出外，餘皆塙有所見。即同一書而續跋亦互相發明。惟續儀禮經傳通解跋以四庫所收呂留良所刊為稿本，此為修定本，則四庫即修定本。觀提要稱「楊復重修祭禮，鄭逢辰進之於朝」，其意自明。心源徒執呂刊未修改之本以相勘，宜其不合。南齋書跋以宋本各校語為官本皆無，則官本志九、列傳二十二尚存一二校語，而河南氏羲傳會有使力法度及下官本注闕字，心源不言宋本何如？惜未得一校。下山小隱吟錄跋謂大典所存祇得其半，此未知何指？若提要所據乃馬裕家藏本，非從大典輯出。周禮詳解跋以次行題陸德明銜名為不解，則此為釋文附三字，張本無足致疑。左氏傳續說跋謂即麗澤論說集錄之一種，則集錄所載各經說卷帙皆甚少，此有十二卷，其非集錄之一種可知。本草衍義跋謂「金泰和刊，散附唐慎微證類本草」，此猶宋時單行本」，則張惠存本題記云「泰和甲子下己酉冬」，實元定宗后稱制之年，並非泰和刻。文獻通考跋歷舉六書統諸書有余謙校補銜名，而未及古今韻會舉要卷首載至順二年文宗敕應奉翰林余謙校正事，未免漏略。牧潛集跋謂「其書不分卷，以類各為起訖，故洪喬祖跋衹云一卷，明刻始分七卷」，不知每類首葉以天干字甲至庚記之，明刻分卷實由於此，所言亦未盡。元第三刊金石例跋謂「此本刊自何人無攷」？不知其為龍宗武纂泰和楊寅鄒鈔本，尤為失考。易圖纂要跋但稱「有至正二十一年琰自序」，而不著其俞姓，指南錄跋但稱「有德祐元年自序」，而不著其人為文天祥，雖各據所見本，而既作題跋，篇中不為之說明，未合體例。文選考異跋既謂「所據必有善注單行本」，又謂「善注單行，文簡以前無刻本」，亦自相矛盾。謂尤袤以前單行刻本久佚則可，謂

三二〇

無刻本則不可。周易經傳集解跋稱「其漸之進也三處爲言皆有理」，不知漸之進爲漸，漸進說尚可通，奔其机爲奔其杌，殊屬不詞，乾坤其易之門節爲錯簡，尤宋人改經之惡習。春秋分紀跋謂「周天王宜仿本紀，魯宜列世本之首，次國小國亦宜爲世本」，不知其書雖仿史記，正不必一一拘執，曰周天王、曰內魯，具有深意，次小國往往數國合一卷，承上晉、齊諸世本，雖未標世本字，實即世本。同治烏程縣志跋據劉後村集力詆秦九韶爲不孝、不義、不仁、不廉，與正編數書九章跋一則曰「必非無恥之徒」，再則曰「可謂豪傑之士」，語氣絕異，蓋與汪曰楨爭意見，遂失其平。惟此云九韶四川人，較得其實。隱居通議跋引江西志年七十八之說，不能據壎自稱及重題梅氏海棠詩以正其失，反謂未知孰是？是爲自生轇轕。考開慶元年爲己未，祥興二年爲己卯，以開慶己未下推之，其年自是四十，至延祐己未則爲八十，是江西志之疏舛甚明。其他詩集傳跋「召南頡戶結反」云云，當作郳風。太常因革禮跋」郡齋讀書志」云云，當作書錄解題。考古圖跋有陳才子、陳翼子題識」云云，才字子謹，翼字子翼，此當衍兩子字。越絕書跋以正德刊本為趙恒刻，又以為劉恒，當以趙恒為正。夢溪筆談跋以胡爾墉為海甯人，山堂考索跋又以為平湖，當以海甯為正。范忠宣集跋以為宋嘉定中永州刊本，亦不如其藏書志注天曆本之塙。李衛公集跋又沿用查字餘誤字甚夥，然全書攷證明塙處居多，迥非他題跋之僅為門面語，或涉及市井氣者可比。足與正編並傳於世。據自序，尚欲為三四續之作，惜未幾作古，而其藏書近且散入東瀛矣。

二一八

善本書室藏書志四十卷附錄一卷　辛酉

善本書室藏書志四十卷、附錄一卷，錢塘丁丙撰。丙字松生，諸生。咸豐辛酉與兄申於兵火中扶持文瀾閣書俾出於險，光緒己卯請帑修閣，詔旨褒獎，有嘉惠藝林之語。後自造藏書之所，曰嘉惠堂，上為八千卷樓，堂之後室上為後八千卷樓，拓其西曰善本書室，上為小八千卷樓，自丁酉訖己亥，輯為此錄，辛丑雕成而丙已卒。前有庚子繆荃蓀序，後有戊戌自識，附錄為他人所撰藏書樓諸記及自記，則其子立中所輯也。其書宋、元本外，兼及明刻及近刻，尤留意於稿本、校本。凡已見四庫者，其解題大致以提要為藍本，未見者所說亦各有所本。然如周書下、無錫縣志下，則隱駁提要；嘉興府志下則明駁之。又如石屋和尚語錄下，明其為宋僧；讀織錦回文法下，明起宗為明僧，尤足正提要一以為元僧、一以為宋、元間人之誤。南渡錄下稱，以徽宗抑釋，多為緇流作快詞，蓋南渡後釋子為之」、亦足備一說、注陸宣公奏議下引清波雜志、又以進書表紹興二年為紹熙之誤、此本張金吾愛日精廬藏書志、足補阮元揅經室外集所未逮、均有裨於考證。惟青瑣高議下稱「副樞不署名亦不署歲月、疑坊賈所為」、則為提要所惑。副樞即孫氏之名、不紀歲月、他書序亦往往有是、提要實不足據。左氏摘奇不從文獻通考入類書、而從宋志入經部、則為阮說所惑。此書雖采杜預集解而摘錄經傳一二字、第供行文者之漁獵、何當於經義、阮說亦不足從。棠陰比事續編下稱「提要不載」、則此即祥刑要覽之下卷、提要已入存目。新定九域志下稱「孰新孰舊、當再考」、則提要存目下辨之甚明。宛邱集附同文倡和下稱「商倚、柳子文及名向、名益者均未有考」、則倚入元祐黨籍、益疑即溫益、提要已言之。林外野言下稱「郭翼洪武初徵授訓導」、則翼卒於至正二十四年、提要於雪履齋筆記下已詳之、未免失之目睫。周易總義下稱「館臣從大典中輯出」、

三三〇

則所輯為周禮總義，非周易。其周易乃據黃登賢藏本箸錄。象臺首末下稱館臣僅見知柔原本，則所見有元明人詩，提要已謂後人竄亂，非知柔之舊。靈城精義下稱館臣從大典輯出，則提要明言兩淮鹽政采進本。王襄敏公集下稱四庫存目襄敏集有二本，同為四卷，則名越字世昌之集乃三卷，非四卷。此類顯屬舛譌。安驥集下稱非方伎依託，則提要所云依託，謂王良百一歌諸文，非謂全書，亦屬誤會。蛻菴詩五卷下稱即四庫著錄之五卷本，古近體詩綜六百九十篇，則與提要蛻巖詞下所云詩七百六十七首不符，未詳孰是？邕州小集下稱兩知邕州，故以名集，則緇非終於是官，不如提要皆在湖南所作之說。以呂本中東萊詩集廁於網山集、止齋集之閒，則誤以呂祖謙東萊集之次為本中之次，提要本中集乃次於歸來集後、濟菴集前。他如文獻通考下疑至治二年訪書移文為至大之譌，謂進書應在訪書後，不知此抄白內明有延祐五年字，安得為至大？大元海運記下謂胡敬輯自永樂大典，不知此乃經世大典中海運一類，敬藏有經世本，此從而錄副，非敬輯，尤非永樂大典。陸心源皕宋樓藏書志載勞權跋甚明。自警編下稱原分甲、乙、丙、丁、戊五卷，嘉靖四十年陳善改編九卷，不知陸氏藏書志載宏（弘）治本九卷，則不始於善。○王昌齡詩下以書錄解題作王江甯（寧）集，因謂又嘗令江甯（寧），不知昌齡江甯（寧）人，此據時稱。觀唐書文藝傳及晁公武郡齋讀書志可見。○誠意伯集下稱：所著有翊運錄一卷，不知錄乃其孫廌等所撰，非基所著。葛立方歸愚集、韻語陽秋下並載其仕履，雖詳略互異，而當併於一。○朱朝瞌青蓉齋集下略及仕履，而特詳於好我篇下，亦當移易。○黃華集之張原，不言其明史有傳，亦為失考。○宋史全文下以游明為正統間進士，不知為景泰辛未。○道德經集義下以周如砥為嘉靖己丑進士，不知為萬曆己丑，若嘉靖己丑乃周如底，為餘姚人，非即墨人。○泰泉集下以黃佐為正德庚

三三〇

辰進士，不知為辛巳，當據明題名碑錄訂正。金華正學編，提要隸總集，此入傳記；香雪林集，提要隸譜錄，此入總集，固以此書為得，而墨藪，提要隸藝術書畫，乃入譜錄器物，則仍失之；射史亦當隸藝術，乃入儀禮，尤為未是。至於六家詩名物疏下，馮復京當作應京（下文不誤）。七經緯下，趙國翰當作趙在翰；嚴州重修圖經下，紹興丙午當作淳熙（景定嚴州續志下不誤）。文華大訓箴解下，廖道南當作吳道南，昌黎文集下，光緒庚申當作咸豐，此類當屬涉筆之誤。其餘誤字失勘者，殊夥。茶經下云「外集孫大綬編茶詩」，而標題脫外集字，遂致語不相應，更為疏略。然全書考其事實，臚其得失，載其行款，陳其同異，不僅為藏書家所貴，亦為讀書家所需。論其大體，蓋與瞿氏藏書目錄相埒。日本刊周易下云「倭國自維新以前，頗重文教，近數十年，改師西藉，窮兵黷武，海波洶洶，安得化以經術，識事大之義」，此固意有所指，乃不二十年，我國亦師西藉而棄經術，殆亦丙所不料者

○鄭箕謹案：此據提要，今攷原書題海虞馮復京嗣宗輯著，即班之父，明史藝文志、江南通志、申時行賜閒堂集並同。

矣○

一

江陰藝文志二卷校補一卷 己未

江陰藝文志二卷，江陰金武祥撰；校補一卷，江陰王家枚撰。武祥有赤溪雜志，已書於後。家枚字吉臣，舉人，光緒甲午，官農部主事。是書斷取正史以下諸書所載江陰各家著述，為之臚列其目，意在備修志者之采訪，不分經、史、子、集，略以時代為次，亦有以子從父，以弟從兄者。每書載明卷數，每家注明名字，並詳所出，亦有無卷數、無字者，間注近時刻本。而徐充暖姝由筆、湯沐公餘日錄，必著其栗香室抽刻續說郛摘錄本，殊嫌淺陋。唐觀延州筆記，又不著其辛卯所刻四卷本，未知何故。屠紳有笏巖近稿，見洪亮吉玉麈集；趙懷玉亦有生齋集，則有屠賢書詩序，今但列其所刊鷗亭詩話，後附詩一卷，尤乖事實。趙曦明顏氏家訓注有抱經堂本，此書失注。葛勝仲續太常因革禮三百卷，見宋史本傳，校補但據江南通志，亦失之疏。然以江陰一邑而所列幾近千部，其采輯亦可謂勤矣。

靜嘉堂秘籍志五十卷　癸亥

靜嘉堂秘籍志五十卷，日本河田羆撰，羆字叔祥，光緒丁未，岩崎彌之助購得歸安陸氏藏書，羆為之編輯。是志大致以皕宋樓藏書志為藍本，而缺其未得者，益其所得在陸志外者。前有大正六年自序及例言五則。其書十二卷以前為皕宋樓舊藏，以下為十萬卷樓舊藏，各分經、史、子、集。在陸氏區別版本，分藏兩處，藏書志已統為編次。今既歸岩崎氏，而反依陸藏分載，體例未協。書名悉遵陸志，而每書前別立一標目，殊嫌冗贅。所引提要及陸氏題跋等，往往舍其精要，近於買櫝還珠。節引處輒加中略、下略等字，頗乖大雅。中如書蔡傳纂疏下稱中略，足訂今通行本集傳之譌之類，文義無所承，更屬未妥。不如引書儘可裁節，不必注略字，語氣必求聯貫，不妨以云云概之也。開卷總經類有宋刊十三經一行，而其中儀禮為楊復儀禮圖，孝經為明覆宋本，爾雅為元刊本，又大易圖五種稱影元鈔本，而其中錢義方圖説爲文瀾閣傳鈔本，皆與上不相應。爾雅注疏下稱陸氏有北宋刊單疏本，未得宋十行本，故以元刊充之，不知十行本刻於宋之南渡，修版至明正德止，其爾雅則元時所刊也。百川學海爲叢書，今入雜家，與提要雜家類收格致叢書等合；玉海附刻各種當隸雜家，今入類書，猶可曰以附刻之故，而六子全書中有荀、楊、文中，乃入道家，可謂巨謬，不知當援存目五子纂圖互注之例以入雜家也。方回續古今考見提要雜家，乃桐江集下以爲未著録，又存目有元（玄）珠密語見術數，茗笈見譜録，誠齋揮麈録見雜家，詩律武庫見類書，王處一西嶽華山志見道家，羅滄洲集、元宫詞見别集，三蘇文粹見總集，乃或曰未收，或曰不載，未免失之目睫。隋遺録即大業拾遺記，見小説，席上輔談即腐談，則著録於道家，而亦以爲不載。朱鴻孝經直解固不載，而經書孝經（語）曾子孝實則見存目儒家，盧重元列子注固不載，而阮

三三〇

元進呈見揅經室外集，此類皆未别白。續考古編下謂提要無續字，不知提要所收為正編，此乃續編，四庫未及收，尤外誤之甚。至於書集傳輯錄纂注下跋陸跋戊申字，謂延祐無戊申，蓋戊午或庚申之誤，不能據瞿氏書目定其為戊午。春秋繁露下載陸跋「毋[飠危]」字凡兩見，不能據凌曙注本正其為「毋肶」。事物紀原下疑陸跋闕敬字，不能據李氏惜陰軒本正提要作簡敬之誤。畫鑒下謂提要作湯垕字君載，藏書志載題詞作字「載之」，不能詳題詞原文「采真子東楚湯垕君載之自號也」云云，定其為君載，抑更不足責矣。惟以范文正集為元依宋刊，非乾道本，足訂陸志及儀顧堂集之失。范忠宣集依志作元天曆本，不從續跋作宋嘉定本，亦見去取。北苑貢茶錄、别錄並載徐渤[𤊹]跋原文，足資攷證。韻會舉要下引靜嘉堂舊藏本亦與陸跋相發。濟北集下引高僧傳，明其為日本釋師錬號虎關者作，尤有依據。他如志跋所載卷數往往互異，間有訂正，亦有裨於目錄之學。然如北史及通鑑考異，據志跋明有兩本，惟志各載其一，今以一有跋一無跋爲疑，轉失之泥。又如春秋繁露淳熙乙未跋，亦程大昌撰，觀語氣自見，今沿陸跋之誤，以爲缺名。三國六朝五代紀年總辨，見存目史評，陸志初以爲未收，後改正。九靈山房集初作戴表元撰，雲陽集初作元刊本，後皆改正。今未見改本，於朱書則仍其誤，於戴、李二書則糾其誤，實皆未得。後山詩話宋刊本，當即百川學海之第五十七種，既列於雜家，而詩文評又重出錢義方周易圖説，既列於大易五種内，而下文易學變通後又重出。因樹屋書影下謂亮工詳集部賴古堂集，而本集下謂亮工既見小説家類書影，則又兩處蹈空。疑嚴困岩崎翌年物故，亟欲成編，故疎畧至此。抑日本自明治維新後，山井鼎、物觀輩之遺風已沫歟？兹姑存其目焉。

右經籍之屬

武林石刻記八卷　庚申

武林石刻記八卷，錢塘倪濤撰。濤有周易蛾述，四庫已附存目。是編首卷御書碑題二卷以後，分城内外、南北諸山石刻，全錄原文，并載碑身尺寸，爲江南圖書館所藏稿本。其中麻刺葛佛碑題詩，尚是厲鶚手錄，尤堪寶貴。本在六藝之一錄四百六卷中，其書四庫已著錄。此雖祇一隅之石刻，而羅列繁夥，足資考核。因援提要既載全書，復出别行本之例，特載於金石類焉。

雍州金石記十卷 庚申

雍州金石記十卷附記餘

一五七

武林金石記殘本不分卷 庚申

武林金石記殘本不分卷，錢塘丁敬撰。敬字敬身，一字硯林，號鈍丁，晚自稱龍泓山人。是編皆其攀羅捫葛、窮幽極險而摭得之者，爲江南圖書館所藏稿本。前有趙一清記事一篇，又有其子丁傳記事一篇。其後傳王露爲李衛撰西湖志碑碣一門，即以是爲藍本。丁氏藏書志云：「今尋繹文字，較量尺寸，注明處所，勒成一編，庶不没其登陟之勞、蒐羅之苦」云云。然則丁丙復加董理矣。

武林金石記殘本　一頁

一五七

小蓬萊閣金石文字不分卷 壬戌

小蓬萊閣金石文字不分卷錢塘黄易編易字小松號秋盦太學生官運河同知是書所載爲漢殘經石

唐昭陵石蹟攷略五卷 戊午

唐昭陵石蹟攷略五卷，侯官林侗撰。侗字同人，號來齋，有來齋金石考，四庫全書已著錄，是書不載，而金石考提要稱其「攜拓工歷唐昭陵陪葬地，得李公李勣以下十六碑」，蓋考中曾及之，提要因據以為說。惟考云三卷，此五卷，當是後來附益。自陪葬諸王、公主、妃嬪、勳舊人數及文皇哀冊兩條外，皆據目見者書之。並考之唐書，故各條有史乘參考一目，又各有論贊，惟陪葬條無之，則以散見於各條，此與考於各碑後載入賦詠詩篇相類，殊近蛇足。中間以李靖碑為不言自因上變及高祖將斬靖，秦王力請得釋事，不知碑中「元天覆構四句，太宗地居帝子」六句，即指此兩事言。以薛收之贈太常卿謚獻為貞觀時事，不知貞觀七年但贈定州刺史，其贈太常卿陪葬昭陵，自是永徽間事，惟史不言謚，乃其缺文，碑既剝蝕無明文，安見史之失真。以褚亮碑題褚卿字為太宗御書，又云：「碑有龍朔封陽翟侯等字，可見此碑立於高宗朝」。不知碑既立於高宗，安得太宗題額？太或高字之誤。○李勣碑爲高宗御製御書，而稱公，則此稱卿者亦無以見其必爲御書。○以乙速孤行儼碑撰書人爲無考，不知白義晊誠無考，若劉憲字元度，明見新書文藝傳。○行儼與其父神慶不在昭陵百二十里墓田之內，初非陪葬，王氏萃編於神慶碑下引醴泉縣續志辨之甚明，孫氏昭陵陪葬名位考亦主其説，今以行儼列陪葬，殊疏。○其他文皇哀册文明時吳江史明古得褚書真蹟藏之，後歸王元美，用以上石，乃謂末從考其所從來。○汝南公主墓誌，米芾曾見褚書稿本，其石刻之字勢長而肥者，即米臨本，乃謂不知即塚中之石，或永興公別書，於碑版源流亦未分晰。○然全書可憑信者甚多，諸番君長十四人，著録家往往誤爲分合，得此尤足正其失也。○向有葉氏刻本，伍氏得曾氏藏本勘訂重刊，入粤雅堂叢書，誤字仍夥，卷四「交河總管」以下重出五行，更

三三〇

為疏忽。伍崇曜二跋、伍紹棠一跋、相異祗數字、不解何為贅此？據目錄稱昭陵圖、次某碑圖記、石像圖記、石馬圖記、是原書當有圖、今亦脫之。中有案語云：房彥謙碑尚完好、來齋未攷、豈即曾釗所加歟？

金石

二三六　二百卅七百〇五　鐵函齋書跋　一　五六六

鄦齋經籍題跋卷

吳縣　胡玉縉　撰

後學　王大隆　校

鐵函齋書跋六卷

鐵函齋書跋六卷，山陰楊賓撰。賓字可師，自號大瓢山人。是書合家藏與他所跋者為一，即賓所自編，有康熙四十七年自序。其後蔣光煦得本於楊澥，復刻入涉聞梓舊中。自序稱：「百年來碑刻出地者，曹全、崔敬邕、吳文、李輔光、顧良輝、周真、靳府君、田仁琬、梁府君、蕭思亮、王居士、張布、趙陳、司徒，不可勝數，皆前所未載，而余又遺焉。是金石遇余而厄矣，烏乎可」云云。語頗自負。然書中祇及曹、崔、吳、蕭，且亦甚略，少所發明。蔣跋議其「分顏上黃庭與思古齋為二，及半截碑稱將軍吳文受禪碑謂已燬，不無沿誤，而多所攷核，不泛論字體，精當處確不可易。今觀全書，實泛論多而攷核少，即有攷核，如蘭亭真迹及石刻流傳之不同，大卒槩而不斷。壇山石刻，今所見者南宋重刻本，尚非李中祐所刻，乃以為確是三代時物。郭林宗碑，王正已重刻，郭子章跋甚明，秦蜀後記誤屬之郭，當以石墨鐫華為正，乃以為趙王，必有一謬。同州聖教序末記大唐褚遂良書在同州倅廳，明是後人追刻，謂此乃褚書而得之同州倅廳者，乃以為後人集書，如懷仁聖教序，殊嫌鑿空。隆闡法師碑，前題懷惲及書，郭宗昌金石史疑別一懷惲，既大覺禪師，王昶金石萃編謂及書意與泉書同，二說頗近似，乃以為及之言并，以上有并字，故易文，非別有懷惲，意在駁郭，則碑中明言懷惲已故，安得自書？尤為好奇之論。周在浚取天璽三段石聯而貫之，作天發神讖碑釋文一卷，其書今附四庫存目，乃以為天璽碑攷三卷，蓋亦得之傳聞，未足憑信。且同一婺州府治本蘭亭，一以為當與定武本同珍，一以為全無媚趣，不能無疑。

三三〇

同一高氏聖教序，一以為鉤唐搨本，一以為摹宋搨，語亦前後互異。或出之酬應，或出之信筆，乃賞鑒家之書跋，非攷證家之書跋，固不及後之錢大昕、武億諸家，即較之同時何焯，亦在義門題跋之次。然賓本工於八法，所見唐宋碑搨又夥，其詳論細微處，要自塙有見地，未始不可津逮後學也。昭代尺牘小傳稱其著金石源流六十卷，今未之見，恐亦多肊說耳。

京畿金石考二卷　庚申

京畿金石考二卷，陽湖孫星衍撰。星衍有周易集解，已書於後。

是編摭拾陳思寶刻叢編諸書所載今直隸省石刻，附以家藏拓本，分隸府縣。成於乾隆壬子，未加考訂，舛誤特甚。其後嘉慶壬戌，與邢澍同撰寰宇訪碑錄，遂多歧異，亦互有得失。如唐心經大足元年立，錄缺元字；唐石佛堂記孫義龍撰，錄脱龍字；漢夏承碑在永年，錄作永平之類，是書不誤而錄誤，無庸贅列外。有是書誤而錄不誤者：唐閔忠寺寶塔頌蘇靈芝正書，至德二年十二月立，錄作行書，十二作十一；遼李內貞墓志保寧十八年八月立，錄作十年六月；遼護國院石幢有碑陰，錄不言碑陰；元重修檀州文廟碑至正六年立，錄作後至元四年；唐田義起石浮圖頌正書，錄作行書；唐石經堂題名，姚可矩撰，錄作姚可矩等題名；遼雲居寺續秘藏石經塔記天慶七年立，錄作八年；元六聘山天

開寺碑，至元三年立，錄作後至元；唐大忍寺門樓碑，楊遼撰，開元十一年立，錄
作楊邈，十一作二十一；唐鐵象頌，開元二十六年六月立，錄作二十七年五月；
唐御注道德經，蘇靈芝行書，開元二十八年刻，錄作正書，二十八作二十六；唐
夢真容勅，趙履信撰，蘇靈芝行書，宋天聖六年重摹，錄載二本：一云「張九齡奏，
蘇靈芝行書，重摹本在陝西盩厔」；一云「牛仙客奏，蘇靈芝行書，在直隸易州」，是
易州非天聖摹本；金改建三學記，韓長卿撰，錄作韓長嗣；元平治道塗碑，天統
三年立，錄作元統；（惟碑在朝陽，考入灤平、錄入平泉，均誤。）漢祀三公山碑，永初四年立，錄作元初；
隋南宮令宋君像碑，錄作造像碑；宋永安縣度僧記，馬城行書，錄作永安院，馬
珹正書；（惟列入柏鄉，誤。）元增修加號牌樓記，元祐六年，錄作延祐；唐恒山祠碑，正書，開
元十五年四月立，錄作行書，四月作八月；唐北嶽恒山碑，開元　二年立，錄作
二十三年；唐薛廖等題名，開成五年，錄作元年；唐李克用題名，中和五年五月，

三三九

錄作二月；隋南和縣澧水石橋碑，開皇十一年立，錄作澧水，十一作十六；宋大
觀五禮記，錄作政和御製五禮記，是也。有是書與錄均誤者：元加封聖號宣命
記，辛梓撰，吳震書，錄作辛梓、吳震，則緇素錄實為韋梓、吳雲，天下金石志亦作
吳雲書；元史秉直神道碑，劉汾撰，則錢大昕養新錄為劉祁；元史進道神道碑，殷碑
紹先撰，則碑為段紹先；唐李杰丕墓志，貞元三年立，則碑稱丕貞元三年辛粵三
年建子月，葬是立石，當在六年；金日照寺圓霞塔記，則日下舊聞及盤山志均
作圓霞；金李磐神道碑，則碑為李盤；金改建三學記，遼建靈巖寺碑，遼玉石觀
音像倡和詩，遼靈感寺塔銘並隸灤平，不知當在朝陽；唐本願寺碑，大曆五年
立，錄作開元十七年二月，則常山貞石志考定為天寶四載；金雲巖院染公塔
碑銘，景其撰，李文珪書，錄作靈泉院染公塔銘，景其撰，李如珪書，則碑為靈巖院
染公作琛公，撰人已泐，景某、景其皆屬叱度書人，為如珪非文珪；唐蜀王師蓋

文達碑，貞觀二十八年立，錄作二十三年，則金石萃編為十八年；宋城修學記列入大名，不知當在威縣（雖錄作⿰阝宗城不誤）是也。其他錄所不載者，撰書人、立碑人姓名之誤，有若遼尊勝經幢，李懿建，則幢為李翊；元張天師大道歌，虞集書，則帝京景物略稱為趙孟頫書，其虞集書者為黃籙大醮碑；元闞侯廟碑，李令撰，則舊聞及固安縣志均作李全；元孔子廟碑，李元撰，則舊聞及分域編皆作李元禮；金重修白岩寺碑，僧志恒撰，則薊州志及盤山志皆作恆志，且係元人，非金人；元耿氏先世碑，趙嚴撰，嚴師簡書，師敬篆額，則證之光緒畿輔通志赤峰縣下所載張應瑞墓碑書撰人，知此碑當為張起巖撰，尚師簡書，許師敬篆。其他分見者尚夥：唐梁公儒碑，閔宏靖書，則寶刻類編作王說書；元長命鐙記，僧承恩行書，則潛研堂金石跋尾及貞石志作永恩；唐孫氏紀族碑，孫仲杲書，則類編作張仲杲；耿球碑，袁紹立，師宜官書，則晉書衛恒傳稱袁術所立，又稱其書云是宜

三三三

官，乃相傳之語，並非碑列其名；「唐壽聰明山記」盧頣撰，則集古錄跋尾及目皆作盧頊；東魏太尉高翻碑，則金石錄作高翻，時代之誤。有若元尊勝經幢，大朝己酉立，孫氏謂「此是定宗四年」，則定宗祇三年，當云「定宗皇后稱制元年」；元金佑聖王靈應碑，元貞元年立，則元貞為元成宗紀年，不當並稱元、金；元建崇文閣碑，延祐六年立，則碑中稱仁宗廟號，決非立於延祐；金感化寺番字碑，大統四年立，孫氏謂「金無大統年號，恐是乾統之誤」，則乾統為遼天祚紀年，亦不得稱金；古鼎，孫氏疑北魏所造，則續通考定為北宋政和四年；漢觸鋒將軍廟碑，光初七年立，則劉曜光初七年，當晉明帝太甯（寧）三年，不得列之於漢；金真定府署記，大定乙丑立，則貞石志作泰定二年，正屬乙丑，若大定凡二十九年，中無乙丑；金元氏縣學記，李治撰，泰和中立，則貞石志為至元十九年七月十五日；（惟志作李冶，誤）元贊皇縣學記，王槃撰，至正十六年立，則槃卒於前至元，不及至正年月之誤，有若元瞻學田碑，皇慶三十年立，則皇慶祇二年，此碑為延祐未改元前所立，當作三年；元創建文廟兩廡記，延祐十年立，則延祐祇七年，碑中明稱『經始延祐五年八月，落成於冬十月』；元直沽接運官德政碑，至元中立，則碑文明稱『至正六年』；元長命燈記，延祐元年立，則金石跋尾及貞石志並作五年；金無極縣署記，大定二年立，則貞石志為二十六年；隋九門令李康清德頌，開皇十二年立，則集古錄為十一年；隋隆聖道場碑，大業元年立，則寶刻叢編作九年；宋重修北嶽廟記，皇祐元年立，則萃編作二年。至於北齊石柱刻字，列入定興，當在易州；唐大悲寺門樓碑，列入祁州，當在深澤；元直沽接運官德政碑，元三义沽創立鹽場碑，並列靜海，當在天津；元滄州導水記，元重修許清池壁記並列南皮，當在滄州；元重修天妃宮碑，列入靜海，當在慶雲；東魏趙貴碑，唐李環仁清德頌，唐立漢光武廟碑，唐立漢光武即位壇碑，並列趙州，不知趙李二碑在甯晉；光武碑一在柏鄉，一在高邑；元東嶽廟碑列入武强，當在武邑；隋安定縣造寺碑列入永年，則隋安定縣隸雍州安定郡，為今甘肅涇州地，與京畿不相涉；景明寺碑列入永年，則孫氏明引方志在廣平縣北，亦不相應；唐永徽殘碑列入蔚州，孫氏謂在狼山之陽掘得，則蔚州無此山，惟懷來縣有良山，舊名狼山，是為所在地之誤。金萬壽寺戒壇碑、金大興隆寺碑，則萬壽、興隆乃明正統間改名；金隱峯寺詩，則昌平山水記隱峯為僧名，非寺名，詩凡十首詠銀山，非詠寺；元重修天妃宮碑，則慶雲縣志作天宮寺，不作天妃宮；元焦忠甫墓碑，則焦德謚忠肅，甫當為肅；唐兵曹參軍薛鍛等題名，則碑文列銜攝節度巡官朝請郎前試武衛兵曹參軍，不當舍見職而舉列職；宋龍骨寺碑，則東明有龍興寺，無龍骨，是為標題之誤。金李彥成碑、元關侯廟碑，既見於固安，復載於東安；唐張德墓志既據墨池編列入永安，旋又引叢編復列一條，是為重出之誤。然星衍學問淵博，是書於京畿金石搜羅略備，去其非而從其是，未嘗不足為文獻之徵。此潘氏滂喜齋本內附案語，如唐田仁琬德政頌云：碑在保定蓮池書院，此誤，則當是後來移置。唐封龍山碑云：漢封龍山頌道光間出，今在元氏文清書院，則明初劉智安曾拓以貽楊士奇，東里集中有跋，當是旋湮土中，迄今再出。婁山碑云：趙廿二年石刻，道光間出在婁山，亦猶是也。

一四五

泰山石刻記一卷 庚申

泰山石刻記一卷，陽湖孫星衍編。星衍有周易集解，已書於後。——是書專載秦泰山石刻，未見傳刻，爲江南圖書館所藏稿本。前有題云：「秦泰山石刻爲世所珍，觀歐陽修與劉跂所稱，則爾時毀缺已多。顧自宋迄今，又幾七百年，而始燬於火，何其久歟！顧炎武謂『唐刻之存，亦惟岱嶽觀雙碑及玄宗時摩崖』，則前後之磨滅不可識者，不知凡幾？與夫人之功德欲壽之於石，而石有時而泐也。然而石固不以是存亡也。」其文亦不見本集云。

愛日精廬藏書志三十六卷　癸亥

愛日精廬藏書志

雍州金石記十卷附記餘一卷（庚申）

雍州金石記十卷、附記餘一卷，仁和朱楓撰。楓字近漪，一字排山。其書以在秦中十年訪得漢、唐古碑一一誌其所在，間錄原文，并引趙崡《石墨鐫華》、顧炎武《金石文字記》諸書辨別得失。前有乾隆己卯自序，稱「夙有金石之癖，暇則策蹇行游，積之又久，得漢、唐碑二百種，其五代及宋、元槩置弗錄，中有古人所未見者十有二三，碑存而未獲者疑無幾矣」云云，蓋皆得之目見，視掇拾於舊籍者不同，故雖卷帙無多而考訂處特為精審。惟唐國子學石經條載周易九石、尚書十石，與魏錫曾《石經圖考》「周易尾石即尚書首石，毛詩承書，三禮承詩，禮記後接寫《五經文字》、《九經字樣》」之說不符。又寂照和尚碑條疑《文字記》作開成六年為無據，則舊拓本有「開成六年，歲次辛酉，正月癸酉朔六日戊寅，門人圖進、口口、一惠、鑒津、令則、弘菀、維清、啟弁、少吟、志堅、維慶等同建」字，顧氏當即本此前者殆未細察，後者蓋已剝泐耳。其後畢沅撰關中金石記，上自秦漢，下訖金元，多至七百餘種，視是書倍蓰，而大輅椎輪，層冰積水，要未容没其椎始之功。王昶金石萃編亦多引其說，惟祇采是書六卷以前，而七卷後未之及，豈未見全書歟？此李氏惜陰軒本錄存之，以明其書之不爲畢氏所掩焉。

一一五

小蓬萊閣金石文字不分卷 壬戌

小蓬萊閣金石文字不分卷，錢塘黃易編。易字小松，號秋盦，太學生，官運河同知。是書所載為漢石經殘碑、涼州刺史魏元平碑、幽州刺史朱龜碑、成陽靈臺碑、小黃門譙敏碑、雒陽令王渙二石闕、廬江太守范式碑及殘石、武梁祠畫像唐搨本及題字、圉令趙君碑、篆字三公山碑。前有翁方綱小引及題詩一絕，無目錄，為自刻本，皆雙鉤摹寫，極為精工，并錄諸家跋語，頗資考證。易所附案語如以范式碑為實有兩碑，篆字三公山碑為在隸碑前，武梁祠畫像「著子來方」為著曾子之孝名，孚非孝字之類，亦見名通。惟石經殘碑易僅得一百二十餘字，後錢泳得五百餘字，合為六百七十五字，方綱嘗勒石於南昌學宮，兩漢金石記備著之。又敦煌長史武君之碑，易雖校正洪适隸釋數處，而洪氏「貪其高賢」下缺二字，今碑作「力少」，疑「力」是「幼」字，「晻忽祖逝」下缺四字，今碑第四字是宮字，正與韻叶。『不享口耆』句，今碑耆上作耆，是耆字。『士女悽愴』下缺，今碑有旌字，其下『金門』，今碑作『金石』，謂旌其行於金石，故下云『令問不忘』。題名『防東長』一行下有『嚴祺字伯魯』五字，隔越甚遠，《易》皆未之及，《阮元山左金石志》亦補釋之。凡若此類，未為完備，然搜訪采獲之功實不容沒，茲仍著於錄焉。

二四

三一四　二頁共九百四十二　重刊景教碑文　一　六四四

重刊景教碑文紀事攷正一卷 己未

重刊景教碑文紀事攷正一卷，番禺楊榮鋕撰。榮鋕字襄甫。是書原本凡三卷，光緒乙未刊行，卷端列影照碑文，第一卷載翻譯景教碑文，次葉奕苞、林侗諸家攷論，次榮鋕書金石家論景教碑事，後次大秦攷，次景教及諸教攷。第二、三卷取今之通行耶穌本經傅合碑文。辛丑思賢書局重刊本，删去後兩卷，删之是也。今按其書，似隱辨朱一新無邪堂答問中評論黎氏景教碑考而作。朱書壬辰年刊於廣州，以景教為火教，其文約兩萬言，頗翔實，無可明辨，因不舉其姓氏，用意極為狡譎。如朱云：阿羅訶即瑣羅阿司得之對音，彌施訶即摩醯首羅之對音。阿羅訶創教在周靈王時，摩西遠在其前，碑不應轉以為阿羅訶之分身。若即以彌施訶為耶穌，則對音不合。是書則云：阿羅訶者，拂菻人稱造化之主，名天主。教入中國，為譯此名。大費唇舌，卒請命於教化王，審定譯為天主，耶穌教會入中國時，有譯上帝者，有譯真神者，亦有沿天主教之舊仍用天主者，其實真難恰合。「是彼教之以阿羅訶為天主者，當時已未中肯綮。又云：「彌施訶是元始生命之道，與人性渾合無間，居於聖神感馬利亞所生之子之身，成為一位救主，是人而非純乎人，是神而非純乎神。」其說更誕妄難信。又引創世記有「阿羅訶應許彌施訶必由其裔降生為萬國救主」之說，殊不思彌施訶果為耶穌，而摩西為商太戊時人，耶穌則生於漢哀帝建平二年，摩西安能知之，即曰能預知，而試問耶穌以前天孰主之？又如朱云「碑有刊十字以定四方語」，故天主教遂攘以為證。然回教亦有十字交線之說，十字本無定在，安知波斯火教不亦有是言？「是書則云：「景教流行各國，有各國之古道古禮攙入，景碑之十字定四方，元風生二氣，東禮趨生存，鬚削頂之類，即波斯、埃及之理法所混」，殊弗思景教果為耶穌教，則貞觀中至長安之大秦人阿羅本必純乎為耶穌

三三〇

陳漢章謹案：洪鈞元史譯文證補考景教爲天主别派，聶斯托爾教也，考似本洪説。

教徒，豈有攙入他教之理？倘謂大秦寺僧景淨所述，或有傅譌，則此乃大節目，更無致誤之理，是則景教之非耶穌，以矛陷盾，即此可定爲信讞矣。況東游紀略中屢稱景教，并云：「杭州有一景教堂，一新所謂彼固分别甚明」者，尤爲切證乎？王先謙序云：「阿羅訶即天，彌施訶即耶穌」，未免爲熒惑所惑。又云：「唐（或謂）諱丙之字曰景，丙於五行爲火，景教即妖教」，此不知火祆非景教，而爲此臆説，殆隱駁朱説，亦未免以不狂爲狂。又引五運歷年紀諸書，以爲中國傳記頗與西書合，更似是而非。中書言盤古，言女媧，謂此爲人類之始，非謂創造天地，一可通而一不能通，安得以爲同例？又云：「第一卷於西國文字之遷貿，輿圖之分合，教宗之同異，剖析詳明，爲言職方者不可少之書」，亦失之過譽。惟除書後一篇外，尚堪節取耳。余此編不録彼教書，今姑附於金石門而爲之正其紕謬如此。

右金石之屬

入史评

三一〇　三頁共ㄗ九ｄ十　十七史商榷　一　六四〇

史評類

十七史商榷一百卷　乙未

十七史商榷一百卷、嘉定王鳴盛撰、鳴盛字鳳喈、號西沚、又號西莊、乾隆甲戌一甲二名進士、官光祿寺卿。是編取毛晉汲古閣本十七史及近本舊唐書、鈔本舊五代史、校正其譌文、脫文、衍文、復舉其中典制事蹟、詮解蒙滯、審覈踳駁、自史記訖新舊五代史、計十九史、凡九十八卷、別論史家義例及通鑑諸書為綴言二卷、而云十七者、仍故名也。除史記集解等外、凡與相涉之書、如刊誤、補遺、補漢兵志之類、亦兼論其得失。据其自序、蓋積二十餘年之力而成、名曰商榷者、取史通自序「商榷史篇」之語。每卷題「東吳王鳴盛述」、亦取義於及期以述者自命也。自序題嘉定、卷中題東吳、以嘉定本為吳地、實則令人不應署古地也。自序稱「讀史者不必以議論求法戒、但當考其典制之實、不必以褒貶為與奪、但當考其事蹟之實」、此為全書宗旨。故其論史裁、大致主史、漢、三國四史、而深不滿於南北史、新五代史之錯綜紀載，新唐書、新五代史之軒輊書法。今攷其書，如刺史權重秩卑條、二府、三府、四府、五府條、州郡中正條、司馬溫公論唐、宋官制條，辨晰致為分曉。范蔚宗以謀反誅條，反覆訟其冤；順宗紀所書善政條及王叔文謀奪內官兵柄條，極言叔文忠於謀國，皆能不以成敗論人。都亭條，足補顧炎武日知錄所未逮。廣陵條，足正朱彝尊曝書亭集之謬。丹徒、京口、京城、北府、京江、北京條，建鄴、京師、京邑、京都、建康、都下條，各明六者之為一，亦有裨於後學。至如溫彥博傳諸條，以碑為證，尤得史學要領。雖王忠嗣兩傳異同條，稍涉繁冗，而不失為寔事求是。惟楊貴妃、國忠世系條，以玄宗御製楊珣碑為不足信，且於其蛾術編言之，則不如王昶金石萃編碑立於當時，自當以碑為正之說。韋皋紀功碑條，以為趙明誠所錄是前碑，此乃後碑，不如翁方綱跋撰書在貞元二十年，立石在元和三年，所謂貞元二十年立者，恐是文內有

三三〇

「貞元二十年」語，因以為碑立於其時」之說。魏書世系條，以魏公先廟碑為大中六年撰，不如王昶據碑文「立家廟後二百卅五年」語，謂「不能確定其歲月」之說。漢無禮樂條，謂「本無可志，不得已以空論了之」，不如黃以周史說略：「一時未得叔孫通漢儀」之說。刑法志三非條，以兵、刑為不可合，不如朱一新無邪堂答問：「刑罰得其平，甲兵可以不用，班史為能窺見本原」之說。故郡條，於班志三十六郡去桂林、象郡、南海入內史，尚闕其二，不如錢大昕廿二史考異：「別內史於三十六郡而數桂林、象郡、南海」之說。尚右條泛引天地陰陽男女等語以明古非尚右，不如黃以周禮書通故：「周之列位皆尚左不尚右，周公太師居左，召公太保居右，內史中大夫居左，大史下大夫居右，戰國策藺相如為上卿，位在廉頗右，是尚右起於周季」之說。八十陌錢條，以「商賈姦詐自破嶺以東」云云，謂「洪容齋以『自破』為句，顧甯（寧）人乃讀作『自破嶺以東』，疑傳寫偶誤」，不如黃汝成日知錄集釋』核兩書文義，自破二字無屬上為句之理，而破嶺無此地名，破或庾字之訛之說。江西即江北條，謂北可以西言，南可以東言，不如黃家岱《嬹藝軒雜箸》：『江東以古揚州之域言，江西以古荆州之域言，揚在荆之東，故其言江東多今之江南地，荆在揚之西，故其言江西多今之江北地』之說。吳越改元條，極詆錢繆之自帝，不如錢大昕《養新錄》：『自立年號而不改國王之稱，亦不以吳越加於年號上，示不敢當尊』之說。都尉漏書條所考尚略，近南菁文鈔二集有金氏、吳氏補遺兩篇。蓋攷證之學本自無窮，不必為嗚盛護，亦不足為嗚盛病也。郡國官簡條，既以淮浦官之類為微末下吏，而地理雜辯證又以為官即關，雖有關則有官，事本相因，而未免歧異。秦地圖條，謂『代郡班氏下獨見，不知又見琅邪郡長廣下，且此處當有脫文，乃謂因班壹而起』，殊為肊說。宋歐修書不同時條，及尊韓非宋祁筆條，謂修或竄改祁稿，不如修雖奉詔改歸一體，竟不易一字，高似孫《緯略》所載甚詳。李光進

三四二

戰功條，以光進傳「承宗希朝奏光進為將」為白日說夢，不知「承宗」下當脫一「反」字。其他始皇本紀贊後人所亂條，謂「遷當日實取過秦中下兩篇為始皇本紀贊、上篇為陳涉世家贊」，則班固奏事明云「取過秦上下篇以為秦始皇本紀、陳涉世家下贊文」（陳涉世家集解引），並未取中篇。又以後論之「賈誼、司馬遷曰」，此「司馬遷」三字誤衍，下文「秦之積衰」之上又誤脫「司馬遷曰」四字，更為肊斷。李顒條謂「孔安國未作書傳，僅注論語」，則論語注亦偽，詳沈濤孔注辨偽。崔鴻十六國春秋條謂「鴻用魏年號」，則鴻書以晉為主，詳史通探賾篇。唐以前音學諸書條謂「劉淵併二百六部為一百六部」，則併韻實自金哀宗正大六年王文郁始，在壬子前二十有四年，詳錢大昕平水新刊韻略跋。杜佑作通典條譏其既敘五禮，又次開元禮，五禮為繁複，自序不言本於劉秩，為攘取獻書表，欲撤去經學以伸己之通典，則杜氏各以五禮為次，乃分別古今，經義往往與時制有離合，故表語云然，非欲撇去經學，劉書祇三十五卷，以周禮六官分門，杜盡吏之，故序語不及。西域記條斥辨機為惡僧，非能著書，則辨機序明稱：「玄奘奉明詔載令宣譯，辨機撰斯方志」，詎得惡其人而沒其實。凡此一近苛責，一近虛矯，亦屬可議。然其書視錢大昕廿二史考異為博大，視趙翼廿二史劄記為翔實，實史學中不可少之書。自序云「庶幾啟導後人」，洵非虛語矣。李慈銘桃華聖解庵日記云：「南史以氏族連合為傳，別有深意，殊未可非。蓋當時既重氏族，而累經喪亂，譜牒散亡，北朝魏收魏書，猶多子姓合傳，南朝則沈約、蕭子顯、姚思廉等，專以類叙於兄弟子姓，分析太甚，李氏故力矯之。其書本為通史之體，與八書各自行世，大凡古人著述，須細推其情，不可率爾譏之」，其意蓋斥王說。

二六五

入史評

廿二史劄記三十六卷附補遺　壬戌

廿二史劄記三十六卷附補遺，陽湖趙翼撰，翼字雲崧，號甌北，乾隆辛巳進士，官至貴西兵備道。是編就廿二史排比事類，審訂曲直，而古今風會之遞變，政事之迭更，有關於治亂興衰之故者，亦隨所見附著之，大致貫穿前後，務為明通，頗足為讀史者之助。攷李慈銘桃華聖解盦日記云：「常州老生皆言此書及陔餘叢攷，趙以千金買之一宿儒之手，非趙自作。」以甌北詩集、詩話及曝簷雜記諸書觀之，趙識見淺陋，全不知著書之體，此兩書斷為貫串，自非趙所能為，叢攷猶多入小說，又不如劄記之有體要。然於史學事多是纂香之功，無所發明，筆舌冗沓，尤時露村學究口吻，以視錢氏廿二史攷異，固相去天壤，即擬王氏之十七史商榷，亦遠不逮也。案李氏所糾良是，惟趙書與錢、王書體例不同，以學術言，要以趙書較為有用，其纂香則尚多漏略。如晉書載記言：「石弘受經於杜嘏，誦律於續咸，好為文詠。」符融聰辯明慧，下筆成章，至於談玄論道，雖道安無以出之，耳聞則誦，過目不忘，時人擬之王粲。嘗著浮圖賦，壯麗清贍，世咸珍之。未有升高不賦，臨喪不誄。」符朗幼懷遠操，及為方伯，有若素士，耽翫經籍，手不釋卷，每談虛語玄，不覺日之將夕。」符丕少而聰慧，好學博綜經史。」姚襄好學博通，雅善談論。」李雄聽覽之暇，手不釋卷。」李班敬愛儒賢，自何點、李釗，班皆師之。又引名士王嘏及董融、文夔等以為賓友，每謂融等曰：「觀周景王太子晉、魏太子丕、吳太子孫登，文章鑒識，超然卓絕，未嘗不有慙色。」李期聰慧好學，弱冠能屬文。」李壽敏而好學，少尚禮容，每覽良將賢相建功立事者，未嘗不反覆誦之。」乞伏國仁謂諸將曰：「先人有奪人之心。」乾歸謂諸將曰：「兵猶火也，不戢將自焚。」又曰：「孤違蹇叔，以至於此。」熾磐聞洛于死而喜曰：「此虜矯矯，所謂有豕白蹢。」禿髮烏孤謂其羣下曰：「兼弱攻昧，三者何先？」傉檀謂宗敞曰：「詩云：中心藏之，何日忘之，不圖今日得見卿也。慕容德博觀羣書，多才藝，為僭偽諸君有文學條所未采。明史列傳言：蕭鳴鳳督廣東學政，性剛狠，以憤撻肇慶知府鄭璋，璋懟恚投劾去，由是物論大譁。俞大猷舉武會試，除千戶，守海寇頻發，上書監司論其事，監司怒曰：「小校安得上書。」杖之，奪其職。為擅撻品官條所未采。又其書自序言：稗乘脞說難以徵信，此編多就正史紀傳表志中參互勘校，而宋史各傳錯謬處條，引王象之輿地紀勝以駁宋史列傳，又有遺漏條，引俞文豹清夜錄以補史，此類實為博綜。乃袁崇煥之死條，能於正史外引楊士驄玉堂薈記以明當時已知謗言之出自中涓，而王倫條雖稱其謀國之忠，殉國之烈，獨不能引樓鑰攻媿集中所作神道碑以相證明。金制追謚帝后之濫條，後能引洪皓松漠紀聞以明金代祖名之異，而元史條但稱史叙字端又見，以下十世不過千餘字，亦不能引元祕史以資補綴。凡此仍屬可議。然學問無窮，小失奚足累以大體。中如五世相韓條，以為五世指韓王言，謂韓王五世皆張氏為相，非張氏五世皆相韓。武帝年號條元狩以後追建條，以為從前之建元、元光等號，乃元狩後重制之類，剖晰致為精細。史漢互有得失、後漢書間有疏漏處、三國志誤處、宋書紀魏事多誤、南史誤處諸條，亦見攷證。古文自姚察始、唐古文不始於韓、柳、青苗錢不始於王安石諸條，尤發前人所未發。平心而論，要可與錢王二書鼎峙矣。

一五五

許廎經籍題跋　六

許廎經籍題跋卷十四

吳縣　胡玉縉　撰
後學　王欣夫　輯

子部

儒家類

家語證僞十一卷　己未

家語證僞十一卷，會稽范家相撰。家相有三家詩拾遺，四庫已著錄。是編取今本家語之文見於經傳及周、秦、兩漢諸子者，一一鉤摘，以箸其剽竊之迹，與閻若璩古文尚書疏證用意略同。攷禮記樂記孔疏引馬昭云：「家語王肅增加。」王制疏則云：「家語先儒以爲肅之所作，未足可信。」漢書藝文志孔子家語二十七卷，師古注亦云：「非今所有家語。」而沈欽韓疏證云：「肅惟取婚姻、喪祭、郊禘、廟祧與鄭不同者，羼入家語，以矯誣聖人，其他固已有之，未可竟謂肅所造。」是沈意主馬說。今觀此書，其全爲肅造無疑，雖間有未知所本，而其他耳賦歷歷具在，案無遁形，足為信讞。惟左氏傳序疏引沈氏云：嚴氏春秋引觀周篇云：孔子將修春秋，與左邱明乘如周，觀書於周史，歸而修春秋之經，邱明為之傳，共為表裏。今家語有此篇而無此文，家相未之引，殊為疏漏。又因王肅所襲之文而議史記、荀子諸書，並議大小戴禮記，未免過甚。乾亥（隆）丁亥羅遲春序，乃謂漢儒竄亂經家，相各有論著，願悉出其全書，使天下淘汰而澄清，是與於蔑經之甚者也。王制已見荀子，非漢文帝博士作，漢制有本制、兵制、服制篇，見史記封禪書索隱引劉向別錄，非今之王制。月令為周世所造，見漢魯恭王疏，非呂不韋作。明堂位亦西周書，惟魯君郊祀事為後人羼入，見黃以周禮說，非全不可信。儒行統乎聖賢，堉為孔子之言，見黃式三儆居集，非戰國豪士作。家相於此類皆沿舊說。以大戴王言篇分道德為二為非，不知論語述而篇稱志道據德，其說本無可疑，所見本誤作主言，反斥史繩祖說，亦未是。以保傅篇

三三〇

引青史氏之記，為漢人作，不知漢志青史子五十七篇，班固自注，明稱古史官記事。其他以書「七世之廟，可以觀德」為古有七廟，不知此乃偽古文。呂覽諭大篇引商書云「五世之廟，可以觀怪」，怪者鬼也，天子七廟自是周制。以海錄及留青日札載公冶長通鳥語為鄙俚不經，不知夷隸掌與鳥言，貉隸掌與獸言，明見周官，其餘古人之通鳥獸言者，傳記中不可悉數，且此事已見皇侃論語疏，亦未始於海錄及日札。推之說苑貴德篇載受魚享祖事，具見至理，而獨齗齗於褻壞二字，亦殊迂滯。既以孔安國序為肅偽撰，而又謂安國曾撰集家語，仍為所惑。古家語之是否安國撰集，曷嘗有明文哉！然今家語之為肅偽造，實得是書而定。郊特牲「迎長日之至」，與郊之用辛，乃周郊，非魯郊，肅用董仲舒、劉向之說，自勝於鄭，家相取之，亦可謂惡而知其所好者矣。其稿，光緒己丑徐氏鑄學齋始為刊行，末附讀家語雜記，而卷中云「家語引論語說見卷首雜記」，又云：

序」稱別出爲《論語》，已詳辨之《雜記》中，殆初本在卷首，後移卷末而未及追改歟？

陳漢章謹案：同時有孫志祖《家語疏證》六卷，二書異同，或可合校。

三〇

鑒古錄十六卷 庚申

鑒古錄十六卷，仁和沈廷芳撰。廷芳有十三經註疏正字，四庫已著錄。是編采輯前代君臣事蹟有關政治之興替者，撮其大要，以備法戒，並仿宋葉采表上近思錄集解舊例，仍依輪對劄子體附論於後。其目分帝德、敬天、尊祖、聖孝、治體、尊儒、文學、武功、儉德、納諫、任賢、育才、内治、訓儲、重農、慎罰十有六，爲君道；分忠純、匡濟、節義、廉潔、智謀、猷爲、恭慎、侃直、寬恕、剛直、薦賢、嫉惡、循良、嚴明、將略、明刑十有六，爲臣道。前有進書表文，蓋乾隆五年廷芳在翰林時裒集奏御者也。曾奉旨留覽，賜緞二匹，而四庫未著於錄。此江南圖書館所藏鈔本，大抵是類書，真德秀大學衍義而後，難乎爲繼矣，姑存其目焉。

緒言三卷　乙未

緒言三卷，休寧戴震撰，震字慎修，一字東原，乾隆壬午舉人，癸巳薦充四庫全書館纂修，乙未特授庶吉士。是編專辨宋儒性道之説，大致根據繫辭一陰一陽之謂道，繼之者善，成之者性，爲之發揮旁通，如云「古人言道，恒該理氣，古人言性，但以氣稟言，未嘗明言理氣爲性，蓋不待言而可知。曰道，曰性，指其實體實事之名，曰善，曰理，稱夫純美精好之名。後儒言理，由於不知理要其後，非原其先，以孔子言有物必有則者，轉而言有則始有物」，其説致爲明塙。又云「理氣之分，宋儒剏言之，又以道屬之理，實失道之名義」，此以道指氣化流行言，不當專屬之理。又云「孟子曰：心之所同然者，謂理也，義也。言理之爲性，非言性之爲理，若曰理即性也，斯協於孟子」，此以理具於心，非別有一物。又云「即此飲食男女，其行之而是爲循理，行之而非爲悖理」，更可見理氣之不能過爲分別。又云：

『荀子知禮義為聖人之教，不知禮義亦出於性，知禮義為明於其必然，不知必然乃自然之極則，適所以完其自然。天之生物也，使之一本，荀子以禮義與性為二本，宋儒以理與氣質為二本，老聃、莊周、釋氏以神與形體為二本。然荀子推崇禮義，宋儒推崇理，於聖人之教不害也，不知性耳。老聃、莊周、釋氏守己自足，不惟不知性，實害聖人之教。』據此持平之論，亦可知是書意在發明性道之蘊，非好與程、朱諸人為難矣。其他：以易太極指氣化之陰陽，兩儀四象指陽畫之，『謂之』、『之謂』有異，凡曰『之謂』，以上所稱解下，凡曰『謂之』，以下所稱解上。孟子謂性，猶可藉口於性，不謂性，非不謂之性，不謂命，非不謂之命。乃若其情，非性情之情，猶素也，實也。孟子所謂性，所謂才，俱指氣稟，指其稟受之全曰性，指其體質之全曰才。所說亦俱理順冰釋。惟謂『理義非他，所照所察者之當否也，何以得其當否？心之神明也』，此似近於釋氏。又王充論衡本性篇云：周人世碩以為人性有善有惡，舉人之善性養而致之則善長，惡性養而致之則惡長，故世子作養書一篇。宓子賤、漆雕開、公孫尼子之徒，亦論情性，與世子相出入，理當引而辯之，而未之及。至於人之知覺在腦，而震云百體皆能覺，心之覺爲大，此則舊說皆如是，殆未容舉以相繩者矣。朱一新《無邪堂答問》斥是書爲謬，非篤論也。

許廎經籍題跋　子部　儒家類

孟子字義疏證書後　庚午

孟子字義疏證三卷，休甯戴震撰。震字東原，乾隆壬午舉人，癸巳賜同進士，選翰林院庶吉士。是編以宋儒言理、言天道、言性、言才、言道、言仁義禮智、言誠、言權，皆糅以異學之說，非六經孔孟之言，因就孟子字義爲之疏通證明，俾人知所謂理者，乃區以別之名，在以情絜情，不以意見參之，不得舍情求理，謂有物焉得於天而具於心。所謂性者，大致各殊，其氣類同類相似，異類則不相似，人有禮義，異於禽獸，實由知覺大遠乎物，故孟子直斷之曰善，不得截氣質爲一性，又截理義爲一性，而以性之名移而加之理。凡所論難，足矯宋儒之失，餘亦剖辨精細。其文集有與彭允初書，反覆推勘，大要欲以六經孔孟之指，還之六經孔孟；程朱之指，還之程朱；陸王佛氏之指，還之陸王佛氏。是則此書之作，非好與宋儒爲難，雖間有過分之語，然不直則道不見。或者以此詆毀，又或欲爲隱諱，其視學術也失之隘矣。

孔子集語十七卷 壬戌

孔子集語十七卷，陽湖孫星衍撰，星衍有周易集解，已書於後。
是編以宋人薛據之書不免罣漏，爲之博蒐羣籍，分篇綴錄。凡易十翼、禮
小戴記、春秋左氏傳、孝經、論語、孟子及家語、孔叢子、史記孔子世家、弟子傳所
載不錄外，其餘羣經傳注、秘緯、諸史、諸子與唐宋人類書，鉅篇隻句，畢登無所
去取，各注出處。共分十四類：曰勸學，曰孝本，曰五性，曰六藝，曰主德，曰臣術，曰
交道，曰論人，曰論政，曰博物，曰事譜，曰雜事，曰遺讖，曰寓言。雖尚有漏略，友人
王籀鯤仁俊曾爲補遺一卷，而視薛書增多六七倍，求洙泗之遺文者，要當以
是爲驪淵也。其書嚴可均爲之校訂，前有星衍進書表及可均序。勸學等篇與
正經相表裏，遺讖不醇，寓言蓋依託，可均亦明著之。蓋輯書體例，意主網羅，其
閒純駮，在學者之自審。李慈銘不明此旨，其荀學齋日記云：凡莊列雜家依託

之語，宜從裁汰，或薛而闕之。雜事、遺識、寓言三門，多載讖緯異端不經之談。事譜二卷，亦與集語無涉，即勸學至博物十篇中，亦有不當采而采者。漢學家留寧雜不漏，此其通病。是直欲以楊簡先聖大訓為繩尺，一若未見嚴序所言者。高自持論失之目瞭，至事譜乃集語中之一目，何妨以大名包小目，必謂與集語無涉，然則論語中鄉黨一篇，果盡與論語二字關涉乎？李氏所議，未足為病。譚獻復堂日記云：可以證孔叢家語之偽，薛書可廢。後說良是，前說亦祇就一偏言之，非孫氏之本意矣。

述朱質疑十六卷 辛酉

述朱質疑十六卷，當塗夏炘撰。炘有讀詩劄記，已書於後。是編亦景紫堂全書之一，皆辨明朱熹一生之學問著述及其師友淵源，攷覈羣言，分類相次。前五卷斤斤於學問一日之先後，議論一字之出入，鈎稽年月，剖析異同，用力最為篤。至六、七兩卷，皆跋熹所著書。八、九兩卷論同時金溪、潭州、金華、四明、永嘉之學。十卷論近儒稱熹之醇駁不一。十一、二兩卷論熹封事奏劄，皆表其立朝大節。十三、四卷記熹外任政績。末兩卷論熹出處雜事，亦頗推闡盡致。書中論熹之學得之艱苦，最為曾國藩所契，故書札中覆弢甫書稱為能發其微。今攷陳建學蔀通辨、陸隴其讀朱隨筆諸書，不過據熹文集、語類等以斥陸、王，童能靈朱子為學考，則及其為學之次第，王懋竑白田雜著，尤能沈潛以求其始末，提要稱為幾微得失無不周知。今是書於懋竑說亦時有指駁，自來講求朱學者殆皆不如其專，然使盡而有知，恐亦未必樂此。李慈銘孟學齋日記云：此等事本無關要旨，不足深辨，作者徒費心力，讀者多不耐煩，然稽貫精密，實不容泯，以備朱子一家之學可也云云，斯言允矣。

七六

訏謨成竹一卷 辛酉

訏謨成竹一卷，當塗夏炘撰，炘有檀弓辨誣（讀詩劄記），已書於後，此編亦景紫堂全書之一。昔朱熹嘗欲寫出蕭何、韓信初見高祖，鄧禹初見光武，武侯初見先主時語，及王朴平邊策編為一卷，炘本其意，益以明陶安初見太祖，本朝范文程說攝政王語，以成斯帙，凡七篇。摭拾既儉，又無發明，以視明人辛全之經世碩畫，更為譾陋，而欲藉以見自漢迄今大臣戡亂氣象，殆未必然。李慈銘孟學齋日記云：「此書命意本無謂，所輯尤荒劣，為心伯著述中最下之作，其書名亦陋。」非苛論也。

忱行錄一卷　庚午

忱行錄一卷，仁和邵懿辰撰。懿辰有尚書傳授同異考，已書於後。是編蓋從其日記中錄出，凡論文書事概從刪節，僅剌取其探討經籍者，以說大學為多，凡九十餘條。迭經張鼎、高均儒詳審抉擇，丁氏刊入當歸草堂叢書中，前有同治四年丁晏敘，後有均儒跋。書之大旨，詳見半巖廬日記條下，今但論張、高編錄之得失。有正文誤為小注者：如第八條（葉）「學記一篇」，三十五葉「或問速下節」，五十四葉「在母腹中之氣」是。有小注誤為正文者：如四十三葉「程子曰：志道懇切」是。有當節而不節者：五十九葉「以麻為木，豈能在屋下，此未知麻乃休之或體」，例當就刪。有不當節而節者：十八葉「讀書宜將心捺入書內」，讀上原有「車中思」三字，與下文「又思」「後文」「昨日車中思」相應，今後文不錄車中字，可節，思字不可節，節則又字無所承。二十九葉「心小故能廣方寸之地」，心上亦有「車中思」三字，今亦當存思字。六十一葉「唐裴延齡」上，原有「聞報見戶部請催解積年未完銀兩」一段，今皆節去，則「催欠名責之官」云云，亦無所承。他如五十二葉「致知在格物」，「才明彼即曉此」，五十四葉「魄是精」，似當分節而未分。五十六葉「忠信之對為浮偽」及「虛齋謂意者心之萌」，今皆提行，固不誤，而適皆與前行連接，應加墨勾，附揭於此。第四葉「運會之間」，運會原作鼎革，今必為時文家之避忌，亦失之拘。又記中溫大學凡三十餘遍，存當俱存，刪當俱刪，今祇首葉留一處，進退失據，何弗刪去？然此皆小小疏舛，要其去取謹嚴，非湛深理學者不逮，實邵氏之諍友也。丁敘稱是書「闡明大學之恉，折衷紫陽，入其窔奧，推論廣孝之教，痛斥言利之臣，洵為治身要言、經世碩畫」，推崇甚至，蓋第就發攄朱熹學說言，此語良非過譽。又稱是書二卷，則未刊前本二冊，故遂以為二卷耳。十五葉「迹過而念未平」，過誤之。十八葉「路上便明」，明誤時。七十一葉「毋得污白」，毋誤母之類，校勘未及，聊復附之。宋馬季機取朱子語錄、文集為經濟文衡，提要入儒家，今援其例，以是書隸儒

九　二頁共六百八十二　忱行録　二　九

家、而以日記
入雜家焉。

子入題跋　十六　懼謀錄　二四〇

二四〇

兵家類

懼謀錄四卷

不著撰人名氏，但署崑山顧炎武寧人氏錄，蓋猶皇明修史備要之類也。其書前後無序跋，卷一為知彼知己、致人不致於人、伐交、警嚴、先聲、兵勢、地勢、營敵、死戰、窮追、詭道、掩襲、憑城覘敵、攻橋、遊戲；卷二為虛聲受降、深入救敗、採捺合刃惡鬭、擊虛、鈔後、橫沖、奪氣、設伏、身先援師、移營、攻營、圍師；卷三為遊軍、半渡夜劫、勇決、有備、攻瑕、攻堅、乘釁、出奇、守城、攻城；卷四為爭利、勞之、誘之、誤之、分之、散之、懈之、用間、先發、壓營、知衆情、謀定、決機、分數、事機、多算、和克、智決、攻心、伐謀諸目，而各引遺事以證之。為江南圖書館所藏鈔本。其意蓋欲鑒古以規今，頗足以資兵略。謂之懼謀者，殆取「臨事而懼，好謀而成」之旨歟？

法家類

弟子職集解一卷　庚申

弟子職集解一卷，武進莊述祖撰。述祖有五經小學述。字葆琛。乾隆庚子進士，官曹州府同知。是書首列全篇正文音義，異文隨注句下，次低一字敘其作書之意，即標起訖分節為之解，間有以二句標起訖者。凡管子尹知章注，案原書與房玄齡並舉，未是。朱熹儀禮經傳通解載弟子職注，有與劉績補注同者，概稱為舊注。洪亮吉箋釋稱洪云，大致以洪氏為主，附益己見。中如解「循咡覆手」謂自是兩事，解「各徹其餽」加於賓客，謂不得如同事合居之人，使少者一人徹，與玉藻義互相足。解「乃承厥火」居句如矩，謂須令適受火光所照，及斜直如句股之形，極為明塙。三「飯二斗」二當作貳，斗當作豆，「柄尺不跪」，「柄」上據記疏增進字，訂正誤文，亦復精覈。惟「汎拚正席」謂拚，曲禮作糞，皆聲同相借，其本字當為華，華从反冓，不知說文華部「糞，棄除也」，拚之正字自為糞，土部「坌，埽除也」，與糞字音義略同，亦可作

叅，而又自申其古文甲乙篇之說，謂說文再字闕，又闕古文畚，終嫌逞肊耳。此
家刻本，亦珍藝宧遺書之一也。

農家類

農丹一卷 庚申

農丹一卷，江都張標撰。標未詳其字，順治壬辰進士，官工部虞衡司主事。其書分八目，曰天時，曰地利，曰親田，曰養種，曰糞壤，曰人事，曰辨穀，曰占驗。地利、養種，各分上下，凡十篇。親田者，謂將此地偏愛偏重，有田百畝者，揀出二十畝，比八十畝耕耙糞土，鋤耘俱加數倍，其收定多數倍。明年別揀二十畝為親田，五年輪徧百畝之田，即有磽薄，皆成膏腴。不足百畝者，揀作親田，不拘多少，約五分之一。此就古易田而變通其法，剏論亦精論。他如解牛羊、麋鹿、貆狐、豕犬之所以用，而謂得其意而推之，則隨土用糞，各有攸當，亦見會通。解蟊蠈、螣螟、蚩之所由生，而謂灌田者先須以水徧過，收其熱氣，旋即去之，易以新水，栽禾然後無害，尤能洞見癥結之所在，視說文「吏抵冒取民財生蟊」等說為優。惟解耕種之時，而牽合於卦氣，殊嫌迂曲。然全書語多切用，最宜於小農。自序稱「有田者不習耕，而耕者患無田，今天下正患無一農，總由不知農之道與力田之利，士君子躬治數畝，為閭井倡，歲時復為講說其義，輾轉相倣，一鄉以及一邑，一邑以及他方，家給人足，盜賊不興云云，其宗旨亦可嘉尚矣。此繆氏藕香零拾本，錄之以見其書雖舊，其理殆不能輕棄焉。

一〇七

術數類

三才世緯一百卷 庚申

三才世緯一百卷，不箸撰人名氏，相傳為康熙間人作。其書分天、地、人三大部，故以是名。天者言天象、日、月、星辰、水火變異災祥；地者中華十八省輿圖形勢、險要及山川變異災祥；人者乃太乙數，言國家天人感應之得失。大抵雜采舊文，無發明考證，惟天類語氣諸説，他書罕見，為江南圖書館所藏鈔本。古人祈天永命，無時不修德，不待示變以致惕厲，亦不必先期以告禎祥。第此類學説流傳已久，過而廢之，毋寧過而存之耳。

右雜學之屬

家語　十一卷己未

家語　十一卷會稽范家相

一〇七　二〇四

太乙起例　二〇四

太乙起例不分卷

不著撰人名氏。其書自上古甲子至順治七年庚寅，專論兵家，不及庶事，疑明末從軍者所作。首演算起例，以庚寅年、月、日、時算作引子，次歲占起例，次日占起例，次月占起例，次時占陰陽二遁起例，爲江南圖書館所藏鈔本。攷錢曾讀書敏求記載太乙統宗寶鑑有兩本，其一附起例、真數、淘金歌三書各一卷，今四庫所收本並無所附，無以證其與一卷之起例若何？丁氏藏書志載陳其晉語，謂與太乙統宗大全相同，與圖書集成所采淘金歌用數各異，今驗之，其言良然。蓋截用簡法，於此術能變而通之者矣。

右占候之屬

一一三

一二九

書畫記

一二九

藝術類

書畫記六卷（書畫記六卷）

徽州吳其貞撰。其貞字公一。是編自家藏書畫及所見他家收藏真蹟，輒為之品題劄記，凡行款、方幅大小尺寸、印記、紙絹、裝潢、卷軸一一詳列，自崇禎初年至康熙十餘年方克成書，為江南圖書館所藏精鈔本。其書極五十載之力，所記頗為賅博，而不錄前人題跋，自信未免太深，賞鑒家之見大率如是，未足以資考核也。

一角編二卷

一角編二卷，仁和周二學撰。二學字幼聞，號藥坡，又號晚菘，諸生，耽愛書畫，收藏甚富。是編取其佳者各綴以跋語，或以詩贊代跋，其叙不依作者時代，以所得之歲月為先後，始康熙壬辰，訖雍正戊申，原分甲乙二冊，其己酉至癸丑五年所購卷中明言俟入丙冊，未知有無成書？其曰一角者，以未見元以上真蹟為歉，自比於馬遠殘山賸水也。前有雍正癸丑厲鶚、甲寅杭世駿、丁敬諸題語。又有自識及凡例四則，為仁和吳氏松鄰叢書本。中如王西園集芳冊真蹟下引雲間志略：弘治中，西園以明經授泰順訓導，謂與李日華稱西園為元末老儒者殆別一人，略有考辯。餘均賞鑒家言，然幀幅之廣狹，縑紙之近遠，官章私印之鈐蓋，悉為記載，頗合簿錄書畫之法，所錄各詩，間可與本集證異同，其無本集者亦藉是以存梗槩。惟鄒衣白山水真蹟之跋自稱有灰紙而二學以為精匀細薄，並非灰薄，殊不可解？胡長白山水真蹟下稱：「宋幼如一詩，書本身上」，乙册王稚宜游包山詩小楷真蹟下稱：「此缺月、酌胡道泉、望下山懷元瑞三詩」，今宋詩未載，王詩較前册又少入銷夏灣一首，或題跋舛誤，或記錄漏略，則無可考矣。又大滌子山水真蹟，余曾見十二幅，有吳公肅諸人跋，與卷中所稱不合，陸心源儀顧堂續跋載其贈石溪册亦十二幅，知原濟山水畫流傳尚多也。

一五〇

石渠隨筆八卷　儀徵

撰，阮有詩書古訓，已書於後，此其

若石渠隨筆八卷，清阮元為詹事時入直南齋奉旨釐定內府儲藏書畫所記，粵雅堂本伍崇曜跋稱其不常作畫而獨精畫理，並舉其燕文貴匡廬清曉圖，宋人摹顧愷之洛神賦卷，宋人及文待詔畫司馬溫公獨樂園圖下所言，以為探原之論。今攷馬和之毛詩圖下云：和之於三頌中宮廟車馬禮樂祭祀儀節，皆以意為結構，全非古制。與所論洛神賦卷、獨樂園圖互相表裏。趙孟頫書三清殿碑記下云：趙書廟碑多學李北海，而筆底終有俗氣。張文敏臨爭坐位帖下云：司寇書自是我朝一大家，然間有劍拔弩張之處。允為二人之定評。王蒙聽松圖卷下云：曩見黃鶴山樵畫，皆平平無奇，今覩此真蹟，乃知古人自有真，王翬十萬圖冊下云：每見姑蘇偽手作王惲畫者，必互相題贊，以此例之，真偽自見。又唐人詩意長卷下云：大約石谷畫圓足蒼秀，筆下所包羅者，固非一家，外間偽作，千紙萬縑，或枯、或亂、或薄、或拙，皆不足一顧。凡此所論，尤足為賞鑒家準繩。董文恪山水下云：石渠所藏不下數百種，而亦不能無當時代筆者所為。夫以文恪久直内廷，筆墨多奉御之作，而竟鑒別及此，更可見其識力之巨矣。趙雍竹西草堂圖下云：高江邨字謹飭而韶美，題跋亦多訂譌處，惟嫌其購得一畫，必曰山荆脱簪珥為余購得，同展賞玩，又每跋尾必言是日晴雨，瓶盆某花開放，香氣撩人，及焚沈速香，試端石硯，方于魯墨等語，反欠韻耳。此則因書畫而兼及題跋之體式，凡棹弄虛機，學問遠不及江邨者，所當引以為戒也。至宋高宗書毛詩經文（即馬和之毛詩圖），隋人書史岑出師頌，黃庭堅書李白詩，林逋蘇軾詩帖，又蘇軾三帖，李公麟三馬圖贊，並載今本之異同；李公麟橅韋偃牧放圖，有明高帝跋，為文集不載，亦表出之，均資攷證。惟董其昌行書一卷，用朝鮮進表紙，其表文為稱賀天啟六年六月十三日欽差敬捧皇子誕生覃恩字

三三三

內詔勅事，阮氏謂史於天啟三年稱后有娠，客氏以計墮之，帝用此之嗣，未聞
六年又生子。不知熹宗紀天啟五年十月庚子，以皇子生詔赦天下，即是此事，
蓋皇子五年生，詔勅六年到也，乃僅據懿安后傳而不考本紀，未免失之目睫
矣。

竹汀日記一卷 庚申

竹汀日記一卷嘉定錢大昕撰大昕有聲類已書於書後

吳越所見書畫錄六卷 庚申

吳越所見書畫錄六卷，婁東陸時化撰。時化號聽松山人，字潤之，國子監生。是書前有乾隆丙申自序、丁酉馮偉、王宬序、題及凡例十四則，大致以游歷不出吳越，凡遇故家遺族、高僧、韻士出示書畫，必記其尺寸、絹楮、題款，以歸久之，遂成斯編。為江南圖書館所藏精鈔本。其書畫說鈐二十九條，頗多心得。書畫作偽日奇論一篇，尤能抉𤸱結之所在。惟中載李公麟山莊義訓圖，不知其為金華潘祖仁七進圖，後有半江華淞跋、王澍跋，以奕京、方奇、亮育為公麟子，攷為公麟女，不知其為祖仁之子女。據吳師道敬鄉錄載七進文「奕奉觴啟曰」之前，尚有「奕方作真游子賦相酬答」云云一段，則知此畫亦缺首一段，當由欲偽題公麟名者刪之。後其子皆改名，奕曰良佐，京曰良貴，方曰良瑗，奇曰良翰，亮曰良知，育曰良能。陸心源儀顧堂續跋有山莊義訓圖跋，攷之甚詳，致足依據。至朱熹論語顏淵篇集汪稿，與錄中所載尺寸微異，則由於用尺之不同，心源固已言之，無關真贋也。

三○

鳴野山房書畫記三卷　庚申

鳴野山房書畫記三卷，山陰沈啟溶撰，啟溶字□□，是編記其所藏、所見元明諸賢真蹟，詳其行款位置，方幅大小，卷軸長短，及印記紙絹，猶賞鑒家所同，并附攷證，則在吳其貞書畫記諸書之上也。此江南圖書館所藏原稿本，如有好事者刊之，裨益於藝術匪淺矣。

王欣夫謹案：鳴野山房為沈復燦之居，啟溶疑為其先世，山陰縣志藝文著錄尚有續記一卷。

一角編二卷

一角編二編

畫史彙傳七十五卷　辛酉

畫史彙傳七十五卷，長洲彭蘊璨撰。蘊璨字朗峯，嘉慶諸生。是書集古今畫家，按時代先後，分姓分韻爲之編次。首卷爲皇朝聖製、王公、宗室，卷一爲古帝王，皆不分韻；卷二至六十一庶姓，六十二偏闕，六十三外藩，而六十四、五釋氏則不分韻；六十六至七十一女史，而后妃倣帝王例冠前；七十二毘邱尼、女冠，後附錄上下二卷。前有自序及石韞玉序，皆不紀年月，蓋作於道光間。又有例言十則及引證書目，爲光緒壬午掃葉山房刊本。偏闕者，逸姓而著名，或逸姓名而著字。附錄者，近有所見之筆，未能核實，俟考得再爲增注也。昔張彥遠歷代名畫記，其前三卷皆畫論，自四卷以下爲畫家小傳；朱謀垔畫史會要，則皆能畫人姓名事蹟，末卷爲畫法；近佩文齋書畫譜亦有畫家傳十四卷。是編得所憑藉，較易爲力，而著錄至七千五百餘人，姓氏下首詳籍貫，次詳所藝，次事實及著述，登載既繁，引述又富，可稱巨觀，惟挂漏仍未能免。如漢武梁祠堂畫像，為衛段所畫，武梁碑可證。宋李誠字明仲，鄭州管城人，工畫，大觀初知虢州，嘗畫五馬圖以進，為徽宗所賞，見程俱北山小集李君墓誌。元郭文通，江南人，宣德間充內庭供奉，工畫，見張弼東海集卷四。徐雪舟，元末上清道士，嘗為藍智畫藍澗草堂圖；武季遠，元季人，善畫竹木，藍澗集皆有詩。王芝字子慶，嘗為藍仁之子仲穆畫藍原野牧圖，張兼善，元季人，工畫，嘗畫雲樹圖、松下看雲圖，藍山集皆有詩。是書皆失收。此外見於宋元集部、說部為所未載者尚夥，陸心源儀顧堂題跋曾糾之，然一人之目，豈能徧觀四部之書，小小疏漏，不累其全體之宏博也。至於元秘書省志載大德四年，唐文質奉詔繪遠方職貢圖、名臣畫像，七年，方平奉詔作彩畫地圖，二人一官平灤路鹽運副使，一官鄂州路儒學教授，既非內供奉，志又不言其善畫，恐未必出於己手。陸氏并以是責蘊璨，蘊璨有知，將有所不受矣。

玉雨堂書畫記四卷　辛酉

玉雨堂書畫記四卷，仁和韓泰華撰。泰華字小亭，以貲郎官至巡道（潼關），好蓄法書名畫，尤精於鑒別，幾至以手摸絹可辨宋元明。是編取其最佳者八十種，各綴以跋語，大致務實而不徇名，愛古而不薄今。所錄唐宋不過數家，餘皆明代及清初諸勝流翰墨，與真贋不辨，輒謂「牛即戴嵩、馬即韓幹、鶴即杜荀、象即章得」者迥別。其品題評騭，頗能抉其精妙，亦非賞鑒家沾染江湖習氣者可比。如楊補之墨梅，下據江右楊補之朱文印，其字從木，以明圖繪寶鑑從才不從木之之非。文五峰畫上海顧氏園林冊，下據上海縣志潘允亮允端所摹帖，以補翁方綱題跋之未備。又謂硯山有二，皆出於南唐，皆歸於米老寶晉齋。一凡五十五峰，一僅有六峰，無所謂五山五峰，亦與研山考相發明。董文敏撰書求忠書院記，下既引翁跋，又諄諄於仁人君子之訪求方孝孺後裔實據，尤見其表章忠義，非徒侈語收藏。今按(案)吳士模《澤古集文鈔·重修方氏族譜序》謂：「魏澤藏其幼子以付余學夔，匿之常州芳茂山中，是為芳茂山方氏之祖。」金武祥《粟香四筆》引《江陰六氏譜》謂：「本姓方氏，魏澤及袁柳莊匿公幼子，名朗，冒母姓為陸。」轉徙至江上，又姓劉，既而念存方氏之半，易陸為六。凡此皆翁跋所未及，亦足擴韓氏所未聞。唐人書《續高僧傳》，其第三行署「唐京師□明寺沙門釋道宣撰」，韓氏謂或即道宣并書，竊疑此非道宣書，并非唐人書，當是五代或宋人書。觀所署但稱「唐」，不稱「大唐」，可悟。然錄中大半皆真蹟，而無偽品，為吳氏所刊《松鄰叢書》本前有咸豐元年沈濤序，稱其「不以時代綿邈為奇，不以聲聞炫赫為重，其識已高人一等」，洵非虛譽矣。

二五一

破鐵網二卷　庚申

破鐵網二卷，海寧胡爾滎撰。爾滎字豫波，別號蕉窗主人，監生。是編記所見書畫碑帖、玉器、銅器等，皆賞鑒之論，且甚簡略，中如云舊鈔西園聞見錄七十冊，不著撰人，所錄俱明代前言往行，各分門類，舊鈔熊廷弼各省周地循環志四十冊，止十一省，疑遇禍而未竟之書，趙一清補注三國志十二冊，蠅頭細楷，即書於南監本三國之上，文衡山拙政園圖真跡，分景三十有二，每景序其大略，繫以小詩，後附園記，皆甫田集所未載，而汪珂玉珊瑚網全錄之，特缺林庭㭿前序一篇，此特有之云云，較有裨於見聞。而前兩書不言卷數，趙書又不舉其大概，謂細書於南監本，亦與丁丙藏書志翦裁黏貼之說異（詳三國志注補下）。文序既為本集及汪書所遺，而不記出，又稱其朱竹小立軸，上題七律二章，亦集中所逸，而亦不錄，仍不足以資攷證，衹成其為賞鑒家而已。謂之破鐵網者，道光辛巳管庭芬跋謂，爾策向厚於貲，晚年家産中落，蓋寓綱破無策可以求珊瑚也。此繆氏藕香零拾本，姑存其目而論之如右。

傳記總錄

國朝書人輯略十二卷　甲子

國朝書人輯略十二卷，滿洲震鈞撰。鈞有天咫偶聞、庚子西行紀事，已書於後。

是編仿張維屏詩人徵略之例，取其屬於書家者，先叙字里，後列羣籍。始禮親王崇安，訖女冠侍蓮，凡七百餘人。前有光緒丁未自序，大致以昭代名人尺牘小傳、墨林今話爲藍本，而附以他説。中引諸家論書之語，頗有裨於臨池。間附案語，如程瑤田下之筆勢小記，錄其大略，餘者稍近附會，不取。鄧石如下云「大饗碑亡來已久，國朝著錄家無見之者，疑是上尊號之誤」。曾國藩下云「米巨海當作朱巨川」，亦見審慎。惟劉墉側室藝舟雙楫作黄氏，鷗波漁話作王氏，未加訂正。又錢穀、孫蘭缺其別字，夏光洛、文揆不詳里貫，此類不一而足。所載事實如宋咨同、邵點、陸駿、康濤、吳嘉謨、葉彌廣、景考祥以下諸人均脱注出處，宋咨同下僅有善書二字，已嫌疏略。而趙琳、朱岷、張廷濟、吳嵩梁、葉志詵、陳潮如山諸人，并事實全無，鄭澹居、沈康臣、徐埜夫、汪樣堂、鍾壽民、陳楓崖、陳雲端，則又俱缺其名。苟其廣采各志書及耆獻類徵等書，當可補訂，當增益若干人。卷中亦引志書，而祇五六種，興化縣志係見全書所載，獨多餘似轉販，不解何以貿然付刊？自序有「苟或無徵，姑從蓋闕」之言，而亦太匆遽矣。至馮班下「學前人書」六句，雖一引書要，一引雜錄，究嫌重出，當删其一。梁國治下、洪亮吉下並引北江詩話，雖有詳略，後似可省。此則編訂之疏。沈功宗下稱江南蕭山人，黄家後、詹淇前目錄脱去沈春、郝懿行，室王照圓俱倒為圖照，此則校勘之失，姑存其目焉。

右槐錄之屬

書畫一

續三十五舉一卷 壬戌

續三十五舉一卷，曲阜桂馥撰。馥有說文義證，已書於後。是書蓋續元吾邱衍學古編中三十五舉而作。吾邱論書體正變及篆寫摹刻之法，已稱博綜。馥更歷引成說以補其未備，亦三十五則。惟每則往往不止引一說，又或低一格別引他說以相發明，故不云一舉、二舉。所附案語，如云「繆篆與隸相通，各為一體，原不可以說文律之」，謙中之說，守說文者也；櫟園之說，論摹印者也。其持論可謂名通。又云「所見祭尊印有東昌祭尊、南孟祭尊、上官祭尊」云云，尤足證成李復瀶水集「祭尊非姓名」之義。此類殆非僅事篆刻者所能知。其書初刻於乾隆戊戌，後乙巳重為更定。李慈銘祥琴室日記稱：「自序言摹印變於唐，晦於宋，迨元吾邱衍作三十五舉，始從漢法。元以後古印日出，衍不及見，且近世流弊，亦非衍所能逆知，因續舉之。凡三十則，前有翁方綱、陸費墀兩序，後有沈心醇、吳錫麒、宋葆淳三跋。又稱：「如言古有官印連姓名者，如『裨將軍張賓』由於魏武帝令諸官各以官為名印，有名印具邑里者，如漢有『常山南行唐（漢志常山郡有南行唐縣）陳鶯印信』、『右扶風丁潛印』、『趙國襄國家諺字子義』等三印，皆廣所未聞」云云。今所見姚氏咫進齋刻更定本，宋跋後有陳鱣、胡翔雲兩跋，無自序及官印連姓名等條，李氏所據殆初刻本歟？當更考之。

右篆刻之屬

一三五

藝術雜技

三〇六

二頁共九百九十八

字觸　一

六三六

字觸六卷　乙未

字觸六卷，祥符周亮工撰。亮工字元亮，號櫟園，自稱櫟下老人，明崇禎庚辰進士，入清後官至戶部侍郎。是編意在發明拆字之術，凡廋詞、讖語、童謠、離合詩、字謎、酒令、諧讔等，苟有離析其字者，悉為摭拾。同時所見及己為人拆字，苟有涉於此者，亦載其中。共分六部：曰廋部，曰外部，曰晰部，曰幾部，曰諧部，曰說部。其曰字觸者，取觸機觸類之意也。攷拆字始於謝石，而左傳宣十二年之「止戈為武」，十五年之「反正為乏」，昭元年之「皿蟲為蠱」，已具其理。但術者穿鑿傅會，多失本指。世所傳景齋神機相字法、邵居敬龜鑑、日易影、皇極數，均屬淺陋。亮工頗能文，此雖為游戲之筆，卻尚雅馴。惟所輯故事不盡注出處，有乖體例。曹丕條見宋書符瑞志，引孝經中黃讖，而不注所出，則「魏之姓諱，著見圖讖」句為無根。劉字條注孔子河洛（雒）讖，寄符條注劉向讖，亦未合。兩書久佚，引見宋志，當稱某書引某文，乃不失其根據。東方朔條見西京雜記，而注本傳二字；董卓、呂布條，前事見後漢書五行志，後一事本傳雖載，而文不如是，此為李賢注引英雄記文，而注本傳二字；森字條見蜀志楊洪傳裴注引益部耆舊傳，而注蜀志二字；騶字條見宋書明帝紀，而稱本傳，不稱本紀，本傳字又作正文，且誤明帝為文帝；此類不可悉數。來字條所稱馬某，疑即馬守愚，乃次於汪龍事後；士字條所稱龍曰，疑即汪龍，乃次於馬事後；休字條所稱馬某，又次於鄭仰田事後；此當是各錄在一處，後因分類，遂致語無所承。好字條注一又字，亦同此弊，此當在櫟公筆記中。苻堅條所附案語，以苻、符二姓，其說固是，而謂符融之姓从竹，則此但可以說漢之符融，若晉之苻融，即堅弟，其姓仍从艸，所言殊未別白；且稱魯公干祿書，不知干祿字書為顏元孫作，元孫者杲卿之父，真卿之諸父也。至於靜字條，但稱急及小學天子爭臣云云，不稱孝經，猶其小疵矣。是書大旨，當以

三三〇

三三〇　二頁共九百九十八　字觿　二　三六二

凡例中所稱按之六書不協正義，為篤論，而徐芳序謂可以繼說文，方文序謂可以意通大小篆，殊為謬譽，恐亮工心有所不受。粵雅堂本伍崇曜跋歷引趙翼陔餘叢考、張岱陶庵夢憶、王晫今世說所載以相附益，尚未足相難。竊謂孔紓未沒前月餘，書二十八字於東扆上，有曰：「許下無言奪少年，震而不用月當弦」云云。許無言是午字，震不雨是辰字，見咸通十五年鄭仁表所撰墓誌。劉龑大有元年，欽州民掘得古劍，篆曰：「巳與水同宮，王將耳口同，尹來居口上，山岫護重重。」解者云：「巳亥年聖君出。」見吳任臣十國春秋。大中末京城小兒疊布蘸水向日張之，謂之暈。出入懿宗自鄆王即位，而暈之言應。僖宗幸蜀回，改元光啟，俗諺云：「軍中名血為光。」又字體戶口員戈為啟，其未甯乎？俄而亂作，長安復陷，並見王讜唐語林。梁沙門寶誌銅牌多讖未來事，云：「有一真人在冀州，開口張弓在右邊，子子孫孫萬萬年。」而真宗諱正當之，見阮閱詩話總龜。此類遺漏者尚多。總之，折字本小技，無當大雅，亮工既影附舊文，因正其誤，並補一二如右云。

右雜技之屬

三二

許廎經籍題跋卷十五

吳縣 胡玉縉 撰
後學 王欣夫 輯

譜錄類

玉紀一卷玉紀補一卷 乙未

玉紀一卷，江陰陳性撰；玉紀補一卷，武進劉心瑤撰。性字原心，心瑤字心白。二書皆論辨玉真贋之法，陳分目凡十有一，有道光乙亥自序，同治甲子杜文瀾始刻之。劉不分目，皆補其未備，並辨質地一條，謂陳祇言大概而無序跋，光緒己丑金武祥並刊入粟香室叢書。序譏陳氏所言拱璧為太公璜，不免詖詐，今考『太公璜』見於杜序，書中並未言及，惟所引周書『天替玉』，是約逸周書世俘解之文，何以知西北亦閒產此玉？殊嫌肊說。又所稱玉有九色，亦未盡允，廣雅釋地，玉類有碧瓐，碧之言青，瓐之言黑，蓋謂青黑色玉，今以為綠如翠羽曰瓐，實失其恉。劉載僞石灰古及羊玉、狗玉、梅玉等僞造法，頗為詳備，而如高宗純皇帝文集玉盃記，載玉工姚宗仁論染玉之法：『取器之紕類且寙者，時以夏，取熱潤也；熾以夜，陰沈而陽浮也；無貴無瑕，謂其堅完難致入也；乃取金剛鑽如鐘乳者，密施如蜂蠆，而以琥珀滋塗而漬之，其於火也，勿烈勿熄，夜以繼日，必經年而後成，今偽者知此法已鮮，其知此法，既以欲速而不能待，人之亟購者，又以欲速而毋容待，則與坊者坊牆何殊，云云，則劉氏亦未之及也。然世之尚舊玉者，其於真偽，往往屢受人欺，而始有經驗，而書叙次簡明，頗足廣聞見而資攷證，固賞鑒家所不廢也。

一三〇

古泉叢話三卷附錄一卷 庚申

古泉叢話三卷、附錄一卷，錢塘戴熙撰。熙字醇士，號鹿牀，道光壬辰進士，累官兵部侍郎，咸豐庚申殉難杭州，贈尚書銜，謚文節。是編就家藏古泉椎拓而論說之，前三卷自周寶六化至外國人面錢，末卷爲空首化等。前有道光丁酉自序。中有一則云：余著叢話，不求備，故余於摹拓亦有例，凡余有說而家無其錢勿拓，家有其錢而無說亦勿拓。此前三卷之大槩也。後有跋云：熙不能識古篆，而又不甚信前人說，旣而集叢話三卷成，則併出所藏拓之而綴臆說焉。泉最古而成書最後，遂附於三卷之末。此末卷之大槩也。中引周禮外府正義，此鄭欲解泉布一物兩名之意，誤以賈公彥爲孔穎達，最爲疏舛。又肉化第二品中似當金二字，今攷所拓第三品中尚全二字，似是當金；其第二品中乃釿全二字，上一字以其所釋安邑化推之，蓋即釿字，不解說與拓文何以違異如是？李慈銘桃華聖解盦日記識其開元通寶條下，以文德皇后謂即竇后，建文通寶條下以嘉靖四年補鑄先朝錢，謂景泰因去廟號，故不稱補鑄，獨不知建文乃革除者。今案文德后固非即竇后，若建文未嘗革除，楊椿孟鄰堂集成祖論辨之極明，即謂明史神宗紀萬曆二十三年有復建文年號語，其前曾革除，而此云嘉靖四年補鑄，嘉靖在萬曆前，殆亦至未革除之説，似尚可通。總之其書有附會處，亦有精當處，未嘗不可以資參攷，內附劉師陸諸人案語，亦當時癖古泉者也。此潘氏滂喜齋叢書外刊本，就鮑胡兩家鈔本合校，吳大澂手錄付梓，頗爲工雅云。

右器物之屬

二一五

一二六 五三 酒史續 五三

酒史續六卷

酒史續六卷

不著撰人名氏題曰午夢〔橋〕釣叟蓋康熙間人其書續馮時化之酒史與馮書合刻爲江南圖書館所藏朱印本茲别而出之焉

右食譜之屬

荔支譜一卷　己未

荔支譜一卷，江陰陳鼎撰。鼎有東林列傳，四庫已著錄。案荔支有譜，昉自蔡襄，其後鄧慶寀益以徐𤊹諸家及自撰譜為荔支通譜，中惟曹蕃譜簡質近古，可與蔡比竝。是編記福建、四川、廣東、廣西四省所產，凡四十三種，内如掛綠、公孫諸條，為吳應逵嶺南荔支譜所糾，尚書懷之類，又此譜所缺載。其他以赤命符為一篇，有「清受命」三字，語近誕妄。以萬年枝為與有明相興滅，以匏瓜荔為朱子生當宋末不能見用，如匏瓜繫而不食，故亭旁產荔亦然。以鳳毛荔為文人無行者類此，以墨荔為墨吏，凡著議論處，猶是明人小品習氣，未足多尚也。

右草木禽魚之屬

雜家類一

顏氏家訓注七卷 庚申

顏氏家訓注七卷，江陰趙曦明撰。曦明字敬夫（有江上孤忠錄，已書於後。），是編就宋沈揆本為之注釋，所有無名氏序、沈揆跋及校刊銜名，悉仍其舊，惟攷證向繫之書後者，今散置文句下，有例言十二則，乾隆五十一年自識。盧文弨取以刊入抱經堂叢書，并為之序，又撰曦明傳。其書疏通證明，頗資考訂，文弨間有附益，尤精。沈本提要未之見，鮑氏知不足齋有刊本，此注則盧本外無他刻也。

浮邱子十二卷 壬戌

浮邱子十二卷，益陽湯鵬撰。鵬字海秋，道光癸未進士，官至山東道監察御史，旋罷回戶部員外郎。是編放仲長統昌言、王充論衡，道古今政俗得失、人情事變，以二字標題，始則古，終樹文，六十七目，間有一目分上中下或上下者，凡九十一篇，篇數千言或萬餘言，正改官後所作。攷左宗植慎盦文鈔有與鵬書云：「以海秋之地與海秋之年，且才少挫之餘，人事簡略，舉平昔雕蟲襍習、華囂凌競之氣，幡然棄去，併入於斂聲就實之中，於以上下古今，深求理亂興衰之故，與國家政治得失之大，進可以謀謨廟堂，啟贊帷幄，退則昌其議論，著為文章，以自託於立德立功之次，吾烏能測海秋之所至。」鄧懿辰半巖廬遺集有鵬哀辭云：「君高語周、秦，廣衆中曲詆司馬遷、韓愈，以張其說，人或觝不服，輒出所為浮邱子俾讀，讀者不能終篇，益愕眙對君，君則鼓掌掀髯大喜。」由前之說，是此書因友人勸勉而成，由後之說，是鵬於此書頗自矜異。今覹全書，大致立一意為幹，而分數支，支之中有支，則支復為幹，相演而遞於無窮，或廉悍似韓非，或恣肆似莊周，或醇茂又似荀況，無不達之筆，亦無不顯之事理。雖其中往往引東晉古文，不知其為偽，又如訓廉篇引周官「以六計弊羣吏之治，一曰廉善」云云，不知諸廉字當訓為察，王安石、王昭禹、易祓、王與之及近世黃以周諸人並同此說。樹文篇云「誦大學之文，則曾子析其次第」，不知大學乃漢時書詩博士所纂集，非曾子作，故書中明引曾子曰，朱熹說為妄，凡若斯類，皆欠持擇，然其書意不在考證，則亦不必苛繩也。姚瑩東溟文後集有所撰鵬傳，載鵬之言曰：「漢以後作者，或專工文辭，而義理時務不足，或精義理明時務，而辭陋弱，兼之者惟唐陸宣公、宋朱子，吾欲奄有古人，而以二公為歸。」亦可知其辯旨所在云。

半巖廬日記五卷　庚午

半巖廬日記五卷，仁和邵懿辰撰。懿辰有尚書傳授同異考，已書於後。是編乃其官中書時逐日所記，僅存自道光癸卯九月九日至甲辰十一月十二日，兩册。丁未昆弟於兵燹後得之書賈，曾節取為忱行錄，刊入當歸草堂叢書，而以原稿歸諸其子順年、順國。今其孫章於丁本外重加補錄，欲依日記體例重刊，屬余覆覈。其中論經籍、文章、時事，而以說大學者居多，攷朱熹大學章句變亂舊第，分三綱領、八條目，以為曾子所述；又以為闕亡格物致知傳，皆不足據，而說理頗精。懿辰悉本於戴震言「理出於氣，仁義禮智所性而具，欲生於人由耳目口鼻四肢而生，氣稟與人欲一貫」；又言「知雖皆氣之所為，而其原有由理而氣、由氣而氣之不同」；又言「出於理者亦秉乎氣而出，而出於氣者其當處亦是理」；又言「告子謂生之謂性，解字義卻不差，但其所指偏在氣」，故孟子駁之。所說致

為精當。其他：解儒行「不充詘於富貴」，以為詘當讀作茁，茁壯之茁，謂充盈茁壯，正
隕穫之反，不充詘，鋑然斂抑不自滿之意，為先儒所未道，亦足以備一義。又言：
「始立教者，皆聰明奇傑之人，特立意少差，不合聖人，其徒沿流而又失之，遂致
惑世誣民。」所見尤極透達。惟言性即理，則承襲舊誤，殆不能通。又言各省歲報
民數為粉飾浮增，此泥於往事為説，亦失之滯。據西人馬爾薩斯説：「十九世紀之初，全世界人口尚不滿八萬五千萬，方到二十世紀，已過十七萬萬，是百年間竟增一倍有奇。」故近時西人謂中國人口為四萬萬五千萬，雖無塙據，恐或不遠也。今皆姑仍之。
其以丸字為从九从一，以麻為木，豈能在屋下，以學與教為皆从孝，以猒為訓
斁忘，又訓飽足，又訓虛瘉，則解丸、學、教三字為不合六書，解麻為不知即休之
或體，解厭為不知有正、叚之別，今皆節之。尤異者，湯鵬言：「本朝講漢學諸家為
害甚於洪水猛獸，」懿辰稱其極為卓識，此則孫鼎臣一流之言，曾國藩作論
序，所由不得不諍論者，今特仍之，以見懿辰一生為學之宗指，即藉曾語之正

六　二頁共六百八十二　半巖廬日記　二　六

孫者以正邸焉。

右雜學之屬

三一〇　　二頁共七百五十四　　困学紀聞參注　一　　六四〇

困學紀聞參注一卷辛酉

困學紀聞參注一卷，奉新趙敬襄撰。敬襄字竹岡，司萬，號一，嘉慶己未進士，官吏部文選司主事。其書據閻若璩等七箋本於正文、注文皆有申駁，凡五十七條，大旨融會文義，不尚繁稱博引。中如以伏生親見古文逸篇，重華協明者三宗，非謂富公；檀弓為篇名，非弓作；張釋之為廷尉實後三年；昌豨姓昌，非平昌；九葉宰相，葉者代數，非人數；秦罷歲貢淡菜蛤蚶之屬在元和九年，非二年；閩人舉進士由歐陽詹始，昌黎文不誤，具見讀書心細，足資參考。益州夫子廟碑「帝車南指」四句，言人人殊，今以為北斗七星在辰巳二宮，及三台星之上，故云南指；中階道者，循環運轉之意；華蓋六甲在酉戌二宮之上，故云西臨，皆舉垂象之大者言之，亦足備一義。惟齊桓塞九流緯書所言自是實事，非如讖之誕妄，乃謂縱欲塞河，安得如許土石？「酒誥」之篇俄空，當是揚雄所見本首句作「口王若曰」，故云俄空，其後有人補以成字，故鄭注

云：「王」一作「成王」，乃謂「或因序文不言止酒之意」。「治梁及岐」古注，王氏及閻氏蓋
指鄭注「梁山在左馮翊夏陽，岐山在右扶風美陽西北」而言，乃謂潛邱明知孔
傳為偽，於此復以為古注。華泰序孔疏「必是詩有此字，不可以意言」，孔意以子
夏作序，詩尚未亡，今既亡之，故不能意為之說，此正憑信小序，乃謂駁及詩序，
深為有見。說文叙「皆古文也」，言其中所說形聲義，皆合倉頡、史籀，非皆用壁中
古文，乃謂「五經惟論語、孝經有今古文，皆者即指此二經」。何休以不修春秋百
二十國寶書三禮春秋，閻云「三禮二字，似是修為二字」，實本公羊傳首徐疏所
引，本指孔子，不指何休，乃謂說成何氏修春秋。安陸王碑「奕思之徽」四句，秋儲
固非二人，故以對流睇，乃謂以流對取、儲對思。四月八日佛生，是傅會魯莊七
年左傳夜明之文，乃謂佞佛者不知瑞應經句讀。若斯之類，非誤會即肊說，皆
由識之不足，當分別觀之也。此朱氏豫章叢書本，前有光緒戊子新建陶福履

三三〇

序云參注凡二本一小字本先生所自刻一大字本南昌婁澗筠先生所刻互有譌誤悉刊正之婁序稱先生所注凡千餘條以未克搜輯為憾而先生自序則謂就其中鄙見以為創獲者數十條別刊此本然則所謂千餘條者或先生晚年手自芟削云云知是書稿本原有千餘條殆散佚無存矣

困學紀聞集證二十卷 癸亥

困學紀聞集證二十卷，黃岡萬希槐撰，希槐字蔚亭，以廩膳生官南漳縣訓導。案紀聞一書，包羅宏富，閻若璩、何焯各有評注，四庫著錄即是本，後全祖望又有箋釋，謂之三箋本，兼載方朴、程瑶田、方粹然、屠繼存諸人說，而錢大昕所考訂又往往眉列上方，至是希槐又別為之集證。其書於原本所舉之人、所引之書、所用之事，頗多疏證，雖不逮翁元圻注本之備，而視謝本為已詳。中如易類「康聦國之脈」條下，謂「晉盈當作晉寅」，書類「禹貢釋文」條，原注引世說注，下謂當是言語門「王右軍、謝太傅登冶城」注，今闕。此類極為精審。惟書類「帝使其子九男二女」下，以「父母使完廩」一段為舜典文，則「四岳薦舜曰克諧以孝」云云，是舜未徵庸時瞽瞍象已格非心，所稱焚廩揜井，當為齊東之語，安得舜典載之？左氏類前輩學識條下，引蘇軾和陶詩，則觀臨穴惴慄之言，是康公從父亂命，迫

而納之於壙，安得過責三良。論語類說苑管仲築三歸以自傷於民下，引戰國
策文為以掩桓公，非自傷於民，則孔子何以譏其不得為儉。歷代漕運攷漢志
湋水下，引明地理志湋水合昆水，沙河水入汝，則湋水一名沙河，非別有沙河。
評詩類唐子西佳月條下，以敖陶孫曜翁集為已佚，則曜為臞之誤，其集尚在
南宋名賢小集中，亦未佚。以及攷史類功臣表下，引郭忠恕佩觿集，誤衍集字；
唐開元任將條下，稱柳珵采其祖彥昭，祖上當有曾字，皆不免疏舛。張宗泰魯
巖所學集有是書跋四則，已為之糾正，又議其儀禮類何承天傳下，失采唐文
粹所載杜之松王無功問答書；左氏類列子載隨會知政條下，謂韓氏無武子，
不知韓萬謚武子，特當春秋初，不與欒懷子同時，亦足補其未備。此皆就集證
言也。其駁他家之說：書類西伯戡黎孔注條下，方朴引易內文明而外柔順，則
謂孔注不作如此解說；攷史類劉允濟曰條下，閻金並王文心雕龍遺親攘美

三三〇　　二頁共九百十六　　困學紀聞集證　二　　四八九

之說，則據韋賢傳後、翟方進傳後並引司徒掾班彪及顏師古注，以為班固未嘗遺親攘美。評文類劉夢得歎牛：「員能霸吳屬鏤賜」，闔引楊慎說文法皆祖韓非門人捐水而夷射誅，則據定二年左傳文，謂門人當作閽人，夷射亦未嘗見誅，並引韓非有齊王誅中大夫夷射事，以為邾事之訛。評詩類平園詩下屠云：名必大字益公，則謂益公是所進爵號。徐淵子詩下全云：「亦四靈之一」，則謂淵子與四靈無干，蓋訛為徐靈淵。又有駁王氏原文者，孟子類照乘之珠云云，則謂諸侯之寶三，孟子明指土地、人民；評詩類朱新仲詩重陽惟有傳延年原注前未有用者，則引陸龜蒙白菊詩「還是延年一種材」，謂唐人已用之。凡此張跋所舉，翁注亦間有刪訂，翁書成於道光乙酉，張書成於庚戌，而竟未之見，故又以是書為幾無復遺憾，訖今翁注行而是書漸微，譬之爾雅，一猶邢義疏，一猶邵正義，要自可並存也。至張跋之未得者，易類齊德衰惠於召陵，閽云召陵當作癸卯，全云：以此衆戰云云，已有震矜之意，全說深得汪旨，乃以為失之好辨。左氏類雍熙中校九經條下，閻以蕭琛得漢書真本為更奇，集證於張史類梁書劉之遴傳下，以真本為謬妄，萬氏蓋重在駁正本文，而閻說之誤自見，乃謂何不引以駁閻。諸子類韓子條下，全云：鮑注國策最疏略，全意殆據吳師道補正為言，提要亦稱吳之精核勝鮑，乃執下文所稱鮑書疏通詮解殫一生之力為疑，皆不足據，因附正之。

一五九

羣書疑辨十二卷　辛酉

羣書疑辨十二卷，鄞縣萬斯同撰，斯同有聲韻源流考，四庫已附存目。（提要云：斯同有廟制圖考已著錄。今案：聲韻考隸小學在前，廟制考隸政書在後，故舉其前者，惟字里詳廟制考下。）是書卷一至三皆攷論經傳，卷四雜論古今喪禮，卷五論周正及春秋、孟子，卷六為禘說及房室祔廟遷廟考，卷七為歷代廟制考，卷八辨石鼓、石經及古文隸書，卷九雜論字學、書學，卷十辨崑崙河源，十一、十二雜論宋、元、明史傳記。嚴可均鐵橋漫稿據其開卷易說稱「易非道陰陽之書」云云，以為倍於孔子，易說非斯同作。今案斯同精於史學，疏於經學，故書中論史頗足依據，論廟制、論河源雖間未盡覈，（詳提要）而精塙處居多。論禮好違鄭注，論春秋好闢左傳，已失家法，至於極稱古文尚書之真而詆盤庚、周誥為不足存，力駁毛詩小序之謬，而謂二南、國風皆未刪定，直是嘘王柏書疑、詩疑之焰，欲不謂之狂妄而不得。觀萬斯大周官辨非、儀禮商諸書，亦喜立異說，果於信心，則知萬氏兄弟之學派如此，不得以『易非道陰陽』一語遂斷為非斯同作也。李慈銘孟學齋日記稱其『經學尤深於禮，史學尤詳於明』，又稱其『論喪禮一卷酌古禮以正時俗凶禮之失，皆切實可行』，不知斯同為徐乾學撰讀禮通考，秦蕙田撰五禮通考，特一較有倫序之類書，於先聖禮意實未之有得。此書言喪禮雖不為迂談，而亦非說經體裁所當別論。又李氏以斯同深譏劉因，痛詆張居正，為攷之未審，則元之劉因，經全祖望結埼亭集論定，可無遺憾（議）；若明之張居正，終為功罪參半耳。是書前有汪廷珍序，謂『其間有攷之未詳者，有勇於自信者』，夫亦可參觀而知其大槩矣。

竹汀日記鈔三卷 庚申（嘉定錢大昕撰）

竹汀日記鈔三卷，錢塘何元錫編。元錫字敬祉，號夢華，又號蝶隱，錢大昕弟子。（監生，候補主簿。為）（大昕有經典文字攷異，已書於後。）大昕主講吳郡紫陽書院，凡賢士大夫及諸弟子過從甚夥，自乾隆戊申訖嘉慶甲子凡十六年，所見書籍、金石文字皆隨手記錄，多所攷證。大昕歿後，嘉慶乙丑，元錫由其從子繹假歸，摘錄編為三卷，付諸剞劂。卷一為所見書，卷二金石，卷三策問。所見書其策問乃條繫經史事以為問目，蓋以課子弟及書院生徒者。所見書間及近人，唐書合鈔、太微經、廣疋疏義等，而以古籍為居多。凡所論辨大致與其所箸養新錄及金石跋尾相出入，而此特簡略，亦有為兩書所未及者。中如靈臺秘苑初以為贋本，後疑即王安禮天文書，當以後說為長。周禮義疏陳友仁序不知作者姓氏，而以己名置卷端，以為俗儒好名之弊。攷陳序又稱「訓詁未詳者，益以賈氏、王氏之疏說」云云，是友仁因舊本重輯，既不得

原作姓名，但署己名，未為大失，且此書提要及瞿氏鐵琴銅劍樓、陸氏皕宋樓
諸書目皆作集說，今以為義疏，疑屬筆誤。高貞碑清暈發于載卄，以卄字為年
字之誤，不如陸耀遹金石續編：卄別體作卄，與廾通，載卄即載廾之說，證以魏
李文弔比干文談卄即談辨，尤可得其會通。然全書窮原竟委，凡書之行款、格
式、印記、石之書撰年月、所在地，往往纖悉備載，沾溉後學良匪淺鮮。李慈銘孟
學齋日記舉其駮潛邱劄記湖廣之名起於元、段氏說文解字讀亦有自信太
過諸條，以為訂正之功，關係不小，亦可見是書之精善矣。至卷中稱蕘圃
所藏宋槧碁譜李逸民撰，名曰忘憂清樂集，共三卷，前題碁待詔李逸民重編
云云，不徑稱李逸民忘憂清樂集者，此書原無標題，黃丕烈據陳振孫書錄解
題始定此名，瞿氏目錄詳之。陳錄載忘憂清樂集祗一卷，此本版有上中下小
數，丕烈注百宋一廛賦以為記劉仲甫忘憂集之舊第，更屬肊說。大昕所記雖

三三〇

似迂曲，頗見斟酌，此又讀書者所當知也。潘氏滂喜齋叢書外有是書刊本，删其策問，并爲上下二卷，蓋非元錫之舊第，爲附正於此焉。

羣書拾補不分卷　壬戌

羣書拾補不分卷，餘姚盧文弨撰。文弨有經典釋文考證、字紹弓，號抱經，乾隆壬申一甲三名進士，官翰林院侍讀學士。有儀禮注疏詳校，已書於後。

是編所校自五經正義表至林和靖集凡三十七種，其中惟易經、尚書注疏、史通、鹽鐵論、新序、說苑、申鑒、列子、韓子、晏子、風俗通義、新論、潛虛、元白集十五種通校全書，為稍詳。所補者惟山海經圖讚、風俗通逸文，為足補各本之闕，而易經注疏惟正汲古本之誤，不及官本。申鑒、列子、潛虛亦頗疏略。前有自序，稱「限於資力，約之又約，終未快於懷」云云，為抱經堂自刻本。然則是本蓋盧氏自經刪節矣。今案山海經圖讚，郝懿行箋疏本已刻之。風俗通逸文，為錢大昕所輯，十駕齋養新錄言之。案：臧鏞堂拜經堂文集有華嚴經音義跋云：「錢少詹輯風俗通逸文，而此引云：天子治居之城曰都，舊都曰邑。春秋之末，鄭有賢人，著書一篇，號鄭長者，謂年長德艾，事長於人，以之為長者故也。皆錢本所無，至錢本有之，而文或節轉，不如此引為完善者尚多。」其說亦讀者所當知，附識於此。又言頃歲讀馬總意林、僧玄應一切經音義等書，續有所得惜學士已逝，不及增及，而張澍補風俗通姓氏篇一卷，在二酉堂叢書中，尤為詳盡。李慈銘祥琴室日記稱盧校為最完備，未盡覈也。荀學齋日記又稱：「太平廣記卷三百十六鬼部引陳國張漢直一事，卷三百十七鬼部引鄭奇一事，皆本風俗通怪神篇，拾補於張漢直條僅據元槧校，於鄭奇條僅據御覽校，皆未及引廣記，其文頗有互異可訂補者。」此則足廣其未備。又其書尚有舛誤，如黃丕烈藏書題識有校宋本列子跋，譏其賈逵姓氏英覽用綦十二枚（故）二條，誤認釋文為注，并校得數字，此類以未見宋刻之故，遂致不能區別，雖屬可原，實非小失。然校讎之學本自無窮，即所拾補者言，用力勤摯，一書而具數十書之用，其沾溉後學者已匪淺鮮矣。

拜經日記十二卷 壬戌

拜經日記十二卷，武進臧鏞堂撰。鏞堂一名鏞，又名庸，字在東。輯有盧氏禮記解詁輯本，已書於後。是書攷訂異同，分别源流，辨正俗誤，體例與其高祖琳經義雜記相仿。世多疑其勦襲，然其中明引雜記及琳困學鈔，又辨同時人説，當非竊取琳書。攷周壽昌思益堂日記載陶樑云：「彭甘亭謂人曰：『臧在東學問只在衣箱子裏。』蓋在東先人故老學所著述未刊行，臧出輒載其先世稿於行篋中，人或有所質，臧必閉户發篋詳閲而後能對」云云。疑者殆即本此。實則雜記後由鏞堂刊行，當時王昶幕中相輕薄之言，奚足據也。茲但以書論，如據七略以子夏易傳為韓嬰作，據别録以王制為非漢人作，據吕覽「命大尉」作「命大封」，以月令為非秦制，及以荀日新為説文苟部自急敕之苟與艸部苟字不同之類，俱極精塙。惟謂蔡邕石經儀禮殘碑同此今禮，則鄭注所云今文者為小戴所傳高堂生之本，熹平所定石經自有兼取今古文，非鄭之所稱今文本，乃以為可以論他經，不可以論儀禮，殊失之偏。謂孔疏引論語是月之文以證「是月禫」，義全允協，則檀弓是月，是與寔通，寔月即實月，言實足一月，蓋蒙上祥縞為義，與論語「是日哭」之文無所繼者不同。謂「先之以子夏」，夏為貢字之誤，則論語先進篇四科十人，本合上文從陳蔡為一章，釋文所引鄭本可證，當時有子夏、冉有甚明，安得謂陳蔡之厄無子夏。其時子夏年十九，申之以冉有者，或亦因其年少而申之，然亦第有其意而曾未見諸行事，故謂之蓋。蓋者未定之詞，必以史不言子夏之楚，遂疑子夏為子貢之譌，則史亦不言冉有之楚，而冉有又係何人之誤？更未免進退失據。謂左傳為姓邱名明作，則左姓邱明名，段玉裁經韻樓集有代禮部駁山東巡撫請以邱姓人充先賢左邱明後博士議，攷證最為詳覈，可悟其失。謂孟子七篇為自著，則篇中諸侯王多系以謚，不應其時俱薨，恐未必全出手定。凡若斯類，均

三三○

屬可議、張澍養素堂集有與鏞堂書、但辨其「段干木姓段」一條、劉恭冕何休注訓論語述、但辨其「公羊注引亾祭為後人誤改」一條、猶未盡也。然其書剏通大義則不足、研求古義則有餘、在漢學中要自名家、朱一新無邪堂答問乃與惠棟九經古義同譏、謂「摭拾前人棄置不用之說、其所推衍亦罕精罕、未為定論。」李慈銘桃華聖解盦日記云：「其言『詩之不吳不敖』及『不吳不揚』、鄭箋本皆作不娛、禮之『寡人固不固』、鄭注本作『固固焉』、以焉字屬上句讀、詩有釋文可據、禮有正義可據、今本皆為王肅說所亂、其論甚確、而盧氏經典釋文考證、阮氏十三經校勘記皆不從之、以兩公之素重拜經、又皆身與其事、尚各執所見如是、蓋亦深有取於其書矣。」

三一〇

唐述山房日錄　一頁　三四一

唐述山房日錄四卷　壬戌

唐述山房日錄四卷，烏程盛朝勳撰。朝勳字眉庵，其書皆讀書劄記之文。朝勳歿後，紀慶曾審定，屬沈垚編次者。震澤沈氏始刊入昭代叢書。朝勳於通鑑用力最久，故其中辨正胡注處頗為精塙，其餘隨時所記，往往有前人所已言。然如通鑑宋明帝紀泰始二年鵲洲條，不知胡引杜預注鵲岸在舒縣，實與通典及元和郡縣志並言在南陵合。泰豫元年東荊州刺史條，不知胡稱東荊州治比陽，實本元和志，已為沈垚所糾。又如十國春秋條，不知楊漢賓奔忠州，乃北走非南奔。晉王延後魏于什門條，不知二事實人所共知，無待表出，垚亦言之。其疑後魏沃野鎮先在漢舊縣，後移河北，尚作未定之詞，垚歷引諸書證之，尤足補其未逮。垚落帆樓文集又有與張淵甫書論是書及書後一篇，大致謂慶曾以朝勳著述少，收采較寬，倘天假以年，所成未可量。茲之所錄，安知非其所

不欲存者，則是書之定論也。然其書尚有根柢，過而存之，未始不足以供參攷

矣。

三一

三〇八

數經筆記一卷 庚申

數經筆記一卷元和陳倬撰倬字培之咸豐己未進士官至戶部郎中○是編雜論經義於學術之源流傳本之異同文字之正段剖晰極為分明雖篇帙無多而足為攷證家取則○中如引說文乇艸葉之訓以證鄭玄周易本甲宅為甲乇之段蜀都賦注宅居也三字為李善語非鄭注引詩毛傳密安之義以證馬融尚書本密靖非寧靖引廣韻槽果木華實相半以證劉熙孟子本螬食為槽食之類讀書尤見精審○非止順乎天而應乎人本作應乎天而順乎民為鬼為蜮鬼即魄之省蓋觀者如堵牆經文本作如堵注有堵牆二字如李慈銘桃華聖解盦日記所稱已也○惟七里之郭據段灼傳作五里以為古制降殺以兩五七形近而譌似非孟子之恉○古凡言數者必三五七少則曰一多則曰九經傳中不可枚舉三里七里殆即詩其實七兮其實三兮之例孟子猶七年之病求三

數經筆記 一頁 六二一

年之艾，亦是此意。此處蓋互文見義，三里之城，則必有五里之郭可知，七里之郭，則必有五里之城可知，本不拘於實數。觀齊策貂勃曰單同是論，即墨一言三里之城，五里之郭，一言五里之城，七里之郭，可以意會。鼶鼠豹文鼮鼠，據說文不錄鼮字，以爾雅鼮鼠二字為衍文，既嫌專輒，又據盧藏用傳其弟若虛曰：此許慎所謂鼶鼠豹文而形小者，疑今本鼮鼠二字即形小二字之訛，又自相歧異，不如段玉裁六字為一物，郝懿行鼶鼮二鼠皆具豹文之說，免得紛紛竄改。說文：睽，目不相聽也，以為聽猶視也，不知聽之言從，周語：民是以聽，周策：寡人請以國聽，呂覽樂成篇：寡人盡聽子矣，韋昭、高誘並訓為從，不相聽，即不相從，何必以義相隔之視而通之。然全書精覈處居多，非光緒以來好新奇者所能及。此自刻本卷端有自識語，前後無他人序跋，王氏將刊經解續編，其目錄初收是書，後乃去之，未知何故也？

三一三

無邪堂答問五卷　己未

無邪堂答問五卷，義烏朱一新撰。一新，有漢書管見，字鼎甫，號蓉生。光緒丙子進士，官陝西道監察御史。是編錄其主講廣雅書院時與諸生答問及評論之語，其佩弦齋文存答龔菊田書，言是書宗指甚詳，大致謂「學必期其有用，功必歸諸實踐，由訓詁進求義理，而如漢學家溺於訓詁以害義理者不取；由義理探源性道，而如講學家空衍性天以汩義理者不從；言治術務求可行，而不敢為高遠之論；言時務必明大勢，而深鄙夫揣摩之徒，以此為教，庶鮮流弊。」今案其書，如云：「天下無有兩是之理，正當別黑白而定一尊。」又云：「凡立言取快一時，其後必多流弊。」又云：「凡物皆自無而之有，自有而仍歸於無，物之形可以有無言，物之理不可以有無言。」又云：「文字之傳，以目治者難而可久，以耳治者易而輒變。」持論極為明通。其他攷訂疑義，亦頗翔實，惟以王制為漢文時博士作，以月令為後人輯，皆沿舊論。詳見家語證偽下。以攻偽古文者為畔道，以立一無適為展轉相解，以契丹立晉為甚其辭，皆好翻舊案。以鄭樵學識為在諸儒上，與章學誠文史通義同一偏見。文王治岐，其時未變為周，安得謂非殷制。一卒偏兩，皆謂車乘，以偏有大小兩之一卒者，明其卒為正兩之一卒，非大小偏之兩之一卒，舍偏兩之一者為正兩之一偏，非大小偏之偏，安得謂偏兩為車數，一卒為人數。禹貢三江，鄭注初學記與孔疏所引義自相成，安得謂初學記誤引。樂記鄭注：理猶性也，此理極精，中庸朱注：性即理也，與召誥言節性難通，安得並引為證，漫無區別。驪分東渡海二千里，仍指羅馬東部言，安得泥東渡二字，謂唐書舉全境，非僅指東部。以拂菻為大秦不誤，南懷仁康熙中官欽天監正，安得謂景教碑崇禎間始出土，南懷仁無從而知。至謂日本終將為俄附庸，又謂日本鐵路債款終將償以國，此皆甲午以前之見解。又謂鐵路與輪船相消長，鐵路行而輪船必衰耗，目未知車舟綫本相避而相濟。又謂民主者便於亂民藉口，而非真能安其國，此在當時立言不得不如此，而大勢趨於民主，雖天地鬼神不能遏，將來弊之所極，美法或將爲君主，而此日卻未可質言。然全書於一事、一義往往委曲詳盡，注中有注，亦復體例秩然，「温故知新可以爲師」，一新庶乎其副此語矣。

右雜考之屬

天香閣隨筆　五四八

吳縣　胡玉縉　撰
後學　王欣夫　輯

四　三〇九

許廎經籍題跋卷十六

雜家類二

天香閣隨筆書後　二卷　跋

天香閣隨筆二卷舊題江陰李介撰攷江陰縣志隱逸傳李寄字介立即徐介立母周氏徐宏祖妾方孕而嫡嫁之以育於李氏故名李寄又以介兩姓歷兩朝故自命介立今此本題為李介疑介字誤卷首載自撰崑崙山樵傳稱有著述若干種今黃冠出遊云云蓋明之遺老書中自江右入浙條稱余以鹽業持引是曾為鹽商徐仲昭條稱國變後十餘年庚戌得其詩十七首則介在康熙九年間尚存也書本八卷雜記鼎革間遺事及舊聞佚詩徐恪刪存若干條不分卷數譚瑩得鈔本於書肆伍崇曜乃釐為二卷刊入粵雅堂叢書焉內多空圍大率係忌諱語未知徐錄如是抑伍刻缺之而大兵字屢見顧玉川條又稱其生當盛世皆指清言殆無一定體例謂曹變蛟抵吭而死足補明史本傳之遺謂李定國兵律極嚴足正貳臣傳孫可望傳之誤謂許定國鄉導南下此

與無名氏研堂見聞雜記中載孫之獬以薙髮激禍同為小人之尤貳臣傳隱約其詞得此乃顯其他記黃得功祖大壽洪承疇事亦多可以互證西塞山匡女洞蜀山等條駁正入蜀記常州府志宜興志塞蘆子條駁正錢謙益杜詩箋均見攷據固不僅萬元吉文足補史闕陳元事足備參攷如伍跋所稱也惟以王接詩重逢又是十年別為閩人生幾十年為本於顧況一別二十年人堪幾回別不知杜甫別唐十五詩云九載一相逢百年能幾何已有此意又以趙時春謂貞女宜禁為有益風教亦失之偏歸有光貞女論近儒多議之可以槩見敍大體純正筆亦簡老不可謂非說部之佳者矣原附天香閣集今分著之

鄦亭經籍題跋卷

吳縣　胡玉縉　撰
後學　王大隆　校

因樹屋書影十卷　甲子

因樹屋書影十卷，祥符周亮工撰。亮工有字觸，已見前（書於後）。是編於順治庚子因事繫獄時作，將生平所覩記有關於風俗人心、文章政事及山川人物草木蟲魚可廣見聞者，隨筆錄出，或自為辨論，或引成說而加以折衷，或即因以見義。雖間傷瑣屑，而遺聞軼事，如記王世貞初不喜蘇文，晚乃嗜之，臨沒時牀頭尚有蘇文一部；及蘭陽王王屋恚憤失志而死，雍邱侯汝戩倡海金文社之類，為他書所不見。惟如所載白字僻典頗夥，而劉先主見董卓自稱白生，唐營妓雲英嘲羅隱曰：羅秀才尚未晚白，乃未之及，洪亮吉玉麈集已補之，則攟摭猶略。又載南曲老寇四家有陶宗儀說郛全部凡四巨櫥，世所行者非完本，而楊維楨說郛序、孫作滄螺集中宗儀小傳均稱說郛一百卷，知亮工所記為妄，提要說郛條亦譏之。聞傳聞猶誤，以隨會為非晉文公同時，而僖二十八年傳城濮之戰身之僑先歸士會攝右，是二人同時。以世碩為不知誰人？而漢書藝文志世子二十一篇自注云：「名碩，陳人，七十子之弟子。」論衡本性篇亦云：「周人世碩以為人性有善有惡，作養書一篇。」是世碩亦有明徵。以王柏詩疑欲刪野有死麕諸篇為所論極正，而桉諸小序非皆淫亂之詩，張宗泰魯巖所學集糾之。以徐偃王名偃為偃即寤生意，而偃王有筋無骨，明見尸子，於寤生意無涉，沈濂懷小編正之。以王質為宋末人，而質為紹興三十年進士，提要詩總聞條又訂之，則攷覈猶疏。宗泰又議其辨揚雄仕莽為不必，稱海忠介五歲女絕食為偏見，葉廷琯鷗波漁話亦議其棄上無整齊書為非是，此則見仁見智，尚未足為亮工

鄭箋謹案：王質，宋史三百九十五有傳。

三三。

難也。然亮工究有學問，非空疏者可比。是書亦王士禎《香祖筆記》之亞，惟羅貫中《水滸傳》、高則誠《琵琶記》亦為之辨別其虛實，未免自穢其書。周中孚《鄭堂讀書記》稱其「網羅甚博，採擇甚精，文筆又甚高古」，亦溢美之論耳。原本久佚，此雍正乙巳，其子在延重刊，序稱「黃山吴宗信字冠五校訂，即書中所列屯溪螺隱先生是也」云云，然則宗信或有所參酌歟？至元祐黨人碑，饒祖堯、沈暐本皆有曾布、章惇、黃履、葉祖洽四人，宗泰謂未知所據何書？是以不誤為誤。阮太沖推重傳文兆之十一翼，實為太過，故亮工譏太沖並不曾見從前作者之書，故以為從前作者可盡廢，頗見語妙，宗泰謂大言欺人，尤為誤會。武王几銘「維口生㖃，口戕口」，數口字固非缺文之方空，但宗泰以為金石文字有方空，經傳不聞有此，其說亦非。逸周書方空甚多，將何以解？其他「前輩飛騰，不必改前路」，以及李蓘字于田作子田，顧榮作賴榮之類，當屬傳寫之失，宗泰以為記憶之疏，無闡宏旨，今置之不論云。

九

三〇八

澹餘筆記 一頁 三四一

澹餘筆記一卷 庚申

澹餘筆記一卷，安邱曹申吉撰。申吉字澹餘，順治乙未進士，官至貴州巡撫。逆臣傳稱其從吳三桂作亂，不知所終。盧見曾山左詩鈔小傳云：「聞變之初，申吉夜遣人飛章入奏，疾馳六千里，十六日而達都門，上始得吳逆反狀。當其陷賊中，無日不伺間圖賊，為賊所覺，劫歸雲南，遇害於昆明之雙塔寺，年僅四十六。」疑詩鈔得其實也。是編仿王世貞弇山堂別集中盛事異典諸纂，就耳目所及記順治一朝掌故，惟慈闈重慶條為康熙改元後事，書成於康熙二年，大致資談助者多，裨史學者少。前有自識，稱：「聊取寄興，非能續其書。」即此已可概見。其中言甫經投誠即授三孫，如馬寶、祁三昇之流，當之者以為異典，紀之者以為濫恩，持論頗正。他如法若真不登鄉試錄，吳珂鳴不登會試錄，俱入詞林，固為科第特恩，而王登進至江西副使，乃長班奇才；方策至兩淮運使，乃市井賣菜傭，則又見當時之仕途穢雜矣。此繆氏藕香零拾本，録而存之，蓋不失爲識其小者云。

三三

一二一

蘿屋書見一卷 庚申

蘿屋書見一卷，不著撰人名氏，為江南圖書館所藏寫本，但有「惟憲」一印，丁氏藏書志疑為汪惟憲作。案：惟憲字子宜，號積山，又號水蓮，仁和人，雍正己酉拔貢，有積山先生遺集，朱琦古文彙鈔曾錄其文。此則隨手雜錄之冊耳，究為惟憲自撰，抑錄他人，實不可知？爰存其目，並著闕疑之義如右。劉翼謹案：劉錦藻續清文獻通考雜家類雜記之屬有蘿屋書見一卷、寒窗絮語一卷、積山雜記一卷，合為一書，並題汪惟憲撰，則此書確為汪撰無疑。

右雜纂之屬

蘿屋書見 一頁

一三一

廣陽雜記五卷　壬戌

廣陽雜記五卷，大興劉獻廷撰。獻廷字君賢，號繼莊，布衣。其書有紀游者，有考證瑣事者，有述友人論議者，有載軼事舊聞者，爲其門人黃曰瑚所輯。向祇有傳鈔本，光緒間吳縣潘氏始刊入功順堂叢書。全祖望稱其爲薛季宣、王道甫一流，又稱書中所述大兵征俄羅斯及王輔臣反平涼，文俱極可喜。譚獻復堂日記亦稱其爲振奇士，又謂尤喜其說理論事，有獨見，而以蓄思隱軫，回曲其詞，易代久而猶有魯連田橫之想爲異。李慈銘荀學齋日記則謂多記殘明佚事及國初官制，樣雜無序，偶一攷古，大率淺謬，宜其心折於金人瑞，惟有一條云：唐王諱聿鍵，終於福建；其弟聿鐭，終於粵東；桂王諱由榔，終於夜郎；魯王諱以海，終於海外。名皆若爲之讖，則自來論者所未及。今案獻廷之學主切用，不主攷古，自是北方學派所言，皆好大而夸，又異乎北方之淳樸，然其中論音韻論輿地書，論水利，雖僅標大略，未及成編，而其意要自可取。李氏所舉一條，未足以盡。雖心折人瑞，而終非人瑞一流，則當以金氏之論列為定也。惟太無徵實之學，未能曲諱，如鼻字與昆字同一條，可以不載。又云：「嘗見庾帖中有五際字，不解出何書？後見類書云云，究未詳所出。」是并詩大序孔疏、後漢書翼奉傳孟康、應劭兩家注，郎顗傳條便宜七事引詩緯記歷樞，竟未之一見。周壽昌思益堂日札譏其陋略，其説良是。至所稱明成祖非馬皇后子，其母甕氏，蒙古人，以其為元順帝之妃，故隱其事，別有廟藏神主，世世祀之，不關宗伯，有司禮太監為彭躬菴言之。周氏以為野語無稽，出自閹宦，豈即可信，則猶有辨。攷張岱陶菴夢憶云：「太祖饗殿深穆，暖閣去殿三尺，近閣下一座稍前，為碽妃，是成祖生母。成祖生，孝慈皇后妊為己子，事甚祕。」又朱彝尊明詩綜載沈玄華敬禮南都奉先殿紀事詩：「高后配在天，御幄神所棲。眾妃位序東，一妃獨在西。成祖重所生，嬪德莫敢齊，《靜志居詩話》云：「長陵每自稱曰：朕高皇后第四子也。」然奉先廟制，高后南向，諸妃盡東列，西序惟碽妃一人，蓋高后從未懷妊，豈惟長陵，即懿文太子亦非后生，世疑此事不實，誦沈詩斯明徵矣。然則碽妃之是否即元順帝妃，雖不可知？而成祖之非馬皇后子殆無疑義，似不得槩斥為無稽，錄存其書，在學者分別觀之焉。

鄭翼謹案：南京太常寺志亦載是事，李清據以問錢謙益，錢不能對，後於弘光元旦同謁孝陵，啟寢殿驗之，乃信，見李著三垣筆記。

柳南隨筆六卷續筆四卷　癸亥

柳南隨筆六卷、續筆四卷，常熟王應奎撰。應奎字東漵，諸生。是書記述瑣聞，如嚴訥父子、孫艾、顧耿光、錢籍諸人事，往往不見於他說；談論文藝，亦間有考證，在說部中尚為善本。中如以落鳳坡出三國演義，議王士禎弔龐士元詩不當著之於題；又以雨絲風片出牡丹亭曲，議士禎不當用之於詩；其持論頗正。應奎嘗記士禎不為人作詩以壽明珠，固非不滿於士禎者，而張維屏聽松廬文鈔跋是書，乃謂「士人既以落鳳坡名其地，以之著題為從實；雨絲風片用於秦淮絕句，亦未為病」，此殆以士禎詩負重名，為之曲護，未免疑誤後人。然維屏又云：「其謂小說詞曲不可入詩文，則識篤論，如生瑜生亮之語亦出演義，人多習而不察」云云，則固以應奎說為是，且為之充其類也。方桑如序稱其遠希老學，近埒新城，雖友朋推挹之辭，要亦近似。惟瞿式耜自號媿林，既謂取內典慚媿林之義，乃以殉節桂林，又謂媿與桂同音，自號實爲之讖，未免附會。康熙洪昇等以長生殿傳奇獲罪，蓋演於查樓，趙執信自叙言之甚明，今謂演於生公園，又傳聞之失耳。

六六

鄦齋經籍題跋卷

栗縣 胡玉縉 撰
後學 王大隆 校

藤陰雜記十二卷 乙未

藤陰雜記十二卷，烏程戴璐撰。光緒順天府志以為歸安人，誤。璐字菔塘，乾隆癸未進士，官至太僕寺卿。是書首述清初諸老科名盛事，次紀京師五城及郊坰名勝。自序稱：「已見舊聞考、宸垣識畧者，悉去之。」實則頗有重複。檄園條謂毛詩已見吳畧，不錄，而他詩之見吳畧而仍錄者亦頗多也。中如掘得李內貞墓誌之為田緯山挖掘，非取土；二忠祠之為祀文天祥、李邦華，非文與謝枋得、邦華徇節吉安會館，非在城內文信國祠；自怡園之為在水磨村，非海淀；田雯移居之粉坊巷為彩坊琉璃街，非崇文門外：足正舊聞考及識畧之失。寄園條引張大受王式丹陳漢章謹案：三忠祠及月張園，朱氏一斷，並加辨正。

詩，不特足證孫人龍說，而朱彝尊舊聞之誤，以月張園載在阜城門者，亦是。惟陸深綠雨樓，以小樓倚槐樹命名，見儼山集中，故程晉芳聯句有槐雨字，乃謂綠雨、槐雨，未知孰是？查嗣瑮「甘露飛來綴柏枝」一首，係指明時刑部言，非今刑部地，乃漫無區別。小秀野在上斜街三忠祠內，見汪沆槐塘詩話，祠內有邴雋藻補題額，係張穆所屬，見閻潛邱年譜，乃謂寓址無考。凡此均嫌疏舛。祝家園在永定門西，今引西河詩話作安定門，當是筆誤。然小小掌故，藉是致見，體例明淨，不及狐鬼，亦說部之可存者也。原刻久燬，此光緒丁丑沈鎔重刊本，序謂「大旨仿漁洋山人偶談、筆記諸書而作」，則實不相類，蓋見自序首末數語，為之望文生義，光緒順天府志襲之謬矣。

二五四

覺非盦筆記八卷　己未

覺非盦筆記八卷，長洲顧堃撰。堃字思亭，一字堯峻，乾隆癸巳召試舉人，官常州府教授。其書不分門目，而編次先後略以類從。大抵前四卷論經、小學，五卷論史事，六卷論藝文，七卷論書畫、碑版及雜綴，八卷論風俗、政事。凡摭拾舊說十居八九，蓋以備遺忘，非以名著述。前有嘉慶戊寅蔡之定序，已在堃故後。光緒壬午始有刊本。卷中徵引各書，頗見審慎，標舉出處，尤合體例。所附諸條，亦資參攷。惟解武成王迹為王績，殊嫌迂曲，不辨其為僞古文，而欲以廢蒯甯之說，更失之偏。以集解為有二義，謂杜預左傳集解聚集經傳而為之解，殆為自序所欺，不如預實隱襲賈逵、服虔諸家之說。今賈、服注輯本尚可攷見。璠字下引段玉裁曰："璠璵，魯之寶玉。"云云，當依下文璪瑩各條，先引說文，後引他說，方醒稾目。璠璵亦當作璠與。又埤雅、爾雅翼所引禽經，為今本所無者，王楙野客叢書及馬驌繹史備載之，今爲贅列，且有遺漏。至碑石填諱，錄錢大昕金石跋尾，未知養新錄又有一說，鐵券尺寸，錄陶澂詩序，未知齊召南所攷視陶尤精。凡若斯類，未能博采，均屬可議。然攷證之學本自無窮，是書當取其纂錄有法，正不必苛繩之矣。

九六

儒藏說一卷

儒藏說一卷，歷城周永年撰。永年字書昌，（號林汲山人，乾隆辛卯進士，召修四庫書，授編修。）是編以自漢以來官私之藏著錄不爲不多，旋即散佚，大率由於藏之一地不能藏之天下，藏之一時不能藏於萬世。因推本曹學佺欲仿二氏爲儒藏之意，以爲此說。後有儒藏條約三則，及與李南澗、孔葒谷諸人書，欲其肩斯任。其保存書籍之意頗爲深摯。惟既云「分布於天下學宮、書院、名山、古剎」，又云「宜擇山林閒曠之地，或附近寺觀，有佛藏、道藏，亦可互相衞護」，其說已先後歧異。又云：「凡四方來讀書者，寒士則供其食飲，須略立規條，如叢林故事。極寒者并量給束修」，則又與前兩說欲使書無散失者更進一層，而其事頗非易舉，其說亦訖未實行。又欲置活版一副，在當時李文藻（即南澗）已謂恐不能成，又欲鈔錄陶九成說郛以爲子藏，所見尤陋，蓋其時四庫書未修，又無近世公私圖書館之規制，故立說委瑣如此，然其意則未可厚非矣。此吳氏松鄰叢書本，據藁本刊入者，最後有羅有高題識及劉音廣儒藏說，茲姑存其目焉。

右經籍之屬

三八

小滄浪筆談四卷 己未

小滄浪筆談四卷，儀徵阮元撰。元有詩書古訓，已書於後。乾隆乙卯，元自山東學政移任浙江，嘉慶戊午追記其在東二年中事，以成斯編。大致攷論文藝，而以金石為尤多，雖已見於所箸山左金石志中，而往往補其未備。詩文則皆何元錫、陳鴻壽為之附錄者。中如以說文豊、豐二篆注為誤，謂豊當是丰聲，豐當是丰聲，則許書無竝半、竝丰字。段玉裁說文豐字注已糾之。以唐鏡清身同韻為足補段氏四聲音均表，則真文唐青自古閒有通用，不足為異。王昶金石萃編亦議之。又如唐岱嶽觀題名有蔡謇元，以唐書宰相世系表謇建州刺史，為謇之誤，不知表有大理司直謇，則謇、謇當為二人。此類未免疏舛，然元學有根柢，生平著述宏富，此書雖屬說部，而精覈處實足沾溉後人。所載詩文，或無專集，亦藉是以流傳一二。惟王祖昌論詩絕句三十首，元謂與宋繩祖相埒，今錄家未錄汪，則知何陳亦無一定體例耳。

一五

定香亭筆談四卷 壬戌

凡有詩書古訓已書於後。

定香亭筆談四卷，儀徵阮元撰。此即督學浙江時隨筆記載，嘉慶己未屬吳文溥、陳鴻壽、錢福林、陳文杰訂正編録者。體例與小滄浪筆談同，而提倡風雅，刻畫巉巖，闡或攷證經義金石，要以論列詩文為尤多，附錄他人作亦夥。中如以論語鄉人飲酒為即儀禮之三年大比鄉飲酒，最得經旨。以老子「夫佳兵者不祥之器」為佳即古隹字，夫隹乃引出之詞，發前人所未發。以舜葬蒼梧、禹葬會稽為古人死陵葬陵、死澤葬澤，足破千古之疑。其論李穀割股謂毀傷肢體非孝，然以親故為之，則凡可以愛其親者無不為，且吾知其若仕必能致身於君；其記瞿太守趙姬墓，謂欲為表之，徒以古人亡姬非貞烈可比，恐士庶傳言未可為法而止，皆意圓語純，耐人尋味。惟據說文嫈古文妻字，从嫈，尚女尚，古文貴字，以為後世之妻公主者皆曰尚，尚者尚之訛。孟子「舜尚見帝」，即言既嫈之後見帝，其字當讀爲妻，不當讀爲尚。則後世之尚公主，是否本孟子義，不可知？而孟子如智不作知，悦不作說，已與論語異，不應妻字獨從古文作㛗，且既妻之後見帝而已，舜妻見帝，亦近不詞，不如仍從今本爲妥。又如宋大樽籍貫，卷二稱錢塘，卷三稱仁和，亦以後說爲是。然全書雅人深致，足以攷見當時人物，當與小滄浪筆談並傳。其編次以端木國瑚定香亭賦及後賦爲始終，亦天造地設云。

一八〇

玉麈集二卷 己未

玉麈集二卷，陽湖洪亮吉撰。亮吉有春秋左傳詁。字稚存，號北江，晚號更生居士，乾隆庚戌進士第二人，歷貴州學政，實錄館纂修官。是集雜記師友間瑣事，閒論藝文故實，凡九十五則，蓋說部體例。如以關壯繆之繆與穆同，非醜謚；岳鄂王當去武穆，稱忠武，亦資考證。而以王維竊李嘉祐「水田飛白鷺」增上二字，與賀鑄同譏為慧賊，則維在嘉祐先，安得預知而竊之？不獨孫覿非蘇軾遺體，如趙懷玉所附案語所糾也。向無刻本，光緒甲申，亮吉玄孫熙始為刊行，跋稱少作，然亮吉天才英特，究非空疏者可比，亦足見少年之不凡矣。

玉麈集 一頁 一八〇

恩福堂筆記二卷 乙未

恩福堂筆記二卷，吉林英和撰。和字樹琴，號煦齋，乾隆癸丑進士，官至大學士。是書於道光丁酉追記，頗見敘次。大抵首紀恩遇，次述先德，次載掌故，次論書畫，而以瑣事終焉。中惟高宗非生於獅子園、和珅舉正石經考文提要、明帝出鬻入蹕圖為武宗非世宗之類，足資考證，餘皆無關宏恉。以霍子孟、寇萊公為足當不學無術之名，亡命者多大英雄人，非易當，不知其何所激而為此語？殊嫌偏蕩。屢及其門人穆彰阿，引為門牆之光，是時穆之劣迹尚未大箸也。

思補齋筆記八卷 庚申

思補齋筆記八卷，吳縣潘世恩撰。世恩有熙朝宰輔錄，已書於後。是書凡分八類：曰榮遇，曰述德，曰循陔，曰思源，曰掌故，曰文衡，曰管闚，曰易名。前有自序，稱「咨於故實，尚有典型，國史野乘，信而有徵者，次及之。凡所見異辭，所聞異辭，所傳聞異辭，概不羼入」云云。體例頗為謹嚴。所紀大率科名之事，即掌故一類，亦祇可為佳話，無裨大用；惟管闚類，意在勸懲，雖間涉瑣屑，而足資省覽。易名類謂歷朝以來，尤重文正，閣臣不敢擬，皆奉特旨遵行。文臣謚法不用文字者，禮部奏准予謚，後閣臣撰擬八字，恭請欽定。又分別將軍謚文，如果齊斯歡等，皆由翰林出身，而領侍衛內大臣索尼謚文忠，為特恩。御史陸隴其贈閣學謚清獻，為獎厲清廉。知縣馬玢等予謚，為嘉惠死事諸臣。此本會典，而有所附益，其語殊簡明可取也。

秋窗隨筆一卷

秋窗隨筆一卷，武功馬位撰，位字思山，一字石亭，官至刑部員外郎。是書，據自記乃乾隆己未歸里後作，前有杭世駿、夏一理兩序，大致攷論文史而言詩居十之八九，駁正前人處頗多心得。朱珔文選集釋嘗辨其攝提孟陬一條。今案以新香可飯為松子，未免傅會。以蘇軾去年花落在徐州詩為扇對格，細按之，上三詩皆是此詩，實非扇對。以王安石一水護田圍綠去詩為皆漢人語，此襲石林詩話之說，殊欠別白。當云護田排闥以漢書對漢書。以曲之名鹽為唐方言，則隋時已有疏勒鹽，其說殊誤。禮記郊特牲云而流示之禽，而鹽諸利，鄭注鹽讀為豔，是鹽與豔通，故有好義，全唐詩話說殆未可厚非。以淮北旅舍二絕句為文徵明詩，則橫笛何人夜倚樓一首雖尚未考得，而渺渺孤城白水環一首，是秦觀泗州東城晚望詩，見淮海集中，恐前首亦決非文作。至漢武帝李夫人歌，本以之、踶為韻，許顗讀豆而望之偏為句，以證韓詩，本屬非是，乃又引以自證其所作，在顗為好奇，在位即不得為有識也。但位以貴公子而能為此，又壯年即卒，未竟其學，固不得苛繩之矣。

七五

退菴隨筆一卷　乙未

退菴隨筆一卷，仁和沈映鈐撰，映鈐字輔之，道光癸巳進士，官韶州府知府。是編說狐、說鬼、說夢、說數，大抵寓勸懲之意；說楹聯、說燈謎，僅資談助；間及掌故、時事，亦無大關係，蓋說部之體例則然。中論落水淌斃，甚精細；論全祖望七校水經注，惜未舉其體例，否則近世新刊本為真為贋，議者紛如，可以是定之矣。然宗指頗不謬，筆亦清雅，故自可存也。

陳漢章謹案：梁章鉅亦有退菴隨筆。

殊爲似是而非竹垞尺牘跋以所謂

三一六

鷗堂日記三卷 己未

鷗堂日記三卷，祥符周星譽撰。星譽原名譽芬，字畇叔，道光庚戌進士，官兩廣鹽運使。是編皆逐日記其所為事，光緒丙戌金武祥刪其繁瑣，刊入粟香室叢書。如論唐宋以來駢文得失，頗為平允；論銀價漲落，商賈操其枋，惟擇一二人立斬以徇，銀價半日可平，尤見經濟。其他論為善最樂，論知恥近勇，論人生至樂莫如天倫及讀書二事，論人但有一日飯喫，當趁此時向身心性命用力，論耐貧之法只是退一步想，均屬見道之語。武祥序稱「名言雋旨，多寓其中」，蓋即指此，良非虛譽。惟以嚴定章程以崇節儉為不知體要，以硜硜傳世之學未得云達為有元（玄）理，雖別具所見，而究失立言之體。至於以十年冷署自傷，又與所稱耐貧之旨未能貫澈。然全書筆致超拔，所載詩句亦多可誦，即如悼風雅之衰，述大考之辭，迄今時局已變，猶令人感慨繫之矣。汪琭與武祥書云：「畇翁日記付刻，極是佳事，此公詩

鷗堂日記　一頁　三六二

詞，實近日一作手，惜其不自料理，詞集祇留少作，詩稿不知有定本否？見《蘭言偶錄》，可見星譽在當時固見重於同輩也。

四六

海天琴思錄八卷 壬戌

海天琴思錄八卷，候官林昌彝撰，昌彝有三禮通釋，已書於後。是編雜載近人詩詞兼及軼事，中如紀會稽吳蓉峯壽昌督學廣東清修絕俗，以不附和珅，由侍講轉侍讀，復由侍讀改侍講，遂告歸。又歙縣程問源督部祖洛官刑部郎，在秋審處最有名，宣宗在潛邸，一日嘗問宗人府司官曰：此事程老問所辦耶？蓋京師士夫皆呼督部為程老。問其受眷始此，頗有裨於見聞。又紀歷城毛鴻賓督部，助其所箸通釋刻貲一千五百金，亦見其不忘情義。而李慈銘桃華聖解盦日記力詆其於定遠方氏記載至百餘條，於寶鋆之詩采至百餘首，以為諂媚達官，富兒閲之，令人作惡。今案寶鋆詩雖未成家，於時輩中亦尚有可取，據昌彝小石渠閣文集有鴻雪聯吟弁語及東瀛唱荅弁語，知其與方濬頤相唱和，且復同譜，雖譽之不免溢分，然李氏必以其數年來游乞粵東，而方氏兄弟相繼為彼邦監司刺之，則亦有傷忠厚矣。惟吳、程二事外，所登皆瑣瑣者，是其宗指之乖耶。此小石渠閣叢書本，前有自撰弁語，並作琴思，李記三見，皆作琴語，未知何本？兹姑存其目焉。

七一

玉井山館筆記一卷 壬戌

玉井山館筆記一卷，上元許宗衡撰。宗衡字海秋，（原名鯤）（寄居山西太平）咸豐壬子進士，由庶吉士官起居注主事。宗衡在京師頗負物望，然絶無根柢之學，故此書所載大致誇其得翰林、享詩名、飲饌之精、妻妾之奉，既不足以資考證，亦不足以裨談助。其尤荒陋者，謂「人但知王右軍蘭亭序，而不知尚有詩」，因備載其詩；謂遼懿德皇后事人皆知之，今閱王鼎焚椒錄述其事甚詳，因備錄其語，極為李慈銘桃華聖解盦日記所詆。其言曰：「所謂人但知蘭亭序者，不知何人？殆即一時唱和之名流。遼史懿德皇后事甚略，不知焚椒錄外何處知之？蓋坊肆有情史一書，中亦載焚椒錄。此君垂老得見，遂詫為奇書」云云，語雖近謔，卻中其失。以是見說部書亦未容輕易下筆也。此潘氏滂喜齋本，潘祖蔭序，乃與葉名澧橋西雜記並稱，實則葉書聞見較多，非是書所能得匹也。

玉井山館筆記 一頁

二九五

桐陰清話八卷　己未

桐陰清話八卷，臨桂倪鴻撰。鴻字雲癯，先世籍隸會稽，其高祖某遷廣西，鴻又侍其父某遊廣東最久，是編咸豐戊午避亂佛山而作，故書中涉及廣東人物居多。卷首有自識，稱「經史之外，兼及藝文，莊論之餘，間以詼諧，亦或傳前賢之軼事，述疇昔之舊聞」，蓋小說家通例。中如永嘉墓磚、大寶地券，足備金石家之攷證。惟以元祐黨籍碑之有王化臣名者為三百十人，無者為三百九人，不知無王化臣名者祇三百八人，其有者則無王珪名，亦祇三百八人，必互增之，乃得其實，錢大昕潛研堂跋尾已詳之。又舉穆天子傳諸書奇字以為有字無音，亦未盡塙。其他如人呼郭尚先為「金不換」之類，周壽昌思益堂日札作郭道閶，當以周說為是。傳聞異辭，所在而有，然書中頗表章節義，文筆亦簡絜，是亦說部之可存者也。

三二四　二頁共八百三十　粟香隨筆　一　六五四

粟香隨筆八卷二筆八卷三筆八卷四筆八卷五筆八卷　己未

粟香隨筆八卷、二筆八卷、三筆八卷、四筆八卷、五筆八卷，江陰金武祥撰。武祥有杜溪雜志（旁改：陽湖風土志補校），已書於後。是編蓋仿洪邁容齋隨筆而作。然邁學問淹博，其書辨證考據，頗為精塙。武祥學不逮邁之什一，雖間及朝章國故、遺聞軼事，而所論以詩詞居多。自序云：「為抱遺訂墜之資，亦感舊懷人之助。」是其宗旨所在。又云：「境有所觸，心有所好，雖習聞習見，並羼入焉。」故散見於他書者往往而在。中如後漢書李賢注引書目、續漢志劉昭注引書目，為出之於己。李蕃南巖亭記、南漢石刻六種、常州石刻四種及壽聖院泛海觀音記、莊田記、淵禪師壙像記、建炎紹興復江陰軍指揮碑、張奕墓誌、胡氏墓銘、珠珍寶塔記，為金石家著錄所罕見。又如桂蠹形如蟬，可作甘、鹹二味，足補漢書趙佗傳之注。出世再當為父子詩乃張宣非李應昇，足正洪亮吉北江詩話之失。凡若斯類，惜太寥寥，以不服藥為中醫為本周禮疏，不知有病不治，常得中醫」，已見漢書藝文志。以劉炳照元公姬夫人墓志攷證為足補陸、張所不及，不知姬」氏東郡神水三世」云云，陸氏已言之。以何栻議其即事詩紙賄通押，則可只押十賄一字，便是出韻，意在定范晞文所舉魏文帝、阮籍兩詩之是非，不知當時無今之詩韻，陽、庚、歌、麻當為一韻，今既有詩韻，則全詩乃為出韻，曹、阮實非出韻。以人呼郭尚先為金」不換，與倪鴻桐陰清話同，不知其為郭道隆。其他誤以四庫簡明目錄所論陸文圭、許恕、王逢各條為提要，誤以楊士奇跋李靖上西嶽碑志士」重立志」云云為高士奇，而稱高江村，尤見疏舛。以南海孔氏、巴陵方氏藏書之富，謂風雅之事亦非孔方不為功，立言亦屬失體。四筆屠寄序謂斐裁風月之辭，棊正傳注之失，斲雕為樸，託體益尊」，蓋有微詞。五筆劉学京序翻之謂便歷時代，迨乎久遠，亦耆舊之綜錄，文章之淵林」，實則武祥之志均不在此，觀其所錄詩詞，大致清婉，所采陳說，不涉誕妄，未始不足以廣聞見而資流覽。惟如胡碩公詠紙煤一闋，互見於二筆、四筆之類，不免複沓耳。自序既稱不標題，而五筆各條標題且加總目，殊為自亂其例。至二筆稱「五筆校勘牆東類稿」云云，則以二筆第四卷後來改為補刊，不得疑為鶻突也。譚獻與武祥書稱其《筆記》言語妙天下，而望古遙集，覆時述事，別有懷抱，至於品藻詞人，流連文苑，白虎德論、雕龍文心，此其選也。見《蘭言濡錄》。此則推挹逾量，正武祥所謂庸陋非所敢承者。

二五七

不遠復齋見聞雜志十卷 己未

不遠復齋見聞雜志十卷，吳縣張廷驤撰。廷驤字翰伯，諸生。是編就所見聞筆之於記，凡咸同、光宣四朝，下訖癸丑年止，所有朝章國政與夫治亂興革之由，往往略具，而於忠孝節廉之大者尤再三致意。前有自叙及凡例九則，宗旨極為純正，與尋常説部不同。中如越南界法、曾襲侯書、朝鮮國事書、林正本書、京官聯糾疏及李制軍奏議諸條，足定李鴻章與奕劻之為人。辛亥之變條，國變後之情形條，持論亦無偏倚。惟趙瑣卿條謂尋、昏不同韻，不知灰、暉亦不同韻；犬鬥條謂村戶三四百家，犬不啻千餘頭，疑非事實；花上生花、地出米飯之類，皆報紙讕語，理當從刪。凡例以未得邊寶泉、陶模謚號，故志中稱制軍。今按：邊謚口口，陶謚勤肅云。

王欣夫謹案：清史稿邊寶泉傳不言予謚。

不遠復齋見聞雜志 一頁 二五七

媿生叢錄二卷　甲子

媿生叢錄二卷，興化李詳撰。詳字審言，自號窳生，又號媿生，廩膳生。詳本詞章家，深於文選，等是編大致考論文藝，鮮涉經學，而於選學則屢及之，頗能用其所長。如論魏志國淵傳之用西京賦，南齊書劉璡傳之用西征賦，洛陽伽藍記載楊元慎語之用魏都賦，史通或用成句，或檃括其語，杜甫寄狄明府之用謝朓詩，溫庭筠寄元庶子之用謝混詩，非靈運詩，以及水經河水注之當引西京賦而誤引吳都，又改鼉為靈，陶潛經曲阿詩湯注之誤引韓愈賦為班固，均見讀書精細。他如以荀子禮論楊注演門之出莊子，李賀仁和里雜敘皇甫湜詩之竪都當作竪都，為本國語，溫庭筠寄楚望之兩千萬為本世說元好問贈張文卿之引鏡年為用任永事，亦頗明塙。惟東觀漢記逢萌傳載萌戴齋臼呼辛事，范書改辛為新，殊失其旨，乃責章懷不曉事，則李賢豈能為范受過？以易林為託名焦贛，則此書實出於贛，提要言之，丁晏釋文證之尤詳。以阮元文言說為能窺文章之源，則文言者依經文立故訓，非比偶韻語之祖，黃以周儆季文鈔已正其失。以韓愈詩好翻用成語，僅舉三條，亦遠不及顧嗣立寒廳詩話之備。前者失之鹵莽，後三者失之讀書不多。漢書王章與妻訣，呂覽賓萌，水經注大明湖，江文通袁叔明傳，陸魯望春寒賦，王漁洋跋叢語鵜鳴館本及鍾孟鴻書聯各條，皆無謂可刪。此又不明著書之例，末載趙孺人事述，亦當列入文集，不當附刻此。然全書小有考證，大體可存，則亦不必竟廢之矣。王欣夫謹案：詳自序云，龔此良耦，居常邑邑，遂改簏生為媿生，以余生於世，視孺人有媿也。今料理筆記，目刻數卷，以質知友云云。蓋自言其名書刻書之意，所以記其妻趙孺人之明慧，故末附趙孺人事述也。

右雜說之屬

二〇三

吴縣　胡玉縉　撰
後學　王欣夫　輯

許廎經籍題跋卷十七　三〇六

雜家類三

藏書記要一卷　庚申

藏書記要一卷，常熟孫慶增撰。（從添）慶增字從添，（諸目已著錄。嘗與過臨汾同編春秋經傳類求，四庫已附存目。）是編所記凡八則，曰購求，曰鑒別，曰鈔錄，曰校讎，曰裝訂，曰編目，曰收藏，曰曝書。大率閱歷之言。惟文氣轉捩往往不甚顯豁。中如云：「南北朝刻於何時何地？」「南北朝各家經史、漢書字畫甚精。」南北朝當指宋、金、元間而言，猝難索解。又云：「蜀中不少藏書之家。」則蜀中藏書殆絕無僅有。又以北監本廿一史勝於南監，則南監本係調取各學宋元版修配印行，而北監刻於萬曆間，即照南監本改易行款重刻，每將南監缺葉誤連，殊不足取，此當誤記。又以夷堅志與稗統、稗海等書並舉，是誤以志為叢書。又云：「春畫可辟蠹，血經可辟火。」亦近委瑣。以春畫置書櫃內，尤易誤後學。而藏書大要實已粗具。嘉慶辛未黃丕烈始刊入士禮居叢書，此光緒癸未潘氏滂喜齋叢書外重刊本。潘志萬手寫付梓，銀鈎鐵畫，頗悅人心目也。

雜家類四

許廎經籍題跋卷十七　二四

雜家類十

賞延素心錄一卷

賞延素心錄一卷，仁和周二學撰。（二學有一角編，已書於後。）是書詳裝潢及藏弆之法，自揭洗至懸置凡十則，大抵皆閱歷有得之言。謂之賞延素心者，取周密語以名其書也。卷首有自識，前有雍正甲寅厲鶚、丁敬，乾隆丁巳陳撰及不紀年月王澍諸人題記，爲吳氏松鄰叢書本。二學富收藏，於法裝名飾頗有心得，故所言具見斟酌，精細而不失之苛。觀其自識稱法不違古，制匪翻新，旁及器用，藉以供養，煙雲豈殊寶護頭目云云，亦可知真賞之所在矣。乾隆間常熟孫慶增著藏書記要八則，黃丕烈刊入士禮居叢書，人皆稱便，二學此編當亦鑒藏家所不廢也。

右雜品之屬

賞延素心錄

渠縣　胡玉縉　撰

後學　王欣夫　輯

二四

紅豆莊雜錄一卷庚申

紅豆莊雜錄一卷，舊本題虞山蒙叟纂，蓋錢謙益撰也。謙益有絳雲樓書目，已書於後。是編分天文、時令、地理、人倫、人事、花木、器用、禽獸、蟲魚各子目，各摘典故詩句，注明出處，大半采自原書，非明季裨販者可比，亦後來沈炳震唐詩金粉之類也。此江南圖書館所藏精鈔本，不當以人而廢之矣。

古今圖書集成一萬卷　壬戌

古今圖書集成一萬卷，雍正三年戶部尚書蔣廷錫等奉敕校。廷錫（字揚孫，號南沙）有尚書地理今釋（康熙舉人，癸未賜進士），官至文華殿大學士，卒謚文肅。先是康熙三十九年，侯官陳夢雷以編修侍皇三子誠親王，廣羅羣籍，分門別類，統為一書，四十五年四月告成，名曰彙編。凡為彙編者六，為志三十有二，為部六千有奇。越十年，進呈，賜名古今圖書集成。命儒臣重加編校，十年未訖。至是世宗復命廷錫督在事諸臣成之。凡釐定三千餘卷，增刪數十萬言，編仍其舊，志易為典。四年，御製序文，藏諸石室。其書首厤象彙編，為典四：曰乾象典二十一部，歲功典四十三部，厤法典六部，庶徵典五十部。次方輿彙編，為典四：曰坤輿典二十一部，職方典二百二十三部，山川典四百一部，邊裔典五百四十二部。次明倫彙編，為典八：曰皇極典三十一部，宮闈典十五部，官常典六十五部，家範典三十一部，交誼典三十七部，氏族典二千六百九十四部，人事典九十七部，閨媛典十七部，次博物彙編，為典四：曰藝術典四十三部，神異典七十部，禽蟲典三百十七部，草木典七百部，次理學彙編，為典四：曰經籍典六十六部，學行典九十六部，文學典四十九部，字學典二十四部，次經濟彙編，為典八：曰選舉典二十九部，銓衡典十二部，食貨典八十三部，禮儀典七十部，樂律典四十六部，戎政典三十部，祥刑典二十六部，考工典一百五十四部，通六千一百九部，凡一萬卷，另目錄二百卷，有凡例四十七則。後以聚珍銅字印行，其圖亦鏤銅為之，極為精細，偶以頒大臣，民間不能得，近坊間有排印本，宣統間內府又命上海以原本付石印，皆不如此本之善也。昔明成祖敕撰永樂大典，或以一字一句分韻，或析取一篇以篇名分韻，或全錄一書，以書名分韻，割裂龐雜，漫無條理，此以六彙編為綱，三十二典為目，體例頗為允協，惟欲使萬事萬物，畢貫通於一書，而巨細兼陳，既不免

煩蕪、仍不能無挂漏、如藝術典、經籍典之類、當補者殊夥、譚獻復堂日記議其
字學典後附文房考、書人列傳為繁猥、尚未中其失。然網羅甚富、檢閱攸資、且
所據往往多善本、閒有迄今而已佚者、尤為可貴、自書契以來、殆未有如斯之
巨帙矣。

說郛新書 二十六 二六七

說郛續新書不分卷數

說郛新書不分卷

海昌許純編，純字醇夫，有載道集，四庫已附儒家存目。進士，入翰林，郎乞養歸里。是書凡分十冊：一冊為李衎畫竹譜、管道昇墨竹譜、華光畫梅譜、王穉登丹青志、沈顥畫麈、洪芻香譜、陳鼎荔枝譜、高兆荔社紀事、林嗣環荔枝話、褚人穫續蟹譜、袁宏道志促織；二冊為吳均續齊諧記、梅墟校四字數、汪雲程蹴踘圖譜、柳宗元絃子記、張鎡賞心樂事、王穉登吳社記；三冊為褚澄褚氏遺書、陳恂餘菴雜錄、曹溶地學指歸；四、五冊龔明之中吳紀聞；六冊周煇清波雜志；七冊周必大二老堂雜誌；八冊鍾嗣成錄鬼簿；九冊楊慎滇記、陳鼎黔遊記；十冊都穆寓意編、杜瓊紀善錄、陸埰賢齋雜錄、祝允明讀書筆記、鄭善夫經世要談。凡小品三十有一種，為江南圖書館所藏鈔本，其中間有為四庫所未收者，是宜錄也。

二六七

金屑錄無（不分）卷數　庚申

金屑錄無（不分）卷數，仁和吴穎芳撰。穎芳有周易類經，已書於後。是編首天象、次時令、帝王、皇居、儀制、君臣、仕途、兵事、史局、地理、山水、父子、昆弟、夫婦、仙佛，下至花木、禽魚，凡六十餘門，分别部居，各摘新奇典句箸之於篇，名曰金屑者，謂如披沙而揀得也。穎芳學有本原，凡所摭拾，悉足依據。故王昶春融堂集所撰穎芳傳，載吹豳錄、説文理董、音韻討論、文字源流諸書，而不及此編，殆以為緒餘而略之。然諸書皆無傳本，理董四十卷，據譚獻復堂日記，僅存殘稿十卷，此江南圖書館所藏（舊）本鈔本，殆亦在若存若亡間，如有好事者刊之，雖不足以盡穎芳而未始不足以傳也。

繡谷雜鈔六卷

錢塘吳焯編。焯有繡谷亭薰習錄，已著錄。是編以纂修邑志有數書不可得見，康熙丁酉訪之吳興曹氏，得二種；又從吳郡得五種，曰錢世昭錢氏私誌、錢惟演家王故事、周密紹熙行禮記、陳晦行都紀事、于肇錢塘瑣記、周密思陵書畫記、李有古杭雜記，因命寫手錄之。歸為江南圖書館所藏本。有焯自記云：「錢氏私誌，世昭以私憾毀歐公，非信論也。家王故事，僅摘備史中語。紹熙行禮記，序當時一事特詳。行都紀事、錢塘瑣記、古杭雜記，大半摘鈔夢粱錄，亦疑是節本。思陵書畫記僅載裝潢，不及書畫人姓名，較之宣和畫譜，大有間矣」云云。其評論私誌本胡仔漁隱叢話之說，所言良是，餘亦精當，良可尋繹矣。

入子

玉函山房輯佚書六百九十七卷補遺二十一卷

玉函山房輯佚書六百九十七卷，補遺二十一卷。歷城馬國翰撰。國翰有目耕帖，已著錄。是編凡經部四百五十四種，有錄無書者二十一種；史部八種；子部一百七十二種，有錄無書者二十種，皆輯唐以前已佚之書。相傳為章宗源所輯，國翰購得其稿，易以己名。攷孫星衍五松園文稿宗源傳稱「其積十餘年，輯錄唐宋以來亡佚古書盈數笈，自言欲撰隋書經籍志攷證，書成後，此皆糟粕，可燒之」云云，所傳似本於此。李慈銘桃華聖解盦日記據齊論語載「孔子曰美哉璠璵」一節及「如玉之瑩」一句皆不引說文而引初學記，顧廷之逆降義序誤以為明禮制升降之義，謂「章氏不應有此失」。又據野老書序稱「馬驌為家宛斯先生」，謂「馬氏得其稾本有所增改，其中有錄無書者、有書無序者，馬氏遂亦不能補」。蔣式瑆守拙齋初稿有是書纘後三篇，則歷據攷證所引古文璞語、伏侯古今注、皇甫謐年

（旁注：補遺二十一卷；輯周禮杜氏注；書於後）

曆帝王要略，與是書頗有異同，明其非出一手。又以宗源卒於嘉慶五年，張惠言周易荀氏九家義及易義別錄，王鳴盛尚書後案，孫星衍今古文注疏，焦循孟子正義，阮元十三經校勘記，臧庸拜經日記，王照圓列女傳補注，張澍蜀典諸書，大率刊行在後，而序錄往往稱及，明其非章書。至譙周論語注序稱古史考別為裒輯，以類著焉。楊泉太元經序稱物理論已著錄，而是書並缺，孫氏平津館刊此二種，則皆宗源所輯，或疑此本章書序錄，而二種稿本已歸孫氏，購本無之，故未刊布。式理則以為二種非已有刊本，版今零落，或尚未付梓，而國翰前卒，歷舉宗房周易章句序諸文，謂今缺四十餘種外，尚有二十種為今本所無。又舉何休冠服約注序諸文，謂著錄殆謂其家所藏，國翰嘗統其家藏悉為條論，仿郡齋讀書志、書錄解題之體，編定成書，其文集內藏書簿序已明言之。其說甚辨，足正傳者之誤。楊守敬叢書舉要亦謂玉函所載史部僅八種，其古文瑣語有十五條，章氏經籍志攷證只十三條，除史通二條玉函不載，只十一條。皇甫謐年曆，玉函據開元占經所引甚多，章氏僅引藝文類聚二條。汲冢書抄，玉函所輯古本一卷，章氏僅以今行本注之。嵇康聖賢高士傳，玉函引御覽等書爲一卷，章氏但載晉書本傳及宋書周續之傳。劉向別錄，玉函載入劉歆七略二條，章氏則各標體例，較玉函爲詳，審是玉函非攘竊章氏書。楊說尤足與蔣說相發。今就本書而論，以陳喬樅三家詩遺說考、余蕭客古經解鈎沈、汪遠孫國語校注、喬松年緯攟、任大椿字林考逸、黃奭漢魏遺書鈔、黃奭漢學堂叢書、張澍二酉堂叢書諸輯本校之，乃互有出入，可以補苴者殊夥，是采摭尚多遺漏。蔣曰豫侑石遺書有韓詩輯、國語賈注，劉寶楠愈愚錄有禮記音義隱、禮記隱義，勞格讀書雜識有漢禮器制度，此類難以悉數。近出之杜臺卿玉燭寶典、慧琳一切經音義尤足取資。漢書藝文志魯故、魯說，齊故、齊傳、齊雜記，韓故、韓傳、韓說，皆分別著錄，大致傳與說頗難分，而故與傳極可辨。今所輯魯詩故，是說非故韓詩、故韓詩傳亦淆襍不清，是體例尚少別白。說文敘：「其偁易孟氏、書孔氏」云云，皆壁中古文，此謂所說字形、字義、字音皆合倉頡、史籀，即申明上文「今敘篆文，合以古籀」之意，非謂壁中古文。今尚書古文序乃謂「說文引書及所載古字確為壁經真本」，實失許恉，是考訂尚未精塙。又連山、歸藏各附諸家論說，公羊嚴氏春秋、顏氏春秋各有附錄，雖無大盭，而於全書義例不純一，祇取以充篇帙，亦屬可議。不獨李慈銘所舉齊詩傳、論語周氏章句為未可信，孔子三相記、孝經長孫氏說、孟子程曾章句為不宜收已也。然旁搜遠紹，引書不下四百種，而又各注出處，足以津逮後學，刱始之功，未容遽沒。譚獻復堂日記稱「孫葆田有刪正玉函山房漢人經說稿本」，今未之見，倘有刪無補，亦未足為功。原書刻於道光己酉，已有散失，此同治癸丑濟南補刊本，前有匡源序，其總目即源補訂云。

三〇三

郵寄第八冊共五十六頁　計字弍万弍千九百卅一字

三一〇

類書類

史姓韻編六十四卷 壬戌

史姓韻編六十四卷，蕭山汪輝祖撰，輝祖有元史本證，已書於後。是編合二十四史紀載之人，分姓彙錄，依韻排次，即注原史卷第於其下，兼及其人之字里，凡賢臣名將，或并其先人，後裔牽連及之，若外戚、若權姦，亦往往附所自出，略以示勸懲之意。六十一卷為遼、金、元三史標名不著姓，及明史名姓之類三史者，仍依韻彙編。六十二卷以下為佚姓，為釋氏，為公主，為列女，則不以韻為次。前有乾隆四十八年自序，詳其作書之本旨，又有甲辰魯仕驥序。其中於紀傳附見名氏，漏落甚多，亦頗有譌失，如漢之毋將隆、魏之毋丘儉，皆音無，而俱收入上聲二十五有作毋。晉之高平郗氏，誤從譌本作郄，收入入聲，不知郄乃郤之俗字，晉書音義尚能明言之，已為李慈銘桃華聖解盦日記所糾。今試引申李說，前者蓋未考廣韻之故，凡漢書貨殖傳之毋鹽氏、風俗通之毋車伯奇，何

史姓韻編 一 五三四

氏姓苑之毋終氏，並是音無。後者尚未見錢大昕養新錄之故，郚鄐兩字本判然各别，漢隸從谷旁字或變作去，故郚亦作郄，後來刋晉書者併郄字亦誤改爲郤也。又案北齊書文苑顏之推傳附睦豫字道閑，北史文苑傳序作陸豫，考睦豫傳下云：「宗人仲讓，天保時尚書左丞。」北史崔暹傳有趙郡睦仲讓，疑睦陸並睦之譌，北齊書崔暹傳又作睦仲讓。是書依體例即不能改睦豫爲睦豫，亦當陸豫、睦仲讓分見而略加考訂，乃祇載睦豫，餘未之及，此則漏略中最宜討論之事，足補李說所未逮者矣。雖然，汪氏之意不在資考證而在便檢閱，其編纂之功要不可没，正不必苛責之耳。

二三四

九史同姓名略七十二卷　壬戌

九史同姓名略七十二卷，蕭山汪輝祖撰。其書舉九史中之同姓名者依韻編次，分注一見某書、一見某史，並略載始終官位事蹟，成於乾隆五十六年。前有自序及例言四則。九史者，新舊唐書、新舊五代史、宋、遼、金、元四史及明史也。昔司馬遷不知有兩子我，遂以宰予為預田恒之亂；不知有兩公孫龍，遂以堅白異同之論傅合於孔門之弟子，故考核事實，殊別時代，實為讀史之要務。梁元帝古今同姓名錄僅載於永樂大典，明余寅因上據經史，旁摭稗官，起自洪荒，訖於元世，別成同姓名錄十二卷，周應賓又補一卷，近王廷燦更推廣之，至於明代共得八卷，而卷三全錄元帝書，卷五全錄寅書，疏漏處仍復不少。是編雖止九史，而采摭繁富，間有考訂，視余、王諸書為勝，惟舛誤亦不能免，如李商隱下云：「一見舊唐書裴潾傳；御史李商隱劾崔湜、鄭愔者，則此李商隱新唐書本

輝祖有元史本證，已書於後。

作李尚隱，舊書良吏李尚隱傳亦明載其事，濯傳作商，乃尚字之誤。李暠下云：「一見唐書藝文志，晉人撰碑頌襍文一百八十餘卷」，則此即涼武昭王李暠，非別一人，觀晉書涼武昭王傳載所上晉帝兩表、誡子文兩篇、述志賦、槐樹賦、大酒容賦、上巳宴曲水詩序、夫人辛氏誄，又云「自餘詩賦數十篇」，可見。且其斷代始唐，而於唐書世系表、藝文志所載者，雖三代、秦漢時人槩為牽入，甚至於宋下載入朱虎，以朱溫妄造為舜臣朱虎之後，遂據舊五代史梁紀亦混入之，尤為有乖體例。又如蘇轍下云：「仕仁宗至哲宗元祐，官翰林學士。徽宗朝大中大夫致仕」，則轍官至黃門侍郎、尚書右丞，為宋之執政，亦未免失之目睫。凡若此類，李慈銘桃華聖解盦日記議之，均切中其病，然謂卷當作篇，又謂帝諱亦竝列，為非體，恐未足以相難。唐志載李暠靖恭堂頌一卷、諸郡碑一百六十六卷，雜碑文集二十卷，是明有一百八十七卷。晉書本傳所載，蓋指所著之文而未及所輯之文，後世行文遇前代帝王，但稱某朝某帝，不舉其姓名，乃相沿之一體，詩言「克昌厥後」，又言「駿發爾私」，本朝且不諱，何論前朝，況此書為同名而作，更何能於帝諱而不並列也。總之，其書考證雖疏，而鈔纂之勤，功不可没，此為其家刻本，據張之洞書目答問尚有補遺四卷，或傳寫誤衍，或此本偶缺，均未可知？又據輝祖病榻夢痕錄餘自言：「二十四史同姓名錄，再錄，再校，尚有脱誤，補遺之功，俟之兒輩。」是其於全史業有成書，非止九史，惜未見傳本云。

三史同名錄四十卷　壬戌

輝祖有元史本證，已書於後。

三史同名錄四十卷，蕭山汪輝祖撰。其書分載遼、金、蒙古、色目人之同名，其有姓者著之於下，以名之首一字分韻編次。遼、金則以名為綱，而分注氏姓；元則以蒙古、色目及遼、金部族為主，而附存漢姓。其漢人、南人間有不繫姓者，則不書，附字。凡遼史五卷，金史十卷，元史二十卷，又總錄二卷，載三史之同名者，附錄二卷，載五代史、宋史、明史人名之同於三史者，叙錄一卷，則其序目也。前有章學誠序，為嘉慶辛酉刻本。遼、金、元三史人名詰屈，非通譯語，殆無文義可記，又往往不盡符其本國之語。元史成書最速，錯雜更甚，尤難明瞭。輝祖發凡起例，若為分晰，使人易悉，洵足為讀史之助。此與元史本證成書同在晚年，其子繼培為之補綴，故亦多附繼培案語。李慈銘桃華聖解盦日記云：「遼、金、元人之同名者，當合三史而編之。其見於五代、宋、明諸史者，則低一格附之。其史文本各系姓者則不必載，庶更令讀者醒目，其意蓋不以是書體例為然。但如其說，而書既以韻為次，勢必於每人名下注明為遼、為金、為元，欲省轉煩。其見於五代諸史依格附之，亦太參差，不成體式，李氏特逞一時之見，未之深思耳。然則先分史，後總錄，及別為附錄，其體例斟酌頗善，殆無以易之矣。

二一四

鄦齋題跋第四册　共六十二頁　計貳万八千五百九十字

人壽金鑑二十二卷　甲子

人壽金鑑二十二卷，安東程得齡撰。得齡字與九，一字湘舟。是編以全祖望年華錄爲僞託，爲之重加蒐輯，徧攷二十四史、旁及傳記、雜說、各家詩文集，以每年爲經，各人爲緯，而分繫之首，爲初生以下自一歲以至百千歲，采取頗博，間有攷訂，如云「江淹爲中書侍郎，不得在三十五歲」，以正南史；「米芾卒年五十七，非四十九」，以正宋史；「王祥爲别駕，當在四十餘，不得云耳順」，以正晉史之類，亦不失依據。前有嘉慶二十五年自序及凡例十一則，又有其兄元吉、張顧雲、顧廣圻諸序及鄧立誠後序。據自序，顧、鄧二人嘗加辨正參校，宜乎其書之可觀也。惟所引佚文，如謝承後漢書、張璠漢紀、三輔決錄、三國典略、魯連子等書，皆不載所出。郡齋讀書志有袁州、衢州兩本，直齋書錄解題有四庫校訂本，乃轉據文獻通考所引，不合著書之例。所載古人年譜寥寥數家，亦大可補益，以盂子為生於周定王三十七年，此本孟氏譜，不如周廣業孟子四考生於周安王十七年之塙，（狄子奇孟子編年亦駁孟譜，惟謂生於周烈王四年。）而四十歲類獨不及「四十不動心」之語，殊為失之目矒。凡古人云年出六十，年幾七十，踰七十及七十餘之類，固當隸於六十、七十，而五十五歲類益公題跋條又有「今十五年矣」句，當入七十〇九十三太平廣記條有「堯年五十六」句，當入五十六〇五十七宋史條有「享年六十四」句，當入六十四〇七十二夢溪筆談條，王判雖有「某年七十二」句，而於武人不許其六十引退，當入六十〇七十六鶴齡錄條，雖有「七十六」語，而重在年至一百三歲，當入百千歲〇七十九稗史條有「享年八十三」句，當入八十三，此類尤嫌讀書未細〇僧如滿年九十五，李元爽年一百三十六，不列白居易九老圖詩自注，而一引齊東野語，一引事文類聚，亦嫌引後遺前。七十一歲類西河少女一百三十歲、百歲類陳損之妻九十餘，皆係帶及，固可不論，惟凡例稱女壽一門俟續

三四〇

錄附刊，乃因損之妻並載福安縣民羅母年過百歲，郭宗母年百歲，程氏亦知自亂其例，特作雙行小注，然亦不充其類矣。他如魯恭弟丕七歲，卞壺九歲並見十二類，華寶八歲見七十類，顓頊十二，蕭子雲十二，一見十八類，一見二十六類，張不疑五十，見六十二類，邵子五十四見六十一類，老人弟七十，八見九十四類，朱鏞八十二，見千百歲類，蘇佛兒之兄一九十二，一九十並見八十二類，楊叔連百二十二，楊宋卿百九十五，並見八十一類，王遠知百二十六見六十五類，此類當用互見之例，隨文以為詳略，亦屬可商。然此特限於學識，其摭拾之功，要自不可泯也。攷易宗湣有齒譜一書，據自序及王文清序，體例宗旨悉與此書同，湯有半霞樓集，王有鋤經餘草等集，均未見，兩序載湖南文徵六十五及五十九。湯書成於乾隆初，今未見程氏有無因襲，孰為優勝？惜不得一勘之耳。鄭巽謹案：湯書為歷代名賢名媛齒譜十二卷，雍正間已有刊本，見吳氏測海樓書目。又四庫類書存目有行年錄，康熙時侍郎魏方泰撰，又坊本有百歲敘譜六卷，錢塘陳師錫、沈九如、丁文策同輯，陳序題康熙辛未，不錄僧道女子，又不注出處。其四十歲引不動心句，江淹入三十五歲，華寶八歲，老人弟七十八歲，與此亦不同。周鄭堂云：明四明孫森有編年拔秀二卷，當為此類之濫觴。

小說類

中箱說一卷 庚申

巾箱說一卷，會稽金埴撰，埴字小郯，（遠孫，號壑門，又號，康熙諸生。）全祖望鮚埼亭集徵士谷林趙君誄內所稱金小郯詩人者是也。是編所錄皆經史餘緒，南北涉歷友朋軼事，約二百則，爲江南圖書館所藏稿本，經史既無所發明，軼事亦無甚關係，姑存其目，俾姓名不致湮没焉。

王欣夫謹案：此書已印入鄧實輯古學彙刊，即不下帶編別本。不下帶編七卷手稿本，今藏安陽謝國楨處。

玉几山房聽雨錄一卷 庚申

玉几山房聽雨錄一卷，鄞縣陳撰著。撰字楞山，號玉几山人，乾隆丙辰舉博學鴻詞。是編所錄皆南宋軼事，攷沈嘉轍等南宋雜事詩撰爲題辭云：「宋社既屋，南渡事跡俱湮，其雜見於志乘紀載者悉零楮子屑，缺而未備。予本鄞人，僑居是地，屢欲搜討，勒成一編，而遺文放失，祕籍莫窺，無已而闤市借人掌題舌舐，迄今數閱寒暑，尚未卒稿」云云。此江南圖書館所藏手稿本，當即所稱掌題舌舐者，惟大致爲雜事詩注所包羅耳，姑存其目，以備覽焉。

鷃亭詩話一卷　己未

鷃亭詩話一卷，江陰屠紳撰，紳字賢書，一字笏巖，乾隆癸未進士，官廣州通判。是書凡三十六條，皆寓言儲說之流，雖名詩話，實非詩話，每條各署姓名，而用筆逋峭詼諧，如出一手，蓋小說家之以筆致勝者。始鷃論，謂鷃之言謬，終雙鶴堂，謂今名鷃亭，一鷃已足，即起訖亦見章法。同治甲子，師範刊入二思堂叢書，光緒己丑，金武祥粟香室叢書再刻之，金序謂不盡論詩，汪琼序謂名以詩話，殆不可解？今攷紳有𤨏蛣雜記，吴錫麒為之序，紳乃改為姬金麟，此書名為詩話，亦同此好異耳。

二一五

盾鼻隨聞錄八卷 壬戌

盾鼻隨聞錄八卷，吳縣（崑山）汪堃撰，堃字安齋，道光辛丑進士，官至四川川東道。官廣西知縣。是編紀[redacted]洪楊事，至甲寅止，雖小說家言，而敘述頗覈實，惟痛詆道州何氏，謂其通賊，於淩漢、紹基父子肆口詆譏，極其穢褻，甚至謂紹基為猴所生，蓋其官為何氏劾罷，因造此以洩其憤，而適自陷於小人。其後舉止往往乖謬，蘇人有瘋子之目。李慈銘祥琴室日記未明其故，既疑為仇怨之辭，而又深訾紹基之不學而狂，以堃為不知何恨於紹基？要其怪妄招尤，固所自取，無足深訝，則吾又不知慈銘何恨於紹基，而隱然有契於是書也？姑存其目，並略著其人之大槩，以為輕薄者戒焉。

盾鼻隨聞錄　一頁　二一五

藤陰雜記十二卷 己未

三〇八　二百共七百九十二　天咫偶聞　一　六三八

天咫偶聞十卷　甲子

天咫偶聞十卷，原題曼殊震鈞撰。曼殊者，滿洲也。震鈞後改名唐晏，有渤海國（庚子西行紀事）志已書於後。是編記述見聞，分皇城、南城、東城、北城、西城、外城東、外城西、郊坰、瑣記九門，蓋略仿吳長元宸垣識畧之例，而中載八旗高尚之言，八旗人著述書目，八旗人能書畫者，八旗婦女能詩者，又載所見書畫，康熙十一年江西題名錄與二場一表，寶應劉啟襄波光賦詩賦等，并自叙家世，自作歌詞及所著茶說。雖牽連以及其門類，實不足以相攝，體例殊未協，然遺聞佚事錯出其中，間及掌故，頗資談助。其考訂舊說，如過錦非影戲，正宸垣識畧之誤；太常仙蝶非始於元，正鴻雪因緣之誤；在李閣老胡同者非李賢賜第，正西涯考之誤；東嶽廟神像為劉元塑者，非在朝陽門外，正燕都游覽志之誤。以及日下舊聞混蘋婆、沙果為一，光緒順天府志誤雅廣梨為呀兒光，皆有辨證，致為明塙。又以元初國學非今國子監地，所稱許衡手植柏，謂因元史而誤。又以光緒己亥內閣大庫牆傾，其中尚有藏書，謂茶餘客話疑明文淵閣即大庫，其説益信。又以蟫史一書，用筆極類煙霞萬古樓集，謂即王曇作，此類亦有見。遼金元明都城考鉤稽精細，而永定門外九龍岡為乾隆間疏濬涼水河之土堆成，乃謂此金城之東南隅，未免牽混。又石鼓必噓鄭樵之謬説，以鼓文有天子、有公、有嗣王，謂「天子，周王也；公，秦文公也。天子指幽王，嗣王指平王也」，不知公謂天子，當是畿內諸侯從公于狩，臣下述其君語天子之言。潘迪之説甚通，至天子、嗣王並見，皆指宣王，猶六月詩「王于出征，以佐天子」之比，上下文文異義同，古書自有此例。其他謂滿洲婚祭禮合於儀禮，已嫌傅會，又謂儀禮古人傳為𣪊禮，更屬瞽説。性德大易集義粹言、禮記陳氏集説補正，載其書名，缺其卷數，竟未一檢四庫書目，謂「本朝學術歧於開四庫館，咸豐間遂有天下不亂於粵匪，亂於漢學之說竟未細考曾國藩孫氏蜀論序皆失之疏略謂北方食物如臘八粥水餃子之屬南方所未有亦非事實謂旃檀像起於周代未知何據又京城變遷非一獨於天甯寺條下動華屋山邱之慼亦莫明其意也書未有癸卯自敘稱世居京師習聞瑣事可以繩夢華夢粱二錄之前蹤者自乙未以來信手條記云云今以所記不盡關京師而筆墨尚雅潔隸入小說類亦可云怊悵舊游流傳佳話者矣

右雜事之屬

三八　　二頁共七百○七　　山海經箋疏　一　　六四八

山海經箋疏十八卷圖讚一卷訂譌一卷　丙辰

山海經箋疏十八卷、圖讚一卷、訂譌一卷、棲霞郝懿行撰、懿行有春秋說略、是（號蘭皋，嘉慶己未進士，官戶部主事）
書就郭璞注本、采吳任臣廣注、畢沅校本兩家所長、爲之辨析異同、刊正譌謬、
謂之箋疏者、箋以補注、疏以證經也、阮元序稱其精而不鑿、博而不濫、洵非溢
美之詞○考張澍養素堂文集與郝蘭皋户部書、澍曾舉正若干條、其言固有是
有非、而訂譌卷內所載澍說、往往有出入、或懿行刪改、或澍重加釐訂、皆未可
定？惟北山經人魚、箋疏以人爲兒字闕脫其上、澍謂即今之孩兒魚、不必改○海
內東經贛水、箋疏云、贛水一名豫章水、郡縣俱因水得名、澍謂水經注豫章以
木氏郡、水亦因郡縣得名、大荒北經肦姓、箋疏疑肦作滕、或肦、澍謂戴民之國
亦肦姓、西山經徼狪、訂譌云、當爲獒狪、澍謂獸名如牴牻、礫砰、嬒嬇有不從犭
者、如徆作狪、則徼宜作獓、不必作獒、又其名曰鴟、郭注扶狩則短、訂譌云、當爲

扶獸，𤜶謂獸狩古通，車攻詩之搏狩，漢人作搏獸，中山經彫棠，訂譌云：彫當為彤，𤜶謂草有彫胡，木當有彫棠，必非彤字。又服之者不霆，郭注音廷搏之廷，訂譌云：當為脡，脯之脡，𤜶謂郭音似引古語，宜從之，古廷字本有定音，見匡謬正俗。又閭麋麢麃，郭注：㹮毛豹脚，訂譌云：㹮當為獶，豹當為狗，𤜶謂㹮宜作猥，即猥狗也，不當為獶，言毛似猥，脚似豹，凡此似亦足備一義，非他條之輕相論難者比，而懿行概未之采。又郭注讀若多同本文，懿行往往致疑，譚廷獻復堂日記云：音有楚夏，輕重微異，注蓋似依以為說，即長言短言之例。竊謂此語近似而未盡。以中庸鄭注：人讀如相人偶之人之例推之，或亦即釋其義，如東山經減水，郭注音同減損之減，即是此例。漢書昭帝紀：轂減賤，鄭氏曰：減音減少之減，又戶口減半，師古曰：減讀為減省之減，並足取證。而訂譌未審經文為何字之譌？張𤜶以漢咸宜之咸，注亦音減，謂經文當為咸字，實則經文減字不必疑，亦

三三〇

五九　二頁共七〇〇又　山海經箋疏　二　五九

不必改。又譚氏云，《圖讚》一卷，郝刻與郝氏所據藏本不同，往往合於《藝文類聚》所引。郝刻《補遺》，郝本僅有五則，參差互異，未詳郝本所出。此說亦足備攷云。

守一齋筆記四卷二筆一卷 己未

守一齋筆記四卷、二筆一卷，江陰金捧閶撰。捧閶字玠堂，歲貢生。是書除字學、辰宿諸條外，大致多言報應，意主勸懲，雖談鬼說夢，而無一猥褻鄙俚語，行文亦簡潔，具古法。十三閣老條，盛稱其能識周延儒，而仍於延儒有微詞，尤見周帀，惟蛇精條有三教同源之說，究非儒者所宜出。此周起濂條經咒可以殺人償命，疑為佛法無邊，恐亦非佛氏本指也。

右異聞之屬

道家類

太上感應篇注二卷 己未

太上感應篇注二卷，元和惠棟撰。棟有周易述，四庫已箸錄。是書前有自序，稱爲祈母疾而作。又稱宋藝文志及道藏皆有太上感應篇一卷，攷太上感應篇爲燕慕容皝作，至宋理宗命鄭清之叙以行其書。宋志有李昌齡感應篇，蓋即是書之傳。棟語實未剖晰。其書本道家言，故棟於三尸神等，即引彼教之言爲釋。明知其詭誕，而業爲作注，勢不能不用其言。又多陰取儒理，故棟引經史諸子爲證。雖似援儒入墨，而其書旣合於儒，注者亦烏得轉與之異。棟乃經學家，是注頗爲論者所議，實則當分別觀之者也。其注徵引贍博，極爲典覈。惟竈神亦然，下旣引酉陽雜俎名隗，又姓張名單之說，復載杜公瞻引五經異義，姓蘇名吉利云云，其是非固無可證，而後說殊不類。異義當必有誤。妄逐朋黨下引易朋亡及渙其羣，意取渙散之說，與呂覽召類篇渙賢之義悖，旣非易恉，而泛引東漢黨錮，不及逸周書、史記解南氏、果氏事，亦失之疏。又注中喜用韻駢語，李慈銘桃華聖解盦日記以為爾雅可誦，然者酒悖亂下，純以三字為句，至四十四句之多，且平仄相間為韻，則未免過於好奇矣。是書吳興載刊本實一卷，自序亦不言分卷，粵雅堂本據漢學師承記所載二卷之說，遂釐為上下卷云。

一六

王欣夫先生遺稿

李慶 編

許廎經籍題跋
積書巖摹古帖題跋

叁

復旦大學出版社

『十四五』國家重點出版物出版規劃項目

許廎經籍題跋 七

許廎經籍題跋卷十八

吳縣　胡玉縉　撰
後學　王大隆　輯校

集部
別集類一

蘇詩補注八卷　己未

蘇詩補注八卷，大興翁方綱撰。方綱有經義攷補，已書於後。是編以邵長蘅為宋犖校刊宋本施注蘇詩多所竄亂，查慎行補注雖據影鈔宋本重加釐正，猶有未盡，因以舊藏宋嘉泰本對勘，凡邵、查本脫字、誤字及遺漏者，為之摭拾叢殘，一一補入，計二百七十五條。又自下己意，或旁引他說，補其未備，計九十四條。中如施注濡脣誤引班語為史語，查注張都官維誤以為子野父之類，頗有所訂正。以放雪衣為雪衣女，以東園及麥門冬飲為見米芾集，具徵考證。以白楊梅為實有此果，以五稜為即羊桃之五斂，足資多識。以荊州十首為非一時作，以墨妙亭詩爲論書之旨，非與杜異，亦善體會。惟亦念人生行樂耳，施引小雅詩以證異義，重用則無集于穀。其字从木，與不我肯穀之穀从禾非一字，必欲引詩，當引出車詩往城于方，城彼朔方。今未能辯正。青山在屋上，流水在屋下，本司馬光獨樂園記，在傳家集中。何遜揚州，又幾年本杜詩，實本三輔決錄，見吳曾能改齋漫錄引。今亦未能稱引，凡此均未免疏舛。是時江月初生魄，自指初三言，但說文月部霸云：月始生魄然也，承大月二日，承小月三日，从月䨣聲。周書曰：載生魄。是三日亦可稱生魄，不必泥成魄之語。且此乃許氏原文，今以爲徐氏繫傳，不解何以錯謬至此。詎知此疑神疑蓋凝之省，段字詳莊子本文及易禮記自見，今以爲與神一般，意雖是而實昧字義。計拙集桔槔迴策，如縈獨善騎，㪅齋古今黈一議其趁韻，一議其誤押。前說甚是，乃以爲非，全用晉語，後說殊非乃無一語糾正，殊弗思騎字虛用，當屬平聲，蘇本不誤，其去取亦所未喻，尤可

陳漢章謹案：說文霸字說解與馬融書傳魄訓同，真古文尚書家說，蘇文悉用古訓。

三三六

異者，其石洲詩話以楊萬里所議汲江煎茶詩，為似門外人所為，而本書本是條因查氏節引以為誠齋之意，不見乃備錄之，已自相矛盾，然猶可曰各自為書。乃「風定軒窗飛豹脚」下，既以施注有「公自注」及「東坡云」為不同刻本一例，改作自注，為未審，而汲江是條，於查注李約云云，諸刻本皆不云公自注，新刻本不知何據？則以為考證之學，惟其無害於義，不在此等小同異，其前後語氣如出兩人，謂非故意，其誰能信？至於邵氏、王注正譌本不勝指摘，汪師韓詩學纂聞詳之，其駁程縯引毛詩「療饑」，實未為失，乃方綱答丁杰書，以為「藥療並與樂通，不必判毛、鄭為二」，不知毛云「樂道忘饑」，其作樂不作療明甚，鄭箋當本韓詩，故作療不作樂，此三家本之異，烏得牽合，然此皆小失，其精塙處實不可磨滅。宋本真面目，亦藉是考見，尤為有功，故蘇詩自馮應榴、王文誥兩家注出，是書雖為所包括，而讀蘇詩者仍不能廢也。原附顧禧志道集，已收入四庫全書存目，提要疑爲依託，辯見余所撰提要補正，今不贅焉。

一九

洪文安公小隱集一卷鄱陽

洪文安公小隱集一卷

格字李言，諸生。

宋洪遵撰，仁和勞格輯。遵有翰苑羣書，四庫已著錄。案宋史藝文志載遵小隱集七十卷，傳本久佚，此仁和勞格所輯，凡制誥、劄子、奏狀、雜文六十餘篇，經筵進故事若干條，詩詞三篇，前冠樓鑰原序，後附周必大所撰神道碑，爲江南圖書館所藏本，雖祇得百之一，而收拾放佚，以存梗概，格固不爲無功也。遵與兄适同中紹興十二年博學鴻詞科，工於儷偶，凡禪位之詔、登極之文、尊號改元等文，皆出其手，實先适而登朝，惜天不永年，故其他著述不及适與弟邁之宏富。然以文章而論，即此吉光片羽，實足與盤洲集、文敏集相伯仲，未可以其少而廢之矣。

洪文敏公集八卷

洪文敏公集八卷　仁和勞格校訂

格有洪文安公小隱集輯本，已書於後。

宋洪邁撰。邁有容齋隨筆，四庫已著錄。案宋史藝文志載邁野處猥稾一百四卷，瓊野錄三卷，陳振孫書錄解題祇載野處類稾二卷，且云全集未見，是當時傳播已稀。今四庫著錄類稾與朱韋齋詩無少異，乃書賈僞託，錢大昕、陸心源諸人辨之甚明。此八卷不知編輯姓氏，前列本傳，仁和勞格重加校訂，刪去隨筆中之文，而益以詩文六十餘篇，為江南圖書館所藏本，雖不及什之一，而猥稾久佚，可藉此以考見大概，乃所謂零珪斷璧，未嘗不足珍惜者。視提要本之張冠李戴，其真贋固自不同矣。

清河集七卷附錄一卷（清河集七卷，江陰繆荃孫輯）

（荃孫字炎之，一字筱珊，晚號藝風，光緒丙子進士，官翰林院編修。）

元元明善撰。明善有龍虎山志，四庫已附存目。案元史本傳稱：「明善早以文章自豪，出入秦漢間，晚益精詣，有文集行世。」馬祖常石田集載所撰神道碑，稱其文有賦五，詩凡一百六十三，銘贊傳記五十九，序三十，雜著十五，碑誌一百三十，皆不言卷數。絳雲樓書目則載明善清河集三十九卷，今未之見。此藕香零拾本詩八首，文三十四首，光緒乙未繆荃孫從元詩選、元文類、鐵網珊瑚、闕里文獻考及金石碑版輯錄而成者，雖秪存什之三，猶可得其大略。吳澄文正集有元學士文藁序，稱其文「脫去時流畦徑，而能進古作者之道」。祖常碑亦稱其「出入秦漢之間」，皆與本傳合，非虛譽也。附錄乃本傳、墓碑等。繆跋云：「明宋廷佐輯還山遺稿，收入四庫，今雖吉光片羽，而先生華實並茂之風，尚可見其大概。」此語不明。還山遺稿乃楊奐撰，豈誤以為明善耶？

靜軒集五卷　高唐

靜軒集五卷附錄一卷　江陰繆荃孫輯。

元閻復撰。復字子靖，高唐人，官至翰林學士承旨，遥授平章政事，謚文康，事蹟具元史本傳。荃孫有清河集輯本，已書於後。元史本傳傳稱其集五十卷，袁桷撰神道碑又稱有內外制集若干卷，文淵閣書目均未著錄，蓋明初已佚。是本詩八首，文三十四首，光緒乙未繆荃孫從宛陵集、元詩選、元文類、名臣事略及金石碑版輯錄，刊入藕香零拾者，附卷即史傳、袁碑也。其詩氣體高華，造語亦多工鍊，其文春和純粹，絕去町畦，卓然自成一家，實虞、楊、范、揭之先導。雖所存祗什之一，而窺豹一斑，其文采獨耀人眉宇也。梅枝詩亦見蔣子正山房隨筆，「揀摛」作「棟盡」，「坼竹」作「龍竹」，「似龍」字勝。

菊潭集四卷　江陰繆荃孫輯

元李术魯翀撰。翀字子翬，順陽人，官至翰林侍講學士，卒贈通奉大夫、陝西行省參知政事、護軍，追封南陽郡公，謚文靖，事蹟具元史本傳。其集本六十卷，文淵閣書目不著錄，蓋明初已佚。此光緒乙未繆氏藕香零拾本，輯自元詩選、元文類、劉昌中州名賢文表及金石碑版者，凡詩八首，文二十首，釐為三卷，附史傳、神道碑銘等為末卷。大致以理為幹，而亦不廢修詞，一洗庸沓猥瑣之習。蘇天爵撰神道碑，稱其「嚴重質實，不為浮靡，其詞悉本諸經，如米粟布帛，有補世教」，本傳亦稱其「簡奧典雅，深合古法」，良非溢美。是編雖祇輯什之一二，而亦足窺一斑矣。

壯悔堂文集十卷遺稿一卷 壬子

方域字朝宗，明尚書恂子，順治辛卯副榜。

右壯悔堂文集十卷遺稿一卷，睢陽侯方域撰。方域之文品格不甚高，而真卷條達，一洗塗澤及摹仿之病，亦足名家。或者謂其出入韓、歐，非篤論也。集中如梅宣城詩序諸篇，好用儷語，且多清麗，疑是少作。復孫若士書以許平仲為見雖明而守未篤，意謂其曾仕金朝，不知續宏簡錄本傳小注云：其父家貧，命為郡從事，見州縣追呼旁午，遂辭去，此特庶人在官者耳，不得以為事金，明何瑭、近人范泰恒辨之甚明，是衡之出處實無可議。答張天如書謂漢亡於朋黨，宋弱於道學，亦偏宕之詞，果如其說，是十常侍、韓侂胄轉可恕也。紀昀撰四庫提要，遂於慶元黨禁下發此議，均不足据（據）。明處士汪君墓誌銘：孔子葬其母，不知其父，則殯於五父之衢以俟之。此沿孔穎達之謬。記文「不知其墓殯於五父之衢」十字當作一句讀，否則終無以釋陳澔之疑也。

寒支初集八卷二集六卷

寧化李世熊撰。世熊字元仲，隆武時，以黃道周及何楷、曹學佺等薦，由諸生召為翰林院博士，不赴。順治丙戌，祝髮名寒知，後改寒支，晚自號媿菴。其集皆先詩，後文。前有釋本嶢及彭士望、葉顒諸序，大率皆幽折奇奥之作，與並時彭士望、傅山相似。二集前有寒支歲紀，後有其子權跋，大率多平易而少警拔，與初集別為一境。世熊嘗師事黃道周，近李慈銘受禮廬日記稱其與道周辭薦書及止其出師書，讜議侃侃，不啻諍友。又稱其閩社采風錄序、贈林君若序、紡授堂集序、畸人傳序、妖祥志序、藝文志序、反根賦、明光祿寺署丞李公墓誌銘、鄧秀才顒卿墓誌銘、雷孝廉墓表、答葉慧生書，皆思溢物表，俶詭萬狀。黃槐開傳、羅宣明傳、傅相公傳略、畫網巾先生傳、乞免廷試疏、明淅川知縣愚山公揭公墓誌銘、寧化縣知縣徐公墓誌銘、貴州鎮遠府知府李公墓誌銘、雲南永昌府通判劉公墓表、監紀推官吳公墓表，俱可攷見桑海間事，而文亦皆忼壯可傳。今驗之良然，殆非溢美。又議其張煌言、郭之奇、楊畏知諸傳，頗爲疏外，亦深中其失。惟於擬閩督院與海上一書，以爲似可不作。歲紀中載試文之甲乙、交游之廣遠，以爲不免標榜聲氣，則殊未然。世態不應明之徵命，入清後旋即爲僧，初無所利。此擬書實有見於臺灣一隅不足以恢復全明，蓋心乎爲民，在鄭氏固不失爲忠，而世態亦不失爲大。至於結社聯交，雖明季惡風，而君子以朋友講習，君子以文會友，亦聖賢之遺訓，當視其人之素行以爲斷，安得一概論也。總之，其文多可誦，故朱琦古文彙鈔采錄頗夥。又溫睿臨南疆繹史稱『唐王聞道周死，大哭，贈文明伯，謚忠烈』，而集中有褒卹孫忠疏，蓋專爲道周死義彰闡，道周之得贈，當即原於此疏。徐鼒小腆紀事㴱攷并引之以當論斷，亦足徵是集之見重於藝林矣。此道光間寧化知縣陳塏以活字印行本，初集較原刻少殉

三三〇

六 七十七　一八　寒支初集 二　八

馬史記序上中下三篇，然原刻亦有錄無書云。

入録編

天香閣集一卷 戊午

天香閣集一卷，舊題江陰李介撰，即李寄也。寄有天香閣隨筆，已書於後。本有文集十五卷、崑崙山樵詩集二十四卷，是編原附隨筆後，僅七言律二十六首，皆次韻之作，胡志學等傳五篇，疑徐恪隨所見錄之，視全集殆祗百之一。然詩有才氣而極工鍊，文皆表章節義，嘗鼎一臠，亦足以見大槩。據金武祥粟香三筆引顧季慈江上詩鈔，知其集名藝圃存稿，詩則分停車集、髡春集、谷口集，附遊集、偕隱集、晴川集、鳴蟬集、聽雨集、砥節集、息影集諸目，每集各有自序云。

陸桴亭先生詩集　二九二

六八十　二九二

陸桴亭先生詩集十卷

陸桴亭先生詩集十卷

太倉陸世儀撰。世儀有思辨錄輯要，四庫已著錄。是集卷一古體詩二十九首、二長短句古風六十九首、三五古一百五十三首、四七古十九首、五五絕八十二首，附六言四首、六七絕五百五十首，附回文一首、七五律一百六十四首、八七律三百七十八首、九詩餘二十一首、十箴贊十二首。前有周西臣及陳瑚序，各詩題下有朱字標記甲子，為江南圖書館所藏舊寫本，較光緒間葉裕仁所刊桴亭編年詩多二百餘首。世儀本為講學家，惟尚事功而不空談心性，故其詩亦淵然浩然，具絕大本領，非世之聲壞派者可比。惟思辨錄議文選三都、兩京及七啟、七發、連珠之類，俱是天地間無用文字，而此有回文詩，殆亦不得為有用。朱彝尊明詩綜錄其一首，蓋未見全集。丁氏藏書志題為明人，茲參照四庫而合以本編體例著其里貫焉。

蔄窩雜稿一卷

仁和沈昀撰。昀字朗思，初名蘭先，字甸華，諸生，為明劉宗周弟子。是編皆雜文日記，乃江南圖書館所藏舊鈔本。其書大半多理語，頗為切實，無狂禪之弊，蓋蕺山嫡派，異乎姚江末流也。

獨漉堂集三十二卷　癸亥

獨漉堂集三十二卷，順德陳恭尹撰。恭尹字元孝，自稱羅浮布衣，即明季殉節陳邦彥之子。是編詩文各十五卷、續編一卷、附錄一卷，爲道光乙酉重刊本。恭尹未冠時，賦姑蘇懷古諸詩，傾動一時，名大噪。長與李世熊、魏禧、昆季、彭士望諸人相友善，故其文頗與諸家相伯仲。詩尤沉思獨往，迴不猶人，近體逼近唐賢，古體間入選理。自序稱：志學以往，皆爲憂患之日，東西南北，不能多挾書卷自隨，意有所感，復不能已於言，故於文辭取諸胸臆者爲多，而稽古之力不及其辭。朱彝尊靜志居詩話以爲不自滿，誠哉其不自滿也。杭世駿道古堂集題獨漉遺像有云：嶺海論風雅，平生一瓣香。又云：淒涼懷古意，豈是屈、梁能。意以爲在屈大均、梁佩蘭之上，其推挹甚至。張維屏聽松廬詩話舉其鄴中懷古一首，謂議論出以含蓄，鎔鑄歸於自然，七律到其地步，所謂代無數人，人無數篇今讀之良然，蓋非鄉曲之私矣。

十三

入集

飲水詩集一卷飲水詞集一卷 己未

飲水詩集一卷、飲水詞集一卷、正黃旗性德撰、性德有通志堂集、四庫已附存目。是編爲顧貞觀選錄、一刻於康熙辛未張純修、再刻於道光乙巳張祥河、至咸豐辛亥伍崇曜又刊入粵雅堂叢書、視集内所載詩詞互有異同、名曰飲水者、取義於性德所言：『如魚飲水、冷煖自知』也。性德篤於性情、觀其力任出吳騫獄一事、迥非近人可及、故詩詞多一往情深之作、大體於韓偓、李煜爲近、此本尤菁華所在、祥河稱其善言情、又好言愁、純修稱其詩超逸、詞雋婉、崇曜稱其詩清麗芊緜、詞哀感頑豔、良非虛語。性德經說、如合訂刪補大易集義粹言、陳氏禮記集說補正諸書、雖或出於陸元輔、而是集則筆墨一律、斷無假手處、即此亦足以傳矣。提要稱性德康熙丙辰進士、今攷題名碑同、沈德潛國朝詩別裁集以爲癸丑進士、丙辰殿試、蓋紀其實云。

許廎經籍題跋　集部

望溪文集十八卷集外文十卷補遺二卷年譜二卷　庚十

望溪文集十八卷，集外文十卷，補遺二卷，年譜二卷。案：方苞集四庫已著録八卷，此則戴鈞衡字存莊者所補編，咸豐辛亥刊行者也。考苞集，乾隆初有抗希堂本，係苞門人王兆符、程崟編，無卷數，四庫所録八卷本，未知即此本否。至嘉慶初，苞曾孫傳貴編集外文，姚鼐序云：「望溪集乃手自定，此皆其芟去不欲存者。」然以年歲覈之，姚説未能悉合。今戴氏本視前兩刻為備，捜羅不可謂不廣，然蘇惇元前序有「韓理堂所編逸集與高密單氏所藏遺稿，猝不得見」云云，是尚有遺佚。戴氏云：「補遺文十有九篇，並讀書筆記數十則，實得之高密單徵君。」是單氏所藏遺稿，戴已見之。然據孫葆田方望溪文集補遺序，則單氏本内如書大學平天下傳後、喪服或問補、題韓宗伯家書、又聞見録兄弟之子、凡文四篇，仍爲戴刻所遺。蓋苞在當時負盛名，其文往往爲人傳鈔，即一人所鈔，其先後又有多寡也。苞文或譏其以時文爲古文，或以爲有清一代之冠，要其變化太少，不能自闢門户，以提要之説爲允。後人推尊過甚，意欲一字不遺，恐苞所欲去者，不在少數耳。

許廎經籍題跋　集部

方望溪文集補遺書後 庚午

方望溪文集補遺一卷，桐城方苞撰，榮成孫葆田補輯。葆田字佩南，同治甲戌進士，以主事分刑部，改官知縣，選授宿松，調署合肥，光緒己丑忤巨室李氏，投劾去，亢直聲震天下。是編以所得章邱宋氏舊藏鈔本望溪集，中有戴鈞衡本未刻文三十三篇，益以高密單氏所藏遺稿中四篇，及其叔弟在武陟拓得苞作陳恪勤公廟碑，爲之編刻，有光緒壬寅自序。凡所摭拾，不必皆爲苞所欲存，要其搜輯之盛心，倘亦姚鼐所謂後之君子閔此芟去之文，亦以爲不及者歟。

習是堂文集二卷附自訂年譜一卷

習是堂文集二卷，附自訂年譜一卷。常熟曾倬撰。倬字一川，康熙己卯舉人，著有常熟志十卷，已刻行。又有習是編及左氏分編，未見傳本。是集光緒間其族孫之撰始以聚珍版印行。大致取法歸有光，不爲佶屈聱牙之習。惟其中往往涉及二氏，如請鳴谷和尚住持維摩寺啟、題曉庵上人如意圖、許佐王畫羅漢像贊、道者像贊、寶華庵惺雷禪師募緣偈、寶華庵募修疏，猶可曰酬應之作。而度人經詮釋序云「三教分流，其理不殊」，未免援儒入墨。成真妙道集序云「金丹地理皆用逆，是乃得乎易之深」，亦大傳會。觀錢三峯先生墓誌銘及顯考鷺公府君行述，乃知倬與其父振甲皆惑於錢祖壽之異説也。之撰跋中有「宜商去留，未敢專輒」語，蓋已見及乎此。廣文盛荷溪壽序云「是即虞氏燕禮之觴，夏氏饗禮之觴」，兼用周人饗食燕之觴語，本王制而節去「殷以食禮」句，則食字爲無根。丁氏族譜序云：「孝公著白虎通書以教弟子，亦垂訓後世。」丁鴻固與班固在白虎觀論定五經同異者，但不提出班固字，殊少分曉。教弟子亦非通德論之事實。左氏分編或問云：「是編以孔子傳終，而不敢列之於魯臣傳，猶左氏之志意在尊孔子，而不知獲麟以下至孔子卒，乃弟子所續，非邱明之筆也。」顯妣周太孺人行畧以奏銷一案屬辛丑年，譜則屬癸卯，當是一言其始，一言其終云。

一五〇

二十四泉草堂集十二卷 甲子

二十四泉草堂集十二卷，歷城王苹撰。苹字秋史，號蓼谷，康熙丙戌進士，官成山教授。其詩邊幅稍狹，而不事塗澤，不屑雷同，頗具清遠之致。考王士禛香祖筆記：「太倉崔華字不雕，亭門人也，有句云：『丹楓江冷人初去，黄葉聲多酒不辭。』予極愛之，呼為崔黄葉。歷城族子苹有句云：『亂泉聲裏才通屐，黄葉林間自著書。』予亦呼為王黄葉。」是集前有士禛原作正。及田雯、高兆、張芳四序，為原刻本。士禛亦及苹詩此二句，謂亟稱之於巡撫張中丞，中丞因延見，講布衣之好，於是秋史名字往往在人口。是苹得科名雖遲，而得詩名尚早。集中讀南海集第三首云：「可笑王黄葉，孫懷二十年。得名自公始，失路復誰憐。」讀池北偶談云：「才名零落王黄葉，孫負尚書二十年。」其感士禛甚至。題漁洋詩話卷尾第二首云：「老有心情似牧之，江河載酒復何時。人間也自呼黄葉，卻少崔華七字詩。」則即指崔黄

業事也。二十四泉草堂者，于欽齊乘列望水泉為二十四，明殷士儋以宰相工
詩，築川上精舍於此，至是為華所得，葺屋詩所謂「百年竟落書生手，滿郡猶呼
閣老亭」，而田雯序所謂「秋史所以矜喜自負，氣足以豪，而詩因之日工」者也。爰
並著之。

九三

孟鄰堂文鈔十六卷壬戌

孟鄰堂文鈔十六卷，武進楊椿撰。椿字農先，康熙戊戌進士，官至翰林院侍講學士。是集嘉慶庚辰其曾孫魯生所刻，前有朱珪、趙懷玉兩序，皆稱其經史之學。今按椿之史學，於有明一代，致為貫串。如上明鑑綱目館總裁書、與明史館纂修吴子瑞書，抉摘明史原文之矛盾譌舛，不一而足，均見精卓。於明史一再重修之故，亦言之綦詳，視提要所稱為尤瞭。惠帝論、成祖論、迎復論、易儲論、錮南宮論、奪門論諸篇，雖間或失之繁冗，而鉤稽歲月，攷覈事實，知人論世，迥非一挑半剔者所能及。經學則有得有失，如説卦攷、伏書孔書篇數攷、盤庚攷、武成攷、伏書非口授辨、漢儒不見古文尚書辨、鄭聲淫説等作，頗具漢學家師法。其論九族，好翻舊義，其論服制，喪主諸書，亦多肊説，已不足據。以孝經為漢晉諸儒所綴輯，條駁其謬，以周禮為文種、李悝、吴起、申不害之徒所增竄，有與齊召南書十二首，各舉一事，推論其非。以儀禮為出於魯臣臧文仲、李文子諸人，以詩為無風雅正變之分，以關雎、鵲巢、采蘋為皆求賢人之詩，則無稽瞽說，易啟後學荒經蔑古之弊，更不可訓。朱、趙二序乃皆稱其與齊辨論周禮，殊為無識。周禮初出，林碩、何休雖相攻擊，而鄭玄以為周公致太平之迹，為之作注，早有定論。近萬斯大、方苞雖亦駁難，而黄以周禮書通故據漢志周官經六篇、傳四篇，謂古人經傳分行，後世多比附之，周官傳羼入經中亦必不少，故周官間有可疑，特不可如後人之掊擊，尤為通論。至孝經則魏文侯作傳，呂不韋首先稱引，詳丁晏徵文，豈在漢、晉後。儀禮則臧孫行之，齊侯行之，邾莊公閽者行之，詳俞正燮癸巳類稿，豈魯臣所撰而可行於齊、邾諸國。凡此皆足正楊氏之失者也。其與吴子瑞書中論王悍事，以為悍之死非由唐順之，李慈銘桃華聖解盦日記謂其說甚塙，又引萬斯同說云云，以為悍之死實悍自殺之，李氏謂是

三三〇

與嚴氏亦無涉，果爾則弇州兄弟何以切齒分宜、世蕃之刑至買其一胛，持歸
祭墓孰而噉之？據沈德符野獲編言：介溪以弇州兄弟皆得第，責怒世蕃謂其
不肖，世蕃遂謀中傷之，而民望聞楊忠愍之死，為之悲歎，屬其子振䘏其家，禍
以此起。他書亦言分宜因弇州與忠愍游，又經紀其喪，適以求古畫於民望不
得，怒遂不解。蓋論者謂以張擇端清明上河圖、荊川指其中一人閉口唱六證
為贋物，固屬附會東坡指李公麟畫故事，而王氏父子結釁嚴氏則固有之事
也。如楊氏言，則以荊川閱兵劾疏，實陰為民望解鄢懋卿又力沮民望之求劾
似其死全出世宗意矣。李氏意以忬之死為嵩與其事，與楊氏異，今攷明史王
世貞傳云：父忬以灤河失事，嵩構之，論死繫獄，世貞解官奔赴，與弟世懋日蒲
伏嵩門，涕泣求貸，嵩陰持忬獄，而時為謾語以寬之，忬竟死西市，可證成其說
但萬氏所稱自殺云者，謂忬求懋卿劾罷不可，後遂自草疏而屬其門人方輅

劾之，竟致被殺耳。嚴氏之涉及與否，萬氏及楊氏俱未明言，即嚴氏涉之，而亦未始非其自殺，李氏猶未免鹵莽讀之矣。

四六

笛漁小藁十卷

秀水朱昆田撰。昆田有南北史識小錄，四庫已著錄；三體摭韻，四庫已附存目。是編皆所作古今體詩，康熙己卯昆田卒，父彝尊年七十有一，特就其藁為之叙定，附刊曝書亭集後。四庫收彝尊集而未及此，當是所見本闕也。適前有高層雲序，稱其「上窺韓、杜，下汲蘇、黃，推陳出新，瑰奇光怪。」又有張雲章序，稱其「小詩固已精緻雋潔，大者磊落排奡，讀者不以為入玉谿、樊川之室，則以為登昌黎、眉山之堂。」推挹甚至。今觀其詩，源出晚唐，參以北宋，又得名父之指授，在一時詩社中，酒旗茗椀，拈韻分題，亦足頡頏儕輩，若方駕古人，則殆當別論。孜汀氏藏書志有是書原本七卷，云多塗乙之迹，然則彝尊或有刪潤，并分為十卷歟？

茨村詠史新樂府二卷 壬戌

茨村詠史新樂府二卷，山陰胡介祉撰，介祉字存仁，號循齋，康熙閒官湖北僉事道，至河南按察使。是書樂府凡六十首，皆詠明季事，起信王承統，訖鍾山樹，每首各有小序注其本末，前有朱書序，爲郭氏學種花莊刻本。其詩拘於事迹，用筆不能超脫，而所注則頗詳盡，如復社行之極言社人之恣橫，新女子之極言思陵之寡欲，溧陽根之極言許都之冤憤，懿安后之極言張后之嚴正，京營弊之極言戎政之積壞，內帑疑之力白莊烈之無餘藏，衣冠辱之備寫諸臣降賊之狀，睢陽變之詳叙高傑被害之事，皆有裨於史事。惟以楊嗣昌之才爲崇禎朝第一，以袁崇煥之誅毛文龍爲冤，又以陳繼儒衛文龍常物不及，遂搆之於錢龍錫，實乖事實。以太監王之心爲殉節，以搆殺薛國觀爲出於曹化淳，以童氏爲福王藩邸繼妃，以周鑣爲南戶部主事，亦小有舛誤。稱莊烈爲懷宗，亦不合。凡此已爲李慈銘祥琴室日記所糾，蓋其時明史尚未成，傳聞自不能無失也。慈銘舉其阜城死、浣衣局、劉狀元、三罪輔、迎太后、假皇后各詩注，以爲數事皆他書所罕見。今攷數事中間或雜見於他說，而不如此之詳。至碧雲寺魏忠賢之壽藏，王士禎香祖筆記載御史張瑗題請立仆其碑，剗平其墓，奉旨允准，瑗賦詩紀事云云。此事雖在後，而大快人心，當揭之以告天下後世者矣。後附錄李驎書懿安皇后事一首、賀宿紀聞一首，皆力辨懿安死節，爲舊宮監王永壽所目覩，並無亂後流落事。驎又據陶徵舟車集中故宮詞，力斥許承欽言烈皇盜嫂之誣，介祉載之，蓋以申明其懿安后一首極稱張后嚴正之旨。今案明史后妃本傳云：「莊烈帝十七年三月，李自成陷都城，后自縊。順治元年，世祖章皇帝命合葬熹宗陵。」是驎所辨爲得其實云。

二六一

六八十四　三〇八　梧園詩文集　四九九

梧園詩文集不分卷

錢塘吳農祥撰。農祥字慶百，號星叟，一號大滌山樵，諸生。康熙己未薦試博學宏儒，不售。戊子卒，年七十七。是集為錢塘丁氏所藏稿本，凡二十九冊：一為賦、頌、表；二表、序；三序；四序、壽序；五序；六、七壽序；八記、誄、墓誌銘、塔銘、碑、書；九記、論、說、議、考、書、疏、引、跋、贊、誄、銘；十又為壽序；十一傳；十二行實、行狀；十三啟、疏；十四行狀、權厝志、哀辭、墓碣、行實、記；十五、六壽序、墓誌銘、祭文、雜著；十七疏、哀辭、祭文、跋；十八、十九為泊齋別錄，皆雜文；以下皆詩詞。二十為未忘集；二十一金陵集、心蘇集；二十二金陵集、秋鈴集、未忘集、心蘇集；二十三心蘇集、秋鈴集；二十四星叟集、星叟雪鴻集；二十五、六梧園集；二十七、八、九為詞。攷黃士珣北隅掌錄：輯農祥著作總五百六卷，藏蕭山王小穀太史家。杭州府志藝文門載其宜齋文集八十卷、詩集四十卷、南歸集十卷、雪鴻集八卷、流鉛集四十卷、嘯臺獻正稿二十六卷，金陵集十卷，心蘇集五十卷，秋鈴集十卷，南羽集三十二卷，綺霞集二十四卷，未忘集八卷，京江集四卷，凡三百三十四卷，與士珣所記不合。此本即王氏舊藏者，丁氏得之蓋已殘闕，故叙次紊亂如此。今就所存者驗之，其文大抵才辨宏博，好馳騁而不屑徵實，故全祖望鲒埼亭集張煌言神道碑銘譏其所作公傳誕妄不足取信，且中多應酬之作，亦殊自穢。其文體詩詞少含蓄婉約之致。然農祥博極羣書，櫛其菁英，實亦毛奇齡、吳任臣之流亞。丁氏嘗欲選而刊之，惜未成書也。

一九一

梅谿文集六卷 己未

梅谿文集六卷，原題皖江方都秦撰。考書中屢見吾懷字，蓋懷甯人也。都秦字百二，諸生。是集皆古文詞，如禪虞論、封象論二篇，頗警拔，其他平弱，曼衍少雄勁之氣。鄧蘇論，不知殛為殊絕，猶極之於其所往之極，而以為被殺。周禮論，不知其為周公致太平之迹，而以為漢儒不得志於時者之所為。孔門出妻辨，不知記之先君子指孔氏先代，非指孔子，而以為檀弓侮聖。黃鶴樓賦，單收處皆不用韻，無此作法。祭阮蘆峰文，迭用「聞其」二字，亦不似祭文口吻。康熙庚申阮檉序，盛稱其出妻辨，並稱衍聖公鐫石於大成殿以垂不朽。殊非。思婦有七出，古時本為通例，檀弓亦何怨於孔氏而侮聖。都秦自不得其解耳。黃以周禮書通故云：「禮經出母有服，謂出而未嫁者也。出母而嫁，是謂嫁母。嫁母惟從者有服，不從不為之服也。孔氏先代有為出母服者，出而不嫁者也，故曰『無所失道出而不嫁，禮宜從厚，所謂「道隆從隆」是也。子上之母，蓋出而改嫁者，故曰「不爲伋也妻」。改嫁本可不服，所謂「道汚從汚」是也。其云「伋則安能」者，嘆其事有異於先君子也。其云「昔子思始」者，明後世拘執子思之説而失之也。先君子謂先代有賢德者，其德本次子思，故孔氏不從先君子而一守子思之説。檀弓：「子思之母死於衛，赴於子思」，母當作妻，涉下庶氏之母而誤，此爲出而改嫁之證。其説當得事實，特附著之。

一五八

六峯閣手藁一卷

秀水朱稻孫撰。稻孫字稼翁，一字芋陂，自號娱村老農，為昆田次子，舉博學鴻詞，官州判。此集祇乾隆乙巳、庚午、辛未、壬申至甲戌所作，為錢塘丁氏所藏手藁本。其詩不及乃父，而得乃祖彝尊之教，終為學有根柢，非掎摭者可比。中如客馬氏小玲瓏山館諸詩，及謝盧見曾雕刻經義考之作，猶想見『騎鶴上揚州』極一時文采風流之盛也。其所作詩，當不止此。李富孫鶴徵後錄稱其『詩格遒上，楷法在褚、歐間，尤工分隸』，然則稻孫蓋以能書名矣。

芝庭集（先生十六卷附錄一）卷（附錄卷）　壬戌

彭芝庭先生集十六卷，長洲彭啟豐撰。芝庭其別號也。雍正丁未會元一甲一名進士，官至兵部尚書。彭氏自宋以來世奉梓潼神，而其學大率出入朱陸之間，無所偏倚，一以明理為主。啟豐承其家學，故詩不必推敲聲律，文不必拘泥義法，而各有從容自得之致。李慈銘祥琴室日記以為其詩庸率，文亦平弱，不知啟豐初不欲以詩文名也。然如明巡按山東御史宋忠烈公、明周忠介公兩祠堂碑，惠定宇傳，教諭韋君傳，左都督洪公、大學士史文靖公兩神道碑，浙江平陽鎮總兵官朱忠壯公，左都御史沈端恪公，雲南巡撫甘公，湖南巡撫馮公，左副都御史趙公宧（寧），紹台道葉君，浙江海防道莊君，左副都御史雷公，禮部尚書沈文慤公，禮部左侍郎胡公，大學士陳文恭公，戶部右侍郎蔣公，蒲城縣知縣顧君，滄州知州徐君，隴州知州鄭君，贈文林郎昭文縣知縣康君，雲南馬龍州知州吴君等墓誌銘，慈銘亦稱其立言醇雅，敘次不蔓。奉直大夫汪君、贈通議大夫袁君兩誌，言鄉里善人之狀；右贊善錢君誌，敘交舊之誼，又以為簡質有味，極似歐、曾，銘辭尤警絶。是則其文非特有關文獻，亦多可諷誦。正不得以非古文家而輕之。蓋啟豐彤際乾隆為文運昌明之代，故其文章遂不期然而然如此也。宋忠烈公名學朱，殉濟南之難，明史附張秉文傳，言其死節，而諸家野史皆稱不知所終，或誣以降附，欽定勝朝殉節諸臣傳列之通謚第一等，得是集而事實益明云。

一六八

許廎經籍題跋卷十九

吳縣　胡玉縉　撰
後學　王欣夫　輯

別集類二

鮚埼亭集三十八卷外編五十卷　壬戌

鮚埼亭集三十八卷，外編五十卷，鄞縣全祖望撰。祖望有易義別錄，已著錄。字紹衣，一字謝山，乾隆丙辰舉鴻博，是年成進士，不與鴻博試，以知縣用，歸主蕺山、端溪諸書院。是集考證議論，兼擅其勝，於故國遺臣、鄉邦文獻，尤加搜討，包羅閎富，幾於鑽研不盡，可謂極別集中之大觀。雖間有疏失，如春秋五霸失實論以齊桓及晉之文、襄、景、悼為五霸，謂晉成公以郯之敗幾失霸，至景公而復振，不知成公黑臀卒於魯宣公之九年，景公獳立，而有郯之敗，事在魯宣公十二年，黃式三儆居集議之。黃氏又謂董孝子墓柱記、董徵君墓考既背其師董正國之說，而小鈍乃復駁之，其詳見純德彙編。今彙編未見，無以定其是非，姑存黃說於此。陳光祿傳中都御史章公朝薦，不知揭陽韋朝薦臺灣府志有傳，章乃韋之譌，鄧傳安蠡測彙鈔議之。鄧氏又辨斯菴沈公詩集序中所稱唱和之魯王為世子極，皇非以海，則未是，詳蠡測彙鈔條下。天妃廟說謂南方好鬼，造為靈跡，不知林氏女事見宋潛說友臨安志，以宋人言宋事，必有所據。其前海固有神，林氏又何妨為神。其曰

鄭翼謹案：韋朝薦小腆紀傳及廣東通志並有傳。又天妃事亦見夷堅志，稱林夫人廟。

妃曰夫人，乃後人為此崇奉，亦何容避之恐不速，朱琦小萬卷齋文稾議之。翁方綱復初齋集孜訂論上之二云：「此惟衷諸義理，有功於民則祀之，而毅然奮筆以辨之，可乎？」不如朱說之覈實。
釋奧篇謂「古有奧神」，而
駮禮器注「奧當為爨」之說，不知五經異義引大戴記禮器本作竈，故鄭云「奧當
為爨」，又云「或作竈」，李慈銘荀學齋日記議之。李氏又謂簡帖言「巡撫不得稱中丞」，五品不得概用碑，皆非。今案集中論碑版故事帖子及巡撫不得稱中丞帖子，皆語極分曉，李說未是。
毛詩初立學官，段謂蔡邕寫石經未及詩，
而隋書、五代史志有一字石經魯詩、毛詩二種，當係黃初時邯鄲淳所補，不如
邕本傳明言六經，則不應無詩。至隸釋載詩經文皆是魯詩，其間有齊、韓字，蓋
兼載二家異同之說，本未嘗有毛詩。又讀史記漢興諸侯王表諸篇，所摘馬、班
兩家史裁之疏，皆拘於宋人義法之說，其言分傳、合傳之不當，又未免律以時
文之法，桃華聖解盦日記議之。其跋崇禎十六誤作十七年進士題名錄中會稽余
增遠，誤稱其若水之號；山陰金廷韶誤作廷詔，又是科有兩李安世，一山陰、一

餘姚，亦未能分晰。其讀使臣碧血錄，言冥報事，尚有熊廷弼、吳裕中之殺，丁紹軾、顏佩韋等五人之殺，毛一鷺、雷縯祚之殺，阮大鋮。熊見三垣筆記，吳見南雷文約，毛見剝復錄，阮見南略諸書，亦失於徵引。其續幸存錄跋言夏文忠官考功郎，不當稱小宰，其時小宰為呂公大器，殊弗思明人稱吏侍曰少宰，不曰小宰，其稱吏部郎曰小宰，猶唐人之稱小天。祥琴室日記議之。今案周徵君墓幢銘未知申涵光為直隸永年人，而以為江右人。又故甘撫胡公墓碑銘甘撫二字為俗稱，通判張府君行狀中東臬及臨川李公神道碑銘中江撫、滇撫、東撫、川撫、廣撫、直督諸稱，皆不合體裁，凡此亦屬可議。然其書泰半有用之文，區區小失，不害其為淹貫。中如答沈東甫論唐書帖子，以憲宗為非死於郭后手，書劉文靖公渡江賦後，謂傷宋之為奸臣所誤，留行人以挑師釁，非幸宋亡，亦非有意存宋之類，皆於當日情事推求有得，尤見細心，固不僅漢經師論前漢經師從祀議、唐經師從祀議、尊經閣祀典議、原緯諸篇、皆極有功於經學；左氏謚説一篇、卓識通議、遠出顧棟高春秋謚法考之上；與紹守杜君札、力辨王遂東之非死節、而極稱余尚書、自是鄉里公論、爲孟學齋日記所稱已也。譚獻者略知涉獵、專事詞華、絶無證實之學、視祖望無能爲役、而妄持高論、其復堂日記乃議其所學於同時密或遜杭秀、殊譏屬已、未知其取徑不同。又議其粗識藩籬、於明末諸忠節叙述不中律度、亦爲不廢之作、他文則蕪；又議其生平最服棃洲、時有徵詞、最惡西河、没其本真、於兩先生皆不中作僕；又議康熙以來東南人士、幾幾乎專讀唐以後書、如紹衣者亦其一、紹衣於史記漢書皆未究心、亦可謂蚍蜉撼大樹者矣。

二五〇

鮚埼亭詩集十卷　壬戌

鮚埼亭詩集十卷，鄞縣全祖望撰。（祖望有鮚埼亭集，已書於後。）先是嘉慶甲子餘姚史夢蛟刻其正集，後有人刻其外集，未詳姓氏年月？此則道光甲午慈谿鄭喬齡據董秉純校本及二老閣諸本為之付刊者也。詩凡八百三十六首，祖望覃精攷據文獻之學，詩本為其餘事，而當日與杭大宗、厲鶚、趙昱昆弟等唱和，積帙遂夥。又喜於南宋殘明事蒐尋幽佚，竭力表章，尤見生平職志。黃式三儆居集稱其孜孜於忠義之題詠，時或貧窮自吟，異於牢騷不平者之所為，與古人興觀羣怨之指，溫柔敦厚之教，有默契。其推挹甚至。李慈銘桃華聖解盦日記則謂詩學山谷而不甚工，古詩音節未諧，尤多趁韻，然直抒胸肊，語皆有物，其題目小注多關掌故，足廣見聞。五七律頗有老成之作，語與黃氏稍異，而實合。蓋黃但標其宗恉，李兼繩以法律也。總之，學人之詩與詩人之詩不能盡同，論其體格，視同時杭、厲諸人固少遜，而亦非稍後之翁方綱輩所能企矣。

一八

道古堂文集四十八卷詩集二十六卷　壬戌

道古堂文集四十八卷詩集二十六卷仁和杭世駿撰世駿有續禮記集說方言四庫已
著錄其文大率脫息於兩漢書故雅贍富麗迥異凡近集中碑誌諸作雖多沿
俗稱以徇時好敘事亦乏筆力而徐文穆梁文莊兩誌具有峻裁其他傳畸人
瘁士及序記小品吐屬清華標舉冷雋待月巖記三殤瘞瓶兩篇尤一時獨絕
非得力於班范者不能道李慈銘桃華聖解盦日記亦亟稱之惟考據之文未
盡精覈如毛詩叶韻序謂車與華同在麻韻車音居始自吳之韋昭古無居音
不知唐始有麻韻古讀華如呼故㝵从㝵聲㝵从亏聲凡麻韻字古皆在魚虞
模戈歌五部欣託齋藏書記謂儀禮鄉射大夫之觶長受而錯皆不拜下注脫
注二十字疏脫五十二字不知下節卒受者以虛觶降下有注今文無云云二
十字及疏今文此經云執觶者云云五十五字蓋鄭賈原本如此故宋刻嚴州

單注本亦在下節，安得竟以為脫。庫寶藏遺詩序謂唐制中書與翰林為兼官，
故知制誥者以學士兼舍人之職。不知唐翰林有院，中書有省，未嘗相兼。翰林
學士無定品，亦無定員，除者皆帶他官；舍人為中書令之屬，正五品上，有定員。
中唐以後，多以他官除知制誥，即舍人之職，而不真除舍人。其翰林學士則備
顧問，參機密，其任日重，有以中書舍人除翰林學士者，則舍人不過帶官，不復
知制誥。杭氏於此殊未了。○張氏五世著述記謂倚相以左史為官，邱明遂大
放厥辭。不知鄭樵以左氏為倚相後，本無稽瞽說，已為黄楚望所糾，今不當沿
襲其義。餘如謂劉歆列孟子於兵家，不知漢志儒家自有孟子十一篇，班氏自
注：名軻，鄒人，子思弟子，甚明。其兵家陰陽之孟子一篇，列力牧、鬼容區後，師曠、
萇宏前，乃別一人，烏得牽混。○又謂佘、余各自為姓，以佘氏先訓與余不通婚姻
為非。不知佘字本余之譌變，因轉音如蛇，猶庫氏之別為厍，音舍，刀氏之別為

三三〇

冂音貑皆本無其字廣韻九麻尚作佘不作余尤為明證又謂余之先世在漢
有為大司馬及司徒者不知兩漢大司馬及司徒初無余姓殆仍譜牒之誤而
未及是正凡此李慈銘亦議之今案釋名云古者曰車聲如居所以居人也今
曰車聲近舍韋昭辯之云古皆音尺奢反從漢以來始有居音不解杭氏何以
謂車音居始自韋昭錢大昕十駕齋養新錄云古讀華為敷詩有女同車與華
琚都為韻攜手同車與狐烏為韻車之讀居何疑此更足悟古無車音之失儀
禮卒受者以虛觶降節注二十字黃以周六書通故云今文無者謂今文無奠
於賓大夫之奠字云執觶者指本節執觶者洗而言又云及賓觶大夫之觶者
又指上文賓觶以之主人大夫之觶長受而言故言及以別之云皆為爵者明
今文於此諸觶字皆作爵惟本節實觶為觶字故又云實觶觶為之今文爵觶
錯出故鄭不從賈疏誤讀今文無執觶為句說遂紛拏不清據此則吳紱欲將

此注移入上節，實不能通。李氏謂吳説似較近理，亦考之未審。《養新錄》云：「《漢書·景十三王傳》使男子荼恬上書，蘇林音食邪反，則佘姓讀如蛇者，即荼之省文。此更見佘雖有以諸切、視遮切二音，而視遮切之佘即荼，則佘字之妄造益顯。」王應麟《姓氏急就篇》自注云：「佘氏，《姓苑》出南昌，今新安有之。唐佘欽改為余。」據此，則唐開元間已分佘、余為兩姓，惟佘欽知其為一字，故改佘為余。《集韻》九魚作余，而九麻作佘，此則不如麻韻遠矣。以上均可為李駁進一解。至集中《為殤立後議》以《記》云「子不殤父」為經無明文，而劉毓崧《通義堂集·嫁殤非未婚守志辨》據《喪服小記》「為殤後者，以其服服之」，謂即子不殤父之顯據。又《靈樞經跋》以為王冰所偽託，《四庫提要》取之，而黃以周《儆季文鈔·黃帝內經九卷集注叙》極言《九卷》即《靈樞》，與《素問》同為《內經》，矯之者乃謂《靈樞》晚出，書豈為通論，即隱斥杭跋。此又李駁所未及者。然李氏又稱其「每舉一事，元元本本，羅列家珍，如《言中書掌故》《言家集》、言年譜、言家譜、言朋友之服、言期功去官，皆條舉數十事，真不媿博學鴻詞」。其

三六七

一三五　三頁共乙四百七十九　道古堂集　三　一三五

孟學齋日記亦謂論辨說議諸作彌見其佳與人書亦多雋作漢爵攷及所條盧氏禮注尤為精密然則區區攷證之疏柳亦未足為病矣詩分橙花館集過春集等十四目雖風格不甚高古而筆致爽秀多可諷誦非江湖塗抹輩所及桃華聖解盦日記最愛其書漢書高紀後一首以為卓識雄論獨出千古並為之推論史事亦請是集者所當參攷也

道古堂集文四十八卷詩集二十六卷壬戌

沙河逸老小稿六卷嶰谷詞一卷　己未

沙河逸老小稿六卷，嶰谷詞一卷，祁門馬曰琯嶰，曰璐字秋玉，一字嶰谷，諸生，候選部主事。乾隆丙辰薦舉博學鴻詞。生平酷嗜典籍，與弟曰璐所刻小玲瓏山館叢書，至今為藝林珍貴。尤喜結交知名士，如厲鶚、全祖望諸人，均曾作寓公，故其詩詞雖未足名家，亦頗不俗。是集乃曰琯歿後曰璐彙刻，蓋用編年之例，首列遊吳氏園林詩，以曰璐南齋集攷之，其時為辛亥，而街南書屋十二詠，彼集在辛酉，此在乙卯前，疑失其叙次。彼集又有乞歸愚先生刪定先兄遺稿詩，今稿中頗有不盡完善之作，疑沈德潛並未甄别也。德潛序稱其格韻並高，陳章稱其出入唐宋間，均近阿好之語。粵雅堂本伍崇曜跋擬之以賀知章、陸龜蒙、陶峴，亦屬不類。要之發乎性情，屏絶世俗剽賊之陋，觀遊山、感逝諸作，亦可想見其為人矣。

南齋集六卷詞二卷　己未

南齋集六卷，詞二卷，祁門馬曰璐撰。曰璐字佩兮，一字半查，乾隆丙辰與兄曰琯同薦舉博學鴻詞。○全祖望《鮚埼亭集·叢書樓記》云：「予從館中得見《永樂大典》萬册，驚喜，貽書告之半查，即來問寫生當得多少？其值若干？從臾予甚鋭。」是曰璐嗜書之篤，魄力之大，殆過於乃兄。故曰琯詩詞多清婉，而此尤清剛。○曰琯殁後，曰璐令原抱痛，屢形楮墨，蔣德序稱其絶筆不爲詩，殊失事實。杭世駿序有「亟勸其自定一集，以遺後嗣」語，此本亦用編年之例，而首首完善，或即出於手定。粵雅堂本伍崇曜跋謂「覓之累年，始獲鈔本重梓」，然則當時傳本甚希，今伍刻又燬，印本將日少一日，抑何曰璐之多不幸歟！

異者其石洲詩話。

青谿文集十二卷

青谿文集十二卷，上元程廷祚撰。廷祚有大易擇言，四庫已著錄。是集凡論三卷，辨一卷，說議考一卷，序一卷，雜著一卷，書後及碑記一卷，書三卷，尺牘及行狀誌銘墓表一卷，共十二卷。前有姚鼐、汪廷珍序，為嘉慶間其從曾孫國儀所刻。廷祚之學，不專漢宋，大致以宋為歸，故其文高自持論，而不免於誕妄。中如論易、論書、論詩、論周官及論六書，辨禹貢南江，辨古文尚書，辨堂庭廟寢，辨六宗五祀，辨姜嫄廟，辨聖廟從祀，辨石鼓文，掊擊鄭玄、許慎以下諸儒不遺餘力，李慈銘受禮廬日記議其肊決影譔，又頗添改古書以成曲說，所言良是。其與家魚門論萬充宗儀周二禮說書有云：大抵浙儒多特識，而喜自用，往往失之於粗，非獨西河為然。又與魚門及袁簡齋論古文書頗毀，而袁枚嘗病廷祚之好考據，程晉芳嘗病廷祚之攻朱子，以為身後無子是其顯報。慈銘則謂廷祚

之目用而失粗，較充宗尤甚，廷祚固未能為考據，亦未顯背朱說，是適成為枚
與晉芳之見，所言亦是。惟廷祚好詆漢儒，尚不致如充宗之過於疑經，所云未
能為考據，亦就其說經無師法言之，集中書西域圖後，謂一可疑、一可信，略有
引徵，頗見分曉。特僅知車師前王為明哈喇大州，土魯番，未言其即唐北庭，為
今烏魯木齊之濟木薩，僅知伊麗河即今伊犁，未言伊犁北境之伊列國，尚屬
匈奴，至伊犁河為界，南屬烏孫耳。又安徽布政使陳德榮行狀，謂公成進士，觀
政京師，康熙時海內承平久，天子篤意右文，特隆校書之選，有詔命取壬辰科
進士充纂修，公得入武英殿，是知觀政進士悉入校書，為是科特典，亦有資掌
故云。

梅崖居士文集三十卷外集八卷　辛亥

梅崖居士文集三十卷，外集八卷，建寧朱仕琇撰。仕琇字斐瞻，別字梅崖，乾隆戊辰進士，散館用夏津縣知縣，緣足疾改福寧府學教授。國史文苑有傳。仕琇治古文，始力抗周、秦、兩漢，謂宋以後文為不足觀，至晚年屏虛憍之氣，仍以元、明諸家為歸宿，備詳其答李千人及黃臨皋書，而答族弟和鳴書，不惟自悔，兼恐誤人，尤徵學養。然每篇自評，沾沾自負，復魯絜非書語多倨傲，託未刪汰。其復雷憲副書云：「生平讀魏叔子諸人文集，見其自負之處，皆有病痛。」竊謂此亦仕琇之病痛也。李祖陶編國朝文錄，輯其文為二卷，謂才力遜汪、李，而功夫深細過之，亦非定評。今觀全書，意在力矯平庸，而學力不充，動乖義法，如李阜川制藝序拈一「文」字，齋字送筠園之京師序拈一「去」字，殊屬牽強。廣平府知府周公墓誌銘：「遷知西安、皇畀安陸、蘇州之守，改自皇衷。」太學生朱君墓誌銘：「作誄書石用綱通云」，均未妥貼○鬱林州州判甯君墓誌銘：「世人短處於瞎眉，將眉瞎乙轉已嫌生硬，而懷舊賦「肉白骨兮生鬚眉」，豈得以鬚眉代死人字○江西撫州府經歷陳公墓誌銘三用「於維先生」句，而其一單領，其二、三則順叙而入朱太翁引泉築室圖贊起筆用「桂山峩峩，桂水瀠瀠」二句，中間將二句倒轉複用，頗見文法，而入後「桂山峩峩，同於永久」，言山不及水，上下文均不相應○黃貞女傳以貞女死日，人見其與夫偕行，鄉俗之談，何當大雅之體○又仕琇於經史之學不甚講求，答林育萬書以經史通考為不必作，又以為治經不必如鄭、王、孔、賈，各矜章句，不知屑屑於考據固不必，而全無門徑則又烏能知其大義○其復涂槃詔書云「仕琇少孤，學無師傳，治經鹵莽，昧於史事」，正坐此病，故召南墓誌銘引春秋義近鑿○伯母范夫人墓誌銘引詩義亦未洽○霞浦縣先農祠記以先嗇炎帝南方神而祠於東者，耕耤本堯典東作之事，不知耕耤與書無涉，天子耕南郊，諸侯耕東郊，亦自有别，此文明見祭統，何弗用之？與林穆庵書以春秋書日食，未明食之之故，為存疑。又言『周官闕，孔子亦未嘗補。』不知春秋紀事，日食則書之而已，無所謂存疑。倘謂本公羊何休注，則彼注疑字乃解有字，猶説文不宜有之義，亦非如仕琇所説。周官闕冬官，河間獻王購求不得，補以考工記，事見漢書，即謂孟子時諸侯已去籍，然亦祇司禄一職，趙岐注可證，且為孔子所不及知，何從補之？又以『致知在格物』為欲致引所受於天之知，在拒去賊性之緣，此從□□説而小變之。筠園詩集序以古詩三千，仲尼削為三百，又沿史遷之謬。與魯絜非書謂『達道、庸德所以行之者三』，顯與中庸悖。又以『恕』為所欲聚之，所惡勿施，而窮之於父兄日施不恕之行。其意似隱疑論語『終身可行』之義，因謂顏、曾公諸人，每思神仙浮屠之説亦非無故。此由觀理未融，遂致謬見滋起，不解自託於文以載道者而亦如此。此篇實當從删。金芑汀制藝序據列

子稱黃帝、穆王西方聖人，以爲後世浮屠神仙之術畢見於戰國，前人有此説，
亦屬附會。其他情然於地球九萬里，而黃太夫人墓誌銘云：西方同正朔者十
餘萬里，昧於鑿所以終條理，而三鄭進士文稿序云若鏞響而磬答，抑亦不足
責者矣。觀其與家石君書屢屢請序，而此本祗有朱珪、雷鋐、林明倫、朱雝四序，
笥河文集中亦未載是集序，殆始終未甚許可而靳之歟？李慈銘孟學齋日記
譏其所得特村學究之稍習古文者，筆弱語陋，疵累百出，嘗舉集中尤荒謬之
文用筆批勒之，惜未得其所勒一勘之耳。至外集雖亦卑冗，而較爲淳實。慈銘
乃稱其立意不苟，粹然有道之言，毋亦一時爲盛名所劫歟？

二三三

紀文達公集十六卷　癸亥

紀文達公集十六卷，獻縣紀昀撰。昀有閱微草堂筆記，字曉嵐，一字春帆，乾隆甲戌進士，四庫全書總纂，官至協辦大學士，謚文達。是集凡賦一卷，律賦一卷，雅頌一卷，謝恩摺二卷，擬表詔疏等一卷，論記一卷，序二卷，跋一卷，書後一卷，策問及書一卷，器物銘一卷，碑表行狀等一卷，傳一卷，墓誌銘及祭文一卷，爲其孫樹馨等編輯，前有阮元諸人序。故昀一生精力全在四庫提要一書，所爲文長於館閣應制，間爲人作序記碑表之屬，非所經意，亦不存稿。或以爲問，曰：吾自校理秘書，縱觀古今著述，知作者固已大備，後人竭其心思才力，要不出古人之範圍，其自謂過之者，皆不知量之甚者也。是集之刻，決非昀意。中惟第一卷及第三卷頌颺之文最工，景城紀氏家譜序例撥列詳明，亦可爲作譜法式，餘多平爾。傳志紀事之作，略無翦裁，大都敍而不能深思，易而不免入俗，謝摺器銘，更不足存。李慈銘荀學齋日記嘗議之。其議奏山東巡撫疏請設左邱明世襲五經博士，摺子兩通，駁山東邱姓不得爲邱明後，及其志譜之謬，皆塙。惟謂左邱是複姓，則非。邱明自是左氏，以段玉裁經韻樓集之説爲不可易，慈銘亦言之。竊謂昀負海内重望，人意其集必多説經考史之巨製，而竟無一二。其稿既不自收拾，佳篇當有遺佚，而所登又榛楛弗翦，因是之故，其集遂不甚見重於藝林。平心而論，昀學問淹通，即信手而書，不過文法稍疏，而文理要自圓足，文氣亦復寬博，在别集中究不失爲作手也。

一八二

春融堂集六十八卷　壬戌

春融堂集六十八卷，青浦王昶撰。昶，號蘭泉，乾隆甲戌進士，官刑部右侍郎。是集凡詩二十四卷、詞四卷、文四十卷。前有魯嗣光、法式善、趙懷玉、吳泰來、王鳴盛、錢大昕諸序，爲嘉慶丁卯刻本。昶學問淹貫，生極盛之世，又享大年，足跡幾徧天下，故其詩文不名一體，屹然爲東南一大宗。詩分蘭泉書屋集、琴德居集等目，其師承出於沈德潛，而實視德潛爲勝。卷一至卷六皆未仕以前所作，得於山水之趣者爲多，雖氣格稍弱，而醇雅清切，幾於首首可誦，律絶尤有風致。卷七至卷九則召試官中書、直軍機房後所作，不免塵滯冗沓。卷十至十四乃罷官後從征緬甸、金川時之作，雄奇悲壯，特爲出色。卷十五以後則凱旋晉秩，自此敭歷中外，致位九卿，詩學日退，往往率易。而論詩絶句四十六首，遙情勝槩，猶是吳下七子面目。詞亦清新婉約，意境於朱彝尊、厲鶚爲近。文根柢深厚，攷證經史，多有依據，碑誌諸作，蘭涉文獻掌故者甚夥，敘次亦皆有法。惟書文選李善注王仲宣從軍詩後，以善注為誤，不知善於總題下雖渾言征魯，而次首起二句下則云：「魏志曰：『建安二十一年，粲從征吳，作此四篇。』又『桓桓東南征』下云：『東南，謂吳也。』」則善未嘗誤，今但見題下之注而失檢詩中之注，未免疏忽。已為朱珔文選集釋所糾。雲南沅江府知府商君墓志銘稱商盤為明文毅公輅九世孫，不知輅嚴州淳安人，其子孫未嘗徙紹興，而盤屢稱其高祖等軒冢宰，公冢宰名周祚，與劉宗周同年成進士，崇禎中官至吏部尚書，明史屢見章正宸等傳中，即國初所聘六遺臣之一。設如此志所言，則周祚為輅之來孫，明史輅傳末亦不容不及。即所見周祚祖父兩世墓碑，其敘系未嘗及輅，此殆沿其家狀之誤而未加是正。又為李慈銘越縵堂日記所糾。然小有疏舛，於文章之美，初無所損。祖嘗自評其詩文，謂「五言期於抒寫性情，清真微妙，而七言長句頗欲擬於大海迴瀾縱橫變化世之偏至者或可無譏吳泰來序引。此或自許少過。又謂依人蹈刀漸傷體格豈知文隨事宜有不得不然者語云作尋常家書及與親戚情話最難今人作文不解譬喻一出新意硬造便落笑柄譬喻如左傳禮記終不可及國朝四庫全書提要出河間紀文達公手恰好在行而已潘曾沂豐豫莊本書引。此蓋言己文亦恰好在行允為塙當而此境要非易及也至李氏議其書楞嚴經後稱今天下士大夫深入佛乘者四人而獨未數及羅有高以為豈以其僅為舉人而不得與則殊嫌無理取鬧且數不數有何關係。又議其論詩絶句推尊沈德潛以為師生門户之見嘗怪爾時姚姬傳非絶不知文而力尊其師劉大櫆比之昌黎王述菴非竟不知詩而極口推其師沈德潛比之老杜此亦不自量之過尤為紕謬二人之稱師正前人純厚處有何可怪如其說不將啟後生輕薄之風耶？末附年譜二卷其壻嚴榮編頗繁冗無體例以

原本所有今亦姑仍之馬

一〇

夢餘詩鈔二卷 壬戌

夢餘詩鈔二卷，山陰邵無恙撰。無恙原名颿，字夢餘，乾隆乙酉舉人，官江蘇桃源、阜寧等知縣，以事落職歸。其集向未刻，有手鈔八卷在其門人常山梁鉞所。梁以嘉慶戊午舉人官諸暨縣丞，至咸豐癸丑，梁年已八十，以集付天津張氏，至光緒丁丑，天津沈兆淇始刻為二卷，凡五百五十餘首，即此本也。邵氏世以詩名，乾嘉間如平遠、柴模諸人皆能詩，無恙相與往還，故集中各體俱善。雖風格不甚古，而性靈才調足以傾動一時。阮元定香亭筆談錄其蕉雪齋詩二十七首，又摘「秋聲千樹盡，雪意萬山來」諸聯，以為清新俊逸，商寶意後僅見此君。李慈銘荀學齋日記稱其述懷五古三首、憶花樹五古三首皆至性藹然，詩亦清老，風篁嶺一首、龍井一首秀鍊似岑嘉州，近體尤多明秀之作，其出白門一絕淡遠自然，可入唐賢三昧，其善言越中風景，如憶村居四首，一何清綺云云。

皆非溢美。今案題望雲思親圖云：「親年不滿百，百年有窮期，子知養親日，已非親壯時，事親日苦短，況乃長別離」，讀之令人生孝親之思。發龍潭至白門作云：「歲去不可留，百年皆過客，且酌白門酒，勞此髮未白，今宵照梅花，已非昨夜月」，讀之令人動惜陰之念。凡此，於集中雖非上乘，而實得風騷遺意，亦學者所宜知。蓋詩以寫性情，情至則詩自工，較諸日必勉為一詩而轉涉於桎梏者，其得失固自別矣。

學福齋集五十七卷 辛酉

學福齋集五十七卷，華亭沈大成撰。大成字學子，號沃田，諸生，官黟縣教諭。是集凡文二十卷，卷一為論說解及與人書，卷二至卷七皆經史子集序，卷八為贈人序，卷九為壽序，卷十、卷十一為記，卷十二為辭銘贊偈，卷十三為書後，卷十四為題跋，卷十五為碑表，卷十六為誌銘，卷十七至十九為傳，卷二十為祭文哀詞雜箸。前有惠棟江春詩文合集序，任大椿、程晉芳、戴震、張鳳孫文集序。凡詩三十七卷，卷一曰策衛詩鈔，卷二曰修門詩鈔，卷三至卷八曰噉荔詩鈔，卷九曰西泠詩鈔、皖江詩鈔、藝蘭詩鈔，卷十、卷十一曰近游詩鈔，卷十二至卷十八曰百一詩鈔，卷十九至卷三十七曰竹西詩鈔，而卷首冠以花朝月夕二賦。前有杭世駿序。大成邃於經史，又旁通九宮、納甲、天文、樂律、九章諸術，學問淹貫，故其詩文不規規於古人蹊徑，而根柢既厚，興味彌長，幾於篇篇可傳。首

首可誦。袁枚隨園詩話稱其九原丈人考及贈邵檀波云云，異書勘後兼金重，古
硯磨多似臼深，即事云云，樓頭風定鐘初動，湖上雲開舫漸行之句，實未盡其所
長也。李慈銘孟學齋日記云云，其文清雅簡秀，意味油然，而論經謹守漢儒，論字
必本說文，論算術痛闢西法，釋、道、岐、黃皆所綜究，雖所傳止是，而宏儒梗概悉
具，其推挹甚至。又摘其詩數十句，謂文既沖夷，詩亦清婉，高者逼中唐，次亦不
失宋人風格，其古詩亦老成可取，蓋所為詩文皆未嘗刻意求工，故於文之義
法、詩之標格俱有未逮，而紆餘曲暢，栖託清和，自是儒者之言，非專門名家比。
亦是集之定評矣。

二一七

補菴詩鈔二卷 癸亥

補菴詩鈔二卷，元和馮焓撰，焓字葵圃，號補菴，歲貢生。其詩意境沖淡，而學力未裕，遂多弱句、率句，屬對用韻甚或失之牽強，標題亦未盡善。中如顧如玉及牧牛詞、浴兒詞，近於樂府，頗可諷誦；紫雲泉五絶、春夜小樓聽雨七絶亦較完善。題梅林圖四言詩，前三句皆用詩經，末一句自撰，爲體不純。海棠作汪適菴齋中七古「騁懷千里豈不亦」，此類在律賦押官韻用之，詩中卻罕見。秋山極天淨五律「晶瑩成一片，何處着纖毫？」爲以纖毫代纖瑕，悼亡陸孺人詩「却恨垂絲合滴淚，枝枝不減去年花」，垂絲字似指海棠，梅花書屋歲暮歌「但聞虬龍百尺號蒼穹，殘雪凍挂敲冰竹」，虬龍字似指松，而上文未舉出海棠、松，皆未妥貼。犬守夜七絶「微勞應效禦匪人」，幻境七律「須彌入芥消魂磊」，匪字、魂字皆仄聲，而用在平聲處，是爲失黏。不解何以疏舛如此？訪友五絶「白雲迴望合」，以他處用成句必注明例之，惟題梅林圖用詩經三句不注。此處疑屬脱注。前有乾隆癸巳自序、己丑吳瞓序及陳嵩松書後，其子紹基付刊，乾隆五十六年馮培、邱庭漋、嘉慶元年陳詩並為之序，而冠以褚廷璋所撰傳。據陳詩書云：「每到是處，即起彭澤、宣城而問之，當亦無不肯首。況杜、李、蘇、陸諸公，勉應來辱之雅，略加點次，甲乙要是宗派西，予着織佛頭，家唐戶宋，時識不敢為定評」云云。然則嵩松於此集殆亦有微詞歟？姑存其目，俾姓名不致湮沒焉。

吳縣　胡玉縉　撰
後學　王大隆　校

無邪堂經籍題跋卷

有正味齋集七十三卷　癸亥

有正味齋集七十三卷，錢塘吳錫麒撰。錫麒字聖徵，號穀人，乾隆乙未進士，官祭酒。是編凡詩集十六卷，駢體文二十四卷，詞八卷，補集五卷，續集八卷，駢文續八卷，詞續二卷，外集二卷，刊於嘉慶戊辰。其詩鎔漢、魏、六朝、唐、宋為一冶，大致古體俊逸，近體清新，而得力於宋人者尤夥。駢文託體不高，用筆亦弱，而清華明秀，亦非專尚縈麗者所及。張維屏《聽松廬詩話》論其詩文，以為命意必清，吐辭必秀，取材必富，運筆必靈，可藥晦澀、拙滯、癡肥、粗俗之病，所許良允。李慈銘《荀學齋日記》於其《游焦山記》，以為焦山境窄，尚能傳其幽峭，摹其蔥蒨，惟收處依依相送，脈脈有情，全是俗筆，亦結不住。遊泰山、西山記，瑣碎散漫，絶不相稱，間有攷据可取，與人書善於言情，頗有佳篇，論亦病在體弱，碑銘尤不知唐以前人法，頗致不滿。後又稱泰山諸記皆敘次雅馴，攷證亦塙覈，泰山記尤峭絜，焦山、西山亦皆有佳語，以爲錫麒才弱而體俊，思凡而語工，故作游記短篇，按日爲書，能自修飾，其日記兩卷亦同此致，與前説如出兩人，當以後説爲正。推議焦山記結語良是。蓋錫麒之文，躁釋矜平，不免流而爲庸，猝不易動目，慈銘才弱體俊思凡語工兩語，尤定論也。詞多清綺之作，外集爲八韻詩，王芑孫惕甫未定稾盛稱之，以爲在他詩上。此體限題限韻，本不易見長，集中如文丞相遺像、于忠肅公祠諸篇，能於流轉之中含沈鬱之致，固非唐人試帖所能比，然亦題可發攄，以視同、光間諸公遇題輒工，尚未之逮，祿利之途，然芑孫特未及見耳。

春及堂藁一卷 己未

春及堂藁一卷，武進謝聘撰。聘字耕子，一字晨隴，乾隆丙戌進士，官河南鄭州知州。是藁僅游春(青)山莊分詠四十二首，金武祥刊入粟香室叢書，稱其出入風雅，各體俱備，然未為成家也。

兩當軒全集二十卷　癸亥

兩當軒全集二十卷，武進黃景仁撰。景仁字漢鏞，一字仲則，乾隆乙未東巡召試二等，在武英殿書籤例得主簿，入貲為縣丞，未幾卒。初景仁未冠，遇洪亮吉江陰逆旅中，學為詩，已乃攬九華、匡廬、洞庭之勝，詩益奇肆，後稍變其體為王、李、高、岑，又出入北宋諸家，究其所詣，與青蓮最近，兼染指昌谷。集中如元夜登天橋酒樓：「此樓此月此客可一醉，誰共此樂獨與清影相嬉遨。」此神似李白者也。遊九華山：「風吹離地倘尺五，著手便可捫匏瓜。」圍虎行：「虎口呀開大如斗，人轉從容探以手。」此神似李賀者也。其他變化騰拏，不拘一格，神似古人者，難以悉數，幾於無詩不佳。王昶湖海詩傳稱其激昂排奡，不主故常，信其所至，正如淚流鮫客，悉化明珠，米擲麻姑，俱成丹粒，此非師阿其弟，乃深見其得力處。張維屏聽松廬文鈔云：「天才仙才，自古一代無幾人，近百餘年以來，惟黃仲則、譚獻復堂日記亦云：「天才既超，風格矜重，生氣遠出，而澤於古，當時果無第二手。」其推挹俱甚至。張氏聽松廬詩話云：「余舊題仲則詩集有云：『黃生抑塞多苦語，要是飢鳳非寒蟲。』今三復其詩，益信。」此與洪亮吉北江詩話以其語為咽露秋蟲、舞風病鶴者異，當以張說為允。復堂日記又云：「仲則集清雄成就，近時稱許亦稍溢。」此未知溢者何所指？要亦并無貶詞也。惟景仁自嫌其詩無幽并豪士氣，遂遊京師，今集中卻少豪宕激楚之作，豈以在京未久，且人海混濁，非復曩者燕趙風俗，故其詩遂亦不能得其助歟？王昶春融堂集有仲則墓誌銘，稱其詞出入辛、柳間，新警略如其詩，所評亦如其分。此咸豐戊午刊本卷後有攷異二卷，附錄六卷，最為完善。惟集中漢吉羊洗歌云：「今聞吳門陸超曾，復得漢時吉羊洗。」考異以為應作紹曾，即陸山人貫夫，不知超曾為紹曾之兄，號西屏，不得以二人為一人，此類亦頗失考云。

三一三

述學內篇三卷外篇并補遺別錄各一卷 辛酉

述學內篇三卷、外篇并補遺別錄各一卷，江都汪中撰。中有大戴禮記正誤一中有經義知新記，已書於後。是集阮氏文選樓本，祇有內、外篇，後其子喜孫附以補遺別錄重刻之，密行細字，致為精工。淮南書局覆刻之。伍氏粵雅堂又別刻之，即此本也。其文邊幅稍狹，少蒼莽雄俊之氣，而雅潔醲䣼，有魏晉遺意。直合駢散而為一，又善言情變，自是當代一作手。王念孫叙稱其釋三九、婦人無主答問、女子許嫁而壻死從死及守志議、居喪釋服解義、春秋述義，使後之治經者得其會通。周官徵文、左氏春秋釋疑、荀卿子通論、賈誼新書叙，使學者息畔喭之習。王鎏壑舟園稿有是書書後，稱其廣陵對、黃鶴樓銘、哀鹽船文，則枚、馬之詞；術居喪釋服解義、春秋述義，則鄭、孔之經義；泰伯廟銘、祀先蠶文，則賈、董之敘述。賈子新書序、呂氏春秋序，則劉向、揚雄之論著。譚獻復堂日記稱其

『釋三九』、自序、哀鹽船文、宋世系表敘、漢上琴臺之銘，為振古奇作，弔黄祖文、廣陵對、黄鶴樓銘、荀子通論次之。『李慈銘受禮廬日記』稱其『狐父之盜頌、弔黄祖文出於憤盈，語諧而益痛』，而議其『老子考異』分老聃、太史儋、老萊子為三人，瞽瞍說以瞽為世官非盲者之謂，皆不足深據。先考靈表稱其父曰君，未免意過其通。

〔鄭巽謹案：日知錄引陸雲、張說文，梁章鉅稱謂錄引漢孔耽碑、唐顏君家廟碑，陳後山集載洗君事狀，並有此稱。〕

『孟學齋日記』又議其『春秋釋疑』實不能盡釋，『桃華聖解盦日記』又議其『上朱侍郎書』言欲為母墓立石稱汪氏母勞苦之碑，勞苦既非美名〔稱〕，宋世如元勳之碑、舊學之碑，皆天子以寵元老大臣，碑上加以題目，又以庶人而僭重臣國老之制。『與畢侍郎書』有『年伯』之稱，二字從不入文字，唐人稱同年丈人，必不得已當依之稱年丈，若同年之伯叔父，俗例亦秖稱世誼，稱為年伯尤為不典。『朱一新無邪堂答問』亦謂『史記老子傳』故為惝恍之辭，以著時君好尚之謬，容甫所疑，膠柱之甚。凡此皆讀是集者所當知。王氏於釋疑以為表章經傳，李氏歷

三三○

舉呂祖謙諸人所摘，謂不能强為之辭，兩說各有所見，此猶譚氏稱其叙事文學昭、襄以後，左氏傳而朱氏訾其并未改八家面目，亦各有所指也。至明堂通釋不知月令所言為王居明堂之禮，黃以周禮書通故斥之。墨子叙不知其仕宋在昭公世，不得及景公，其年後於孔子，或見吳起之亂，必不及見孔子，孫詒讓墨子閒詁糾之。賈誼新書叙不知漢文帝六年太歲在卯，太陰在巳，四年太歲在丑，太陰在卯，單閼之歲，如以太歲紀年，當在六年，依史記用太陰紀年，則當在四年，黃式三儆居集正之。又過秦三篇，御覽五百九十五引魏文帝典論已目為論，不始於吳志闞稜傳，稜亦當為澤，李詳媿生叢錄訂之。荀卿子通論不知史記「五十始來游稷下」為「十五」之誤，在宣王世，非湣王時，劉向別錄可據，黃以周儆季文鈔非之。王氏謂攷證之文皆確有依據，蓋未之深究。其他周官徵文謂漢博士作王制，乃沿盧植之謬，斯類尤未可一二數。然其文要自醇茂淵懿，在善學者之分別觀之矣。江藩漢學師承記稱其「中年輯三代學制及文字訓詁、制度名物有係於學者，分別部居，為述學一篇，屬稿未成，後乃以撰著之文分為述學內外篇刊行之」。喜孫跋則謂「先君寫定述學內篇目錄，多有與刻本不合者」，然則後來當有更定。錢林文獻徵存錄載中學制廢興篇目，喜孫汪氏學行記載徐有壬述學故書跋，皆足與江說相證。伍紹棠跋舉阮本明堂通釋諸篇異文，以此本為長，今按墨子叙，此本實多駁雜，遜阮本遠甚，不解伍跋何以遺之？包世臣藝舟雙楫有是書書後，稱其「雜稿有至三四稿者，而皆未成，手為集各稿之精語，不改一字而成文」，仍如容甫之筆，此則謂「譚氏所謂慎伯文事實淺，好大言，不足信」者耳。

四八

鶴半巢詩存十卷　癸亥

鶴半巢詩存十卷，元和馮培撰。培字仁寓，乾隆壬辰七年由舉人考取中正榜，官內閣中書，戊戌進士，由庶吉士改官吏部，先後在軍機行走二十餘年。是編皆手自訂定，凡古今體詩六百九十一首，前有嘉慶三年自序。鶴半巢者，取陸游詩「託宿新分鶴半巢」意也。其詩風格不甚高，而研鍊中頗極自然，又能以氣行之，律詩屬對亦流走，往往出人意表。如雪詩：「斜飛時動牖，一望半平林。」秋蟲：「獨客難為夜，微吟併作秋。」寄張舍人秦中旅懷：「看落葉生計入飄蓬。」立秋日直廬作：「長年從此轆，去日不勝情。」次晏城：「牛山誰涕淚，濟水自春秋。」渡黃河：「地底論星宿，天邊拂浪花。」登太白樓：「勝地樽罍宜此客，晴天風雨尚驚秋。」和阮吾山假宿七峯別墅之作：「歸林倦翼爭投暝，卧地殘峯不記年。」大風擊楫長河岸，九日登高太白祠，沈青齋招集陶然亭：「此間脫略空塵鞅，何處玲瓏接玉笙？濼陽

『屋角勢奔山瀑下，弓弦響入塞雲開，』夜直雷雨：『濃壁林陰迷殿閣，涼催秋夢到江湖，』喜晴：『何堪暑溼逾三伏，如許秋高見太清，』津門至日：『長短日纔爭一綫，東西沽已斷層冰，』吳鑫濤觀察報最至京賦贈：『心以聰明照冰雪，事當盤錯運風雷，』此類可喜亦可法。題畫云：『春山滴翠化溪烟，飛盡鸕鷀水接天，卻憶江村漁舍晚，一聲柔櫓到門前，』具見風致。題褚謙山所藏毛宿亭遺畫云：『吾友平生詩、畫、酒，煙雲驅染自通靈，病來落紙無多墨，身後殘山分外青，三月江南如短夢，九皋天上有遺翎，自注：甲辰春，宿亭隨驛江南，途次抱病還京，未幾卒，此幅乃病中作也。故人髣髴呼應出，生氣猶看動杳冥，』的是遺畫敘次，尤備。他如觀錢裴山畫壁松歌，非泛言畫松，可悟切題之法，初夏第三首申謝靈運首夏清和之義，雜詩第六首右孔孟而左二氏，以及糾蔣心餘論詩之作，俱能不為異說所囿。詩中自注，如平定雨金川凱歌注多資掌故，又磬錘峯注、石幢鐫『屎涮帽㊁』四字，屎古戶字，見說文，涮疑即

淵字，㊁武壟所造日字，悍未詳？亦不如何時所建？雖未盡得，亦可與林侗來齋
金石考畧相參證。古藤書屋歌為趙味辛賦注，其地為金太傅舊宅，蔣京少黄
俞邰、周青士諸名流先後寓此，惟竹垞較著，黄、周、趙三人為戴璐藤陰雜記所
未及，尤足補其遺也。據寄懷李滄雲詩注，知培有南廳雜志及廓爾喀紀畧，其
書刻否？有無傳本？今均不可知矣。

亦有生齋集五十九卷　辛酉

亦有生齋集五十九卷，武進趙懷玉撰。懷玉字億孫，號味辛，晚號收菴，乾隆庚子召試舉人，官至青州府同知。是集凡雜文二十卷，古今體詩三十二卷，樂府二卷，詞五卷。大致涉筆平衍，而學有根柢，亦多楚楚可觀。李慈銘孟學齋日記議其筆力散弱，無作家氣。又稱其議論平實，碑誌之文，體例多不苟。歷舉秋圃翁行狀諸篇，以為足備攷證；劉謹之碑等駢文，以為亦自清婉（案：劉碑即特贈鴻臚寺卿禮科掌印給事中劉君碑）。皇明修文備史書後諸篇，以為識議甚高，卓然可傳，皆非虛譽。以跋從曾祖太原公書為私家之言，恐難遽信，似中其隱（案：太原公書跋在五世手跡跋中）。以李夢陽論為所言迂刻而無當，亦能持平。以丁零之作為怪僻不經，以先妣大祥禮斗青詞為可不作，持論甚正。餘文亦多所論列，頗為詳盡。惟以武功志為文章自佳，未可輕議，雖別有所取，而其有類小說及不合通例處，要以趙氏所糾為當，則所論未盡足據。天水冰山錄跋，不為戟手怒目，令人迴腸盪氣，極見文度。
徐氏五代史補注殘本序，以劉鳳誥、彭元瑞補注為未就，不知此實俞正燮代撰，凡七十四卷，今有刻本。跋王文成公家書後謂「與父書書姓，當時風尚使然」，不知劉墉家書亦書姓，是近代猶沿用之。周子佩血疏貼黃書後謂「忠介下獄逆黨問曰：『復能罵魏上公否？』」不知順昌下獄在天啟六年三月，忠賢晉上公在是年九月，當屬傳聞之誤。凡若斯類，慈銘未之及，則所論尚有所遺也。慈銘又議其詩「集淺弱粗浮，全不足采，樂府俚率，詞尤拙劣」，引自序「詩多章率酬應，涉筆凡庸，文限於才，議論波瀾，素非所擅，詩餘一道，尤非性之所近」云云為證，實則此乃自謙之辭，其詩雖非作家，而頗謹於律，不能追及乎古，亦未嘗有盭於古，洪亮吉北江詩話云：「其詩如鮑家驄馬，骨瘦步工」，殆非鄉曲之阿私矣。

二九七

二勿齋文集六卷 癸亥

二勿齋文集六卷，候官謝金鑾撰。金鑾有教諭語，字退谷，乾隆丙午舉人，官教諭。其人喜讀宋儒書，而主於有用，故文多説理之作，而不失之腐。中如《勢論》謂叛亂之時，一事失德，民志未離；一事無才，民心已散。《原利篇》謂道德之言以時運而變，變久則亡其真，將反而求其原，皆確有至理，發前人所未發。《釋貨篇》謂錢貴則五倫皆賤，引張邦昌、秦檜諸人為説，尤慨乎言之。《遽伯玉論》謂孫甯作亂之時，仕與未仕皆未可知，足正顧棟高《大事表》之失。其他與人書，皆委婉曲析，詩鈔、小傳，皆情文備至。其《復鄭六亭》，雖薄攷證之學，而分經學、經術為兩義，自不可易。惟《師説》謂《離卦傳》直以師卦為設教之師，未免肊説。《王埔朱氏分居序》純用儷語，既乏氣息，又昧格局，殆非所長。其集不詳何人所輯，前有高澍然序，稱道光丙申，其子宗本以集付梓，請余序。當即宗本所編。據《復郭太守書》，則有原廉篇、居官不要錢論、據官志齋詩鈔傳則有行實，今均未之載，非偶然遺漏，即早已散佚。是本爲活字排印，譌字頗夥，有小像及自題並諸人像贊，與崇祀鄉賢事蹟錄、墓誌銘等爲首卷，每卷末有「同里後學林文儀校字」，則固原本也。

九一

淵雅堂全集六十卷 癸亥

淵雅堂全集六十卷，長洲王芑孫撰。芑孫字念豐，號惕甫，亦稱鐵夫，自號楞伽山人，乾隆戊申召試舉人，官華亭縣教諭。是集凡編年詩稿二十卷，惕甫未定稿二十六卷，寫韻軒小稿二卷，波餘遺稿一卷，附錄二卷，文續稿一卷，詩外集一卷，文外集四卷，讀賦卮言一卷，外集一卷，編年詩續稿一卷，內寫韻軒稿，其妻曹貞秀所作詩，餘波稿，其弟翼孫詩及雜著也。芑孫詩瘦硬有神，大致學韓而得其氣之盛，王昶湖海詩傳稱其癯然以瘦，戛然以清，亦縝密以栗，可為定評。文雖與姚鼐講論，而不欲如桐城派之貌為高古，故不空疏，亦不貌為清真，故不枯澀，頗有北宋人遺風。集中與彭允初書云：古碑版文雖甚簡核，必有所獨詳之處，凡所謂略者，從其所詳而略之也。無綂攝數言而一槩略之之理，似為桐城學者墨守派而發。芑孫非不知簡者，觀所為故明二楊將軍傳，特就彭士望雙忠傳六千言，删取爲二千餘字，可見。但不欲爲桐城派之統攝數言，觀碑誌諸文亦可見。○姚氏惜抱軒集有與鐵夫書，稱：「文章之境，莫佳於平淡。精語遺意，有若自然生成者，此熙甫所以爲文家正傳，而先生真爲得其傳」云云。此蓋謂其碑記數首，古淡可愛，得歸氏意趣，非謂絶似有光。○而吳德旋初月樓集有書愓甫文集一首，乃謂：「愓甫文與熙甫無一毫似，刑部用意與退之反言，以稱樊紹述者相似。」不知樊文雖似僻澀，細按之何嘗不文從字順，韓氏並非反言，即佶屈聱牙之周誥、殷盤亦同此例，天下無文不從字不順而成爲文者。芭孫非取徑有光，然有光由韓、柳、歐、蘇以上溯秦、漢，芭孫亦同其精神，安得無一二相合。姚氏亦非反言，芭孫云：「今日震川，莫知所在？」似亦以有光自比。此近世古文家公案，不得不斥吳説以定信讞也。○讀賦卮言，乃論賦語，別詳詩文評類下。○貞秀字墨琴，翼孫字以燕，號聽夫，官湖北呂堰巡檢，嘉慶丙辰，殉白蓮教之難。

三三〇

五百四峯堂詩鈔二十五卷 癸亥

五百四峯堂詩鈔二十五卷，順德黎簡撰。簡字簡民，號二樵，自稱樵夫，又號石鼎道士，乾隆己酉拔貢。簡足跡不踰嶺海，內名士多隱然想望丰采，朋儕罕有當意，惟與德清許宗彥、無錫孫爾準為文字交。其詩意境幽峭，吐屬深警，雖間傷生硬，而戛戛獨造，足以自成一家。集中答同學云：「簡也於為詩，刻意軋新響，當其跨步時，語亦頗倜儻。」又與人論詩云：「士生古人後，詎有不踐迹，始則傍門戶，終自壁壘戟，裨校轉渠帥，揮叱走巨敵。一身數生死，百戰資學識，絕境無坦步，高唱有裂笛，彎弓石為肉，磨刀水光赤，要於其發端，真氣貫虹霓。」觀此即可知其大槩。張維屏聽松廬文鈔稱其詩由山谷入杜，而取鍊於大謝，取勁於昌黎，取幽於長吉，取豔於玉溪，取瘦於東野，取僻於閬仙，錘鑿雕琢，於是成其為二樵之詩。所言亦有見，實則簡喜莊子，其意趣得之於蒙叟者居多。聽松廬詩話舉其清奇，如「湖上秋光闊無著，約束結成明月團」，雄奇如「刀光抱人不見人，人乃聲出刀中央」，瑰奇如「黃昏碧火行木客，陰洞雄狐拜金馬」，幽奇如「長狐嘯血成碧苔，一絲冷夢尋不回」，以為語皆匪夷所思，實則此等句法大致從李賀「女媧鍊石補天處，石破天驚逗秋雨」及「酒酣喝月使倒行」、「羲和敲日玻璃聲」、「秋墳鬼唱鮑家詩」等句點化而出也。李慈銘於古今人詩，鮮所許可者，而《荀學齋日記》獨於是集稱其「幽折瘦秀，迥不猶人」，「二樵以績事名，詩中皆畫境」云云，亦可見維屏所稱，非阿私其鄉，而「詩中皆畫境」一語，又可謂別具隻眼者矣。

賴古齋文集八卷 辛酉

賴古齋文集八卷，武進湯修業撰。修業字猶菴，號賓鷺，乾隆壬戌探花大紳子。其集前有包世臣序，凡文二卷、詩六卷。大率於格律風調波瀾意度不甚講究，而直抒所見。凡論辨序記諸作，頗多闡係。如于忠肅為都城隍辨、陳杲仁非忠臣辨、薛方山掌察抑王龍谿辨、吳復菴與唐凝菴爭館選辨、題黃忠端汪文言傳後、書李恕谷集後、書吳次尾奪情論後、書丁自菴先生乾學家傳後、與朱南厓學士珪論明史綱目書、王節愍之栻傳、惲遜菴傳、陸桴亭先生小傳、鄭薑菴郊傳，皆攷證明塙，議論平允。忌祭說、生日之祭說及家祭管窺五則，亦復於禮意有所斟酌。鄭峚陽冤獄辨五首、鄭案傳信錄序一首，為鄭鄤申雪甚力，足補黃宗羲峚陽墓表所未備。書劉念臺先生年譜後三首，以年譜中小注論鄤事未覈，疑出劉氏後人之筆，而仍咎鄭氏父子之恃才取禍，尤足為後學之鑒，非祇徇鄉曲之私。李慈銘孟學齋日記謂「其詩不足觀，文亦無法，惟賴此一事便足自傳」，蓋亦深服其爲鄙湔雪，至辨論之文，不得以古文義法繩之，非徒修業爲然，此又當別論者矣。據傳信錄序，知其書四卷，今未見傳本。友人王廾鄭仁俊嘗爲辨誣錄一書蒐輯繁富，約十餘卷，余親見其稿，特未知與湯書何如？附識於此。王欣夫謹案：王書稿本四鉅冊，曾見於胡樸安先生韞玉家。

二二

許廎經籍題跋卷二十

別集類三

邃雅堂集十卷　辛酉

邃雅堂集十卷，歸安姚文田撰。文田有說文校議，號秋農，嘉慶己未一甲一名進士，官禮部尚書，謚文僖。是集凡雜文四卷、進御冊一卷、進御詩一卷、古今體詩三卷、賦一卷。大率體格不甚高古，而學有根柢，議論往往可觀。中如詩經匡說序謂「名物者積久而愈晦，義理者推闡而愈明」，能挈漢宋兩家之大要；春秋大事表序、經序謂「孔子修春秋一仍魯史舊文」，足明以例說春秋者之失；與孫雲浦書謂「傳誌書例可以義起」，亦足廣前人體例所未備。金壇十生事略、重建姚公祠記，敘順治己亥袁大受之獄及文田高祖姚延著緣坐冤死事，大致本金壇公是錄、十官被戮本末二書參互考訂，尤有裨於掌故。他如佛法論、毘陵惲氏族譜序，亦均有見。唐虞至三代年譜序謂「竹書紀年可正史記，不得盡以為妄」；史記共和攷謂「是共伯和，即衛武公和，非周召二公」，亦足備一義。李慈銘孟學齋日記譏其出入漢宋，殊少家法，文亦無古意，不識記事體裁，此蓋純以漢學家師法古文家義法繩之，未足為文田病，桃華聖解盦日記稱其文有清氣，亦未足以盡文田也。惟說文論以轉注為轉相貫注，指事尚近結繩之意，故以為六書之首，與夏炘六書轉注說略同，均屬未是。（詳六書轉注說下。）炘視文田稍晚，而此書成編最早，疑文田實本之。慈銘議其論轉注不可通，而稱其論指事甚精，不足信。又以桓帝名志，說文無志字，當以上名而去之，則許沖上其父說文解字在安帝建光元年，實先桓帝建和元年二十六年，安得預為桓帝諱，顯屬舛謬，慈銘但以為可疑，未免不充其類。宋諸儒論謂今之學者粗識訓詁，輒非毀之，何異井蛙跳梁，不見江海之大，此視姚鼐與袁枚書謂非毀程朱之必至絕嗣，猶為蘊藉，蓋爾時有一派議論如是，已開方東樹漢學商兌之先。慈銘以文田出阮元之門，謂其言深攻近儒，似并不為師門地，亦未得癥結之所在。其詩雖非當家，而如簾淨小童晨薙草，枕香侍女夜藏花」等句，亦尚可誦。慈銘以為「率口而出，間有清語，略無作意」，而盛稱其所附夫人周氏詩，如「一襟楊柳月，雙鬢杏花風」，謂「文倍不能道」。此則蹊徑各別，殆未容并為一談者矣。

寸心知室全書九卷 己未

寸心知室全書九卷，蕭山湯金釗撰。金釗字敦甫，一字勗茲，嘉慶己未進士，官至吏部尚書，左遷光祿寺卿，謚文端。是編卷一經進集，卷二、三、四古今體詩，卷五、六古文，附隙光隨筆，為金釗自訂續集。卷一奏疏，卷二律賦、詩帖、圖訓、注言行紀略，附光芳（芬）錄，為金釗父元裕述其曾祖克敬事，皆其子修增編，答問七則。又其孫學箴附入，原名寸心知室存藁，修改今題，並以國史列傳及金釗自訂年譜等列入卷首。其詩文體格不高，而氣頗寬衍和易，自序稱："一生性情氣象，事迹在其中。"良非虛語。惟金釗為朱珪取入縣學生，往往沾其習氣，如讀佛骨表、易州謁朱珪墓、題王南陔感舊圖冊諸詩，重修留真閣記，皆不免援儒入墨。求心堂文稿書後，謂"必求稱心，於文是亦動於欲"。又隨筆中以"性獨中為同物異名"，以"所不覩所不聞為即心無所想"，非祇理障，抑亦魔道，特正之以明學術

三一〇

寸心知室全書　一頁

三一一

馬

一

鑑止水齋集二十卷　癸亥

鑑止水齋集二十卷，德清許宗彥撰。宗彥字積卿，號周生，嘉慶己未進士，官兵部主事。是集文十二卷，詩八卷，後附古春軒詩鈔二卷，其妻梁德繩作也。宗彥博通典籍，經史詩詞而外，凡小學、算術靡不涉獵，尤善於古文，集中多說經、天文之作，大篇目往往條分件繫，無經生艱澀之習。治論學說，讀周禮記諸篇，理實氣空，學充辭達，意境尤於宋曾南豐集、明王遵巖集為近。惟周廟祧考、世室考，力斥韋玄成、劉歆、鄭玄文武廟不毀之說，以為祧者遷廟，文武即有受命之德，亦不能不為周之毀宗，此言出何典記？殊為紕繆。轉注說徒求之偏旁字體，以為注本言水相輸灌通流，字之从一首相注，亦猶水之从一原相注，此則使考老二字為側注，與上下、日月、武信、江河、令長平列之例不合，亦不得其說而為之辭。凡若斯類，均不足信。詩如題五代史吳越世家後、題黎二樵五百四峯草堂詩等篇，古體固質雅可喜，近體如「人間春短花偏怨，心上秋多月亦憐」，「風擁亂雲歸遠嶂，虹收斷雨放斜陽」，亦頗具風調。而送女于歸陳氏云：「使同遠別悲歡有，如此新人德貌兼」，則未免學女之癖，不如蔓雜也。總之，經學、詞章兼擅其勝，不可謂非美才。自嚴杰摘録其經說，刊入學海堂經解，未覩全集者，僅以經生目之，實未足以槩宗洛。李慈銘桃華聖解盦日記始但斥其廟祧考為武斷，後以天聖明道本國語跋歷舉天聖本之誤，獨與己合而盛稱之。答陳恭甫書隱右宋學而左漢學，為己所不喜，而大肆訾議。夫此書誠近倡狂，然因此并謂「他文皆章辛應酬，絶無義法，詩甚浮滑，其詞尤拙」，抑亦未免過矣。

二三七

小萬卷齋詩文藁七十三卷　己未

小萬卷齋詩藁三十二卷，續藁十二卷，遺藁一卷，經進藁四卷，文藁二十四卷，涇縣朱珔撰。珔字蘭坡，嘉慶壬戌進士，官至右春坊右贊善。是編皆珔所自定，惟遺藁為其孫之塽掇輯。小萬卷齋者，取宋人稱朱昂語，而竊附顧為小相之義也。珔學有根柢，品亦高潔，故其詩文才力富贍，意議純正，卓然自成一家。惟琴涵贈詩用涪翁韻謝饋魚筍次答詩「筍餞韓侯列籩豆，魚標禹貢侔玭珠」，「沙穆中丞見示和章疊韻再呈詩「箭發芙蕖成貝茭，羹調勺藥兆綸扉」之類，稍嫌恣濫。文如種竹山房、娛拙齋、遲雲吟館各詩草序、聞園圖記書後等篇，就題字詮發處亦近小家數。求是堂詩集序斥嚴羽詩具別才之說，羽說詩誠偏，惟此處作轉語云：「然非多讀書、多窮理不能極其至」，要自無弊。其中說經之作，如釋遂謂「遂當訓通，古書惟墨子魯問篇『遂而不為』，遂可訓亡，亦可訓往」，不知墨子法儀篇』使遂失其國家』此遂字正合說文本義○釋綴旒謂『說文祋 示聲，當是从示，示亦聲。蓋表綴鶩眾所以示人』不知說文訓祋為殳，其縣羊皮以驚牛馬乃别一義，非會意字○執惠執瞿解謂『無逸保惠史記作保施惠與施通』不知此以訓詁易經文，非古字相通，既以惠為鏦之假，又以為衞之叚，任意牽合，尤乖闕疑之義○章甫即爵弁解謂『即周官之冠弁』不知冠弁者冠而如弁，與爵弁異物章甫乃冠弁，非爵弁○桃花夫人廟辨據列女傳以駮左傳，謂『息夫人不言，故借桃李之不言以相況』不知息夫人非息嬀，其廟在漢陽桃花洞，故俗稱桃花夫人，宋之問有題桃花洞息夫人廟詩，悉用劉傳，湖北通志漢陽祠廟下載息夫人廟，云在大別桃花洞，即桃花夫人也，近猶廟祀不改，皆不謂息嬀若左傳之不言，乃自言曰言之言，自是可通○虞書作服古今文異說解於今文家有九章，十二章兩說，古文家亦有九章說，未能剖晰○二祧非文武廟證於二祧為溯其始而言，二世室為據，其後而言，亦未能貫澈。論語無違說，以為隱責其違師訓，即違父命，殊嫌迂曲。辨貞，以為禮記容有未醇，周官與他經隔閡，亦未得其通，而為是滅裂語。然小小疏舛，通人不免，論其大體，詩文無一懈筆，迥非明人之率易者可比。經說則攷據、義理兼擅其勝，更非近時桐城派之空疏者所及也。至經進萬壽歌辭序，謂笙詩有聲無辭，此沿俗說之謬，無辭則小序烏能言其義。又六數衍萬詩，每首句冠以六字，末句冠以萬字，既近湊合，序文衍數尤穿鑿。此則頌颺體製，所當別論者矣。詩刻於道光己亥，有胡承珙、吳嵩梁諸序，文刊於丙午，有李宗昉、阮元諸序，均有自序，重刻於光緒乙酉，彭某序，比之姚鼐，與自序之文違，又以古文彙鈔足踵古文辭類纂，詁經文鈔與九經說指歸莫二，尤為儗不於倫，當去之。

鄦齋經籍題跋卷

吳縣　胡玉縉　撰
後學　王大隆　校

養一齋文集二十五卷　辛酉

養一齋文集二十五卷，陽湖李兆洛撰。兆洛字申耆，號紳琦，嘉慶乙丑進士，有紀元編，已書於後。有地理韻編，官鳳臺知縣，晚主江陰暨陽書院。是集卷一至卷四為詩及詩餘，而冠以賦二首，卷五至卷二十三為雜文，卷二十四為雜攷，而末附以石經攷一卷。前有小像，有趙振祚序，有包世臣所作傳及薛子衡所作行狀，乃其及門所輯，非兆洛自定，故甚蕪雜，壽文且至二卷之多。卷首凡例所謂歿後多方蒐輯，或有率爾應酬，宜從簡汰，以待選者是也。亦有他人代筆之作，文廷式純常子枝語所謂廣東知府劉申孫懌為申受先生曾孫，為余言：李氏養一齋文集强半門人代擬，非先生筆是也。李慈銘。受禮廬日記稱其學本於抱經盧氏，頗擘精於攷據訓詁，後交魏默深、劉申甫、莊卿珊諸人，則薄東漢而尊西京，再後交陳碩士、姚石甫、方植之諸人，則又薄漢學而尊宋學，自謂兼綜虛實，不分門户，而究之出主入奴，汎濫無歸。其文亦頗欲溯原兩漢，氣格自精，而才弱辭枝，又不知義灋，此亦就大槩論之，實不盡然。其中凡原本經術、明察治亂者，雖不立間架，不尚腔拍，而直達所見，要自可誦。學問經濟，亦藉見一斑。即如誌傳諸文，慈銘議其傘於酬應，不能别擇，叙次蕪冗，苦少翦裁，不知洪飴孫、孟慈墓誌、顧澗薲墓誌、莊綬甲卿珊行狀、莊珍藝先生傳等，情文備至，正未可厚非。李祖陶邁堂文畧稱其惓惓人心世道，而一以程、朱之旨為歸，與近世攷据家迥别。於傳誌祭文，情事尤能曲盡，允為持平之論。惟復莊卿珊書，必以司馬遷報任安書、諸葛亮出師表二篇，力申其所以選入駢體文鈔，而欲宗兩漢，非自駢體入不可之旨，此則用意固深，論法殊外，與姚氏古文辭類纂兼收詩賦，梅氏古文詞畧旁錄詩歌，可爲反比例，與劉氏孟塗集欲以六朝補唐宋大家之失，同一救弊，而不免稍失之偏。祖陶謂六經自春秋外，無不可爲駢體之權輿，愬銘謂何不竟取堯典、禹貢等篇？在兆洛固不能辭，而二李亦少領略其微旨矣。總之，兆洛之文邊幅少窘，而學有根柢，非古文家純尚一挑、一剔、一含、一詠者所可幾，即詩賦亦不失爲學人之詩賦云。

邁堂文畧四卷 辛酉

邁堂文畧四卷，上高李祖陶撰。祖陶字欽之，號邁堂，嘉慶戊辰舉人。案朱錦琮治經堂集有邁堂文集序，稱其年已六十，所得古文且五十餘卷，繼自今自定其去留，我知其必更有進於是者云云。是其集本五十餘卷，後來有無手定本？今未之見。此同治戊辰何廷謙刻其所選國朝文錄，為之摘出而附刻於後者也。祖陶為文從近代別集入手，而又不善取法，故其文絕無可稱。李慈銘祥琴室日記議其蕪俗庸劣，如市儈帳簿，邨嫗家書，閱之令人嘔噦，雖似稍過，而實切中其病。今觀集中如讀惜抱軒文書後，謂方敏恪之治永定河，所上凡數十疏，法當摘其最要者載之，以明或因或革之所以然，今第以洞徹地勢，相時決機二十字括之，名為高簡，其實鶻突，且何人何地不可通用。讀李申耆養一齋文稿書後，謂萬物先有奇而後有偶，先有質而後有文，今日必從駢體入，則倒行而逆施申者亦知其説之不可通，遂以司馬公之答任安書、諸葛武侯之出師表皆入之所選駢體文鈔中，且謂秦、漢諸子皆駢體，人其肯信而從之？老子、管子、韓非子之書，各成一格，不知何所見而目為駢體？若以中有偶句而遂駢之，則六經自春秋外，無不可為駢體之權輿，此等識議，未嘗不是特文殊俚率耳○茲别出之，以存其目焉○

一三九

程侍郎遺集初編十卷 癸亥

程侍郎遺集初編十卷，歙縣程恩澤撰，恩澤有國策地名考，已書於後。是集為其門人何紹基、張穆所編，凡賦一卷，古今體詩附詩餘五卷，雜文四卷，前有穆序，梅曾亮序，阮元撰墓志銘，後附紹基龍泉寺檢書圖記。恩澤以文章學問負重望，經史小學及天文地志皆有札記，尤喜宏獎風流，與阮氏相伯仲，而年不中壽，以侍郎終，著述又多散佚，國策考外，乃僅有此集，論者多惜之，題曰初編，將俟續有裒錄也。穆序載恩澤之言曰：「吾詩險而未夷，能飛揚而不能黯淡，思力所及者腕每苦其不隨，更讀書十年，殆可相質」云云，然則是集未必合恩澤意。穆欲不遺一字，凡失題及不完之作，律賦及試帖，一概登入，尤失之雜。伍崇曜悉加芟薙，並從友人錄得詩廿餘首，改原編十一卷為十卷，刊入粵雅堂叢書，即此本也。其詩文雄深博雅，不主故常，李慈銘桃華聖解盦日記稱其詩學

嘉平末

韓、蘇，喜以生峭取勝，又時潤以經語，非枵腹者所能至，散文亦學劉蛻、柳開、譚獻《復堂日記》則謂「詩文似皆學韓，不為細響，可傳不必可讀，皆懇摯之詞」，集中詩不專尚岸異。阮氏《瀛舟筆談》載其「月從京口白天入海門」青語，聯以為翛然遠俗，清介可風，今不見集中，又可見其不拘一格也。慈銘議其詩體格未成，不能出以大雅，此即未更及不能黯淡之說，稱其答祁淳甫論承重孫婦姑在當何服書為通儒之詞。今案《肇十有二州說》據《大傳》「肇作兆」，以為肇不作始，解十二州仍堯之舊，非舜所分，意與下《濬川》之文相貫，亦非墨守古文家所知也。是故其集雖屬殘稿，不逮《元學經室集》之富，而學術之大精神意量之閎遠，亦可於此而得其彷彿矣。

强太守上當事三書一卷 庚申

强太守上當事三書一卷，韓城强望泰撰。望泰字萼圃，爲滑縣知縣强忠烈公次子，欽賜舉人，嘉慶丁丑會試不第，復賜進士，官至重慶府知府。先是，望泰官忠州直隸州，有循吏稱，告病開缺，寓成都未歸。駱秉章總督四川，奏請就近在川起病，出備差委，因上書按察使牛樹梅、布政使劉蓉及秉章，固辭而已。簡放知府，望泰終不出，有君子難進之風。三書同一情事，而機局互换，上總督書尤淋漓盡致。前有湯成彦與望泰書及書首一篇，一勸其不必出，有爲盛世之循良，則有餘；一抹末俗之敝壞，則不足語。一即弁言，叙其録此三書之意。光緒辛丑，繆氏爲刋入藕香零拾者。其書雖見高風，而無關大局，有文集，理應編入，不必單行，即望泰殆亦不欲藉是以傳，姑存其目焉。

江鄭堂河賦注一卷庚申

江鄭堂河賦注一卷，原本題錢坤注。坤不知何許人，案晉成公綏有大河賦，應瑒有靈河賦，見酈道元水經河水注，其文不傳。江藩因本漢書、水經以為是賦，亦不涉晉以後事。潘氏滂喜齋刊遺文

萬善花室集十二卷　壬戌

萬善花室集十二卷，大興方履籛撰。履籛原籍陽湖，字彥聞，嘉慶戊寅舉人，官閩縣知縣。是編凡駢體文七卷、詩四卷、詞一卷，為原刻本，兵燹版燬，近江西祇重刊駢體文六卷。履籛以楊芳燦為師，董祐誠為友，故其文與二家相伯仲。李慈銘《桃華聖解盦日記》稱其博麗清縟，深於徐、庾、汪、楊家法，不及董方立之警鍊，而格韻超秀則過之。譚獻《復堂日記》以為其文密栗勝董蘭石，而駘宕不逮。兩說適相反，要其緜麗曲卷，導源於六朝、初唐，洪亮吉、孫星衍而後，當以是為嗣響也。詩風格遒上，詞亦清麗。姚燮《駢文類苑》僅錄蘭石文序一首，金武祥《粟香二筆》僅載《湘江道中》二首，固未足以槩其全體矣。

篤慎堂燼餘詩稿二卷附文稿 己未

篤慎堂燼餘詩稿二卷附文稿，江陰金鶚撰，鶚字一士，號嘯庢，嘉慶己卯舉人，官蒙城訓導。是編計詩一百八十六首、文七首。鶚本有詩三千餘首，咸豐庚申，燬於兵燹。同治癸酉，鶚子應澍從平日記憶及友人處搜訪所得刻之，因顏曰燼餘稿。跋稱係少年及老年所作，中間四十年篇什無存，即少年及老年所作，亦不及十之二三。光緒乙酉，鶚孫武祥重刊入粟香室叢書，並於丁亥年附刊文稿。今觀是稿，大率不事雕飾，文僅僅平順，詩如「才人看書如看水，煙波浩瀚行間起，豈知觀海如觀書，一覽天地疑無餘」，頗能用意；「好友若明月，對之常皎皎，好友別時多，明月圓時少」，亦近古樂府；而「一重桃樹千重柳，身在多情薄命間」，似以多情指柳，薄命指桃，終嫌費解。其他亦多率易少渾成語，未知中年詩何如也？武祥匋廬後憶記，鶚零章斷句，如「水能碓米飛湍白，火可肥田野燒紅」

又「曉霧空濛吹不散，青山淡到一痕無」云云，殆中年所作歟？

二三

澹盦自娛草二卷附仲安遺草 乙未

澹盦自娛草二卷，江陰金應澍撰。應澍字晴初，號澹盦，金諤子。其詩大致與諤相近，而才情較勝，格律較高。然亦頗多顏唐處，內有郢中歌一首，足資掌故。據汪兆鏞敘：「應澍五十以前詩均燬於兵燹」，此二卷應澍子武祥督錄，并詞一闋，刊入粟香室叢書。武祥粟香隨筆記應澍零句：「春煙多翠色」，又「月明露冷待中秋」，以為待字與「雨絲煙柳欲清明」「滿城風雨近重陽」欲字、近字各有其妙。然則佳句其多在五十以前歟？原附仲安遺草，應澍孫和作。和字仲安，筆殊淺弱，以原本所有，仍之。又有附錄，皆壽詩壽文，祝應澍者，并秦煥撰應澍妻謝氏傳，太近猥瑣，今屏而不錄焉。

拜經堂文集四卷　壬戌

拜經堂文集四卷，武進臧鏞堂撰。鏞堂有拜經日記，已書（一名庸，輯有盧氏禮記解詁，已書於後）於後。是集多涉及經義之作，如克己復禮解，謂劉光伯嗜慾之言，意王楚靈王，而邢叔明襲之以釋論語，遂開集注訓己為私欲之端，與全部論語人己對舉之文鑿枘不合，剖析最細。重雕宋本爾雅書後、校宋槧爾雅疏書後、與段若膺論校爾雅書諸篇，校訂亦頗精詳。惟孟子言伯夷論以孟子為過，謂伯夷安得謂之隘，則未免泥視隘字。刻華嚴經音義錄序謂慧苑無考，則慧苑京兆人，見宋釋贊寧高僧傳，唐杜牧樊川集有敦煌郡僧正慧苑除臨壇大德制，亦殊嫌失檢。李慈銘桃華聖解盦日記力詆其為妾服緦議偏論不軌於正，謂後世既無姪娣，安得有貴妾；又詆其論儀禮冠字辭昏醮辭之韻迂僻乖謬，謂幾於文理不通，必不可從。所言均中其失。蓋自孔廣森為詩聲分例，舉式百有三十臧氏變本加厲，謬欲推之他書，其答陳恭甫書，尚知煩亂破碎，其與汪漢郊書，竟肊說論語之韻，妄相印證，不可謂非經學中之魔道矣。李氏又於其校釋畧駷北驪牝一條，以為陳恭甫言當作駷牡驪牝玄者為确，則臧氏嘗引其高祖琳說，鄭康成、孫叔然本作駷牡驪牝玄，此本以證郭之並為牝，而釋文作驪牡為誤，與鄭、孫本截然兩事，不足相難。又謂其解經多煩碎偏執，漢學之妄遺妄人梧擊者，實常州之臧氏、莊氏詒之口實，則盛衰倚伏，理勢固然，不得歸獄臧、莊，臧失之拘，莊失之悍，亦非同科，要之是集精覈處頗多，在學者分別觀之耳。

二〇八

江鄭堂河賦注一卷　庚申

江鄭堂河賦注一卷，原本題錢坤注。（甘泉江藩撰。）坤不知何許人。（藩事蹟詳廣東通志條下。）案晉成公綏有大河賦，應瑒有靈河賦，見酈道元水經河水注，其文不傳。江藩因本漢書、水經以為是賦，亦不涉晉以後事。潘氏滂喜齋刊炳燭室遺文，首載此篇而無注。此光緒乙巳繆氏藕香零拾本，跋稱：「辛丑曹氏攜有先生手書河賦，而坤為之注，並有王述庵跋」云云。述庵者，王昶之號，豈自為注而託名於坤歟？其注根據明塙，深合體例，惟駁陸氏釋文以為古無㝩字，不知㝩乃康之譌，即今本方言注「㝩空貌」，㝩亦當為康。其字亦作槺，文選長門賦「委參差以槺梁」，李善注：「康與槺同」，是其證也。

小謨觴館集十七卷 癸亥

小謨觴館集十七卷，鎮洋彭兆蓀撰。兆蓀字湘涵，號甘亭，諸生。是集凡駢文四卷，詩八卷，詩餘一卷，續集文二卷，詩二卷。詩自辛丑訖丙寅，分煩樓、南鴻、星社、傭書、葦杭、觀濤六集，集各有小序。續集則丁卯訖丙子所作，不分集，亦無小序。兆蓀熟精選理，其文亦往往為累。朱一新無邪堂答問議其撏撦太多，真氣不出。李慈銘桃華聖解盦日記亦謂：工麗雖勝，而痕迹亦顯，均中其病。然典雅研鍊，要不失為駢文正宗。詩則以少長邊塞，處境久困，遂多鬱抑慷慨之辭，雖規模未能濶大，而工力悉敵，不可謂非作手。慈銘稱其矜嚴愛好，又稱其煩樓一集，狀塞上風景，尤多名篇，為乾嘉以還莫能及，而議其傭書兩集多落宋調，率爾之作，時見累句，於全集中最為下乘。所評亦良允，蓋衣食驅遣，違心應酬，本文人之不幸也。總之，兆蓀詩文非工文選不能到此境，選學恒與經小學相關聯，非略知考證亦不能到此境。集中錢可廬徵君六十壽序，慈銘以為可與胡培翬研六室文鈔中王石臞先生八十壽序、龔自珍定盦集中阮尚書年譜第一序即文達六十壽序。作儒林傳、經籍志讀，皆奇絕之作，非古來所有。然則經小學何負於兆蕃？乃兆蕃晚年為檝摩錄，自謂誤於訓詁考據，豈當時有攻漢學者而為是言耶？抑於此事未深，未能堅信，而為是言耶？是可異已！詩餘亦綿麗，為學人之詞云。

一五七

二四〇

白雲草堂集　一頁　二四〇

白雲草堂集十卷　辛酉

白雲草堂集十卷，武進呂星垣撰。星垣字叔訥，廩貢生，官贊皇縣知縣。是集凡文七卷，詩三卷。其文務為短峭之句，而尚不傷氣，一洗冗爛之習。中如教胄子論、府兵論諸篇，俱可諷誦。碑誌如湖北巡撫盧焯神道碑、雲南迤西兵備道唐宸衡墓志銘，叙次尤為合法。故當日頗負時譽，阮葵生又極稱之。李慈銘受禮廬日記乃議其蹇劣而冗滯，喜為短句，益形拙俗，殆非篤論。其詩時有雋句，而鼓為放縱，往往軼出規律，未為當家。洪亮吉北江詩話稱其詩如宿霧埋山，斷虹飲渚，又議其詩好奇特，不就繩尺。曾用七陽全韻作柏梁體見貽，多至三四百句，古無此例。余亦嘗贈以長句，末四語寓規於箴，則其詩之得失可見。慈銘謂粗獷率易，頗似其鄉人趙甌北，是擬必於倫之說也。

澤古齋文鈔三卷補遺一卷詩鈔一卷　己未

澤古齋文鈔三卷、補遺一卷、詩鈔一卷，武進吳士模撰。士模字晉望，諸生，嘉慶間以時文名。光緒戊子，王先謙刊江左制藝輯存，錄其文頗多，是集皆古文。其子一涵等搜輯前三卷，復經其族子德旋論定者。大致風格不甚高，氣息不甚古，而一種清快之筆，有曲折，有頓挫，句法俱極自然，非以時文爲古文甚便初學。伯夷叔齊論未知不食周粟之爲周祿，愛石圖序未知「不以三公易其介」之爲易其大，故所說未融，然亦未爲大失。詩直抒性情，間多率易處，蓋爲士模之餘事矣。

蛾術堂集無卷數〔不分〕　辛酉

蛾術堂集無卷數〔不分〕，蕭山沈豫撰。豫字補堂，號芙村，諸生。是編乃其門弟子輩鈔撮成帙，凡十五種：曰皇清經解淵源錄，曰皇清經解提要，曰皇清經解淵源錄外編，曰羣書提要，曰讀經如面，曰讀易寡過，曰周官識小，曰左官異禮略，曰羣書雜義，曰讀史雜記，曰袁浦札記，曰秋陰雜記，曰仿今言，曰芙村文鈔，曰芙村學吟。中惟羣書提要論孟子外書為秦漢人撮拾而成，列有五證；袁浦札記列邵晉涵爾雅正義中所引時賢說若干條，又增減改正監本者若干條，尚足備覽，餘均無可觀。經解提要於江聲尚書集注音疏、程瑤田通藝錄深致不滿，而計〔引〕論語「君子多乎哉？不多也」，以為識則多藝與多學未可竝論，殊未諦當。又以江氏為博士買驢，程氏宗法小記等以記名集為僭經，皆有語病。以沈彤周官祿田考為齊召南作，尤誤。淵源錄竝未及淵源，其外編僅列書十二種，皆全錄簡明目錄，當是偶然劄錄，而編集者誤收之。凡此皆為李慈銘孟學齋日記所摘，慈銘又稱其經史之學頗為留心，文筆亦喜規橅選體，而見聞寡陋，識議淺局，殆不誣也。前有王端履序，謂意本欲仿困學紀聞、日知錄之例，薈萃羣言，勒成一書，以老病而不克竟云云。今觀其書疏謬譾陋，且多村塾習氣，即使克竟，而根本差誤，終亦見誚通人。譚獻復堂日記乃以淵源錄、經解提要與羣書提要並稱，謂持論近人，可為初學導師，似不以近代說經輒轉稗販蔓衍亡涯徒滋門户之鬨者為然，殆為名目所惑歟？

一九八

許廎經籍題跋卷二十一

退菴賸稿　一頁　一九八

吳縣　胡玉搢　撰　癸巳述

後學　王欣夫　輯

別集類四

退菴賸稿一卷　己未

退菴賸稿一卷，仁和沈映鈐撰。映鈐有退菴隨筆，已書於後。其籍貫，隨筆題仁和，而是稿題錢塘。攷進士題名碑，是仁和，則作錢塘者誤也。其稿皆古近體詩，意境不甚高，而筆路展拓，感舊傷時諸作，尤沈鬱蒼涼。惟乙亥以後，殊不振。其他亦間有率句，蓋未經芟薙也。隨筆中尚有數詩，如行新安江口號云：「水清灘急艇相呼，兩岸青山叫鷓鴣。日暮將臺西眺處，桐廬入望已模糊。」頗清婉可誦，而是稿未及搜集，亦失之疏略。光緒壬午吳兆麟序稱其源出唐賢，足繼杭厲，雖似過譽，而意亦近之矣。

因寄軒文初集十卷二集六卷補遺一卷

右因寄軒文初集十卷，二集六卷，補遺一卷，上元管同撰。同字異之，道光乙酉舉人，著有七經紀聞、孟子年譜、文中子考、戰國地理考、皖水詞，未見傳本。是集初刻於鄧廷楨，重刻於張士珩，諸人附入其子嗣復遺文四首，同本姚鼐弟子，其文師法鼐而能不襲其派，故為鼐所許。然學力尚未充厚，如原災歸重於修省，其意固是，而云「古初之天如嬰孩，虞周及如少壯，自漢迄今為衰後，此為髦」，殊嫌詭譎。性說以嬰兒戀乳，我之人為施報，義亦可通，而又云「使聖人為嬰兒，則固第戀生母而不以乳異，無論其非事實，而已使聖人陷於不知施報之地」，此殆襲「太上貴德，其次務施報」兩語而失之，立論亦未圓愜。答甘畤人書云「國風樂府，出於閭巷小夫幽閨婦女，周、召之雅、頌，是則出於學問之詩」，故為低昂，未合聖人錄詩之詣（旨）。說士下云「周時士有士田，蓋盡人而養之」，不知周官士田為大夫之子所受世采，亦謂之圭田。與吳子序書云：魯禘非禮，周人已為是說，而呂覽以為惠公請之正，欲為成王、伯禽掩過。不知呂覽所言為又是一事。孝史序云：東漢馬融，彷孝經而作忠經。不知忠經之馬融乃唐人，非漢人，故融序有巖野之臣之語。管氏族譜序云：古者大宗非天子與始命為諸侯者莫可當。小宗則始遷異地，其嫡長皆足以稱之。不知大傳繼則為宗，即是大宗。答陳編修書云：朱子解經，於義理決無謬誤。書蘇明允辨奸論後云：道學之尊，猶天地日月。彤史序以為女子不尚才德，凡十亂之婦人以及共姜守義，鄧曼知人，樊姬薦賢，敬姜習禮，意皆有所不足，均嫌理學氣太重。范增論云：項氏之用人如此吾固知其非漢敵，而又答念勤書云：使是時終用范增，度漢王未必可脫。前後自相矛盾。五月五日八箴堂小集序云：善政齊乎君奭，多藝幾於公旦，過譽鄧廷楨，亦失分際。禱雨城隍神文云：豈吏之辜，抑民之殃，罰吏及身，毋民是殃，古

三三○

人重韻固不忌，然連用於四句，株林斯干而後亦頗罕見，疑必有一誤。至禁用洋貨議云：宜令有司嚴加厲禁，洋與吾商賈皆不可復通，其貨之在吾中國者，一切皆焚毀不用，違者罪之。此曹然於通商之局，當時持論大率如此，抑亦不足為同怪者矣。要其風骨峻整，議論騰騫，不可謂非文章之正宗，未能廢也。

三〇　二頁共七〇五十六　半巖廬遺集　一　六四〇

道光辛卯舉人

半巖廬遺集不分卷　壬戌

半巖廬遺集不分卷，仁和邵懿辰撰。懿辰有尚書傳授同異考，已書於後。是集凡文三十七首，詩九十二首，光緒戊申具孫章所刊，視吳氏望三益齋、潘氏滂喜齋本較爲完備。懿辰文師法桐城，雖傷薄弱，而尚不沾沾於一挑半剔，其輿美盤折處，往往引人入勝。中如書太史公自序後，謂六家要指作於建元、元封間，論治非論學，讀書得間，發前人所未發。論立子書趙秉文侯守論後，言淺旨深，亦見關係。記汶上劉公撫浙事、湖北糧儲道林君墓表、前福建水師提督許公墓表、葛壯節公墓表、戴文節公行狀諸篇，尤有裨於掌故。惟不喜陽明之學，故駁劉才甫息爭言之、書陸清獻公手札後言之、張楊園傳言之；又不喜漢學，故儀宋堂記言之、後記言之、贈陳藝叔序言之、孝子王立齋傳言之，甚至書靳文襄生財第一疏後，强誣其爲王制三分去一之說所誤，謂爲王制者漢之陋儒，以冥冥決事」，不知王守仁之學原本經術。觀高郵胡泉所輯陽明書疏證、陽明經說拾餘諸書，可見其流於禪者乃門弟子失之。乾隆中葉所謂漢學云者，由高宗昌明正學之功，一時服教畏神，所詣往往軼兩漢而上，其務與朱熹為難者乃戴震輩一二人失之。至漢儒所纂王制，有本制、兵制、服制，見史記封禪書索隱引劉向別錄，非今禮記中之王制，更何得輕詆其陋。善乎曾文正文集孫芝房芻論序，以為「纂者良知之說，近者漢學之說，誠非無蔽，必謂其一釀晚明之禍，一致粵賊之亂，則少過。」又漢陽劉君家傳曰：「以為『漢學頗拾先賢之遺而補其闕，久之風氣日敝，學者漸以非毀宋儒為能，矯之者因並蔑其稽核之長而授以以詬病之柄，皆有識者所深憫』。此雖非指懿辰言，而其言『少過』為識者所深憫，則固不啻為懿辰言矣。」吳大廷小酉腴山館文鈔有跋遺文後一首，稱其「文一皆擷經之腴，其光黯然以幽，其味淵然以永，其倔強不撓之概亦載

三三〇

之以出，推挹固稍過。李慈銘受禮廬日記議其文疏冗無法，實未盡核。又議其屢言「乾隆中俗學橫流之弊，為近於猖狂而無忌憚，亦失之激。」其第一篇題云：「文人少達多窮」，第三篇題云：「夫婦有別」，慈銘謂「非論非辨，自來無此體製」，則二篇皆當為「説」，疑由傳寫者脱之，必謂其并此體製而不明，亦豈懿辰所能受哉？惟既為古文，往往間以藻飾，就文體言之，未免破律。詩筆稚潔俊逸，七古於黄庭堅為近，「無題三十首」，詞華掩映，寄託遥深，别具一副筆墨。其「偕伯言過廠肆買書有作」，則猶是不喜漢學之故智耳。此本校勘頗疏，「書趙秉文侯守論後」「徧西北徼外數萬里」，脱「里」字。「送項几山序」「顧善兆」，「顧」誤「頎」。「題寒機夜課圖後」「武陵楊性農」，「陵」誤「林」。「祭劉茱雲文」：「其神邸，勿」，「邸」誤「邱」。「方明覲隆寵」，誤「隆定」。「英子樸墓誌銘」：「乃為銘曰」，誤「志曰」。「然資鄉尚學，天乃篤高朗，其不愈懸贊」，「然資」字，「不」字疑亦有誤。效黄山谷八音歌：「烏吟衹益悲」，誤「烏令」。陳恪勤手植槐歌：「此木成陰蔭千畝」，「蔭」誤蘆。跋二十八舍歌：「鯁入亢中不得吐，」鯁誤鯁。寄方植之：「忽枉尺書至，」誤書尺。題汪楓人遺墨：「白玉樓邊索替人，」誤替人。送戴少司馬南歸二首，實祇一首，當衍二首二字。其孫章跋：「盱眙吳勤惠公，」誤清惠。聊正於此，未能盡舉云。

八六

三〇九 盾鼻餘瀋 一頁 五一四

盾鼻餘瀋不分卷 癸亥

盾鼻餘瀋不分卷，湘陰左宗棠撰。宗棠字季高，道光壬辰舉人，以四品京堂累官總督、東閣大學士，封恪靖侯，謚文襄。宗棠久歷兵間，凡章奏文牘皆取辦一手，軍暇所為雜文詩章，間命寫生錄存副本，自署其檢曰『盾鼻餘瀋』。沈氏嘗為刊刻，而傳錄頗多失次，此慕容石本清等就原稿重刊，并附聯語三十四則，及書吴橋范文忠公墨蹟後以下二十六篇。然如題孫侍講蒼筤谷圖、御史黎君墓誌銘、胡文忠箴言書院碑銘等，實成於未典兵以前，所謂『錄舊應客，每數數及之』，則亦恆心之作者是也。宗棠詩文不拘拘於義法格律，而一種權奇倜儻之概，如其為人，中如黎君墓誌銘、太常寺少卿徐公神道碑銘、李忠武公墓誌銘、李勇毅公墓誌銘、烈妃廟記、忠義祠記、送劉克菴南歸養親序，均有關掌故；祭文亦多肫摯無泛語。惟靖難忠臣血蹟碑記以明祖假手枝子殘其嫡孫為忍語，似過火，謂不善貽謀則可，謂有意縱害則不可。馬徵君遺集敘以乾隆中葉以來聲音、訓詁、校讎之習，為釀成今日犯上作亂之禍。南菁書院講堂跋語亦及此意，殆為孫鼎臣芻論所惑，亦失之偏。忠義祠記以肅府重刻淳化閣帖為世傳銀錠鐵環形蹟宛然，不知銀錠鐵環乃淳化祖刻棗木本後版被燬，歐陽修已稱難得，若肅府所藏太祖所賜諸家跋但云宋拓，無有指為祖刻者，宗棠所言，殊欠分曉。周夫人墓誌銘載長次兩孫，孝威所出，孝威夫人出下句可通，上句不甚合，凡出者就女子言，若孫則不必別其為某子出也。至題許蘭友廿四橋圖：飛輪直送江入海，讀入為平聲，唐白居易集中多有此例云。

二〇五

落帆樓文集二十四卷補遺一卷　壬戌

落帆樓文集二十四卷，補遺一卷，烏程沈垚撰。垚字敦三，號子敦，道光甲午優貢生。垚文初見於楊文蓀所輯國朝古文彙鈔二集中，後靈石楊氏連雲簃叢書刻其集四卷，貴池劉氏聚學軒叢書又刻二卷，皆非足本。是集汪曰楨編，凡叢殘各稿悉入其內，而吳興劉氏為之付刊者也。卷一至三為前集，卷四至二十三為後集，卷二十四別集，前有沈子敦著述總錄，具見編次之意。垚研究輿地之學，西北方域尤所專心，足與何秋濤、徐松諸人相頡頏，故集中釋地者居泰半，皆足依據。漳北、滱南諸水，攷於元和郡縣志所稱某水南去縣若干里，北去縣若干里者，以為南字北字絕句，後與徐星伯書雖知李書仍襲舊文，而篇中未及改正，自是一失。然方向實合。惟說經似非所長，如殤不當立後議，以喪服小記為殤後者為為殤者父後，則顯與記文悖，不知此乃天子諸侯之禮，先君雖以殤卒，而為殤後者必服以父子之服，故曰「以其服服之」。與張淵甫書盛稱程氏喪服足徵記「妾不體君」述，以為比例最精，不知鄭於不杖期傳以女君為例，固誤會經意，程以妾子為例，亦未得其通。妾子有體尊之事，及有體尊不得遂其母及外祖父母之時，而妾皆無之，安得以之比例。此章經傳之義本自直截，上文為衆子，義兼妾子、女子子適人者為其父母，義亦通妾。經恐人疑妾不得體君，有尊厭之嫌，特發此二條以曉人，傳即承經之意以明妾於其旁親有不服，初無所誤，亦無待比例，細玩自見。又力申程氏緦麻章傳「長殤中殤降一等」四句為經文之說，不知緦麻章「齊衰之殤中從上」云云以成人本服言，小功章「大功之殤中從上」云云則據殤服立文，而殤服有上中下之異，齊衰之中殤與大功之中殤，又有從上、從下之别，乃據其長殤服以明中殤之例，齊衰之長殤大功服，故謂之大功之殤，而中殤不見者，其例中從上；大功之長殤小功服，故謂之小功之殤，而中殤又不見者，其例中從下，小功之長殤緦麻服，其不謂之緦麻之殤者，爲經有大功殤服、小功殤服，而無緦麻殤服也。經無緦麻殤服，則成人大功之殤固宜稱小功之殤，即中從下之入緦麻者，義亦不得謂之緦麻之殤。傳曰小功之殤中從下，語最簡當。若如程説，當云緦麻之殤中從下，何復云小功之殤。又以王制大夫有太祖，據大宗言，祭法大夫無太祖，主小宗言，不知王制所云爲始爵大夫者，已正太祖之位，祭法所云則溯太祖未正位前言之，並非大小宗之别。讀注疏雜辨以曾子問其吉祭特牲，疏引熊説爲是，不知殤之祭不止祔與除服，歲時亦共牲於曾子，而祭庾氏謂吉祭通四時常祭，與喪服小記從祖祔食，鄭注甚合，庾説勝熊。爾雅正義雜辨分别正俗，頗明小學，惟必泥説文謂爾雅原文當作某，近於江聲尚書集注音疏之見，殊嫌拘滯。凡若斯類，均屬可議。然其辨喪服小記除喪者先重者及有主後者爲異居孔疏之疏（誤），辥鄧氏「食僞也」下，誤以僖廿八年孔疏爲杜注「懷因也」下，誤以皋陶謨釋文引馬注爲孔疏，詩蕩疏引費誓鄭注爲書疏之類，則又深合漢儒家法。其他松筠公事略有裨掌故，簡札撫存備言當日風氣，實隱痛穆彰阿之禍國，盖固非溺於攷證而常以天下爲憂矣。别集一卷，經說往往雜以駢語，未能精邃，古人廟制南向，解不信鄭注「宗廟路寢制如明堂」之說，尤非鄭所言本周書作雒解，蓋天子廟制，室居中央，如明堂，獨大爲之，故書洛誥有太室之稱，斷無不得容大祫之理，寢制如明堂，尚書大傳亦言之，盖未免失攷。汪氏編此卷爲别集，明云「過而存之」，殆已見及此，簡札撫存中與張淵甫論廟制，自記謂「此稿宜删，淵甫答書於練時所服，推覈至細，當從之」云云，（案張答書見積石文藁卷十）今汪氏未删去，當亦是意。李慈銘桃華聖解盦日記所見四卷本，稱其後魏六鎮釋、新疆私議、蔥嶺南北河攷、宋神宗用兵西夏論、宥州答問、與徐星伯論西夏地理

三三六

書漳北漋南諸水攷西游記金山以東釋皆洋洋大篇雖或引證太蕪文繁寡
要而鉤貫精密今人不能測其涯涘良非溢美又稱其為人後者為所生服議
殤不當立後議晉書賀循傳書後喪服足徵記書後與張淵甫三書皆論禮服
之學斷制謹嚴有裨世教則諸篇有得有失當分別觀之李說不足信也

蘿摩亭文鈔一卷　壬戌

蘿摩亭文鈔一卷，徐滿喬松年撰。松年字鶴儕，道光乙未進士，官至河東河道總督，謚勤恪。有論語淺解，已著於後。是編文祇二十三首，為儀徵阮恩霖所輯，跋稱：「非公親筆者不錄，慎濫取杜偽託。」又稱詩五卷當續付棗梨。今詩集未之見，疑此亦尚多遺佚也。其文態度寬閑，少警動之筆。釋命篇書後頗能發撝義蘊，考定朱大王生日記足訂先正事略之誤，祭亡室劉夫人文令人增伉儷之重，妙香簃詩序謂其度越王昌齡、賈島、溫庭筠，則推挹未免溢量。又呂坤四禮翼以兩婦夾夫葬為褻，今再祭亡室劉夫人文及墓志銘一則曰：「葬則能左而君右，余處其中。」一則曰：「同穴為期，待雙棺之夾我。」實不可為法。文字所係，即禮教所關，讀是集者當辯之早辯也。此光緒乙酉原刊本，姑存其目焉。

通甫類藁四卷續編二卷

右通甫類藁四卷續編二卷，山陽魯一同撰。一同有右軍年譜，已爲是書後於。是藁多根据理要，通達治體之文，非務爲浮靡、規規於宋派者所能企。中如舜論以孟子言舜避南河之南，爲非事情，固無害於理，而云二十八年以來，舜之爲嗣天子久矣，究有語病。春秋論以傳稱書君，君無道，爲非所以治亂賊，謂書臣者罪一人，書國人者罪衆人，書國者罪一國，似不如魏源云：不書何人弑，而書通國弑其君者，罪在君，罪在君者，人人得而誅之。（古微堂集四書金史完顏元宜傳後）較爲可通。周公誅管叔論云：伊尹未嘗放太甲，武王未嘗誅紂，周公未嘗誅管叔，後世以爲放、誅、殺，立論之旨固善，但舍事而言意，實失之偏。胥吏論三云：計周官一書，吏之數不能十官，亦未盡覈。其他伊莘室集叙云：以中外萬里全盛之力，及關忠節公家傳云：長慶義士，誠感犬羊，以中國方里爲萬里，以外人爲犬羊，當時文人類如此，不足為一同苛責，要之此皆小失。李慈銘少所許可者，而越縵堂日記鈔卷二獨謂其文多閎肆而謹嚴，演迤而峻峭，幾於篇篇可傳，道光以來始無第二手，恨不得起九原而友之。（古學彙刊本。）其傾折為有由也。惟據慈銘説，尚未見續編，蓋後刻耳。

一〇〇

吳縣　胡玉縉　撰
後學　王欣夫　輯

二九八　許廎經籍題跋卷二十一

別集類四

曾文正公文集四卷　壬戌

曾文正公文集四卷，湘鄉曾國藩撰。國藩字滌笙，道光戊戌進士，官至大學士、兩江總督，封毅勇侯，諡文正。其古文最服膺姚鼐，而能恢張其緒，由姚氏而上溯韓、馬、莊，不規規於義法，乃自成其義法，實出姚氏之上。中如金陵軍營官紳昭忠祠記，為向榮、和春、張國樑三師軍營殉難者作，敘次癸丑至庚申勝負成敗之事，如指諸掌，力量既巨，議論復極平允。金陵湘軍陸師昭忠祠記，純從他人口中敘述，堆垛悉化煙雲，均為傑構。江忠烈、羅忠節、李忠武、李勇毅諸公神道碑，事既可傳，而又同艱共苦，周旋百戰，故所言尤真摯動人。羅君伯宜墓志銘，亦懇到。其大界墓表、台州墓表，為葬其祖父兩世而作，字字真實，無一影飾語。書歸震川文集後，有識見。祭湯海秋文，有筆力。閩浙總督季公墓志銘，有言外之恉。凡此皆為李慈銘桃華聖解盦日記所稱。其他聖哲畫像記、漢陽劉君家傳、孫芝房侍講芻論序諸篇，推論學術，亦頗名通。蓋國藩勳業彪炳，不藉文字以傳，即以文言，亦一代之作手也。其文薛福成、黎庶昌皆有編刻本，此光緒丙子傳忠書局所刊，為王定安編校，末篇劉忠壯公墓志銘，絕筆未成，亦不敢廢，最為完備。惟多少年酬應之作，壽序、贈序居其大半，至有年伯、姻伯等之稱，李慈銘譏其「榛楛雜陳，菁華并掩，視初刻減色」，其言良是。然佳篇亦有兩刻所未及采者，茲仍據以著錄。譚獻復堂日記云：「楚人中獨推曾文正，為作者正，以其志在三通六書，通漢、宋之懷，來洞古今之正變，文詞爾雅，不事淩厲，與其詩絕異。」此言可謂得其本原之所在矣。

榴實山莊遺稿十卷 壬戌

榴實山莊遺稿十卷，泰興吴存義撰。存義字和甫，道光戊戌進士，官至吏部侍郎。先世爲休甯人，其父始遷泰興，著籍焉。是集凡文一卷，古今體詩六卷，詞一卷，試律二卷，爲其子寶清所刻。存義於詞章之學研究頗深，故其詩文雖體格不甚高古，而氣味淵雅，皆斐然可觀。其文駢體居多，散文祇四、五首。中如復郭晚香書駁連珠不拘均之説，謂"請取漢晉以來各家連珠之不均者一一以古均證之，其皆合焉，則信矣；其有不合者，則闕疑焉。都爲一集，俾讀連珠者一快"。存義亦藉以祛惑云云，洞悉文章體製，持論尤爲名通。譚獻復堂日記稱其詩"篇粹美隱秀，不事蹊徑而雅有師法，夙昔喜言放翁風格，頗近詞温雅，在君平、公謹間。駢文刻意梁、陳，篇體少狹，然無一俗調"。李慈銘桃華聖解盦日記亦稱其"駢體雅鍊，詩亦秀潔"，可以見是書之大槩矣。

郵寄第六篇 共六十頁 計叁万〇百卅九

汪梅村先生集十二卷外集一卷

汪梅村先生集十二卷，外集一卷，江寧汪士鐸撰，士鐸字梅村，號梅翁，道光庚子舉人，以耆儒加國子監助教銜，國史儒林有傳。其箸述甚富，皆燬於烽燹，所刊行者，就余所見，水經注圖二卷，梅翁筆記六卷，詞鈔五卷而已。是集乃及門諸子請士鐸出其燼餘之藁，並癸丑以後文字，由洪汝奎序行之者。大率實事求是，不為空談，惟釋嶓冢以鄭注嶓冢山在漢陽西為鄭承班氏之誤，不知鄭注禹貢所引地志，往往與班志互異，蓋本伏無忌、黃景地書，宋余靖序後漢書已言之。禹貢揚州疆域考以言萬里者為據人跡屈曲，言五千里者為據虛空鳥跡，此襲禹貢孔疏之謬。古者里數皆以開方言，斷無計人跡屈曲之理。黃氏禮書通故亦言之。三楚考於秦三十六郡數內史九原鄣郡，不數楚郡、東海、廣陽，不如全祖望地理志稽疑之塙。鄣非秦郡，故班志於丹陽郡稱故鄣，不稱秦置，東海見陳勝、周勃傳，明稱秦郡，地理志云「高帝置」，此乃史之駁文，奚足為據。廣陽見水經注，梁玉繩史記志疑亦數之，然梁仍數內史、九原，不數琅邪、東海，均當以全說為正。趙刻水經注跋於趙氏所言十三水中不數豐、澇、滁三水，謂「惟有十水」，而下列滹沱、洺水、滁水三條，滁水下又稱「合趙氏以補十水，猶少二水」，前後文義不相應，疑有脫誤。方仲堅墓誌銘：「絕意於汝墳之什。」攷汝墳雖是周南之第十篇，然古不題什，詩自小雅至周頌皆稱什，釋文所謂「篇數既多，故以十篇編為一卷，名之曰什」是也，今於風亦稱什，殊非。上胡宮保書稱「師武臣之力」，貴溪朱公墓表及臨川李公墓志銘均有「師武臣」字，倘是造句，則「師武臣」三字近於不詞，倘謂本於宣二年左傳，則彼文云「晉所以霸，師武臣力也」，謂師武而臣力，故下文曰：「今失諸侯，不可謂力，有敵而不從，不可謂武。」武、力明是對舉。吳應箕樓山堂集翫繹論云「以晉悼之霸而負其師武臣之力」，亦誤。方言補注敘「釋縣施雉理，為化往勞賜

三四三

盡，牟愛諸語，舍引伸叚借而傅會字義，遂多迂曲。月之從星則以風雨解，「太平之世，五日一風，十日一雨」，豈五日、十日月必從星乎？其言月非從星固是，而泥於五日、十日字，則殊失古人立言之旨。釋嶓冢，既云「山經荒唐，本不足信」，「九江考又以為此經伯益所作，與禹同時可信」，雖引古不能無去取，而此則語太偏重，又為立說之未圓者矣。說作文及與戴子高書多雜韻語，上江兩縣志敘錄中用七字句韻語，史準發凡敘設為亡是公烏有先生問答，顧子巽文集敘後用系曰，其體例似皆可議。白雲書院書入後似墓誌，何子清別傳「予謂子清不死於某某而死於法也」，意是而語實滯。韋域志跋所擬十例尚合其商例，則竟是重作，上海縣志序所言亦皆屬例外。祭胡文忠公文才俊八句，雖用四之字而感、吞、鑒、尺實失韻。惟續溪胡先生墓誌銘明明四句，疏、鋤為韻，祭曾文正公文益陽八句，欽、汰、劊、膾、霈為韻，此文在集外，又集外貞烈祠後裔祭文起筆不用四字句韻語而加以蓋聞二字亦可議。

誤，感知己，賛氏與耕，争錚為韻，此亦非誤，古韻氏本與耕韻諧。其他：穀釋名不免參以肊說，三江說，伯男說，多意必之談，無後為大解，女子祔於王母說，外孫王祭說，亦多駁雜。說論，魏相論等，尤失是非之平。志傳拙於叙事。李慈銘荀學齋日記嘗議之，可以參觀。然學有根柢，究非桐城派純掉虛機者所能及。洪序云：「其間去取，或非先生意。」士鐸自識云：「亂後之作，筆記為上，詩次之，詞又次之，文最下。」可以定是集之得失矣。是集刊於光緒七年，其後所作文尚多，有無續集？未之見。陳作霖等編金陵文徵，所采士鐸文不見是集者凡二十七首云。

三〇　二頁共7〇半　通義堂文集　一　六四〇

通義堂文集十六卷　壬戌

通義堂文集十六卷，儀徵劉毓崧撰。毓崧字伯山，道光庚子優貢，官八旗官學教習。毓崧與陳立等撰舊唐書校勘記，已書於後。是集大半攷證之文，每立一說，務求其盡，或棄捨舊義，必注所出，蓋自成一例。雖冗字閒句不能删節，而如周易集解跋、易林釋文跋、唐摭言跋、永曆實錄跋、千金方考、瘧考、宋本百家姓考、蘇米往還蹤跡考諸篇，推闡盡致，正不厭其煩。周易履霜讀履爲禮解，謂祭霜神於霜降之時；莧陸當作莧睦解，謂莧睦即笑說，與九二之惕號、九三之有慍相對，發攄鄭虞義，得其大通。大夫以上先廟見後成昏說，謂與士以下先成昏後廟見異；嫁殤非未婚守志辨，謂未婚守志死而合葬，古禮所有，非若嫁殤之宜禁；以及有字訓狀物之詞說、傳箋重言釋一字說、一廣經傳釋詞、一廣經義雜記及養新錄，皆義據周币，裨益後學不淺。靈星門考，謂原設於社稷壇，古鄉學附於鄉社，宋後立學用鄉學之制，度遂沿

靈星門之名，祝程廷祚謂「以尊天者尊聖」，亦較近理，惟周官周禮異名考，以周
官至賈氏正義始定為周禮，不知周禮之目定自劉歆，見荀悅漢紀成帝篇及
釋文敘錄。墨家出於清廟之官説，以清廟為與明堂異名同地，此沿蔡邕之謬，
不知周立宗廟於王宮之左，營明堂於國之郊，實為異地。又以墨家當名鬼神
家而議班志之狃於習聞，不知墨雖係姓，而實自成其學術，故孟子滕文公篇
「墨者夷之」，韓非子顯學篇言「墨分為八」，是當時已共名為墨，班氏安得立異？且
鬼神二字亦妥，足以槩墨。校刻漢書凡例，以修文殿御覽為南宋末猶存，不知
絳雲樓書目有其書，是明季尚有孤本。輿地紀勝跋，謂王象之必有科名，不知
其為慶元丙辰進士。千金方考，疑隋志徐王方五卷，徐王即指之才，不知唐志
明有徐之才徐王八代效驗方，何弗引以為證？東溪集跋，屢引文獻通考所載
葉適序略，此沿馬端臨之謬，不知水心集其序為劉伯熊作，伯熊字朝元，亦號

東漢，非即高登。魏凝禪寺造三級圖記跋，以未書「元象歲在申」為誤，不知申謂庚申，孝靜以天平五年獲象改元元象，乃頒詔於戊午而改元於己未，故二年為庚申，不為己未。顧侯墓誌銘跋，以誌稱「淳安大長公主」「德清大長公主」，而明史稿公主傳俱不紀其大長公主之號為疏，不知傳序稱「明制皇姑曰大長公主」云云，已著其一定之例，何必贅書加號？其他法家出於理官說，謂理以里為聲，又謂里取義於土田，雖各本說文而牽合為一，則似以理之諧聲為會意。虹橋秋禊圖序，韋及契、絜諸字已近曼衍，以㓞為以刀除艸，又以諧聲字為會意。縱橫家出於行人之官說，泛及孔子自稱「東西南北之人」及古人詩文集為縱橫家統緒之所寄，亦意過於通。李竹孫雙壽序，以南陔為南極，尤穿鑿附會。淮揚觀察郭公五十壽頌，雖集成文，大率諛詞，急宜刪汰。凡此均屬可議，然全集學有根柢，在考據家文集中實為傑出，不得以此而薄之也。其書初刊於長子壽曾，祇數卷，此吳興劉氏求恕齋所刻足本。毓崧不以古文名，生當乾、嘉樸學極盛之後，欲括諸家之義而納之於文，遂不可以義法繩，與桐城派之若吐若茹者判然各別，一失之不及，一失之太過。近者世風日降，務尚空疏，非支離即苟簡，抑亦不足語於此矣。

一〇〇

蓬萊閣詩錄四卷 壬戌

蓬萊閣詩錄四卷，元和陳克家撰。克家事蹟詳明紀條下。其詩本有千餘首，是集爲寧都彭氏錄其道光庚寅至己酉所作，同治癸亥海寧蔣光焴爲刊於鄂州，前有咸豐七年沈曰富序及道光壬寅蔣志凝、癸卯姚瑩諸人題辭，同治癸亥湜子彬跋，又有己巳潘曾瑋序，蓋後來增入，非蔣氏原刻所有也。克家詩不名一家，如四鼓步月城外弔傳是樓故址諸作似蘇，蓬萊閣歌、滿天巖似黃，鎮江、都門詠懷似杜，春林和胡子瑩秋懷似選，折枝怨又似庾信賦語，其濟南即事、空村、嘉定守城詩、軍門閱兵等篇慨歎時事，足當詩史。沈序稱克家殷憂在抱，以爲物窮必變，有所感觸，輒發於篇詠，往往追道盛時，以寄其意，當日頗疑其所言之過，乃未二十年而寇亂大起，東南糜爛，知幾之士，亦其詩之所由貴也，可謂知言。蓋道光之衰，實胚胎於乾隆之盛，克家早見之，曰富至是揭之。李慈銘受禮廬日記稱其古詩頗刻摯，桃華聖解盦日記又稱其莊雅有法度，雷浚道福堂詩集有讀是書題後一首并序，其序稱論詩猶是知止堂一派，而非知止堂所及，猶淺之乎論克家者也。惟感事一首，似不以歐洲通商為然，此則當時拘墟之見耳。

九六

古微堂集九卷　壬子

源有聖武記，已書於後。

右古微堂集九卷，邵陽魏源撰。源博通經史，尤講求經世之學，著述甚富，是集分内外，内集學篇凡十四，治篇凡十六，統為默觚上下，外集為序、論、書後、誌銘等作，而中有庸易通義、孔孟年表，分别内外，殊無義例，蓋非源自編也。源經學修陳大義，流派於莊存與、劉逢禄諸家，為近實非正軌，論史亦好鑿空，即時務在當日為最留心，今亦不盡適用。如書古微序，杜林、馬鄭之古文，先梅傳而作僞，可謂勇於立論；又訾議於桼書古文尚書之一卷二字，不知孔子題延陵碑，古詩稱尺素書，當時竹之外有帛，杜林傳但言桼書，不言竹簡，烏得不會其通。說文轉注釋例：許君自叙不及象形、會意、指事、段借，惟以部類建首轉注為六書之綱領，則未知六者造字之本，漢藝文志明言之，若如其說，實祇一書，何六書之有。說文會意諧聲指事象形釋例：父从八，从又，八者陰陽所以分别，又者

陰陽所以交會而生子，毋者母訓子之聲，故為禁止詞，支離穿鑿，竟似荆公字
說。諧聲字每以為兼意，亦非，諧聲自諧聲，會意自會意，亦有聲意兼者，此例不
多，許書必以某亦聲著之。學篇二以關雎為諷康王晏朝，此用魯詩說，學篇六
又謂文王造端夫婦，則用毛詩說，未免兩歧。治篇三，孔孟論學始并名利而兼
戒之，無一言及於遠色，治篇十又謂孔孟之學言恥不言廉，則孔子言戒之在
色，言公綽之不欲，孟子言侍妾數百人得志弗為，言行之似廉潔，何嘗不言廉，
言遠色。治篇九，孟子告齊宣以文王治岐，祇及養不及教，戰國救民水火之世，
所急者養民，亦非事實，當時告宣王及梁惠王何嘗不及庠序之教，孟子小記，
於咸邱蒙、桃應之問，一以為答所不當答，一以為戰國小人竄入，不知咸邱蒙
云不識此語誠然？明當時早已相傳，證以墨子非儒篇、韓非子忠孝篇，並有舜
見瞽瞍諸文，是當時又明見傳記，彼既問之，安得不辨而正之。正與割烹食牛

三三〇

等一例。其答桃應，要以羅泌「蓋以為受法者設」一語為得其通，乃謂「瞍能往，皋亦能往」，殊弗思瞍非真殺人，皋亦非真執法，何得以辭害志。又以善戰服上刑諸語為非，勸滕行井田為迂，皆失聖賢救世之微恉。庸易通義，發有譽於天下，「發者隱言萬世師表」，此近於讖緯之學，不足以說經。孝經集傳序，嚴父配天之誼惟夫子以韋布享王祀，上及先世，足以當之，而曾子亦其鄰，幾亦同是病，且支離不成文義。此皆源肊說之未足據信者也。治篇九：「文王之辟雍、明堂、三靈同地」，是沿鄭玄之謬。三者不同地，袁準已疑之，近儒亦多辯之。兩漢經師今古文家法殊，「敘鄭玄周禮注計口出泉」，遂啟安石新法之禍，是沿魏了翁之謬，鄭意蓋謂計夫賦役，近黃氏職役通故釋之甚明，安石禍宋，於鄭注何涉。孝經集傳序：「大學出於曾子」，是沿朱熹之謬，篇中有「曾子曰」字，明非曾子作，賈逵云孔伋窮居於宋，懼家學不明，作大學以經之，中庸以緯之，貫語當得其實。至朱熹疑嚴父配天，恐啟閹奸之心，固失之過，而源引崇伯子、潁封人諸事，亦有合有不合。沈欽韓漢書疏證解孝經此文最為了當，足悟兩家之失。孟子年表攷第三：「七篇之書，孟子口授」，第五又謂：「七篇中無述孟子容貌言動，當為手箸」，是沿史遷、趙岐之謬。無論所見諸侯皆稱謚，不應皆先孟子而卒，即据趙岐注，弟子十五人，而樂正子、公都子、高子、屋廬子，不應孟子自作而稱之為子。此皆源承襲之未及攷證者也。治篇八以王欽若、韓侂胄、石亨為邊才，天下豈有不宜於腹心而獨宜於邊陲之理，又附會於「內君子外小人」一語，尤謬。內者猶言用，外者猶言舍，天下更無主用小人之理。治篇四：「君子不輕為變法之議，惟去法外之弊」，此實老生常談，今更不能應世界之趨勢。籌漕篇上以折漕為未可，亦狃於故習，使源而生今日，當必別易一說以處此。其他國朝古文類鈔敘：「楚齊文字之學自夫子纂六經始」，六經中禮記實孔子所未見，當屬亲筆。孔子年表衡之於

三三〇

一三二　三頁共七百卅　古微堂集　三　一三二

今祿命、及金匱式、籌河篇下章之於符瑞及忌諱，駁禨誕妄，更不足為訓。然全書學問贍博，詞筆亦爽健，惟是喜用韻語，亦是一病。實道咸間傑出之才也。又弢周壽昌思益堂日札載有源遺文三首，其書明史藁二則已見是集，惟書趙校水經注後獨闕，恐此外尚有可搜羅者。陸心源儀顧堂文集有魏刺史文集序，此本不載，亦當弁之於首云。

許廎經籍題跋 八

三〇九

樂志堂文集十八卷續集二卷 己未

樂志堂文集十八卷、續集二卷，南海譚瑩撰。瑩字玉生，道光甲辰舉人，韶州府官教授。是集皆駢文，首賦，終誄；續集終祭文。咸豐己未刻本，無序跋，據書中自記有「姑仍存之，附錄之」等語，知為瑩自定。其文格局不甚高，而運典遣詞，清氣往來，無堆垛之迹，於唐人為近。惟紅梅驛賦序云：「范蔚宗儻逢驛使，此沿史繩祖學齋佔嗶之譌。荊州記所載陸凱與范曄書，凱為三國吴人，則曄乃別一人，非蔚宗甚明。」神農本草經贊序云：「始收梁錄，早載班書。」意以本草為周末人子儀所撰，其云「早載班書」，蓋指平帝紀也，非謂藝文志。惟既引賈疏，則梁錄當改為晉簿。又勸善集要序、修省軒雜錄後序，並有「三教同源」語，雖因文見義，而有乖體裁。送阮元移節雲貴序，語多諷刺，其自記稱：「元督粵時，馭吏多從寬典，粵人頗有微詞，故作此序。後乃知其謬，姑存之以誌少年罪過」云云。攷瑩子宗浚希古

樂志堂文集　一頁

三六九

堂集復友人書云縱洋商魚肉夷人者李鴻賓非阮公縱蠆船販私煙者鄧廷楨非阮公足下毋徒爲詆漢學者揚波煽焰與此記相發无足爲元雪其冤矣。

六〇

睦州存藁九卷 己未

睦州存藁九卷，山陽丁壽昌撰。壽昌字頤伯，號菊泉，道光丁未進士，官嚴州府知府。是集卷首為臺垣疏藁，卷一、二、三詩並詞四闋，卷四、五賦，卷六、七雜文，卷八雜箸。中分靈鶼書巢初藁、竹均軒詩藁、思葊館文藁、越石軒賸藁諸目。大率奏疏愷切詳明，能見其大，亦復深中時弊。詩清勁遒厚，意境於虞集、元好問為近。古文疏宕條達，胎息亦不俗，間有考證，持論名通。尤徵家學，惟律賦好用環調，殆當時風尚，殊嫌小樣。梁夫人桴鼓助戰賦四七句兩聯連用，又四六、四七兩聯在一處，亦頗難讀。郡署銅柱賦及奉席如橋銜賦，六四句兩聯連用，春駒賦倘或如其一篇中重見之類，格律亦未免太疏耳。

勿待軒文集存藁十卷詩集存藁四卷 辛酉

勿待軒文集存藁十卷，詩集存藁四卷，大荔馬先登撰。先登字伯岸，道光丁未進士，官開封知府。是編爲先登晚年手定，刻於光緒丙子，自序有「審慎裁汰，選一毛於三千之内」語，疑必篇篇可誦。今觀其集，宗旨亦頗純正，而詞筆未能道鍊，往往失之冗蔓。中惟詩至於太原非晉太原辨、三伏辨二篇，較爲簡淨。標有梅迨冰未泮，毛鄭不同解，以毛引孔子家語，鄭引夏小正等及白虎通，殆誤以孔疏釋傳箋爲即毛鄭。與何筱宋書以馬新貽被刺爲泰西教徒報怨，而不知其爲張文祥，蓋沿當時傳聞之失。駢文尤少氣息，格局詞句亦未盡妥洽。德壽賦「桃笙象簟，繽紛門鮮，蕉葛升越，從華摩肩」，割竊吳都賦，而上下句意不甚貫。哀逝賦「巫曰唯唯」一段，依傍楚辭，雖悼亡原可以招魂，而措語每傷其失體，上下文亦多不相聯屬，不解其何以雜湊如此？詩爲己卯刻本，間有滯句，而大致楚楚可觀，春郊漫興二首尤善，筆意於陶爲近，末載詞十闋，殆以備一體耳。

二九

二〇九

真息齋詩鈔四卷 丙寅

真息齋詩鈔四卷，桐鄉陸費瑔撰，瑔字春颿，監生，官至湖南巡撫。是集分體編次，卷一爲五古，卷二七古，卷三五言近體，卷四七言近體。前有道光三年唐倬序，又有壬申（案爲嘉慶）張興權及道光三年吳衡照跋，爲自刻本。唐云：「其格正而不佻，其辭富而不濫，其才與思雄奇恣肆而無叫囂凌厲之習。」張云：「薈萃衆美，不名一家，而自成爲獨造之詣。」吳云：「骨格高騫，才華煥發，神理音節，自然合唐。」又云：「其中有王孟語，有錢郎語，有皮陸語，有張王樂府語，均推挹甚至。今觀全集，風格不甚高，邊幅不甚闊，而安章宅句，無一語不協，無一字不適，研鍊之極，仍歸自然，在嘉、道間，不可謂非一作手。中如耒陽紀事詩自注，記陽大鵬劫犯關堂之案，頗見吏才。又如湘江竹枝詞序稱：「己酉春二月，添設校經堂課，尤見其振興文教也。」至竹枝詞第十首末句「八月洞庭湖水平」，改刊「直指君山一

真息齋詩鈔 一頁 三三一

日程，另紙黏貼，嘗見他本有脱去者，可據此本以訂之云。

二三

葉香書屋詩文牘二卷 丙寅

葉香書屋詩文牘二卷，元和宋體淳撰，體淳字契蓮，諸生。是集駢散文二十三首，古今體詩一百五十五首，各自爲卷，皆中年以後作，大致意議清真而少流動之致，蒼老之筆，似爲制義試帖所囿者。前有無年月自序，後有咸豐三年楊承忠跋，及體淳附錄其姪楷遠生前道光戊戌跋，爲原刻本。楷遠稱其詩文卓然古雅，絕去恒蹊；承忠稱其文淵懿醇茂，神似鄧史，詩則寄思遼廓，下筆超然，皆溢美之詞，非篤論也。承忠心折其上陶文毅書，集中不載，蓋係少作。中與吳太守書稱：「拙刻二種」，竊致長謙之條鈔、楊億之衲被，未知係何書名？其姓名、著述馮桂芬所修府志藝文、人物皆未之及，今姑存其目，俾不致湮沒焉。

依舊草堂遺稿一卷　辛酉

依舊草堂遺稿一卷，湖州費丹旭撰。丹旭字曉樓，布衣，以畫名道光間，尤工於仕女。是集僅詩百餘首、詞十闋，大致以婉逸見長，雖非當家，亦頗可諷誦。李慈銘受禮廬日記取其「舊夢曾尋碧玉家」二首、「生綃一幅擬徐黃」一首、「夢回紙帳小窗明」一首、「鑪香未燼煙猶裊，窗紙新糊雪有聲」兩句及「畫羅裙換秋紋襉」一闋、「袖底涼生」一闋，以爲皆有風致。蓋丹旭未嘗讀書，以繪畫之暇爲之，所作又無多，菁華已略具於是矣。

友竹草堂文集　一頁　　三六〇

吳縣　胡玉縉　撰
後學　王欣夫　輯

三〇

許廎經籍題跋卷十二

別集類五

友竹草堂文集五卷　癸亥

友竹草堂文集五卷，玉田蔣慶第撰。慶第字著生，咸豐壬子進士，官知縣。章丘是集前後無序跋，目錄後有「光緒癸巳二月自訂」八字，蓋手定也。文根柢尚淺，而運思不主故常，筆亦廉峭。原命、原數、原卜、樂論諸篇，俱能抒其所見。讀司馬法、讀衛世家，持論名通。雜說以柳下惠字季，無弟甚明，而盜跖為莊子之寓言，尤讀書得間。上丁中丞書亦洞達治體。惟魏蟲篇筆情奇恣，而語終失倫；忠孝篇意境沈着，而語多過火。趙普論不知于謙曾諫易儲，而以為知非口爭所能爭；輪船說不知悟於蒸氣，而以為遊心虛霩之表；混生之初讀呂刑，不知書序明言訓夏贖刑，而以為周官非周公作；雜說不知恥食周粟之粟為祿，而以為道人之妻；積始皇為呂不韋子，史遷必非誣其畏罪，其進嫪毐當別有故，而以為果為其子，必不如是實曲為之辭。此類皆屬可議。然就文而論，大致奇倔可喜，在近今北方學者中，不可謂非傑出也。書彭孝女事，以爲僅一腕折，據黄彭年陶樓文鈔三孝女傳，則稱膚革無所損傷，未詳孰是云？

五

小西腴山館詩文鈔九卷　癸亥

外集四卷詩鈔二卷續編三編四編各二卷

小西腴山館文鈔九卷，外集四卷，詩鈔二卷，續編、三編、四編各二卷。沅陵吳大廷撰。大廷字桐雲，咸豐乙卯舉人，官至福建臺灣兵備道。其集皆以編年為次。文酷摹盧陵而太率，出於桐城，根柢尚嫌淺薄，不屑一挑半剔，讀之頗舒展爽朗，亦自可取。中如定遠縣知縣周君家傳、包立身傳、清惠孫公墓誌銘、盧鳳潁兵備道李君權厝誌諸篇，有關掌故。杜小英里居世系辨，亦見攷證。答家菊裳書、詩學學尤為名通。惟包孝肅像跋尾既稱「卒年六十有四」，下又云「年近七十」，殊未融洽。張太常遺墨跋既稱「余所以顧瞻遺墨」云云，下又疊兩句「有以也夫」，亦近冗沓。黃靜蓉傳、葉太恭人李氏墓誌銘、翁母李太恭人墓誌銘，皆別其孫為其子出，不知出者就女子言，故其子先後母或嫡庶母所出，宜為分別，若孫則正不必別某子所出。鐵笛山莊詩鈔序「淋漓慷慨」，慷慨當作慨慷，慷同字，不得連用，或傳寫之誤。詩亦諧暢，其中感慨時事處往往逼近老杜，而蘋唐之作不少。淀園入直七絕別具風致，詠延平王朱成功七律足當詩史，上海七古「冠帶都成鮮介倫」語似過火，寄沈幼丹七律「徧采葑菲亦逮余」以菲爲平聲，尤失調。總而斠之，其集在近人中不可謂非作手，詩尤勝文，惜讀書不多，使充以學力，當不僅如是。又出書太早，使嚴加刪改，當更可觀。前有郭嵩燾、馮志沂諸人序，評跋尤夥。王茂蔭謂「從此益培其本，不朽斯在」，王拯謂「先輩論作文之法云云，輒寄以與良友共勉」，曾國藩謂「就尤愜鄙意者各識數語於篇末」，此皆就文而論，洵能不阿所好，即其詩亦以是意推之焉可矣。

二二九

儀顧堂集十六卷 庚申

儀顧堂集十六卷，歸安陸心源撰。心源有皕宋樓藏書志，心源有儀顧堂題跋，已書於後。是集各書題跋，洞悉版本源流，所有攷證及校勘，均足依據。其餘諸文亦湛深學術，通達治體。上吳子苾論古文書、蒼筤館文集序、沈閬學神道碑、蔣州判別傳等篇，文筆復琅琅可誦。惟五嶽辨以爾雅、河南華云云為言山非言嶽，議周禮大司樂鄭注之誤，不知金鶚求古錄禮說謂以吳嶽為中嶽者，周初之制，以嵩高為中嶽者，東遷後復用殷制。其說致為名通，周禮作於周初，自當數吳嶽而無嵩高。又以岱、華、恒、衡、崧為古今相傳之五嶽，岱、華、恒、霍、崧為漢武所改之五嶽，不知詩崧高疏引尚書大傳虞夏傳云：「霍山為南嶽。」在漢武移祀以前，已以衡為霍，應劭衡山一名霍之說，實遠有所承。孫炎云：「霍當為衡。」蓋不得其義而曲為之解。上徐樹人書云：「今日少殺一人，必他日多殺數百人。」其言似矣，又云「今日即枉殺數人，他日可免枉死數百人」，此過激之論，不足爲訓。自古嚴酷之吏，亦未有彰明導人以枉殺人者。楊廷桂跋乃稱其「以至大至剛之氣，發至仁至愛之謨」，未爲篤論。然稱述其語作「今日即過殺數匪，免他日枉殺千百良民」，殆有微意也。《隔韡論》書後有慨於鄉人行商日本，在船上偶樹中國旗，爲關吏議罰，今日本則樹其國旗往來中國，無人過問。殊弗思前者我尚未換和約，後者彼乃已換和約，公法所在，無足爲異。《宋景文集》跋：「采查各書《王汪蘇詩跋》、《查庚溪詩話》」，兩查字沿公牘之習，不合著述體例。《晏元獻遺文》跋《柯山集》跋引杜大珪《名臣碑傳琬琰集》，一作杜大圭《名臣碑版宛炎錄》，一作《名臣碑版錄》，依宋本則當作《名臣碑版琬琰之集》。今本作傳，此作錄，皆非。《雞峯普濟方》慎字不缺筆，慎爲孝宗御名，當刻於高宗時，而跋文以爲刻於寧宗，此乃記憶之誤。《范文正公集》附刊《政府奏議》目後有「元統甲戌褒賢世家歲寒堂刊木」

二〇〇　二頁共八百廿九　儀顧堂集　二　二〇〇

記卷中又有至元、大德、延祐等年號，明是元刻，而跋文以爲乾道中刊，淳熙、嘉定兩次重修，又失於檢點。養新錄書後當舉直齋書錄解題字，庶閱者易明。否則雖引原文，而四庫總目四字究嫌無根，亦失之疏略。至是山園記所述莊廷鑨及李霜回之死，一門死者數十人，與陸莘行秋思草堂遺集作莊龍無名氏莊氏史案作莊廷瑬，又云李令晳官，以漸訊免之，二說不同，未詳孰是？又草堂雅集書後，盛稱影元鈔本有七十五家，而皕宋樓藏書志載宋賓王手鈔本十六卷，凡七十九人，知是跋作於未得賓王本之前矣。

鄭冀謹案：諸書莊氏多作廷鑨，字子相，明拔貢；與弟廷鉞、廷鑾並有才名。令晳字霜回，明主事。以作序受禍。

續東軒遺集三卷　己未

續東軒遺集三卷，秀水高均儒撰。均儒字伯平，號鄭齋，諸生，先世本閩縣人，均儒始占籍秀水，故是集仍題其舊貫。均儒性孤隘，主體道不主工文，故其文不免有拙句，而樸屬微至，可作理學書讀。序、跋、祭文及謁先墓述哀詩，往往歷著其年月日，視古文家專尚刊落，如姚鼐叙方觀承之治永定河，僅以洞澈地勢相時決機二十字括之，名為高簡，其實觕疎，為李祖陶邁堂文畧所議者，蓋別闢一蹊徑。吳昆田叙云：「上卷文可以覘其自少至老貧悴流離確然不移之節，中卷詩率多患難之作，坦夷似陶靖節，倔强似韓昌黎，下卷策問則課徒之作，聊以見其學之一斑而已，不可以悅目而可以動心」云云，不可悅目之評，允為得其大槩矣。

水雲樓賸藁一卷　己未

水雲樓賸藁一卷，江陰蔣春霖撰，春霖字鹿潭，官鹽大使。是藁凡古近體詩九十四首，爲粟香室叢書本，前有金武祥撰傳，稱「春霖詩藁累數寸，中歲悉摧燒之，一意於詞，以終其身，晚年删存詩僅數十篇」云云。今觀其詩，沈鬱蒼健，幾於首首可誦，對句又往往出人意外，雖篇什無多，而嘗鼎一臠，足以知味，亦可見詩詞之界雖別，而詩詞之理則通也。

二三六　二頁共六百四十　虛受堂文集　一　五六六

鄦齋經籍題跋卷

吳縣　胡玉縉　撰

後學　王大隆　校

虛受堂文集十六卷詩存十七卷書札二卷　己未

虛受堂文集十六卷、詩存十七卷、書札二卷，長沙王先謙撰。先謙有尚書孔傳參正，先謙有東華續錄，已著錄。是集文係門人陳毅、蘇輿等編刻於光緒庚子，陳序稱十五卷，今十六卷，為鮑太夫人年譜、附諸家墓碑誌傳等。詩係輿編刻於壬寅，序亦稱十五卷，今十七卷，有宣統己酉作，蓋遞有增益。書札不詳何人編？致岑中丞書所附呈詞，引宣統元年東方雜誌，則亦及己酉，恐此尚非足本也。先謙學問淵博，纂述宏富，故其為文根柢盤鬱，時與古會，而尤以明道為己任。中如郡齋讀書志序、中庸章句質疑序、讀禮叢鈔序、重修寄園記、與王實丞書、復閻季蓉書，於學術人心皆有關係。壽梅山房及磨綺室詩存序、皖蘭齋文集序、劉東齋墓表，則見其篤於友朋。永慕廬記、敬吾禮吾諸行狀、媚祖鶴胎慰慈紫祖諸壙銘，又見其厚於骨肉。惟鹽鐵論後序、莊子集釋序，隱慨時事，略有偏頗語。羣論極言羣之為患，殆駁某氏說羣篇而作，既與荀子非十二子篇合羣之說悖，末引渙羣元吉，亦與呂覽召類篇渙賢之義違。顧竹侯所著書序力詆毛詩傳，深惜三家之亡，似為龔橙詩本誼所惑。聞先謙嘗為三家詩疏證，未知有無成書？其所云有志復古者起而正之，殆隱以自負，不知三家為今文，毛為古文，無論三家遺說不備，即有完書，亦當並存，奚必伸彼抑此。然其文可誦者居多，此小失不足為病。朵如璋妻劉氏墓誌及與朵生書、讀書得間，發前人所未發，尤有功史學。第十五卷為駢文，氣息深厚，詩亦不主一家，極神明變化之妙。惟再題金檜門觀劇詩後：梅經毛傳取千古，仍顧書序文之意。書札

陳漢章謹案：三家詩疏證已有刻成本，叙中亦多駁毛詩語，於湖南錢君維驥所見之。當王先生存日，曾徵及世，漢章亦為齋詩發撒。

三三。

四 二頁共六百四十 虛受堂文集 二 七四

中與某君論音韻，復金甸丞論一字，精通小學，為乾嘉諸老所不逮，與瞿羹若及復黃性田諸書，所言學堂辦法，教科書功用，雖未必盡合，而中國教育當為中國計，則其說亦自有可參酌者矣。

琴鶴山房遺稿八卷 癸亥

琴鶴山房遺稿八卷，秀水趙銘撰。銘字新又，號桐孫，同治庚午舉人，官冀州知州。銘集原有自定本，沒後子炳林以遺集請序於門人許癸身。許殉庚子之難，集亦散失。壬子，門人金兆蕃取殘稿益以他作，用活字印行，祇二卷。壬戌，廣為搜輯，重定此本。前四卷古今體詩凡三百七十九首，後四卷駢散文凡五十二首，雖未能盡，而大概已具矣。銘學有本原，工夫亦縣密，詩文皆有真氣行乎其間，絕不參以偽體。駢文尤擅勝場。李慈銘受禮廬日記稱其辨博高秀，善言情事。又稱舜妹嫘始作畫賦及夏論、衞出公論、祭馬頭孃文諸篇，皆才情橫溢。夏論尤推傑作。衞出公論讀書得間，發前人所未發。後附讀漢書、三國志各數則，攷證亦俱詳明。其推挹甚至。惟衞輒之立，不過十歲左右，拒父非輒意，惲敬、洪賢仲子廟立石文、夏炘衞出公輒論皆有此說，未為獨創。要其層層為輒辯護，而結處以晉盾、許止之案，元咺、甯殖之為相形，意議特為周币。高君墓誌銘必别其孫為某子出，則沿俗體。此本無，始作《畫賦》、《祭馬頭孃文》及讀《漢書》、《三國志》各條，知慈銘所見猶為完帙也。其詩古體清剛，近體雅鍊。慈銘《桃華聖解盦日記》議其長於隸事，凡感時詠史頗有佳篇，而狀景述情迺匙工者遠不逮其駢文。此則律以詩人之詩，而不知銘固不失為學人之詩。即如《五厙舟次口占》：「水明星替月，風怒葉先潮」，亦善狀景。《將去順德賦詩留别》：「莫道夕陽紅處好，漫天飛絮易銷魂」，亦善述情，特不多見耳。至《春草閒情詩和韻》：「不成還抱琵琶彈」，琵作平聲。《太白樓》：「壯觀秪今留睥睨」，《六十初度》：「兩廡尊嚴還舊觀」，觀作平聲。蓋一本《白居易集》，一本《杜甫集》，貞觀字平仄互用，初學未宜輒效云。

容讀齋詩鈔五卷雜文鈔二卷 己未

容讀齋詩鈔五卷、雜文鈔二卷，江陵鄭世烓撰。世烓字瓣香，同治庚午舉人，官孝感縣教諭。是集凡古近體詩七百八十三首，附詞三闋，散駢文五十四首，皆世烓自定，刊於光緒丙申。宗旨亦頗純正，而學識疏淺，筆力庸弱，且多傖俗氣，間有可采，大率自依傍勦襲得來。江陵多才，不解何以不就正通人而遽以付梓也？

珍儕跋

校經室文集六卷 庚午

校經室文集六卷，榮成孫葆田撰。（字佩南，同治甲戌進士，官合肥知縣，歷主山東、河南書院，以學行賜五品卿銜。）葆田有方望溪文集補遺已寓於後，是編歷城毛慶澄於其歿後，搜之其家，與黃曾源加以整理，而劉承幹為之刊刻。前有丙辰繆荃孫、馮煦及承幹序，後有曾源跋。葆田學桐城古文，於張裕釗而較為切實，嘗謂「世之論桐城以為空腔，此學聲調之弊，祇須運事實於文字之中，可免此誚」。故其文非純棹虛機者比，往往可觀。中如新修南陽縣志序、贈馬通伯序、署韶州府知府陳府君家傳、兵部右侍郎徐公神道碑銘、濟寧州學正呂府君墓表、湖州府知府李君墓表諸篇，尤精神奕奕，馮序稱其「曲而有直體，能窮其學力之所至，不局於方、姚」，良非虛譽。惟濟南府重修先聖廟學記，前半述李東衡論記學之文，又載足下生孔孟之鄉，學韓歐之文」云云，借他人口吻以自表暴，有似墓志，殊為非體。重修冉子祠記以伯牛為從陳、蔡，亦為失考。四科諸賢，非從陳蔡人，毛奇齡論語稽求篇、江聲俟質、錢坫後錄諸書辨之已詳。其他：堯典說泥孟子萬章篇「天子不能以天下與人」一語，力詆堯舜授受之說，不知堯授舜、舜授禹，禮記禮器有明文，然猶可曰記不足信；而孟子滕文公篇「舜受堯之天下不以為泰」，萬章篇「殷受夏，周受殷」，皆出自孟子口中，可見言非一端，不容偏執。君奭說以周公攝政，召公不悅之說為悖，不知馬、鄭此語本史記燕世家，乃西漢相傳之古義，漢書孫寶傳及王莽傳並同此意，安得但以為周召相勉之辭。跋丁少山所釋瓦器文，主還茂昌三地之說，而胡公遷薄姑在哀公後，營邱附近，不得為田獵地，因以序稱哀公為追原其始，是為强經就我。「子之還兮」三句，與鄭風「子之丰兮」、「子之昌兮」文法一律，毛傳訓還為便捷，何可厚非。蓋古文家說經大率如是，不獨孫、田，惟曾國藩能覃究漢儒之學，而其答夏伯定書云「於曾文正論學未敢傅會」，此即其癥結之所在也。馮序又稱其論事侃侃有深識，洞於利病得失之故。此未必然。如上高陽李相國書，以為鐵路不可修，銀礦不可開之類，亦近迂腐。要之但以文章論，不可謂非桐城派之後勁矣。據枕雲詩草序，似曾為榫香山房詩鈔序，今集中不載，然則搜輯殆猶有所遺歟？

陶廬雜憶五卷　己未

陶廬雜憶一卷雜憶續詠一卷續憶補詠一卷後憶一卷五憶一卷江陰金武祥撰武祥有赤溪雜志已書於後是編皆七絶詩惟續憶補詠一百五十首餘各百首共五百五十首每首詳註事實大抵述門風叙里俗[illegible]故舊紀勝遊與其所撰粟香隨筆之旨相仿雖風格不甚高而一種温柔敦厚之意頗於詩教爲近續詠中以哥語路人休掩鼻活人不及死人香詩爲姓氏無傳不知此乃閻應元題七里廟壁詩趙曦明江上孤忠録中所載甚明至五憶以周榮起爲高起則涉筆之誤也

玉津閣文略九卷 己未

玉津閣文略九卷，大興胡薇元撰。薇元字孝博，光緒丁丑進士，官知縣。據是書凡例，有平生服膺從祖稚威徵君語，蓋原籍山陰也。初，薇元從其父官蜀中，通籍後丁母憂還蜀，主講嘉定府九峯書院。戊子，將入都，謁選，門人趙熙為錄此編刊行。凡古文四十首，用筆亦頗清爽，而空疎無物，沿桐城餘派説經諸作，多失經意，以用九用六為乾用天之終數、坤用地之中數，以三單為無三遂之貳，皆屬肊説。論三江及三代田制，亦語多牽混。其引庾闡揚都賦注為吳都，尤沿蔡沈之謬。書分九類，而哀祭祇一篇，亦王張門面之甚者。使再閲十數年，當悔其少作。李慈銘荀學齋日記議其根柢太淺，辭氣未老，良非苛責。而凡例稱以姚鼐、惲敬為圭臬，其不合姚、惲體例者刪薙，故慈銘又以為有志之士也。至集之名義，攷左思蜀都賦「東越玉津」，劉逵注「璧玉津在犍為之東北，當成都之東」，常璩華陽國志亦云：「入犍爲有玉津，」酈注水經江水云：「又東至南安爲壁玉津，」漢南安爲今嘉定府夾江縣境，然則玉津閣者，殆取義於壁玉津歟？

五六

古紅梅閣遺集八卷　辛酉

古紅梅閣遺集八卷，江山劉履芬撰。履芬字彥清，號泖生，以諸生入貲官主事，後改同知，在江蘇候補，光緒庚辰署嘉定縣事，因命案出入疑不敢決，忿者持之急，遂自刺死。履芬在時嘗刻駢文一藁，祇三十一篇，此則其後人并詩詞輯梓之。譚獻復堂日記稱其駢儷源於洪北江，而植體清素，不為抗張，有幽咽潛轉之妙，雖骨幹差柔，音辭未亮，要自檢點，情文不匱。詩參北宋，壇宇填詞名雋，不肯為姜、張所囿，足與駢儷文並傳。李慈銘受禮廬日記亦稱其駢文胎息於洪北江，簡貴修潔，雖才力少弱，未宜長篇，而古藻盎然，善言情狀，如送家弟返里序、與宋詠春書、十剎海觀荷小記、夏君妻王孺人哀詞、殤女理志，尤情文騷楚，求之古人亦不多得，所言俱非溢美。獻素與交好，慈銘且惜其未與之相識，其傾折亦至矣。履芬在吾蘇聽鼓轅門，手校羣籍，丹黃雜下，勤於儒生，嘗見其所校漢書，眉端行間，蠅頭細字殆徧，并借得地理志照錄一過，故其文雖篇幅稍狹，而氣息醇厚，允推一時作手，詩詞亦駸駸乎逼近唐賢，天生此才，而竟使之死於非命，不可解也。慈銘未見此本，稱「一藁前有泗州傅桐所致一書，文亦古雅，論駢文家法，識議獨高」，今是書集仍之云。

一〇七

雁影齋詩不分卷 辛酉

雁影齋詩不分卷，湘鄉李希聖撰，希聖字亦元，光緒壬辰進士，官戶部主事。是編辛丑至乙巳五年所作古今體詩凡二百六十餘首，皆希聖所自定，丁巳仁和吳氏始刊入松鄰叢書。希聖際庚子之變，憂時憫世，一發之於詩，集中除代春帖子詞三首外，幾無一歡愉之語，大致纏緜悱惻，頗有白居易諷諭之遺意，而哀感頑豔，筆致尤於李商隱為近。其論詩絕句論薩都剌詩曰「清麗居然逼李溫」，可移以評其詩矣。惟西苑詩二、三聯「寶帳尚留瓊島藥，金釭空照玉階苔。神山已遣青鸞去，瀛海仍聞白雁來」，句法相似，格律未細。聞鶯詩：「雲雨手中有翻覆，瑀璜腰下無解攜」，上句為拗調，下句解字實失調，而非拗調。春陰詩：「一角高樓樹如薺，孤舟江上花打篷」，亦同斯病。其上聯「似寒非寒暖非暖，欲雨不雨風不風」，及即事有感詩「四三三四有喜怒，哀樂樂哀無是非。賈誼傷鵬未知命，張華賦鷦能息機，却非夫謂。總之，壬辰以後，漸近頹唐，不及前三年之精神充滿，而不肯作流易語，亦不屑為險怪語，在近人詩中，可謂麗以則者爾。

五七

郎園北遊文存　一頁　三九四

郎園北遊文存一卷　癸亥

郎園北遊文存一卷，湘潭葉德輝撰。德輝~~有觀古堂所著書~~字煥彬，號郎園，光緒壬辰進士，官吏部文選司主事。是編雜文二十首，古今體詩六首，乃辛酉歲北遊京師時所作。大半序跋之文，符定一為之序，以活字付印。德輝學問湛深，見聞博洽，集中論經籍，論刑律，論帛幣，論術數，論詞曲，皆有本原，非桐城派空疏可比。說苑集證序并及王闓運為經學之蟊賊，尤為有見。此與李慈銘之議章學誠同為有關學術之言，世皆盲從，而偏正之於其鄉人，三代之直道自在也。詩亦有才調，異於翁方綱輩一派。惟慶雲歌見尚書大傳，今聯縣字義序以為竹書紀年，蓋記憶之誤。說文統系圖、王懿榮謂圖緣始於說文，許君前斷無可圖，許君後非專治許書者誼不得入，界限極清，議論極正。今廣統系圖說以為說文解字之名本於爰禮等，並上及李斯、趙高諸人，然則非說文統系矣。如其說，包

羲以一畫開天，八卦即乾、坤、水、火等字，豈始於沮誦、倉頡，至孟生、李喜、尹珍三
於三人，乃從慎受經，其於説文亦未聞有所纂述。近人許君年表及此三人，固
無不可，而專論説文統系，則此三人似不必闌入，爰商榷之如此。若其駮桂圖
及王念孫説，則固無以易也。

一〇二

檾清樓集四卷 己未

檾清樓集四卷，東湖楊毓秀撰。毓秀字子堅，別號雙溪，諸生。光緒丙申，毓秀年六十，門人黃穀元裒刊是集，以爲壽。前三卷古文，後一卷古近體詩。中如天人論、周秦諸子論等篇，頗具識解。章句小儒，破碎大道。論謂六經不足以盡道，道與時變易，未可以言窮，數語尤爲名通。惟胎息未厚，不免骫骳曼衍之累，甚至有似時文。柏灣花神記尤近小說讕語。詩如塞上曲諸作頗可誦，而弱句腐語往往迭見。凡詩文用韻處，間多牽強。案其癥結所在，蓋錮於科舉之學深也。

一九七　　　陶廬雜憶　一頁　　　一九七

陶廬雜憶五卷　己未　雜憶續詠一卷　續憶補詠一卷　後憶一卷　五憶一卷

陶廬雜憶一卷、雜憶續詠一卷、續憶補詠一卷、後憶一卷、五憶一卷，江陰金武祥撰。武祥有赤溪雜志，已書於後。是編皆七絶詩，惟雜憶補詠一百五十首，餘各百首，共五百五十首，每首詳注事實，大柢述門風，叙里俗，懷故舊，紀勝遊，與其所撰粟香隨筆之旨相彷，雖風格不甚高超，而一種温柔敦厚之意，頗於詩教爲近。續詠中以「寄語路人休掩鼻，沽人不及死人香」詩爲姓氏無傳，不知此乃閻應元題七里廟壁詩，趙曦明江上孤忠録中所載甚明，至五憶以周縈起爲高起，則涉筆之誤也。

吳縣　胡玉縉　撰
後學　王欣夫　輯

總集類一

文選集釋二十四卷　己未

文選集釋二十四卷，涇縣朱珔撰。珔有小萬卷齋詩文藁，已書於後。是編采集衆說，自下己意，證引極為繁博，足補李善所未逮。如以東京賦半漢為泮渙之譌，吳都賦亂費為與軋忽義通，景福殿賦寠數為猶局縮之類，深通小學，致為精覈。以魏都賦長途牟首為即上林賦所稱「步櫚周流，長途中宿」，申明張載注，亦視他說為優。惟西都賦鉦砌條，謂說文古本不以戺為𨸝之重文，不知戺爾雅「落時謂之戺」，其地近南階之戺，陳其下為王婦視饎處，饎古文作𩞄，故𨸝得段為戺字。東都賦飫宴條，謂毛詩「不脫屨升堂」乃釋飫之本義，不知毛既以飫為嘔之段字，寧容再釋飫之本義，不為衍字，當以段說為正。補亡詩門子條，謂「門子為適長子，而國子即諸子庶子，乃適衆子」，又謂「國子即門子，在家曰門，在朝曰國」，不知周官有國子，有門子，二者不同，國子者即國之貴游子弟兼適庶，言門子則專指王族及公卿大夫之適子言，不兼庶子。典引注「帝卯行」條，駮段氏「劉从丣聲」之說，謂「卯不為劉，則帝卯語不可通」，不知讖緯語本不合六書，宋書符瑞志引孔子河雒讖「二口建戈不能方」，又以二口建戈為劉，豈亦足據？其他東京賦「游光」條，謂即繫辭「精氣為物，游魂為變」之義，則近於傅會。吳都賦「鵁鶄」條，謂淮南子許注即今說文語，則二書雖同出於許，而各自為書，不得謂即。鸚鵡賦「雨絕」條，謂吳志虞翻傳已有「罪棄雨絕」語，則本傳實無此語。上責躬應詔詩表「胡顏」條，謂用巧言篇「顏之厚矣」，則顏厚烏得稱胡顏，當從蓋闕。然全書辨證詳明，類皆體會本文而出，大有裨於選學。凡汪師韓理學權輿、孫志祖李注補正、余蕭客音義、張雲璈膠言諸書得失，亦藉是攷見。雖間傷繁冗，而究勝空疏。後梁章鉅撰旁證，所以必求其覆勘歟？見小萬卷齋詩續藁卷七自注。此光緒乙亥刻本，東都賦「百穀蓁蓁」條，桃葉當作桃夭；西京賦「嚴更」條，說文當作賦文。此類頗疏於校勘。前有道光丙申自序，謂「重惜投棄，妄付剞劂」，是當時早有刊本，而同治癸酉其子葆元跋云「詩文稿至晚年始付梓，餘考證經籍諸書稿俱屢易經粵寇散佚，亂後蒐羅，僅是書尚完善，然係初撰之稿，後得重訂之後半部，較初稿增百餘條，惜最後定本無從而得」，則似並無刻本者，豈臨時欲刊未果歟？其族姪崇實序又稱「此係重訂本，增改頗繁」，此未知前十二卷為初稿，殆誤。

文選旁證四十六卷　壬戌

文選旁證四十六卷，長樂梁章鉅撰。章鉅有論語集注旁證，字閎中，號茝林，嘉慶壬戌進士，官至江蘇巡撫，兼署兩江總督。案文選李善注，昔人稱為一字一縑，然間有未詳或小誤；又五臣所據本與善所據本不同，南宋人合刊為一，遂致兩本溷淆，非復李善之舊。即尤袤、張伯顏單行本，亦多舛謬。自汪師韓、孫志祖、張雲璈諸書疏通證明，塗徑日闢，章鉅更薈萃衆說，並下己意，實事求是，多存古義，可謂集選學之大成。視論語集注旁證，其精博奚啻倍蓰？則以集注本無可發攄，而選學乃鑽研莫盡也。李慈銘息荼盦日記云：「閩人言此書出其鄉之一老儒，而梁氏購得之。」或云是陳恭甫稾本，梁氏集衆手稍為增益者。其詳雖不能知，要以中丞他所著書觀之，恐不能辦此。

入題跋

七廿八

二四○

元人小集

二四○

元人小集十二卷

不著編輯名氏所錄元人集凡十二家吳興郑韶九成苕溪漁唱一卷檇李吳鎮仲圭梅花菴稿一卷天台柯九思敬仲丹邱生稿一卷崑山姚文奐子章野航亭稿一卷京口郭畀天錫快雪齋小集一卷鄴文原善之巴西詩集一卷漁陽鮮于樞伯機困學齋稿一卷莆陽方瀾叔淵遺稿一卷吳郡陳植叔方寧極齋稿一卷天台曹文晦輝伯新山稿一卷黃巖潘伯脩省中江檻集一卷昭武黃清老子肅樵川集一卷太宰四庫所未收四庫有困學齋雜錄巴西文集皆非此本內惟方叔淵遺稿見簡明目而總目未之載豈編者為乾嘉人歟此江南圖書館所藏舊鈔本如有好事者刊之亦藝林之盛事也

文選旁證四十六卷 壬戌

文選旁證四十六卷，長樂梁章鉅撰。章鉅字閎中，號茝林，嘉慶壬戌進士，官至江蘇巡撫，兼署兩江總督。案文選李善注，昔人稱為一字一縑，然間有未詳或小誤；又五臣所據本與善所據本不同，南宋人合刊為一，遂致兩本溷淆，非復李善之舊，即尤袤、張伯顏單行本亦多舛謬。自汪師韓、孫志祖、張雲璈諸書疏通證明，塗徑日闢。章鉅更薈萃衆説，並下己意，實事求是，多存古義，可謂集選學之大成。視論語集注旁證，其精博奚啻倍蓰。則以集注本無可發攄，而選學乃鑽研莫盡也。李慈銘息荼盦日記云：閩人言此書出其鄉之一老儒，而梁氏購得之；或云是陳恭甫稾本，梁氏集衆手稍為增益。其詳雖不能知，要以中丞他所著書觀之，恐不能辦此。

列朝詩集八十一卷 癸亥

列朝詩集八十一卷常熟錢謙益編謙益有初學集謙益有絳雲樓書目已書
於後是集錄明一代之詩乾集二卷上卷為聖製自太祖至神宗下卷為睿製
自蜀獻王至益莊王甲集前編十一卷龍鳳紀年至吳元年甲集二十二卷洪
武建文乙集八卷永樂至天順丙集十六卷成化至正德丁集十六卷嘉靖至崇
禎閏集六卷僧道士女宗室内侍青衣傭書無名氏集句神鬼外夷蒐羅宏
富不可謂非一代之巨觀而提要於朱彝尊明詩綜條下詆其以記醜言僞之
才濟其黨同伐異之見逞其恩怨顛倒是非黑白混淆無復公論彝尊因衆情
之弗協乃編纂此書以糾其謬其所評品亦頗持平於舊人私憎私愛之談往
往多所匡正六七十年以來謙益之書久已澌滅無遺而彝尊此編獨為詩家
所傳誦亦人心彝秉之公不知其然而然云云實則謙益學有根柢去取頗見

一一八

斟酌，評論亦未悉逞偏私，徒以國家深斥其人，凡著述概禁其流傳，即他人書之有謙益序或語句有涉謙益者，亦必抽燬，是集遂就銷沈，而傳本仍不絕如綫。提要所言，亦過甚其詞也。即使不在禁止之例，而有明詩綜，而是書晦，亦猶有日下舊聞考而日下舊聞晦，亦事之常，初無足異，爰錄之以示大公焉。

二七七

遺民詩十六卷附近青堂詩一卷　癸亥

遺民詩十六卷，附近青堂詩一卷，漢軍卓爾堪撰。爾堪字子立，號寶香山人，明靖難忠臣敬之後，康熙乙卯征耿精忠之役，官右軍前鋒。是編選錄明遺民之詩，凡顯仕以逮布衣，統入甄采。譚獻《復堂日記》稱其「去取有意旨，中有不易見者」，今閱之良是。所存詩多或百數十首，少或數首，蓋用詩家鼎臠之例，惟隨得隨刊，先後無詮次，體例殊為可議。然意在表章遺老，正不必以是苛責也。昔無名氏撰《宋遺民錄》，所錄詩詞雜文，僅謝翱等十人，而其中尚有元臣及元色目人，《提要》疑為坊賈偽託。今爾堪專錄詩，而又斷代甚嚴，不可謂非宋遺民之不幸，而明遺民之幸矣。所附《近青堂詩》，即爾堪自作，「如不知孤月上，但覺夜潮寬」、「風雨每從今日到，江山肯負此回看」諸聯，亦頗可諷誦云。

遺民詩　一頁　二七七

明詩兼不分卷　癸亥

明詩兼不分卷，歸安韓純玉編，純玉有邃廬詩，四庫已附存目。是編彙有明一代之詩，自洪、永迄啟、禎，大致因人而取其詩，使其詩藉人以傳，而於明季殉國諸賢，無詩則已，有詩而不甚佳者，亦必摭拾一二，與他種選本不同。前後無序跋，疑未成之書，爲日人靜嘉堂所藏稿本，即得諸歸安陸氏者，而皕宋樓藏書志不載，其宗尚極爲可取，其蒐羅亦具苦心。純玉以其父敬黨附湯賓尹，見擯於時，引爲終身之憾，又時值鼎革，倉皇避難，見夫貪祿者廉恥道喪，而殉節者視死如歸，感愴於心，不求仕進，其輯此書，殆亦聊以寄志，或者議其去取未合，蓋猶淺之乎視純玉矣。

明詩兼不分卷 癸亥

明詩兼不分卷韓

近詩兼前集五卷二集附逸集今詩集不分卷 癸亥

純玉有蘧廬詩，四庫已列存目

近詩兼前集五卷、二集附逸集、今詩集不分卷，歸安韓純玉編。是書亦日人靜嘉堂所藏稿本。前集錄范景文至賀裳四十一人之詩，前有康熙丙子自序，稱「明季殉國諸賢詩，余摭入明詩，茲特舉其人詩並尊而篇章成帙者表出之，竊備詩史之義」，是確已成書。惟既為明詩史兼，而以范景文諸人入近詩，頗失限斷。二集序云「彙有明一代之詩成詩兼一書，五六十年來英賢輩出，世值滄桑，人之出處不齊，風之正變亦異，就篋中所有，仿元遺山中州集之例，人自為帙，系以小序，槩其生平，詩因人重，人以詩傳，兼之為義固有在焉」云云。雖有自序，而不分卷第，疑未成書。其今詩集蓋指生存者，亦頗涉標榜，要其微尚所在，則固猶明詩兼之志也。爰並著之，以俟好事者之釐訂刊布焉。

詩倫二卷　癸亥

詩倫二卷，新安汪薇編，薇字屏齋，號鈴翁，（康熙乙丑進士，官戶部郎中，福建提學使。）是集所采一以樂府為主，而輔以五、七言古詩，大旨不出君臣、父子、夫婦、昆弟、朋友之間，其無與五倫者槩不登載，故名詩倫。始伯夷采薇歌，迄明末、清初人，雖蒐羅未廣，而其詩多可諷誦，遠在明人沈易所編五倫詩之上。以之為家塾課本，足以厚人倫而美風俗，即為學詩計，亦足以疏瀹性靈，啓發神智，他日學律詩，可事半功倍，勝於村塾神童詩遠矣。雍正、乾隆間，鄭文炳嘗取歷朝文之有關五倫者為明倫集，蓋同斯旨，而文則選擇頗難，是集獨取古詩，不取律詩，最為有見。武英殿聚珍版印行之，茲據以著錄焉。

列朝詩集八十一卷 癸亥

列朝詩集八十一卷，常熟錢謙益編。謙益有初學集。

是集錄明代代之詩。乾集二卷，上卷爲聖製，自太祖至神宗；下卷睿製

國朝二十四家文鈔二十四卷 壬戌

國朝二十四家文鈔二十四卷，歸安徐斐然編。斐然字鳳輝，號敬齋，諸生。其書始王猷定，康熙終袁枚，共錄文三百五十一首，前有嘉慶丙辰吳蘭庭、曾鏞兩序。中如朱彝尊、姜宸英二家文甄別較當，其不取沈德潛、藍鼎元等，亦差為有識。而魏禧、邵長蘅、方苞三家名作林立，乃多遺大篇，取其小品，以王猷定之李一足、湯琵琶傳、侯方域之馬伶、李姬傳為近俳，不錄，乃采汪之孝賊傳、義虎記、侯之郭老僕墓志，則彌近小說。魏之劉文炳、江天一諸傳最為出色，乃屏不收，而取其大鐵椎傳，則俚率遊戲，直是水滸傳中文字。邵之盧忠烈公傳為集中第一，乃舍之而登老儲之作。他如陳廷敬、馮景二家集，其議論考辨儘有佳篇，乃祇各錄五首，又頗拙劣，凡所去取，皆不可解？又如毛際可、徐文駒、茅星來等文，既濫以充數，且采及陸隴其、袁枚，而黃宗羲、徐世溥、顧景星、王宏撰、李世熊、彭士望、傅占衡、毛

奇齡、張玉書、陶元淳、儲大文、杭世駿、陳黄中、劉大櫆、邵廷采、方苞、如全祖望、姚
鼐、錢大昕、彭紹升諸家，其文集當時早已風行，乃并一字不載，尤爲可異。吴德
旋初月樓文鈔與陸祁孫書云：「二十四家文，惟望溪爲能得古人之正傳，望溪
外亦有於法較近者，而蔑棄規矩、蕩無繩檢者，亦得濫名於其間。」是吴氏已有
貶詞。李慈銘桃華聖解盦日記詆其爲「三家村學究，耳目陋狹，又專以時文批
撥法妄論古文，務取其淺近滑易者，系以庸劣之批尾，乃井畫自足，遽定爲國
朝二十四家，一何可笑」云云，語似稍過，而所選實不能饜人意，殆無能置辯。其
識見之陋，尚在李祖陶下，故朱一新無邪堂答問直以爲不佳，張之洞書目答
問訾其編輯尤草草也。兹姑存其目焉。

二五五

焦山紀遊集一卷 己未

焦山紀遊集一卷，祁門馬曰琯編，曰琯有沙河逸老小稿，已書於後。是編蓋乾隆戊辰與同人遊焦山唱和之作，自曰琯及其弟曰璐外，為錢塘厲鶚、陳章、仁和杭世駿、長洲樓錡、歙方士庶、儀徵閔華、江都陸鍾輝，凡九人，皆一時勝流，各賦詩七首、聯句一首，氣格亦皆清秀。乃由厲鶚為之序。其中焦山看月詩分韻，明見鶚詩內，而登雙峯閣詩分韻俱未之及，攷之沙河逸老小稿，乃「清磬度山翠，閒雲來竹房」也。昔四庫提要於顧瑛玉山紀遊云：「山水清秀，琴樽佳興，一時文采風流，千載下尚如將見之」，足以移贈斯集矣。粵雅堂伍崇曜跋稱其越林林屋之遊七年，不知林屋唱酬尚在其後，殆誤以壬申為庚申歟？

三九

林屋唱酬録　一頁

四二五

林屋唱酬録一卷　己未

林屋唱酬録一卷，祁門馬曰琯編，亦紀遊之作。曰琯有沙河逸老小稿，已書於後。其遊自揚入吳，如惠山、虎邱、天平、支硎、華山、靈巖、鄧尉、天池、石壁、石公、包山、林屋諸勝，初非一處，而總題曰林屋，蓋以林屋洞為主也。同遊者：其弟曰璐以外，為陳章、閔華、樓錡，凡五人，得詩五十餘首。沈德潛序稱其「體格各殊，性情自契，不負斯遊」，良非虛語。斯遊在乾隆壬申，其先丁巳，曾遊石公，觀沈序自見，故曰琯石公放舟詩有「嗟予十載此又到」之句。伍崇曜跋焦山紀遊集，以為越是遊七年，不知是遊後於焦山四年也。録中所賦題，大略相同，惟丹陽道中及竹塢之類，或有或無，疑後來有所刪削，抑當時不必盡有和詩，俱未可定。此亦粵雅堂本，末附杭世駿所為曰琯傳，伍跋稱「後有朱書欲補雨中聯句、渡太湖聯句二首，於佩兮詩內」，謂袁蔺齋大令筆也，似可不必。今攷二首有茶塢，即陸錫疇，固非同遊之人，而録中有陸茶塢以蓴絲見餉即席賦及茶塢雨中招遊石湖詩，則知聯句為一時事，自可附入。○今此詩在曰琯詩內，倘欲補於曰璐詩內，則陳章三人詩內亦當一一補入，斷無是理。惟各人本集不妨並見，故曰琯沙河逸老小稿中有此二首，曰璐南齋集中亦有之。此理易明，朱書必非袁枚筆，枚何至并此而瞢然歟？

小石帆亭五言詩續鈔九卷　己未

小石帆亭五言詩續鈔九卷，大興翁方綱編。方綱有經義攷補正，已書於後。是編以王士禎五言詩鈔自漢至唐，不録杜、韓以下，因鈔唐魏徵至元虞集二十二家詩凡二百七十三首以補之，故名續鈔。前有畧例八則，總目後又有識語千餘言，大致議其拘於一格，齗齗於古調、唐調之區别，而仍寓推崇之意。故一則曰：「庶仍不乖前鈔之旨。」又曰：「依然紹古之微旨。」又曰：「仍準不求備，舉一隅之義。」而杜甫北征諸巨篇，白居易遊悟真寺詩，杜牧張好好詩，皆入此鈔，是其欲矯王氏之偏，顯然可見。又曰：「鈔五言詩，必通徹古今上下風會論之。」又曰：「可以上下古今之五言詩，則此落落數家，其他變體諸家，槩弗録，仍無以見風會。」持論甚高，殆未足信。卷首王維、孟浩然、王昌齡、常建四家，即録唐賢三昧集，并援李攀龍選唐言例，例冠以魏徵一家，計六十二首，不入卷數，故畧例稱所鈔總唐、宋、金、元二百十一首，接前初卷後附為八卷也。此本為粤雅堂所刊，道光庚戌伍崇曜跋稱：「偶得先生手書是編，僅存畧例暨總目十數頁，按錄寫成，刻之」。今考卷中往往注明別本，間或訂其是非，惟六卷内黄庭堅觀秘閣西蘇子美題壁及張侯家墨迹詩以下無「一作某」之語，當是按錄補寫，然陸游秋懷十首選二，姜夔昔遊詩十五首選二，雖總目注明，而卷中所選詩是否原選？伍未明言，殊難肊斷。跋又稱：「畧例謂於七言尚引伸而補綴之，未知成書否？」今攷方綱有七言律詩鈔十八卷，則七言詩續鈔當必已成，特未見傳本耳。

二〇五

鄦齋經籍題跋卷

吳縣　胡玉縉　撰

後學　王大隆　校

湖海文傳七十五卷　壬戌

湖海文傳七十五卷，青浦王昶編。昶有金石萃編、春融堂集，已書於後。

一案是集繼湖海詩傳而作，詩傳以交游所及者為限，自序甚明，此編蓋亦同之。甄錄甫竟，將付剞劂，而昶歿，邑人醵貲刻之。前有朱珔序，稱：「詳覈其人，皆先生所及接，中惟數鉅公科目稍前，而通顯實當乾隆間。餘大抵係丙辰建元以後，是先生裒集者，固乾隆一朝之文。」其說是也。昶意主攷證掌故，所采大率義據閎深，事實詳覈，而掉弄詞鋒之作，在所必屏，與古文家之必立間架、必分流派者不同，而論者往往弗喜。朱一新無邪堂答問直以為不佳，譚獻復堂日記亦云「文多可傳，不盡可讀」，不知選此非選本，不過藉以存故舊之文。其時考据之學正盛，如日中天，故所錄皆炳炳琅琅，并以見國家之氣運。阮元推爲有明三百年來所無，此蓋提倡實學者之言，實未足爲論古文者之標準，而議者必欲以古文派相責難，則於知人論世之識抑何缺如也？據周壽昌思益堂日札、金武祥粟香三筆，知此書及詩傳諸編，皆臧鏞堂、顧廣圻、彭兆蓀諸人所分纂，亦讀者所宜悉，因并及之。

湖海詩傳四十六卷壬戌

湖海詩傳四十六卷，青浦王昶編。昶有金石萃編、春融堂集，已書於後。是編蓋仿王士禎感舊、篋衍二集之例，多錄交游持贈之作，又仿朱彝尊明詩綜、為靜志居詩話之例，每人下綴以蒲褐山房詩話。前有自序，稱：「弱冠後出交當世名流賢士大夫之能言者，多以詩文相質證，往往錄其最佳者，藏之篋笥，名曰湖海詩傳。今忽忽將六十年，屬同志編排前後，復稍加抉擇，共得六百餘人，至往時盛有詩名而為投契所未及者，則姑置之，蓋非欲以此盡海內之詩也」云云。是其宗旨固甚顯，而洪亮吉、譚獻、李慈銘皆有所不滿。北江詩話云：「所選詩一以聲調格律為主，其病在於以己律人，而不能各隨人之所長以為去取，似尚不如篋衍集、感舊集之不拘一格。」復堂日記云：「蘭泉官成，詩學日退，皮傅韓蘇，已非復吳下七子面目，故所錄諸家既多率意，其中名家又未盡所長外似紹述，別裁實已與師說偕馳。「桃華聖解盦日記」云：「國朝人物，是集已得大半。而拘守歸愚師法，短於鑒裁，故所選往往膚庸平弱，腔柏徒存，求如明之青邱、二李、大復、大樽，國初之牧齋、梅村，以及稍後之漁洋、愚山、伽陵、翁山，竟無一首。蓋自海珊、樊榭、寶意外，無能成家。而自沃田、西莊、白華、蘭伯外，並無堪節取。此固去取未精，而我朝詩學之衰，亦可槩見。」今按：此非選一代之詩，所錄以有交誼者為斷，範圍亦甚狹。其時當康熙，而後盛極將衰，春容大雅之音，不免流為嘽緩平衍，故所存止此。三說固均為有見，而所以致此之故，則未明言。李說近之，又似以為選詩忘其投契，未及者姑置之。一語試就各家之有專集者攷之，其菁華未擷者殆寥寥無幾也。總之，是集去取雖未盡當，而雍正訖乾隆末，名人已略具，未嘗不足資瀏覽。詩話多舊聞佚事，尤有裨於掌故，其書自不可廢。譚氏謂名家如吳西林、王梅生、黃春谷皆未入錄，豈未通縞紵耶？西林家

三三〇

三四　二頁共六百六十二　湖海詩傳　二　三四

傳，即出蘭泉，又不得謂之未見其詩。此則似未見自序中有失者十之二三語，抑又疏矣。

郘亭卷七共五十三頁計字壹万八千九百九十二

讀雪山房唐詩三十四卷　癸亥

讀雪山房唐詩三十四卷，武進管世銘編。世銘字緘若，號韞山。乾隆戊戌進士，官至監察御史。唐詩選本自元結篋中集、殷璠河岳英靈集而後，不下數十種。近推王士禎三昧集、沈德潛別裁為盛行。王選專主神韻，不善學者易失之膚；沈選專主體裁，不善學者易失之滯。其故總由以己律人，不能各取其所長，使各存其精神面目。世銘鑒此，爰以徐倬全唐詩錄為藍本，附益以各專家、各家選本以及詩話、小說叢書所載，為之斟酌去取，以五古、七古、五律、七律、五排、五絕、七絕分體，共得詩三千九百餘首。每體各冠以凡例，以明其所見。刻始於乾隆乙未，越七年乃成。有乙卯自序。世銘歿後，嘉慶戊辰、己巳間，其子學洛始為刊行。洪亮吉、趙懷玉為之序。大致能取各家之所長，一人有一人之精神，一人有一人之面目、神韻、體裁，二者絕不偏主。於其間，在唐詩選中不可謂非善本。惟五排門取白居易、元稹百韻，並及温庭筠、譚獻《復堂日記》以為主張太過，篤信者泛流入平鈍，頗中其失。又肊定大曆十子，無論與《新唐書·盧綸傳》及江休復《嘉祐雜志》不合，而既以皇甫曾、耿湋為附庸，吉中孚為可畧，乃盛稱吉中孚送歸中丞使新羅、耿湋送蔣尚書東都留守、皇甫曾送和蕃使諸詩，為才子之名不虛，似又以為在十子中者，亦未免前後不相應。然全書所錄，大率琅琅可誦，《杜集》洞房以下八章及諸將五首，全選而無去取，足見於詩之結體命意深能理會，迥非俗選所能及。自序云：「或初見輒悅，既而覺其無味者刪之；或從前忽遺，久而始其可貴者補之。」即此數語，可知其書之大槩，學者悉心求之，有餘師矣。

二四一

國朝駢體正宗十二卷 壬戌

國朝駢體正宗十二卷，南城曾燠編。燠（字庶蕃，一字賓谷）有賞雨茆屋集。乾隆辛丑進士，官至貴州巡撫。是集所選，自毛奇齡至汪全德凡四十二人，中多有僅取一首者，去取頗為謹嚴，蓋由彭兆蓀審定。（見小謨觴館集與姚春木書。）李慈銘桃華聖解盦日記，於其淩廷堪止錄一首，汪中廑至三首，吳錫麒多至十首，袁枚亦十二首，而辭隨園臨幸上尹制府啟及吳桓王廟碑二首，為極傑作，乃反不列，以為未能深辨氣體格韻之間，故雅俗雜登，菁華多落。實則文章好惡，各自不同，燠以工駢文而操選事，亦自有見，李說未足泥也。朱一新無邪堂答問，於選中各家所長，論列甚詳，足資圭臬。譚獻復堂日記亦深取邵齊燾、劉星煒、汪中、孔廣森、洪亮吉諸家，其云：洪北江琢句最工，而淵雅之氣漸減，然由澀得厚，亦第一義。吳祭酒意主近人，圓美可誦，而古義稍失。作駢體者，當於此截斷衆流。所言亦深得體要。又

云：「衣子才非不詄麗，而氣散神茶音節凡猥，賀平伊里表：「在貞觀之祚康居，雖
云量力，而建武之辭西域，終失雄圖」意曲而筆弱，與延綏將軍書：「誰闕鐵壯永
靖銅駝」下句不可通，「下忠貞墓碑，見周武之封比干」使事不合，如云「見孝武之
弔比干則比傳矣」，于忠肅廟碑轉接處皆舉場經義音節，改吳慶百諸葛廟碑
中言「吳不救蜀」一段於史事未究，鑿壁虛造，「房次律曳落河中」尤不合，此則恐
誤來學而摘論之，尤讀是選者所當知矣。

一六六

三〇

八家四六文鈔九卷　壬戌

八家四六文鈔九卷，全椒吳鼒編。鼒字山尊，一字及之，號抑菴，嘉慶己未進士，官至侍講。是編所錄八家，為袁枚、邵齊燾、劉星煒、孔廣森、吳錫麒、曾燠、孫星衍、洪亮吉，前有自序，稱：以立言垂不朽者，不僅數公，茲就師友之間鑽仰所逮，或親承言論，或私淑諸人，所知在此。又稱：鉅公名德，廓收之者，亦不僅數公，衆製分門，元音異器，茲集局於四六一體，道則共貫，藝有獨工，所錄在此云云。是其意不過就所知者錄其文，非以是槩一代之駢體，亦非以是為天下之繩尺，而本集譚廷獻序謂：學士定八家之文，逸二汪（存南、容甫）之作，已失其指。李慈銘《桃華聖解盦日記》又與曾燠《駢體正宗》同譏，謂：未能深辨氣體格韻之間，故雅俗雜登，菁華多落。實則鼒非昧於茲事者，八家菁華，大略具是，所言殊失之誣。又謂：山尊自為之文，稍勝賓谷，而又以聲氣為進退，劉圃三、樂賓谷，所以各占一家，是并不滿於星煒，實則星煒文華貴中仍見遒古，何與聲氣而入選，所言又失之誣。又謂國朝此事，跨唐跋漢，論定之責，其在後人云云，此則隱然自負，而誤以此選與曾選，爲欲以槩一代之駢體，爲天下之繩尺矣，其讀吳序，亦未免鹵莽矣。惟限於八家，未爲總集之大觀，無力備各家專集者，聊資繙閱可耳。

一一五

鄦齋經籍題跋卷

吳縣　胡玉縉　撰

後學　王大隆　校

全上古三代秦漢三國六朝文七百四十六卷　壬戌

全上古三代秦漢三國六朝文七百四十六卷，烏程嚴可均輯。可均有唐石經校文，已書於後。案王德福續孫淵如年譜稱：「是書嘉慶廿一年孫星衍與可均及弟星衡撰輯。」譚獻復堂日記則謂：「鐵橋以未入全唐文館，發憤編次唐以前文。」又謂：「在全椒見吳山尊日記手迹，言纂輯實出伯淵，鐵橋攘為己有。」而楊守敬晦明軒稿據鐵橋漫稿中上陳碩士書及答徐星伯書，力明其為可均作，其言甚塙。今謂三禮圖、謚法諸書，漫稿稱星衍與可均同輯，此獨稱可均輯，則以為同輯者非，以為攘竊者尤非。可均四錄堂類集，大半蒐采殘賸，即以為憤未入全唐文館而爲此，亦未必然也。其書凡全上古三代文十六卷、全秦文一卷、全漢文六十三卷、全後漢文一百六卷、全三國文七十五卷、全晉文一百六十七卷、全宋文六十四卷、全齊文二十六卷、全梁文七十四卷、全陳文十八卷、全後魏文六十卷、全北齊文十卷、全後周文二十四卷、全隋文三十六卷、先唐文一卷、韻編全文姓氏五卷。包括衆製，囷羅千古，有此書而梅鼎祚、張采、張溥之書皆可廢。譚獻推爲文苑之尾閭，良非溢美。惟其中間有舛誤遺漏，如碣石門刻石據史記秦始皇紀錄之，而以爲上脱九句，不知所見何本？史記「初一泰平」，可均云：「當作泰字，以叶三句爲韻」，亦未知所據何本？宋端拱元年徐鉉臨本「初平泰壹」在首第三句爲韻，文義較順。其他文字亦多異同，此在當時必本石刻。金武祥粟香五筆嘗言之。又如洛陽伽藍記載祖瑩爲北海王顥與莊帝書，全蜀藝文志載嚴君平座右銘、辛德源至真觀記，可均均失采。楊守敬亦言之。然小小疏略，未足為全書病。至楊氏在日本得文館詞林及文鏡秘府論，又得朝鮮東古文存及道咸以來金石之出土者，輯為補嚴氏古文存二十卷，此則可均所未及見，更不得以是訾之矣。此書稿本無目，可均沒後，為同縣蔣壑所得，因編目錄而未刻。光緒己卯，其子錫仁始將目錄刊行，而原稿展轉歸巴陵方氏。至甲午，黃岡王氏乃出貲刻於廣州，即此本也。蓋距成書時已七十年云。

沅湘耆舊集　一　六四〇

吴縣　胡玉縉　撰
後学　王欣夫　輯　甲申本

三〇　二百共七百六十一

許廎經籍題跋卷二十三

總集類二

沅湘耆舊集二百卷　辛酉

沅湘耆舊集二百卷，新化鄧顯鶴編。顯鶴有寶慶府志，已書於後。是書輯湖南人詩，自洪武訖近世嘉、道間，凡得一千六百九十九人，詩一萬五千六百八十一首。每人詳其本末出處、學業事功、師友淵源，為之小傳。以詩存人，亦以人存詩，所錄不拘一格。大致以表章往哲、搜剔遺隱為主。謂之沅湘耆舊集者，以湖以南凡沅、湘、資、澧四水，而資入湘，澧入沅，湘長於東，沅雄於西，舉沅湘以概全省，即湖南詩徵之變名也。先是顯鶴編資江耆舊集六十四卷，始邵州及資流經過之處而止，陶澍為之刻於江寧，全是廣為掇拾，仍將資江諸人詩按時代編入。前有賀熙齡序及序例十八則，為道光癸卯刊本。其書意在備一方掌故，非為後學程式，故所錄不盡可誦，然去取亦頗矜慎。所稱有「庬麤淺而無叫囂，有平直而無輕薄」者，今核之，其言良然。惟黃立隆妻秦邦淑遺草十首，雖已錄入而遺草在當時，如長沙羅源漢、羅裕遠、劉校之、劉權之、醴陵張邦在、湘潭張世浣、劉亨地、羅典、衡山文光朝、祁陽陳繩祖諸人，各有題詠，今缺而未載。羅汝懷編湖南文徵，已附錄於黄立隆雲驤莊拾遺草序後。王夫之詩集中所載，往往與薑齋詩集互異，或據刻本，或由酌改，多可並存。惟聞極丸翁凶問詩：「文水東流隔楚潯」，此本文作章，不知夫之自注言「甍於泰和」，泰和屬吉安，文水正在吉安，故章水尤近。故劉毓崧為曾氏校刻其遺書，仍作文。明李廷柬湖南通志附見其父邦憲傳，今誤作廷簡。康熙間陳確上元人，家於湘鄉，今誤為長沙人。文徵姓氏傳及劉晦澤撰陳幼呂別傳後附記，亦為糾正。至周星傳，顯鶴謂「星父達泰官江南，生星於金陵，為上元黄氏所養，遂冒其姓」，或曰本上元人，育於湘潭周氏，疑不能明。今攷張晉本達觀堂詩話及金陵文徵載孫文川所撰小傳，皆如後説。惟張但渾稱吳下人。又攷本集陶密菴詩序云：「余雖非楚人，而亦嘗

一三一　二頁共七百六十一　沅湘耆舊集　二　一三一

寄迹於湖南，芥菴和尚詩序云：「余本湘人，今寄白門，於湘不忍遽忘，不知者多以余為非湘人，余亦不欲自明其為湘人。」其說自相歧異，疑後序尚在未請復姓以前作也。據序例，嘗集自元以上至漢、魏、六朝為前編，而以向後所得明以來諸家為續編，劉基定撰墓表亦稱續編八十卷，今未見其書，殆為之而未刊歟？

鄭巽謹案：據崇禎庚辰進士題名碑作周壓，長沙府湘潭縣籍，應天府上元縣人。

三一六　　三頁共7日又九　　李備國朝文錄　一　　廿五九

國朝文錄八十二卷續錄六十七卷辛酉

國朝文錄八十二卷，續錄六十七卷，上高李祖陶編，祖陶有邁堂文略，已書於後。是書前錄始熊伯龍，終陳庚煥，凡四十家，續錄始姚文然，終姚文田，凡四十九家。有總序，有各家小序，每篇後皆有評語。大半主張鄉曲，多學究氣，頗為朱一新無邪堂答問、譚獻復堂日記、李慈銘受禮廬日記及祥琴室日記、息荼菴日記所譏。然朱謂「諸集少傳本者，藉此可見崖略」，李謂「國朝文選者寥寥，雖牛溲馬勃，亦可當取」，張之洞書目答問亦云「體例未精，評語尤陋，取其各存大略」，允為持平之論。續錄視前錄更蕪雜，譚、李說同，朱謂「不及姚椿文錄」，其言甚當。譚謂「前錄在姚錄上，吳翌鳳文徵下」，則為其排袁枚，於方苞亦有微詞而清感也。至所錄各家，李氏論之甚詳，其言曰：「四十家中自習見者外，陳宏緒為明尚書陳清襄公道亨之子，崇禎時嘗官知州、監軍推官，明史附見道亨傳，本不當列之國朝人中，其文亦卑冗無灋。鄭日奎頗能狀山水，而有小說氣。彭端淑文極拙劣。黃、永年、李榮陛、劉大紳稍有可取，然亦不知古文義灋。陶必謙資江劉氏族譜序、二子名字說、瘞殍文三篇頗佳，然其二子名字說疑是文穀貴後其門客僞為之，餘文皆不工。陳庚煥筆古蕪陋，議論閒有可取。最惡劣者莫如熊伯龍之文，其李雲田紀年彙序尤令人嘔噦。伯龍時藝名家，而古文幾不成句，俗學誤人為可歎！又曰：所選雖蕪陋可鄙，然如鄭之靜庵先生集、李之厚岡文集、陶之莫江古文存、劉之寄庵文集、謝之如恥齋文集，皆予所未見。五家誠不足言古文，而次公軍陽山記、東山巖記兩作狀景頗工，與陸元公書一首論明代文章門戶之習亦甚痛切。莫基好攷古而陋學自用，妄詆漢儒，文尤蕪雜，然其佛生日辨、書楊宏山大理郡名博議後、駮李中谿大理山川志諸篇議論嚴切，頗足傳世。予為刪改其累句，且正其題曰佛生日辨（原題作中土附會佛生乖平實攷）、書楊宏山大理郡名博議

三四三

後，原題作宕山不諱借酉論，駁李中谿大理山川志，原題作論大理志傳會天竺山川之謬，皆不合。濹黃江之資江劉氏族譜序，攷據議論俱可觀。二子名字説極似蘇文安作，而絕不蹈襲，瘞殍文、秋夜游東園記兩作亦佳。鄭泉名御史其巡城杖和珅妾弟一事，風節尤著，文雖率易淡如游上方山記、登大華山記，雖皆信筆敘次，無作家簡錄之功，亦尚不至拉雜如路程記，較之明人王履蔡羽輩自為過之。西涯雅集記、游焦山記，清澈可入小品。寄庵宰縣循聲，記今尚在人口，壽陽祁文端當今上御極初，疏陳其政績，詔列入國史館循吏傳，其文頗有氣勢，而蕪蔵彌甚。惟伏生子孫世襲博士記一篇，有關掌故，文亦疏暢，當與趙鹿泉重修有子祠墓並立五經博士序並傳，其東南山中看桃花記三篇，亦小品之可觀者。惕園存稾世尤罕見，其文亦蕪僿涉市井氣，然頗有資攷證。如衢州孔氏廾官今多誤作廾官。夫人楷木像記，原本題作孔氏夫子夫人楷木像考，既不辭，其文亦是記，非攷，故正之。最有關係之文，讀明儒學案上下兩篇，議論亦好，

擬增補明儒陳第傳，足裨史缺略」。此論前錄也。又曰：「紀大奎、陳之蘭、熊璟、崇張
錫穀、鞏直一無所知之人，臨桂陳相國、吉水、武進李、趙兩尚書，亦豈得以文章
論？黄山、雙湖，陋俗無識，端恪、懃（勤）慤，皆是通暢公牘，並無意於為文。陸清獻之庸
儒，俞竊（寧）世之促陋，萬孺廬之拙滯，沈歸愚之蕪劣，皆此事中之下下者。韞山、止
水，經學既疏，文辭尤拙，即白田、果堂、懋堂、理堂諸君子，經術精深，而文實不工。
今舍其考據論辨之篇，而取其序記誌傳之作，是何異拔梧檟而養樲棘，屏昌
陽而進豨苓。蓋此四十九人中，小足名家者，不過顧、汪、魏、邱、徐（巨源）、汪（松泉）、方、羅、陸、
（祁孫）陳左海等十人，其餘匙可節取。」又曰：「端恪長於奏牘，指畫分明，令人意解，餘亦
多關經世利病之文，其最佳者與查孟如兄弟書，言人之宜勤，不宜閒，山林之
中亦當惜福，皆鑿鑿有名理。朱梅崖、管韞山、李申耆三家文，管尤非當家，然如
朱之與林穆菴論大學書，李之鳳臺食貨志，祁鶴皋先生外藩蒙古要略序，固

三三四

一三　三頁共ノ日七十九　李編國朝文錄　三　一二一

為一時名作。管之春秋公羊傳說、立論名通、馮玉圃鶴半巢詩集序、臚陳軍機職掌始末、足資掌故、皆極有關系之文。其中最不通者臨川陳之蘭之香國集、令人歐歟、此論續錄也。其間詆斥熊伯龍諸人、雖或稍過、而塙有見地、為讀是編者所宜知、爰備錄之、惟刪改之本未知存否？在好事者訪求之而錄出刊行矣。

清尊集十六卷 辛酉

清尊集十六卷，錢塘汪遠孫、汪适孫編。遠孫字久也，號小米，又號借閒漫士，嘉慶丙子舉人，官內閣中書；适孫字又村，遠孫之弟。道光甲申至癸巳間，汪氏兄弟偕仁和胡敬、餘杭嚴杰、仁和孫同元、武進湯貽汾、歸安張應昌、錢塘吳振棫諸人為文酒之會，月一集，拈題分詠，得詩、詞若干首，選其尤者刋成斯帙，凡七十有六人。大致措詞典雅，選韻和諧，無馳驟之觀，有雍容之度，其中多涉掌故，頗可以稱詩史，非止風流文采照映一時已也。李慈銘受禮廬日記譏其皆縛於浙派，多餖飣局束之病，蓋囿於風氣使然。又擬之漢上題襟、玉山酬唱，則似不倫矣。宋史藝文志有蘇易簡禁林宴會集、歐陽修禮部唱和詩集，惜今不傳，或者此乃其類歟？

戴鹿牀選宋元四家詩四卷 辛酉

戴鹿牀選宋元四家詩四卷，錢塘戴熙編。熙有古泉叢話，已書於後。是編選錄宋林逋、姜夔、米芾、元倪瓚四家之詩，皆係近體，蓋供奉南齋時以備題畫之用者，為江南圖書館所藏熙手鈔本。熙善山水，今人得其一幀，往往珍逾拱璧。而真贗時或混雜，不知畫之外又有此書，蓋題句亦非苟焉也。所選雖小品，要皆所謂詩中有畫者，讀此詩以之作讀畫焉，亦無不可矣。

湖南文徵一百九十卷　辛酉

湖南文徵一百九十卷，原題湖湘後學集編，實則湘潭羅汝懷總其成也。汝懷字研生，道光丁酉拔貢生，官龍山訓導。有湘漪草堂集。是編以鄧顯鶴沅湘耆舊集專輯詩，未及文，因輯元明文五十四卷，國朝文一百三十六卷，凡七百九十七人，得文四千有奇。前有同治辛未例言十五則，姓氏傳四卷，目錄六卷，及曾國藩、李瀚章序。李序稱二百卷，蓋并小傳目錄計之也。其書大致以發明經史，敷陳政術，考見風俗，能說山川，可備掌故者為主，而以文存人，以人存文，在所不免，故所錄不必盡合義法。中如何文麃月食辨，以為羅計肆凶，蓋鄉俗之見，不知月本無光，借日之光以為光，朔時如月在日與地之間，日月成一直綫，月掩日光，遂為日食；望時如地在日與月之間，成一直綫，地蔽日光，則為月食，此可推測而知，何羅計之有？劉基定書古詩選，劉因詩後極詆因之奸偽，蓋沿邱濬之參說不知渡江一賦，乃哀宋非幸宋亡，即孫奇逢以為意欲存宋，亦未得其旨，全祖望鮚埼亭集言之甚明，書中録何、劉文頗多，此二篇當從删汰。○朱景英周易古文考諸作，大率似策料，間多舛誤，亦當分別去取。○石鯨、佘子錦諸人詩下小引猶可曰餘文不概見，而他人既録其文，又將無關宏旨之小引一概登入，殊為冗濫。○李騰芳續進戚繼光臺璅烽堠等書疏，謹遵下文氣不接，蓋安攘臣計疏竄入後附董其昌跋，亦彼文跋皆當刊削。至計疏以下六篇附九卷末，何弗移入五卷？其他各類之錯雜者，雖篇末注明，何弗改歸其類？兩集分類互有出入，固隨文之有無多寡，而前集駢體特分二卷，後集附散體各類之後，亦為倒不純。○江禹疏桃花源記游序，有録無書，江盈科與王百谷書，有書無録。○小傳江有溶，既見於明，又見於國朝，雖注明複出，而無解於草率。○王文清考古源流一書，小傳謂燼於回祿，而是書自序附記又謂近日復聞尚存，當將小傳楊嗣（酌改）○

三三

楊嗣昌之為人，書中有楊超曾瀝陳先世冤誣疏、王岱楊忠士辯武陵相公謗書序、楊山松孤兒籲天錄自序諸文，亦足以表白矣。乃汝懷於嗣昌廣收羣策等疏及龍膺楊中行社長壽序後嘵嘵申辯，凡六七見，轉以形其鄉曲之私。而楊世昌盧昆石神道碑銘見常德文，汝懷乃改為嗣昌，以為盧忠烈抵都後乞武陵作，足見其友誼，殊弗思此文筆墨絶不類嗣昌，何得肊改而為之說。凡此皆屬可議。然蒐羅宏富，舊帙之散落者頗藉是以存，實為湖南文之淵藪。登載之泛，編次之疏，未足為全書病。小傳下注明幾篇，凡有本集者曰錄，無集者曰採，尤足為後來取法，宜其與沅湘耆舊集並行矣。魏晉石鼓策、黄本驥釋雲夢、庵字詁、李德騫名字問答、張九鐔論語弟子門人考辨、楊丕復新唐書李氏世系辨、跋先君子小照後考證均極明塙，不亞於江浙諸儒。先曾序稱考據之文蒐集極少，前哲之倡導不宏，後生之歆慕亦寡，研生亦深明考據家之說而論文但崇體要，不尚繁稱博引，取其長而不溺其偏，其猶君子慎於擇術之道云云。

云，亦就大判言之耳。魏源釋道南條漢水後附記，頗精，則汝懷之本色也。

五八

國朝文錄八十二卷　壬戌

國朝文錄八十二卷，婁縣姚椿編。椿字春木，一字子壽，監生。有晚學齋文集，姚鼐弟子，晚主講本郡景吳書院。是錄分十七類，首論辨，終祭文哀誄，大略依姚鼐古文詞類纂例而小變之。書成於道光庚戌、咸豐辛亥，張祥河為之付刊。前有自序及張序。朱一新無邪堂答問稱其頗得因文見道之旨，論與書取舍尤不苟，惟序跋所取未精。譚獻復堂日記則謂多取說理之文，氣茶詞縈，不無皮傅。墨守桐城，而方、劉、姚三家甄錄亦未盡當。李慈銘桃華聖解盦日記又謂其旨以桐城為圭臬，故於陸稼書、汪苕文、朱可亭、方望谿、劉海峯、朱止泉、姚姬傳、張鱸江、朱梅崖、王述菴、管異之諸家文錄之最多，餘亦大半心性無言，俗體釀辭，漫無義法，沈溺桐城末派，全無別裁。譚、李二說與朱似相反，而惟其欲因文見道，遂不免墮入理障，則實相成也。李氏又謂所選全謝山、王崑繩之史論，張臯文、彭甘亭之賦，似尚能持擇，其於別派之胡稚威選至數十首，而於毛西河、錢竹汀、淩次仲、孔顨軒不錄一字。王山史、王于一、顧黃公、孫淵如皆僅錄一首，黃棃洲僅錄二賦，汪容甫僅錄釋三九三篇，侯朝宗僅錄三首，洪稚存僅錄文二首（征邪教疏、樂毅頌。）及天山等四贊，朱竹君、石君兄弟、錢新梧、阮芸臺等皆不挂姓名，姜西溟、李穆堂等所錄亦甚尠，惲子居碑志高作，張皋文諸體文，概從屏置，計甫草之籌南三策，魏叔子之新樂侯傳，邵子湘之盧忠烈公傳，皆古今有數名篇，而俱不入錄，李寒枝、龔定盦為偏師巨伯，則或因未見而致遺，其姓名稍僻，即予所及見者，尚不下百家，此其綜錄之疏，亦可槩見。程魚門之正學論，閻懷庭之文士詆先儒論，皆病狂囈語；侯朝宗之郭老僕墓志，袁子才之書魯亮儕，端木太鶴之論易葬，皆小說謬言，亦污簡牘，何耶？所議皆切中其失，而其所以致此者，則李氏未之言。

椿此錄務反王昶湖海文傳之輯，考訂家諸集不甚措意，故錢大昕、淩廷堪、孔

三三三

廣森、朱筠、阮元等槩未采及，實則其集豈皆攷證之文？乾隆中葉以後，漢學之風氣日熾，學者漸以非毀宋儒為能，至取孔孟書中心性仁義之字一切變更舊訓，以與朱子相攻難，未免稍過。於是閻循觀文士詆先儒論、程晉芳正學論遂反應而起，賀長齡經世文編、朱珔古文彙鈔並錄其文，豈得專以責椿，而其文要自多語病，易滋蔑古之弊。賀錄程論三首，姚之上下即其一、三，朱錄六首幾乎全不相同，未知勉行堂本集若何？其閻論則姚錄與賀同，而先儒朱作程，朱文亦略有異字，又惜不得西澗草堂集一勘之也。總之選文貴取各家之所長，不當以己見為繩尺，是編雖未饜人意，而實視李祖陶文錄為勝。錄文凡千三百八十首，頗足以資翻檢，亦承學者所不廢。至所載會稽孟遠上龔合肥等書六首，各萬餘言，李氏以越人而不知其名，為媿，謂姚氏不知何處得之。今攷古文彙鈔二集卷五十七列孟遠一家，其小傳不言其字，但稱有文集，亦不言何集？當由傳寫而來，姚成書在後，疑即本之耳。

六

鄦齋經籍題跋卷

吳縣　胡玉縉　撰

後學　王大隆　校

金文最一百二十卷 辛酉

金文最一百二十卷，昭文張金吾編。金吾有廣釋名及愛日精廬藏書志，已書於後。此書以文選而後，唐文粹、宋文鑑、元文類、明文衡四編之外，尚闕金源一代，因以四庫所載王寂、趙秉文、王若虛、李俊民、元好問五家集為主，復采集金史、金集禮、弔伐錄、三朝北盟會編諸書，凡山經、地志、金石、碑版、醫書、譜錄、雜家、小說，旁及二氏之藏、外藩之書，悉加甄錄，為之分類編次，勒成若干卷，取公羊傳何注「最，聚也」之語以名其書。前有阮元、英和、陳揆、黃廷鑑諸序并自序及凡例十六則。初僅有寫本，光緒間巴陵方氏始刊於廣州，此則江蘇書局本也。

昔姚鉉選唐文，因宋白文苑英華，呂祖謙選宋文，因江鈿文海，程敏政選明文，往往有錄無書，且多蕪雜，惟蘇天爵選元文，無所憑藉，而具有別裁，提要稱其用力勤摯。金吾是編，距金源且五百年，其難殆倍於天爵，而旁蒐博采，蔚為巨觀，足與元文類媲美。凡例言所以纂輯之意尤為詳核，蓋由於藏書既富，而考古尤精也。彼莊仲方之金文雅，殆如莛之與楹矣。

一三九

詩巢香火證因□卷 壬戌

詩巢香火證因□卷，山陰沈復燦編。復燦字霞西，隱於書肆，喜刻書，著書頗似南宋時陳起之為人。所撰有熙朝書家姓氏纂、越中金石廣記、續別號錄、於越詩繫、於越訪碑錄、小雲巢金石目、輙文類聚、彙刻帖目、越帖、箋紙小疏、劉子全書補遺、沈氏古今人表、霞西過眼錄及王門弟子淵源錄、徐文長遺事、姚江詩輯、大善寺志、河東君事實諸書，見宗稷辰躬恥堂集中所為復燦墓表，今皆未見。是編所輯詩凡五百家，始於唐之賀融，終於道光時，大致以府志、越風及明詩綜等書為藍本，而稍稍為之附益。既未廣事蒐羅，又復不能考證，體例錯雜，姓氏下所紀官位著述，尤多舛誤。李慈銘息荼廬日記譏其惟以鈔撮了事，不出書賈伎倆，殆非苛論。其曰詩巢香火證因者，康熙初李□□嘗與紹興同郡十九人踵楊維禎故事，結詩巢於埭西，因以為名，以著鄉邦掌故也。姑存其目。

俾姓名不致湮沒焉。

鄭翼謹案：山陰志古蹟門記詩巢在卧龍山上，宋西園舊址，元楊廉夫所搆，以擬放翁書巢。後人祀廉夫及賀監、放翁等爲六君子。康熙中，商和及何嘉翊等重葺，集同志聯吟其中云云。又載康熙進士金以成所撰《詩巢復古記略》云：「吾友宛委劉君偕何學博玉羽、商翰編思梅等聯爲吟社，未幾地屬豪家，諸人亦星散。乾隆紀元，邑宰漢儒劉公尋得其址，擴義學，屬劉君宛委董其事」云云。據此則聯吟可知者爲商、何、劉、萬四人，無李姓者。王欣夫謹案：山陰志嘗與紹興同郡，十九人則固不僅商、何、劉、萬四人，故志以等字賅之。惟詩巢香火澄園未見原書，無以知李姓之名，姑附識於後，以資參攷。

金陵文徵十六卷 己未

金陵文徵十六卷，江甯陳作霖編。作霖字雨生，號伯雨，學者稱可園先生，光緒乙亥舉人。是編選録清初迄光緒丁酉間江甯府七縣駢散之文，凡二百十八人，五百餘首，前有凡例七則，後有敘録一篇附於末。中如朱圻七十自序之類，大半因人以存文，殊無足觀。戴啟祖答衍善問經學書，采入賀長齡經世文編，爲李慈銘越縵堂筆記所譏，但後半推重錢大昕，尚不大悖。惟何延慶書張炳垣舉義文存後，譏其不量力，並及諸葛之祁山，張許之睢陽，信國之五坡，史公之揚州，意在提高一層，實爲害義，遠不如王安修書錢氏答金正希書後之純正。又許賡颺字解，任肊穿鑿，甚於荆公字説，凡若斯類，皆當從删。陳授、陳維垣、陳元恒諸人文後，各有後學秦際唐填諱字，此殆用唐徐浩碑後題張平叔題諱，宋周必大跋初寮王左丞贈曾祖詩末題田橡填諱之例。不知史記自序云：喜生談，談爲太史公」古人初不忌諱也。目錄某人若干首，往往與書中不相應，未免疏舛。其餘謚字尚少。至晉江黃虞稷、桐城方舟、歙縣王安修、宣城梅鏐、婺源王友亮諸人文，以其爲江寧，或上元諸生，錄之，小傳未盡注明，附識於此。又凡文家之涉及二氏者，非力詆彼教，即援儒入墨，王蔚永壽庵記，以空實立論，頗見斟酌云。

一二三

古謠諺一百卷 壬戌

古謠諺一百卷，秀水杜文瀾輯。文瀾字筱舫，諸生，以軍功官江蘇候補道。是書采取羣籍所載謠諺，按經、史、子、集四部編次，各注出處，間加攷訂，摭拾頗為繁富。其依託古人，構造惑衆，及語涉荒誕猥瑣，與出自盜賊者，槩入附録，體例亦復謹嚴。昔周守忠纂古今諺，楊慎纂古今諺、古今風謠，皆紀古兼紀今，此則一以明代為斷，故名曰古謠諺。蓋周、楊當日所謂今，訖杜時已為古矣。前有自序及凡例十七則，又有劉毓崧序。中如史記高祖紀載大風歌之類，亦既合樂，實不得為謠；漢書樓護傳載長安為谷永、樓護號曰「谷子雲」云云，乃時人稱號，號者無韻，固非諺，即有韻亦豈得為諺。今酌加收采，既嫌其泛，又近挂漏，是為進退失據。又如南史茹法珍傳載東昏侯時宮中訛云「趙鬼食鴨劇」云云，訛即謠，故史記趙世家載趙王遷時民訛言曰「趙為號」云云，風俗通皇霸篇作童謠。宋書前廢帝紀載永光元年訛言云：『湘中出天子』云云，符瑞志作謠言。此類當觀其通，今引史記、宋書，定從謠字，猶為有本，而南史必改訛為謠，殊失之專輒。然此特鑒別未精，攷核偶泥，未為大失。郭茂倩樂府詩集、梅鼎祚古樂苑尚糾之，何況文瀾，要其旁搜遠紹，古來謠諺已略具於是，終為藝海之鉅觀。據劉毓崧通義堂文集，知凡例係劉代撰，即知全書皆出於劉。李慈銘桃華聖解盦日記議其『體例紛糅，出入任意』，未免稍過；又議其『非要著書，徒勞心力』，則是書甚便學者，為人彌忠，功何可沒？又謂『博洽可觀』，斯持平之論也。

辨志文會課藝初集不分卷 己未

上元宗源瀚編。源瀚有……集。源瀚字湘文，官至浙江溫處（杭嘉湖）道。光緒戊寅，源瀚官寧波府知府，明年，剏設辨志文會，分漢學、宋學、史學、算學、輿地之學、詞章之學六齋，以課士，每齋各延學之專精者分主講席，每課不盡限寧波，即外省人士亦得與會，故是集頗能博觀約取，有所折衷，足與詁經精舍、學海堂文集相埒。惟轉附朝儛考，費德宗以朝儛為朝歌山所出之濂水，何宗鎬以為朝日於山上而舞，皆屬不詞，何尤穿鑿。范文滎答水經何人所作問，未知水道所經之地，經曰過，注曰逕，前人早有定論，乃據注文以為水經下及晉以後之郡縣，亦殊紕謬。是書刊於庚辰，其後續課尚有十數年之久，然未見續刊也。

許廎經籍題跋卷二十四　三〇六　薑齋詩話　一頁　五〇〇

吳縣　胡玉縉　撰
後學　王欣夫　輯

詩文評類

薑齋詩話二卷

四庫已著錄

薑齋詩話二卷，衡陽王夫之撰。夫之有周易稗疏，是書惡說詩者之井畫而根掘，謂漢魏以還之比興可上通風雅，曹檜而上之條理可近譯三唐，故以唐人少年行證出車，以除夕詩證庭燎，不免矯枉過正。又惡建立門庭者之依人支借，故以李何王李為風雅牙行，不謂作李何王李門下廝養者如源休一收圖籍，即自謂酇侯，向白華殿擁戴朱泚為朱泚者，遂裒然自以為天子，亦不免譏而傷虐。不滿意於曹植，因以蕭梁以下翕然從之者為和哄漢，不滿意於蘇軾，因以宋人為騎兩頭馬，為輕薄圓頭惡習；以王守仁為游食髡徒夜敲木板叫街，以王世貞為吹螺搖鈴演梁皇懺，一應付僧惡嘲毒罵，尤為有乖雅道。以春洲生荻茅，春岸飛楊花，為終於河鈍沒交涉，不知河鈍正以荻生絮飛而肥，故蘇軾亦有蔞蒿滿地蘆芽短，正是河豚欲上時之句。以承恩不在貌，教妾若為容、風暖鳥聲碎、日高花影重」為醫家名曰「關格死不治」、不知此等句前人有盛稱之者、平心而論、即非高格、豈曰死症。既以「花迎劍佩」為「傳神」、「星初落」為「痕迹露盡」、又以為「賓主歷然、鎔合一片」、語意亦前後矛盾。至云「魯頌」、「商頌」為「風」、以其用天子之禮樂、故仍其名曰「頌」、則又其說經之故習、好為異論而不足辨者也。其然其中亦有心得語、去其囂浮而取其沈至、未始無裨於詩學。其曰：「當知倬彼雲漢」、頌作人者、增其輝光、憂旱甚者、益其炎赫、無適而無不適」、似此名通之論、豈惟無可厚非、抑亦得未曾有者矣。

一九四

江西詩社宗派圖錄一卷

江西詩社宗派圖錄一卷，南州張泰來撰。泰來字扶長，（康熙庚戌進士。）官至吏部主事。是編因宋犖巡撫江西，以西江詩派論課士，率昧於題旨，泰來適致政家居，（蓋江西新建人也。）爰就呂本中宗派圖為之摭拾羣書，搜采軼事，人各立一小傳，並推原作圖之意，設為答客問以明之，言簡事賅，足資流覽。呂圖所列諸書往往有出入，此以王應麟《小學紺珠》為據，故本中亦在其內也。中惟李錞、江端本、楊符三人小傳未備，厲鶚補之。鶚誤端本字子之為子我，鮑廷博又正之，似可無遺議矣。今攷善權字巽中，此未之載。又方回《桐江集》論宋詩源流有云：「黃雙井專尚少陵，秦、晁莫窺其藩，張文潛自然有唐風，別成一宗，惟呂居仁克肖，陳後山棄所學學雙井，黃致廣大，陳極精微，天下詩人北面矣。」立為江西派之說者，銓取或不盡然，似亦當引而辨之也。

寒廳詩話二卷

寒廳詩話二卷，長洲顧嗣立撰。嗣立字俠君，康熙壬辰進士，由庶吉士改補中書舍人。有閭邱詩集，見四庫別集類存目。是書於甲申年追憶平時見聞所得者筆之，大致論近人詩十之七八，古人詩祇十之一二。其宗旨一以許顗彥周詩話為法，凡含譏諷、著過惡、誚紕繆者皆所不取，稱人姓氏並列其名，亦使觀覽而杜疑似。嗣立嘗撰元詩選三集，故中論元詩流派語簡而覈，尤非他家所及。惟杜甫戲為六絕，固是論詩之詩，而竟以為論詩絕句，未合體裁。又李嘉祐為中唐人，其水田飛白鷺二句，王維斷不能預知而加以漠漠陰陰四字，乃引李日華說而不加辨正，亦近疏略耳。其曾孫達尊附案語，亦資考證。嗣立既旣稱鄭谷口簠，達尊又云鄭字汝器，上元人者，豈以鄭谷口有二人，其一為鄭元餘慶，字芷蓭，歸安人，故不憚其贅而箸之歟？又有褚逢椿云云兩條，疑亦案語

汪汲夫謹案：元慶所居曰小谷口，以別於簠，後人亦無稱之為鄭谷口者。褚逢椿生嘉道時，上彩

及嗣立，當為刻書時附入也。

蓮坡詩話一卷

蓮坡詩話一卷，宛平查為仁撰。為仁字心穀，號蓮坡，（康熙甲午舉人）嘗以事繫獄。是書就見聞
所得彙錄先輩及同人詩，並附方外、閨秀、雜流之句，稱人姓字，並列其名，頗便
學者。體例與顧嗣立寒廳詩話略同，而不及古人詩為異。如鄭清之、王安石詩、
阿金論李商隱詩，汪琬本某某，皆因而及之。閻爾梅以史可法勿從其勸，投書
而去，沈廷芳得蘇軾題安平泉石刻手拓，以貽查慎行，計東訪得謝榛墓，請當
事為之立碣，此類亦足以見軼事。惟梁清標秋懷詩，應次尤侗艮齋雜説條後，
庶蕉林與柏梘村可以互明。黄虞稷悼董白絶句共十一首，此云二絶，更佳語
意亦少別。白宋長白柳亭詩話議論考證多無根據，乃盛稱其考据精博，徵引
近事可備掌故，殆因祖昰昆弟而尊其親之言。長沙朱氏瀼閣詩施閏章蠖齋
詩話亦載之，與此不同，不言姓朱，事迹亦小異。余未見陶氏筆獵，未識施本於

陶否？就詩而論，以此本爲長，亦既見有異同，不應不加以斷語，然爲仁本無意於傳後，此亦未足爲病。卷首自記云：「回憶三十年來酒邊燭外論議所及，足以資暇者正復不少，并爲述其顛末，以助談柄，」亦可見此書宗旨之所在矣。

八八

野鴻詩的一卷

野鴻詩的一卷，崑山黄子雲撰。子雲字士龍，又字野鴻。是書皆其論詩之語，謂之詩的者，自以爲風雅之的也。大旨以杜甫爲宗，凡李白、韓愈諸人，在所屏斥，尤不滿於李商隱，以下更不足言。於杜詩亦歷舉其瑕疵，謂是早年所作，當取入蜀以後，不知少年儘有佳篇，晚歲亦多率句，何得槩論。又謂學杜者當檢五律中天河、螢火、初月、畫鷹、端午賜衣、詠物等篇，反覆尋繹，説固不誤。下云：余經三十年困苦中研出，故不得不以授人，直是英雄欺人之語。既以韓愈爲負才欺世者三家之一，又謂韓柳之文能錬氣，已隱相矛盾；既以沈約、江淹爲大節虧損，難藉文詞以盜名，而於楊素又謂不以人廢言，尤見私爲軒輊。舊唐書儒學傳：初，江淮間爲文選學者本於曹憲，而李善等繼之，是選學本自成家。故杜詩云：熟精文選理。子雲不諳掌故，乃謂精者明察之謂，蓋教人熟察而去就其是非，苟無異同，曷不曰文選句，而曰文選理，是為拘泥字義。晉書習鑿齒傳：鑿齒著漢晉春秋，於三國之時，蜀以宗室為正。是陳壽書成後，晉人即有帝蜀之議，故朱子綱目本之，子雲不明史學，乃謂杜詩奉拳武侯，綱目因而反魏為漢，稱之為詩史，信然，是為傅會名目。宋楊億、劉筠等宗法李商隱，作西崑唱酬集，詩家遂有西崑體，其詩三卷，至今尚存，是西崑體與李無涉，即其體亦非學有根柢者不能作，子雲不考源流，乃謂西崑之音，足以助欲長惡，如義山者為三百篇之罪人，是為誣衊古人。錦瑟詩本自傷其坎壈，乃以為不知何指？議其弁之卷首，欲以欺後世，則適以自形其鹵莽。李與溫庭筠詩，取材博贍，練詞精整，本自成一家，用典亦非詩家所禁，乃以為品格邪僻，譏其專搜漢魏諸秘書，檢剝填綴，則適以自襮其空疏。篇刪其章，云云本歐陽修之肊說，至後世既有律詩，選家更不能刪句，刪字，乃隱襲歐說而又詞不別白，謂苟可存而稍有字句

三三〇

累於全篇，得以删削者選之，則義不可通。其意似以删削為删改，則下文諸語為贅。至推演謝靈運說，謂「子建、子山、子美各得三斗」，殊屬無謂。論韻之通轉，謂「音同者為通，不同者為轉，如一東通冬，轉江」，乃近時詩韻俗說。譬登高自卑，謂「泰山由梁父而登」，殆誤會梁父泰山下小山之說，不知梁父相距七十里，登泰山並不由此。此類無關宏指，又其小焉者矣。中多載自作詩，而於江行漫興，以為僅可與知者道。又云「孟子殁千餘年而退之出，浣花殁亦千餘年，今得其傳者誰？」皆隱然自負。子雲之言曰：「好異者自欺，子聖者無教。」得毋為是書之自評歟？

詩學纂聞一卷

詩學纂聞一卷，錢塘汪師韓撰。師韓字杼懷，有韓門綴學、上湖分類文編行世。（雍正癸丑進士，官編修。）是書專論詩學大致，明體裁之辨，訂沿襲之訛，不屑屑於一句一字之稱美，與他家詩話不同，簡要覈實，亦為他家所未有。惟云：「七言律即樂府，所謂樂府者古詩亦是，律詩亦是。」雖指亭龍池樂章等言，而語失之偏，實多窒礙。又云：「至唐始有徒詩者。」不知曹植、陸機所製，時稱乖調，劉勰文心雕龍以為無詔伶人，故事謝絲管，是文人樂府。魏晉時已有不諧律呂而為徒詩者，何待於唐。當時大約分二種，一為倚聲製詞之樂府，一為采詩入律之樂府，即唐代亦復如是。又云：「樂府有長歌行、短歌行，言人壽命長短，杜詩長歌意無極，當是用此。」不知長歌云者，猶言長吟，即詠歌嗟歎之意，並不取義樂府，細味杜詩自見。又云：「每句用韻，創於虞廷之賡歌，而盛於詩。特非七言，七言如吳越春秋所載云云，雖似趙長君擬作，亦後漢人，似不如趙翼甌北詩話於大風歌、易水歌外兼及靈寶謠之為得。其他以王褒聖主得賢臣頌、韓愈伯夷頌皆不用韻，因疑周頌之文有求其韻而不得者，本是無韻。此變顧炎武日知錄之說而加厲，不可為訓。有韻方謂之詩，無韻豈得為詩。以李商隱與王鄭二秀才聽雨夢後作為不對之長律，亦孜之未細。此蓋七言律二首，如「少頃遠聞吹細管，聞聲不見隔飛烟」及「恍惚無倪明又暗，低迷不已斷還連」，五六句皆對，特三四不對，為少異，恐非長律。以江端友子我為江西詩派廿五人之一，尤為外誤。端友並不入社，其入社者為端友之弟端本。劉克莊江西詩派小序：「端本字子之」是也。厲鶚宋詩紀事於詩派中列端友而轉遺端本，其誤正同。以魚韻有香字為必是唐韻，如此則今本詩韻香字亦在魚韻。以薩天錫寄王御史詩真韻用垠字為進退格，則今本垠字兼收真、元韻。以「聖得知」為唐時語，且謂不得其解，則此未必唐時語。韓愈詩：

三三〇

「泥盆淺小詎成池，夜半青蛙聖得知，」謂初不成池，而蛙已知之，速如聖耳，亦非難解。黃庭堅亦云「羅幃翠幕深調護，已被游蜂聖得知，」可以互證。以「詩有別才」四語為後人傳誦，而又自作轉語，謂其要歸於讀書，則嚴羽此下本云「然非多讀書，多窮理，則不能極其至，」何為截取其上半而遺其下半？至於指摘前人疵累，并「山雲備卿靄，池卉具靈變，」「岱宗夫如何，齊魯青未了，」「留門月復光，萬古雲霄一羽毛」等句，而亦議之，持論過刻，猶其小焉者矣。然沿波討源，終非一知半解者所能望其項背，固不以微瑕累全璧也。

說詩晬語二卷

說詩晬語二卷，長洲沈德潛撰。德潛字確士，亦號歸愚，有歸愚集。（乾隆己未進士，官至禮部尚書，謚文慤。）是書據其自記，蓋辛亥春讀書小白陽山之僧舍，應僧之請而作，討論源流，評隲得失，明晰平允，足為學詩者之津梁。惟以高棅「海國霜氣涼」諸句為風致，疑出常建、謝榛「雲出三邊外」諸句為高岑遇之，行當把臂推尊似過。又以中州集所選詩品藻弱，唐詩鼓吹視瀛奎律髓尤為下劣，與四庫提要之言適相反。平心而論，兩選俱未精，鼓吹實出方書之上，當以提要為正。德潛殆以其軌轍歸一，故以為汨沒靈臺耳。然此亦見智見仁，無礙於指示初學，誠能從此編入手，斷不致誤入歧途也。汪師韓詩學纂聞云：「近有作詩話者，謂齊梁以來樂府限以八句，不復有詠歌嗟歎之意。夫齊梁以來樂府固不如漢魏，然其所以不如者豈八句之謂？且亦何嘗限以八句」，即隱斥是書。但沈謂失在八句固非，其謂失在對偶未嘗不是。又中引姜夔詩説一條，語多脱誤，當由鐫本所訛云。

二三

一瓢詩話一卷

一瓢詩話一卷，蘇州薛雪撰。雪有周易粹義，四庫附存目。是編以興會為主，不甚考究故實，與王士禎宗尚神韻略同，故屢稱其說，又屢稱其師橫山先生說，即葉燮著原詩者。有明引，有暗襲，亦有不為苟同者。如前輩論詩往往有作踐古人處云云是也。以杜詩「握節漢臣歸」，握字為有我心匪石之義，換御禿字呆板無味，不知後漢書張衡傳「蘇武以禿節效貞」，杜實本此。以老杜「軒墀曾寵鶴」，小杜「欲把一麾江海去」，為二公非死煞用事，其好處正是此種，不知古人誤處正賴後人匡正，何必一一回護。以王維「漠漠水田飛白鷺」為化腐為奇，不知李嘉祐中唐人，右丞安得預知而點化之。以詩有別才之說為別裁二字之誤，不知嚴羽云「詩有別才，非關書也；詩有別趣，非關理也。然非多讀書、多窮理，則不能極其至」，數語本自無弊，何必改別才為別裁，致與下文書字不相應。凡此或立新說，或沿舊講，實不足據。亦多英雄欺人之語，如云：「詩文家最忌雷同，而大本領人偏多於雷同處見長，卻又不異而異，同而不同。」此語按諸法理，實欠圓足。雪雖自稱受韜鈐之法於塞翁，究竟兵學如何？未見實用，乃一則曰：「不諳武備，自呈敗缺。」再則曰：「儒者不知兵，乃一大患。」又曰：「無武備，不是文人。」書本論詩非論兵，亦何苦矜張如是。然其談詩宗旨，頗爲純正，以備參攷，於詩學未必無裨也。

一五二

隨園詩話十六卷補遺四卷　乙未

隨園詩話十六卷補遺四卷，錢塘袁枚撰，枚有隨園隨筆，字子才，號簡齋，乾隆己未進士，官至江寧知縣。是編專論近人詩間及古人，大旨以性靈為主，揆之性本性情，詩以理性情之說本自無訛，而喜言風情，有戾無邪之訓，初學閱之，易滋流弊。所采或徇交情，或從人請，亦不盡可誦。中如宋人「白雲山上白雲泉」一首，不知其為白居易詩；徐爽亭「造物與閒還與健」二句，不知其襲陸游村居詩；江陰女子寄語路人休掩鼻」二句，不知其為閻應元詩；楊皇山「鬼常聯臂」諸聯，不知其為何在田詩，則失於檢點。顧況序皆「廣陵散」之遺音，「散」是曲名，故潘岳笙賦「流廣陵之名散」，應璩與劉孔才書「聽廣陵之清散」，證以晉書嵇康傳及文選思舊賦李善注引嵇康別傳所載，散之非散亡甚明，乃引韓皋傳以為非專指琴，惠周迪「花浮小盞三投酒」本蘇軾酒經「酒之始萌甚烈，而微苦，蓋三投後平也」，乃以為未詳所出，則失於攷覈。既云「詩境甚寬，有因拗轉峭者」，又云「凡詩之稱絕調者，其詞必不拗」，則又自相矛盾。顧星橋「過江名士久推袁」，既見卷八，又見卷十一；方南塘「閏年入夏花猶在」二句，既見卷九，又見卷十三，此類尚多，則又未免複沓。尤異者，往往自為回護，如馬嵬詩：「石壕村裏夫妻別，淚比長生殿上多」，當日楊妃不死於長生殿，本屬誤筆，乃引白居易長恨歌「峨嵋山下少人行」以為曲解，殊弗思白詩之誤，前人早已糾正之，是為可已而不已。哭鄂文端公詩「魂依大祫歸天廟」，以詩長發序「大禘也」例之，大祫自可入詩，乃因程夢湘之爭，不能引序以折，徒發空論，謂「劉禹錫不敢題餻字，此劉之所以為唐詩；東坡笑劉不題餻字為不豪，此蘇之所以為宋詩」，直是英雄欺人語，誤以宋祁為蘇軾，又適形其謭陋。校固不屑攷据，然是非所在，觀其隨筆一書，未嘗無一隙之明，安得於此書之多狡獪語而恕之。要其采摘繁富，議論亦頗資啟發，如有好事者嚴

二　二頁共六百四十二　隨園詩話　二　二

加刪汰，則亦詩學之津梁也。

消寒詩話一卷

消寒詩話一卷，金匱秦朝釪撰。朝釪字大樽，一字岵齋，（乾隆戊辰進士，）官至楚雄府知府。是書載其自作及友人詩居十之六、七，間論前人詩，如以陶潛《贈羊長史》為隱諷其不可出，以元稹《曾經滄海》一首為風情固傷雅道，悼亡而曰「半緣君」，亦見性情之薄，持論甚正。以王士禎不喜儲光羲，而謂其喜風調，尚標格，恐尚有楚王識見在，亦善謔而不為虐。惟以李商隱詩「未免被他褒女笑，只教天子暫蒙塵」為倖災樂禍，杜牧詩「東風不假周郎便，銅雀春深鎖二喬」，為如吳門市上惡少年語，則殊失其旨。此兩詩一以見楊妃罪惡，幸而馬嵬訣，引故明皇終能返國；一以見周瑜倖勝，苟無東風，孫策婦大喬，瑜婦小喬將為曹操所虜，而吳亡可知，皆以反筆取神。朝釪云云，實無此意。其他引明史于謙傳，以正皇明雜記，引王守仁與何孟春論日食，以正傳習錄，並記裘曰修之清理歷案，宋犖之倉猝

定變，與夫已所經歷地方之扼塞、之名勝、之氣候，皆足資聞見而不涉於詩，雖
宋人所著往往如是，究於體例未協，然全書宗旨純正，筆亦雅潔，不可謂非小
品中之佳著也。

六六

三〇六　二頁共六百五十九　石洲詩話　一　六二六

石洲詩話八卷

石洲詩話八卷，大興翁方綱撰。方綱有經義攷補正，已書於後。是編前五卷論自唐及元諸家詩，方綱在乾隆乙酉、戊子間視學廣東，與學侶論詩所條記，後三卷論王士禎杜詩評本及元好問、士禎論詩絶句，乃後所附益。嘉慶乙亥，始付其門人蔣氏刊行。其書大致舉各家諸體之得失，又於源流分合、風會盛衰，再三致意。間論一句一字，亦有獨到處，非薑齋、蠖齋諸詩話可比。惟公是集、彭城集、金淵集各本，其時尚未從永樂大典中輯出，方綱未見，論二劉雖無大失，而以仇遠為淺淺小有致，實未覩集中諸作格調高雅，足以頡頏古人。此與王士禎以為靡靡，皆由限於所見，不足為據。又譏吳之振宋詩鈔凡二十餘條，一則曰「自有肺腸，俾民卒狂」，再則曰「率天下而禍仁義」。吳鈔固未盡精當，然亦何致如此。且楊萬里宋人也，而謂其過楚州淮陰侯廟詩衹到元人分際，祝允明唐寅明人也，而謂「諸家之弊皆之振一家之言浸淫灌注而莫可返」，尤為費解？其意蓋謂楊詩不能及唐人，後之放肆流易、佻薄如祝唐等者，因吳釗而更甚，而詞不分晰，遂致有此語病。其他謂「杜甫自命稷契，欲因文扶樹道教，全見於偶題一篇」，則與奉先詠懷詩不合。李商隱碧城三首，以朱彝尊說為定解，則貫無以見楊妃未歸壽邸，亦與驪山有感及龍池詩不合。王安石殘菊詩，但據「飄零滿地」句以駁李注色衰之義，仍未得落字真諦，不知菊有落有不落，史正志菊譜所載甚詳。至於蘇詩「只有閒心對此君」，是書云「施注引晉王子猷語，指竹」，其蘇詩補注以為馮山公注真一酒條，觀其序自明，「東坡與子由別詩」條，序中記云云，補注序皆作引，當以補注為正。所謂「先生祖諱序，是以集中凡序皆作引，凡稱序者，皆後人編輯之失也」，「治平三年」下，亦當依補注增「丙午」二字，方與前後一律。又郝經繫帛書，元史本傳及御批通鑑輯覽「孤臣」並作「纍臣」，惟「中

三三〇

二三　　　　二頁共六百五十九　　　　石洲詩話　二　　　　二三

統十五年」元史誤作「至元五年」，爰附釋之，以袪學者之惑云。

八家四六文鈔九卷 壬戌

八家四六文鈔九分

茗香詩論一卷

茗香詩論一卷，仁和宋大樽撰，大樽字左彝，號茗香，乾隆丁酉舉人，官國子監助教。是書發端以學三昧集者可見終未能原始，謂知始則知本，本在約六經之旨，未以齊、梁、陳、隋之格之降而愈下者由於王儉、韓蘭英諸人之失節，簡文宮體等之好色而淫，謂好色而淫則發乎情者不止乎禮義，不止乎禮義則無廉恥，無廉恥安得有氣節，持論頗為純正。中云：漢詩之於二南，猶春秋時之魯；魏猶齊；陶詩猶漢之文帝，雖不用成周禮樂，尚時時有其遺意；其意殆以陶詩有三百篇遺意，魏則一變，僅可及漢，取譬殊為離奇。又論詩之鑄鍊，謂善讀書縱遊山水，周知天下之故，而養心氣，說固不誤，論詩之感受，乃謂有可以言言者，有可以不言言者，其可以不言言者，亦有不能言者也，其可以言言者則又不必言者也。殆又欲返之始，始則是編之落語言文字迹者，當亦自笑其多事。

前有德清陳斌序，稱其於道有見，殆爲所欺歟？

一八

北江詩話六卷　己未

北江詩話六卷，陽湖洪亮吉撰。亮吉有春秋左傳詁，（詁已書於後）是書題曰詩話，而頗論及文史，又間涉諧謔雜事，蓋沿宋人之例，然絕不拾人牙慧。如謂「怪可醫，俗不可醫；澀可醫，滑不可醫」，「長句非有十分力量、十分學問者不能作，除王、孟，假蘇二種詩不看詩，即少所言各有所指，實為挽回風氣之言。以蘇軾「嶺上晴雲披絮帽，樹頭曉日挂銅鉦」諸聯為惡詩，以王士禎、沈德潛之學古人，一則略得其神而不能遺貌，一則全師其貌而先已遺神。又於袁枚、蔣士銓、邵長蘅、厲鶚諸人均有論列，亦足為後學示之範。謝朓詩之新林浦、板橋為沿江津渡之所，李白詩之長風沙為石牌灣，杜甫詩之赤岸為枹罕縣地，以及因杜牧詩而改荔枝之貢，非始於唐；因韓翃詩而改蠟燭起於東漢，均極精塙。謂「塞外禽皆穴居」，「伊犁初一日即見新月」，此類亦足廣異聞。惟謂漢水入江處有桃花夫人廟，相

三三〇

傳即息夫人，余嘗題一絕云云。平之亦原之，則息夫人非即息嬀，息夫人殉死
劉向列女傳貞順篇所載甚明，廟應在大別，桃花洞額題息夫人非桃花夫人。乾
隆湖北通志漢陽祠廟下載息夫人廟云云，亦甚明。道光中，王贈芳學使毀去
蓋由攷之未審。宋之問題桃花洞息夫人廟詩云：「可憐楚破息，腸斷息夫人。仍
為泉下骨，不作楚王嬪。楚王寵莫盛，息君情更親。情親怨生別，一朝俱殺身。」此
本列女傳，最得。洪所說皆未合。謂文選三都賦皆題劉淵林注，恐係後人追改，
則三都賦李善明稱「劉逵注蜀都、吴都，張載注魏都」，是此題為後人所改無疑。
且亦有誤，洪不據以訂正，未免失之目睫。謂楊、劉、錢諸人學西崑而究不及西
崑，則西崑二字實剏於楊觀西崑酬唱集，楊序自見。洪似誤以李商隱等之三
十六體為即西崑體。又以今人稱對牛彈琴為本於郭注莊子：「對牛鼓簧」，則鼓
簧無緣改為彈琴。周密齊東野語載姚鎔喻白蟻文，有「俗所謂對馬牛而誦經」

語，疑彈琴當為談經之譌。固不僅張宣詩「出世再當為父子，此心終不間幽明」誤為李應昇，如金武祥粟香三筆所摘也。然全書精審，迥非他家詩話可比，要不得以是為病矣。李慈銘桃華聖解盦日記譏其詩非專門，故所論多未確，蓋各有所見，稱其學有根柢，才悟絕羣，臚舉所論曹娥碑、郭有道碑諸條，蓋取其所見相合。又謂續谿章炯當作洞，字酌亭，與淩次仲友善，見校禮堂集，亦足正傳刻之譌。此本為粵雅堂所刊，先得張祥河刻本僅四卷，後得亮吉子齡孫刻本有五六兩卷，續刻之。伍崇曜跋摘其黎簡年歲之誤，見聞較切，足正誤傳。又據更生齋集自注「余亦作詩話，第一卷自屈宋起」云云，以為是書無論及靈均輩語，殆不無遺佚。此為四卷本，跋故其言如此。今攷第二卷有楚騷字，似尚非所指第五卷一稱騷之言蘭橘，一稱學騷者皆不及騷，當即自注所指，然則今本即無遺佚，或亦非作者原次歟？

鄦齋經籍題跋卷

吳縣　胡玉縉　撰

後學　王大隆　校

全唐詩話續編二卷

乾隆諸生

全唐詩話續編二卷，石門孫濤撰。濤字樂山。此編蓋續偽尤袤書而作。凡尤書載其人而遺其事者，續為卷上；其人與事之未及載者，續為卷下。不知尤書本屬偽託，如白居易分見卷二、卷三，胡杲上係以「九老會」三字，體例殊乖，不獨張籍條下未删張為取作「主客圖」一語為提要所摘也。濤既手鈔付梓，嫌其搜羅未盡，為之增輯，固見盛心，而學力不足以副之，疏陋殊甚。凡所依據，往往引後遺前，或舉書名，或舉人名，體例不一。甚或本條不舉出處，而注云「某書作某事」，更不相應。張巡為盛唐人，以其忠義，特列王績、盧照鄰諸人之前，使巡有知，恐亦不安。韋承慶條云：「凌朝浮江旅思」一首，唐詩載為承慶作，尤遂初載為馬周作，未知孰是？「唐詩」二字果指何書乎？至李嘉祐在王維後，而「漠漠水田」兩句，古今詩話以為王取李詩。李頎「開山幽居祇樹林」本承上「遠公」一直說下，本兩句拗，而藝圃擷餘以為閑士，藝苑卮言取之。此類實皆舛謬，前人皆有辯正，宜濤之不能博考而兼收矣。

一三九

山靜居詩話一卷

山靜居詩話一卷，石門方薰撰。薰字蘭坻，又號樗菴，布衣，工詩善畫，有山靜居詩，是編大致錄其鄉人之詩，意在藉詩話以存其人，用意甚盛。中引息亭詩話載松江黃應堂楊花詩，仍注重其故人陳、周二人句也。末附海昌管庭芬記兩則，道光丙午記云：「嘉興府志作二卷，今於積書堂陶氏購得手稿一册，凡二十二條，僅一卷，後別附楊氏璀文等五家詩三十餘首，蓋待入詩話尚未删潤者，故志作二卷。今以原本贈蔣生沐勘校，手錄其副藏之。」咸豐庚申記云：「詩話已刊入別下齋叢書，惜為庸妄人删去一則，并附錄亦不刊。今版已燬，因重錄存之。」考蔣本固無附錄，而所謂二十二條者，細勘兩本，祗十九條，删去之一則亦無從考見，豈此册仍為未完本歟？

三〇九　　二頁共八百卅　　達觀堂詩話　一　　六三九

達觀堂詩話八卷 辛酉

達觀堂詩話八卷，善化張晉本撰，晉本字浣山，嘉慶辛酉舉人。其書大率論近人詩，間及雜事，時而言風情，時而言理學，所載詩純駁不一，又多所改竄，未足為訓。其自為詩拙滯尤多。卷中極稱袁枚之隨園詩話，又極喜枚之不講考據，而學問則遠不逮枚。如論音韻，既不滿於沈韻，而謂字有四聲，猶人有四體，不知古無四聲，四聲實昉於約之四聲譜。又謂談切韻者主音和，此論不刊，今日之口音，即唐虞三代之遺，不知音和有二法，邵光祖檢例以同音、同母、同韻、同等四者皆同為說，劉鑑指南則專以見溪羣疑為說，是亦晉本所謂係人所為，何所見而以為不刊，則考據家謂某韻與某韻通，殆未可厚非，何以又譏為以後人之子弟，翻作前代之祖宗。且音有遞變，三代之音與唐虞不同，漢魏之音又與三代不同，六朝之音又與漢魏不同，安得謂今之即古。其後謂字而無韻

則無統紀，瑣瑣分辨，則又似拘泥，是為遁詞知其所窮。又如以「蕭子雲『三五前
年暮等為割裂扭揑，不成文理，不知禮記禮運「三五而盈，三五而闕」謂十五，左
襄十一年傳「女樂二八」謂十六，古書中此類難以悉數，且相兼二八將猛四七
見左思魏都賦，亦不始於梁元帝，是為知二五而不知十。又如謂「蕭何封南陽
酇侯」，讀酇沛郡亦有酇縣，縣名相同，自班固扭酇叶何，遂造為鄼字，乃生無數
葛藤」，不知沛郡之酇字本作鄼，故泗水亭銘與何為韻，說文邑部「鄼，沛國縣」，尤
足證顏注不誤，乃謂班固揑白，豈班不識字，並昧本朝掌故乎？又謂「南陽與沛
郡杳不相涉」，亦知史記索隱云「何初封沛，後嗣改封南陽」，早已會其通乎？是為
以不狂為狂。其弊由於妄學袁枚，枚雖不講考據，而能流覽羣書，故隨筆一書
其考據亦頗可取。晉本則并專集亦未讀，如謂「說詩者見太白無黃鶴樓詩，遂
有一拳一腳等語，此齊東野人所不出諸口」，不知此本李白贈韋南陵詩「我且

三三〇

為君搥碎黃鶴樓，君亦為我倒卻鸚鵡洲。至題鳳凰臺七律，即謂仿崔詩格局，亦何損於白，倒以他詩之本古樂府者殊夥，安見此詩之非脫胎於崔，乃必翻之以自矜其論古之識，論古之識亦豈在此。其餘亦多學究氣，惟中引劉暐澤斯馨堂詩話、鄭之麟海粟詩話、聶銑敏蓉峰詩話，雖屬近人而未見傳本。又如說福安康傳鼐，說陸鑑明妻焦氏，說明李錢價，說盤江鐵索瀘定橋鐵鍊，頗裨掌故。說夜明鰕，說娑婆魚，說龍執闘，頗資多識耳。同治癸酉湘陰李桓得其本，始為之序刊，今姑存其目焉。

拜經樓詩話四卷

拜經樓詩話四卷，海寧吳騫撰，騫字槎客，貢生。自序謂詩話非胸具良史才不易爲，故其揚榷源流，討論得失，極見精審，非宋明人肊説可比，間及秘籍軼事，尤足以廣聞見而資掌故。惟小小罅漏，亦所難免。如左思蜀都賦「蠛蛦山棲」，劉逵以爲山雞，本自不誤，其字當爲鷩鵕，古鳥旁虫旁往往通用，故吳都賦注云：「今所謂山雞者鷩䴅也。」蠛正作鷩，而蛦又誤䴅，蓋即雉屬，鷩爲丹雉，故魚之赤者亦有鱉稱，江賦「䱻鱉肿躍而吐璣」是也。騫以爲蛙類，實沿何焯之謬。又如詩品「師鮑照，不及日中市朝滿，學謝朓，劣得黄鳥度青枝」，日中句爲鮑詩，青鳥句則非謝詩，故一曰不及，一曰劣得，語有分别。古樂府玉階怨，謝朓詩云：「夕殿下珠簾，流螢飛復息，長夜縫羅衣，思君此何極。」虞炎詩云：「紫藤拂花樹，黄鳥度青枝，思君一歎息，苦淚應言垂。」是虞比謝爲劣，鍾嶸當即指此。騫謂黄鳥句未見於謝集，不知出何詩？」又謂「宣城集本十卷，今止五卷，嵘所見當不止此十卷」，皆不得其義而為之說。又如元文宗詩「二三點露滴如雨，六七個星猶在天」，攷唐盧延讓本有此等句，見唐詩記事及談苑。近王氏居易錄謂文宗剿取錢氏十駕齋養新錄謂好事者假託為之，竄不知其有所本。謂「陰懷嫉妬之心，昭然若揭，使明宗丕覺，何至墮其術中，實不可解？」其後明太祖孚軒詩又襲之矣。試前後參攷，當可爽然自失。其他，白居易母墮井事，陳氏所作香山年譜引闕史，有原文有駁語，乃謂「直齋所記彥休之語如此，一若自為語而自為駁者」，似失之鹵莽。此事，賈長卿嘗辨之，見張耒宛邱集。遠在陳前，亦不可不知。赤壁賦吹洞簫之客為秀才李委，蘇軾與范子豐詩言之甚明。施元之注蘇詩，以為道士楊世昌，當係傳聞之譌，乃特引此注，謂「王注所不逮」。王固遠不如施，而此條適誤，又竄所不及料。凡若斯類，實多可議，要其大體博而且精，一二偶未之檢，不足

三　二頁共六百四十　拜經樓詩話　二　三

為病也○

小滄浪詩話四卷 癸亥

小滄浪詩話四卷，含山張燮承輯。燮承字師筠，諸生。是書采唐釋皎然詩式、近人洪亮吉北江詩話，凡四十九種，分詩教、性情、辨體、古詩、律詩、絕句、樂府、詠物、論古、取法、用功、商改、章法、用韻、用事、下字、辭意、指疵、發微十九類。編錄大旨，以杜為宗，雖搜輯未廣，體例未協，而去取頗為審慎。間附案語，如云：「滄浪雖謂李杜不當優劣，而一則曰『少陵如節制之師』，再則曰『少陵所謂集大成』，語意未始無別。太白之所後於杜者，性情不能悉得其正，其長短句斷勿輕於效顰。香山新樂府諷諭諸篇，不得以淺俗概之，惟其近體易入顏唐，不可輕學。」近人所謂性靈，往往非古之所謂性情，所言皆中肯綮。又云：「李義山李花云『自明無月夜，強笑欲風天』，蟬云『五更疏欲斷，一樹碧無情』，僧齊己早梅云『前村深雪裏，昨夜一枝開』，潘逍遙落葉云『幾番經夜雨，一半是秋風』，高季迪歸鴻云『荒村流水遠，古戍淡烟微。是皆能離形得似，象外傳神，賦物若此，方可免俗。亦見發明。惟漁洋詩話載孫寶侗持論好異，居易錄載閻爾梅使酒罵坐之類，於詩字無甚關係，倒當從删。又案語云：不工則不必傳，傳其人可也。雖不工，句須參活相，亦殊費解？不工之傳者以其人而傳，安能禁其不傳，能參活相則句已工，安得不工而參活相。此咸豐九年古汲郡賀氏刊本，後有元年自記及壬子湯貽汾、侯雲松諸人識語，其書雖無當於大雅，而以之為初學之導，固未始不可也。

一八〇

峴傭說詩一卷

峴傭說詩一卷，不著撰人名氏，大致示後人作詩之法，體例與沈德潛說詩晬語相近，而語尤淺顯。中閒兩引歸愚尚書，其人蓋在沈後。衹論前人，不及近人，而中有一條云「漁洋五古，實從大曆諸子入手，其推崇盛唐，張大門戶耳」。故詞氣清腴而不甚樸厚，論近人僅此一見，亦切中王士禎之失，可見其詩學甚深也。惟謂古詩貴渾厚，樂府尚鋪張，凡譬喻多方，形容盡致之作，皆樂府遺派，混入古詩者謬。不知郊祀鐃歌之歌類，倚聲製詞之樂府也，與詩稍別。清商平調之類，採詩入律之樂府也，其初本皆古詩。提要於師友詩傳錄下舉孔雀東南飛及紫騮馬以證其說，甚明。正不必如此區別。書中又以杜甫示從孫濟詩「堂前自生竹」八句為樂府派，謂此少陵變化古人處，按即此可見前說非塙。又謂五言絕句截五言律詩之半，七絕可將七律隨意截，因而發端，即謂學詩須從五律起，進可為五古，為七律，截之可為五絕，為七絕，不知絶句在律詩前，古絶句四章，詳載玉臺新詠中，截律為絶之說，本自誕妄，何足推衍。其他以漢漢陰陰為王維所加，是沿前人之誤，李嘉祐中唐時人，維何由預知而加此四字。以漢皇重色思傾國為明明言唐，何必曰漢，此尤未察詩人之旨，惟託之於漢。春宵苦短日高起，從此君王不早朝，即不得議其訕謗君父。又以石壓筍斜出，巖垂花倒開為近纖小，而石出倒聽楓葉下，櫓搖背指菊花開，又以為鍊字關鎖法，亦不甚可解。以前說例之，石出兩句何嘗非纖小，以後說例之，石壓二句何嘗非鍊字，蓋由前兩句以綠垂風折筍，紅綻雨肥梅相比較，致求深而轉失之。然此皆小疵，其尚論古人，闡明作法，實後學之津梁也。

停雲閣詩話八卷

右停雲閣詩話八卷，候官李家端撰（家端字香䔧）。其書論前人詩甚少，近人詩居多，所謂稍有可誦必錄之，以存其人者，殆可為是書之體例。惟「年家眷侍生閻羅頓首拜」、「冀香吹上孝廉船」等句，殊傷雅道，乃一以為含蓄，一以為成趣。又載包氏、王氏、尤氏鬼詩，未免蕪雜。林昌彝射鷹樓詩話不錄詩餘，固屬太偏，今泛及聯語、顏諱，均之偏也。睎夷字、蹼字、其字及某生誤讀「儲中子文」「王道」為「土道」等條，與詩何涉。至「南有樛木，不可休息」，他書皆引韓詩息作思，蓋據韓詩章句佚文，乃執今本韓詩外傳為疑，尤屬空疏。要其全體，除錄趙氏香奩詩外，頗為純正，異於袁枚之瑣褻，且可藉見一二遺聞軼事，當為詩家所不廢。謝邦屛序云：「凡理亂之故，得喪之機，友朋死生聚散之感，以及一游一詠、一飲一食，皆不必有意於寫其情，而其情已慭然自露於筆墨之外，稱之固過，又以為「子木雲松」而後，此種詩話不傳於世，趙翼姑弗論，以袁枚為比，殆非其倫矣。

二四

玉琴齋詞不分卷

閩縣余懷撰。懷有板橋雜記，四庫已附入存目。此詞集四冊，不分卷，前有吳偉業、尤侗題詞，後有顧廣圻、孫星衍跋，為江南圖書館所藏手稿本。其詞大致風華掩映，寄託遙深，繁縟之中，寓以悽惋，雖猶是雜記之遺意，而苟以意逆志，固不得以為風雅罪人也。攷懷所著尚有平生蕭瑟詩、三吳遊覽志、楓江酒船詩、秋雪詞、味外軒稿、茶史諸種，今均未之見云。

金梁夢月詞二卷懷夢詞一卷　辛酉

金梁夢月詞二卷、懷夢詞一卷，祥符周之琦撰。之琦字稚圭，嘉慶乙丑進士，官至廣西巡撫、官刑部右侍郎巡撫。金梁夢月詞凡百五十四首，皆嘉慶壬申至道光辛巳官京師時，與盾焯、錢儀吉、劉嗣綰、陳致煥諸人相倡和而作。懷夢詞凡四十五首，則道光己丑官浙江按察使時悼亡之作也。其詞以清切婉麗為宗，乃晚唐五代以來之正派，前者音節和諧，令人想友朋之樂；後者情懷悱惻，令人增伉儷之思。李慈銘受禮廬日記稱其深入南宋大家之室，雖似溢美，而尚為近之。又云：幾欲掩過納蘭容若，昔人謂飲水詞過於哀抑，決其不壽，若中丞者富貴壽考，又將何說？則殊未盡然。飲水詞取法南唐，通體幽怨蕭逸，是集惟悼亡多悽悵語，此猶元稹悼亡詩何等悲楚，而無害後此之三月宰相也。是本為杭州臬署原刻，寫槧絕精云。

右詞集之屬

白香詞譜箋四卷 辛酉

白香詞譜箋四卷，譚氏半厂叢書本。白香詞譜，靖安舒夢蘭編，其箋則南海謝朝徵所撰也。（夢蘭字白香，監生；朝徵字偉菴。）輯唐李白至近時黃之雋詞百闋，凡五十九人，不分時代，以詞為主，闋各異調，於其旁逐字訂譜，宜平宜仄，可平可仄，及上去入同是仄聲而各有音節，辨别極細，故曰詞譜。朝徵作箋，則序列先後，一依朱彝尊詞綜，又去字旁所訂之譜，頗違夢蘭本書之恉，然以小調列前，次及中調、長調，實沿南宋人草堂詩餘之舊，殊失之拘。朝徵易之，未為謬也。所箋仿查為仁、厲鶚絕妙好詞箋之例，多泛濫旁涉，不盡切於本詞，而往往因詞以知其人並及命意之所存，其短其長具在，於是所載南宋人逸事，悉本好詞箋。凡例已自言之。今攷五代人逸事，大都錄自鄭方坤五代詩話，故兩處箋釋頗為詳贍，餘或不免寒儉。馮延巳謁金門，古今詩話以為成文幼作，本事曲又以為趙公作，見胡仔漁隱叢話，今未之及，汪懋麟醉春風，徐釚詞苑叢談，謂較南唐主遺小周后詞旖旎，其說固是，實嫌淫褻，今反及之，其去取殊不可解？薩都拉原本作剌，與各書合，提要作拉，蓋猶瓦剌之爲衞拉，今非官書而必從提要改拉，亦未得其通然。蘇軾洞仙歌下，引陽春白雪載蜀孟昶洞仙歌石刻全篇，朱淑真生查子下，引提要稱此詞爲歐陽修集竄入，此類均有裨於考證，其他徵引，亦足以廣異聞而佐談資，摭拾之功，要自有不可泯者矣。夢蘭字白香，書本一卷，有原刻及怡親王重刻本，朝徵字皐菴，廣爲四卷，張蔭桓始付刊云。

三〇一

律呂元音二卷

律呂元音二卷，題康親王蘭亭主人鑒訂，蓋永恩所編也。永恩為康修親王崇安子，禮烈親王代善裔孫，後復祖號曰禮親王，嘉慶二年薨，謚曰恭。其書前有乾隆三十四年自序，稱「暇日將古今音律，京房律譜，唐順之求元聲法與夫詩歌詞曲之淵源及諸賢之論作，共為一書，以見詩歌之聲律本不出乎樂」云云。為江南圖書館所藏精寫稿本，有「康親王」「蘭亭主人」兩印。案古樂亡而樂府興，至唐而樂府之歌法不傳，所歌者絕句；至宋而唐人歌詩之法亦不傳，所歌者詞；至元而宋人歌詞之法又漸不傳，於是曲調作焉。是編意在詞曲而設，謂之律呂元音，殊嫌含混，采撫亦未備，而頗便省覽。丁氏藏書志入之樂類，蓋循其名未核其實，今改隸於詞曲類焉。

右詞譜詞韻之屬

積書巖摹古帖題跋

《積書巖摹古帖題跋》稿本提要

《積書巖摹古帖題跋》，原件寫在學禮齋藍絲欄的稿紙上。半葉十行，行書，每行字數不一。筆者所得，爲影印件。是在二十一世紀《蛾術軒篋存善本書録》影印本出版後，王欣夫先生哲嗣王啟棟先生贈送給筆者的。

《積書巖摹古帖》，清康熙雍正時期的著名書法家王澍的作品，是他臨摹古碑帖的彙集。《題跋》當是王欣夫先生根據自己的藏本彙輯而成。

王澍（一六六八—一七三九），字若林，號虚舟。江蘇金壇人，康熙五十一年（一七一二）進士，官至吏部員外郎。著有《虚舟題跋》《竹雲題跋》《淳化秘閣法帖考正》等。《四庫全書總目》『史部目録類』，收有他所著《虚舟題跋》，稱王澍：『本工書，故精於鑒别，而於源流同異，考證尤詳。』

他注重法帖，亦留意金石。《積書巖摹古帖》是其一生研習書學及鑒藏品評的彙總。頗具法眼，其中包括如下一些内容，今稍舉數例，略見一斑。

唐高宗《臨朝帖》，跋云：

此帖伯思亦以爲高宗書。按，帖中有『川路既遥。無勞更送』之語，當日書于王蜀者。高祖二十二子，惟漢王元昌，自魯遷梁州都督，貞觀間坐附太子承乾，賜死。太宗十四子愔，封蜀王，貞觀間，以責教石悛，廢爲庶人。惟蔣王惲，以永徽三年徙梁州都督，正在高宗之初。史稱其造器物服玩，多至四百車，騷然護送。爲有司劾奏。詔貸不問。則此正當是與蔣王。書中云『川阻』云耳，帖尾云『爲善之暇，想足怡神』。規諷之意，隱然可見矣。（第六頁）

此乃考釋該帖書寫背景。

《石鼓文》條：

右第一鼓薛氏、楊氏次居八，鄭氏次居三，施氏次居一。潘氏、劉氏皆從一。文一十一行，行六字，凡六十六字。重文十，凡七十六字。一十九句。今石本存字，全者四十，半者一十九，凡五十九字。余以舊本參考，得七十四字。（第二十一頁）

這裏所説的薛氏、楊氏、鄭氏、施氏、潘氏、劉氏，是歷代對石鼓文研究收藏者，指的是：宋代薛尚工、明代楊慎、宋代鄭樵、宋代施宿、元代潘迪、清代劉凝。跋文列舉了歷代研究者對現存十墩石鼓文排列順序的不同，以及歷代文本殘留字數的情況，並記載自己研究的成果。可謂『辨章學術，考鏡源流』，可供石鼓文研究者參考。

顔魯公《祭姪文》條：

宋本比真跡多此九字，故並存之。（第二十七頁）

乃説明文本的不同。

在一些題跋中，標明了王澍自己臨拓的時間：

《顔真卿送裴將軍詩》乃『臨于雍正二年』，並『系以贊』。（第二十八頁）

《蘇東坡宸奎閣碑》臨于『雍正三年歲在丁未冬十有二月』。（第三十二頁）

由此可知，這些題跋，當作于雍正前期。

凡此，都可供研究歷史、研究書學，乃至研究清代前期學術、研究王澍生平者參考。

此外，據報導，現臺北的『故宮博物院』也藏有王澍《積書巖帖》，又名《積書巖摹古帖》，凡六十册，共計《積書巖摹古帖》六十册，王欣夫先生收藏，自稱爲『鎮庫之寶』。

三百八十六件。包含碑帖總數多達八百二十八件，附王澍自書題跋二百七十七則。

有關的介紹認爲，此《積書巖摹古帖》『圖像與觀念兼具，是一個難得的書法史文獻樣本』，認爲其價值有三。該論述可供參考，特介紹其要旨如下：

一、王澍的書法實踐、書學研究（包含鑒定），開領時風。他的主張代表了當時一批學者、書家的立場——在維護帖學傳統的基礎上對新興碑學進行適當調適，亦即折中帖學與碑學。

二、全册以臨摹、題識爲主要内容，涵蓋自漢至明的衆多書家與重要作品，反映了王澍通過臨摹，梳理傳統、踐行古法的過程，以及他討論書法問題、探索筆墨表現方式的過程。

三、《積書巖帖》涉及拓本、漢碑審美體系及標準，基本涵蓋了清初隸書討論的重要命題。

王澍爲錢大昕眼中的清代金石三大家之一，集學者、書家、鑒藏家於一身。是當時文人書法鑒藏圈中的關鍵人物，具有較强的影響力。該書的論述基礎和内在邏輯，與《虚舟題跋》《竹雲題跋》有一致性。可共同參考。

總而言之，《積書巖帖》是研究清代前期書學以及碑學發展的典型樣本。

那麽，爲什麽會有這樣兩種本子呢？

關於王欣夫先生所收本的成書和流傳過程，筆者所知的大致情況如下：

王澍寫成後，製成書册，留給兒子王稻孫。王稻孫娶無錫華氏（華希瀾）女爲妻，這樣，此書便流入華家。

華希瀾的姐妹有嫁入江家者，爲江標（建霞）之母。江標爲王稻孫的表弟，得見此書，並題寫了題跋。

華希瀾的後代華九如，傳得此書。他有兩個兒子因分家析産，各得此書之半。

一九二七年經人介紹，由王欣夫先生典當了夫人的首飾，買下前半。次年，有聖約翰大學的華姓學生，又賣出了另一半。（見《蛾術軒篋存善本書録》未編年稿，卷二）

這樣王欣夫先生便得此六十册全部。自稱之爲『鎮庫之寶』。

而王欣夫先生據清廷《石渠寶笈續編》記載，知南書房也收有六十册《積書巖摹古帖》。後來得知南書房本現存於臺北『故宫博物院』。推測當係由清宫所藏轉運過去的。

王先生還注意到，自己所存的六十册中，唐代有『顔（顔真卿）、柳（柳公權）、褚（褚遂良）』，而無『歐』(歐陽詢）；宋代中有『蘇（蘇軾）、米（米芾）、蔡（蔡襄）』，而無『黄』(黄庭堅)。關於兩者的關係，以及臺北『故宫』所藏本的詳細情況，王欣夫先生並不清楚。他推測或是早在雍正、乾隆時期，便有人分爲二，送呈清廷。期待有朝一日可造訪臺北『故宫』，一探究竟。(見《蛾術軒篋存善本書録》未編年稿，卷二)

王欣夫先生的《積書巖摹古帖》六十册，筆者未見，據説已經散於坊間。

筆者認爲，臺北『故宫』所藏本，或是當初王澍曾另寫就一部，奉呈清廷的。王欣夫先生藏書的原件，雖説目前不知其去向，但這一《題跋》，對碑帖和書法史研究，仍有相當的參考價值。

同樣的著述，分存於海峽兩岸，這一現象存在的本身，就是兩岸同屬中華民族的一個具體例證。期待有一天，兩種文本能匯聚一堂，以顯現其原來的面貌。

附記：近日友人告知，海峽對岸所藏的《積書巖摹古帖》，已經由大陸某出版社影印出版。這樣，對照雙方的資料，加以整理，當是可期待的事了。

李　慶

積書巖題跋

金壇段王澍撰　秀水王大隆輯

元帝中秋帖米老目爲僞作愚意此帖筆力堅正述書賦所謂氣翰英異者此其以之與安西帖不同未可概以僞書目也

明帝墓次帖十二字渾樸中具變化晉人風裁宛然可見相其格韻正在鍾王之間

陸女卯帖

康帝此書縱橫雄厚有凌踔一切氣象晉帝壁壘爲之一變丁未十

有二月朔旦

情以灼怛顧氏釋文作灼恒按淳化本作怛大觀同之怛憯痛也以怛為

正釋誤

異去帖淳化題為東晉文孝王云道下會稽王也當以會稽王為正

王導

丞相此書從横雄厚想其極要直當在右軍上於諸王書中故當别

是一格

學禮齋

蟠虎草隸世難與比是時張翼以書得名議者謂不能過悟所行

十九字極類直逼右軍吳興之所敢概

王洽

兩帖與世將所表絶相似

王珉

小令法護之弟名出法護右故世有法護非不佳僧彌難為兄之語

僧彌珉小字也今觀其書如瓊枝玉樹風絶塵外札札欲逼大令云弟

書如騏驎駸駸欲度驊騮前蓋畏之也

王歆

恐下下至足字旋分作今邑頓合作悳者非也當作邑邑為正

王遂

處重昏事一帖宣和內府所收謂其布置婉媚結構有法然嚴謹爲

多去右軍風流丕遠

王廙

此帖宋本毘陵楊氏所收

王播之

播之此帖吐屬既不似晉人書法亦全失當時風格聊存之以俟參考丁未

三月廿有四日

王濟之

學禮齋校鈔

王坦之

王懷祖書竇臮稱其高利迅蕩遠屬款頎文度師法乃翁而得其

高利迅蕩之意瑤環瑜珥蘭茁其芽風流照映故當不減會稽

諸子也

陳逵

林道晉黃門郎西中郎將淳化標目題為陳胡陳逵宜其來伯思

之掊擊也後伯禮帖風骨柔緩乃偽書不足錄

沈嘉

吳興名嘉字長茂淳化標目稱為沈嘉長不直一笑也余嘗論淳化

十卷執林以為秘藏往以刻自內府人間不易可得又魏晉以來寶墨

世從未見故歷代重之實則繆誤以此類而後不少是以欣然不勝

擒擊乎

謝璠伯

散騎吏史稱其善草書只此四行沈着痛快風力故自遒上耳

宋明帝

帖云報休祐休範二家內人知休祐晉平王休範桂陽王也宋史以祐為

祐此不正其誤黃長睿反謂當以祐為是何耶

羊欣

米老以此二帖為羊中散書以帖末有欣白二字也梁武評書目中散

學禮齋

為重臺也米老學之越跋知之真此帖伯思亦云二帖真羊中散
印意書與唐薛稷家所藏筆精帖字勢正同淳化三月旨帖
乃僞書也二家之鑒不可移易故余攷證正淳化帖為改之

孔琳之

孔太常書原出大令而從逸過之故王僧虔稱其天然放縱極有筆力又
此帖蓋其耄耋時書辭語淒斷書法亦參錯不倫然益覺天趣溢
出矣

蕭思話

思話宋孝懿皇后弟之子仕至郢州刺史贈征西將軍淳化標目稱梁
梁蕭思話書豈以梁為蕭氏故稱梁耶其不學如此

陳永陽王伯知文帝第十二子宣和書譜稱其作字動氣行草尤工此三帖
筆勢悚古具有西晉風格自是佳跡此帖刻本卷七帖末三行適
當齒下便接寒巖帖顧汝和淳化釋文竟合為一帖誤未是今
正之又淳化以伯知系叔陵後黃伯思云陳文帝謂宣帝曰我名子
以伯汝宜以叔此永陽王書宜在叔陵前淳化誤綴在叔陵後今
亦改正

黃伯思云按陳史長沙王但有叔堅無叔陵其畧亦無此名觀帖尾

學禮齋

書淳化題作長沙王子帷非是宣和書譜稱梅發一帖字體媚而遒
勁氣韻甚之筆勢勁利蓋已開歐陽父子之先

隋文帝

此隋文帝書按史開皇元年二月文帝代周稱皇帝十二月即聽民
出家賦錢寫書造象二十年十月又禁毀佛及天尊等像蓋文帝
自初及晚深信佛道故出辭切至如此煬帝奢淫且更甚亂不暇為
此則此帖自是文帝書淳化但云隋朝法帖未之深考耳

梁武帝評書自漢末至梁有三十四人而黃伯思則云梁武帝評書乃
命袁昂作者梁武帝中下當有勅袁昂三字此云梁武評書誤矣案

梁武自有書評自鍾繇至蕭紹之凡三十二人其和袁昂評書自右軍至伯英凡二十五人皆采此書乃並奕再家謂目為梁武與目為袁昂所評楚則失矣齊梁未有得者也歐失維均不嫌仍舊虛冊

右唐高祖為文皇祈庨石刻雍容明潤今後齊梁以來嶮仄之氣習數百年太平景象即此可見仙即佛字

唐太宗

太宗書疏調古淡有俯視一切氣象獨使玉帖風韻遒逸注之法

故以冠太宗書之前

弔江叔帖

黃長睿云弔江叔帖非唐文皇書，乃高宗永隆元年七月丙申江王元祥薨，即此帖所謂江叔也。高宗多以國呼諸父，如滕叔不須賜物，謂滕王元嬰，猶以元祥為江叔。此正高宗書也。長睿此論極是，今從長睿改正。

藝韞多才帖

黃山谷云唐太宗慶遼甘泉帖只理會遼東一役。按帝以貞觀十八年親征高麗，十九年夏五月度遼，七月破高麗。此帖所謂慶甘泉之遊殘，其全之數耳也。末云哥哥敕，當是帝與諸弟書，則未由考矣。

别高麗使帖

貞觀十八年帝親征高麗，二十年正月還京師，是年五月高麗遣使謝罪。此别高麗使人辭帖，蓋即其時事也。

西度帖

此帖伯思亦以為高宗書。按帖中有川路既遥，又勞更送之語，當是與王蜀者。高祖二十二子，惟漢王元昌自魯遷梁州都督，貞觀間坐附太子承乾賜死。太宗十四子，惟封蜀王愔，貞觀間以責數石恢廢為庶人。惟蔣王惲以永徽三年徙梁州都督，在高宗之初。史稱其造器物服玩多至四百車，驛遞護送，為有司劾奏，詔貸不問，則此正當是與蔣王書中之川

阻之耳帖尾云為善之勝想足怡神規諷之意隱然可見矣

臨朝帖

昨夜以下當別為一帖山谷說是

雅州造船帖

貞觀廿三年雅眉邛三州獠反先是帝以遼東之役蜀民不與徵發百姓富庶至是時再征高麗遂使三州造船役及三獠獠惟迫嚴急於是三獠皆反此帖蓋其時語

毒熱帖

伯思以深慰毒熱兩帖為文皇所臨老眼之義所鑒良是余謂思晚想至帖亦文皇筆觀其筆法深謹之右軍風翥龍翔之勢與深慰毒

熱毒帖正相似，歸之文皇，故當斷以不疑耳

蓍毛賦

太宗此帖書法剛肅，托結類其屏風書，渾化所載，詳勒則與晉祠碑
同，乃其本家書也

太子通洛城帖

太子辭洛城帖與遣弘往東都帖同，太子殆代王弘也，弘為武后所生，顯慶
元年立為皇太子，仁孝謙謹，上甚愛之，故敕遣往東都通生氣也。辭
洛城帖雖不言弘，而決知是弘，因忠母王皇后被廢，忠雖立為皇太子，
未幾亦廢，弘母武后方立為后，故視弘尤愛惜之，東都洛陽宮也，武

學禮齋稿

太子往東都從武氏也欲僻洛城從欲僻居洛陽宮即往東都述
生氣之意西帖雖未必时要是一事故合之
右 道服寫蔡帖
效度信下五帖論謹國閣大似永禪師文皇以馬上得天下及既御
極乃能厚自欽抑不作些子矜心餘氣洵可尚也
頭日積雪
淳化以明日積雪下別為一帖大觀合之宜是伯思以此為高宗书
之可據今仍舊
藝韞多才
黄伯思云叔藝韞多材帖亦高宗書所云卿以禾蕭語魯王靈夔

之子范陽王藹也靈夔亦高宗姊史稱其篤學善草隸此帖所謂姊藝韞多材蕴深善誨藹夙奉趨庭之訓早擅臨池之工在以此之論亦確今亦從長睿說也

進枇杷帖

此當是文皇与第四子祐书文皇十四子多就封國惟祐為文皇愛子以疾留京貞觀十八年文皇親征高麗在道時憶祐疾不已故書辭繹倚切至如此

八桂帖

答進枇杷帖黄長睿以爲高宗書是也八桂承天帖玩其筆法與

此六種承天帖別本與淳化所載文字不同如此晉賞說晉唐帖經好事者千臨百摹不惟筆法迥殊甚至文義全別如魯公乞脯帖北海縉雲帖之類不可勝數學者欲摹爲楷則將何所適從乎類帖遠不及古碑正以此耳

歐陽詢書

向臨此書頗爲當意偶誤以飼客不可悔遂更臨之然當意處更出前上也

張翰

率更史事帖書非一時故書法亦多異處後態此兩帖刻快雪帖中

前帖精熟，後帖清朗，尤史事帖中勝觀也。

兩帖淳化標目爲何氏書，列於古法帖之次，蓋不能定其名氏也。惟米老目以爲章吏書，余臨寫之次，不怏與章吏晤語，益信米老精鑒。米老嘗謂二王帖真贋不差毫髮，恨王著當年乏此識力，遂開後人多少紫毁耳。余故仍米老所鑒，歸還章吏氏。塵舟

兩帖信章吏得意書，淳化所收章吏帖，此當爲長。

伯思云：爲誤，蓋郭兩帖，米氏以爲歐陽章吏書，實然。王著不能精

一帖

法帖十二卷多殘斷不足觀獨第十卷唐初四家書首尾完具頗於

錫山朱氏借得宋本比諸之後江陰諸刻較圓勁有神果因並臨

之丁未長至後三日

王羲之

修齡王胡之也亦轉司州時北中郎將荀羨以疾徵還朝拜以都曇爲

羨軍司代羨都督徐兖等州軍事此云垂匹便西與別並將往代

羨次時語也

重熙都曇字右軍妻弟也按晉書北中郎將荀羨有疾朝廷以曇為羨軍司加散騎常侍頃之羨徵還除曇北中郎將都督徐兗青揚諸軍事帖云荀侯疾轉佳荀侯即荀羨也此蓋重熙假節鎮下邳時表朝廷以曇代羨右軍意實不欲其去故云得勉此役當了言也勉即免字大令帖既新婦勉身得雄亦作勉末云殘見實不見今時兵任可處理憂之甚故憂之深以曇與賊將傅末波戰不利降建威將軍尋卒蓋逆知其必敗故云如此甚可憂也前帖云重熙患氣轉佳蓋是其假節後病時語下知足下連不快帖雖不名重熙然詞意書法與前帖一同決知其即為熙也帖前面熙存

學禮齋稿

桓公者桓温也。晋穆帝永和十二年以桓温為征討大都督，督諸軍討姚襄。帖所云桓公當陽去是，温以是年秋八月破姚襄於伊水，遂入洛，方其被命半年，尚未入洛，而意其必能克敵，故云久當至洛也。蔡公者蔡謨也。謨數議防虜，甚有算略，為國倚重，以永和十二年卒，故云蔡公遂委篤也。顧爾和以蔡公為謝琰，按琰以破苻堅封望蔡公在孝武帝太元八年，遠出桓公至洛後，又琰封望蔡公，非封蔡公，決知非琰也。仁祖謝尚也。桓温北平洛陽，詔尚都督司州諸軍事，將鎮洛陽，以疾不行，故云疾，又委篤也。右軍有桓公至洛及桓公摧冠圖不如志兩帖，此云久當至洛，則尚未至洛，當在兩帖之前也。

大觀以謝光祿亦垂命合上爲一帖此帖語勢實據上來即非一帖亦

定是一時語今年刷落可哀歎即當今之物所然可親痰者此今人

延氣之意故作以嚴桓公段

此與桓公當陽帖皆是未入洛前語云殷生數問此事勢復云何時桓公北

已北征爲未詳伊此之提故殷浩數問此了云何也安西度異也或云謝

奕按奕以隆元爲辛後乃遷安西將軍當桓公入洛時方表爲都督

司州諸軍事知非奕考晉史成帝咸康六年春庾亮卒以庾翼都督江

荊六州諸軍事授安西將軍代亮鎮武昌康帝建元二年秋庾翼經

學禮齋校鈔

論從在軍深痛惜之故於庾雅崇經略中原桓宣武北征以汝切
切於心憂之及之忠愛之意益可見矣匡氏以下無能大觀合此為
一文義令相首尾故連及之

伯思云安西庾翼也翼之鎮荊州以石虎邪暴要表請北伐康帝及
朝士皆遣使譬止於得軍亦致書諫之則逸少所見之表殆亦論北
伐可也翼之此舉朝論弗以為然故逸少亦目為常言及翼移鎮
襄陽乃云雅公遂進鎮於東西齊舉想克定有期也則始能同群議
而使以為當猶趙充國之討羌義初見之於十三中十五最後十八有
論詰前言不便者皆頓首服矣是惟也然翼有志矣年後奮十

倍之氣而成一統之功此志士之所嗟歎也

謝萬字萬石右軍與萬為輩行故或稱萬石或稱阿萬也桓公經略中原以
萬為豫州都督前帖云阿萬守篤大交不得力而從困已至安得計並
量其將往豫時適有疾也後帖云萬石轉差交得力不蓋聞其病小
瘉而不知其果得力於交否也兩帖正相首尾

右軍與王述情好不協述先為會稽以母憂去郡右軍代述止一年遂
不重詣述為恨之及述都督徐揚諸軍事檢察會稽辭苛急右軍疲於簡

情曲而此耳非与述也伯思乃謂逸少与藍田方隙豈復自表遣帖夫以右軍之清真雖与述隙然後何害豈若俗世之周章回未老哉何采辭疾去郡於父母墓前自誓不出既已誓墓旋即辭世是懷祖之檢察適以成右軍之高服食采藥登岷領峨眉皆此後語則此一帖乃右軍出處之關矣

米云此子敬代父書伯思云非也字勢圓熟緊既非獻之體而中云吾老矣餘願未盡惟在子輩耳獻之壽四十三年子与此不合按右軍七子玄之早卒此當是玄之卒時語

黄伯思目此為偽，當以帖下耳字無挫，遂為不似右軍法耳。實則此帖
清圓如珠，温潤如玉，与官奴等帖同是一種神妙，末一耳字當是庸
妄人信手增入，亦猶龍保帖末之誤增之字耳，余故斷然去之。

大道帖，余既目為米老所臨，歸還米芾氏矣。既思吴興精鑒古今傳迹，
吴興既定為右軍，僕敢不以為右軍乎？因從吴興所鑒，仍還之右軍。丁
未長至後九日，虚舟老人记。

吴興跋純师内景經亦復精絶

學禮齋

所藏玉潤珠圓下真一等鬱岡快雪祖刻也
右軍道護帖世所罕見獨稱希白潭帖中有之耳特為拈出
裹鮓帖墨跡曩在京師曾一見之孫北海知止閣所刻但模得右軍十八字
薛道祖贊則略具形似耳余于維揚徐氏借得寶晉帖宋本後并
有米老一跋皆世所未有因並臨之虞冊
真跡在儼齋大農公家嘗從宿借觀而還

右唐褚河南摹右軍思想帖，吾邑虞玉雪先生所藏，後歸新安吴用
卿太學，今不知所在矣。余所臨據吴太學餘清齋本，餘清往刻故是中
印，虎賁也。趙跋後水晶宫道人山印，為十昂手鐫，傍有大德六年三月
作於西湖舟次孟頫十四字款，色黑如墨，精妙含匠意，以印之

右十七帖，世考功南巢所藏南唐古刻也。閣帖學之之，唯董氏戲鴻
当時見一兩帖，而摹刻凡陋不逮，此遠甚。余以康熙丙申獲自京師，以為
右軍諸帖之長，心摹手追，不啻百數。今日早起，獨坐南窗，精心臨放一
過，頗有入處，得遵適。雍正四年夏六月四日，雲舟老人書於梁隅溪上

學禮齋稿

右五帖宋本于司寇家物

二帖唐模真跡向為吾家損翁先生所藏刻鬱岡帖中以揆閣帖相去霄壤此知唐模之可貴而閣帖故不足據也特難与耳食者道耳

二帖亦唐模

右四帖宋雪谿堂古刻豐考功所藏余得自京師今歸吾友陳太學凡民矣

二帖亦豐考功所藏

周益州名楷字道和咸和中監巴東諸軍事益州刺史永和初桓公征蜀以

楷督漢中巴西四郡軍事鎮彭模以功累遷建城縣公在州三十餘年

卒右軍與之往復帖凡數十今所十七帖太半是如此邛杖兩帖此帖亦在

十七帖中前帖蓋係遺脫耳

常侍周孝侯處第三子也按晉史周處拜散騎常侍在晉未渡江之前其

韩敬堂宗伯以子敬真迹上石刻，風神駘蕩，東晉風流宛然在目。

此潭帖所刻，不唯与真迹筆法無殊，若至文義亦復迥絶，刻帖家不足據，大率如此，故知學者當泛自具眼。

大令此數帖得真乎？淳閣帖所無，余從曹氏寳晉齋本中模得之。

王獻之中秋帖

大令此帖，董玄宰亦稱寳晉入石。帖首褚氏標目便失之，此知戲鴻之草略甚矣。

大令此帖余臨之屢屢矣今日雨窗獨坐并米老跋更臨一過頗有到
處雍正七年七月三日虛舟老人

大令送梨帖曩在京師曾見墨跡前年聞已被勢家取去矣雍正四年
七月廿六日司封員外郎王澍記

淳化多以大令書目為古法帖如敬祖鄱陽之類此帖亦宋玩其筆正
是大令帖中壽春富陽亦正大令鄰近也

學禮齋

天進帖中爲王氏歷世傳寶，豈有僞理？伯思每以辭語明顯指爲非

二王贗，決無疑。

此兩帖深謹中有游行自在之趣，格韻絕似右軍，當是大令倣右軍書，爲

大令帖中最上之作。伯思以爲亦王氏書，決非大令，恐是過論。按大令之年

此云註究禍變無常，當是有子而殤者，然帖中殊不見悽戚意，則緣

帖尾有脫失故。又大令兄徽之爲黃門侍郎，後大令月餘卒，此云黃門喪

背，當別是一人，或由史誤。

大令此書故是子昂底本。

此帖韻殊清迥自是子敬存意去米元章以為無名人偽作殆是臆決

伯思云借非獻之韻自可貴亦以米鑒為過

伯思云授衣帖歷世所傳自為一卷官帖中止其首尾政在此耳下大觀帖尚有四十三字官帖不復依本所失多矣今據絳本補正

此三帖與馮氏快雪帖同而渾化雄厚快雪清迥各有勝處當別一摹本亦可見古帖多失真矣

學禮齋稿

不可居思一帖此云得長風書當是丈松樓松也亦右軍帖所常見

意皆是王謝子弟而奢見未之詳耳其辭語亦是右軍時隱故當

以伯思之言為正

月終帖米老目為偽米学竊謂此帖与永嘉援衣等帖筆妙正同皆大令

極矜慄之作米目為偽恐是誤

米以此帖為羊欣書尤臆決無據僕以為真大令今作羊欣書此恐為

當三舍耳

此王帖皆大令將右軍書亦可謂具體而微矣米黄二公多有異論

亦好隔壁聽

衛軍王薈也薈爲王導第六子於大令爲從伯林父以疾卒於官贈衛

將軍此云衛軍猶未平和則薈尚無恙不應遽稱衛軍決知非薈按

王劭第三子恢爲右衛將軍此稱衛軍或當是恢也僕射王劭也薈兄桓

溫表爲尚書僕射此云表解書職或以桓溫薦故陳表固辭歟

鄱陽庾冰也冰既輔政懼權盛求出爲外都督江荊等州軍事江州刺史

黨殺之。蘊於廣州仰藥卒。希以討桓溫故城陷被擒，希遂及子姪五人斬於建康市。惟友及蘊諸子獲全。此所謂鄱陽一門艱故至此，坐視其滅者，使人悲戚者也。

王獻之鴨頭丸帖

此大令真迹，有明萬曆間藏新安吳用卿家，刻餘清帖中。宋思陵爲之贊，題作右軍，柯九思諸公遂不敢更有異論，恐俱誤。此帖跌宕宛轉，絶有奇思，然於右軍風度亦不免少離矣。蓋已開顛素之先，要之由漸入縱，由正入奇，風會遷流，自然有此。然愈縱愈奇，亦愈以浮薄，窮必思反，志古之士所以貴復其初也。

右軍父子皆為郗氏壻右軍郗鑒壻大令郗曇壻大令以選尚新安公
主遂與郗離婚此帖乃其離婚時詒孝武帝太元十一年大令卧疾
請道士上章法當首過大令云不覺有可唯憶與郗家離婚王謝
為江左名族大令又名父之子乃不能以禮法自克怵於富貴自絶嫪
㤥為終身之疚此所云乖别至此唯當氣絶亦未嘗不深悔[illegible]然
一誤莫反悔亦何及者晉史重匠此一字名恢此帖稱姊定是與
恢書伯留但云當是與郗家帖未之深考耳

學禮齋叢稿

鬱岡帖中信大令諸帖之冠余臨此宜不厭煩複也

黄伯思云白騎帖乃王大令所臨唐開元中在滑臺人家并逸少所臨宣示帖藏之故誤綵在鍾書淳化以來常在下別作一帖大觀合之案魏晉來名帖往往多脫誤不可讀此帖尤甚或合或分都不可據矣

周穆王壇山石刻

右周穆王壇山石刻在今贊皇縣南一十三里壇山上穆天子傳云穆天子登贊皇以望臨城置壇此山遂以為名癸巳志其日也宋慶曆中宋尚書祁在鎮陽遣人摸此字州將劉莊因鑿移郡廳筆法圓勁純

是小篆故趙明誠金石録以爲疑然岐陽山鼓作于周宣時相稽不遠亦已多用小篆於嶧山石刻又何疑乎此石今移置儒學戟門老友成乾夫令贊皇曾搨一紙見寄余從錫山秦氏借得文待詔所收墨本逆絶人了而精摸 雍正五年歲次丁未閏三月朔日虛舟澍書於二泉精舍

芝白帖

庾翼之右軍書嘗得伯英章草十紙過江亡失常歎妙跡永絶唐文皇右軍傳贊伯英臨池之妙無復僞跡則在晉唐時已無伯英本矣閣帖所刻皆是僞書米元章識紙如以下四帖並張長史書是也惟芝白一帖特清

學禮齋校

石鼓文

右第一鼓薛氏楊氏次居八鄭氏次居三施氏次居一潘氏劉氏皆從一文一十一行〻六字凡六十六字重文十凡七十六字一十九句今石本存字全者四十半者一十九凡五十九字余以舊本參攷得七十四字

右第二鼓薛氏楊氏次居五鄭氏次居一潘氏劉氏朱氏皆次居二今從二文九行行七字末行五字成文凡六十一字重文六凡六十七字一十七句今石本存字全者二十九半者十六凡四十五字余參考舊本得六十六字

右第三鼓鄭氏次居四薛氏潘氏施氏皆次居三今從三文十行〻七字末行六字成文凡六十四（九）字重文五凡七十四字今石本存字全者三十五半者十九凡五十四字余以舊本參攷得全字六十有七

右第四鼓惟鄭氏次居五薛氏潘氏諸家次皆四今從四文十行〻七字末行六字成文凡六十九字重文三凡七十二字今石本存字全者三十一半者一十六凡四十七字余以舊本參考得全字五十有七用秦石刻音釋作行六字末行五字成文今第七行陽字右半勿文猶存可證

右第五鼓薛氏次居九鄭氏次居八潘氏劉氏諸家次皆五今從五文十一行〻六字成文凡六十六字重文二凡六十八字今石本存字全者十半者八凡一十八字余以舊本參考得全字五十有四皆斷缺不成文故但以其字之可考者存之不復定

闕下六七八鼓同此

右第六鼓薛氏次居七鄭氏次居二潘劉諸家次應皆六今從六文一十一行每

凡四十四字余以舊本參考得全字四十有四

余按施氏謂此鼓乃向傳師皇祐間所得者傳師摩去其頂刻當時得之之由故每行止存四字皆斷缺不成文潘氏云五代之亂此鼓散落民間穴其中以爲臼故今所存皆斷闕二說當以潘爲正傳師既搜訪法不思刻損成文而刻得之之由僕嘗數諸石鼓下摩娑審視此鼓果穴頂爲臼蓋愚民不知護惜見石圓可臼故任意穴毀耳四字上或闕二三字皆不可考周秦刻石音釋云行五字末行二字成文未足據

右第七鼓薛氏次居一鄭氏次居九潘氏諸家皆次七今從七周秦石刻音釋云文十行行七字末行三字成文重文三凡四十二字劉云石刻凡九行行六字文五十八重文四共六十字一十五句潘本尚存十四字今石本剩落殆盡僅

存字全者三半者四凡七字行數或十或十一每行字數或六或七皆不可定余以舊本參考得全字三十有四

右第八鼓薛氏次居六鄭氏次居七潘劉諸氏次皆八今從八周秦石刻音釋云文五行、、五字作重文者一凡二十六字未足樓施本尚存十三字潘本止存一字今未磨滅余以舊本參考得字一十有六重文一凡十七字

右第九鼓薛氏次居二鄭氏次居十潘劉諸氏皆次九今從九文一十五行、、五字末行四字闕文凡七十四字上下皆磨滅重文不可考周秦石刻音釋云作重文者七凡八十一字二十句每行以次而低潘本存五十二字可讀者七句今石本存

右第十鼓惟鄭氏次居六薛尚功氏次居十今從十周秦石刻音釋云文十
行行八字末行二字成文作重文者五闕三十五字按此則當爲七十四字并
重文五爲七十九字潘本存二十五字今石本存字全者止大又二字半者六
字凡八字余以舊本參考得全字三十有八
周宣王畋於岐陽紀銘石鼓史籀書今在京師太學戟門之內鼓凡十左
右列五似鼓而員其頂文環刻於傍高下多寡不一全文凡六百有七字
今石本存字全者二百有七半者一百二十凡三百二十七字余以舊本參考得全
字五百有七爲積書巖考正石鼓定本
此千古書字之祖其前惟有大禹岣嶁碑周穆王壇山石刻四字耳岣嶁
既荒忽不可據壇山石刻亦在疑信之間獨石鼓詩流有緒爲大古之上

學禮齋[illegible]

第一云。書而自宋元來議論紛紛，不可究詰，朱晦翁謂蘭亭為聚訟，石鼓之聚訟殆當十倍蘭亭也。余謂此等書正不須多為議論，但觀其結體之精，用意之妙，初若無意於工，而從手所如，信縮變化，自成結構，如孔子之七十從心不踰矩，書中之聖，蒙莊之神也。李陽冰窮極心力，平生自負，亦但云斯喜之後直至小生，其於史籀猶以為未敢攀仰，蓋雖亞相斯對此猶覺排比有跡，宜陽冰之望而却走也。余向在京師親詣鼓下精搨本，雖初搨已泐，而其存者蝌蠕高古，一字之存等於球圖，況當餘數百字乎。精思十許日，屏當人事，摹此一本，未能得其萬分之一，亦深媿負耳。雍正六年太歲戊申夏六月廿有七日良常山下人

魏鍾繇力命表

山陽周白民所藏宋本致佳桐城方貞觀携入京師借臨此本

又

此越州石氏所刻清真古澹韻在格外与世間傳本迥絶余從秦廿二五輯處借摹視去年所臨别是一種風格因並存之丁未閏月朔日虚舟書

後有託署一帖骨韻凡猥的是後人依託黄伯思以為与長植鶴雀賦同一僞跡篤論也

十七字劉次莊釋文云是晉宣帝表宣帝司馬懿也帖首云之白似之字

為其名猶為宣帝未可定故伯思疑為未然，然時古雅與一切俗作不
同姑仍其舊未得主名故也
齊獻王善尺牘為世所楷書斷稱其蘭芳玉潔奇而且古淳化但稱晉
侍中置第三卷顧從義云攸封齊王然為太子者數矣合置司馬道
子之上右從顧氏改正
黃心為勢祖叔成公而誤嵌有餘成公嘗云我以白英之筋恒得其骨節
此一十七字風骨蓋可見矣

學禮齋稿箋

黄伯思以為蕭子雲書宣和書譜則以為索靖弇州山人稾云出師頌有两本一祐
陵御題為索靖書一則米友仁以為隋人書竊謂友仁語聰決無據自不足
為定論此書筆法精古氣韻幽深在子雲上當是索靖所書無多不能
決存疑可耳

世傳中散與山公絕交書乃唐李懷琳所作此歇山帖體勢自然意不在
筆乃是真跡也

臣原啓事帖筆殊樸略此乃蕭散山公風範豈可識已

韋續品書列阮仲容行草於中品之中，此奇肆帖筆力豪縱，恐難乎
為之上也。

廣川書跋云：長安李丞諸得晉七賢帖，劉伶書尤怪詭，此三行書其殆是
與？雲史作伶，自書作雲，蓋史誤也。

王羲之霜寒表

右霜寒表之前，為吳用卿所藏真跡，刻餘清帖；後表則孫州牧所刻。前
表流麗，後表古雅，不可軒輊，故並錄之。雍正四年夏六月九日虛舟臨并
記。

學禮齋鈔

右宣示表宋御府所藏，與世俗刻本迥異，此當去真不遠。黄伯思云：此表宣示真跡本在王丞相導家，導過江時藏衣帶中，以遺逸少，少以遺王脩，脩死，其母以脩平日所寶，納置棺中，真跡遂絶，此本乃右軍所臨。世玩賀捷表，唐人摹本正一偏，真有意外巧妙，此表信下視幽深，深古雅有餘，然比於賀捷則故有間矣，意爾時發心作意，亦未免有摹擬之跡耶。余提伯思所鑒，歸之右軍。

曩在京師見宋搨兩舍帖精本於太倉相國家，蓋奉常公所遺，精彩煥發十倍。凡刻以油箋摹得一紙，精意迨夜略有是處。丙午六月十有四日

虚舟

虞

此亦汝州所刻永興書本固勁此更神彩燦發也

薛、

余見薛少保書最少此夏熱帖亦汝州所刻今本無有且筆格清迴風韻

朗暢愛不忍置故臨附法帖後

伯思云唐冷益部帖米氏以為歐陽率更書實出王著不能精鑒誤入大

令帖中耳錫大佳下文義既不屬筆勢亦小異當别是一帖

褚

人心目以惟存趙子固虞伯生柳道傳三跋黄文獻揭伯防鮮大倬胡昊
僉王獨山胡頤菴周伯憂虞壽七跋皆亡之矣被俗人剪去尔宋拓世俗撲
本差大昔人評稱此所謂字裏金生行間玉潤者此其得之矣一意臨三本
此第三本較得其意　虚舟

補同南高士贊

同南此碑世所未見余以康熙辛卯秋獲自金陵前半何義門徐貴南
兩先生見之歎為希遘藏之匧笥幾二十年矣今日陰雨獨坐北窗臨
此一本聊用破悶　戊申二月晦日

枯樹賦兩種前卷静海勵大司寇家所藏後則吳人胡其言行笈匣中物皆宋

搨精本而精神筆法彼此迥絕故並臨之丙午秋七月廿有三日記

二帖風力精近章更不知何本三希耗殊筆法正尔古人能可以一方則乎

右鍾萬大書刻戲鴻帖中摹手不佳全失神采余以雲飛經筆意參取臨之

乃有令處虛舟老人書

顏魯公祭姪文

宋本比真跡多此九字故並存之虛舟老人記

顏魯公送劉太沖叙

書者多以雄勁題目不知其變化乃爾人不自立家不能与古人惟肖顏公能打破右軍鐵圍故能為右軍適嗣有志臨池者不可不知此語

顏公書絶變化然比於右軍猶覺有意所以不及右軍然不始於有意安能底於無跡故知龍跳虎卧正是規矩之至

顏魯公竹山聯句 補

魯公竹山連句墨跡宣和内府所藏康熙間歸正定梁相國曾一見於京師後從嵊園黄中丞處見梁氏所模秋碧堂帖竹山連句在焉為次鳳氏臨一本去年十二月為汪青渠臨一本今年正月又為蔣函潭臨一本及此凡四本矣丁未二月

顏真卿送裴將軍詩

雍正二年 王師埽蕩青海獻俘 太和門喜而賦此并系以賛其辭

曰煌煌

聖德漸被殊方彫題鑿齒莫敢不王蠢爾小醜畜焉䖍以狂螳臂

當車自取滅亡 天兵所指魄敓膽僵桓桓上將弓矢斯張横戟一

呼如雪沃湯執訊獲醜獻俘明堂乃啓閶闔乃奏笙簧百僚歡

呼僉曰我王德威惟畏於湯有光昔在鼎公埽除北荒魯公歌之辭揚

湘揚今茲克定戡布西疆如霆如雷不可等量於赫武烈眉宇飛

飇焉臨幸臨用慶殊祥神來助我如驪康莊乾坤之容日月之光不

可系述桓桓荐信但聊借魯公敢達睇范

學禮齋

元章目前兩帖為真伯思但云近似初意甚以伯思筆為過今日卷
意臨寫乃恍然知此四帖為李北海書前兩帖猶未確似乃縱
逸北海本色畢露矣

陸柬之

司儀為虞永興之甥書學乃舅所臨五言蘭亭詩絕有外家風力
此書最縱逸者

裴耀卿

耀卿此表遒剛變化無唐人拘佛習氣的為鍾太傅賀捷適下然
非能人莫能得之筆精意遠摹乃恍然有契耳　虞舟

宋儋

宋校书之法腕力雅微觉对浅無一画一偏侧思迴之具有魏晋风韵
唐人觚稜斬截氣習盡与打碎盡亡當时称無絶俗之士山谷称大
筆墨精勁東坡云不解此校猶便不足觀伯思猶識之以為但作側
筆殊失大势蓋所未喻

借雲城隍廟碑為陽冰有名之書歐陽公以為視陽冰他篆特為秀度
趙子函亦云瘦细勁伟飛動若神顾世間傳本甚少今春正月江陰老友
沈凡民過余九峰精舍云藏旧本急從借觀殊瘦圓勁采出三墳先
塋等碑之上書宗正言精摸一本毛髮惟肖余即以正言為精本摸之

五日不雨日字以曰為日篆法日從囗象形也曰古三切從口含一象

口含物也以甘為日誤嶽字上乃七山二字皆陽文顛顛頂也加山俗字

又山宜作凶今作山乃崇崖等字之首亦誤印曰文書

張旭郎官石柱記序

國史長史為顛獨書此序乃不醇謹國初草書必從楷出也朝學執

筆暮便在草聖後有一筆

米老論草書張顛俗子變亂古法懷素稍加平淡時代壓之不能高古

此識真律以三帖於右軍奧味雖不免稍隳纖從速中猶有謹嚴意

而且飛動可愛李邕勝張顛亦此俗子

唐懷素苦筍帖

丁未二月既望燈下臨 蘧常

唐徐季海道經帖

右徐季海書道德經稍稍縱縱最有儁思與其所書不空和尚碑筆

力故當之七二叟蘧常

君謨北行帖前帖則余去年所臨此則從墨跡摸取幸不甚遠棄聊並

存之丙午十有二月八日蘧常老人記

學禮齋稿

國家物也。九月十日臨，明年十有二月九日跋于二泉精舍

宋黄山谷寄岳雲詞

山谷此書古可愛，使得墨跡持以渡江，恐江神急索去以材獻不止也

向太后挽詞乃米老侍進御府之書，平生矜意之作，未有過此者。其跡向藏

唐氏，刻在米園，摹勒精良，為老米楷法第一，極類在西園之宋搨

之四十餘年遂得觀此，虛舟臨記

米臨右軍蘭亭帖

雍正五年歲次丁未春首花朝前九日，虛舟王澍臨於二泉精舍

米 天臨殿記

此記臨於去年十二月天寒筆凍殊不能佳今重臨之丁未二月雪鐙下

虚舟老兕記

米老臨大令筆精帖超絕一世信其存意書兩窗無涼只到疾臨一過亦頗不失米老精采雍正七年秋七月三日茶壽老人破寐之作

中秋帖

此米老臨大令書米老以此帖為大令第一帖故喜臨之後世遂目此為大令書誤也

學禮齋校鈔

來換菴之請也丁未閏三月朔旦

此蜀素真跡為米老平生第一合作余臨寫之次紛然從壓教脫胎

而絕不道及所謂不把金針度與人也

被區徽醺疾臨數紙覺筆尾上猶有神在也　江翁老

邂逅已下三劉皆米老真跡老友蔣函澤以鐵筆精摸一本摸來界鷗儀

上壽而臨此丙午秋七月十九日虛舟書

識於帖尾於京師見之

蘇东坡宸奎閣碑

雍正五年歲在丁未冬十有二月端五之二日常熟王澍照於風光橋东恒

齋

此东坡廬山實書，余未見真蹟，僅據戲鴻本臨耳。戲鴻刻最拙惡，又不

全刻，遂使其實不得盡傳，深可痛惜。

蘇东坡九歌

時戊申四月朔旦虛舟老人臨於查山聽松菴

蘇東坡與季常帖

坡書出自魯公，如快馬入陣。壬午年敝此帖，特秀整可愛，少時每喜學之，但近年頗有得朴老處，或當過此耳。二泉實公

徐常侍書流傳最少，此行用筆俊爽，絕似陶隱居，探其淵源，俱從王獻洛神賦出，故能上接李唐，下開趙宋。

徐常侍急就章，董思白戲鴻所刻中多謬誤，十失其三，蓋戲鴻之草本不佳，大佳類此。不得此帖，何由知也。余以古法取之，使常侍之意具全，與原本不殊，討也。庚申

右宋宣獻公垂雲帖，清古朗潤，自孫魯齋太史極命賞之，遂乃一出名世。公垂在宋宣公時著名，而雲露帖以人且九此後上世平茶壽無人

宋文與可

真跡，今在一齋，拔制丞一齋為文正賢之子，翊其藏此宜矣。戊申

夏五月朔日臨

下

文正書法奇秀，乃兄而敦厚為勝，米元章極推仰之，此春初帖尤瀟雅可

愛。余此二家亦從墨跡上臨取也。

學禮齋

宋思陵書唐風檜風豳風墨蹟余皆得見之風神腴潤与此不同

虎兒真蹟豪縱王書余臨之亦未失其意

學禮齋稿箋

第一册
太上黄庭内景经
題跋
第二册
東晋元帝中秋帖
跋
東晋明帝墓次帖
跋
東晋康帝陸女郎帖

跋

東晉哀帝　跋

東晉簡文帝

東晉文孝王異表帖　跋

晉王導改朔帖

又省示帖　跋

晉王恬　跋

晉王洽不孝帖

又兄子帖　跋

學禮齋校本

又辱告帖

晉王劭曹明倏帖

晉王薈五廊帖　題

晉王珣末冬帖

又伯遠帖　題

晉王珉此年帖

又十八日帖

又今欲出帖

又上六帖　跋

晉王廞告請帖

晋王敦惜蒼帖 跋

晋王家遂婚事帖 跋

晋郗鑒災禍帖

晋郗愔九月七日帖

又廿四日帖

又遠近帖

又想親帖

晋郗超七言帖

晋　恢授衣帖 题

學禮齋

晉庾亮奉告帖

晉庾翼故吏帖

晉王廙祥除帖

又昨表帖 題

又二月十六日帖 跋

晉王凝之八月廿九日帖

晉王徽之二日帖

又

又得信帖

晉王操之得涉婢帖

又十月十七日帖

又承中丞便帖

又衛飆帖 弱 附趙德麟題 跋

晋王涣之不審帖 跋

晋謝安八月五日帖 附米芾贊記 題

又安頓首帖

又六月廿日帖

晋謝万七月十日帖

灊灊死罪帖

晉王坦之惶恐帖　跋

大事帖

晉陳瑾十二月廿五日帖　跋

晉沈嘉十二月十三日帖　跋

晉謝璠伯敬計帖　跋

弟五冊

宋明帝鄭脩容帖　跋

宋王曇昨服帖

宋羊欣陝穆屋帖

又足下帖　跋

宋孔琳之日月深酷帖　跋

梁蕭思話一月三日帖　跋

今第

宋謝莊詞翰　跋

又弟昨還帖

齊王僧虔劉伯寵帖

又南臺御史帖

第六冊

梁武帝異趣帖　題

學禮齋鈔本

陶弘景　一日無申帖　題

梁王思文廣陵帖　跋

梁王筠、和南帖

陳永陽王陳伯智熱苦帖

又寒嚴帖　跋

陳長沙王陳叔懷云蒲帖　跋

隋文帝敕問婺州雙林寺帖　跋

梁武帝評書　跋

第七冊

唐高祖為太宗祈疾石刻 跋

唐太宗使至帖 跋

又致庾信帖

又東都帖

唐高宗錢畫畫帖 題 案此題與上二帖合併

又過午帖

又帀江叔帖 跋

又藝韞多才帖 跋

又引為蘭殿使帖 跋

又臨胡帖　跋

又氣發帖

[illegible]州告船帖　跋

又昔遣帖

又患癖帖

又腫勢斷歇帖

又臨[illegible]羲之帖

又臨王想至帖

又臨王深慰帖

又臨王晚復毒熱帖　跋

又臨王毒熱帖　附虞世南

宋周益[illegible]書札 跋

第八册

唐高宗卿及文瓘帖

又六尚書帖

又昨日令卿等帖

又使至帖

又遣弘往東都帖

又太子遊洛城帖 跋

又唱前帖

學禮齋校鈔

又卿昨日道服罰癸帖　跋

又明日移營帖　跋

唐太宗每有經動帖

又循環帖

又藝韞多才帖　跋　峯山有誤記

又進枇杷帖　跋

又懷讓帖

又八柱承天帖　跋

又別本八柱承天帖　跋

第九册

唐明皇答張說[illegible]帖　跋　題

又碧落池邊帖　一

第十冊

王羲之定武本蘭亭序　題

唐歐陽詢上商帖　跋

又張翰帖　跋

又甲申春帖

又秦穆公帖

殷付

虞書

顏亮　贋　附米芾贊

學禮齋[illegible]

圖書在版編目（CIP）數據

許廎經籍題跋；積書巖摹古帖題跋/王欣夫整理；李慶編. --上海：復旦大學出版社，2025.1
（王欣夫先生遺稿）. --ISBN 978-7-309-17596-7
Ⅰ. G256-53
中國國家版本館CIP數據核字第2024R2A895號

許廎經籍題跋　積書巖摹古帖題跋

王欣夫　整理　李　慶　編

出版發行　復旦大學出版社
上海市國權路五七九號　郵編：二〇〇四三三
八六—二一—六五一〇二五八〇（門市零售）
八六—二一—六五一〇四五〇五（團體訂購）
八六—二一—六五六四二八四五（出版部電話）
fupnet@fudanpress.com　http://www.fudanpress.com

責任編輯　顧　雷

印　刷　上海盛通時代印刷有限公司
開　本　八九〇×一二四〇　十六分之一
印　張　一〇七點二五
字　數　九五五千
版　次　二〇二五年一月第一版
印　次　二〇二五年一月第一版第一次印刷
書　號　ISBN 978-7-309-17596-7/Z・126
定　價　壹仟零捌拾圓